U0128621

社 科 学 术 文 库

LIBRARY OF
ACADEMIC WORKS OF
SOCIAL SCIENCES

外国历史大事集

现代部分 · 第四分册

朱庭光 ◉ 主　编

张椿年 ◉ 副主编

于　沛　沈永兴　朱希淦 ◉ 分册主编

中国社会科学出版社

图书在版编目（CIP）数据

外国历史大事集．现代部分．第四分册/朱庭光主编．—北京：中国社会
科学出版社，2017.8
　（社科学术文库）
　ISBN 978 - 7 - 5161 - 9658 - 8

Ⅰ.①外…　Ⅱ.①朱…　Ⅲ.①世界史—现代史　Ⅳ.①K1

中国版本图书馆 CIP 数据核字（2017）第 005370 号

出 版 人　赵剑英
责任编辑　郑　彤
特约编辑　张翠萍等
责任校对　朱妍洁
责任印制　李寡寡

出　　　版　中国社会科学出版社
社　　　址　北京鼓楼西大街甲 158 号
邮　　　编　100720
网　　　址　http://www.csspw.cn
发 行 部　010 - 84083685
门 市 部　010 - 84029450
经　　　销　新华书店及其他书店

印刷装订　北京君升印刷有限公司
版　　　次　2017 年 8 月第 1 版
印　　　次　2017 年 8 月第 1 次印刷

开　　　本　710×1000　1/16
印　　　张　30
字　　　数　508 千字
定　　　价　128.00 元

再版说明

　　《外国历史大事集》出版于20世纪80年代，是当时我国世界史学界知名学者们多年辛苦劳动的集体成果，体现出了扎实的学术功底和应用价值，是重要的学术参考书。二三十年过去了，此书仍然受到我国世界史学界的重视和广大读者的欢迎。

　　《外国历史大事集》此次再版，受到中国社会科学院创新工程的大力支持，将其列入社科学术文库。根据中国社会科学出版社的建议，此次再版时，将版式改为小16开；消除了原著中的一些错别字，对表述不够准确的地方也进行了推敲审定；删除了不清晰的插图，增加了古代部分的大事记内容。再版工作受到世界历史研究所专家们，包括一些退休专家的大力支持，他们对原著进行了细心审读，付出了辛苦劳动。参加审读的专家有如下同志：古代部分：第一分册，刘健；第二分册，郭方。近代部分：第一分册，于沛；第二分册，汤重南；第三分册，于沛；第四分册，部彦秀。现代部分：第一分册，沈永兴；第二分册，王章辉；第三分册，于沛；第四分册，姜芃。世界历史研究所科研处的同志也为再版修订做了大量工作。

　　衷心感谢中国社会科学院创新工程的支持！感谢参加修订工作的各位同志的辛勤劳动！对中国社会科学出版社决定再版《外国历史大事集》和出版社有关人员的辛苦劳动表示衷心感谢！

中国社会科学院世界历史研究所

2016年11月

初版说明

　　《外国历史大事集》现代部分第四分册共辑入世界现代史上有一定历史地位和国际影响的重大历史事件记述 39 篇，大体上起自 20 世纪 60 年代初，迄于 80 年代后期。有少数稿件补入原先遗漏的 40—50 年代发生的事件，本册仍按事件发生年代的先后，以欧洲、北美，亚洲、非洲、拉丁美洲以及国际关系和科学文化等专题的顺序依次排列。书末附有现代部分 4 个分册的索引。

　　本册编辑小组由于沛、沈永兴、朱希淦、张晓华四位同志组成，于沛，沈永兴、朱希淦任主编。组织和处理稿件的分工是，于沛负责苏联和东欧、国际工人运动、科学文化并通读全册稿件，与王敏编制现代部分索引；沈永兴负责西欧、北美和国际关系，并负责稿件的技术性加工和出版事宜；朱希淦负责亚洲、非洲、拉丁美洲；张晓华审读、编辑非洲稿件并参与本书组稿。秦晓鹰、胡国成参加了初期的组稿工作。按照本书正、副主编的分工，现代部分各分册由朱庭光通读全部稿件并负责定稿。

1988 年 11 月

目　录

法国 1968 年五月风暴

许明龙

1968 年 5 月前后，法国发生了一系列学潮、游行示威、罢工等群众运动，首先出现在巴黎，后来扩展到全国。戴高乐政权险些在这次巨大的冲击下倾覆，因而被称为"五月危机"。我国史学界则习惯地称之为法国"五月风暴"。这是法国战后历史上的突出事件。英国记者帕特里克·西尔写道："其规模达到了令地震仪破裂的程度……当你在数月之后企图弄清它的意义时，仍然觉得头晕目眩。"

这场风暴看似突如其来，其实冰冻三尺，非一日之寒。它反映了法国的学生、工人和广大人民对高度发达的资本主义消费社会的不满，对戴高乐政权的厌恶；同时也是由于他们受到西方马克思主义和无政府主义思潮的影响。总之，五月风暴是带有某种程度的自发性，以资本主义社会和戴高乐政权为对象的人民反抗运动。

迅猛的学生运动及其深刻原因

20 世纪 60 年代后期，在西方资本主义各国学生运动风起云涌。西德学生在激进的社会主义学生联盟领导下，于 1967 年 6 月掀起了颇具规模的学潮，使许多大学陷于瘫痪。1968 年 4 月，美国哥伦比亚大学的学生因不满校方管理，群起占领图书馆，并袭击校长办公室。同年春季在意大利的许多城市，大学生开展了一场声势浩大的运动，要求让学生参与制订教学计划、参与管理学校，并进而批判传统的旧大学，要求创立新型大学。

20 世纪 60 年代西方学生运动的具体起因和目的是多方面的，其中最主要的因素是憎厌和反对资本主义世界中的消费社会。此外，还有一个因素是反对美国政府进行侵越战争。学生们认为，在高度发达的消费社会中，资本家为追求利润而千方百计强化生产，同时诱导人们大量消费，使每个人身不由己地成为消费社会的一个机件，他们对自己的这种异化无所知觉。整个社会淹没在单纯的物的生产和物的消费之中，而置有关人类命运的其他基本问题于不顾。就教育角度来说，学校成了资本主义制度制造它所需要的各种活的工具的工厂，学生成了从属于学校的物化关系的商品。学生个人的需要和愿望、天赋和才能的发挥和发展不再被社会所注意和考虑。大学中原有的继承和批判文化遗产的功能在逐渐消失。

在西方资本主义国家的学生中普遍存在的这种思潮，之所以在法国表现得格外激烈，则因为在法国还存在着一些特殊情况。从 20 世纪 50 年代到 60年代，法国的大学生人数激增，1958 年仅为 17 万人，1968 年激增为 61 万人，其中 1/3 左右集中在巴黎地区。大学的教学和生活设施远远跟不上学生人数增加的速度。宿舍拥挤，图书馆人满为患，教室不敷所需，有时学生们只得站在门外听课。政府虽然新建了一些学校，但远未能解决问题。法国政府当局对于这种情况的对策，不是采取积极地加速发展教育设施的态度，而是以限制入学人数来消极地维持局面，一大批有志于深造的学生被拒于大学门外。法国教育行政部门因循守旧，强行维持早已不合时宜的种种清规戒律，如校园内不得举行政治性集会、男女学生不得在宿舍内互访，等等。此外，还有一个毕业后的出路问题：许多大学生熬得几年寒窗，希望踏入社会后施展才能，但冷酷的现实是他们很难找到自己愿意从事的职业，只能为了糊口而放弃自己已经初步掌握的专业，去从事用非所学的工作。他们对前途失去稳定感、希望和信心。面对广大学生日益显示出来的不满和怨恨，法国政府表面上宣称要进行教育改革，但措施不力，进展迟缓，问题久悬得不到解决。这许多现实生活中的问题促使学生们对资本主义社会进行思索。萨特、阿尔都塞、勒费弗尔等"西方马克思主义"者的理论在学生中间影响日益扩大。这些内外因素的结合，便导致了 1968 年 5 月学生运动的爆发。

巴黎大学农泰尔分校的学生首先发难。该校是政府为解决学生数量激增而在巴黎郊区新建的一所大学，物质条件比其他大学更差，学生们曾于 1965年、1966 年、1967 年连续发动几次学潮，要求改善条件，革除陈规，均被校方拒绝。1968 年 1 月，学生们再次闹事，校方招来警察镇压。3 月 18 日，在一次反对美国侵越战争的示威游行中，该校的一名学生被捕。3 月 22 日，该校的部分学生集会抗议。会后，142 名学生占领了学校的行政机构所在的塔楼，决议成立"三二二运动委员会"。校方急忙向政府报告，警方根据教育部部长阿兰·佩雷菲特的要求，于当晚包围塔楼。凌晨 2 时，学生们高唱着"国际歌"被迫撤离塔楼。此后一个月内，学生们多次集会，抗议校方和警方的卑劣行径，动乱范围逐渐扩大，参加斗争的学生日益增多，校方态度强硬。5 月 2 日，农泰尔分校校长宣布该校无限期停课，并通知参加占领塔楼行动的科恩－邦迪等 8 名学生前往巴黎大学索邦本部，接受校务委员会的讯问。

5 月 3 日，当科恩－邦迪等 8 人来到索邦时，聚集在校园中的数百名学生发生骚乱。校方请示教育部部长后召来了大批警察。警察使用警棍和催泪弹驱赶学生。学生们拆毁桌椅进行还击。双方从下午 5 时搏斗至夜间 10 时半，200 余名学生被捕。校方当夜宣布关闭索邦，并决定由纪律委员会传讯带头的学生科恩－邦迪等人。与此同时，警方声称将把若干被捕的学生交由法庭审判。校方和警方相互勾结镇压学生的暴行更加激起了广大学生和教师的愤慨。当晚，全国高等学校教师工会宣布支持学生的斗争。次日凌晨，全国大学生联合会等 7 个团体的代表举行联席会议，共商对策，决定展开广泛的斗争。

5 月 6 日，1 万余名学生在巴黎市内示威游行。3000 余名警察再次包围索邦，与学生发生激烈冲突，直至深夜。5 月 7 日，一部分中学生加入斗争行列，游行队伍更加壮大。

学生的行动得到知识界知名人士的支持。例如，著名哲学家萨特出面组织支援受害学生委员会。6 名诺贝尔奖奖金获得者联名致函戴高乐总统，要求释放被捕学生，重新开放索邦。广大市民对学生造反的原委虽不甚清楚，但出于对警察暴行的义愤，也站在学生一边。据 5 月 8 日的抽样民意测验，4/5 的巴黎市民支持学生。

当时蓬皮杜总理正在伊朗和阿富汗访问，由若克斯暂代总理，内阁实际上在戴高乐总统的直接控制之下。面对日趋严重的局势，戴高乐仍然坚持高压政策。他认为闹事的只是少数学生，法共也并未插手，因而不会酿成重大事件。5 月 5 日，戴高乐指示若克斯、佩雷菲特和内政部部长富歇："必须毫不留情地制服街头骚乱……每晚都应逮捕 500 名学生。"5 月 7 日，学生代表向政府提出 3 项要求：释放被捕学生；撤走警察；重开索邦。佩雷菲特根据戴高乐"先维持秩序，然后才能讨论"的指示，同日在议会宣称："恢复秩序，一切都可能，秩序不恢复，一切都不可能。"实际上是拒绝了学生们的全部要求。

　　政府的态度进一步激发了学生们的愤怒和斗志。5月8日，学生们成立了"五三行动委员会"，号召占领学校。5月6日，学生举行大型集会，在会上发表演说的除科恩－邦迪外，还有西德、意大利、比利时、荷兰、西班牙等国的学生，他们专程来到法国，支持巴黎学生的斗争。演说者异口同声鼓动学生们向校方和政府抗争。

　　10日下午6时，学生们举行了空前规模的游行，前往司法部请愿，要求释放被捕的学生。游行队伍在途中遭到警察阻拦，遂改变计划前往索邦。队伍行至拉丁区又遭警察阻拦。学生们怒不可遏，拆毁路障，翻起街石，筑起街垒以迎击警察。教育部部长佩雷菲特闻讯后，宣布同意撤走包围索邦的警察，重新开放索邦。关于释放被捕学生问题，他要求学生派出代表与政府进行谈判。谈判进行了数小时未达成协议，警察又于次日凌晨2时开始向学生发起攻击。三小时后，学生们的街垒全部失陷，数百名学生被打伤。学生们在这次搏斗中失败了，却赢得了普遍的同情，在野党的领导人纷纷发表谈话，谴责警察的暴行。11日下午，若克斯和富歇向戴高乐建议：立即宣布接受学生提出的三项要求，以免事态进一步扩大。戴高乐回答道："不能向骚乱低头，国家不能退让。"

　　蓬皮杜总理于5月11日晚间从国外返抵巴黎后，即去爱丽舍宫会见戴高乐。深夜11时30分，蓬皮杜发表电视演说，用委婉的言辞宣布接受学生的三项要求。

　　警察撤走后，学生于5月13日占领索邦。他们张贴标语、散发传单，组织讲演和辩论。索邦变成了学生们的"自由王国"，气氛热烈、紧张而混乱。14日，学生们成立了"占领委员会"，下设12个小组，分别管理索邦的校舍、食堂等。索邦被宣布为"自治的人民大学"，日夜向一切劳动者开放。

　　5月15日，学生们占领了奥德翁剧院，用作集会和活动的场所。

　　外省各大城市的学生受到巴黎学生的鼓舞，群起仿效，游行示威，占领学校，向政府抗议。学生运动的烈火燃遍全国。

　　参加斗争的学生大致可分为三部分：一部分是有组织的左派学生，另一部分是没有组织起来的自发参加活动的学生，第三部分则是介乎这两者之间的无政府主义者。在斗争中起主导作用的是有组织的左派学生，他们的组织和派别很多，如"革命共产主义青年团""革命学生联合会""共产主义青年联盟（马列）"等。这些组织中的不少成员过去曾是法共或法共青年组织的成员，后因对法共的路线和政策不满而自动退出或被开除，其中不少人是托派分子和他们自称的所谓"毛派"分子。他们宣称是坚决反对资本主义制度的革命者，但都反对法共当时所执行的路线和政策。他们认为，苏共二十大前的国际共产主义运动忽视个人自由，因此发生了波兰事件和匈牙利事件；此后法共又奉行苏共的和平过渡路线，一味强调议会斗争，从而坠入改良主义泥坑。他们对苏联模式的社会主义感到失望，转而向"西方马列主义""格瓦拉主义"和"毛主义"寻求真理。他们接受了马尔库塞[①]的理论，认为西方资本主义国家中的革命任务已经历史地落在享受不到正当权利的贫民、学生等阶层的肩上。他们自己并不感到物质匮乏，因而他们所关心的不是工人在罢工中经常提出的那些物质要求，而是要消除一切等级制度，让学生管理学校、工人管理工厂，让人人的才智和个性得到充分的发展等问题。他们认为，传统的请愿、谈判等斗争手段已经过时，新的斗争目标要求采用与之相适应的新的斗争手段，即更为直接的革命行动：不断地向统治者挑衅，促使统治者诉诸暴力镇压，暴露其凶恶的本相，从而使广大群众觉醒起来；然后再挑衅，再镇压，再觉醒；一浪接一浪，把运动推向高潮。他们当中的许多人崇拜鼓吹革命暴力的卡斯特罗和切·格瓦拉等人。

　　法国的右翼政党当然不会支持学生的斗争。值得一提的是法国共产党的态度。5 月 3 日，法共政治局委员乔治·马歇在《人道报》上发表署名文章，题为《撕下假革命者的伪装》。文章称左派学生为"冒险主义者""左派小集团"，指责学生们的行动"客观旨在为戴高乐政权和大垄断资本家的利益服务"。他号召人们"反对……左派小集团，并孤立他们"。另一个左翼政党——社会党对这次学潮也不重视，没有施加什么影响。所以说，这次学生运动基本上是在没有政党领导或支持的背景下自发进行的，而且他们内部也始终没有形成一个坚强的领导核心。

罢工浪潮和政府危机

　　前述的 5 月 13 日却是一个重要的日子，从这一天起，运动进入一个新的阶段：从巴黎蔓延到全国，从学生扩大到工人以及社会各阶层，由学潮发

---

　　① Marcus, Herbert (1898—1979)，出生于德国的美国哲学家，西方马克思主义法兰克福学派的主要代表之一。

展为威胁戴高乐政权的全面危机。

5月10日夜间至5月11日清晨学生对抗警察的街垒战，震惊了整个巴黎和全国。各阶层人民强烈谴责政府的残暴镇压行径，青年工人的反应尤为强烈。法国总工会、法国民主总工会和工人力量三大工会号召本工会的工人于5月13日举行24小时的总罢工和大规模的示威游行。5月13日正是导致戴高乐东山再起的1958年5月13日阿尔及尔事件10周年。选择这一天举行总罢工和示威游行，突出地表明罢工和示威的矛头所指是戴高乐本人和他的政权。

5月13日的示威游行规模空前，参加的人数在50万以上。法共领导人瓦尔德克·罗歇、乔治·马歇，社会党领导人居伊·摩勒、弗朗索瓦·密特朗以及孟戴斯-弗朗斯等政治家也走在游行队伍中。示威者高举的横幅上写着："学生、教师和工人携起手来！""10年，够了！"游行队伍从共和国广场出发，穿过闹市区向当费尔-罗什洛广场进发，声势浩大，显示了人民群众的力量。游行队伍中不仅有工人和学生，那些多年来对政治漠不关心的市民受到学生们的感染，也开始思索学生们提出的问题，加入了斗争行列，甚至连天主教教会的一些神职人员也参加了游行。各行各业和各个阶层的法国人几乎都在考虑法国社会的弊端和解救的途径。

法共领导人参加游行一事表明，法共对运动的态度已有所转变。起初，法共之所以对学生运动持完全否定的态度，除了左派学生组织历来反对法共这个原因外，还因为法共坚持这样的基本观点：法国当时根本不存在直接革命的形势，学生制造的骚乱只能给资产阶级进一步加强专政、扼杀民主，甚至为实行法西斯统治提供借口，因而学生们的行动是对无产阶级革命事业有害无益的不负责任的行为。

人们认为，法共对形势的分析当然不无道理，但它对这场风暴的兴起和发展完全缺乏精神准备和清醒的分析，对学生运动的作用做了错误的估计，因而失去了对运动的领导权。当运动向广大工人和各阶层人民扩展时，法共基于两点考虑，转而采取有保留的支持态度：第一，若继续站在运动之外，甚至抱持对立态度，法共不仅会脱离广大学生和青年，而且有失去部分工人和其他劳动者的拥护之虞，法共在法国人民心目中的革命者的形象将受到极大损害。第二，只有参加运动，才有可能将运动控制在它所希望的范围之内，使之不超出一定限度。正因为如此，马歇5月3日的文章受到了政治局若干成员的批评。法国总工会（其主席是法共政治局委员乔治·赛吉）开始与学生进行有限的合作。

　　其他政党的领导人和政治家公开亮出支持群众斗争的旗帜，那是不难理解的。他们看到，斗争已越出校园，反对戴高乐政权的色彩已大为加强，作为在野的政治家，他们当然不会放过任何可以推翻现政府的机会。

　　5 月 13 日游行后，工人迅速行动起来。在全国颇有影响的国营雷诺汽车厂所属的布洛涅一比扬古工厂的工人率先罢工，全国各地的工人纷纷响应。工人们占领工厂后日夜轮流守卫，并把厂主赶出工厂。到 5 月 20 日，全国的罢工工人人数已达 1000 万。在工人的带动下，各行各业相继行动起来，银行关闭，公共交通停顿。国家广播电视部门的部分职工也宣布罢工。全国的经济生活面临瘫痪，大资本家们惊恐不安，纷纷向西德和瑞士转移资金。

　　蓬皮杜与戴高乐不同，他执行的是息事宁人的安抚政策，为的是尽快控制事态，防止进一步扩大。他宣布接受学生提出的三项要求，并于 5 月 12 日和 13 日全部兑现。但事态并未就此停止发展，不但发生了 5 月 13 日的大游行，而且学生进一步提出解除内政部部长和巴黎警察厅厅长的职务，设立人民法庭审判警察的暴行等新的要求。蓬皮杜遂下令与学生代表私下进行谈判。戴高乐固执己见，坚持按原定计划如期出访罗马尼亚，富歇等部长竭力劝阻。蓬皮杜则希望在戴高乐出访期间加紧推行自己的安抚政策，所以对戴高乐的出访丝毫未用反对。戴高乐遂于 5 月 14 日启程赴罗马尼亚。

　　在野各政党借群众运动的高涨向政府发起攻击。5 月 14 日，国民议会中的反对派对政府提出弹劾票。多数派以总统暂时缺位为理由，主张将弹劾案的表决推迟到戴高乐回国后的 5 月 22 日。5 月 15 日学生占领奥德翁剧院后，蓬皮杜唯恐占领风潮越来越猛，于 5 月 16 日发表电视讲话，再次呼吁恢复秩序。5 月 17 日，外交部部长德姆维尔与戴高乐通长途电话后，戴高乐决定提前半天结束对罗马尼亚的访问，于 5 月 18 日回到巴黎。在 5 月 19 日的内阁会议上，戴高乐依然坚持强硬态度，要求立即夺回被学生占领的索邦和奥德翁剧院，并说必要时可以开枪。蓬皮杜和富歇婉言相劝，戴高乐才收回成命。

　　戴高乐之所以坚持强硬政策，除了他对共产主义一贯的敌视和对形势的严重性估计不足外，尚有他十分清醒的一面。那就是，他认为，要在法国酿成一场革命，造反的学生必须与法共携手，法共领导的工会必须与其他工会密切合作。要推翻他的政权，法共必须与密特朗领导的社会党人结成同盟。这些条件实际上远未具备。所以他认为，即使采取严厉措施，也不会导致严重后果。蓬皮社对形势的分析与戴高乐基本相同，不过他是从另一个角度考虑问题。他认为，若采取强硬政策，有可能改变法共对运动的看法，进而逼迫其彻底改变态度，号召工人与造反的学生通力合作，以推翻戴高乐政权为目标，掀起一场名副其实的革命。为避免这种可怕的结局，蓬皮杜力主妥协、安抚，但因得不到戴高乐的全力支持，所以不能放手执行。

国民议会就少数派对政府提出的弹劾动议，于 5 月 21 日和 22 日进行了辩论，在随后进行的表决中未获通过。投赞成票的除法共和社会党议员外，尚有大部分中间派议员，共 233 票。多数派虽然以 244 票取胜，内部矛盾已经暴露：一名戴高乐派议员拒不参加投票，并辞去议员职务，另一名戴派议员对弹劾动议投赞成票后辞去议员职务。

5 月 24 日，戴高乐向全国发表广播演说，没有提出明确的解决方案，而是再次祭起那个屡试屡灵的法宝——全民公决，要求全体公民对他所主张的空泛的"参与"政策，即扩大人民参与国事和管理各项事业的机会，表示意见。他以威胁的口吻说道，如果他的主张遭到全民公决的否决，他将不再担任总统。戴高乐的演说使政界人士和广大群众大失所望。人们指出，他建议的全民公决实际上是企图以个人威望来平息普遍的不满。在此之前的 5 月 23 日，政府宣布不准当时在国外的科恩－邦迪入境，学生大为愤慨。这两件事引起的后果，便使一度相对平静的示威游行重掀高潮。24 日夜间再次发生了街垒战。

议会中的少数派各党虽然在弹劾政府的动议中遭到失败，但它们从表决的结果中看到了自己的力量，而且从戴高乐的电视演说中受到了鼓舞。它们认为，戴高乐已经老朽，再也没有当年的精力、魄力和才能，被取而代之的日子已为期不远，很可能在预定于 6 月 16 日举行的全民公决中遭到否决而下台。因此，各党派的政治家纷纷登场，为逐鹿"戴高乐之后"的政权而忙碌。

法共虽然改变了对运动的态度，但基于对法国不存在直接革命形势的估计，力图将工人运动控制在传统的方式和要求范围之内。因此罗歇 5 月 22 日在国民议会上仅限于说："大学生人人要求有求学的机会。工人和工会要求增加工资，充分就业，缩短工作时间，提前退休年龄……"

法国总工会要求与政府和雇主进行谈判。这一要求正中急于恢复秩序的蓬皮杜的下怀。他始终认为，真正的危险在于法共和工人，只要能稳住工人，学生是不难对付的。他立即召集工会、雇主和政府三方面代表，从 5 月

25 日起在格勒内尔街的社会事务部举行谈判，并亲自参加。为了迅速恢复全国平静，政府和雇主做出一些让步。经过两天的讨价还价，三方达成 9 点协议，主要内容为：每小时最低工资由 2.22 法郎增加为 3.00 法郎，即提高 35%；自 6 月 1 日起普遍增加工资 7%，自 10 月 1 日起再增加 3%；缩短每周工作时间 1—2 小时。

出乎蓬皮杜和工会领导人的预料，《格勒内尔协议》公布后，当即遭到许多工会基层组织和工人群众的拒绝。工人们认为，最低工资虽大幅度提高，但领取最低工资的工人仅占全体工人的 7%，绝大多数工人并不能从这项规定中得到实惠。其次，在正常年份，工资的实际增长率为 6% 左右，而协议规定的增加幅度仅为 7%。这就是说，工人们空前规模的罢工只争得了 1% 的实际增长。更重要的是，工人们在罢工中提出的对企业管理制度进行改革、实行工人自治、扩大工会权利等要求，均未得到满足。在这种情况下，绝大多数工厂继续罢工，蓬皮杜的努力再次失败。

连续两周的全国性罢工使经济生活受到严重影响，给居民的日常生活造成了困难，人们希望恢复正常秩序。《格勒内尔协议》的失败说明蓬皮杜内阁和戴高乐政权的无能。更换政府，让戴高乐下台这个问题比原来的估计更早地提到日程上来了。各派政治人物积极奔走，为组织新政府用尽心机。吉斯卡尔·德斯坦主张保留戴高乐，更换蓬皮杜，由"革新人士"组织新政府。中间派勒卡尼埃要求组织"救国政府"。法共深知自己无力单独组织政府，遂向社会党靠拢。社会党的密特朗认为法共不易为非左翼选民所接受，与其与法共携手，不如与右翼的反戴派孟戴斯－弗朗斯结盟。5 月 27 日，以统一社会党和全国大学生联合会为主的几个组织在夏尔莱蒂体育场举行大型群众集会，孟戴斯－弗朗斯出席了大会，法共系统的组织全部被排除在外。罗歇当即致函密特朗，要求当天与他会谈，就共同组织一个"人民的和民主联盟的政府"进行磋商。法共决定于 5 月 29 日组织大规模示威，显示力量。

5 月 28 日，教育部部长阿兰·佩雷菲特辞职。内阁部长们人心浮动，有人收拾文件，有人订购机票。戴高乐派内的许多人也认为，戴高乐等不到 6 月的全民公决就要下台，问题只是由谁来接替了。当天下午，密特朗发表声明，声称政府已经名存实亡，必须立即着手组织一个"临时管理政府"，由孟戴斯－弗朗斯出任总理。至于未来的总统，密特朗毫不客气地说："我是候选人。"

戏剧性的结局

5月29日，看来大厦将倾，人们紧张地按照自己对形势的理解和想象为戴高乐政权准备"后事"。戴高乐本人也终于认识到了形势的严重性。他认为，法共组织的定于5月29日举行的示威游行可能演变为攻打巴士底狱式的武装起义，游行队伍可能直奔爱丽舍宫，以他为目标。一旦爆发这样的起义，左派学生必然与法共携手，因而政权势必落入法共手中。为预防不测，他决定飞往西德的巴登－巴登，同法国驻德军队司令马絮将军密谈，争取军队的支持。由于他对控制局势已无把握，行前召见他的女婿德博瓦索将军面授机宜，并交给他一些文件和两封信。一封是给蓬皮杜总理的，内容为关于当前局势的指示；另一封是致法国人民的，陈述他对总统继任人的意见。在与马絮将军的会谈中，戴高乐以释放1961年阿尔及利亚事件中的叛乱军官为代价，换取了军队的支持。双方商定，法共倘若在巴黎发动起义，军队立即向首都进军。

戴高乐离开巴黎前，曾通知蓬皮杜，他因感到疲劳暂回科龙贝乡间休息一天。总统的直升机未在预定时间降落在科龙贝，霎时间，总统失踪的消息不胫而走，政府官员和政党首领们纷纷揣测，有人认为戴高乐此番出走不会再返回爱丽舍宫，有人甚至怀疑他已自杀。在一片紧张的气氛中，巴黎郊外乡间出现了坦克，准备保卫爱丽舍宫的伞兵部队已在巴黎荣军院广场集结。

各个政党的领袖们频繁活动，商讨组织政府问题。密特朗与孟戴斯－弗朗斯进行了接触，法共代表与密特朗的代表举行了会谈，但未能取得一致意见。法共力图与密特朗结成联盟，反对孟戴斯－弗朗斯出任总理。密特朗愿意与孟戴斯－弗朗斯合作，而孟戴斯－弗朗斯又不甘屈居密特朗之下。接替戴高乐政权的准备工作虽在加速进行，但矛盾重重。

当天下午，法共组织的游行队伍三四十万人秩序井然地列队前进，不但没有冲击爱丽舍宫，而且没有发生任何暴力行动。已从巴登－巴登回到科龙贝的戴高乐接到报告，才知道是一场虚惊。他立即振作起来，准备反击。

戴高乐的出走和短暂的失踪造成了强烈的效果。数日来被人们视为已不起作用的总统突然成了人们关注的焦点。5月30日，戴高乐回到巴黎，当天下午，发表了4分半钟的广播演说。人们普遍以为他将宣布辞职，但他却出乎人们意料地宣布，不仅他本人不辞职，而且不更换总理。相反，他宣布解散国民议会，提前大选。在广播讲话中，他辱骂法共以"恫吓、毒化和暴虐为手段"，并指桑骂槐地指责法共"利用那些为人所不齿的政客们的野心和仇恨"。戴高乐的决定打乱了反对党领袖们的步调，使他们一时间手足无措，来不及做出有力的反应。戴高乐派和拥护戴高乐的人们从他的广播讲话中得到了巨大鼓舞。当天下午，50 万人在爱丽舍田园大街举行声势浩大的支持戴高乐的示威游行。

　　5 月 31 日，戴高乐撤换了若克斯、富歇和情报部部长戈尔斯。政府采取措施，从 5 月 31 日起保证了一个月来日趋紧张的石油供应，从而在人们的心理上赢得巨大胜利，争得了对长期动乱已感厌烦的居民的支持。对于这种戏剧性的变化毫无精神准备的反对党领袖们，眼看搞垮戴高乐的良机已失，匆匆转入新的国民议会的竞选。一天之前似乎摇摇欲坠的戴高乐政权奇迹般地摆脱了危机。

　　一个多月以来的动乱，使居民的生活受到很大影响，特别是石油供应的困难使一般市民很感恼火。频繁的街头革命行动，动辄拆毁公共设施，破坏道路，也使他们反感。学生们提出的口号和要求与普通居民并无紧密的联系，所以，危机初期因对警方暴行不满而产生的对学生的同情逐渐消失。居民们普遍希望恢复秩序，恢复正常的生活。此外，如同历史上一再重现的状况那样，外省对巴黎激进的造反行动不甚理解，支持不力。在这种情况下，学生和工人虽然继续坚持了一段时间，并且后来还掀起了几次小高潮，但因失去了舆论的支持，势头越来越小。政府乘机加紧镇压，6 月 12 日宣布禁止示威游行，并解散 11 个学生团体；6 月 14 日，警察赶走了占领奥德翁剧院的学生。6 月 16 日，警察从学生手中夺回了索邦。工厂陆续复工，到 6 月 19 日，全国坚持罢工的工人仅剩 1.5 万人。震撼欧洲乃至全世界的法国 1968 年五月风暴就这样渐渐减弱以至完全停息。

结束语

　　五月风暴的主要参加者学生和工人，从未把推翻戴高乐政权明确地作为自己的斗争目标，更没有夺取政权的计划。因此，戴高乐政权在五月风暴后的幸存，不能认为是学生和工人斗争的失败。学生和工人掀起这场风暴，主要不是因为物质的匮乏，而是感到自己成了资本主义等级制异化制度的受害者。他们普遍感到不能掌握自己的命运，学生的才智不能自由地发挥，工人在劳动过程中的创造性被窒息。学生要求管理学校，工人要求管理工厂；总之，他们要做自己命运的主人，做社会真正的主人。他们的愿望在五月风暴中得到了充分的表达，他们的要求没有达到，也不可能在不触动资本主义制度的条件下达到。但是，他们的愿望和行动深刻地反映出了发达的资本主义社会中的种种矛盾，使人们认识到，不只是"饥寒交迫"可以引起革命，政治上和精神上的被奴役、被压迫同样也可以引起革命。只要经济高度发达，资本主义制度便可永存的神话被事实击破了。从这一点来说，五月风暴是发人深省的。

政治家们并不是五月风暴的主角，他们只是在运动已经形成高潮时，才同群众在某一点上会合，企图借群众运动的力量推翻戴高乐政权。他们由于互不团结、策略不当而坐失良机。这就更不意味着五月风暴的失败。

五月风暴的影响可以归结为两个方面。其一是对法国政局的影响。一贯对戴高乐言听计从的蓬皮杜，在五月风暴中执行了一种与戴高乐的意旨不同的政策，戴高乐对此不能容忍，1968 年 7 月 10 日，即五月风暴平息后不久，蓬皮杜被解除总理职务。戴高乐派的许多政治家则认为，五月风暴的平息，很大程度上应归功于蓬皮杜的温和政策。他们认为，蓬皮杜已经成熟，可以充当戴高乐的继任者了。戴高乐的威望在五月风暴中受到严重打击，人们普遍认为，他已不能有任何新的作为，应该下野了。在 1969 年 4 月 27 日的全民公决中，戴高乐遭到否定，次日宣布辞职。在五月风暴中，法国国家机构的权威受到严重的挑战；经济恶化，法郎的地位更加疲软；高等教育的改革问题已变得刻不容缓。这些问题在五月风暴后一段时间内，成为政府首先关注的问题。

五月风暴在另一方面的影响则更为深远。相对富足的消费社会突然出现了全面的社会危机，这一事实让人们看到了平静的水面下有着暗流。人们对现存的一切：社会关系、政治体制、经济制度都提出了疑问，人们感到再也不能这样继续下去了，"改变生活"成为一种响亮的口号。由于参加五月风暴的学生所信奉和宣传的大多是马尔库塞等人的理论，所以"西方马克思主义"引起了人们普遍的注意，成为当时西方的一股强大的思潮。

总之，法国 1968 年五月风暴的影响绝不限于法国，应该说它震撼了整个西方世界，它所提出的问题在其他资本主义国家也不同程度地存在着，我们应该对这些问题做深入的研究。

德意志联邦共和国的新东方政策

潘琪昌

德意志联邦共和国（以下简称联邦德国）的新东方政策从 1969 年年底开始正式推行。这一年的 10 月，德国社会民主党和自由民主党首次联袂执政，勃兰特出任总理。勃兰特政府上台伊始，就致力改善同苏联和东欧国家的关系。在短短四年多时间内，联邦德国通过同苏联和东欧各国签订一系列条约和协定，有保留地承认了德意志民主共和国（以下简称民主德国），承认了民主德国与波兰之间的奥得—尼斯河边界，并同所有东欧国家建立了外交关系，从而大大缓和了联邦德国同苏联和东欧各国的关系，并使欧洲东西方的缓和出现了新的局面。人们通常把勃兰特政府推行的这项政策称为新东方政策，以区别在此之前联邦德国的东方政策。

新东方政策提出的背景

联邦德国是第二次世界大战结束后在美国积极扶植下成立起来的。当时，美国出于同苏联"冷战"的需要，对联邦德国采取既控制又扶植的方针，而联邦德国由于自身处在被美、英、法三国占领的地位，一方面不得不接受美国的控制，另一方面也希望借美国的扶植来恢复和壮大自己，最后凭借实力达到重新统一德国、恢复 1937 年时德意志帝国版图的目标，这不仅意味着要把民主德国统一过来，而且要把奥得—尼斯河以东划归波兰的地区也要统一过来。因此，阿登纳在 1949 年组成第一届联邦政府后，就坚决推行向西方一边倒的政策，与此相应，阿登纳政府亦步亦趋跟着美国对苏联和东欧各社会主义国家采取敌对的政策，而且从统一德国的长远目标出发，坚决不承认民主德国为一个独立国家，而贬称为"苏占区"或"德国的东半区"，宣称联邦德国是全德国的唯一合法代表。同时，阿登纳政府声明"无论如何也不能接受苏联和波兰”将奥得—尼斯河以东“这些领土分离出去”。

阿登纳政府这种不承认战后边界现状的顽固立场充分体现在所谓的哈尔斯坦主义上。1955 年 9 月，阿登纳出于当时形势和自身利益的需要，应邀访问了苏联并同苏联建立了外交关系，但西德政府旋即宣布：西德同苏联建交，是因为苏联是对德四大战胜国之一，对德国的重新统一负有责任，因此这是一种特殊情况，并不意味着西德承认同苏联早已建立外交关系的民主德国。今后如有第三国承认民主德国，联邦德国将把这种承认看作不友好行动，并将与该国断绝外交关系。后人将这一政策冠以当时西德外交部国务秘书哈尔斯坦的名字，称之为“哈尔斯坦主义”。在 1957 年和 1962 年，西德先后引用这个哈尔斯坦主义同南斯拉夫和古巴断绝了外交关系。哈尔斯坦主义的提出，不仅使西德同苏联建立的外交关系徒具形式，而且使它根本无法改善同整个苏联和东欧国家集团的关系。

从 20 世纪 50 年代中期起，阿登纳政府这种东方政策开始遇到了困难。

1955 年前后，苏联方面发生了两个对 50 年代后半期东西方关系起着重大影响的变化：一是 1953 年 8 月苏联成功地进行了第一次氢弹爆炸。1957 年 10 月，苏联又成功地发射了世界上第一颗人造卫星，这表明美国也已处在苏联的核打击危险之中，美国的大规模报复战略已经过时。二是赫鲁晓夫在 1956 年的苏共第二十次代表大会上批判斯大林及其路线，在对外政策方面强调和平共处、和平过渡和和平竞赛的口号。苏联的这些变化使美国不敢贸然同苏联迎头相撞，又使以美国为首的西方国家产生了一种使苏联和东欧国家实行和平演变的希望。在美国同苏联的关系中，开始出现一种根本上对抗、同时在利益并行不悖的领域内进行合作的局面。在德国问题上，美国公开寻求在维持德国分裂的局面下同苏联达成妥协。1955 年 7 月的日内瓦首脑会议上，美、英、法三国向苏联提出了艾登计划，该计划规定在东西欧之间建立一个视察区，由双方共同监督这个地区的军备情况，而这个地区以两个德国之间的边界作为中线来划定。阿登纳对这个艾登计划极为不满，认为“它将赋予分界线以国界的性质，从而使德国的分裂固定化”，此计划如若实现，便“将是西方国家和联邦政府承认所谓德意志民主共和国的重要的第一步”。1958 年 11 月，苏联在上一年发射了人造卫星的实力背景下向西方发出最后通牒式的照会，限西方三个大国在 6 个月之内使西柏林成为一座中立化的、非军事化的自由市，从而爆发了继 1948 年柏林危机以来的第二次柏林危机。在这场危机中，美、英、法三国，特别是美国和英国力求在维持现状的基础上同苏联达成妥协，而把联邦德国的切身利益撇在一边。1959 年美国总统艾森豪威尔在和赫鲁晓夫在戴维营举行会谈后公开表示："西方在柏林的一致利益还没有重要到使德国以外的公众去采取重大行动的地步。"

美、英、法三国不愿为联邦德国利益去采取重大行动的表现在 1961 年的柏林墙事件中更为突出。1961 年 8 月 12 日至 13 日的夜间，民主德国在东柏林拉起一道铁丝网（后来砌筑为墙），阻断了原来东西柏林间的自由通行。联邦德国原指望自己的西方盟国会立即采取行动制止民主德国方面筑墙，但西方盟国对此反应迟缓，无所作为。只是在 15 日，美、法、英三国向苏联城防司令提交了抗议书。美国做出最大的反应，就是派副总统约翰逊去了一趟西柏林，以示美国关心西柏林的"安全"。当时担任美国总统的肯尼迪认为，民主德国在东柏林筑墙，并未侵犯西方在西柏林的利益。西方三个盟国认为，在柏林墙问题上，"它们没有什么事情好做了"，采取军事行动是不可思议的，这将导致对抗。这使联邦德国大为失望，对西方盟国失去了在此之前"仍然存在着的幻想"。1962 年发生的加勒比海危机，一时使苏美两国剑拔弩张，但危机很快得到解决，双方终于没有大动干戈，它表明世界局势已从"冷战"进入东西方对话的新时期。1963 年 6 月，肯尼迪在华盛顿美利坚大学发表和平演说，指出美苏两国有着共同的利益，鼓吹对苏联要推行和平的战略。对联邦德国视作利害攸关的德国统一问题，肯尼迪只字不提。此后不久，即 8 月 15 日，美国又在事先不同联邦德国商量的情况下伙同英国跟苏联签订了《禁止在大气层、外层空间和水下进行核武器试验条约》（通称《部分禁止核试验条约》）。

美苏关系趋向缓和的形势，加上另外两个重要盟国和法国从 20 世纪 60 年代起竞相同苏联东欧国家谋求缓和关系，使联邦德国在国际上处境孤立。柏林墙事件和苏、美、英三家《部分禁止核试验条约》直接导致了阿登纳强硬的东方政策的结束。阿登纳本人也在 1963 年下台。

柏林墙事件引起了强烈震动，它使联邦德国公众感到阿登纳向西方一边倒的政策已行不通，必须依靠自己的努力来改善同苏联和东欧国家的关系，而要做到这一点，就必须在承认战后边界现状的根本问题上作出让步。

当时在野的德国社会民主党是要求推行一项新的东方政策的最积极的鼓吹者。1961 年 12 月，党主席勃兰特针对阿登纳的一篇政府声明指出，德国的政策不应单是从对抗出发，西德也必须努力改善同苏联和东欧国家的关系。1963 年 7 月，勃兰特的亲密助手、西柏林新闻情报局局长埃贡·巴尔在图青神学院发表演说时指出，要改变现状，先应该使现状保持不变，要"通过接近来实现转变"。这一"以接近求转变"的思想日后成为新东方政策的理论基础。从1963年起，勃兰特利用自己西柏林市市长的地位，推行"小步子政策"，即在东西方关系和两个德国的关系上，通过相互接触、对话，增进了解，从具体事情做起，一步一步地推动缓和的进程，率先迈出了同民主德国接近的步子。双方签订了好几个通行证协议，使西柏林人在东西柏林由于筑墙而隔断28个月后得以到东柏林访问。1966年6月，德国社会民主党在多特蒙德举行的党代会上作出决议："即便在最好的情况下，重新统一也需要在统一后的国家的边界上作出牺牲。""德国人民要与苏联和其他东欧国家在和平和睦邻关系中共同生活。"两年后（此时德国社会民主党已进入政府），勃兰特在纽伦堡举行的党代表大会上更为明确地提出：在对德和约签订之前，要先承认奥得—尼斯河边界。

另一个重要政党自由民主党曾长期在阿登纳政府中参与执政，但从20世纪60年代起越来越明显地偏离阿登纳的东方政策，要求改善同苏联和包括民主德国在内的东欧各国的关系。1962年2月13日，自由民主党发表声明，要求政府在对民主德国的政策上采取主动行动，并同苏联进行对话。当勃兰特推行"小步子政策"同民主德国签订通行证协议需要政府的批准时，当时任政府副总理的自由民主党主席门德支持了勃兰特。1966年，自由民主党退出政府后，有时对东方政策提出了一些甚至比德国社会民主党更为激进的主张。如1967年，受党的执行委员会委托，沃尔夫冈·绍尔弗起草了一份关于德国政策的文件。这份所谓绍尔弗文件提出：联邦德国政府应放弃单独代表德国的要求，承认民主德国为第二个德意志国家；应放弃原德意志帝国的东部地区领土，承认现有的东部边界，同所有的东南欧国家建立全面的外交关系。同年3月19日，自由民主党司库鲁平在《明星画刊》撰文《讲真话的时刻》，呼吁人们面对现实，指出："不承认1945年以来形成的事实就不会有重新统一。谁要重新统一，就必须承认奥得—尼斯河边界。必须承认德国土地上另一个共产党国家的存在。"德国的"重新统一也绝不会是民主德国合并到联邦德国"。1968年瓦尔特·谢尔担任自由民主党主席后，绍尔弗文件和鲁平的这些激进主张在全党得到了贯彻，从而使自由民主党和社会民主党在东方政策上的观点上完全趋向一致，为一年后两党联合执政推行新东方政策奠定了基础。

除了上述两大政党以外，联邦德国国内其他团体和阶层在20世纪60年代也纷纷要求政府改变对苏联和东欧国家的政策。1965年，具有很大影响的新教协会发表备忘录，呼吁实现德波和解，得到了国内普遍的支持。同年12月，天主教教会在一封答复波兰天主教教会的公开信中也要求两国人民坦诚对话，建立兄弟般的关系。

民意测验表明，1962年，接受奥得—尼斯河边界的人数为26%，1967年达到46%，1969年11月的一次民意测验中，此数字达到了51%，尤其是16—40岁的人，大多数都愿意接受边界现状。同意法律承认民主德国的人数在1966年为5%，1968年有29%的人赞同承认民主德国为独立国家，到1971年春，已有1/3的人同意承认民主德国。

在国际形势变化以及国内舆论的压力下，西德从20世纪60年代开始在东方政策上已逐步转变。

1961年年底，施罗德出任阿登纳政府的外交部部长，开始有限度地改变阿登纳的东方政策，着手同除民主德国外的东欧国家发展贸易和文化关系。1963年艾哈德政府成立之后，施罗德这一松动政策得以继续推行，先后同波兰（1963年3月）、罗马尼亚（1963年10月）、匈牙利（1963年11月）以及保加利亚（1964年3月）签订了贸易协定，并在这些国家设立了商务代办处，打破了同这些国家以前几乎完全封闭的状态。

1966年3月25日，艾哈德政府采取进一步行动，向所有与联邦德国有外交关系的国家和除民主德国外的东欧国家作出所谓"和平照会"，表示"愿意为重新统一作出牺牲，决心用和平的手段解决这个任务"。照会第一次提出要"同苏联、波兰、捷克以及其他一切东欧国家交换放弃使用武力的声明"。

但是，无论施罗德的松动政策或艾哈德的和平照会都还没有从根本上摆脱阿登纳时期那种老框框，因而无法在同苏联和东欧国家的关系上取得根本性的突破。1966年年底，艾哈德政府下台，由联盟党和社会民主党组成了大联合政府。联盟党的基辛格任总理，社会民主党的勃兰特任外交部部长。

大联合政府东方政策的一个重要转变是改变了对民主德国的态度。基辛格总理在1966年12月13日的政府声明中宣称："我们要缓和而不要紧张，我们要填平沟壑而不是加深它们。所以，我们要求用一切力量来促进同另一部分德国同胞进行人员、经济和精神方面的联系。"基辛格总理明确表示愿意同民主德国互换放弃武力的声明。1967年4月，基辛格总理又在政府声明中向民主德国提出一系列减少双方在旅行往来和支付方面的障碍以及在经济、运输方面进行合作的建议。

大联合政府对苏联也主动接近。1967年2月，政府递交给苏联一份声明草案，重申互不使用武力的要求。大联合政府还一再申明无意分化苏联同东欧国家的关系，也不会从中苏冲突中渔利，表白同苏联改善关系的诚意。

对东欧其他国家，基辛格政府不仅重提互换放弃武力声明的要求，而且表示"愿意和东部邻邦在经济、文化、政治等一切领域内改善关系，只要可能，也建立外交关系"。

1967年1月和12月，先后跟罗马尼亚建立以及跟南斯拉夫恢复了外交关系，这一举动表明大联合政府已放弃哈尔斯坦主义。1969年上半年，当伊朗、叙利亚、苏丹、南也门和柬埔寨承认民主德国时，大联合政府只是以一种低调称此为"不友好行动"，而不再采取断交措施。

但是在关键的承认民主德国和奥得—尼斯河边界问题上，大联合政府仍未让步。社会民主党虽有革新之意而受制于联盟党，无法实现自己的东方政策意图。直到1969年9月第六届联邦议院大选，社会民主党毅然抛弃联盟党，同自由民主党联合，组成了以勃兰特为总理、谢尔为外交部部长的政府后，才得以放手推行新东方政策。

新东方政策

勃兰特对新东方政策的构想如前所述，社会民主党和自由民主党在1969年联袂组成政府时，两党对推行一项新的东方政策的观点已趋一致。勃兰特在就职演说中说："我们的国家需要同西方保持合作和协议的关系，需要同东方实现某种谅解，在这种背景下，我要着重强调……需要同苏联以及东欧各国人民和平共处。"两党的主要构想是：首先，要打开同苏联和东欧国家的关系，必须同民主德国和解，而要做到这一点，就必须承认它是一个独立国家，要彻底抛弃阿登纳时期的单独代表权和哈尔斯坦主义。勃兰特在1969年10月28日所作的政府声明中第一次用"德意志民主共和国"的称呼，并表示："在德意志民主共和国成立20年后的今天，我们必须防止两部分德意志民族的任何进一步离异，努力实现一种正常的共处条件，并由此而实现合作关系。"勃兰特并向民主德国部长会议提出，在互不歧视的情况下进行政府级双边会谈。但是，为了保留以后德国重新统一的可能，联邦德国对民主德国只能作有限度地承认，即承认它是一个主权国家，双方不为外国。两个德国是"两个国家，一个民族"。勃兰特政府将这种有限承认称作一种国家法承认，而不是国际法承认。谢尔在 1968 年年底一次讲话中明确反对联邦德国在国际问题上单独代表所有德国人的要求，同时说道："我们要求努力通过条约来调整民主德国同我们之间的关系。这意味着，我们把民主德国作为一个现存的国家来接受，我们可以按国家法同它签订条约。"勃兰特在上述政府声明中也明确指出："联邦政府不能考虑从国际法上承认德意志民主共和国。它们相互间不是外国关系，而只能是一种特殊的关系。"

其次，要使民主德国向联邦德国开放，还必须取得苏联的同意。巴尔在他那次图青神学院的讲演中清醒地说道："对苏联来说，肯定不会让人家把它的地盘分割出去而加强西方的实力。"因此，联邦德国必须改善同苏联的关系。勃兰特在 1968 年一期杂志上撰文也说要"继续努力改善对我们来说远不是理想的同苏联的关系"。为了推动同苏联的对话，谢尔在 1969 年 5 月带了自由民主党的两位副主席根舍和米施尼克到苏联进行访问，当时的《明星画刊》把谢尔一行称作打开西德同苏联关系僵局的"破冰者"。

此外，必须在承认奥得—尼斯河边界上作出让步，这是联邦德国要真正改善同苏联和东欧国家关系的必不可少的条件。关于这一点，社会民主党和自由民主党在 20 世纪 60 年代后期已有了完全一致的认识。

1968 年 6 月，新东方政府的设计者之一巴尔曾为日后实施新东方政策设想了以下四个步骤。

第一步，改善同民主德国的关系，承认德意志民主共和国，跟它签订一个总协定，双方互派全权代表，但联邦德国不承担在国际法上承认民主德国的责任。

第二步，同其他东欧国家缔结互不使用武力的协定，并建立外交关系，同时与苏联签订放弃使用武力的协定。联邦德国在这些协定中将承认现有边界，包括奥得—尼斯河边界。

第三步，裁减美苏在两个德国现有兵力的 30%—50%，达到常规军事力量的均衡。

第四步，建立欧洲集体安全体系。

勃兰特政府上台后，基本上是按照这四个步骤来推行新东方政策的，只是由于 1968 年 8 月苏联入侵捷克，使联邦德国看到一切线头都牵在苏联手上，因此第一步和第二步倒了过来。

"莫斯科条约"和"华沙条约"的签订

1969 年 11 月 15 日，勃兰特政府正式向苏联提出，就签订一项互不使用武力的协定进行谈判，苏联接受了这个建议。翌年 1 月，巴尔被勃兰特政府授予全权赴莫斯科进行会谈。经过三轮艰苦的谈判，最后于 5 月在巴尔和苏联外交部部长葛罗米柯之间达成一个书面协议。在这个协议的基础上，谢尔在 7 月率团赴莫斯科同苏联举行正式谈判。8 月 12 日，勃兰特亲赴莫斯科，签署了《德意志联邦共和国和苏维埃社会主义共和国联盟条约》，通称《莫斯科条约》。

《莫斯科条约》共 5 条，其中第 2 条和第 3 条是关键性条款。第 2 条规定，双方"只用和平手段解决它们的争端并承担责任，在关系到欧洲安全和国际安全的问题上，以及在它们的相互关系中，根据联合国宪章第 2 条放弃以武力相威胁或动用武力"。第 3 条规定：缔约双方"完全尊重欧洲所有国家在其今天疆界内的领土完整"，"它们对任何人没有领土要求，将来也不会提出这样的要求"，"它们今天和将来都视欧洲所有国家在本条约签署之日存在的边界为不可侵犯，包括构成波兰人民共和国西部边界的奥得—尼斯河边界和德意志联邦共和国与德意志民主共和国之间的边界"。《莫斯科条约》这些规定表明联邦德国最终承认边界现状，《莫斯科条约》也为联邦德国随后同东欧各国签订条约奠定了原则基础。

为了取得美国的谅解，打消其疑虑，在苏德谈判过程中，勃兰特访问了美国，同尼克松和基辛格进行了会谈。美国希望联邦德国推行新东方政策，但要"基本上保证亲西方的政策；同时要求勃兰特把柏林问题与苏联签订条约的谈判捆在一起，把苏联保证西柏林的地位作为一种条件"。勃兰特作了保证，联邦德国不会同苏联、波兰或其他东欧国家达成任何有损于西方联盟的协定。

在同苏联谈判的同时，联邦德国也同波兰就两国关系正常化进行了谈判。波兰一开始就坚持要求联邦德国承认奥得—尼斯河边界。联邦德国政府在 1970 年 4 月确认了这个原则。在《莫斯科条约》签订以后，联邦德国和波兰的谈判进展更为顺利。1970 年 12 月 7 日，两国在华沙签订《波兰人民共和国和德意志联邦共和国关于两国相互关系正常化基础的约定》，简称《华沙条约》。《华沙条约》也有 5 个条款，其内容与《莫斯科条约》基本一致，只是在关于放弃武力条款和边界条款的顺序安排上有些不同，该条约的第一条规定：两国一致认定，1945 年 8 月《波茨坦协定》中划定的奥得—尼斯河边界"构成波兰人民共和国的西部边界"。两国"强调它们现有边界现在和将来都是不可侵犯的并承担责任，互相完全尊重对方的领土完整"，"它们声明，它们互相没有领土要求，将来也不会提出这样的要求"。

勃兰特在华沙签署条约期间，为了表明同波兰和解的诚意，到华沙犹太人牺牲者纪念碑前献花并致哀。

西德在《莫斯科条约》和《华沙条约》中明显地作了重大让步，这引起了当时在野的，但在联邦议院仍有很大势力的联盟党的强烈反对，一直到1972 年 5 月，在苏、美、英、德四大国《柏林协定》签订以后，联盟党才作了一定妥协，使《莫斯科条约》和《华沙条约》得到了西德联邦议会的正式批准。

四大国《柏林协定》根据第二次世界大战结束后苏、美、英、法四大国达成的协议，德国首都柏林由四大国实行共管。因此，当四大国在 1970 年专门就柏林问题举行谈判时，无论联邦德国或民主德国都是无权参加的。但四大国关于柏林的谈判却牵动着两个德国的重大利益。德国分裂以后，民主德国把东柏林作为自己的首都。联邦德国在西方三国的默许下事实上也把西柏林作为自己的一部分，但苏联从来不承认这一点。由于西柏林处在民主德国境内，苏联随时可以利用西柏林这种地理位置上的弱点对联邦德国施加压力。1948 年和 1958 年的两次柏林危机都说明了这个问题。第二次柏林危机中，苏联提出使西柏林成为非军事化自由市的要求。这场危机最后不了了之，但苏联并未明确收回这一要求。1961 年柏林墙筑起来后，尽管勃兰特搞了几个通行证协议，但总的来说，东西柏林间的来往是十分困难的。因此，在签订了莫斯科条约和华沙条约后，联邦德国便要求苏联在西柏林问题上作出相应的让步。联邦德国主要着眼于三个目标：（1）保证东西柏林及西柏林和西德之间的通道畅通；（2）承认西德同西柏林之间的联系；（3）确认联邦德国在对外事务方面有代表西柏林的权利。为了让苏联作出让步。联邦德国把《莫斯科条约》和《华沙条约》的批准同达成《柏林协定》联系在一起，即苏联如果不能同西方三国达成《柏林协定》，联邦德国便不批准业已签订的两个条约。有鉴于此，四大国《柏林协定》虽然没有联邦德国参加，却仍然构成新东方政策的一个重要部分。

四大国就柏林问题进行的谈判从 1970 年 3 月 16 日开始。谈判一开始就在协定的适用范围上发生了争执。西方三国认为将达成的协定应适用于整个柏林，即东西柏林合在一起的"大柏林"，苏联则主张只谈判西柏林问题。在长时间争执不下之后，最后双方采取回避矛盾的办法，不明确用"大柏林"或"西柏林"的称谓，而用"有关地区"的措辞。1971年9月3日，四大国终于达成一个正式文本，但没有标题，苏联称其为《西柏林协定》，西方国家则称之为《四大国柏林协定》。

《四大国柏林协定》正文共3个条款，同时还包括4个附件。协定的核心内容是第2条"有关柏林西部地区的规定"。其主要内容为：（1）苏联声明，将为西柏林和西德之间平民和货物的过境创造方便条件，使之"以最简单和最快的方式通过"；（2）西方三国声明：西柏林和西德之间的联系应得到"维持和发展"，但西柏林"仍然如迄今为止的那样，不是德意志联邦共和国的组成部分"；（3）苏联声明，要改善西柏林和东柏林及西柏林和民主德国之间的来往条件；（4）西方三国声明，三国仍将有代表西柏林及其居民的境外利益方面，"保留它们的权利和责任"，但在不触及安全和现状问题的情况下，联邦德国"可以对西柏林常住居民实行领事服务"。"联邦德国缔结的国际协定和协议可以按照规定程序扩大应用到柏林西区。"联邦德国"可以在国际组织和国际会议上代表柏林西区的利益"。

不难看出，苏联在四大国《柏林协定》中对西柏林地位问题做了不少让步。正因如此，苏联针对联邦德国把批准《莫斯科条约》和《华沙条约》同四大国达成《柏林协定》联系起来的做法提出一种"反联系"，即只有联邦德同批准了《莫斯科条约》和《华沙条约》后，它才签署《柏林协定》最后议定书使之生效。结果，苏联在联邦德国批准了上述两个条约后的半个月以后，才签署《柏林协定》的最后议定书。

东西德基础条约《柏林协定》的签订和生效，推动了两个德国之间的谈判进程。两个德国的政府首脑勃兰特和斯多夫曾在1970年3月19日和5月21日先后在民主德国的爱尔福特和联邦德国的卡塞尔进行了会晤。但由于民主德国坚持要联邦德国按国际法承认它，这两次首脑会晤虽然开了政府首脑会晤的先河，但并未对两国关系带来实质性进展。《柏林协定》签订后，联邦德国和民主德国在1971年12月7日签订了关于居民和物资的过境协定。同年12月20日，西柏林市议会和民主德国达成改善双方人员往来的协议，这两个协定均被作为四大国协定的组成部分。1972年5月26日，两个德国又签订了交通条约，两国通过条约承担义务，在相互不歧视基础上按照国际惯例，为两国领土之内和通过两国领土的交通提供方便。交通条约是两个德国之间签订的第一个正式条约，它对两国之间的人员往来起了积极的作用。在《柏林协定》生效后，两个德国便开始进一步就两国关系正常化进行实质性谈判。12 月 21 日两个德国正式签署了《德意志联邦共和国和德意志民主共和国关系的基础条约》。

基础条约共 10 个条款，此外还有一个附加议定书以及双方注释各自立场的一些信件和声明。联邦德国方面采取了签署《莫斯科条约》时的做法，在签署基础条约之前，单方面向民主德国递交了一封"关于德国统一的信件"。

基础条约的主要内容是：两国在平等的基础上"发展正常的睦邻关系"；两国遵循联合宪章的原则，"特别是各国主权平等，尊重独立自主和领土完整、自决权、保护人权和不歧视"等原则；两国"只用和平手段来解决它们的争端，放弃用武力相威胁或动用武力"，"它们强调，它们之间的现有边界现在和将来都是不可侵犯的"；两国中的任何一方不得在国际上代表另一方或以另一方名义行动。"两国只能在自己的国土上行使主权。"互相尊重对方"在处理内部和外部事务中的独立和自主"；双方发展和促进"在经济、科技、交通、法律、邮政通讯、保健、文化、体育、环境保护及其他领域的合作"；两国互派常驻代表。

1973 年 5 月 11 日，联邦议院对"基础条约"进行表决，尽管联盟党极力反对，但基础条约还是以 281 票同意 226 票反对获得通过。

《布拉格条约》的签订及同匈牙利和保加利亚的关系正常化基础条约签订以后，对西德来说，剩下来比较重要也比较难以打通的只是同捷克的关系。勃兰特政府从 1971 年 3 月开始和捷克对话。双方的争执主要是对 1938 年 9 月 29 日希特勒强加于捷克的《慕尼黑协定》的不同立场。捷克要求西德承认《慕尼黑协定》从其签订之日起"一开始就无效"。但联邦德国只承认该协定从 1939 年 3 月希特勒入侵捷克之日起无效。后来双方作了妥协。1973 年 5 月，两国进行正式谈判。同年 12 月 11 日，两国总理勃兰特和什特劳加尔在布拉格签署条约。条约的第一条规定："1938 年 9 月 29 日的《慕尼黑协定》在两国相互关系方面根据本条约为无效。"既点明了 1938 年 9 月 29 日的慕尼黑条约，又回避了"一开始无效"的提法。条约第二条规定，《布拉格条约》不影响 1938 年 9 月 30 日至 1945 年 5 月 9 日期间通行的法律；条约不涉及国籍问题，也不构成提出任何物质要求的基础。条约中其他关于边界不可侵犯和放弃使用武力等条款则与《华沙条约》中的有关条款相一致。随着《布拉格条约》的签订，联邦德国和捷克建立了外交关系。

不久以后，1973年12月21日，西德同匈牙利和保加利亚在同一天发表建立外交关系的公报。

这一年的9月18日，两个德国同时加入联合国。1974年3月，两个德国互相派出常驻代表。但在接受对方派出的常驻代表时，两个德国又一次显示了各自在民族问题上的不同立场。民主德国规定，联邦德国的常驻代表同民主德国的外交部建立联系，以示两个完全独立国家的关系。联邦德国则规定，民主德国的常驻代表同西德的总理府联系工作，以示一种"两个国家，一个民族"的特殊关系。

至此，勃兰特政府完成了新东方政策的各项法律基础，真正打开了同苏联和东欧国家的关系。

新东方政策的影响

新东方政策在联邦德国的对外政策发展史上具有转折性的里程碑作用，它彻底结束了在20世纪60年代已变得十分僵化、势在必改的阿登纳时期的东方政策，同时对欧洲东西方的缓和起了重要的推动作用。归纳起来，西德新东方政策的影响主要有以下几方面。

1. 大大扩大了联邦德国的外交活动余地，从而提高了联邦德国在国际政治上的地位

由于打开了同苏联和东欧的关系，联邦德国在东西方关系中不必事事依靠和仰仗美国，而可以直接出面同苏联和东欧国家打交道，减少了对美苏搞越顶外交的担心。由于战时和战后遗留下来的问题暂时得以解决，同时联邦德国承认战后边界现状，改善了联邦德国在国际上的形象。随着联邦德国经济实力的加强，加上战略地理位置的重要性，使联邦德国在美苏的激烈争夺中成为双方都想争取的对象。联邦德国可以在美苏间起一种中介人的作用，这就大大提高了它的国际地位。这一点，在西德推行新东方政策前是不可能做到的。

2. 稳定了欧洲的局势，对整个东西方缓和起了促进作用

第二次世界大战结束以后，德国问题一直是欧洲紧张局势的一个焦点。新东方政策的推行使欧洲的局势稳定下来。1978年，包括除阿尔巴尼亚以外

的所有欧洲国家以及美国和加拿大共 35 个国家召开欧洲安全与合作会议是70 年代欧洲东西方缓和和达到高潮的标志。这个欧安会，如果没有联邦德国新东方政策打开的缓和局面，是难以举行的。

3. 使西方联盟内部的关系更加复杂

新东方政策增强了联邦德国外交上的自主地位，使它不再事事唯美国的马首是瞻。这就不可避免地削弱了联邦德国同美国的联盟关系。1980 年，当时担任联邦总理的施密特说道："我们不再被迫毫无批判地采取美国人的任何立场了。今天，美国和德意志联邦共和国的关系与 15 年前或 20 年前不同了。那时我们是处于从属地位，今天我们是美国的一位重要伙伴。"联邦德国同美国关系的这一变化使西方联盟内部的关系进一步复杂化。

对于勃兰特政府 20 世纪 70 年代初推行的新东方政策，虽有种种评论和批评，但这一政策是以缓和、均势和联盟为基础的。总的来说是顺应了当时国内形势和国际形势的发展趋势的，它不是一项随意的政策，因而也无法随意对它作出改变。1974 年，勃兰特下台，但他的新东方政策被继任的施密特政府继续下去。即使 1982 年联盟党推翻了社会民主党政府，组成了以科尔为总理的政府后，勃兰特政府开创的新东方政策也仍然无法改变。

主要参考书目

（1）理查德·勃文塔尔：《从冷战到东方政策》，1974 年德文版。

（2）康拉德·阿登纳：《阿登纳回忆录》1—4 卷，上海人民出版社出版。

（3）赫纳特·施奈德，乌弗·弗尔曼：《德意志联邦共和国的外交政策》，1977 年德文版。

（4）联邦德国外交部：《德意志联邦共和国对外政策》，1972 年德文版。

（5）约瑟夫·柯伯尔：《欧洲的缓和》，1972 年英文版。

（6）维利·勃兰特：《会见与思考》，商务印书馆 1979 年版。

（7）安德列斯，希尔格罗勃：《1945—1975 年德国史》，1978 年德文版。

（8）联邦德国新闻情报局：《缓和政策文献》，1974 年德文版。

撒切尔政府调整对内外政策

蒋建青

以撒切尔夫人为首的英国保守党，自 1979 年 5 月以来已连续三次组阁。而以"铁娘子"著称的撒切尔是英国历史上第一位女首相，近 160 年来第一位"三连任"的政府首脑。撒切尔上任以来，以挽回历史性衰退的趋势，重振英国为己任。她的名言是："能够（使英国）再度成为伟大的国家那不是太好了吗？"英国著名的《金融时报》评论家戴维森甚至说："戴高乐的欧洲已成过去，撒切尔的欧洲正在开始。"尽管这些言辞颇有民族主义或夸张的色彩，但国际舆论公认，撒切尔政府执政 9 年以来政绩斐然，战后日趋衰落的英国确实出现了某种"中兴"的局面。

对内集中治理经济

撒切尔政府在 1979—1983 年的第一任期内，几乎把全部精力集中于治理经济。1984 年后，撒切尔虽越来越活跃于国际舞台，而其重心依然放在继续调整英国经济上。

第二次世界大战以来，英国经济一直处于历史性的衰退之中。在 20 世纪五六十年代资本主义经济的"黄金时期"，英国经济虽有所恢复，却似蜗牛爬行，年均增长率仅约 3%，较其他西方主要国家都慢，先后被西德、日本、法国超过。进入 70 年代以后，凯恩斯主义和福利主义政策的推行给英国留下了异常突出的恶果，两次石油危机和 1973—1975 年战后最严重的周期性危机又推波助澜，使英国经济更加恶化。1976 年英财政赤字靠国际货币基金紧急贷款 39 亿美元支付，并被迫接受国际财政监督。1974—1979 年，经济增长年率不足 1.5%，而年通货膨胀率高达 15%，是典型的滞胀经济。经济恶化加剧了社会矛盾，造成政局动荡。在此期间罢工繁多，1974 年保守党希思政府和 1979 年工党卡拉汉政府均因对工潮束手无策而下台。衰弱而又满身疮痍，长期停滞不前的英国经济被世界舆论通称为"英国病"。在当今世界，经济是一个国家实力的基础。毋怪乎当时的英国政界人物自嘲"英伦三岛仅是三流小国"。

正是在这一背景下，撒切尔政府上任之初即以扭转英国经济的颓势为压倒一切的任务，被称之为"撒切尔主义"的经济政策应运而生。它综合运用保守主义经济学派中的"货币主义"和"供应学派"的经济政策，紧缩财政，强调以市场手段调节经济为主，反对过多地国家干预。其主要措施有以下几点。

1. 紧缩财政，严格控制货币发行量

撒切尔夫人强调"没有健全的货币就没有健全的经济"，主张"先治胀，后治滞"。执政之初即宣布"中期财政战略"，明确规定 1980—1983 年财政赤字从占国内生产总值的 5.5% 降到 4%，货币发行量从 17% 降到 7%—11%，通货膨胀率从 15% 降到 5%。同时，提高利率，1979 年利率从 8.5% 升至 13%，1980 年再升至 15.1%，最高月份竟达 17%。1980—1983 年平均利率在 12% 左右。撒切尔政府着眼于控制通货膨胀的政策措施，无异于一服强烈的泻药，当时恰逢严重的周期性危机，其结果是英经济急剧收缩。从 1979 年 6 月至 1981 年 6 月的两年间，国内生产总值下跌 4%，工业生产下降 13%，其中制造业下降约 17%，失业人数从 100 多万猛增至 325 万。社会上反应强烈，反对者大有人在。然而，经过这一时期强烈的紧缩之后，通货膨胀率终究得到了控制，1982 年降到 5.3%。此后，紧缩政策仍是英国经济政策的主导方针。其间，出于政治需要，虽有局部调整，如 1985 年年底为应付大选需要，曾决定 1987—1988 年财政年度增拨 47 亿英镑用于教育、卫生保健及各项福利开支，借以争取中下层群众的民心。但从整个时期来看，在财政、货币、利息率诸方面依然置于严格控制之下，抑制通货膨胀仍是主要政策目标。突出的事例是 1988 年上半年英镑过于坚挺，汇率过高，一时要求降低利率的呼声甚高，但撒切尔仍坚持不干预金融市场。

2. 减少国家干预，鼓励自由竞争

撒切尔政府废除了 180 多项对经济活动的限制，其中较大的有：完全取消对工资、物价和外汇管制的法令；两次修改运输法案，鼓励长途运输和城市公共汽车私人竞争；修改股票市场和金融服务法案，鼓励"伦敦城"向电脑化、全球化发展。

3. 改革税收制度

改革税收制度是撒切尔政府实行"民众资本主义"的重要组成部分。这是采用美国经济学家阿瑟·拉夫勒教授和韦茨曼教授等人的"分享经济"的观点，通过降低所得税，争取使更多的人拥有私有住宅和公司股票，"以使人民对自己工作的公司更关心"。撒切尔执政以来，逐步将一般所得税降到27%（工党政府时为33%），高收入税降到60%（工党政府时为80%）；同时，一般公司税亦从52%降到35%，小公司的这类税收从42%降到27%。这种税制改革的最大得益者当然是高收入阶层和大中企业，低收入者和小企业所得有限。但它对刺激投资、促进消费确实有积极的推动作用。

4. 推进"私有化"

在20世纪70年代末80年代前期西方国家的"私有化"浪潮中，英国是"带头羊"。撒切尔以此为振兴经济的主要手段。英国在20世纪40年代后半期和70年代曾出现过两次国有化高潮。至1979年，国有化企业的营业额已占英国国民生产总值的11%、总劳力的8%、总投资的20%，对国民经济有着举足轻重的作用。国有企业大都人浮于事，亏损严重，经济效益低，成为英国经济的沉重包袱。

撒切尔政府的"私有化"包括：将国有企业出售给私人，从1981年开始执行，到1984年形成巨大声势，出售居世界电讯业第4位的英国电讯公司，标志着私有化进入国有经济的"心脏地带"，迄今已有10余个大企业实行私有；向市建公房的租户出售他们所租的住房；资助私人办医疗保健事业，教育私有化也已开始；改革养老金制度，使之逐步私有化。这就表明，撒切尔所采取的私有化措施，不仅将各类企业，而且也将住房、福利、教育和卫生领域卷入了浪潮。

撒切尔这一改革已见成效。至1985年，政府从私有化措施中所得收入已达190亿英镑。私有化后的企业，主要是大企业经济效益提高，增加利润少则20%，多达300%。政府的税收相应地也有增加。但是，这一政策目前在社会福利领域并不像企业那样，其收效甚微。

5. 削减工会权利，推行工资制度改革

英国的工会历史悠久，有重大的社会影响，又是工党的支柱。撒切尔执政后，主要运用立法手段，对工会大刀阔斧地限制和分化。1980年和1984年议会先后通过两个就业法，1984年通过了工介法。其内容有：限制罢工，规定罢工必须与工资、就业条件有关，不得超出此范围，且只限于工人与本企业雇主之间的纠纷，不能到其他工厂设立"第二纠察线"，罢工须在4周前以无记名投票方式征得多数工会会员同意，否则以非法论处，课以罚款，对英国传统的"只雇本工会会员"的招工制度加以限制；各级工会领导人必须通过工会会员无记名投票方式直接选举产生，至少每5年举行一次；工会是否对政党进行政治捐款，要由工会会员以无记名投票决定，至少每10年举行一次。撒切尔为对付罢工，还建立了强大的警察机动力量，削减了国家对罢工工人的救济金。

英政府1986年3月宣布实行工资改革，把固定工资制改为分享利润制。改革的内容是：工业企业的雇主不再将雇员原固定工资全数支付，改由雇员领取原固定工资的2/3，其余1/3则与企业利润挂钩。英财政大臣宣称此举是要把英经济由"工资经济"转变为"分享经济"，目的在于克服劳动市场结构僵硬、劳动力流动性差、经济缺乏活力的弊端。

撒切尔政府上述强硬措施，取得了预期效果。工会会员人数明显下降，1979年1220万，占全体劳动者的55%；80年代降至900万，仅占36%。罢工次数、人数及因罢工而损失的工作日，均大为下降。政府还运用高压和法律手段，先后瓦解了1984年煤矿工人和1986年的印刷工人两次大罢工。英国的工人运动因此而进入低潮。

综观撒切尔政府9年以来的经济政策，应肯定已取得显著的成果，长期以来的颓势已经扭转。

首先，获得了战后以来最长时间的低通货膨胀情况下的稳定增长。1979—1987年国内生产总值年均增长率为2.1%，高于1973—1979年的年均增长率（1.9%）。1985年以来更为突出，其增长率高于其他西方主要工业国家，其中1986年和1987两年超过日本而居首位。通货膨胀年均增长率1979—1987年大大低于70年代，近几年稳定在3%—5%。尤为值得注意的是，长期萎靡不振的劳动生产率在此期间有较大提高，9年间年均增长率达3.1%（1973—1979年为2%）。制造业的增长率达4.5%，高于西欧其他主要工业国家。

其次，英国的经济结构在此期间发生较大变化。随着科技革命的推动，制造业的产值和就业人数都缩小到约占1/4的程度，而第三产业则扩大到约占74%。英国金融业发展尤快，1986年纯外汇收入达97亿英镑，1987年突破100亿英镑。伦敦作为世界主要金融中心之一的地位得到维护和加强。这对英国企业的投资和设备改造都极为有利，成为经济增长较快的重要动力。

最后，国际收支的状况有所改善。1980—1985年，经常项目均有较大数额的顺差。1986年和1987年，因北海石油收入下跌以及进口增长过快，才又出现逆差。英国在此9年中已由债务国变为债权国。1979年政府取消外汇控制后，海外投资成倍增长，1986年累计达1400亿英镑。每年从海外投资增加的收入达70亿—80亿英镑，已仅次于日本而为世界第二大债权国。这一状况明显有利于改善国际收支。

撒切尔政府的对外政策

撒切尔夫人任期的9年中，正是东西方关系和国际局势发生深刻变化的时期，政府的对外政策审时度势，作了相应的调整，其地位和作用都有一定的提高。

撒切尔政府外交的基本特征是：继续协调和保持同美国的特殊关系，积极而稳妥地发展英苏关系；继续向欧洲大陆靠拢，利用与里根、戈尔巴乔夫以及西欧其他领导人的"个人关系"，谋求在东西方对话中发挥独特作用，以加强英国的国际地位，维护和发展其在世界各地的经济贸易利益。

美国《纽约时报》一位专栏作家1987年7月14日在该报发表评论，认为"撒切尔夫人一直在努力确定一种适合于她作为西方联盟高级领导人的国际作用，这种作用将满足她的英国同胞愈来愈高的期望。同时，她也绝不能忘记英国是二等强国这种英国地位的现实。这是一个微妙的难题"。应该说，此位评论家的观点颇为切中要害。撒切尔夫人经过她的悉心努力，当然包括她的内外政策的成果，确已成为如西方评论所加冕于她的"世界性的领袖人物"。然而在当今世界上，一国的实力和地位决定了其领导人的活动余地，撒切尔夫人只能凭借英国中等强国这一地位维护和争取其最大的对外利益。

撒切尔夫人把其个人特点也体现到政府的外交中了。欧洲委员会前副主席克·图根哈特说，撒切尔在国际上"颇有声望，西欧国家现有领导人还没有其他哪个人可与她相提并论，但她的十分好斗的风格也贯彻到国际事务中来了，这常常不能不带来某些消极作用"。

英国战后外交的格局是"三环外交"，即在英美、英联邦和英欧这三者关系中，发挥英国"均衡的枢纽"作用。随着英国殖民地和势力范围的逐步丧失，英国实力的衰退，在战后很长时间里，英国"丧失了帝国而未能找到可以扮演的角色"（艾奇逊语）。撒切尔夫人虽留恋大英帝国的黄金时代，念念不忘英国的伟大，期望"重振英国声威"，然而她不得不依据现实的国际形势和英国的实力，重新调整"三环外交"的格局。

撒切尔政府外交政策的以上特点，具体体现在以下主要方面。

1. 维护和加强英美的"特殊关系"

英美由于历史形成的关系，到了撒切尔夫人和里根总统任期内，由于"志同道合"，使英在外交中"自然本能地"倚重英美关系。两国虽有种种分歧，但在一系列重大问题上的目标和策略非常雷同，表现在东西方关系、军控谈判、地区性冲突以及反对恐怖主义斗争等方面，两国立场基本一致；在各自遇到麻烦和困难时能够相互支持。撒切尔政府是美国在西欧盟国中"最坚定的盟友"。20 世纪 80 年代初，美欧在贯彻部署中程导弹"双重决议"中因西欧许多国家声势浩大的和平与反核运动而面临困境时，撒切尔政府以其在本土部署潘兴 II 导弹和巡航导弹的坚定态度，帮助了里根政府。里根政府 1983 年提出 SDI 计划（即星球大战计划）后，西欧国家对军备竞赛的升级以及北约军事战略和结构因此受到的损害深感疑虑，一般均持保留或反对态度，而撒切尔政府在排除内外种种分歧意见后，与美国首先签订了政府间的合作协定，同时明确要求美国遵守在大西洋联盟内承担的义务，兼顾了西欧的利益。美苏首脑冰岛会晤后，西欧各国对美国未与盟国协商即在重大问题上与苏联做交易极为愤懑。撒切尔夫人在欧洲共同体首脑会议上公开为里根辩解，声言"削弱美国就是削弱欧洲，实际上就是削弱整个西方世界"。此后，在斯特拉斯堡欧洲议会会议上，撒切尔针对因粮食和钢铁导致的欧美贸易战，宣称她对西欧出现的反美情绪"非常非常不安"，要求西欧国家不要仅从贸易争端，而应考虑到加强大西洋联盟来看待欧美关系。1986年 4 月，美国在空袭和武装封锁利比亚事件中，西欧一些盟国都持观望态度，而英政府甘冒国际舆论的谴责，毅然同意美国飞机从英国基地起飞袭击利比亚。凡此种种，都表明撒切尔政府在"里根政府得不到北约盟国支持的困难时刻，慨然予以支持"。英美"特殊关系"因此得以加强。撒切尔外交的"大西洋"色彩相当鲜明

2. 寻求加强西欧联合

尽管撒切尔的"天然情感在大西洋另一边的美国"，然而，在美苏激烈争夺和对峙之下维护本国地位和利益的需要，欧洲共同体作为一股经济和政治力量在欧洲和国际舞台上日益加强，英国切身的经济和政治利益越来越紧密地与西欧联结在一起，这一切都使撒切尔政府外交政策的"基本走向强有

力地朝着欧洲的方向"，在英国的外交史上发生了醒目的"亲欧洲的变化"，而这一转变是"可取的、合理的，而且是不可避免的"。

从经济上来看，英国 1986 年同欧洲共同体其他 11 国的贸易额，占其进出口总额的 50%，达 798 亿英镑，其进口额占 51.7%，出口额占 48%。这在英国近百年历史上是空前的。欧洲共同体已确定 1992 年开始实现"统一的大市场"计划，这就使共同体对英国经济的重要性将更加突出。据估计，20 世纪末，英贸易的 3/4 将在共同体内进行。西欧的观察家们说，"英国是在活力旺盛的年头离开欧洲的；当她返回欧洲时，已是老态龙钟，步履维艰了"。在此情况下，英国不得不改变初加入共同体时的那种"半心半意"的态度，转而持较为积极的姿态。1984 年 6 月欧洲共同体枫丹白露首脑会议上，不仅解决了英与其他成员国争吵多年的预算摊款的纠纷，而且会前英国还提出一个题为《欧洲的前途》的重要文件。该文件全面阐述英对西欧联合的立场，内容涉及经济、政治和防务等各主要方面的原则。西欧舆论普遍认为，这是英与其他西欧国家建立合作关系的新开端，"英与欧洲共同体长期存在的伤痕终于愈合了"。此后，英对法国倡导的"尤里卡计划"由犹豫观望转为积极支持；认真参与"大市场"计划的拟订；1988 年年初协调解决了农业共同市场和共同体的地区发展基金问题。英国的经济已不可逆转地与欧洲共同体共命运了。

从政治和防务上来看，英国片面地依赖英美"特殊关系"，已难以确保自身的地位和安全。进入 20 世纪 80 年代以来，美苏都在调整各自的战略。它们的战略指导思想，已由片面地争夺军事优势转为争夺综合国力的优势。为此，双方都加快了修改政策的步伐，双边关系和东西方关系也因而发生了重大而深刻的转折。形势的变化，对西欧提出了严重的挑战，英国当然也不例外。今后的趋势是，军事因素在国际关系中的影响将相对下降，经济因素将相对上升；北约早就存在的战略思想和结构性危机，将由于美国"新孤立主义"倾向的发展而更为尖锐和紧迫，西欧的安全主要仰赖美国核保护的时代将一去不复返。英国由于其地缘政治的条件，别无其他选择，只能进入加强西欧联合的行列，而且要力争发挥与其地位相当的作用。在此背景下，撒切尔政府积极参与 1984 年"西欧联盟"的复活；1987 年又通过了"西欧安全利益纲要"，从而在几十年间第一次形成了西欧的共同安全战略；英与法国、西德在 1987 年建立了协调战略的三边常设小组；英与其他西欧国家的军工合作也有新的突破，如欧洲航天计划，英、意、西班牙和西德合作研制

"欧洲战斗机"，英、法两国正在酝酿的合作研制新型导弹的计划，等等。

当然，英国终究有其特殊的利益和地位，撒切尔政府"亲欧洲的潮流"，也还不能说明它对西欧联合事业已全心全意。一旦牵涉本国利益时，撒切尔过于强硬而偏执的立场常常牵制了西欧联合的步伐。在事关欧美关系时，又"情不自禁地表现出对美的偏爱"，如法德 1988 年年初安全防务理事会和陆军旅宣告成立时，撒切尔公开说，"欧洲不要产生可能会无意中起到破坏大西洋联盟联系作用的那么一个机构"。尽管"亲欧洲的主潮流"业已确定，英国仍不免时有摇摆。

3. 发展与苏联、东欧关系，重新塑造在东西方关系中的形象

撒切尔的对苏外交，大概最能体现她的特性了：强硬和灵活机变兼而有之。

撒切尔政府的第一任期，正值因苏联入侵阿富汗和欧洲的"中导之争"，东西方关系陷入僵硬对峙。在英苏关系中，撒切尔以其"铁娘子"的面目对付苏联的固执保守的欧洲政策。她上台伊始，就明确宣告"西方同苏联的斗争是两种社会制度生死存亡的斗争"，"苏联的目标从来没有改变过，即用共产主义制度统治世界……我们必须同心同德用各种办法使苏联不能得逞"，其强硬的对苏态度溢于言表。尽管在欧苏天然气交易等问题上，英国政府也有机变的一面，但英苏关系总的来说此一时期极为僵冷。

戈尔巴乔夫上台后，随着苏政策的大幅度调整以及东西方关系的变暖，撒切尔政府对苏政策相应地发生了显著的变化。1984 年戈就任总书记前就首访英国，被认为是"打开了英苏关系新的一页"。1987 年，撒切尔正式访苏。1988 年年初，戈在访美时在英作短暂逗留。通过这些异乎寻常的外交活动，英苏两国首脑都宣称"建立了良好的个人关系"，戈则视撒切尔为"在未能与美国人直接对话的情况下，唯一能对华盛顿施加影响的对话者"。撒切尔在访苏时明确说，"我坚信，欢迎和鼓励戈尔巴乔夫所开始走的道路是符合我们利益的"，英苏关系因事态的发展"可能出现历史上的转折点"。政治气氛的改善，带来了两国经济关系的发展。自 1986 年以来两国已先后签订经济和工业合作计划等多项协定，并商定到 1990 年双边贸易额将实际增长 40%。两国的文化、科技交流也日趋活跃。

英与东欧国家的关系随之也出现了新的势头。1985 年，英外交大臣先后访问罗马尼亚、保加利亚、民主德国、捷克斯洛伐克和波兰。英报界称此为"谨慎地开辟着一个新的天地"。其中，对民主德国的访问是有史以来第一

次；对捷克的访问也是 20 年来第一次。英政府公开宣布，这是为了"推进东西欧关系以及鼓励东欧各国的那些事态发展"。英在东欧的经济利益有限，其积极姿态主要出自政治考虑。难怪西方舆论认为，"看来，英似乎已最终制定了一项对东欧的政策"。

4. 对第三世界的政策：处理"历史的遗产"

大英帝国在第二次世界大战后已无可挽回地衰落了，沉重的历史包袱依然压在撒切尔政府的肩上。英国的外交政策，自 20 世纪 60 年代以来一直对应该采取"收缩性"还是"进取性"的方针而争论不休。撒切尔政府是以鲜明的"进取性"色彩推行其外交，这就不可避免地在对待"历史遗产"问题上出现重重矛盾。

在与英联邦各国的关系中，撒切尔政府力图维系英联邦这一纽带：修好与印度、尼日利亚等地区性大国的关系；继续向英联邦中的第三世界国家提供大量援助，其中 4/5 集中在最穷的国家，对撒哈拉以南地区的援助 90% 以馈赠形式提供，最近又宣布完全免除非洲部分穷国所欠的债务和利息。由于这些措施，英与英联邦的关系一个时期以来有所改善，但英国的领导地位究竟不同于往昔了，1986 年 8 月的英联邦伦敦首脑会议就是最好的例证。在这次会议上，英国顽固地拒绝对南非种族主义政权实施有效的经济制裁，与参加会议的其他 6 国首脑彻底闹翻。最终首脑会议以公开宣布分歧而收场，这在历史上还是头一次。西方分析家们认为，这次会议"很可能标志英联邦历史的一个转折"，作为一种国际讲坛，英联邦可能一时还不会解体，但该组织以往的历史地位已经消逝，英国的领导地位将徒有虚名。

还有两个历史事件，表明了英在处理历史遗留问题上的不同面目。

其一是"罗得西亚问题"。撒切尔政府"尽管在此问题上最初的本能反应是错误的"，即千方百计阻挠当地人民的民族解放和独立运动，但最后迫于形势于 1979 年签订了伦敦协定，其后津巴布韦宣告独立。从结果来看，撒切尔政府不失为做出了明智的抉择。

其二是 1982 年的"马尔维纳斯群岛战争"。阿根廷军政府在久经谈判无效的情况下，为维护马岛主权贸然采取军事行动。撒切尔政府在美国的支持下，不惜动用其 2/3 的海军力量，用武力击败阿根廷的军事行动，重新占领该岛。此举虽在英国内大大提高了撒切尔夫人的声誉，却在国际上遭到孤立。此后，英政府于 1987 年单方面宣布在马岛实施 150 海里"渔业保护区"，1988 年 3 月在马岛周围举行海陆空联合军事演习，均受到国际舆论的谴责。迄今，联合国已就马岛争端进行三次投票表决，英国都处于绝对孤立的境地，以致英国社会民主党联盟领袖欧文指出，"撒切尔的孤立主义精神状态正在损害着英国的最大利益"。

撒切尔夫人在处理历史遗留问题中以上两种截然不同的面目，说明她审时度势的机变手段，能维护者不惜代价维护之，实在无力维护者则得放手处且放手；还清楚地反映出撒切尔对大英帝国的怀旧之心，不能随历史的潮流而前进。其实，无论马岛争执或者南非种族主义政权，都不是靠武力或顽固不化的政策就能维护英国利益的，历史早晚将证明这一点。

5. 中英关系的新篇章

1984 年 12 月撒切尔首相访问中国。这是撒切尔第三次访华。1977 年，她作为反对党领袖首次访华。1982 年，她以第一位英国在任首相的身份访华，同中国领导人就香港问题交换了意见，两国政府关于香港问题的会谈从此开始。撒切尔第三次访华期间，中英两国政府于 1984 年 12 月 19 日正式签署《中华人民共和国政府和大不列颠及北爱尔兰联合王国政府关于香港问题的联合声明》。这是中国现代史以及世界现代史上的重大事件。《联合声明》圆满地解决了中国恢复对香港行使主权的问题，从而朝完全实现中国统一大业迈出重要一步，也为香港的长期稳定和繁荣提供了可靠的保证。它为国际社会通过和平友好协商解决历史遗留问题提供了一个范例，因而受到世界各国的普遍欢迎和重视。

撒切尔夫人在香港问题上以其远见卓识和明智决策，对该问题的顺利解决起了重要作用。中英两国之间的友好合作关系从此揭开了新的篇章。

中英两国早在 1954 年就建立了商务代办处级的外交关系。30 年来，两国关系不断有所发展，但是不够迅速。随着香港问题的解决，情况有了可喜的变化。这首先表现在经济贸易方面。以往中英两国贸易仅占英国进出口总额的 0.3%，最多的一年是 3 亿英镑。香港问题联合声明签署后，两国经贸关系的步伐明显加快。仅 1984 年，两国贸易总额达 5.93 亿英镑，比 1983 年增加 50%。1987 年 6 月 5 日，两国政府经友好谈判在北京签署关于解决历史遗留的相互资产要求的协定，为进一步发展经贸关系扫清了道路。在此期间，两国在石油、煤炭等能源开发方面已制定出一些大型合作项目。两国的友好往来，以及政府和民间的文化合作与技术交流日趋活跃。

摆在撒切尔政府面前的难题

撒切尔政府的第三个任期刚过了一年，今后还有一段"漫长的历程"。从各方面来看，撒切尔政府的内外政策将有种种难题有待解决，道路决不平坦。

在国内经济上，近几年虽有明显改善，但英国经济基础原本脆弱，以往生产率的提高主要靠关厂裁员，产量上升不多，且投资不足，在世界市场上所占份额增加有限。英国的制造业，从总体上来说，由于积弊年久日深，目前在国际上的竞争力仍较弱，既难以与美、日抗衡，也远不及西德，一旦欧洲共同体"大市场"计划付诸实施，势必面临严峻的挑战。失业率居高不下，现已成为英经济的最大难题，政府对此基本上束手无策，拿不出有效解决办法。据估计，高失业率到 20 世纪 90 年代中期以前大概难以缓解。英政府因经济增长和私有化措施，财政状况有所改善，但终究余地有限，在压缩公共开支和社会福利方面，以往的收效本就有限，今后也将十分艰难。公共开支占国民生产总值的比例 1979 年为 43.25%，1987 年约占 44.25%。撒切尔一再声称要坚决在这方面实施改革，但因涉及千家万户，风险极大，其成果如何难以预测。此外，英贫富差距和南北地区差距，这些年来明显扩大。根据英政府的调查报告，1979 年以来减税 120 亿英镑，其中一半以上流入占人口 10% 的高收入者，只有 3% 落到占人口 15% 的低收入者手中。从收入情况看，高收入者在此期间增加收入 22%，而低收入者反而收入减少了9.7%。南方地区因新兴产业的推动，近期迅速崛起；而北部地区，传统工业日趋衰落，失业率高达 16%—21.5%（南方仅为 10%—13%）。这些态势都必然激化社会矛盾，冲击保守党的社会基础。

保守党政府在最近这次大选获胜后，一再声称撒切尔主义的经济政策的目标是长期的，目前所做的仅仅是走了"横渡大西洋旅程的 1/4"，今后任务的艰巨可想而知。

从政局来看，撒切尔夫人已赢得了很高的声望，其他英国政治家难以与其相匹敌，保守党政府因其内外政绩也占据优势，因而大局基本稳定。然而，作为第二大党的工党，在吸取大选失败的教训后，正在调整政策和策略，酝酿东山再起。工党本就有相对稳定的社会基础，北方地区的衰落和庞大的失业大军，又为其扩大社会基础创造了客观有利的形势。新近崛起的社民党自由党联盟，已成为"一支不可忽视的力量"。1983 年大选，保守党得票 42.4%，工党 27.6%，社会党联盟 25.4%，仅因现行议会选举制度（简单多数决定选区议员归属），才使该党仅获 3.5% 的议席。1987 年的大选，各党得票格局仍大体如此。英国历史上两大党轮流坐庄的政治格局正在改变。保守党政府由于内外难题重重，一旦举措失当，不排除政局动荡以致易主的可能性。

从国际政治来看，英国已面临美苏和东西方关系"新的转变时期"，其对外政策能否适应新时期深刻而急遽的变化将接受严峻的考验。撒切尔政府的难题在于，其政策不得不随形势的变化而作较大的调整，但由于历史和现实因素的牵制，调整的步幅又受到很大的局限。北约部长理事会最近的一个报告中，提出"北约已进入一个微妙时期"。从某种意义上说，英国的对外政策也进入了一个"微妙时期"。撒切尔政府再要沿袭以往在英美、英欧以及英国和英联邦三者关系中谋求"平衡的支点"老一套，已难以适应新的形势。问题的关键在于能否加速"向欧洲靠拢"。在当今的世界，撒切尔政府以其中等国力而维系"世界政治大国"的地位，不可能再主要依赖英美特殊关系和英联邦，只能把希望寄托在西欧经济、政治和防务的加快联合上。撒切尔在以往虽已调整了对欧洲的政策，但远不到"掉转航向"的程度，西方舆论界期待的英、法、西德三国轴心并未出现，只要英国不是"全心全意"投入西欧联合事业，不能在这一事业中与法国、西德分担"火车头"的角色，其外交地位必将是脆弱而不稳定的。当然，对在第三世界历史所遗留问题如何决策，如马岛争端和南非问题，将依然考验着撒切尔政府的能力和威望。

撒切尔夫人在 1987 年 5 月大选前夕曾发表了一个著名演说，其中说道："我想说，我们有勇气对付历届政府都一直回避的问题，从而把英国从一个逐渐衰落的国家变成一个可以重新为其进取精神，为其作为一个可靠盟友和有影响的民族而感到自豪的国家。换句话说，重新恢复英国的声望。"撒切尔夫人作为西方一名杰出的政治家，国际舆论已有了公道的评价。

欧洲共产主义的出现

陈佩尧

欧洲共产主义是 20 世纪 70 年代中期国际共产主义运动中出现的一种理论和政治倾向，反映了以西欧地区为主的一批共产党提出的在发达资本主义国家如何走向社会主义的一系列带有共同性的战略和策略主张。这种理论和政治倾向的核心内容是主张通过和平民主的途径过渡到社会主义，以民主的多党制的模式管理国家，在党与党的关系中坚持独立自主和平等的原则，力求在实现社会主义目标的斗争中探索既不同于苏联和其他社会主义国家，又不同于社会民主党的"第三条道路"。

欧洲共产主义的出现和发展是国际共产主义运动中的重大事件，对世界政治也产生了不可忽视的影响。

欧洲共产主义产生及其渊源

"欧洲共产主义"（Eurocommunism）一词是西方记者 1975 年报道意大利共产党同西班牙共产党和法国共产党会谈及其公报的政治主张时提出的，很快流传开来，成为概括发达资本主义国家一些共产党的大致相同的探索社会主义道路的一个概念。意大利共产党和西班牙共产党领导人尽管以为这一概念不甚确切，但还是接受并采用了这一提法。法国共产党领导人开始反对使用这一概念，不久转而认可和采纳。1976 年在柏林召开的欧洲共产党和工人党代表会议上，意共总书记恩里科·贝林格指出："十分有意义的是，西欧其他一些国家的共产党和工人党通过他们自主的探讨，在有关实现社会主义所应走的道路以及在本国所要建立的社会主义社会的特点方面得出了同我们类似的结论。这些相同的意见与共同的特点，最近在我们同西班牙共产党、法国共产党和英国共产党的同志们共同发表的声明中都表示出来了，有人把这些新的探讨和结论称之为‘欧洲共产主义’。这个名称显然不是我们创造的，但是它如此广泛流传的事实本身就正好说明，人们对于在西欧国家确定和实行社会主义意义的社会改造的新型解决办法的要求是何等深广。"1977年西共总书记圣地亚哥·卡里略出版《"欧洲共产主义"与国家》一书，作者在前言中写道：欧洲共产主义这一提法十分流行，尽管并非共产党人所创造，且其科学价值也还是值得怀疑。但在舆论中，它已经有了一种含义，并且一般来说，成为目前各种共产主义倾向之一……这种倾向力图切合本大陆的实际情况（虽然在根本上对所有发达的资本主义国家也有效），力图使得具有当代特点的世界革命进程的发展符合欧洲的实际情况。1977年法共总书记乔治·马歇也声明说："欧洲共产主义不是我们的发明，但是我们采用了这个词。"1978年4月西共第九次代表大会、1979年3月意共第十五次代表大会、1979年5月法共第二十三次代表大会，都将"欧洲共产主义"作为政治概念写进党纲或大会文件。

　　欧洲共产主义的理论和政策主张是经过长期的历史演变而逐步发展起来的。其思想渊源可以追溯到20世纪30年代初期意共创始人安东尼奥·葛兰西的著述。葛兰西努力运用马克思主义结合欧洲的实际，在革命理论和战略方面做了许多有益的探索。他认为中欧和西欧国家的上层建筑不同于列宁时代的沙皇国家，因此必须有一个不同于俄国十月革命时期的革命战略。他认为国家不仅是阶级压迫的机器，而且也是"意识形态的机器"，无产阶级夺取政权必须包括取得意识形态的领导权，他提出要创立"群众性的党"、克服雅各宾式极权主义弊病的主张。他主张建立工农联盟，团结广大劳动人民，重视知识分子的作用，组成人民阵线式的"历史性集团"，以实现劳动人民的领导权。他强调社会主义必须发扬民主，建立自治制度，让工会独立自主，尊重多数群众的宗教信仰等。这些思想不仅对意共的发展有指导意义，而且对欧洲共产主义的形成产生了重要影响。葛兰西被许多欧洲共产党人推崇为欧洲共产主义的思想先驱，葛兰西的著作《狱中札记》成为欧洲共产主义的经典。

　　欧洲国家的共产党组织人民阵线的活动为欧洲共产主义提供了实践经验。所谓人民阵线，就是共产党与社会民主党以及资产阶级民主力量建立广泛的统一战线。1934年法国共产党同社会党签订了第一个共同行动纲领，最早提出建立人民阵线的主张，随后意大利共产党也转而奉行人民阵线的政策。这对当时以反对社会民主党为重要目标的共产国际的传统路线形成重大冲击，导致 1935 年举行的共产国际第七次代表大会正式接受人民阵线的战略。会后许多欧洲国家的共产党同社会党、社会民主党以及其他民主党派采取联合行动，开展反法西斯统一斗争，取得很大的成效。1936 年西班牙共产党、社会党、左翼资产阶级共和党、少数民族的民族主义党联合建立人民阵线，不久又组成人民阵线政府。1937 年法国共产党进一步同社会党、激进党等 69 个党派团体建立人民阵线，共产党人在议会中取得 72 个席位。直至 1939 年，由于国际形势的变化和反对势力的破坏，欧洲各国蓬勃发展的人民阵线先后遭到失败。第二次世界大战期间，1943 年 5 月共产国际解散，使欧洲各国共产党经历了一段独立自由的发展时期，它们以多种形式，联合各阶层人民，推动反法西斯抵抗运动不断取得胜利。战后初期，法国、芬兰、意大利、冰岛、卢森堡、比利时、丹麦、挪威等国共产党在大选中获得重大胜利，并参加了政府。人民阵线的实践使欧洲国家共产党获得同社会民主党及资产阶级民主党派联合行动、在资产阶级民主制度下进行合法斗争以及参加政府等方面的经验。在这基础上，法共和意共领导人都提出"走不同于俄国共产党人的道路"，应该根据本国的实际，"找到自己的道路"，"把民主发展到极大限度"。

南斯拉夫的道路对欧洲共产党坚持独立自主的路线起着重要的借鉴和鼓舞作用。第二次世界大战中南斯拉夫共产党依靠人民的力量解放了自己的国土，建立起人民民主政权。由于南共坚持独立自主建设社会主义的主张同苏共发生矛盾和冲突，1948 年 6 月被开除出共产党情报局。南共于 1949 年夏天宣布：（1）在国际共产主义运动中各国共产党一律平等，反对任何一个领导中心；（2）社会主义各国在经济和政治上一律平等；（3）根据自己的传统以及文化、政治和经济条件，有关国家都有权走自己的社会主义道路。南共在社会生活的各领域扩大民主，实行自治方针，让人民参加各级政府，让直接生产者参加经济领导，创造了独特的社会主义模式——社会主义自治制度。正如卡里略所说，"南斯拉夫的经验对推动自主和思想创造性的潮流业已作出贡献"，"是欧洲共产主义的基石"。

战后资本主义发达国家、特别是西欧国家的政治经济形势和阶级关系的变化是产生欧洲共产主义理论和政策主张的客观背景。从政治上看，西欧国家战后 40 多年来的政局在总体上没有大的动荡，比较稳定，有着比较完备的资产阶级民主制的传统。人民群众在第二次世界大战期间遭受过法西斯独裁统治的暴虐，憎恶专制，害怕暴力，向往和平安定，因此战后对民主政治乐于接受。资产阶级统治集团为了发展经济和稳定政局，在战后也更多地采用"民主开放"政策。许多国家允许共产党在宪法规定的范围内公开活动，在多党制的条件下进行合法斗争，甚至容忍共产党在某种范围内参加执政。特别自1968年以来，在人民群众争取民主自由的浪潮冲击下，希腊、葡萄牙和西班牙的独裁政权相继发生变化，转而实行资产阶级民主化。这三个国家的共产党取得了合法地位，并投身于促进本国"民主化进程"的活动中。西欧国家的共产党本来都有议会合法斗争的经验和传统，面临上述形势更增加了在和平民主的条件下开展合法斗争的信心。另外，西欧国家共产党还看到西欧一系列国家的社会党通过议会合法斗争相继上台执政，从而相信"没有比民主道路更好更短地通向社会主义"的道理。从经济上看，由于第二次世界大战期间军事上的需求带来技术上新的突破，战后推广到民用领域，引起生产力的很大发展。尽管资本主义经济不断产生危机，还是得到较快的发展。根据联合国统计，1950—1980年，经济合作与发展组织24个成员国的国内生产总值增加了2.28倍。工业劳动生产率指数以1950年为100，至1983年，联邦德国为430，法国为380，英国为310，美国为260。资本主义发达国家、特别是西欧诸国在经济发展的条件下实行"高福利"政策，使工人在基本生活资料和生活条件有较快的增长和改善，阶级矛盾暂时有所缓和。

随着科技革命和经济发展，发达资本主义国家的社会阶级结构发生了很大变化。在工人阶级内部，蓝领工人（体力劳动者）人数减少，白领工人（技术人员和职员）人数增加。白领工人比蓝领工人要多23%。蓝领工人与白领工人的收入差别正在缩小。科技发展使受过高等教育的就业人员增加。他们人数很多，如法国占就业人数的36.5%。他们不同于资本家，因为其主要依靠薪水收入；又不同于产业工人，他们多数处于管理和指挥的地位，按照西方国家通行的做法，在工人阶级和资产阶级之间形成了人数众多、影响很大的新的"中间阶层"。这部分人与老的中间阶层（如自由职业者）加在一起，据统计占各国就业人数的50%—70%。中间阶层和白领工人在政治上要求改革，又害怕动乱，他们对共产党的政策主张有重要的影响。欧洲共产主义的理论正是根据发达资本主义国家、特别是西欧国家上述政治经济情况和工人阶级的觉悟程度制定的。

欧洲共产主义作为较完整的思想体系和成为西欧许多国家共产党大体一致的政治路线，主要还是在1956年苏共二十大之后形成的。批判斯大林的错误，在国际共产主义运动内部引起很大的震动，促使西欧国家的共产党对苏联社会主义民主与法制问题存在的严重缺陷进行了研究并发表公开评论。1956年4月共产党情报局解散，《真理报》发表专文，承认各国共产党的独立性，"考虑到本国民族条件的特殊性"，制定一项"最符合每一民族各自特点和传统"的政策。在这种形势下，欧洲各国共产党内部要求变革的呼声日益高涨。意共总书记帕尔米罗·陶里亚蒂认为，苏联的模式已经"不能也不允许再具有约束性了"，共产主义运动内部正在形成"多中心体系"，"再也谈不上有一个统一领导了"。陶里亚蒂继承和发展了葛兰西的某些主张，提出"多中心论"和"机构改革论"，为意共确定了一条独立自主地通向社会主义的基本路线，而且成为许多欧洲发达资本主义国家共产党所仿效的比较系统的理论和政策主张。在意共带头之下，西欧许多共产党内部经历分化改组，纷纷走上独立自主的道路。

1968年8月苏联出兵捷克斯洛伐克事件，促使更多的共产党奉行独立自主的路线。国际共产主义运动中掀起反对苏联霸权主义的浪潮。原来一些与苏共关系较密切的政党纷纷改变态度。如西班牙共产党过去虽然在内政上有许多不同于苏共的观点，但在对外政策上基本追随苏共。苏联出兵捷克斯洛伐克事件后，西共提出抗议，参加了反对苏联霸权主义的行列。法国共产党在捷克斯洛伐克事件之后，1968年12月通过《为先进的民主而斗争，为社会主义法国而斗争》的宣言，1971年提出《改变航向》的纲领，举起了独立自由的旗帜。欧洲有18个共产党谴责苏联出兵。尽管各党所持的反对立场在程度上和方式上有所不同，但这是国际共产主义运动历史上第一次出现2/3以上的欧洲共产党起来反对苏联决定的重要行动。

进入20世纪70年代，欧洲一批坚持独立自主路线的共产党之间加强了联系，通过双边或多边会晤，就理论和政策进行探讨，达成大体一致的共同看法，使欧洲共产主义正式形成。具有特别重要意义的几次活动有：1975年7月，意大利共产党和西班牙共产党举行双边会谈，发表《意大利—西班牙共产党宣言》，宣布两党建立社会主义的共同解决办法，确定社会主义革命的共同政治路线。1975年11月，意大利共产党和法国共产党举行最高级会谈，发表联合声明，宣布两党"面临着的基本问题有它们的共同性，在解决这些问题时，应该协调一致"。1976年6月在柏林召开欧洲共产党和工人党代表会议，会上许多西欧共产党代表在发言中宣传欧洲共产主义的观点。1977年3月，意大利共产党、西班牙共产党和法国共产党领导人在马德里会晤，达成三党一致的"在民主、自由中实现社会主义"的纲领，确定了共同遵守的基本原则：（1）三党完全自主地制定自己的政策方针；（2）三党有权选择符合国情的建设社会主义的独特道路；（3）三党准备同各种政治和社会力量一起尊重、保证并发展集体和个人的各种自由，尊重普选制和多数派民主轮换执政；（4）三党主张共产党、社会党、基督教力量以及各种民主力量之间进行对话，取得谅解与合作；（5）在国际共产主义运动中发展国际主义团结和友谊，各党权利平等，互不干涉；（6）促进缓和与和平共处，促进真正裁军，使欧洲摆脱分裂或互相敌对的军事集团，建立一个和平、民主和独立的，没有军事基地也没有军备竞赛的欧洲。这是西欧三个主要共产党的第一次多边圆桌会议，会上所确定的原则表明欧洲共产主义的理论和政策开始系统化。这个声明概括了欧洲共产主义各党大体一致的政治主张，被誉为"欧洲共产主义宣言"。

欧洲共产主义的基本观点和政治主张

欧洲共产主义作为一种理论和政治倾向，其本身没有统一的组织和明确的领导中心，而且由于各国条件和各党处境的不同，他们的主张又有若干差异，甚至有明显的分歧。这是欧洲共产主义的一个重要特点。欧洲共产主义只是西方，特别是西欧一些共产党大体一致的战略和策略路线。意共总书记贝林格指出："所谓'欧洲共产主义'就是从欧洲资本主义的特殊条件出发，寻求社会主义的道路。它不同于欧洲社会民主党所走的道路，也不同于苏联东欧已有的模式。"它是"在欧洲发达的工业国家通过民主途径，寻求所有社会主义工人力量、进步力量和民主力量的团结，实现社会主义变革"。

关于欧洲共产主义的基本主张，可以归纳为如下几个方面。

1. 关于党的指导思想

欧洲共产主义各党不提马克思列宁主义，而提革命的马克思主义或科学的社会主义理论。各党肯定马克思和列宁的伟大历史作用，同时认为当代世界、特别是科学技术革命提出许多马克思、列宁无法预见到的问题，在新的历史条件下必须使传统的解释"现代化"。他们认为，"马克思列宁主义"一词是在列宁逝世后苏联共产党领导人提出来的，目的是为了把"苏联的样板绝对化"，"把苏联共产党的领导权强加给国际共产主义运动"。贝林格认为，列宁是一位杰出的反对教条主义的思想家，始终是根据具体情况和实际任务来进行活动和写作的，从来也不企求确立万古不变的真理。他主张不提"马克思列宁主义"，而分开提"马克思主义"和"列宁主义"，前一种提法给人"故步自封"的印象，后一种分开的提法强调了"非教条的、批判的、生气勃勃的性质"。目前意大利共产党更多的是使用"马克思思想""恩格斯思想""列宁思想""葛兰西思想""陶里亚蒂思想"。西班牙共产党提"马克思主义"或"革命的马克思主义"。法国共产党提"科学社会主义"。

2. 关于革命道路

欧洲共产主义各党强调各国、各党的历史条件不同，革命道路也应该不同。西欧国家将走和平民主的社会主义道路。这条道路可以不搞暴力革命，而是充分利用现有的资产阶级民主制度，通过议会选举，同时与议会外的群众运动相结合，依靠人民的大多数拥护来取得政权，和平过渡到社会主义。这条道路要取得国家政权，可以不打碎国家机器，而是通过对国家机器的各主要部分实行民主改革，把旧国家机器改造成为建设社会主义的有效工具。他们认为现代资产阶级国家起着保障社会和扩大再生产全过程的作用，国家既是资产阶级的国家，又是独立于资本家各阶层的国家；它所实行的政策既是资产阶级内部各派势力协调的结果，又是资产阶级和工人阶级妥协的结果。因此可以通过国家机构内部民主化、改变阶级力量对比来达到改变国家性质的目的。意大利、法国、西班牙、英国等国共产党都强调争取军队、警察工作的重要性，主张实行"军队民主化"，利用现行民主制度打入军队、警察，通过议会加以控制。这条道路还强调实行大多数人民的联合，建立广泛的社会联盟和政治联盟，以工人阶级为核心联合农民、知识分子、青年、妇女、中间阶层等各种可以联合的社会力量，以共产党为核心联合社会党和其他政党的左翼等政治力量。意大利共产党的社会联盟政策强调工人阶级和脑力劳动者的重要作用，同时把青年运动、妇女运动视为基本力量；其政治联盟政策，主张共产党同社会党等左翼民主力量一起建立联合政府。欧洲共产主义各党在联盟政策的内容上有差别，但都强调举起"民主团结"的旗帜，视联盟政策为实现民主，走向社会主义的必备条件之一。

3. 关于国家政权

欧洲共产主义各党对未来的社会主义政权不提无产阶级专政，而代之以无产阶级的领导权或支配权。他们认为，根据1917年俄国的特殊情况，建立无产阶级专政是必要的，一些发展中国家可能仍然需要，但是在西欧，无产阶级专政不能反映"经济发达和民主传统根深蒂固的国家的独特的民主道路的现实"。他们还认为，列宁所讲的无产阶级专政就是暴力，是一个阶级的专政，而欧洲共产主义所设想的社会主义政权，不只是属于无产阶级一个阶级，而是属于工人阶级和其他劳动者，即体力劳动者和脑力劳动者，所以无产阶级专政"不是劳动力量建立和巩固领导权的途径"。他们还解释说，"专政"一词源于拉丁文，含有"独裁"的意义，容易同"暴力""独断专行"相联系，是对民主的否定。因此，不论从"无产阶级"的概念来说，还是从"专政"的概念来说，提无产阶级专政都是不恰当的。意大利共产党主张用工人阶级领导权来代替。法国共产党提出将要"建立的国家应当成为代表劳动人民，由工人阶级发挥政治领导作用的政权"。西班牙共产党提出建立"工人阶级劳工和文化力量在社会上的领导权"。总之，欧洲共产主义各党主张建立一个以工人阶级为主体的由劳动力量和文化力量领导的得到广大人民群众支持的政权。

4. 关于政治体制

欧洲共产主义各党主张在取得政权以后采取民主社会主义的模式。他们认为，西方已建立的政治制度，如议会制、政治多元、权力分散、地方自治等将仍然有效。资产阶级的议会民主制是"阶级斗争的产物"，在社会主义新社会中"议会能够而且应该起积极作用"。新的政治体制的重要特征是政治生活民主化和政治领导多党制。政治民主化的内容是使广大劳动人民广泛参加政治管理，公民享有充分的民主权利，公民通过普选定期行使国家最高权力，扩大地方自治权，使政权更接近人民。政治领导多党制的内容是建立多党派联盟，通过普选轮流执政或联合执政，选举中反对党派获得多数就必须尊重公民投票的结果更换政府。他们认为在西欧多党制的国家里，多党制不仅是民主地走向社会主义的一个内容，而且是一种新的社会政治制度的模式。

5. 关于经济体制

欧洲共产主义各党认为在所有制方面应当把主要的生产资料和交换资料社会化，同时保护私有制，在很长时间内公有制与私有制并存，形成以公有制占优势的多种所有制并存的经济结构。在经济政策方面，主张实行按劳分配，实行经济民主化。欧洲共产主义在理论上提出消灭剥削，但在具体政策上承认在民主社会主义制度下，仍存在公有制与私有制的差别，允许剩余价值的生产，允许私人占有一部分剩余价值。社会通过税收措施限制剩余价值的生产，同时又要利用剩余价值刺激私人的积极性。经济民主包括计划民主和管理民主，自下而上地制订经济计划，克服自上而下的官僚式计划；由国家掌握主要资源，劳动人民参加经济管理并由劳动人民作出与他们有关的决定。对外经济政策强调独立自主，同时对外国资本和多国公司实行开放政策。

6. 关于革命政党

欧洲共产主义各党承认共产党是工人阶级先进分子的组织，同时强调党的民主性和群众性。党内实行民主集中制，强调充分发扬民主；入党退党比较自由，允许教徒入党；承认社会民主党（含社会党、工党）也是工人阶级的政党，在同其他政党的联盟中不要求"领导地位"，而把自己看成同其他政党和派别平等的伙伴。他们不主张党对国家的领导，"党不想变成国家和社会的统治力量，也不想把党的思想作为官方思想强加给国家和社会。党的使命是为劳动力量和文化力量夺取政权——社会领导权作出贡献"。但他们并没有否定党对革命的决定性作用和领导作用，认为党对革命的胜利起着根本保证的作用，是"可靠的和巩固的中流砥柱"（意共）、"没有共产党的领导，革命是不能胜利的"（法共）。他们认为党的领导作用，"应当通过同那些向往社会主义的不同政党和派别合作和谅解"，"通过多党制联盟来实现"。

7. 关于国际主义

欧洲共产党各党主张在国际共产主义运动中各党独立自主、完全平等、互相尊重、互不干涉内部事务，反对存在"领导中心"或"领导党"，摒弃过去那种以忠于苏联共产党为标准的"无产阶级国际主义"，提倡实行"新国际主义"。长期以来，西欧各国共产党与苏联共产党的关系基本上是从属关系。1956 年意共领导人陶里亚蒂提出反对国际领导中心，认为"整个体系正在变为多中心的，而共产主义运动本身，也不能服从唯一的领导"，并在意共八大的报告中明确反对在国际共运中存在"领导国""领导党"。此后，西欧许多共产党宣告：各国党完全独立自主，认为"国际工人运动中没有共产党领导党和被领导党，各国党在判断它们面临的局势和决定自己的政策方面享有充分的自主权；它是向本国人民及全世界劳动者对自己的政策的唯一负责人"（意共十大报告）。1977 年 3 月，西共、意共和法共三党联合声明指出："三党在独立自主、权利平等、互不干涉、尊重在自由选择符合各国情况的、争取和建设社会主义的独特道路的基础上，发展国际主义团结和友谊。"这个被称为"欧洲共产主义宣言"的联合声明以文件形式概括了各国共产党之间关系的四项基本原则。欧洲共产主义各国拒绝照搬苏联的革命和建设的模式，主张马克思主义与本国实践相结合，独立自主地探索适合本国特色的革命道路。鉴于长期以来，苏联共产党在无产阶级国际主义的旗帜下把苏联的利益说成是国际共产主义运动的利益，把对苏联的态度作为区别无产阶级国际主义的试金石。欧洲共产主义各党拒绝对无产阶级国际主义的这种解释，往往使用新国际主义这一提法。他们认为，新国际主义的试金石是各党在本国革命的能力，能否代表本国人民利益，能否领导人民搞好社会主义革命和建设，而每个国家社会主义革命和建设的胜利都是加强国际社会主义的力量。联合声明还认为不能把新国际主义的范围仅仅局限于无产阶级，新国际主义的准则是承认差异、尊重自主。新国际主义要求各国共产党根据本国具体情况在不同条件下工作，党与党之间友好合作，互相支持，为发展国际共产主义运动作出贡献，同时支持各国人民反对殖民主义、帝国主义的斗争。

8. 关于对外政策

欧洲共产主义各党奉行和平、民主和积极中立的对外政策，反对战争，特别是核战争，反对国际军事集团的对抗，主张谈判、缓和与裁军，以政治手段解决国际争端；反对帝国主义、殖民主义和种族主义，支持世界被压迫人民和民族争取自身解放的斗争；反对苏联的强权政治和大国沙文主义，批评苏联入侵阿富汗等，但在对待美苏态度上侧重反对美国，把苏联看作社会主义大国。它们认为争取和平的国际环境是本国探索在民主、自由中走向社会主义的前提，积极推行建立独立于美苏的、统一的欧洲战略。1985 年 12 月，意共中央委员会和中央监察委员会通过了两项重要文件，即《提纲建议》和《纲领建议》，其中关于对外政策部分坚持了欧洲共产主义各党大体一致的上述立场，并根据形势作了某些策略性调整。如在争取和平、裁军与国际合作等一贯主张方面更加突出了超越集团，加强各党独立自主、反对美苏"两极政治"的内容。在对待苏联和美国政府的态度问题上，在继续侧重谴责美国的同时更多地注意鼓励美苏双方的关系保持缓和。

9. 关于对中国和中国共产党的态度

欧洲共产主义各党一般都重视中国，积极同中国共产党恢复和发展关系。特别是中国共产党第十二次代表大会正式通过和肯定了各国共产党发展友好关系的四项原则，即独立自主、完全平等、互相尊重、互不干涉内部事务以来，西班牙共产党、意大利共产党、希腊共产党（国内派）、荷兰共产党、法国共产党、比利时共产党、瑞典左翼党（共产党人）、圣马力诺共产党等先后同中国共产党恢复和发展了关系。1985 年 9 月，中国共产党召开了全国代表会议，在欧洲共产主义各党中引起了很大反响。意大利共产党总书记纳塔在我党代表会闭幕后访华时强调指出，"我们怀着强烈的兴趣注视你们所执行的政策，这些政策将会使社会主义中国成为在各个方面都是现代化的和进步的国家"，"你们正在试验的大胆和独特的办法和道路引起了我们的共同兴趣"。欧洲共产主义各党还关心中苏关系，希望中苏和解，长期以来坚持反对苏联共产党要求召开国际会议进行反华的主张。

欧洲共产主义的力量和影响

目前在西欧公开主张或赞成欧洲共产主义的战略和策略原则的党有：意大利共产党、法国共产党、西班牙共产党、英国共产党、瑞典左翼党（共产党人）、比利时共产党、希腊共产党（国内派）和荷兰共产党等，基本上支持或接近欧洲共产主义主张的党有：芬兰共产党、瑞士劳动党、圣马力诺共产党、挪威社会主义左翼党、丹麦社会主义人民党和冰岛统一社会党等。这些党的党员人数约 280 万人，占西欧各国共产党党员总人数的 90%。这些党都参加本国议会竞选，绝大多数党在本国议会拥有议席，共获得选票在 2000 万张以上；在欧洲议会中也有相当大的势力，拥有 44 个议席。意大利共产党、法国共产党和西班牙共产党作为欧洲共产主义的骨干和代表，它们都是在西欧和国际共产主义运动中具有重要影响的大党。意大利共产党是当今资本主义国家中最大的共产党，党员 170 多万人，1979 年全国大选中得票 1100 万张，占总票数的 30.4%，在众议院的 630 个席位中占 201 席，在参议院的 315 个席位中占 109 席。1985 年在地方选举中受挫，得票率仍有 30.2%。意共领导下的总工会（会员 450 万人）、共产主义青年团（团员 5.6 万人）、妇女联盟（会员 40 万人）、全国游击队员协会（会员 10 万人）、全国合作社联盟（会员 300 万人），在国内政治生活中起着重要作用。法国共产党是当代资本主义国家的共产党中仅次于意大利的第二大党，党员 71 万人，1981 年立法选举中得票 400 多万张，占有效票数的 16.7%，在国民议会的 491 席中占 44 席，在参议院的 238 席中占 23 席，并曾同社会党组成联合政府。1984 年在欧洲议会选举中受挫，得票率为 11.28%，后退出联合政府，目前仍是法国的一支重要政治力量。法共领导下的总工会（会员 230 万人）、共产主义青年运动（会员 9 万人）、法兰西妇女联盟（会员 10 万人）和全国学生联盟（会员 3.7 万人），对国内政治有重要影响。西班牙共产党党员 20 万人，1979 年全国大选中得票 196 万张，占总票数的 10.7%，在众议院 350 席中占 23 席。1982 年大选失利，从议会第三大党降为第四大党。

此外，日本共产党、澳大利亚共产党、墨西哥共产党和委内瑞拉争取社会主义运动等也不同程度地支持或接近欧洲共产主义的观点，使欧洲共产主义的影响范围越出了欧洲的地域。总的来说，欧洲共产主义的绝大多数党都是在 20 世纪 20 年代共产国际的推动下成立的，历史悠久，在国内领导着工会、青年、妇女等群众组织，具有广泛的群众基础，也是国际共产主义运动、争取人类进步事业、争取国际和平与安全的重要力量。

欧洲共产主义在 20 世纪 70 年代后半期迅速传播，受到国际共产主义运动中各种政治力量的重视，有支持和赞赏，也有非难和攻击。苏联共产党指责欧洲共产主义的理论和政策背叛十月革命、背叛马克思列宁主义、背叛无产阶级国际主义原则，是同社会民主党合流。但苏共不敢对欧洲共产主义各党采取断然决裂的方针，有时也容忍他们的一些观点。南斯拉夫共产主义者联盟、罗马尼亚共产党和朝鲜劳动党对欧洲共产主义持支持和赞赏的态度，匈牙利共产党领导人也不同意对欧洲共产主义的攻击。中国共产党同欧洲共产主义各党的关系近几年来得到很快的恢复和发展，对他们的斗争表示同情和支持，赞赏他们坚持独立自主、把科学社会主义原则同本国革命实践相结合的原则，尊重他们在本国探索社会主义道路。中共领导人指出，"欧洲共产主义是对还是错，也不应该由别人来判断，不应该由别人写文章来肯定或者否定，而只能由那里的党、那里的人民，归根到底由他们的实践作出回答"。

欧洲共产主义刚一出现，美国和其他西方国家当局疑虑重重，攻击它是"改头换面的斯大林主义和乔装打扮的暴政"，表示绝不能做任何可能给予欧洲共产主义不必要的合法性的事情，如果不能阻止共产主义在欧洲胜利进军，不久"一党统治的裹尸布"就将覆盖在欧洲身上。近年其态度有所变化，美国开始同意大利共产党、西班牙共产党有一些接触，企图利用欧洲共产主义党对苏联的独立倾向，为其同苏联争夺霸权服务。

进入 20 世纪 80 年代以来，欧洲共产主义内部意大利共产党、法国共产党、西班牙共产党就战略问题产生分歧，逐步发展为公开争论。1982 年意共与苏共进行激烈论战，西共、法共没有进行配合。法共在越南侵略柬埔寨和苏联侵占阿富汗等问题上与意共、西共采取了不同的立场。西共党内斗争尖锐，并在 1982 年 10 月大选中遭到挫折，这种形势使欧洲共产主义的发展受到一定的影响。"欧洲共产主义"这一提法本身不甚科学，因为奉行者并不全是欧洲共产党，也不仅限于欧洲共产党。1982 年法共二十四大已不用这一概念来阐述党的战略原则，意共现在一般也不再使用。"欧洲共产主义"作为一个称呼今后可能为其他名词所代替。但是它所概括的原则，是许多共产党经过多年探索在实践中逐步形成的，不可能轻易改变。它将作为国际共产主义运动的重要思潮长期存在下去，并在实践中发展。

主要参考书目

（1）《西班牙共产党、法国共产党、意大利共产党三党联合声明》（1977 年 3 月 3 日），载法《国际研究》1977 年第 88—89 期。

（2）《英国共产党和法国共产党联合公报》（1976 年 5 月 19 日）。

（3）《意大利共产党和法国共产党共同声明》（1975 年 11 月 15 日）。

（4）圣地亚哥·卡里略：《"欧洲共产主义"与国家》（1977 年），商务印书馆 1982 年版。

（5）乔治·马歇：《让我们说实话》，人民出版社 1982 年版。

（6）乔·乌尔班主编：《欧洲共产主义——它在意大利等国的渊源及前途》，新华出版社 1980 年版。

（7）《意大利走向社会主义的道路——意共中央书记处书记那波利塔诺答问》（1977 年），浙江人民出版社 1981 年版。

（8）沃尔夫冈·莱昂哈德：《欧洲共产主义对东西方的挑战》（1978 年），人民出版社 1980 年版。

（9）埃内斯特·曼德尔：《论欧洲共产主义》（1978 年），湖北人民出版社 1982 年版。

（10）《欧洲共产主义——意识形态和政治理论上的根据》。*Eurocommunism The Ldeological and political—Theoretical Foundations*, Edited by Geoge Schwab Green Wood Press 1981.

（11）《欧洲共产主义与缓和》。*Eurocommunism and Detente*, Edited by Rudolf L. Tökès, New York University Press 1978.

尼克松政府与水门事件

王珏琳

1974 年 8 月 9 日，美国第三十七任总统理查德·尼克松因水门事件被迫辞职，在美国引起了极大的震动。10 余年来，水门事件的后遗症迟迟未能消除，稍有风吹草动，这次事件的阴影就在美国政治舞台上重新浮现。这是美国政治史上的一次重大事件。

水门丑闻的暴露

1972 年 6 月 17 日凌晨，以尼克松竞选班子首席安全问题顾问詹姆斯·麦科德为首的 5 个人闯入华盛顿水门大厦民主党全国委员会办公室安装窃听器时当场被捕。随后，经过初步调查，又逮捕了与此案密切相关的尼克松竞选班子关于募款工作的法律顾问戈登·利迪和原总统特别顾问查尔斯·科尔森的助手小霍华德·亨特。

6 月 23 日，当尼克松从白宫办公厅主任哈里·霍尔德曼那里得知联邦调查局已把被捕人员身上的钱追踪到争取总统连任委员会时，他通过霍尔德曼和国内事务委员会主任约翰·埃利希曼，要中央情报局以联邦调查局继续调查被捕人员身上的钱可能危及中央情报局在墨西哥的资产为借口，转告联邦调查局"停止调查此案"。与此同时，被捕人员收到大量"支持"费用，条件是要他们服罪并保持沉默。在做好这些安排后，尼克松在 8 月 29 日宣称，"白宫和内阁现职官员都与水门事件毫无关系"。水门事件的真相就这样被暂时掩盖起来了。11 月 7 日，尼克松在大选中获得空前的胜利。

然而，1973 年 3 月 23 日，华盛顿地区法院的约翰·赛里卡法官公布了面临重刑威胁的麦科德写给他的一封信。麦科德在信中说："被告们遭受政治压力，要他们承认有罪，并保持沉默。""共和党的一些高级官员事先知道水门闯入事件。"他表示要打破沉默，揭露事实真相。3月28日，《华盛顿邮报》《纽约时报》等大报详尽地报道了麦科德在以民主党参议员小萨姆·欧文为主席的参议院水门事件特别调查委员会上作证的情况，以及其他当事人、知情人提供的内幕材料，从此案情急转直下。

4月30日，尼克松被迫宣布霍尔德曼、埃利希曼辞职，企图摆脱白宫与水门事件的牵连，表明自己对水门事件的公正态度。然而，5月17日，欧文委员会开始电视听证会，白宫负责处理水门事件的法律顾问约翰·迪安第三为了免于"单独被大火烧死"，对水门事件及掩盖活动提供了详细的证词。与此同时，哈佛大学的法律教授、肯尼迪政府的司法部助理检察长阿奇博尔德·考克斯被任命为特别检察官，负责调查水门事件等问题。7月16日，联邦航空管理局局长亚历山大·巴特菲尔特在欧文委员会上透露，1971年年初以来，尼克松录下了他在白宫和行政大楼办公室的大部分谈话，其中包括迪安证词中提到过的所有谈话。欧文委员会和特别检察官考克斯强烈要求尼克松交出录音带，而尼克松援引"行政特权"，公开蔑视欧文委员会和考克斯对录音带的传调令。欧文委员会和考克斯告到华盛顿地区法院。8月29日，赛里卡法官命令尼克松把录音带交给他，尼克松不交，又告到哥伦比亚特区上诉法院。然而，10月12日，上诉法院基本上维持赛里卡法官的原判。尼克松被迫退让，表示愿意作出妥协，向赛里卡法官和欧文委员会提供一份经民主党参议员约翰·斯坦尼斯证实的录音带摘要。但考克斯对此提出异议。10月20日，尼克松公然下令解除考克斯的职务，造成了所谓的"星期六晚上的大屠杀"，引起了全国的强烈抗议，纷纷要求尼克松辞职或者"对他弹劾"。

1974年2月6日，众议院授权司法委员会开始进行是否应对总统弹劾的调查。4月18日，新任特别检察官利昂·贾沃斯基要传调总统和迪安、埃利希曼、霍尔德曼等人的64次谈话录音。白宫仍然倚仗行政特权加以拒绝。5月20日，赛里卡法官命令尼克松向法院交出贾沃斯基传调的录音带。尼克松告到上诉法院，赛里卡要求最高法院裁决。7月24日，最高法院竟以8票对0票一致裁决总统必须交出传调的录音带。尼克松无奈只得接受裁决。此后，众院司法委员会加速了就弹劾问题的公开辩论，并于7月30日前通过了弹劾尼克松的三项条款，即（1）采取一系列行动阻挠对水门事件进行公正的调查；（2）广泛滥用总统权力；（3）蔑视国会传调录音带的命令，破坏宪法政府。

在尼克松决定向法院交出的录音带中，包括 1972 年 6 月 23 日他要霍尔德曼让中央情报局制止联邦调查局对水门事件调查的谈话，这就无可辩驳地证明，尼克松对掩盖水门事件不但知情，而且是他直接下令干的。尼克松滥用职权、阻挠司法，几乎肯定要被弹劾。经白宫办公厅主任亚历山大·黑格等人的劝导，尼克松终于在 8 月 8 日正式宣布辞职。曾经一心要名垂史册的尼克松就这样成了美国历史上第一个被迫辞职的总统。

为什么一桩"三流盗窃案"成了
美国政治史上的大丑闻

水门事件的背景至今众说纷纭。尼克松政府的白宫办公厅主任霍尔德曼称，"在水门事件这场悲剧里，有两个主要的谜"：首先是谁、为了什么下令破门而入的？其次，更为重要的是，这个微不足道的破门偷窃事件，或者按尼克松的说法，这个"三流企图盗窃案"，怎么会发展成为美国政治史上一次最大的丑闻，并最终迫使尼克松辞职？

1972 年 6 月，正当"水门闯入事件"爆发时，尼克松的声望奇迹般地达到了最高峰。为了击败民主党总统候选人乔治·麦戈文，尼克松已不需要什么有用或无用的政治情报。此外，华盛顿任何一个了解内幕的人都知道，民主党全国委员会只不过是一个空架子，有用的政治情报可到总统候选人办事处去找。既然如此，麦科德等人为什么要在此时此刻闯入水门大楼民主党总部去安装窃听器呢？

"水门闯入事件"到底是争取总统连任委员会一手策划的，还是像霍尔德曼所说的那样，"是理查德·尼克松自己叫那些人去撬奥布赖恩办公室的门偷装窃听器的"？这个问题至今很难定论。但有一点是可以肯定的，即"水门闯入事件"绝非什么偶然事件。"毫无疑问，尼克松在白宫制造的气氛鼓励他周围的人搞非法活动"，"他把人生视为战场，确信美国到处都有执意要毁掉他的仇敌"。"他把政治生涯中的每个重大事件都视为一场危机，在这种危机中，他总是处在敌人包围之中。"尼克松生性多疑，连基辛格也说，"我们都深知尼克松生来不会完全信任别人的"。为了对付他的政敌，尼克松可以无视法律、为所欲为。1969 年以后，尼克松雇佣了一帮特务专门搜集爱德华·肯尼迪、埃德蒙德·马斯基等政敌的情报，极力诋毁他们的声誉。1971 年，尼克松在堵塞泄密漏洞的幌子下，在白宫内部组建了一个被称为

"管子工"的秘密调查小组，闯入曾经泄露五角大楼秘密文件的埃尔斯伯格原来的精神病医生的办公室，窃取病历档案，企图从中寻找证据，用来审判被控犯有偷盗和间谍罪的埃尔斯伯格。总之，尼克松入主白宫以后所采取的种种非法和不道德活动不能不影响白宫内外人员的行为。而且，正如比尔·加利所指出的，"尼克松是一个有强烈竞争精神的人"。尽管当时他对击败麦戈文已经十拿九稳。但是，在他看来，除非能赛过他"所嫉恨、畏惧同时又钦佩的肯尼迪兄弟，否则这种胜利就不算彻底"。对此，尼克松的部下也是一清二楚的。在此背景下，尼克松的争取总统连任委员会和白宫官员制订了一项破坏民主党竞选的全面计划，其中主要内容之一就是闯入水门大厦民主党全国委员会主席、肯尼迪家族的亲信奥布赖恩的办公室安装窃听器，这就绝不是偶然的了。

在美国历届总统选举中，安装窃听器之类的非法活动屡见不鲜，本来不值得大惊小怪。那么，"水门闯入事件"这样一个"三流企图盗窃案"在一度几乎平息之后怎么又会被揭露出来，而且最终导致尼克松下台的呢？

尼克松1913年出生于加利福尼亚的约巴·林达，家境贫困，父母不和，自幼就缺乏信任感和安全感。但他头脑敏锐，好胜心强。1946年，他在西部的美洲银行财团扶植下，由一个无名的律师跨入政界。他作为共和党保守派的代表，先后当选为众议员和参议员；1952年起，又连任两届副总统。但是，1960年他竞选总统时败在得到洛克菲勒等东部财团支持的约翰·肯尼迪的手下。尼克松在悲愤之余，深知要入主白宫，必须获得东部财团的垂青。1963年，他把全家搬到纽约，与洛克菲勒和摩根财团拉上关系。1968年，经过多年苦心经营，他终于当选为美国总统，实现了他政治上的野心。1972年，在水门事件暂时被压下去后，他又以521票对17票的压倒性优势，击败了民主党对手麦戈文，当选连任美国总统。

然而，长期以来，尼克松作为由西部财团扶植起来的共和党保守派的代表人物，同以东部财团为靠山的受民主党控制的国会、官僚机构和舆论界等自由派权势集团一直存在深刻的矛盾。现在，尼克松在大选中获得了绝大多数选民的授权，决心在第二届任期内在三大领域里推行他的重大改革，即改革预算，停止那些浪费而且无效的计划；改组和精简联邦政府的官僚机构；按照"新多数"的方针重振共和党。尼克松的这些改革措施触犯了各大权势集团的利益，促使它们联合起来，向白宫宣战。

美国联邦政府的官僚机构极为庞大。尽管总统有权任命各部、局、署的首脑，但联邦政府官员约有90%是按文官制的规定录用的，总统无权任意解雇、降职或调动。而从杜鲁门政府以来，这些职业官员大部都是民主党人。艾森豪威尔总统面临倾向民主党政策的官僚机构时深感为难，但欲改变这种状况又遇到文官制的障碍，而无能为力。据乔治·阿伯巴赫等称："1970年，在行政部门的高级职业官员中只有17%是共和党人，43%是民主党人，36%是无党派人士，而这些无党派人士常常是倾向民主党而不是共和党的。"特别是由总统任命的部、局、署的首脑到职后，很快被由职业官僚、国会常设委员会和各种利益集团组成的"铁三角"所包围，他们往往成为这种"铁三角"的代言人，使总统更加难于推行保守主义的政策。因此，尼克松决心利用这次大选中选民的授权，改组和精简官僚机构。1972年11月5日，就在大选后的第二天，尼克松向白宫和内阁官员宣布他们都必须辞职。同时，他还决定大规模改组政府机构，除保留原有的国务卿、财政部部长、国防部部长、司法部部长4个内阁职位外，把内阁的其他部和上百个联邦机构中的一部分机构并入经济事务、人力资源、自然资源和社会发展4个总管理口之下，分别由4名总统顾问或"超级内阁成员"主管。尼克松企图通过改组内阁和其他官僚机构，用忠于他及他的政策的人代替那些不完全忠实的人。也就是要把自由派权势集团的代表从政府各部的关键职位上撤换下来，或者按尼克松的说法，各个单位的浑蛋班子必须统统砍掉。只有这样，才能贯彻以尼克松为代表的西部、南部财团的保守主义的政策纲领。尼克松的这个措施必然要遭到官僚机构的强烈反对。

美国国会是最高立法机关。"钱袋的权力"是国会最重要的权力。在美国只有国会有权征税，而且也只有国会有权通过各种拨款法案，这对总统来讲无疑是一种重要的制约。1964年约翰逊总统发起"向贫穷开战"，他说服国会为各种计划拨款，制定了一系列立法。尼克松对此早就深为不满。1973年1月，在他当选连任总统后就直言不讳地说："我们这里存在的问题，从根本上说，就是国会要抓权。"他公开斥责"这届国会在花钱的问题上是不负责的"。尼克松不顾国会的反对，决心控制联邦预算，取消约翰逊政府为实现所谓的"伟大的社会"而制订的各项庞大计划，甚至借口1964年的《就业法》，在他提出要求以前拒绝联邦官僚机构使用国会已经通过的拨款，公开向国会挑战。这就不但侵犯了宪法授予国会的财政特权，而且严重地影响了依靠国会拨款取得选区支持的国会议员再次当选的前景。因此，尼克松改革预算的计划不能不引起国会的震惊、畏惧和愤怒。

　　美国新闻界对美国的政治、经济、社会、文化都有极为重要的影响，尤其对塑造总统的形象起着重要作用。目前，美国新闻界的两大社（美联社和合众国际社）、三大报（《纽约时报》《华盛顿邮报》和《华尔街日报》）和三大广播电视台（全国广播公司、哥伦比亚广播公司和美国广播公司）都直接或间接地被东部财团所操纵。第二次世界大战结束以来，它们的主要倾向转为支持自由派。它们自封为"无冕之王"，对共和党保守派人士极为厌恶，特别是尼克松，自 1952 年以来就是它们的攻击对象。尼克松也把新闻界视为仇敌，1962 年他竞选加利福尼亚州州长失败后，对新闻界进行了刻薄的斥责，并说："你们再也不会有机会把尼克松踢来踢去了。"1969 年尼克松就任总统后，围绕五角大楼文件等问题多次与新闻界发生激烈的冲突。1971 年6 月，《纽约时报》刊登了"五角大楼秘密文件"，使尼克松政府深为恼怒，指控《纽约时报》严重危害了国家的利益。但最高法院根据宪法第一条修正案关于对言论和出版不得实行"事先限制"的规定，以 6 票对 3 票的多数裁决《纽约时报》可以继续刊登这份报告。尼克松还公开谴责新闻界进行了"无法无天的恶毒的和歪曲事实的报道"，引起了全国许多报刊和电台负责人的愤怒。尼克松说，"在我的第一届任期中，我还得同越来越抱敌意态度的舆论界作斗争……不过，在我的第二届任期内，我打算让他们知道，我不会再毫无怨言地洗耳恭听他们带刺的话，或让他们的不负责的权力不受到挑战"。

　　总之，尼克松当选连任总统后，力图按照保守主义的价值准则改组官僚机构，限制联邦预算，公开向舆论界挑战，较多地照顾了扶植他上台的西部、南部财团的利益，引起东部财团的极大不满。受民主党控制的国会、官僚机构、舆论界等自由派权势集团，为了维护他们的既得权力，决心联合起来，煽起水门事件这把火，并抓住不放，终于迫使尼克松辞职。这就是为什么一桩"三流企图盗窃案"会发展成为美国政治史上最大丑闻的主要原因。

水门事件的影响

　　水门事件前后持续了两年多时间，对美国内外都造成了极为深刻的影响。难怪合众国际社把水门丑闻列为 1973 年美国的头号新闻，而共同社则将此作为该年十大国际新闻的第三条。尽管杰拉尔德·福特接任美国总统时声称："一场长期的民族噩梦已经过去。"然而时至今日，其后遗症仍远未消除。

资产阶级历来认为，三权分立相互制衡可以"防止独裁"，"保障民主和自由"。从现象上看，"美利坚合众国诉理查德·尼克松"一案，是国会（参议院水门事件特别调查委员会与众议院司法委员会）和法院（华盛顿地区法院与最高法院）同总统的对抗，似乎确实证明了"美国最古老的宪法原则——三权分立"的优越性。国会，特别是"众议院司法委员会是反对总统独断专行的堡垒"，而法院则"维护任何人，尤其是总统，都不能置身于法律之上"的原则。"自由的新闻界吹响了危险的警报，并推动了调查的进程。"福特总统明确说，尼克松被迫辞职是"美国宪法起了作用"。欧文参议员称，三权分立的优越性是"难于同时腐蚀（联邦政府的）三个部门"。总之，他们企图渲染这些表面现象，来转移人们对水门丑闻恶劣影响的注意，为美国的宪法原则辩解。我们应该透过现象看本质，正确评价美国的资产阶级民主制度。

在调查水门事件过程中揭露出来的大量事实彻底暴露了美国所谓的民主选举中的种种卑鄙勾当。他们为了击败对手，根本无视法律和道德，毫无顾忌地使用诽谤、闯入、窃听、破坏甚至暗杀等种种手段。正如阿瑟·林克和威廉·凯顿所指出的，在调查水门事件过程中逐渐揭露出来的"所有这些活动或者是完全非法的，或者是极不道德的，或者是既非法又不道德。尤其是这些活动都是在总统的主要助手默认、批准，甚至在大多数情况下，是他们直接下令进行的"。尽管这类肮脏做法过去历届政府都用，但尼克松政府在破坏法律和道德准则方面确实是骇人听闻的。尼克松政府的副总统阿格纽和司法部部长米切尔为首的40多名政府官员受到了刑事起诉。1位副总统、2名内阁部长、10余名白宫官员和分布在行政部门的其他近15名官员表示服罪或经审判后宣布有罪。凡此种种，使美国人民陷入一片"沮丧、幻灭和失望"的情绪之中。他们认为共和党和民主党都滥用了美国的"民主制度"，有人认为美国官员没有一个是好的。佐治亚州议会前议长老弗雷德·汉德说："任何一个在州一级搞过竞选活动的人都明白，如果他干的事全部公开出来，他就得作为罪犯被抓起来。"总之，水门丑闻使美国人民越来越清楚地看到了美国的所谓民主制度的虚伪性。

长期以来，美国的白宫和国会之间争权斗争持续不断。第二次世界大战后，总统的权力更为膨胀。特别是20世纪50年代中期到60年代初，在美国形成了所谓的"一致意见"，即共和党和保守派同意把国家的经济福利，尤其是维持充分就业作为总统的责任，而民主党和自由派则赞同总统应该负责维持世界大部分地区的"和平和自由"，推行全球遏制政策。这就进一步扩大了总统的权力，以致美国著名历史学家小施莱辛格把合众国总统称之为"帝王式总统"。特别是尼克松担任总统后，向国会隐瞒对柬埔寨的秘密轰炸，大砍"伟大的社会"的有关计划，禁止联邦官僚机构使用国会已经通过的拨款等，促使民主党自由派控制的国会于70年代通过了大量立法，企图扭转"行政部门篡权日甚"的趋势，夺回宪法授予国会的权力。水门事件把国会向白宫的争权斗争推向了新的高潮。1973年4月，尼克松宣布放弃某些行政特权，允许白宫官员出席国会的委员会作证；随后又于10月被迫答应交出录音带和秘密文件，这都大大削弱了总统的特权。1973年11月，国会两院又以2/3的多数推翻了尼克松的否决，确认了战争权力法，规定总统所进行的作战行动未经国会通过宣战或立法的授权，不得超过60天。这项法律是美国国会有史以来第一次限制总统在战争问题上的权力，被称为70年代国会"复活"的最重要标志。1974年，国会又通过了预算和扣款控制法，规定参、众两院任何一院的决议都可否决总统拒绝使用国会拨款的决定，剥夺了从杰弗逊总统以来历届总统拥有的特权。1974年7月，国会通过对总统的弹劾调查，终于迫使尼克松宣布辞职。总之，所谓宪法原则在水门事件中发挥了作用，只不过是反映了国会和总统之间长期的争权斗争，是以东部财团为靠山的民主党自由派控制的国会和西部财团扶植起来的共和党保守派总统尼克松之间的冲突。这就是说，水门事件的大吵大嚷充其量不过是资产阶级内部的所谓"平等""民主"罢了，而这种"平等""民主"无非是"尔虞我诈、钩心斗角"的代名词而已。用水门丑闻来证明三权分立的优越性只不过是为了混淆是非、安抚人心。

联邦法院系统，特别是最高法院对总统有重要的影响。"组成最高法院的9名法官对一位现代总统来讲犹如宗教对中世纪的君主一样"，总统的就职仪式是由首席法官主持的。因此，可以说是他赋予新总统以合法地位和宪法权力。尽管最高法院可以运用司法审查权，宣布总统的行动违宪无效，但是一般来讲最高法院经常维护总统的权力，很少直接与总统发生对抗。在审理"美国诉尼克松"一案中，以沃伦·伯格为首席法官的最高法院为了争取公众的最大支持，并对总统施加最大的压力，以8票对0票裁决：尼克松必须向华盛顿地区法院赛里卡法官交出64次白宫谈话的录音带。这项裁决不仅成了美国历史上第一位总统辞职的直接原因，而且就总统是否有权阻挠司法程序、三权分立原则是否授予总统保护秘密通信的绝对权力、特别就总统是否能宣称他自己是总统的宪法权力和特权的唯一裁判人等问题作出了不利于总统的裁决，从而削弱了总统作为行政首脑的权力，提高了最高法院的权威。

"新闻自由"是资产阶级民主的重要表现形式，对维护垄断资产阶级的统治具有重要作用。美国新闻界竭力标榜"新闻自由"，声称他们可以自由地发表各种来源的消息和评论，对政府，包括行政首脑总统，进行揭露、监督和献策，为美国资本主义的发展起过重要作用。《纽约时报》副社长赖斯顿曾大言不惭地说，美国是记者们"创造"的。美国总统对新闻界热衷于揭露政府的隐私深为恼火。华盛顿总统就曾抱怨美国政府及其官员经常成为报纸咒骂的对象。但是，美国总统也都极为重视新闻这个工作，千方百计地加以控制，以便操纵舆论，宣扬他的内外政策，树立他本人的形象。尽管新闻界在维护资本主义制度这个根本利益上是与总统完全一致的。但长期以来，美国总统和新闻界的关系一直比较紧张，特别是尼克松担任总统期间与新闻界多次发生冲突。1973 年 3 月，《华盛顿邮报》的记者鲍波·伍德沃德和卡尔·伯恩斯坦首先揭露了水门事件，掀起了美国历史上新闻界与总统之间持续时间最长而且最尖锐的冲突，把尼克松及其政府搞得声名狼藉。资产阶级学者强调，水门事件再次证明了新闻自由的必要性和重要性。

水门事件的余波和阴影消失了没有呢？1984 年 1 月美国《新闻周刊》在回顾一年的国际形势时称："里根的高级外交政策助手争辩说，总统用了3 年时间使美国摆脱了由越南、水门和卡特造成的自我怀疑和瘫痪。"如果说近年来美国经济获得了较快的发展，美苏争霸的态势出现了一些有利于美国的变化，这些倒还算是事实；但要说美国已经摆脱了水门事件造成的种种内伤，恐怕还为时过早。

主要参考书目

（1）Fawn Brodic，*Richard Nixon*.

（2）"The Year That Shook America"，*The Americana*，1974 Annual.

（3）John Garraty，*American Nation*.

（4）Melvyn Dubofsky，*U. S. in the Twentieth Century*.

（5）罗伯特·霍尔德曼：《权力的尽头》。

（6）John Blum，etc.，*National Experience*.

（7）Benjamin Page，*The American Presidency*.

（8）亨利·基辛格：《动乱年代》。

（9）比尔·加利：《白宫秘闻》。

（10）理查德·尼克松：《尼克松回忆录》。

（11）Reo Christenson，*American Politics*.

（12）Erwin Levine，*An Introduction to American Government*.

（13）Howard Zinn，*The Twentieth Century*.

（14）Arthur Link，*American Epoch*.

（15）Godfrey Hodgson，*America in Our Time*.

（16）Leon Friedman，United States v. Nixon.

（17）英国《经济学家》：《美国政治》。

美国的"星球大战"计划

李　章

美国"星球大战"计划正式名称为"战略防御"计划（STRATEGIC DEFENCE INITIATIVE，缩写为 SDI），是美国总统里根 1983 年正式提出的。

1983 年 3 月 23 日，里根向全国发表电视演说，首次公开提出了战略防御计划。里根在演说时先展示了 4 张卫星拍摄的照片和一些图表，说明苏联导弹力量"已大大超过美国"，强调美国必须进一步发展和加强战略进攻武器，同时要加紧研制空间时代的超级武器，建立有效的战略防御体系，以便在苏联战略导弹到达美国之前就进行层层拦截，予以彻底摧毁。由于这项战略防御计划的实施结果，很可能使外层空间成为陆、海、空之外的第四战场，引起一场从外层空间向地球目标进行袭击的战争，因此被人们称为"星球大战"计划。

"星球大战"计划主要是研究建立"反弹道导弹战略防御系统"。"反卫星计划"和航天计划虽然有密切联系，但不包括在内。

"星球大战"计划是美国为建立军事优势，争夺世界霸权而制订的。它的实施，必将刺激美苏军备竞赛质的升级，加剧美苏紧张关系，给国际政治和战争与和平问题带来重大而深远的影响；同时导致现代战争的规模和现代军事思想、军事理论发生重大变化，因而引起了各方关注。

从"遏制"战略到"高边疆"战略

美国耶鲁大学历史学教授保罗·肯尼迪最近出版了一本美国畅销书《大国的兴衰》，书中说美国和苏联的全盛时期已经过去，正在不可逆转地走下坡路，步当年奥斯曼帝国、西班牙、荷兰、英国、拿破仑和沙俄的后尘，并终将为其他新兴强国所取代。这本书在美国引起很大争论。有一个无可辩驳的事实是：美国自1968年起霸主地位已经动摇，驾驭国际形势的能力大为削弱，奉行了20多年的"遏制"战略已彻底破产。

第二次世界大战后，美国倚仗其在战争中迅速膨胀起来的经济、军事实力，登上了世界霸主的宝座。它到处侵略、扩张，不可一世。1945年杜鲁门宣称：美国今天是没有任何国家能与之匹敌的"强大国家"，"这意味着我们拥有这样的力量，就得挑起领导的担子并承担责任"。但好景不长，美国很快就从其顶峰跌落下来：侵朝战争的失败打破了美国不可战胜的神话；印支战争的惨败更使美国疲惫不堪；而亚非拉各国人民风起云涌的民族民主运动，动摇了美国的霸主地位。西欧、日本等国战后经济崛起，不再对美国俯首帖耳，导致西方出现3个经济实力中心。1971年，尼克松总统无可奈何地承认"过去25年已经发生了非常巨大的变化"，"从经济角度来说美国已不再是世界头号国家、超群的世界强国"，"我们会看到5个强大的经济力量，它们是美国、西欧、苏联、中国大陆，当然还有日本。"

最使美国忐忑不安的是苏联军事力量的迅猛发展，使其成为与美国并驾齐驱的另一超级大国，这是对美国霸权地位的严重挑战。1949年苏联掌握了原子武器的秘密后，战略武器飞速发展。特别是1962年古巴导弹危机的胯下之辱后，苏联更是卧薪尝胆，利用美国深陷越南战争泥潭之机，潜心发展导弹武器。到20世纪60年代末70年代初，苏联战略核力量基本上已与美国旗鼓相当，迫使美国将其"大规模报复"的军事战略修改为"相互确保摧毁"战略。也就是说，美国承认苏联在战略上已经与美国平起平坐，核大战的结局只能是相互毁灭、同归于尽。苏联取得均势后仍继续发展导弹数量和改进质量，并大力扩展常规军备。

苏联战略核武器数量的增加和质量的改进使美国感到了威胁。美国总统科学顾问基沃思说：苏联洲际导弹的数目以3∶1超过美国，运载陆基弹头的能力"现在同我们几乎不相上下"。20世纪70年代苏联凭借其军事实力，向第三世界扩张，抢占战略要地，控制战略通道，在安哥拉、埃塞俄比亚、也门等地相继得手。1979年，它又悍然出兵阿富汗，侵占西南亚这一战略要地，向美国霸权地位提出"最为严重的挑战"。

美国在这咄咄逼人的攻势面前，颓势渐显。20世纪70年代末80年代初，美国到了需要对其政策进行重大调整的时刻。此时，美国保守势力抬头，高喊"重振国威"的里根进入白宫。里根执政后，一面重整军备，加强军事力量，扭转不利态势；一面组织人马研究制定新的安全战略，以取代

"相互确保摧毁"战略，打破欲战不能、欲罢不肯的局面。前美国国防情报局局长、里根总统竞选时的军事顾问格雷厄姆的"高边疆"战略就是在这种情况下产生了。所谓"高边疆"战略就是美国既要加强核进攻能力，又要建立起有效的核防御体系，攻防兼备，使自己立于不败之地。换言之，美国要另辟蹊径，建立战略防御体系，重新夺得战略优势。"高边疆"战略认为外层空间今后将是除海陆空之外的第四战场，是必争的战略"高地"。"空间是今天的高地，明天的战场"，"哪个国家（或国家集团）在宇宙空间获得领先地位，哪个国家就会在这块'战略高地'取得决定性的战略利益"。"星球大战"计划就是"高边疆"战略的核心部分。里根政府采纳了"高边疆"战略，将其作为新的国家总战略付诸实施，不惜花费庞大军费开支，不顾国内外的强烈反对，决心推行"星球大战"计划，夺取这个将影响人类命运的"制天权"。美国认为，其经济实力超过苏联，科技水平高于苏联，在外层空间进行军备竞赛正是以己之长击敌之短，定能胜过苏联。苏联若望而却步，美国可重操战略主动权；苏联若拒绝屈居下风，则将在竞赛中被拖垮。

同时，新的科技革命和兵器革命有了长足进展，为美国建立有效的反弹道导弹防御体系提供了现实可能。近十年来，美国在红外探测、数据处理、强激光、非核弹头、航天技术等方面取得重大进展。"星球大战"计划负责人亚伯罕将军认为，在直接有关太空军备技术上，美国遥遥领先。美军方在1986年度《军事态势报告》中指出，在20项对军事领域至关重要的技术中，美国有14项领先，其余几项中苏联只领先1项，4项不相上下。特别是与"星球大战"计划直接相关的三大技术：长波红外探测器和微处理技术日益完善为建立反导的预警、探测、跟踪系统奠定了基础；强激光，高能粒子束和航天技术的发展，为建设反弹道导弹的拦截武器系统提供了可能；每秒钟能计算10亿次的大型电子计算机的出现，又为建立复杂的指挥、控制和通信系统（即 C^3 系统）① 创造了有利条件。美国认为，已有可能利用现有技术在21世纪初建立起以外层空间为主的反导系统。

美国及世界多数国家估计，20世纪90年代至21世纪将出现新技术革命高潮，以微电子技术、生物工程、新材料、外层空间和能源五大技术为中心的高科技将获得大发展，世界经济由此而达到顶峰。到那时，各国在世界上

---

① 指挥、控制和通信系统的英文为 commaod、control 和 communication，西方称之为 C^3 系统。

所排的名次将由它们的科技和经济实力来决定，而不是单纯依靠军事力量。"星球大战"计划正是以空前规模动员美国（以及盟国）的科技资源，以空间技术为龙头，带动一批新技术和新工业，振兴美国经济，力求军事上超过苏联、技术上压倒苏联、经济上拖垮苏联，从而在世界上重新确立起美国的霸主地位。由此可见，"星球大战"计划的意义不仅局限于军事方面。

"星球大战"计划的具体内容

　　"星球大战"计划实际上就是"反弹道导弹防御计划"，但与美国过去的反导系统截然不同。过去研制的反导系统是在对方弹头重返大气层后，用导弹进行拦截。拦截率低，仅为10%，危害也大。"星球大战"计划是要建立一个以天基定向能武器为主要拦截手段的多层综合防御体系，从对方导弹起飞开始就进行层层拦截。

　　洲际弹道导弹从发射到击中目标需要28—31分钟，整个飞行段分为4个阶段。第一段为助推段，即垂直发射段，需2—5分钟。此时导弹上升速度慢，助推火箭喷射出大量高温喷焰，易被发现和摧毁；且尚未放出多弹头，此时摧毁一枚就相当于在以后阶段摧毁数以十计的弹头。这是拦截的重点阶段。第二段是后助推段，又叫转弯段，约需8分钟。此时弹头母舱与燃烧已尽的助推火箭脱落，并释放出多弹头。第三段为自由飞行段，又叫中段，多弹头与伪弹头释放完毕，进入较稳定的弹道飞行，约需15分钟。第四段是再入段，又称末段，弹头重返大气层，并击中目标，约需3分钟。美国把这4个阶段分成3个作战区，由部署在高轨道、低轨道和空中的武器进行拦截。这3个作战区是：远程作战区，包括第一、第二飞行段，是在1200公里的高空部署装有激光武器的卫星，在对方导弹发射6—8分钟内加以击毁；中程防御区，在自由飞行段，是由太空的激光武器进行拦截；低空防御区，即第四阶段，是用地面或飞机发射的导弹进行拦截。如此层层进行围堵，每段可拦截概率据说可达90%。经四层拦截，就可击毁来袭导弹的99.9%。苏联即使向美国发射上千枚导弹，上万颗弹头，最后能够击中美国目标的也就所剩无几。这样，核大战不仅可以打，而且能打赢，"确保相互摧毁"战略就可改变为"确保安全"战略。美国将此称为"新威慑战略"。美国估计，到21世纪初，即"星球大战"计划完成之时，苏联地对地洲际弹道导弹质量会有所改进，突防能力会有提高，数量不会增加，仍为1398

枚左右，弹头将从现在的 6258 颗增至 1.4 万颗左右（即每个导弹携带 10 个弹头）；潜射弹道导弹也许会有增加（现为 979 枚，携带弹头 2327 颗）。美国按此计划建立起来的多层综合防御系统能够将这些导弹"照单全收"。

为建成这个多层综合防御体系，必须建立 3 个全新的系统，即预警、探测、跟踪系统，负责发现、识别、探测和跟踪苏联的弹道导弹，为作战指挥和拦截武器提供必要的情报；拦截武器系统，包括天基和陆基的、以定向能武器为主的各种拦截武器，负责摧毁对方导弹；指挥、控制、通信系统，负责根据预警系统提供的情报，指挥、控制己方拦截武器迎战来袭的目标导弹。

预警、探测和跟踪系统是防御体系的耳目，其核心技术是红外传感器。苏联地对地洲际弹道导弹都分布在地下井内，位置已知，飞行方向即所谓"威胁走廊"亦可判明，监视尚属容易。潜艇发射导弹以浩瀚海洋为屏障，发射点遍布全球海域，故必须有覆盖全球的监侦系统。

美国目前已部署了由照相侦察卫星、电子侦察卫星、海洋侦察卫星、核爆炸探测卫星、预警卫星和预警雷达组成的高轨道早期预警、低轨道中期预警和末端低空探测、识别系统。早期预警是在 3.6 万公里高空部署 3 颗装有红外探测器的地球同步卫星、监视全球范围的助推段目标和跟踪全弹道段的目标。它们可在 60—90 秒内侦测到苏联火箭发射后的信号，6 分钟可查明来袭目标。低轨道中期预警技术比较成熟，美国 80% 的侦察卫星部署在 1000 公里以下的低轨道上，能向作战系统提供目标数量、方位以及弹道飞行的具体数据。低空探测识别系统是由机载光学探测系统与地面雷达组成，能有效地探测、捕捉、跟踪和识别大气层以内的目标。目前，美国预警系统的传感器技术尚不能克服天文地理等因素的影响，对伪装特别是天然伪装的揭示能力还不很高，还不能达到在导弹起飞后 3 分钟内查明目标的实战要求。

拦截武器系统一改过去用导弹来对付导弹的反导系统，广泛采用新的杀伤武器：定向能武器和动能武器。

定向能武器是一定方向发射高能射束以击毁目标的武器。它速度快，能在一瞬间击毁数千公里以外的目标，是一个崭新的武器系统，是新计划研究的重点项目。定向能武器主要是激光、粒子束和微波发射器。激光武器分天基和陆基两种。天基激光器用以对付助推段和后助推段目标。陆基激光器主要用于中途段防御。美国总统科学顾问基沃思设想，在标高 3000 米以上的高山上设置 10 个激光基地，在外层空间部署若干激光反射镜。地面激光站把激光射向外空，再由外空的反射镜聚焦后打向目标，据说能够覆盖全球。

动能武器是指利用高速运动的弹头通过碰撞或爆炸方法来摧毁对方目标的拦截武器系统，如炮、导弹、非核拦截弹头、电磁轨炮等。大气层外的拦截主要靠电磁轨炮。这是一种在两根轨道上通过强大电流，把弹丸高速抛射出去的新式武器。美国正在试验中的电磁轨炮弹丸飞行速度已达 20 公里/秒，比炮弹初速 2 公里/秒快 10 倍。据说将来每秒可达 100 公里。外层空间另一冲撞武器是靠火箭助推的弹头，每个卫星携带 50 枚，以"硬碰硬"的方式击毁目标。大气层内的拦截主要靠陆基反导导弹和速射密集火箭群等。

指挥、控制、通信系统是防御体系的"神经中枢"。不言而喻，为使探测和拦截系统分毫不差地互相密切配合、协调作战，必须有一个十分完善可靠、生存能力很强，能在强烈对抗的条件下指挥整个系统进行反导作战的 C^3 系统。这个系统的关键是电子计算机。电子计算机不仅具有高速运算能力，且有人工智能，能使指挥控制的各个阶段——从了解情况到判明击中目标效果，全部实现自动化，而且在极短时间内完成。为此要大力发展高速度、高效能的电子计算机，增强数据信息处理能力。据称美国新研制的最先进的"克雷—2 号"电子计算机的运算速度已达 12 亿次/秒，正在研制的第五代计算机速度可达每秒万亿次。这些数据处理技术为 C^3 系统的建立提供了有利条件。

"星球大战"计划项目繁多、内容庞杂、技术高深玄妙，如果再加上与之相关联的"反卫星计划"和航天技术，更使人眼花缭乱。

"星球大战"计划的实施

1983 年"星球大战"计划提出后，里根政府全力以赴，毫不动摇。这项耗资 8000 亿—1 万亿美元的计划，目前正处于研究论证阶段，组织、经费业已落实，某些关键技术已有突破。

"星球大战"计划要在 30 年时间内，分 4 个阶段来完成。第一阶段（1983 年—20 世纪 90 年代初）是基础研究阶段，全面论证计划的可行性，扫除技术障碍，为总统决策提供依据。第二阶段（20 世纪 90 年代初—2000 年）为系统发展阶段，对计划的各个组成部分进行工程设计、生产和试验。第三阶段（2000—2005 年）为全面投产和逐步部署阶段。2005—2015 年为完成部署的第四阶段。目前正处于研究论证的第一阶段。这个阶段有可能提前完成。迄今"星球大战"计划已在许多重要领域取得进展，主要表现在以下两个方面。

其一，成立组织机构，明确发展方向。

美国战略防御计划局已于 1984 年 4 月成立，直属国防部部长领导，局长是亚伯拉罕·森中将。该局是星球大战计划研究发展工作的组织和指导机构，已与各研究所、大学和大公司签订了数以千计的研究合同。1985 年 9 月成立一个直接对参谋长联席会议负责的航天司令部，把原来属于各军种航天司令部的航天活动集中起来。司令部设在科罗拉多州彼德森空军基地。司令部任务有三：（1）统一负责全军的航天活动；（2）研究制定第四战场——外层空间战场的"天战"理论、原则和方法；（3）在"星球大战"计划完成后统一指挥美国战略防御体系。这个航天司令部实际上就是未来战争中的一个新军种——"天军"的司令部。这个司令部的成立标志着战争领域开始从现在的陆、海、空 3 个战场扩展到外层空间战场。

里根提出"星球大战"计划时，只有几种原则设想，并无明确方案。如今战略防御体系各系统的全面构思逐渐形成。例如关于防御方法问题，肯定了以定向能武器和动能武器为主要手段，拦截层次可能分为 7 层。关于总体设计方案，战略防御计划局已从各单位提出的众多的方案中筛选出几种，作为进一步研究的基础。看来 20 世纪 90 年代初确定战略防御总体方案是很可能实现的。

其二，关键技术领域取得突破性进展。

美国在与"星球大战"计划有关的五大技术方面都取得了不同程度的进展，有的还取得突破性进展。例如光学成像和雷达成像的许多关键部分的实验室验证工作已取得突破。在动能武器计划中，正全力研制用电磁轨炮发射的"灵巧弹"已完成实验室初级模型试验。在定向能武器计划方面，氟化氢陆基化学激光器系统正进行配套试验，陆基反弹道导弹技术更趋成熟，并在1984 年试验成功。同年 6 月 10 日，美军从太平洋夸贾林岛发射一枚陆基反导导弹，准确地击毁了 20 分钟前从加利福尼亚范登堡空军基地发射的一枚"民兵 I 型"导弹的模拟弹头。美国宣布这是里根政府花费数十亿美元研制"星球大战"武器的一个重大突破。然而也要看到，还有许多技术问题远未解决。例如"星球大战"计划要求主计算机能够适时处理 1000 万条命令，这在目前还不很现实。美国国防部副部长德苏尔说，"星球大战"计划有八道技术难关，而每一难关难度至少相当于 20 世纪 40 年代研制原子弹的"曼哈顿"计划。可以说，"星球大战"计划既不是可望而不可即的海市蜃楼，也绝不是一蹴而成的，许多技术尚未定性，各种系统和方案尚未选定，发展情况有待观察。

"星球大战"计划的影响

"星球大战"计划提出和实施，不仅会对美国军事、经济、科技发展带来巨大变化，而且必将对世界政治、经济及军事形势产生深远的影响。

首先，美苏军备竞赛将发生新的变化。战后 40 多年，美苏之所以没有直接兵戎相见，基本原因是两国战略力量上处于均势。美苏拥有 5 万颗、总当量达 130 亿—160 亿吨 TNT 的核弹头（平均世界上每人 2.5 吨），都有把对方消灭 20 次的能力，而且双方都还没有有效的防御手段，任何发动战争的一方都无法逃脱对方报复而被夷为平地。美国一旦实施"星球大战"计划，企图夺得优势，苏联绝对不会袖手旁观。20 世纪 60 年代美国有人出谋划策根据"自己活，也让别人活"的原则，主张把美国核弹头料全部埋进地心，一旦美国生存受到威胁，就把地球炸成碎片！苏联若真有志于防御，采纳这位谋士"高见"，则美国任何"计划"都奈何不了它。苏联现在一面研究建立自己的战略防御体系，一面加强战略进攻力量，竭尽全力迎接美国"星球大战"计划的挑战。苏联一专家宣称，苏可以从卫星上发射进攻导弹，一两分钟便可击中美国目标，真是迅雷不及掩耳。据 1988 年 5 月 2 日美国《华尔街日报》透露，苏正投资研制能运载核弹头贴近地面飞行的轰炸机和巡航导弹，从而将使美国战略防御体系变成"21 世纪的马其诺防线"。总之，如果美国的"星球大战"计划真的实施的话，美苏争夺太空军事优势的竞赛可能会愈演愈烈，世界局势将更趋复杂。

其次，"星球大战"计划是新兵器革命的标志。历史上两次武器革命都带来战争理论、战略战术、作战方式的变化。星球大战计划一旦完成，太空成为第四战场，出现了"天军"，空间兵器将成为未来战争中一支十分重要的力量，军队的编制体制、战争规模、战略战术等无疑将作重大改变。同时，由于出现太空战场，战争范围扩大，战火将烧遍交战国国土，前后方界线很难区分，进攻与防御的界线更加模糊。新武器的出现必然会带来新的军事思想、军事理论、战略战术，但这要有一个过程。美国在这方面看来已走在前面，美国航天司令部已着手研究制定"天战"的理论、原则和方法。

再次,"星球大战"计划将在技术上和经济上给美国带来巨大的积极影响。"星球大战"计划是科学技术发展到一个新时代的标志,是在美国雄厚的科技基础上提出的。与"星球大战"计划有关的五大技术(即航天技术、以红外为主的远距离探测和精确制导技术、以大型计算机为核心的 C^3 系统技术、定向能及动能武器技术和新材料技术)中,美国明显领先。"星球大战"计划的实施又势必将这些技术推向更高水平。如为研究解决电磁轨炮发射的"灵巧弹"承受的重力加速度,势将推动材料物理学的发展;为使电子计算机功能达到实战要求,必会促使科学家去开发新的光电技术和新材料。新技术革命对美国经济发展起着杠杆作用,这些问题的解决必将把美国经济推到一个更高的水平。

最后,"星球大战"计划是"核时代"向"空间时代"过渡的标志。世界上有一种看法,得太空者得天下,谁能成为"空间俱乐部"成员,谁就是强国。西欧、日本等经济发达、技术先进国家竞相开发太空资源,而第三世界国家对此无力顾及。今后南北贫富差距还会进一步扩大,缩小这种贫富悬殊的任务更加艰巨,从而进一步影响世界局势的和平与稳定。

围绕"星球大战"计划引起的反响

"星球大战"计划提出后立即引起各方关注,反应强烈。

美国国内掀起大论战,最初明显分为赞成和反对两派,近年来赞成的人略占一点优势,强烈反对的人渐少,又出现了主张先搞研究,部署问题视以后情况再定的第三派。支持"星球大战"计划的著名人物有基辛格、布热津斯基等。他们的观点是:政治上保险,因为这能打消苏联进行第一次打击的念头,有助于防止核战争;战略上可取,能加强美国的威慑力量;技术上可行;经济上合算,美国增加一点军费开支,把苏联拖垮也是值得的。反对"星球大战"计划的人有卡特、麦克纳马拉、腊斯克等前军政要员和许多科学家,他们针锋相对,提出反对理由:政治上冒险,因为这将导致美苏关系紧张,裁军谈判受阻;战略上危险,因为反导防御体系不会绝对有效,苏联只要有5%的导弹突破防御,就会把美国毁灭;技术上不行,要建立一个能防御成千枚导弹、上万颗弹头饱和袭击的体系是"不可能的";经济上负担太重,完成"星球大战"计划估计要花8000亿—10000亿美元,甚至更多,建成后每年维修还得花几十亿美元,经济负担过于沉重。

　　世界各国除日本外，几乎没有支持"星球大战"计划的。苏联当然强烈反对。戈尔巴乔夫说："如果美国破坏现存的战略军事均势，使太空军事化，苏联除采取对应措施外，别无其他选择。"西欧盟国的反应出乎美国预料，它们因处境和利害关系上的不同，反应略有差异。英国、西德开始时表示支持美国进行研究（但不包括部署），法国明确反对，其他国家或表示疑虑，或态度暧昧。后来，西欧17国渐渐倾向于拒绝支持美国搞这种"超级军备"，并在法国推动下，搞起西欧技术共同体（即"尤里卡"计划）。西欧拒绝的主要原因是：（1）西欧国家希望缓和，不要紧张，"星球大战"计划则会破坏缓和，导致东西方关系更加紧张；（2）"星球大战"计划如果搞成，美国就有可靠的"盾"来保护，与西欧防务联系就会削弱，欧洲爆发常规战争的可能性增大；（3）即使美国在防务上不与西欧"脱钩"，"星球大战"计划也难免不使西欧遭受无法忍受的损失，因为西欧幅员狭小、人口密集、工业集中，"星球大战"计划中的任何失误将给西欧造成巨大灾难。

　　基于上述考虑，西欧把"星球大战"计划视为对自己的挑战，17个国家在短短3个月里就搞成"尤里卡"计划，先从尖端技术上进行合作，着重于民用，再向军事技术过渡，实现西欧独立防务。

　　"星球大战"计划尚处于研究论证阶段，各方估计不尽一致，现在对它进行判断为时尚早。

　　"星球大战"计划能不能搞成？一种意见认为即使各系统研究成功，美国也不一定部署，因为尚有两个未知数，即是否会有"廉价的"战略进攻武器系统能把这耗资1万亿美元的防御体系破坏掉，从而使"星球大战"计划经济上不合算？太空武器系统的"生存能力"究竟如何？另一种意见则认为美国对外层空间势在必夺，"星球大战"计划是美国国家计划的核心部分，定要完成。"星球大战"计划乃一石双鸟之举，既为夺得太空军事优势，又促进美国经济、科技发展，加强综合国力。今后无论哪个党上台执政，估计"星球大战"计划都可能不会夭折，只是在进展快慢、规模大小等问题上有些区别而已，从美国的战略决心、经济科技力量及目前发展势头来看，将来建成某种规模的反导战略防御体系是完全可能的。但从目前的发展来看，由于技术复杂、难度大、经费不足，有些关键性技术项目进展缓慢，如期完成的可能性很小。

　　美国认为，它在高技术上遥遥领先于苏联，这也许有其事实根据。但以往的事实说明，美国对苏联争霸的决心往往估计不足，对苏联科技水平的发展也估计偏低。过去，当美国发觉苏联导弹分导技术发展之快、命中精度之高时，曾感到非常意外，今后在太空竞赛中是否再有意外之事还很难说。美国企望苏联知难而退可能是一厢情愿，是要落空的，经济上想拖垮苏联的想法也不很实际，军备竞赛 40 年，苏联从劣势赶上来，与美国打成平局，经济发展速度并没有落在美国后面（1950 年苏联国民生产总值仅为美国的 31%，现在为 64.7%）。在这场目前尚看不到终点的太空竞赛中，究竟谁胜谁负，难以预卜，很可能仍像核竞赛一样，一方暂时领先，另一方很快赶上，谁也无法形成单方面的绝对优势。有人曾把美苏太空竞赛形容为龟兔赛跑，"苏联是缓步前进，走向成功，美国是一蹦一跳，忽前忽后"，也许有些道理。

总之，世界政治格局中的两极和多极化的矛盾将会进一步发展。美苏在争夺太空军事优势中起步早、基点高，它们在太空部署武器系统只是时间问题，其他国家无法相比。但政治上多极化趋势将进一步发展。今后国际战略形势仍将趋向相对缓和，多数国家都在调整战略，把更多注意力集中于科技进步和经济发展，加强综合国力，争取 21 世纪在全球政治格局中占有一席之地，多极化的趋势难以逆转。

美国"星球大战"计划名为战略防御，实为进攻，防御是为其进攻行动更为自由。这对人类安全形成极为严重的威胁，必须坚决反对。我国政府历来主张，"外层空间应当专门用于和平目的，以造福人类，任何国家不应以任何方式发展、试验和部署外空武器，应尽快谈判缔结一项全面禁止外空武器的国际协定"。我国政府的主张符合全世界人民利益，定会获得绝大多数国家支持。今后，世界人民反对外空军事化的斗争将日趋高涨。

20世纪60—70年代苏联的经济改革

张　森

20世纪60—70年代，苏联进行了两次比较大的经济改革。一次是在1965年9月，苏共中央全会通过了《关于改进工业管理，完善计划工作和加强工业生产的经济刺激》的决议（以下简称"新经济体制"），决定从1966年开始在全国进行全面的经济改革。一次是在1979年7月，苏共中央和苏联部长会议通过了《关于改进计划工作和加强经济机制对提高生产效率和工作质量的作用》的决议（以下简称"新决议"），决定在全国进行新的全面的经济改革。

苏联经济改革的基本任务

苏联1965年和1979年这两次经济改革，改革的具体内容和侧重点有很大区别，但是这两次改革所面临的基本任务却大致相同，即改革在斯大林时期形成的并在苏联坚持了多年的过分高度集中的计划管理体制，克服这种体制带来的种种矛盾和弊病，进一步解放生产力，发展国民经济。

斯大林时期的经济管理体制的最大特点是过分高度集中。这表现在以下几个方面：（1）国家对整个国民经济，从宏观经济到微观经济，拥有绝对的统治权、控制权，包括经济发展方向、投资规模、经济结构、生产力布局、积累消费比例、物资供应、劳动工资、产品价格等，地方和企业只有无条件完成国家计划的义务。（2）组织和推动国民经济运转的是国家机器及其指令性计划指标。一切经济部门的活动，从生产到物资供应和产品销售，统统纳入国家计划，然后层层下达带有法律效力的指令性计划指标。（3）排斥商品货币关系对生产的调节作用，忽视价值规律和各种经济杠杆的能动作用，管理经济的主要方法是靠行政杠杆。（4）企业管理实行"一长制"，普通的工人在生产、分配和管理上基本上处于无权的地位。

斯大林时期上述管理体制对苏联经济的发展和政权的巩固曾起过巨大的历史作用，但是这种体制潜藏着深刻的矛盾，有严重弊病。首先，它过分夸大了国家的经济职能，使地方、企业和生产者不能有效地参与生产、分配和管理经济的活动，这必然加深国家与地方、企业和生产者之间的矛盾，挫伤后者建设社会主义的积极性，同时很容易产生和导致经济管理的官僚化。其次，这种体制过分夸大了计划在经济领导和经济管理中的作用，否定和排挤商品货币关系及其价值规律对经济生活和经济运转的调节作用，结果必然造成地方、企业对国家的过分依赖，损害整个国民经济的协调发展。最后，实行单一的部门管理原则（即"条条专政"），会限制和削弱地方发展经济的积极主动性，这就为主观主义、唯意志论及经济领导的武断专横提供了现实可能性，使滥用职权、官工、官商等不正之风滋长蔓延起来。总之，这种管理体制，严重地阻碍了生产力的发展。变革这种体制，探索新的管理体制，已成为苏联经济发展的必然要求，也是继斯大林之后摆在苏联领导面前的一项刻不容缓的迫切任务。

苏联经济改革所面临的基本任务是：改革过去由国家包办一切的传统体制，调整中央同地方、同企业的关系，调整部门与地区的关系，尤其应实行国家管理和劳动生产者管理相结合的民主集中制原则，从体制上确保劳动生产者在生产、分配和经济管理方面的主体地位，使劳动者同生产资料更紧密地结合起来。

改革过去计划包揽一切的传统做法，正确处理计划与市场、有计划按比例发展规律同价值规律的关系。

改革过去单纯依靠行政手段管理经济的简单做法，实行经济方法和行政方法相结合，充分发挥利润、奖金、信贷等经济杠杆的能动作用，增强经济效果。

1965 年的经济改革

1964 年 10 月勃列日涅夫出任苏共中央第一书记以后，首先就全面进行经济改革做了一系列准备工作。经过将近一年的准备，苏共中央于 1965 年 9 月 27—29 日举行中央全会，讨论发展工业问题。部长会议主席柯西金作了关于改进工业管理、完善计划工作和加强工业生产的报告。全会通过了《关于改进工业管理，完善计划工作和加强对工业生产的经济刺激的决议》（简称《决议》）。《决议》首先指出：现行的工业中的管理体制、计划工作和经济刺激的方法，不适合现代条件和生产力的发展水平，主要表现在领导工作中行政方法排挤了经济方法；企业的经济核算制徒具形式，经营自主权受到限制，企业职工对企业工作的总成果、生产盈利和改善工业产品的质量不感兴趣。由于实施按地区原则管理工业，妨碍了各企业间的生产联系，造成机构重叠，工作效率很低。同年10月，苏共中央主席团和部长会议为执行苏共中央9月全会的决议通过了相应的决定，同时颁布了《国家生产企业条例》，决定从1966年开始在全国进行全面的经济改革，推行"新经济体制"。这次经济改革涉及的范围很广，包括组织管理体制、计划管理体制、物资供应管理体制、价格管理体制及经济管理方法等各个方面。

1966年3月29日—4月8日，苏共举行第二十三次代表大会，勃列日涅夫在会上作了苏共中央总结报告。报告强调，1965年苏共中央9月全会制定了领导经济的新方法，确定了党在我们当前发展阶段的经济政策的原则，这些原则主要是加强国民经济管理中的经济方法和经济刺激的作用，从根本上改善国家计划工作，扩大企业、集体农庄、国营农场经营上的独立自主和主动精神，提高生产单位对自己工作结果的责任心和从物质利益上的关心。工业管理新体制的优越性将使新建立的集中的部门性的管理机构同大大扩大了的各加盟共和国、企业和联合公司的权力，以及同加强领导经济的方法很好地结合起来。大会就勃列日涅夫的报告通过了相应决议，加快了改革步伐。

在组织管理体制方面，首先对工业管理机构系统和其他国家管理机构进行了改组。撤销了各级国民经济委员会，重新设立了联盟部、联盟兼共和国部，以及各部的管理总局、局、司和科学技术委员会等一整套部门管理机构，完成了由地区管理体制向部门管理体制的过渡与转变。

在计划管理体制方面，苏联仍坚持国家计划的主导地位和实行指令性的计划制度，但是扩大了企业的经营自主权，在计划内容和方法方面也作了某些调整：（1）减少了由上级下达给企业的指令性计划指标。由原来的几十个指标减少到9个指标。与此同时，苏联还相应调整了劳动工资计划指标，由原来的4个指标（即劳动生产率、工资基金、工人人数、各类人员的平均工资）调整为只向企业下达工资基金总额一项指标。此外还扩大了企业的生产权限，规定在不影响国家生产计划和合同义务的前提下，企业有权用订货单位的原材料或本企业的材料和废料，进行计划外生产或接受订货任务。（2）扩大企业劳动工资管理权限。规定企业可以按照国家的统一标准和原则，拟定本企业的机构和编制，招收和解雇职工，对职工采取奖惩措施；企业有权确定工人的劳动报酬形式；有权根据标准条例确定奖励工人的指标和条件；企业领导人有权在计划工资基金的限度内，为高度熟练的工程技术人员确定附加工资（不超过职务工资的 30%）。（3）改革财产管理制度，扩大企业的财产处置权。允许企业对暂时闲置不用的属于固定基金的那些生产资料，"出租"给其他企业；对于多余不用的生产资料，"出售"给其他企业；对于陈旧和不宜继续使用的生产资料，从资产负债表上注销；企业还可以自由支配国家固定给它的流动资金。（4）调整财务管理制度，扩大企业的财务管理权限。扩大企业的利润留成，由过去占 6% 提高到 14%—18%；扩大企业对折旧基金的使用权力，过去基本折旧基金要全数上缴，现改为可提取 30%—50% 留作企业的发展生产基金。

在物资供应管理体制方面，由原来的国家统一调拨，改为采取直接长期经济联系（建立在经济合同的基础上）和生产资料批发贸易的新形式，即通过长期的直接供货合同、间接的批发贸易、少量的生产资料贸易等形式，"有计划地分配设备、材料和半成品"。这种新的物资供应体制，与过去的计划供应体制无本质差别，但简化了物资供应手续，供应渠道和方式方法比过去灵活得多，有助于克服产销脱节的弊病。

在价格管理体制方面，苏联仍坚持了国家定价的原则，但在价格形式问题上，强调应当在越来越大的程度上反映社会必要劳动消耗，保证生产费用和流通费用得到补偿，并保证每个正常进行工作的企业获得利润。为此，取消了过去以成本盈利率作为定价依据的方法，实行以基金盈利率作为定价依据的新方法。从 1966 年 10 月 1 日起，苏联根据上述原则和方法开始实行纺织品和针织品的新价目表。新价目表消除了计划亏损品种，拉平了各种产品的利润率。从 1967 年 7 月 1 日起，又在所有的重工业部门实行了新的批发价格。其中，煤的新价格提高 78%，石油和矿石提高 60% 以上。

在经济管理的方法方面，在继续坚持行政管理方法的同时，更多地注意了采用经济方法，即注意发挥利润、信贷等经济杠杆的作用。例如，实行生产基金付费制度，规定企业必须按其使用的生产基金的一定比率，向国家缴费；在贷款的利息方面，进一步采用区别对待政策，以鼓励先进企业，鞭策和制裁落后企业；扩大企业利润留成；建立物质鼓励基金，并从物质利益上加强职工对企业生产的关心，使企业的经营成果同职工的切身利益直接联系起来。

总之，这次经济改革，恢复了以部门为主体的组织管理体制，扩大了企业的经营自主权，加强了企业的经济核算，以利润为中心加强了经济杠杆的作用。改革以后的最初几年，经济效果比较明显，几个重要的经济指标都有所好转。

但是这次改革仍有很大的局限性，从本质上说，仍然没有突破旧体制的老框框：高度集中的中央决策权、排斥市场经济的调节作用、对微观经济管得过死、以行政方法为主管理经济等。国家的经济职能问题、人民群众在生产、分配和管理上的主体地位问题，市场的调节作用问题，基本上没有触动，因此，改革的成效也是有限的。随着时间的推移，"新体制"的作用逐渐失灵，改革初期刚刚有所好转的几个重要的经济指标，很快就日益恶化起来。"新经济体制"部分地解决了一些问题，同时也带来了一些新的矛盾，这表现在以下三个方面。

第一，国家与企业之间控制与反控制的矛盾。这种矛盾首先集中表现为企业为获得最大限度的利润而从各方面破坏国家下达的计划。企业经营者同国家的利益不同。国家关心的是如何从各个部门获得最大限度的利润和使整个国民经济得到发展，企业关心的则是如何才能得到更多的利润和生产什么样的产品最为有利。同时，企业实行完全的经济核算，为了自身的利益，不仅经常隐藏内部潜力，以各种理由拒绝接受国家的"紧张"计划，而且在经营活动中往往破坏国家计划，破坏国家规定的企业生产方向，破坏主要产品计划和企业间的购销合同，生产有利可图的产品和非法牟取计划外利润，破坏国民经济的正常比例关系。国家与企业之间的矛盾还往往表现在利润分配上。许多企业为了加快自己的资金周转，或者增加非生产性的消耗，"经常迟迟不上缴利润和周转税"，或向国家假报计划任务完成情况，伪造工资支付报表，搞"非法"建筑，来非法支配利润，多提经济刺激基金。

第二，企业和主管部门之间的矛盾。企业权力的扩大，触犯了上层经济领导部门的权益。所以主管部门总是有意无意地抵制扩大所属企业的权力。这表现在主管部门总是不断地"干预本应由企业独立做主的经济事务"，或者采用"行政上的压制"办法，刁难、限制企业正常的生产经营活动，束缚企业自主权的发挥。

第三，企业之间的矛盾。这种矛盾首先表现在签订合同时钩心斗角，特别是利用"一次性订货"的机会在价格上讨价还价；其次表现在执行合同的过程中尔虞我诈、以次充好、拖延交付，甚至弄虚作假，骗取订货单位的款项，有的干脆违约和毁约，破坏合同。

上述矛盾的发生增加了推行"新体制"的阻力，延迟了向"新经济体制"的过渡时间。1968 年 5 月 14—17 日，全苏经济会议在莫斯科举行。国家计委主席巴伊巴科夫在会上作了关于完善国民经济计划和改进经济工作的任务的报告，许多经济机构的负责人和经济学家在会上发了言。会议强调，1969 年应该把计划工作和经济刺激的新体制实际地推广到整个国民经济领域，再从这次会议开始的经济改革的新阶段中，把新体制的主要原则推行到企业的每一个环节。苏联原计划只用两三年时间基本完成向"新体制"的过渡，但在全苏经济会议召开时并看不到这种可能，结果直到 20 世纪 70 年代中期才完成这种过渡。更主要的是导致"新体制"的刺激作用日益下降。1966 年改行"新体制"的企业，其产值、劳动生产率和利润的增长率，都比未改行"新体制"的企业高得多，但到 1968 年，就比较接近了，而且 1968 年改行"新体制"的企业，上述 3 个指标与 1966 年相比有明显下降。推行"新体制"反而阻碍了新技术的采用，因为企业怕影响当年生产计划的完成，降低按工资基金计算的物质鼓励基金的提成。1963 年发明项目的采用率为 41%，1970 年降到 20.5%。劳动生产率和工业生产的增长速度到 20 世纪 60 年代末也呈现下降趋势。

尽管 1965 年的经济改革出现了上述许多新的矛盾和问题，以勃列日涅夫为首的苏联领导并没有正确总结这次改革的经验教训。从 20 世纪 60 年代末和 70 年代初开始，他们在企业扩权和利用经济方法管理经济等方面动摇后退了，以致不再提"改革"两字。

经济管理体制的新变化

1969 年 12 月 15 日，苏共中央举行全会。勃列日涅夫在会上作了关于国内外政策的报告，全会通过了 1970 年发展国民经济计划草案和预算草案。全会把提高社会生产效率，改进计划工作和提高集约化程度作为发展经济的战略方向。20 世纪 70 年代苏联经济管理体制总的变化趋势是加强中央的集中控制。首先是建立生产联合公司。1971 年 3 月 30 日—4 月 9 日召开了苏共二十四大。大会把建立联合公司为中心环节的管理体制作为经济发展的大方向确定下来。勃列日涅夫在苏共二十四大的总结报告中说："加强生产的集中是必要的……建立联合公司和联合企业的方针必须更坚决地加以贯彻，将来它们应该成为社会生产的基本核算单位。""生产集中的过程在农业中也应加以发展。"他强调指出："完善管理结构，要求同狭隘的本位主义和地方主义的一切表现进行坚持不懈的斗争。"1973年3月2日，苏共中央和苏联部长会议作出了《关于进一步完善工业管理的若干措施》的决议，要求各工业部门加强生产的集中，加速发展生产联合公司和工业联合公司。同时，苏联部长会议批准了关于《全苏和共和国工业联合公司总条例》。3月3日，《真理报》刊登了阿法纳西耶夫通讯院士谈经济管理的文章。文章要求国家计委加强同地方主义和本位主义倾向做斗争。文章提倡建立跨部门的大型联合公司，说当时全苏已有900个大型联合公司，其生产占全苏工业总产量的10%。阿法纳西耶夫在强调社会主义生产集约化和提高效率是发展经济的"基本路线"的同时，对一些"根本不想建立跨部门的联合公司"的部门进行了批评。1974年3月，部长会议又批准了《生产联合公司（联合企业）条例》，制定了联合公司"宪法"。与此同时，苏联各工业部门也根据二十四大决议，拟定了本部门的管理总规划，到1974年9月，已有19个全联盟部和11个联盟兼共和国部制定出了总规划草案。这些措施，加速了生产联合公司的发展，到1976年2月苏共二十五大前夕，已建立了2300个生产联合公司，到1980年，包括科学生产联合公司在内，全苏共有4082家联合公司，联合企业17896个，占工业总产值的48.2%，占职工人数的50.1%。建立生产联合公司，进一步加强了苏联经济的集中程度。据苏联官方材料统计，在加工工业中，1000人以上的企业虽然只占全苏企业总数的5.6%，但其工人总数却占到96.3%，全苏国有企业的生产性固定资产已占到国民经济全部生产性固定资产的91.6%。1973年3000人以上的大型企业和联合公司，只占企业总数的3%，产值却占工业总产值的45.6%。

加强中央控制的另一个重要措施是实行二、三级管理体制。为了进一步加强生产的集中，建立以部门管理为原则、以联合公司为基本环节的集中管理体系，苏共二十四大提出要采取二、三级管理体制。柯西金在1971年4月6日的报告中说：在新的五年计划期间应该解决的极其重要的任务之一，是使国民经济管理结构更加合理化。化学、石油和煤炭工业管理体制的改革表明，一般来说，两级和三级的管理体制是最适宜的，大型经济核算制生产联合公司比一些单个企业有巨大的优越性。因为组织联合公司是以生产的进一步聚积和必要的物力和财力进一步集中为前提的。1973年3月苏共中央和苏联部长会议通过决议，要求"加强生产集中的工作，减少工业管理上的多余环节，提高工业的灵活性和效率，撤销部门性总局和成立全联盟和共和国的经济核算制工业联合公司"。随后，各工业部就把主要的力量集中于制定总的管理方案上。各部管理总规划规定，撤销这些部门管理中的多级制，改行两级或三级管理体制。各加盟共和国的工业部，也改行两级或三级管理体制。改组管理机构的另一个非常重要的环节，是建立大型的全联盟的、共和国的或地区性的工业联合公司以取代各种部门管理总局。这样，使苏联的工业管理体制从原来的"部—总局—企业"的管理形式，改为部—生产联合公司或部—工业联合公司—生产联合公司二、三级管理体制。工业联合公司既有行政管理职能，又是一级经济管理机关，兼有生产经营和行政管理的双重职能，比管理局更适合于对经济的统一控制和领导。成立联合公司的做法在许多部门遭到抵制。同年 3 月 15 日《真理报》社论透露，有的地方把已经成立起来的联合公司划分为许多小单位，在专业化的借口下肢解了联合公司。地方主义和本位主义妨碍成立联合公司。社论批评"许多部对建立联合公司采取了畏首畏尾的态度"，"未表现出应有的主动性和创造性"，点名批评了轻工业部，机床制造和工具工业部，建筑、筑路和公用工程机器制造部。

苏联所采取的上述这些加强生产集中的措施，固然有经济本身发展需要的一面，但主要的目的是为了加强对经济的集中领导，因此执行的结果，不但没有阻止经济下降的趋势，反而使几个主要的经济指标日益恶化：劳动生产率，1954—1964 年，年平均增长 6%，1965—1969 年，下降到 4.4%，1970—1980 年，进而下降到 3.9%；基金产值率：1980 年同 1970 年相比（按可比价值计算），下降了 27%，每 1 卢布固定基金所产生的国民收入下降了 28%；利润率：1968—1978 年，黑色冶金工业的基金盈利率从 19.2% 下降到 10.7%，森林、木材加工和纤维造纸工业从 20.1% 下降到 7.9%，建材工业从 14.2% 下降到 6.2%，煤炭工业从 8.2% 下降到 0.8%（1977 年）。有的部门甚至由盈利部门重新变为亏损部门；新发明的采用率：1976—1979 年同 1961—1965 年相比，新技术样品年平均增长数下降了 20%。陈旧设备的更新速度也大幅度下降。自 20 世纪 60 年代末至 70 年代初，苏联加强经济管理体制的集中措施是不成功的。在这种背景下开始了 1979 年 7 月的新的经济改革。

1979 年 7 月的经济改革

1979 年 7 月 12 日，苏共中央和苏联部长会议通过了《关于改进计划工作和加强经济机制对提高生产效率和工作质量的作用》的决议。为了具体贯彻这个决议，苏联还制定和颁布了一些辅助性的决议、规定和条例。1979 年 8 月 13 日，苏共中央通过了《关于进一步完善经济机制及党和国家机关的任务的决议》；9 月 11 日，苏联国家科委、苏联国家计委、苏联财政部、苏联国家价格委员会批准了《关于建立和使用发展科学技术统一基金程序的方法规定》；9 月 12 日，苏联国家计委、苏联国家价格委员会、苏联财政部、苏联国家劳动和社会问题委员会批准了《关于在计划工作中制订和采用净产值（定额净产值）指标程序的方法规定》；10 月 4 日，苏联国家科委、苏联国家计委、中央统计局、国家标准局、国家建委批准了《生产联合公司（企业）说明书条例》；10 月 12 日，苏联国家计委、苏联国家劳动和社会问题委员会、苏联财政部和苏联中央统计局批准了《关于规定以每一卢布产值计算的长期工资标准的程序的方法规定》；同一天，苏联财政部、苏联国家计委、苏联国家银行和苏联建设银行批准了《关于采用定额分配利润方法的各部及全苏（共和国）工业联合公司、生产联合公司和企业利润分配程序的条例》；11 月 27 日，苏联国家价格委员会批准了《关于建立对生产技术的高效率新产品的批发价格实行奖励加价，以及对二等品和未能按规定时间达到鉴定标准的产品的批发价格实行折扣的程序的指示》。

上述一系列决议和条例表明，这次经济改革（苏联只提"完善"和"调整"，不承认是改革）着重解决的问题是完善计划体系，加强对经济的统一领导，扭转经济恶化趋势；加速科技进步，提高生产效率和产品质量，努力实现向集约化经济过渡；充分发挥经济杠杆的作用，调动地方、企业和生产者的积极性。它不像 1965 年"新经济体制"涉及范围那么广泛，但提出了一系列涉及全局的改革措施，可以认为是 1965 年全面经济改革的继续。其主要内容主要是以下五方面。

1. 建立以五年计划为主、长中短期计划相结合的计划管理体系。规定"五年计划是经济和社会发展计划的主要形式"和"组织经营活动的基础"，今后应"主要根据五年计划开始执行后的累计成果评价计划完成情况"。以五年计划作为中心环节的新的计划体系，把苏联经济、社会发展的长期战略任务同近期的策略任务，采用经济和组织措施紧密结合起来，有利于加强经济、社会发展的连续性和稳定性，有助于国家对经济工作的统一领导。

2. 调整计划指标体系，改用定额净产值代替产品销售额指标作为计划生产、计算劳动生产率和工资基金的主要指标（商品值则作为核算指标）。用每 1 卢布产品所含工资定额代替工资基金总额指标（工资基金总额指标改为核算指标）。新的指标体系突出了生产单位（联合公司和企业）对国家的实际贡献，特别是采用净产值（定额净产值）指标，排除了生产资料的转移价值，只反映生产单位新创造的价值，这有利于加强劳动管理，降低物质消耗，促使企业降低成本，同时有利于企业采用新技术和生产新产品。

3. 规定了加速科技进步和提高产品质量的若干新措施。主要内容是在部门一级设立统一的科技发展基金用于科学研究、试验设计和工艺工作的拨款，补偿同研究、试制新产品有关的各项费用，补偿生产新产品最初几年增加的费用。科研、设计单位从 1980 年起，全部转为在合同的基础上实行经济核算制。在科研设计单位建立物质鼓励基金、社会文化设施和住宅建设基金、发展组织基金。提高优质产品的批发价格，奖励加价，并规定把加价收入的 70% 留在企业和科研设计机构作为经济刺激基金，15% 列入统一的科技发展基金，15% 上缴国家预算。

4. 改变基本建设管理体制，提高投资效率。首先改变投资方向，规定基建投资。首先用于现有企业的改建和技术改装，只有在现有企业通过改建和技术改装仍不能保证满足国民经济对某种产品的需要时，才能拨出资金搞新建和扩建项目。在投资结构方面更多地强调提高设备的比重。

5. 改进经济核算和工资奖励制度。规定在今后两三年内完全过渡到以联合公司为基本经济核算单位，并逐步在部一级推广经济核算制。改变经济刺激基金的形成和使用办法。规定从第十一个五年计划（1981—1985 年）起，经济刺激基金改为按固定定额设立。评价企业经营活动的主要指标，由产品销售额和盈利率改为按合同完成供应产品的计划、提高劳动生产率、改进产品质量、提高利润四项指标来评定。对大幅度增加优质产品量的企业，可提高经济刺激基金定额。

除以上主要内容外，"新决议"还规定，各企业和联合公司与供、销机构之间，要建立长期经济联系；各工业部门可开设直属商店网点，出售所属企业生产的消费品，加强产销联系等。

这次经济改革对促进苏联经济的发展，还是起了一定作用。特别是建立以五年计划为主的长中短期相结合的计划体系，对确保苏联经济的稳定发展，会起到较大的作用。另外，在指标体系方面，从过去主要面向数量改为主要以质量和效率为主，加强了劳动指标，并且增加了实物指标的比重，对加速苏联的科技进步和提高产品质量，效果会更加明显一些。但是，由于这次改革是在加强生产集中的总形势下的产物，因此同 1965 年的改革相比，其改革措施更趋向于保守，涉及管理体制的一些根本性问题，如计划决策权、物资供应制度和价格制度、利用价值规律发挥市场机制的作用、劳动者参加生产管理等，仍没有实质性的变化。1979 年的经济改革，依然没有触动传统经济体制的基本原则，因而也就不可能解决旧体制所固有的那些矛盾和弊病。60 年代中期经济改革所面临的几项基本任务，仍然没有得到很好的解决。

1956 年波兹南事件与波兰的十月

刘邦义

1956 年 6 月发生的波兹南事件，对波兰的历史发展造成了重要的影响。由于它是在社会主义制度下发生的第一次大规模罢工，并引起了武力冲突，因此成为国际上十分令人瞩目的重大事件。

事件的起因

波兹南事件的发生不是偶然的。事件的起因至少得追溯到 1948—1949 年。当时波兰已完成战后国民经济恢复工作，为后来进行工农业建设和改善人民生活进行了准备。与此同时，波兰国内形成了许多弊端，如党内民主的削弱、强迫命令等。波兰在制定建设社会主义路线时不得不考虑波兰的历史传统和社会经济现实情况，哥穆尔卡的"通向社会主义的波兰道路"就是在这种情况下产生的。但当时国际形势和国际共产主义运动的特殊情况，决定了哥穆尔卡的"通向社会主义的波兰道路"不可能实现。1948 年 6 月，在苏共控制下的欧洲共产党和工人党情报局作出了开除南斯拉夫共产党的错误决议。它对南斯拉夫的指责，同时意味着对"通向社会主义的波兰道路"观点的反对，情报局作出决议，要求所有人民民主国家不顾各国国情，迅速实行农业合作化政策。

但是，到 1948 年 8 月之前，唯有波兰没有实行情报局的这一决议。在情报局的压力下，波兰工人党内有人指控以总书记哥穆尔卡为首的领导层犯了"右倾民族主义"的错误，哥穆尔卡的职务为贝鲁特所取代。

在这种条件下新产生的波兰统一工人党，是"高度集权"的党，缺乏党内民主。同时，波兰的农民运动、民主运动、青年运动也都随之被统一或合并起来。代表工人利益的工会组织，已失去了捍卫工人利益的作用，仅仅是党和劳动群众之间的"继电器"和"传声筒"。当时，波兰表面上是所谓"三党"（波兰统一工人党、波兰农民党和民主党）体制，实际上，农民党和民主党是处于波兰统一工人党的绝对领导之下。

1953 年 3 月 5 日，斯大林的逝世震动了苏联和东欧各人民民主国家。1956 年 2 月苏共二十大的召开及赫鲁晓夫的"秘密报告"，在波兰引起强烈的共鸣。1956 年 3 月 12 日，贝鲁特在莫斯科猝然去世，奥哈布当选为波兰统一工人党第一书记。这一系列事件是波兰政治和经济变革的前提和推动力。广大劳动人民纷纷要求清除"个人迷信"的影响，要求积极参加和管理人民政权，但当时波兰当局没有采取相应的措施。

在经济上，自 1948 年 9 月贝鲁特当选为波党总书记后，一切照搬苏联模式，他在制订和执行六年（1950—1955）计划中，不顾波兰缺乏铁矿资源的实际，要求集中主要资金建设以钢铁工业为主的重工业。在六年计划内，工业总产值要求增长 170% 以上，而农业仅增加 19%，工人平均工资仅增加 13%。这就出现了工业和农业、重工业和轻工业比例的严重失调。六年计划不切实际地在估价农业在社会主义改造时期生产增长的可能性，基本建设战线拉得过长，结果六年计划的许多重要任务没有能按时完成，钢、水泥、硫酸等主要工业产品的产量计划推迟 1—3 年才达到。尤其是物价上涨，使人民的实际工资的增长速度显著降低，因而引起一系列重要物资供应的紧张。

在对外关系上，波兰人民从盲目学习苏联的灾难性后果中觉醒了，人们寄希望于哥穆尔卡曾提出过的"通向社会主义的波兰道路"。但是，当时的波兰领导人没有吸取教训，忽视学习苏联模式所带来的恶果，引起了广大群众的强烈不满，加上波苏关系上的历史积怨、苏联在处理战后波苏边界、波苏贸易中的不平等交换等大国主义和大党主义，更加剧了人民的不满情绪。

波兹南位于波兰西部"大波兰"① 地区，在两次大战之间，那里的局势都非常尖锐，在经济上较之其他地区要落后得多。战前，由于政党纷争，在波兹南和首都华沙（中央政权）之间就存在着矛盾。华沙认为波兹南地区是"分立主义"地区，而波兹南则认为中央政权对待地方政权的管辖"不公正和不够格"。华沙崇拜毕苏茨基，而波兹南则信奉另一民族主义者德莫夫斯基。

---

① 大波兰：波兰历史地名，波兰国家创建时的中心，在波兰西部地区，包括现在的波兹南、卡利什、谢拉兹、温奇查、伊诺弗洛茨瓦夫等省。

　　战后，上述情况有所改变。1945—1947 年波兰实行民主改革，伴随而来的是地方权限的扩大，地方势力有所抬头。波兹南地区成了最具有"波兰特性"的地区。那里有社会团结的传统，天主教主义和民族运动盛行。第二次世界大战时的波兰流亡政府总理、战后的政府副总理、波兰农民党领袖斯坦尼斯瓦夫·米科瓦伊奇克就来自大波兰地区。1949—1950 年随着东部迁来的大批移民在这里开发、定居，使局势发生了根本变化。大波兰地区的传统得不到尊重和继承，地方政权的独立自主权大受限制。在中央部门——党和政府及安全部门等重要位置上很少有大波兰地区的干部。到 1956 年前，先后换过四届党的省委第一书记，但没有一个是当地人，省长、省的军队领导人和省公安局局长等也都不是当地人，甚至一些大企业的厂长、经理也大部分是外地人。如波兹南事件的发源地、波兹南最大的工厂——策盖尔斯基机车车辆厂（即斯大林机车车辆厂）的厂长就来自外地。这些事实虽然不能全部说明问题，但它使波兹南人感到自己是"外来户"，同中央政权产生了"离心力"。

　　六年计划在全国没有如期实现，在波兹南地区则更为明显。中央对该地区采取的不合理的政策，更给波兹南地区带来了巨大的困难。早在 1950 年波兹南市就失去了对自己的管理权和自主权。中央政府以举行"波兹南国际博览会"为由，把该市的财政大权收归中央。一些关键性大企业的生产利润也纳入中央预算。波兹南地区的城市发展迅速，工人大量增加，急需解决的交通、物资供应、住房等问题所需的资金，在地方政府预算中根本不能列入。大波兰地区主要是农业区，私人经营的农业又占绝对优势，难以克服上述困难。

　　六年计划时期对个体农业采取了歧视政策，这对大部分为个体农民的大波兰地区来说是极为不利的。1949—1955 年是波兹南省农业生产最差的时期。1955 年该地区的农业生产率不仅没有达到第一次世界大战前的水平，而且也没有达到两次大战之间的水平。1955 年，波兹南省占全国土地面积的 8.8%、人口的 8.4%，但从中央所得到的投资仅占全国投资的 4.2%，在六年计划期间，对波兹南省的投资仅占全国投资总额的 3%。按人口计算，全国平均每个公民为 2890 兹罗提，而大波兰地区仅为 1054 兹罗提，波兹南从中央所得到的投资经费只够该市经费的 12%，这当然要引起波兹南人民的不满，而一些反社会主义的集团和外国宣传机构正好利用了这一点。在这种情况下，波兹南地区的某些生产部门不仅没有得到发展，有的甚至出现了倒退现象，如农业、轻工业、手工业、建筑业和商业等。

1955—1956 年，在全国范围内就民主化和提高供应问题正展开讨论，而在波兹南却在讨论关于降低工资和提高生产定额问题。在策盖尔斯基机车车辆厂和铁路机车车辆修理厂，这是非常棘手的问题。在讨论 1956—1960 年计划时，策盖尔斯基机车车辆厂提出了 4700 条的修改意见，然而中央交通车辆和设备管理局对这些意见不屑一顾。由于缺乏原材料和半成品，往往造成月初没事可干，月底匆忙加班，完不成计划的要减发或不发奖金。工人们批评社会主义建设理论和实践之间脱节，要求补发他们的附加工资，参加工厂管理，开展劳动竞赛，获得起码的劳动安全保护，严格遵守 8 小时工作制的规定，发放加班工资，并要求星期六缩短为 6 小时工作制。由于缺乏劳保服装，工作条件恶劣，导致事故发生率上升。当时的工会只起了组织劳动竞赛的职能，对劳动条件、劳动保护和工作纪律漠不关心。1956 年 1 月和 5 月，策盖尔斯基机车车辆厂没有完成计划，致使工人的报酬继续下降。1956 年的工资甚至比 1955 年还低 20%。尽管工人们长时间进行抗议，但仍然没能得到解决。

策盖尔斯基机车车辆厂的罢工和游行

1956 年 6 月，波兹南的大罢工是由策盖尔斯基机车车辆厂开始的。该厂有 120 多年的历史，曾荣膺波兰机械工业"最佳"工厂称号。1.3 万名职工中，波兰统一工人党党员占 4600 人。但由于工人的加班加点奖励等正当要求长期没有得到解决，而且波兹南地方党的领导竟谴责这些要求是"煽动和挑拨行为"，加上全国形势的急剧变化，终于爆发了震惊世界的波兹南事件。

1956 年 5 月 16 日，策盖尔斯基工厂的职工代表在该厂同党中央代表举行会见。当天厂报上发表了一篇署名文章，批评工厂管理混乱和失误。人们还提出了增加工资、降低赋税等经济要求。对此，工厂无权决定，立即与机械工业部和党中央联系，工人即发出请愿书，还选派代表团前往华沙。6 月 11 日，在工厂领导与省委负责人会议上，领导指责工厂积极"带头闹事"的人组织集会、提出"无理"要求及给党中央写信等。在这种情况下，6 月 21 日，策盖尔斯基机车车辆厂几百工人开始停工停产举行集会，会上有 22 人发言，发言者情绪激动，声称如不解决他们的要求，就将举行罢工和上街游行。该厂工人的行动立即传遍了波兹南其他各厂。6 月 22 日，该厂的积极分子同机械工业部副部长、工会中央理事会代表和省人民委员会主席举行会谈。工会中央理事会的代表在报告中，再次指责工人集会是"挑衅分子"企图在波兹南"冒险"。工人代表严厉反驳了这个报告，会谈气氛异常紧张。6月23日，该厂 3000 人在食堂自发集会，要求答应他们的要求，否则就要上街游行。与会者推选 27 人组成赴华沙的代表团。代表团于 6 月 26 日抵达华沙，并于当天下午受到机械工业部部长的接见。代表团提出下列 7 项要求：（1）退还过去扣除的不合理的奖金所得税；（2）保证原材料的供应和劳动的协调；（3）撤销推行以降低工人月工资为目的的检查制度；（4）推行所谓英国的星期六（不工作）和 8 小时工作日制度；（5）支付加班费；（6）改善劳动安全和卫生条件；（7）增强工厂在决定有关企业劳动生产中的地位，提高自主权。

接见从 13 时到 19 时，长达 6 个小时，有 12 名代表发言，展开了热烈的争论。机械工业部同意考虑代表团的部分要求（即减少赋税可以考虑，但增加工资不可能）。第二天即 6 月 27 日（星期三）代表团返厂。波兰党政、工会负责人组成的中央代表团也前往波兹南，以便就地解决该厂的问题，平息各厂正在高涨的不满情绪。

"黑色星期四"的骚乱

被史学家称为"黑色星期四"的 6 月 28 日，早上 8 时，当策盖尔斯基机车车辆厂工人们听到当局不答应代表团的要求后，群情激愤，有人高喊："关掉机器，上街去！"于是，一部分人开始向古城堡前的斯大林广场（现密茨凯维奇广场）进发。波兹南其他工厂的工人和沿途不少群众也自动加入了队伍，汇成了浩浩荡荡的游行大军，最后估计有 20 万人。他们散发传单，声称对他们提出的问题政府必须立即表明态度，人们已急不可待，有的准备采取过激行动。部分青年到各厂和机关串联，号召他们去游行。游行队伍高唱《波兰没有亡》的国歌和《上帝给了波兰什么?》《我们要上帝！》等宗教歌曲，高呼"提高工资、降低赋税！""祖先的领土我们决不放弃！"宣传画大标语上写着："面包和自由！"在队伍中还出现了政治性的口号："布尔什维克滚出去！""俄国佬滚出去！""我们要自由的波兰！""我们要求在联合国监督下的自由选举！"有的学生高呼"要求在学校开设宗教课"；省委大楼竟被贴上"这是雇佣大楼！""杀死叛徒！"

等大标语。

前来参加波兹南国际博览会的外国人（包括大批记者）大都同情游行群众，与他们交谈，拍下集会场面的照片，有的还直接参加游行。与此同时，示威群众的代表团在市人民委员会主席团主席 F. 弗隆茨科维亚克的办公室与其进行谈判。代表们仍坚持上述要求，弗隆茨科维亚克回答说，这不是他主管的事情。这样代表们提出要见党中央第一书记爱德华·奥哈布或总理约瑟夫·西伦凯维兹并进行会谈，市委领导答应立即转告。

示威群众冲向市人委大楼，打破玻璃窗户和电灯，破坏办公室，冲散前来的民警队伍。另一部分进攻省委大楼和省民警局大楼。把列宁等的肖像和红旗扔到大街上，抢劫食堂，打伤工作人员。上午 9 时半左右，广场上突传谣言说去华沙谈判的代表团被捕，广场上的人群顿时骚乱起来，纷纷要求释放代表。其实并无此事，代表中大部分人就在广场。9 时 50 分左右，从省邮电局开来一辆广播车，以更好地指挥示威群众。示威群众和省市委领导人都抢着到麦克风前讲话，其中一位上台讲话的领导人被推下来毒打。个别煽动分子进行蛊惑人心的演说，声称在波兹南完成了革命，应到克拉科夫、格但斯克和什切青等地去，要求推翻社会主义制度和现政权。这时立即出现了要求释放政治犯的口号。有人乘机高呼“到姆温斯卡大街①去!”“释放囚犯!”“释放政治犯!”“捣毁监狱!”。

在姆温斯卡大街的监狱里，关押着 257 名囚犯，但都不是政治犯。守卫士兵仅 48 人，监狱内附设小型武器库。卫兵得到命令禁止使用武器。上午 10 时 15 分左右，由广播车开道的几百人向监狱冲来。这支队伍以青年为主，有的还是少年，他们高喊“我们受压迫够了!”“我们要哥穆尔卡!”“米科瓦伊奇克万岁!”“释放无罪的人!”游行队伍逐渐增加到几千人，他们在监狱外高唱国歌和宗教歌曲，并向监狱岗楼上投掷石块、铁杆和竹竿。卫兵企图用水龙头挡住进攻的人，但没有成功。部分青年沿着绳梯翻墙进入院内打开大门，游行队伍一拥而入，用铁杆撬开牢房门，放出犯人。约 11 时监狱被全部占领。示威者在犯人的参与下大肆抢劫和破坏，捣毁管理机构，并从监狱武器库抢到机枪 1 挺，卡宾枪 37 支，手枪 21 支，手榴弹 29 颗和子弹约 2 万发。十几名青年和囚犯开始练习射击，有 1 名 15 岁的少年走火伤了自己和一个行人。257 名犯人中除 5 人没有乘机逃走外，其余大部分逃走，一部

---

① 监狱所在地的街名。

分参加了游行示威队伍，约 50 人直到 6 月 30 日才被重新抓获，到 7 月底还有 55 名犯人仍在逃。监狱的档案被烧毁。

另一部分人占领了检察院和法院，把档案抛到街上焚烧，并抢走部分枪支。法院大楼外的群众不让消防队来救火，致使大部分档案被烧毁。对监狱、检察院和法院的破坏持续到 12 时才结束。然后广播车向省公安局办公楼广播；另一部分人开赴火车站，使火车停运 1 个多小时；还有部分人到达波兹南国际博览会所在地，在各国展览馆之间进行宣传和游行。个别示威队伍在游行中还抢劫了大街上的货摊和商店，造成极为恶劣的影响。

省公安局大楼位于科哈诺夫斯基大街，是示威者进攻的重点之一。6 月 28 日晨，各路游行队伍就高喊着"到科哈诺夫斯基大街去"的口号，纷纷向这里集中。在此前夕，省公安局局长费利克斯·德沃雅克中校就决定全局人员处于戒备状态。当时在大楼内仅有 30 多人，所以他请求外援。省公安局决定：当遭到进攻时将起而捍卫大楼。公安人员用桌柜堵住门窗，准备好消防龙头，公安战士准备好了弹药。公安干部在楼上，公安战士占据一楼，在大门入口处筑起街垒，不放任何人入内。

上午 11 时左右，游行队伍纷纷向这里开来，高呼"工作、面包、降价！""俄国佬滚出去！""布尔什维克滚出去！""共产主义及仆从滚出去！"高唱着《波兰没有亡》的国歌。其中有一小股队伍打着血染的旗帜游遍全城。它是用被公安人员打死的一个 16 岁少年的血染红的。上午 11 时 21 分，第一批游行队伍到达省公安局大楼前，打着标语，高呼同样口号并向与公安局相邻的市委大楼喊话："结束你们的统治吧！""我们要天主教的波兰，不要布尔什维克的波兰！""我们为你们这些寄生虫工作！""你们为谁而奋斗！"他们冲进院内，殴打市委工作人员，并将其赶出大楼。

在示威者向公安局冲击时，省公安局局长德沃雅克下令用消防水龙头还击他们；公安人员先向空中后向示威者脚下打枪警告，结果有 15 人受伤；示威者包围了大楼，用街面上挖出来的石头和砖头砸门窗，他们占领了汽车库，往楼房内扔装有汽油的啤酒瓶，企图放火烧大楼。竭力向大楼冲击的约 200 人（多数是青年），其中 40—50 人手持武器，向大楼射击，在双方枪击中伤亡多人，其中包括妇女和儿童。

省公安局长下令开枪的同时，向附近的装甲兵和机械化部队军官学校求援，该校派出两个排（40 人），在 3 辆坦克和两辆装甲车的掩护下开向省公安局。

　　波兹南市民盼望最高当局早点作出决定，以结束这场悲剧。但从华沙传出消息说，在监狱被捣毁、省公安局等处被进攻的情况下，政治解决已不可能。波党中央决定向波兹南派出中央党政代表团，其中有总理约·西伦凯维兹、党中央书记耶日·莫拉夫斯基和国防部副部长斯坦尼斯瓦夫·波普瓦夫斯基大将。在波兹南省委第一书记的陪同下，他们于13时到达波兹南机场，在那里迅速组成军事司令部，由波普瓦夫斯基大将直接指挥。波普瓦夫斯基将命令两个装甲兵团开进波兹南，当晚到达城内。19—20时第19坦克师和第10苏台德坦克师也开进了波兹南，他们保卫的第一批目标是发电厂、火车站、广播电台、飞机场、省委大楼和省公安局；第二批目标是科哈诺夫斯基大街、波兹南大街、邮电总局、电报局和斯大林广场。

　　进入市内的坦克遭到枪击和装着汽油的玻璃瓶的袭击。示威群众从古城堡的塔楼上、波兹南大学大礼堂、大学生宿舍里向坦克射击。部队用炮向被包围的持枪者还击。开进波兹南的部队共计8000—9000人，坦克300辆，卡车数十辆。大批警察部队也参加了镇压活动。枪声一直延续到夜里3时才基本结束。6月29日凌晨还有小股示威者继续反抗，所以第10坦克师直到29日6时才停止射击。

　　此外，还有两个军和公安部队开到波兹南郊区待命。

　　6月28日晚19时，波兰通讯社发表公报称波兹南发生了骚乱。同时，波兹南省人民阵线委员会和省工会理事会散发传单，呼吁人们保持安定。20时，波兰中央广播电台和波兹南市广播电台广播了市人民委员会关于波兹南事件的公报，宣称波兹南骚乱是在外国势力的煽动下由一小撮"挑衅分子"和"流氓分子"制造的，他们利用了工人的不满情绪，挑动工人反对政府；并称骚动已被镇压下去，每天21时至次晨4时实行宵禁，号召人们正常上班。

　　6月29日晚上，西伦凯维兹发表演说，称波兹南事件是罪恶残暴的和挑衅性的。他号召工人同政府一起回击攻击者，并威胁说：如果有人胆敢反对人民政权，必将受到严惩。自6月28日至7月8日，在波兹南逮捕持枪参加骚乱的嫌疑分子658人。1956年7月17日，波兰总检察长在新闻发布会上正式宣布："双方在街垒战中死亡或重伤医治无效而死亡共计53人，伤300人。"但波兰历史学家贝农·迪梅克在《波兰统一工人党简史（1956—1970）》中写道："在被称为'黑色星期四'的波兹南事件中，直接死亡55人，以后因伤医治无效而死亡19人，共74人。其中工人32人，其他群众

66 人，公安人员 3 人，民警 1 人，人民军战士 4 人。伤 575 人，其中公安人员 15 名，民警 15 名，战士 37 名，受伤者多为青年。最新公布的伤亡数字，大体接近这一数字。"

在事件中直接物资损失合计为 350 万兹罗提，另有数辆坦克、汽车和 29 辆电车被毁坏。许多工厂停工数天，其损失难以统计。

凡手持武器冲击党政机关者均遭逮捕。1956 年 9 月 27 日至 10 月 22 日对被捕者进行了公开审判，在抓获的 658 人中，98 人有犯罪嫌疑，316 人因缺乏罪证而立即释放，47 人曾被判过刑。送交法院的 54 人，受审判的仅 27 人，最后只有 3 人被判刑，其余全部释放。

对波兹南事件性质的分析，波兰党政领导人及波兰报刊曾经历过一个曲折的过程。事件爆发后，最初强调是帝国主义间谍挑起的骚动。6 月 28 日，波兹南广播电台称波兹南事件是"一小撮挑衅分子和流氓分子为了使外国人亲眼看到国家的困难而挑起的骚动"。6 月 29 日《人民论坛报》评论说："一些时候以来，帝国主义间谍和暗藏的反动分子一直企图利用波兹南某些工厂企业中的经济困难和缺点挑起反对人民政权的骚动。""敌人正好在国际博览会在波兹南举行之际选择波兹南作为挑衅的地点，这不是偶然的。"同天晚上，波总理在波兹南广播电台演说时说："我们可以明白告诉每一个胆敢举手反对人民政权的挑衅分子或者精神失常的人，人民政权将以工人阶级的名义，将他们这只手砍断。"波党中央书记爱德华·盖莱克在讲话中指出，事件的直接原因是"外国间谍活动的结果"。

仅仅几天波兰当局的看法就改变了，强调事件的发生是多种原因造成的。7 月 6 日《人民论坛报》认为："我们无产阶级国家和政府的官僚主义错误在很大程度上促成了这次罢工。"7 月 18—28 日，波党中央举行七中全会，虽然在决议中仍说事件"是捣乱分子和暗藏的反革命派别"利用了工人的不满情绪的结果，是"反对人民政权的罪恶的挑衅"，但第一书记奥哈布在报告中认为党和政府要对事件负大部分责任，不同意把事件的主要原因说成是由于帝国主义间谍策动和挑拨的观点。他要求党和政府立即采取措施，克服错误和缺点，改善人民生活，分散行政权力，合理管理经济，加强政治生活民主化。

1956 年 7 月，波兰统一工人党举行了七中全会，第一书记奥哈布在会上作了题为"关于政治经济局势和党的主要任务"的报告。政府总理西伦凯维兹作了"五年计划（1956—1960）"的报告。全会的目的在于使全国形势朝着"健康化"的方向发展，但会议的具体措施和实施是"迟缓的和不彻底的"，尤其是在对待所谓"右倾民族主义倾向"问题上，会议没有仔细分析造成危机的前提和原因，也没有勾画出摆脱危机的蓝图和前景。在党的领导层中，不论是对形势和"波兹南事件"的评价，还是民主化问题，都出现了意见分歧。就"波兹南事件"来说，一方面指出事件是波兰内部存在的矛盾所导致的结果；另一方面又认为某些敌对分子促发并利用了这次事件。会议虽然提出了应召回已从监狱释放出来、正在休养的哥穆尔卡，让他回到中央委员会来，但只是撤销了 1948 年作出的关于开除他的党籍的决定，政治局大多数成员还反对邀请哥穆尔卡参加七中全会。所以在关于哥穆尔卡及其同事恢复名誉的问题上，在所谓"右倾民族主义倾向"的问题上，无论是广大群众，还是大部分中央委员，包括哥穆尔卡本人，都对全会的不彻底性表示不满。

由于意见分歧，在七中全会上出现了两派：纳托林派和普瓦维派。属于前者的主要有 Z. 纳瓦克、弗·尤兹维亚克、亚·萨瓦茨基、K. 米雅尔等；属于后者的是所谓"党中央年轻的书记们"，其主要成员为：J. 莫拉夫斯基、W. 玛特温、J. 阿尔布莱赫特，后来加入此派的有：约·西伦凯维兹、A. 拉帕茨基、爱·奥哈布、R. 萨姆布罗夫斯基等。纳托林派同意恢复哥穆尔卡的政治生活，但不让他进入中央政治局，实际上是不同意恢复他的第一书记职务。他们反对"扩大民主化和深化改革"，认为民主化和改革将会削弱人民政权。在波苏关系上，他们主张"维持现状"。普瓦维派是所谓的"变革和革新"的拥护者，要求生活民主化、深化改革，在波苏关系上，在社会舆论的强大压力下，他们主张关系"健康化"，尤其是在经济上要坚持互利的原则。两派最大的分歧是在干部问题上，纳托林派竭力主张波裔的苏联元帅、波兰国防部部长罗科索夫斯基和诺瓦克等仍为中央政治局委员，普瓦维派则坚决反对。总之两派的分歧主要在主权和民主化两个问题上。不过两派都有尽快消除分歧、统一思想和行动的愿望，都认识到分裂只能使党涣散，削弱党的领导。

1956 年 8 月 4 日，七中全会发表会议公报宣布，决定撤销 1949 年 11 月关于对哥穆尔卡等人谴责的错误决议，恢复哥穆尔卡、波兰元帅、国防部第一副部长斯彼哈尔斯基和中央委员克利什科等人的党籍。

直到 10 月 19 日召开的具有历史意义的八中全会，才彻底改变了对波兹南事件的看法。当时重返政坛、再次当选为波党第一书记的哥穆尔卡在报告中指出："当波兹南工人跑到这个城市的大街上去的时候，他们抗议的并不是人民波兰，并不是社会主义。他们抗议的是我们社会制度普遍存在的并也是他们痛苦地感到的弊病，抗议的是对社会主义——那是他们的理想——基本原则的歪曲。""把痛心的波兹南悲剧说成是帝国主义间谍和挑衅分子闹出来的，这种拙笨的企图在政治上是非常幼稚的。""造成波兹南悲剧和使得整个工人阶级感到深刻不满的原因，应该在我们中间、在党的领导和政府中间去寻找。"1957 年 3 月 30 日，哥穆尔卡在会见策盖尔斯基机车车辆厂代表团时指出，"波兹南事件"是兄弟残杀的"事件"，"这是我们历史上最黑暗的一天"。

"十月的波兰春天"

1956 年 10 月，众望所归的哥穆尔卡，在群众的欢呼声中重返政坛，这是人民波兰史上重大的转折点。波兰史学家称"波兹南事件"为"灼热的夏天"，而把"十月事件"称之为"十月的波兰春天"。1956 年 10 月 19—21 日，在华沙召开了具有划时代意义的八中全会。早在全会召开之前，党中央就作出决定，让哥穆尔卡出席八中全会。为此，第一书记奥哈布、国务委员会主席萨瓦茨基和总理西伦凯维兹曾前往哥穆尔卡的休养地，请他重新回到党的领导岗位上来。对此，哥穆尔卡提出了几项条件：（1）承认 1948—1951 年他的立场是正确的；（2）取消农业合作化运动；（3）维护波兰的民族权益；（4）选举产生他信得过的党中央政治局；（5）把国防部部长、波裔苏联元帅罗科索夫斯基从党中央政治局中排除出去。奥哈布等人同意了他的要求。10 月 12 日，哥穆尔卡开始参加八中全会的准备会议——政治局会议。10 月 17 日，广播电台、报纸公开报道了这一消息。

10 月 19 日，八中全会正式开幕。除哥穆尔卡外，他的患难与共的战友和同事克利什科、洛加—索文斯基和斯彼哈尔斯基也作为中央委员出席了会议。当时的形势较前更趋紧张。知识分子（特别是大学生）和部分工人都认为只有施加社会压力才能实现社会生活的民主化。华沙街头议论纷纷，一片混乱，到处有试图组织示威游行的人们。

波兰出现的紧张局势，引起了苏联的严重不安。苏共中央唯恐哥穆尔卡重返领导岗位后，可能像纳吉在匈牙利那样，脱离华沙条约组织。10 月 19

日早晨，以第一书记赫鲁晓夫为首的苏联共产党代表团①抵达华沙，以施加压力来阻止哥穆尔卡的复出。由于苏共代表团是"不请自来"，因而华沙机场不准飞机降落，飞机在机场上空盘旋了一小时后称油已耗完，波方才允其降落。波党全会暂时休会，奥哈布和哥穆尔卡等前往机场迎接。在机场，双方进行了唇枪舌剑的交锋。赫鲁晓夫蛮横地大声申斥："我们为这个国家流了血，而有人却企图把它出卖给美国人和犹太复国主义者，这绝对办不到！"哥穆尔卡反击说："我们比你们流了更多的血，我们并没有出卖给任何人。"赫鲁晓夫明知故问地怒指哥穆尔卡问道："他是谁？"哥穆尔卡"回敬"说："我就是被你们关进监牢三年多的哥穆尔卡！"赫鲁晓夫质问奥哈布："他来这里干什么？"奥哈布答："他来这里，是因为我们决定选他为第一书记。"在从机场前往市区的途中，双方争论不休。赫鲁晓夫不顾兄弟党关系准则和应有的礼仪，竟要求直接前往八中全会所在地参加波党八中全会，这一无理要求遭到哥穆尔卡等人理所当然的拒绝，哥穆尔卡命令司机把汽车开往国宾馆——贝尔凡德尔宫。波党中央政治局经选举委派第一书记候选人哥穆尔卡和奥哈布等组成代表团同苏共代表团进行会谈。当天下午，全会继续开会。奥哈布宣称："过去几个小时内我们政治局同苏共代表团在诚挚的气氛中进行了会谈，涉及的是关于我们两国、两党最主要的关系问题和波兰局势的发展问题，这是苏联同志深深不安的问题。"19日夜，会谈继续进行，赫鲁晓夫指责波兰领导人"盲目地仿效南斯拉夫"，哥穆尔卡回答说："我们并未仿效任何人，我们在走我们波兰自己的道路。"

在谈到与苏联及社会主义国家关系时，哥穆尔卡说，这种关系应该建立在国际工人团结、相互信任和权利平等的基础上，相互帮助、相互友好地批评基础上……这样才能解决所有争端。在这种相互关系中，每一个国家应拥有充分的独立和自主，独立管理自己国家的权力应该得到完全的相互尊重。我曾说过，过去应该是这样，现在必须这样。遗憾的是在过去，在我们同我们的伟大的友好邻邦——苏联的关系中却常常不是这样。

会谈进行中，苏联坦克已开到华沙城下，罗科索夫斯基解释说："驻波苏军在比得哥煦和罗兹方向进行演习。"哥穆尔卡当场宣布："在大炮瞄准华沙的情况下，我们不会谈判，如果苏军不撤走，会谈将停止。"他宣称如果

---

① 代表团的其他主要成员有：卡冈诺维奇、莫洛托夫、米高扬、朱可夫元帅（国防部部长）、安东诺夫（总参谋长）、科涅夫元帅（华沙条约国武装部队司令）以及10名陆军上将。

苏军不解除包围，他将立即通过广播电台向全国人民呼吁。与此同时，华沙的群众在双方会谈的地点贝尔凡德尔宫外，也在举行集会和示威游行，以支持和声援哥穆尔卡及其波兰代表团。苏联代表团也从罗科索夫斯基那里得知，波兰军队不会听命于他，因此苏方只好放弃动用武力的企图，由苏方科涅夫元帅下令苏军回到原驻地。最后，双方终于达成协议，发表了一个简短的公报：波兰统一工人党代表团于近期内前往莫斯科。翌日凌晨，苏共代表团离开华沙回国。

10 月 20 日，哥穆尔卡在会上作了长达 6 个半小时的纲领性报告，就波兰统一工人党当时的政治和经济任务全面系统地阐述了他的基本立场和观点。他认为波兹南事件的根本原因应"在党的领导中间去寻找"；他严厉批判了苏联模式的弊病及其恶果；他提出了调整工业结构、改善企业管理和工人自治问题以及超产奖励问题。在谈到波苏关系时，他说，实现社会主义"这个目标的道路可以是不同的，而且也的确是不同的"，社会主义"党和国家之间的关系应当以互相信任和权利平等、互相援助"为原则，"每个国家应当有完全的独立"；他认为"党的生活要民主化"。

八中全会根据哥穆尔卡讲话的精神通过了《关于党在目前的政治和经济任务的决议》。10 月 21 日，会议选举产生了波党新的政治局，哥穆尔卡被一致推选为党的第一书记，他的患难与共的战友洛加—索文斯基则当选为政治局委员，另两位战友克利什科和斯彼哈尔斯基当选为中央委员。罗科索夫斯基、明兹等人被排出政治局。由于这一变化符合波兰人民的愿望和利益，因而这一段时间被波兰史学家称之为"十月的波兰春天"。从此人民波兰开始了新的一页。

主要参考书目

（1）耶日·托波尔斯基：《本世纪的大波兰地区》，1972 年波兹南版。

（2）爱·克日明：《波兹南为什么倾向于自主》，《波兹南年鉴》1957 年第 3—4 期。

（3）弗·巴尔琴斯基：《波兹南省经济发展方向和前景》，1957 年《波兹南经济科学年鉴》。

（4）瓦·拉德凯维奇：《斯大林机车车辆厂史》，《经济史研究》1962 年波兹南版。

（5）齐·热霍夫斯基：《1956 年春斯大林机车车辆厂罢工形势的经济原

因》，《波兹南年鉴》1957 年第 3—4 期。

（6）雅·布雷盖尔：《波兹南事件是如何发生的?》，1986 年波兹南版。

（7）爱·达塞尔：《我曾是策盖尔斯基机车车辆厂赴华沙的代表团团长》，1986 年波兹南版。

（8）米·雅沃尔斯基：《1956 年的政治社会危机》，1986 年波兹南版。

（9）阿·霍尼亚夫科：《1956 年的"波兹南六月"》，《政治周报》1981 年第 33 期。

（10）阿·霍尼亚夫科：《六月事件经过》，1986 年波兹南版。

（11）贝农·迪梅克：《波兰统一工人党简史（1956—1970）》，1987 年华沙版。

1980 年波兰事件

刘祖熙

波兰人民在波兰统一工人党的领导下，几乎是在战后废墟的基础上把自己的祖国从一个落后的农业工业国变成一个拥有先进工业的社会主义国家。但是，波兰人民在社会主义建设过程中几经挫折，遇到了不少困难。先后发生了 1956 年波兹南事件和十月事件、1968 年三月事件、1970 年十二月事件、1976 年六月事件、1980 年事件，其中以 1980 年事件延续的时间最长、后果最严重。1980 年事件始于因 1980 年 7 月 1 日波兰政府宣布提高肉和肉制品价格 40%—60% 而引起的抗议罢工。1981 年 12 月 13 日，当全国性的工潮使波兰经济濒于崩溃时，波兰当局被迫采取非常措施，宣布全国处于战时状态，对全国实行军管，制止了混乱局面的发展。经过一年 7 个月的军管，国内经济和政治形势趋于稳定，1983 年 7 月 22 日，波兰当局宣布结束战时状态，历时三年多的 1980 年波兰事件才告结束。

事件的过程

1980 年波兰事件可分为以下 5 个主要阶段。第一阶段从 1980 年 7 月 1 日到 8 月 13 日。在这一个多月的时间里，工人自发地、分散地举行罢工，抗议肉价上涨，要求政府给予补贴。7 月 1 日，东南部热舒夫省的小城市米耶莱茨一家交通设备厂的工人首先举行罢工。7 月 2 日，华沙郊区乌尔苏斯拖拉机厂近半数的职工罢工。这一天，华沙钢厂和罗兹的一些工厂也发生罢工事件。7 月 16 日，临近波苏边界的卢布林市的工厂、企业和铁路工人举行罢工，封锁了卢布林的铁路线，使铁路交通中断了 4 天；政府派了一名副总理同工人谈判，答应增加工资 15%，即每人增加 400—600 兹罗提（合 13—20 美元）。政府还同意给 30 家工厂工人增加 10% 的工资以抵消肉价上涨。

当时职工的平均工资为 5000 多兹罗提（合 170 美元）。8 月 10 日，华沙清洁工人举行了 6 天罢工，政府给每个工人增加了 1000 兹罗提的工资。但是，罢工浪潮继续蔓延，逐步扩大到全国。

第二阶段从 1980 年 8 月 14 日到 9 月 6 日。这时罢工已由分散转向联合。罢工者不只提出了经济要求，而且也提出了政治要求。经济罢工逐渐转变为政治罢工。

8 月 14 日，波兰最大的造船厂——格但斯克列宁造船厂 1.6 万名工人举行罢工，成立了罢工委员会，推选在 1970 年 12 月曾经担任罢工委员会成员的电工莱赫·瓦文萨为主席。8 月 16 日，格但斯克 21 个工厂的工人成立了厂际罢工委员会。8 月 19 日，什切青的罢工工人也成立了厂际罢工委员会。8 月 22 日，格但斯克厂际罢工委员会向政府提出了 21 项要求，主要内容是成立自由工会；保证罢工者的罢工权利和安全；保证言论和出版的自由；释放政治犯；发给罢工者在罢工期间的工资；将每个职工的每月基本工资增加2000 兹罗提；在价格上涨和货币贬值时，要保证工资的自动增长；满足对国内市场的食品供应；宣布星期六为休息日。

在 8 月份的罢工中，工人们还强烈要求党和政府改变错误的经济政策和错误的管理体制。政治反对派"社会自卫委员会"力图把罢工引向反对波兰统一工人党和苏联。8 月 14 日和 15 日，反对派在华沙组织了有数千人参加的游行示威，纪念在 1920 年波苏斗争中阵亡的波兰士兵。8 月 20 日，警察当局逮捕了 14 名"社会自卫委员会"成员，经过谈判，以政府副总理卡齐米日·巴尔齐科夫斯基为首的政府委员会同以马里安·尤尔奇克为首的什切青厂际罢工委员会签署了复工的议定书。8 月 31 日，以政府副总理米切斯瓦夫·雅盖尔斯基为首的政府委员会同以莱赫·瓦文萨为首的格但斯克厂际罢工委员会签署了同样的议定书。9 月 3 日，以政府副总理亚历山大·科佩奇为首的政府委员会同以雅罗斯瓦夫·显克维支为首的卡托维兹地区厂际罢工委员会也签署了议定书。格但斯克议定书规定，在"承认波兰统一工人党对国家所起的领导作用""遵守波兰人民共和国宪法中所确定的原则"和"不破坏业已确立的国际联盟体系"的前提下，政府同意成立"新的、独立的、自治工会"。议定书还就工人提出的罢工权利等要求作出具体规定。9 月初，各地工人相继复工，罢工暂告结束。

9 月 6 日，波兰统一工人党举行八届六中全会，解除了爱德华·盖莱克的党中央第一书记和政治局委员职务，选举政治局委员斯塔尼斯瓦夫·卡尼亚为党中央第一书记。

第三阶段从 1980 年 9 月 6 日到 1981 年 9 月 4 日。这是波兰独立自治"团结"工会成立和发展的阶段。1980 年 9 月，波兰独立自治"团结"工会成立。11 月 10 日，波兰最高法院批准"团结"工会登记。"团结"工会成为合法的工人组织，会员人数很快达到 1000 万，其中有 100 万是波兰统一工人党党员，占该党党员人数的 1/3。党、政府和广大群众，其中包括不少"团结"工会会员，期望在协议签字后全国形势会好转。但是，"团结"工会在反对派组织"社会自卫委员会"和"独立波兰同盟"的教唆下重新罢工。

1980 年 11 月 3 日，数百名华沙市民到波瓦斯基公墓，悼念第二次世界大战期间在苏联斯摩棱斯克附近卡廷森林被杀害的 1 万多名波兰军官。

1981 年 2 月 11 日，波兰议会任命国防部长沃伊切赫·雅鲁泽尔斯基大将为部长会议主席。2 月 12 日，雅鲁泽尔斯基在议会发表施政演说，呼吁"团结"工会停止罢工，给政府以 3 个月的和平工作日，使政府在这段时间里做好食品供应，增加短缺物资的生产，压缩投资，整顿农业，号召矿工在星期六继续工作，多生产和多出口煤，以减轻经济危机。但是，他的号召没有得到响应，罢工浪潮继续发展。

波兰统一工人党在 1981 年 7 月举行的第九次特别代表大会上，提出了革新和协商路线，继续希望同"团结"工会领导人达成协议，以摆脱危机。"团结"工会中的极端分子和他们的顾问把波兰统一工人党提出的革新和协商路线视为软弱的表现，肆无忌惮地破坏了 1981 年 8 月举行的关于恢复公共秩序的谈判。罢工浪潮遍及全国。

第四阶段从 1981 年 9 月 5 日到 12 月 13 日。"团结"工会中的极端派头头准备夺权，推翻波兰统一工人党的领导和社会主义制度。"团结"工会第一次代表大会从 1981 年 9 月 5 日在格但斯克召开，大会分两阶段进行，历时 18 天。参加大会的除 896 名"团结"工会代表外，还有"社会自卫委员会"的 150 名成员和"独立波兰同盟"的 75 名成员。大会通过的文件完全抹杀了 36 年来社会主义建设的成就，攻击波兰统一工人党的领导，宣称现政权已无力履行自己对社会的义务和有效地进行活动，为此必须由"团结"工会接管政权。大会选举瓦文萨为"团结"工会全国委员会主席。

在这期间，波兰统一工人党举行了九届四中全会（1981 年 10 月 16—18 日），全会讨论了当前形势。许多中央委员批评党中央领导软弱无力，助长了反社会主义势力，使党的各级组织处于瘫痪状态。有的中央委员发出了"拯救波兰"的呼吁，要求党中央立即采取果断措施，制止控制着"团结"工会的敌对分子和冒险分子的破坏活动。全会接受卡尼亚辞去党中央第一书记的要求，选举雅鲁泽尔斯基为党中央第一书记。

1981 年 12 月 3 日，"团结"工会全国委员会主席团在腊多姆召开秘密会议，决定通过总罢工和建立工人卫队，夺取全国政权。12 月 11—12 日，"团结"工会全国委员会和地方委员会的头头，齐集格但斯克，决定在 12 月 17 日，即 1970 年十二月事件 10 周年纪念日，分别在华沙和格但斯克举行大规模的游行示威，然后夺取政权。

波兰当局决定先发制人。1981 年 12 月 13 日，波兰国务委员会主席亨里克·雅布翁斯基根据波兰人民共和国宪法第 33 条，宣称波兰从 12 月 13 日起进入战时状态。这一天，根据国务委员会的法令，成立了以雅鲁泽尔斯基为首的救国军事委员会。雅鲁泽尔斯基向全国人民发表了广播讲话，阐明了波兰进入战时状态的必要性和迫切性。波兰当局宣布波兰进入战时状态是避免内战、防止外国武装干涉，使国家摆脱危机和免于崩溃的唯一出路。雅鲁泽尔斯基宣布已经拘捕了"团结"工会和反对派组织的头头以及在 70 年代对导致国家深刻危机负有责任的党和政府的主要领导人（其中有前党中央第一书记盖莱克和前部长会议主席雅罗谢维奇）。全国大约有 5000 人被拘捕。同一天，军队进驻工厂、矿山和企业，只有西里西亚"武耶克"矿井少数"团结"工会极端分子不服从军管，寻衅闹事。波兰当局已控制了全国局势。

第五阶段从 1981 年 12 月 13 日全国进入战时状态到 1983 年 7 月 22 日战时状态结束。军管以后，全国工矿企业逐渐恢复生产。美国等西方国家对波兰实行经济制裁，取消了一切贷款，中止了贸易，给波兰造成了 105 亿美元的经济损失。1982 年 10 月，波兰当局取缔了"团结"工会。1983 年 5 月，根据波兰统一工人党的倡议，成立了民族复兴爱国运动委员会，这意味着民族协商路线的胜利。1983 年 7 月 22 日，波兰当局鉴于局势已经稳定，宣布取消战时状态，并实行大赦，释放了被拘捕的人员。波兰人民终于渡过了建国以来最困难的时期。1985 年 10 月，波兰举行了第九届议会选举，有 78% 的公民参加了选举，支持波兰统一工人党的革新和协商路线。波兰进入了一个新的发展时期。

1980 年波兰事件最初属于人民内部矛盾。但是，"团结"工会成立后，特别是 1981 年 9 月"团结"工会第一次代表大会以后，性质发生了变化，变成了社会主义与反社会主义两种力量的搏斗。波兰当局坚决果断地实行军管，粉碎了反社会主义力量的进攻，保卫了社会主义制度。

事件发生的经济原因

1980 年波兰事件有着深刻的经济、政治和历史根源，它是近 40 年各种矛盾积累的结果。

这次危机的直接经济原因是以盖莱克为首的波兰统一工人党中央的错误的经济政策和陈旧的经济体制；但是，这次危机的经济根源要追溯到 1948 年，当时波兰统一工人党被迫放弃按本国特点建设社会主义的路线，即所谓"通向社会主义的波兰道路"，而接受了苏联模式。

列宁在十月革命前夕曾经指出："一切民族都将走向社会主义，这是不可避免的，但是一切民族的走法却不会完全一样，在民主的这种或那种形式上，在无产阶级专政的这种或那种类型上，在社会生活各方面的社会主义改造的速度上，每个民族都会有自己的特点。"① 波兰共产党人遵循列宁的教导，提出了按波兰特点建设社会主义的主张。由瓦迪斯瓦夫·哥穆尔卡起草的波兰工人党纲领宣言《我们为什么而斗争》（1943 年 11 月），第一次提出了人民波兰的经济和政治纲领。经济纲领包括对关系到国计民生的大工业（冶金、煤矿、油井、军事工业、机械制造业、大的加工工业）、银行、运输业实行国有化"，保护中小工商业和手工业，实行土地改革，发展农业生产。纲领暂时没有提出农业合作化问题。政治纲领包括在反法西斯民族统一战线的基础上建立以工人阶级为领导的、以工农联盟为基础的人民民主制度，保持波兰传统的多党制度和议会制度。上述纲领为 1945 年 12 月召开的波兰工人党第一次代表大会通过，简单地被称为"通向社会主义的波兰道路"。

由于美苏之间出现了冷战和国际共产主义运动中的苏南冲突，斯大林不允许东欧国家在革命和建设上具有自己的特点，把对苏联模式的态度当作国际主义和民族主义的标准。"通向社会主义的波兰道路"在 1948 年 8—9 月举行的波兰工人党中央全会上遭到批判。哥穆尔卡被戴上"右倾民族主义"的帽子，并被免去党的总书记的职务。中央全会选举鲍莱斯瓦夫·贝鲁特为

---

① 列宁：《论对马克思主义的讽刺和"帝国主义经济主义"》，《列宁全集》第 28 卷，人民出版社 1991 年版，第 163 页。

党的总书记。在 1948 年 12 月举行的由波兰工人党和波兰社会党合并而成的波兰统一工人党第一次代表大会上，通过了按苏联模式制订的发展国民经济的六年计划（1950—1955 年），开始了以发展重工业为基础的社会主义工业化和社会主义改造的过程。

在执行六年计划的过程中，由于重工业（主要是军事工业）投资过多，造成了重工业和轻工业、工业和农业之间比例的严重失调和消费品的严重不足，人民生活遇到很大困难。由于强行推行农业合作化政策，建立了近 1 万个农业生产合作社，导致农业生产下降了。在 1956 年苏联共产党二十大以后，波兰的政治经济形势恶化，人民群众的不满情绪滋长，终于爆发了波兹南事件和十月事件。

1956 年 10 月举行的波兰统一工人党二届八中全会否定了 1948—1956 年的"左"倾教条主义和宗派主义以及破坏民主集中制、违反社会主义法制等错误，选举哥穆尔卡为党中央第一书记。他重新提出"通向社会主义的波兰道路"，着手改革经济体制，成立了以著名经济学家奥斯卡·兰格教授为首的经济委员会，准备建立波兰的经济模式。1956—1958 年，波兰政府调整了积累和消费的比例，增加了对农业的投资，经济情况大有好转。第一个五年计划（1956—1960 年）顺利完成。

由于 1956 年匈牙利事件的发生和国际共产主义运动出现的新变化，苏联领导人赫鲁晓夫害怕波兰改革会引起新的动乱，要求哥穆尔卡停止改革。哥穆尔卡在国内也遇到保守势力的顽固反抗，不得不放弃改革。从 1959 年党的第三次代表大会以后，波兰又按旧的模式进行社会主义工业化。60 年代期间，国民收入中的积累比重又不断上升，从 1960 年的 24.2%，上升到 1968 年的 28.8%，1969 年又上升到 29.7%。在第二个和第三个五年计划期间（1961—1965 年，1966—1970 年），投资每年平均增长 7% 和 8.5%，增长速度高于苏联、捷克斯洛伐克和德意志民主共和国。与此同时，波兰是经互会国家中消费水平提高最慢的国家，也是农业发展最落后的国家。在这 10 年里，每年实际工资增长不到 2%。1969—1970 年，由于农业歉收，市场供应紧张，政府不得不在 1970 年 12 月大幅度提高食品的零售价格，结果引起了沿海城市的罢工事件，导致哥穆尔卡下台。

盖莱克 1970 年 12 月事件以后接任党中央第一书记，他没有从他的前任那里接受教训。在 1971 年 12 月举行的波兰统一工人党第六次代表大会上，盖莱克提出了"高速发展战略"，即所谓高速度、高积累、高消费政策。20

世纪 70 年代初期，由于国际市场石油和其他原材料价格低廉，波兰的商品容易出口，向西方国家借贷条件比较优惠，实行"高速发展战略"具有有利的外部条件，冻结物价和迅速提高工资的政策刺激了职工的生产积极性，加上 1971 年、1972 年风调雨顺，农业丰收，在第四个五年计划（1971—1975年）的头三年里，生产和消费获得了同步高速增长。1971—1973 年，工业生产每年分别递增 7.8%、11.1%、11.4%，三年里共增加了 36%。在此期间，农业生产增加了 19%，职工工资增加了 24%，几乎为上个五年计划的 4 倍。第四个五年计划期间，国民收入增加了 62%，每年递增 10%，大大超过了计划规定的 38%—39%；工业生产增加了 73%，而原计划为 50%，农业生产增加了 33%，原计划为 19%—21%；职工工资人平均由 1970 年的 2235 兹罗提，增加到 1975 年的 3500 兹罗提。第四个五年计划的指标都超额完成，生产和消费的如此高速度增长是人民波兰历史上前所未有的。

盖莱克的"高速发展战略"是不能持久的，因为它没有立足于本国条件，而是建立在有利的国际市场的行情和优惠的外国贷款的基础上，上述条件一旦发生变化，这个战略就将失败。早在 1972 年，就有人提出"我们跑得太快了！"头脑清醒的政治家和经济学家要求削减投资，降低消费，以避免新的经济危机的发生。但是，以盖莱克为首的党中央为第四个五年计划的胜利而陶醉，决定按原定方针办。在 1975 年 12 月举行的波兰统一工人党第七次代表大会上，盖莱克又提出"进一步高速发展""建设第二个波兰""建设发达的社会主义"等"左"的口号，"七大"通过的第五个五年计划（1976—1980 年）规定，国民收入将增加 40%—42%，工业生产将增加 48%—50%，农业生产将增加 15%—16%，实际工资将增加 16%—18%，投资总额将比上个五年计划的 14540 亿兹罗提增加 7000 亿—7430 亿兹罗提，即增加 37%—40%，这是一个十分典型的冒进计划。

从 1973 年秋起，国际市场发生急剧变化，进口的石油和其他原材料的价格大幅度上涨，波兰的商品出口遇到困难，贷款的利率猛增。从 1975年起，由于气候干旱，农业连年歉收，市场上的食品供应，特别是肉的供应又趋紧张，政府不得不使用贷款，进口大量的粮食和饲料。在国内外形势发生变化和经济困难日益增长的情况下，盖莱克仍不愿放弃"高速发展战略"。为了减轻国家的财政负担，政府不得不作出提高肉类和食品价格的决定。1976 年 6 月 23 日，当部长会议主席彼得·雅罗谢维奇在议会宣布提价的决定以后，腊多姆的工人首先举行罢工。党和政府害怕罢工浪潮蔓延，遂于 6 月 25 日取消了提价的决定。工潮虽已平息，但是经济形势更加恶化。

经济恶化主要表现在以下几个方面。

第一，高积累引起了国民收入的下降。在哥穆尔卡执政的 60 年代末期，积累在国民收入中的比重已接近许多国家公认的最高界限——30%。盖莱克实行"高速发展战略"，使积累的比重突破了 30%：1974 年为 35.6%，1975 年为 35.2%，1976 年为 34.1%，1978 年为 30.8%，直到 1979 年才降到 26.2%。高积累引起的高投资，超过了波兰当时的施工力量、原材料供应和运输的承受能力，使成批的项目不能按期投产，降低了建设速度，造成了国民收入的下降。1971—1975 年，国民收入每年增加 10%，1976 年，国民收入增加 6.8%，1977 年增加 5%，1978 年增加 3%，1979 年下降到 2.3%。1979 年是人民波兰建国以来国民收入最低的一年。

第二，高消费引起了供求比例的失调。1971—1980 年，职工实际工资增加了 55%，农民因取消义务交售（从 1972 年起），提高收购价格和实行免费医疗而增加了收入。在 10 年内，社会购买力增加了两倍，而商品供应量增加不到一倍，形成了供求比例的严重失调。政府因工人抗议而被迫作出冻结食品价格的决定，使价格严重脱离价值（如每公升牛奶售价为 2 兹罗提，而收购价为 6 兹罗提），使国家负担难以承受财政补贴。1980 年财政补贴 5000 亿兹罗提（合 167 亿美元），占国家预算的 40%。要使供应比例协调和价格合理，除提价外别无他途。

第三，外债激增，超过了偿付能力。盖莱克利用外资和西方技术来实现他的"高速发展战略"。1971 年波兰的外债为 12 亿美元，1975 年上升到 84 亿美元，超过了国家财政关系中公认的债务负担的合理界限。1980 年波兰外债上升到 245 亿美元。波兰陷入了长期无力偿付的境地。1980 年波兰还本付息达 81 亿美元，占全年出口收入的 99 亿美元的 81.8%。

波兰从西方引进了 300 多个工程项目，有的不符合本国需要，有的靠进口的原料和零配件才能生产。最突出的例子是在缺乏铁矿石的情况下，建设了一个年产 900 万吨钢的卡托维兹钢厂，所需铁矿石的 85% 靠苏联提供。到 1981 年年初，对该厂的投资达 1750 亿兹罗提。

第四，片面发展重工业，造成了国民经济各部门之间发展比例的严重失调。20 世纪 60 年代，工业投资占投资总额 38%，70 年代上升到 41%，而农业投资仅占投资总额的 15%—16%。在 70 年代的 10 年中，工业生产增加

1.3 倍，农业生产仅增加 30%。在工业中，又片面发展重工业，特别是传统的煤炭工业、冶金工业和机械工业。由于重工业投资过多，造成电力、原材料、运输能力不足，停工现象严重。轻工业、化学工业和一系列能够利用本国原料为市场和出口需要而进行生产的工业部门得不到发展。

工业的迅速发展和农业的长期落后是国民经济比例失调的主要表现。农业生产发展缓慢，远远不能满足全国居民日益增长的需要，这是社会不安定的重要根源。在哥穆尔卡时期（1956—1970 年），农业生产每年平均增长 2.5%—2.8%，到了盖莱克时期（1971—1980 年）下降到 2.1%。据专家估计，波兰的农业必须以每年平均 3%—3.5% 的速度递增，才能满足需要。政府不得不从国外大量进口粮食和饲料。1974 年以后每年进口的粮食和饲料为 800 万吨，1980 年竟达 900 万吨。在 70 年代的 10 年里，共进口 6100 万吨，花费了 85 亿美元。

事件发生的政治原因

导致 1980 年波兰事件的政治因素很多，其中最重要的是高度集中的政治体制。波兰的政治体制同经济体制一样都是按苏联模式制定的。这种政治体制使国家的权力集中在少数党的领导人手里。当党的领导人谦虚谨慎、密切联系群众、遵守民主集中制和集体领导原则的时候，国家的经济政治状况就好，反之，国家就会出现问题。

哥穆尔卡在 1956 年 10 月重返党的领导岗位时，重申"通向社会主义的波兰道路"，大刀阔斧地实行改革，恢复社会主义法制，重视作为国家最高权力机构的议会的作用，同同盟政党——统一农民党、民主党建立了良好的合作关系，把波苏关系建立在平等和独立的原则上，大大提高了波兰的国际地位。后来他放弃了改革，在政治上越来越保守，到了 60 年代后期，专横跋扈，容不得批评意见。他实行的那种僵化的经济政策终于导致了 1970 年十二月事件的发生。

盖莱克曾经长期担任卡托维兹省委第一书记，熟悉工人的生活和要求。他在 1970 年 12 月末接任第一书记以后，亲赴什切青和格但斯克，听取工人们的意见，和工人们促膝谈心，要求工人们帮忙。工人们喊出了"我们帮忙"的响亮口号。他赢得了工人阶级和人民的信任。70 年代前 5 年的成绩，使盖莱克居功自傲，他变得自负，听不得批评意见，犯了同哥穆尔卡一样的错误。政治事件的发生无不与民主集中制和集体领导原则遭到破坏有关，无不与政治体制有关。

波兰党和政府把精力集中在经济工作上，忽视政治思想工作，这是导致1980年事件的重要政治原因之一。在哥穆尔卡执政的1960—1970年，共举行过32次中央全会，只有一次会议（1963年）的主要议题是意识形态问题。在盖莱克执政的10年里，没有召开过一次专门研究政治思想工作的中央全会。

自从1966年波兰按拉丁仪式接受基督教后，波兰开始处于西方文化的影响之下。16世纪文艺复兴时期，波兰主要接受意大利的文化影响。18世纪启蒙时期，波兰主要接受法国的文化影响。18世纪末波兰被俄国、普鲁士和奥地利三国瓜分后，大批波兰人移居西欧各国和美国。现在在西方的波兰侨民达1000万。他们在政治思想上对波兰社会产生了很大的影响。自从1956年实行开放政策以后，由于波兰党和政府未及时进行有效的思想教育工作，资产阶级自由化的声浪一时甚嚣尘上。一部分人鼓吹"绝对民主"，提倡所谓"两阶段论"，第一阶段使波兰脱离社会主义体系，第二阶段使波兰社会政治制度"自由化"，即由社会主义演变到资本主义。

当代波兰青年没有像他们的父辈那样，受过资本主义制度的剥削和压迫，体会不到社会主义制度的优越性，羡慕西方生活方式。波兰统一工人党政策的连连失误和经济形势的恶化，使青年学生和青年工人不能忍受。1968年3月，当哥穆尔卡下令禁演波兰伟大爱国诗人亚当·密茨凯维支的反俄诗剧《先人祭》后，华沙高等学校立即爆发了学生的游行示威，学潮很快蔓延到克拉科夫、波兹南、卡托维兹、弗罗茨瓦夫、卢布林、托伦等城市。1980年7月，爆发了全国性的罢工后，许多缺乏政治经验的青年工人成为"团结"工会的极端派。值得注意的是，竟有100万波兰统一工人党党员加入"团结"工会！上述现象同党和政府忽视思想教育工作有直接关系。

反对社会主义的政治反对派利用群众的不满情绪，推波助澜，也是导致1980年事件的政治原因。早在1957年，波兰就出现了所谓持不同政见者，其代表人物有雅·库龙、卡·莫泽列夫斯基、亚·米赫尼克和扬·利普斯基。1965年，库龙和莫泽列夫斯基发表了"致党的公开信"攻击社会主义制度，宣称社会主义不能靠改革而获得成功，波兰已经形成了新的阶级，即所谓"中央政治官僚集团"。1976年6月事件以后，库龙、米赫尼克和利普斯基等人成立了反对派组织——"保卫工人委员会"。他们从西方（包括波兰侨民）得到巨款，在工人中进行活动。1977 年，该组织改名为"社会自卫委员会"。同年，另一名反对派莱·莫楚尔斯基建立了一个名为"保卫人权和公民权运动"的反社会主义组织，1979 年，改名为"独立波兰同盟"。他们出版地下刊物，制造反革命舆论。"团结"工会成立后，这两个组织的头头都成为"团结"工会的顾问。盖莱克在经济上"左"倾，在政治上右倾，没有及时取缔这两个反社会主义组织，以致酿成大患。

美国等西方国家在 1980 年波兰事件中也起了一定的作用。波兰地处中欧，战略地位十分重要，历来是东西方争夺的战略目标。美国等西方国家通过各种手段帮助波兰反对派组织"团结"工会。1980 年 9 月，美国总统卡特接见侨居在美国的莱赫·瓦文萨的继父斯·瓦文萨，为"团结"工会撑腰。西方的自由欧洲、美国之音、BBC 等电台和巴黎的《文化》月刊也进行反波宣传，鼓动波兰人民推翻现政权。波兰实行军管后，美国总统里根干涉波兰内政，无理要求波兰当局取消军管。接着，美国等西方国家对波兰实行所谓经济制裁，妄图迫使波兰就范。

最后，还应看到波兰的历史传统和民族性格的某些消极方面在 1980 年事件中的作用。波兰历史发展的一个特点，就是没有出现一个君主专制的阶段，中央政权的力量十分薄弱。从 16 世纪初开始形成了一种特殊的"贵族民主制"。"贵族民主制"有两根支柱，一个叫自由选王制，另一个叫自由否决权。自由选王制就是国王由贵族自由选举，国家的权力中心是议会，不是国王。自由否决权就是只要有一个议员反对，议案就不能通过。"贵族民主制"造成了波兰的无政府状态和大贵族的割据局面。这是波兰被它的 3 个邻国（俄国、普鲁士和奥地利）瓜分的重要原因之一。在将近一个半世纪的异族统治时期，波兰人民不畏强暴，前赴后继，举行了无数次民族起义，反抗以沙皇俄国为首的瓜分国的统治，形成了酷爱自由和独立的光荣传统，同时形成了藐视政权和反俄等心理因素。在第二次世界大战期间，波兰人民发扬民族解放的光荣传统，在红军的帮助下解放了祖国。斯大林强迫波兰接受苏联模式和大国主义的态度，伤害了波兰人民的感情。不少群众把波兰经济形势的恶化归咎于苏联模式。波兰人民因袭的精神遗产，被国内外反动派利用，在 1980 年事件中起着有害的作用。

事件造成的严重后果

　　1980 年波兰事件造成了极为严重的后果。由这一事件引起的经济倒退持续了六七年。国民收入在 1980—1982 年三年中连续下降 6%、12%、5.5%，到 1983 年才开始回升。主要工业产品大幅度下降：煤由 1979 年的 2.01 亿吨下降到 1981 年的 1.63 亿吨，钢由 1979 年的 19.5 万吨下降到 1981 年的 15.72 万吨。农业生产在 1980—1981 年连续下降 9.6% 和 4.5%。由于工农业生产下降，食品和消费品的短缺达到顶点。人们需要排队买肉、鱼、鸡蛋、牙膏、肥皂和手纸等，政府不得不实行凭票定量供应制度。

　　由于冻结物价和提高工资，不合理的供求关系更加恶化，迫使政府在 1982 年全面提高商品价格，平均提高 2—3 倍。为了减少群众的损失，职工的平均工资增加到 1.1 万兹罗提，即增加了 1 倍多，但这种补贴远不能弥补因提价而造成的损失。职工的实际工资下降了近一半，人民生活水平大幅度下降。1980—1986 年，国家的财政赤字总额达 6000 亿兹罗提，外债上升到 313 亿美元。

　　1980 年波兰事件使波兰统一工人党的威信大大下降，党员人数从 1980 年的 308 万减少到 1984 年的 216 万。有的党员对党失望，自动交出党证；有的党员转到反党立场，被清除出党，其中包括前党中央委员、前波兰科学院院士、著名哲学家亚当·沙夫。

　　波兰天主教会是这次事件的唯一受益者，它在这次事件中发展了信徒，扩大了在波兰人民中的影响。据估计，波兰的天主教徒已由 20 世纪 60 年代占全国人口的 80%，增加到 80 年代占全国人口的 90%。在这次事件中，天主教会扮演了微妙的调停者的角色，一方面支持"团结"工会，声称是它的"最大同盟者"，另一方面又支持当局的协商路线及其为稳定国内形势所作的努力，反对外国插手干涉波兰内政。它利用党和政府的软弱，迫使政府同意增建教堂，在星期日由电视台直播弥撒活动。罗马教皇约翰·保罗二世 1979 年 6 月和 1983 年 6 月两次访波，突出反映了教会影响的扩大。约翰·保罗二世原是波兰克拉科夫的红衣主教卡罗尔·沃伊蒂瓦，1978 年当选为罗马教皇后改用现名。约翰·保罗二世两次访波，聆听他布道讲话和参加弥撒活动的信徒分别达 300 万人和 665 万人，其盛况是波兰建国千年以来少有的。约翰·保罗二世通过布道和各种谈话，攻击科学社会主义，传播"基督教泛斯拉夫主义"，妄图用基督教教义代替东欧各国的社会主义，使波兰和东欧各国的马克思主义者和无神论者面临着咄咄逼人的挑战。

波兰人民为 1980 年波兰事件付出了高昂的代价，教训是多方面的、极其深刻的。波兰人民认识到，必须对原有的社会主义模式（包括经济体制和政治体制）进行深刻的变革，探索符合本国特点的社会主义模式。波兰的历次社会动荡都是由国民经济比例严重失调，重工业片面发展和农业长期落后所造成的，而这都是推行苏联模式的结果。由此可见，把 20 世纪 30 年代在苏联特殊条件下形成的社会主义模式，强加在第二次世界大战后的波兰是严重的时代错误。随着工人技术文化水平的提高和生产力的发展，这种集中制的缺陷和弊端越来越明显。高度集中的经济政治体制使少数领导人能够破坏社会主义的计划经济和社会主义的经济规律，由此而产生了严重的经济、政治后果。

其次，坚持马克思列宁主义的无产阶级政党的领导，坚持社会主义道路，是使改革获得胜利的保证，必须严厉打击任何妄图推翻党的领导和社会主义制度的反动力量。

社会主义国家的历史不长，社会主义建设的经验不足，第二次世界大战后，各社会主义国家自愿或不自愿地接受第一个社会主义国家苏联的模式，在建设过程中犯了错误是很难避免的。盖莱克在反动力量的进攻面前软弱无能，使社会主义国家面临被颠覆的危险。以雅鲁泽尔斯基为首的波党中央力挽狂澜，果断地实行军管，保卫了社会主义制度。实践证明，社会主义国家必须由共产党和工人党领导，只有共产党和工人党的领导，才能保证改革沿着社会主义的方向前进。

最后，安定团结的政治局面是使改革顺利进行、人民安居乐业和国家繁荣强大的保证。从 1980 年波兰事件和以前几次事件中看到，工人群众最初是抱着要求党改正错误和维护自己切身利益的愿望参加罢工的。在 1980 年 8 月的罢工中，工人们喊出了"我们要社会主义，不要歪曲了的社会主义"的口号。但是，工人们的美好愿望却为别有用心的人所利用。由于无休止地罢工引起的经济大破坏和全国性的无政府状态，使广大工人饱受丧失安定团结和生活水平大幅度下降的痛苦。经过 1980 年波兰事件，波兰工人阶级认识到安定团结的政治局面是使改革顺利进行、人民安居乐业和国家繁荣强大的保证。少数极端派分子想要继续闹事已经得不到工人的响应。

此外，保持党同工人阶级和全国人民的密切联系，遇事同群众商量，走群众路线，才能避免社会动乱的发生。现在，波兰党恢复了民主集中制和集体领导原则，扩大了社会主义民主，制定了民族协商路线，把统一战线组织——民族复兴爱国运动作为联系群众的纽带，从而恢复了党同工人阶级和全国人民的联系。从 1982 年起，政府在每次提高价格前，向群众通报国家的财政经济状况，说明调整价格的必要性，并征求调价的办法，使群众做到心中有数，防止别有用心的人的蛊惑宣传和破坏活动。因此，几次调价都没有引起社会动乱。

1980 年波兰事件已经过去了 8 年。波兰党和人民总结了经验教训，用了三年时间（1983—1985 年）恢复了生产，平衡了国民经济。1986 年 6 月举行的波兰统一工人党第十次代表大会，制订了发展国民经济的新的五年计划（1986—1990 年）和到 2000 年的发展规划，从 1980 年开始的经济体制改革正在顺利地进行。

日本北方领土问题

王振锁

　　日本北方领土问题是日俄、日苏关系史上一个旷日持久的重要课题。问题的实质是俄、苏为霸占日本北方领土而引起的一个国际争端。

　　对"北方领土"的范围，目前在日本大致有三种不同的解释：一是指千岛群岛（包括北千岛和南千岛）、齿舞群岛和色丹岛以及库页岛的南部；一是指整个千岛群岛；一是只指南千岛的国后、择捉及北海道所属的齿舞群岛、色丹岛，即通常所说的"北方四岛"。后者是日本政府的"官方见解"。尽管见解有所不同，日本各政党、团体、各阶层人民要求归还北方领土的愿望是一致的。

日本北方领土问题的沿革

　　千岛群岛紧邻日本的北海道，岛上主要居民为阿依努人①，来自北海道，同日本有着悠久的历史渊源。早在日本平安时代中期（8世纪末至12世纪末），日本人就知道日本列岛的东北有个"虾夷千岛"。后来，日本人通过北海道阿依努人和漂流到千岛的日本渔民，不断加深对千岛的了解。1593年（文禄二年），统治虾夷（北海道）的蛎崎（后改姓松前）庆广在九州谒见丰臣秀吉时，丰臣秀吉准他一并统治千岛。1603年，德川家康建立江户幕府。翌年，正式授予松前（蛎崎）庆广以包括千岛在内的虾夷地方统治权。据松前藩②的《新罗之记录》和耶稣会教士杰罗拉姆·德·安吉利斯的报告

---

　　① 阿依努人（旧称虾夷人），是日本唯一的少数民族，自古分布在日本东北部（主要是北海道）和千岛一带。"阿依努"一词是该族语言中"人"的意思。
　　② 松前是地名，"藩"是日本晚期封建社会的诸吏领地。松前藩在北海道，故历史上"松前"曾是北海道的别名。

说，1615—1621 年（日本元和元年至七年），美纳西地方（现在北海道的根室地方）的阿依努人每年都有近百只船带着鹫羽和海龙皮来松前进行贸易，而海龙是从海龙岛（得抚岛）捕捉来的。阿依努人向松前藩主朝贡海龙皮，松前藩主又将海龙皮奉献给德川幕府。1644 年，松前藩献给德川幕府的地图上就绘出了千岛群岛，并标出 39 个岛屿的名称。这是世界上最早的一幅绘有千岛的地图，比俄国人出现在千岛群岛要将近早一个世纪。

1700 年（元禄十三年），松前藩向幕府献上包括千岛在内的虾夷全岛的地图和乡账两册，其中也细致地记载着齿舞、色丹、国后、择捉等岛名，表明是本藩领土。1715 年（正德五年），松前藩主在呈送幕府的呈报中说："千岛……是松前藩的领土，一直由自己统治。阿依努人分别居住在这些地区，而且都有酋长，但总的统治却由松前藩掌握。"1731 年（享保十六年），择捉岛酋长曾前往松前朝拜。由此可见，千岛原本是日本领土。但是，由于松前藩幕府地处北海道南端，对北海道本岛的统治尚很薄弱，所以对远在北方延绵 1200 公里的千岛群岛，只是名义上的统治。尤其对北千岛，并未实行过有效统治。事实上，那里多半是人烟稀少的荒岛。

17 世纪 40 年代，沙俄势力出鄂霍次克海，至堪察加，向太平洋东北水域一带扩张。沙俄"探险队"按照沙皇彼得一世"寻找新土地"的敕谕，一步步逼近日本的东北方。1711 年，以安基奥洛夫为队长的探险队在千岛群岛最北端的占守岛登陆。1713 年向南占领邻近的幌筵岛，然后再向南占领温祢古丹岛。这时，俄国人从岛上的日本居民那里了解到千岛群岛南部的地理情况，得知南部各岛的名称以及再向南还有一个松前藩。同时了解到，得抚岛以北的各岛上日本人还很少居住，日本的有效统治尚未达及千岛群岛等情况。

进入千岛以后，沙俄殖民者掠取名贵的千狐和海龙皮，把北千岛划入俄国版图，并循岛南下，不断寻找去日本的水路。1739 年，沙皇派出施班别尔格船队，绕过南千岛，侵入色丹岛，第一次到达日本的本州岛东北海面。此后，俄船频频南下，出没于日本近海。1767 年以后，沙俄的一批税吏一面对居住在千岛的阿依努人苛收毛皮税，一面逼迫他们沿列岛南下，逐渐吞噬整个千岛。这时，沉睡在闭关锁国中的日本封建统治当局德川幕府才警觉起来，一面对抗沙俄的入侵，一面加紧对千岛的经营、治理。

1785 年，德川幕府派出的一个调查团，经国后到达择捉岛，从当地居民那里得知俄国人的势力范围已达得抚岛附近。1798 年幕府又派一调查团到达择捉岛，该团成员近藤重藏在岛上竖起"大日本惠登吕府"（"惠登吕府"是"择捉"的日语读音）的标柱。随后，幕府便把东虾夷地（即北海道东部和南千岛）正式划为自己的直辖领地。1801年，幕府派幕吏富山元十郎前往得抚岛，向来到该岛的俄国人宣布日本不与之贸易，令其退出，并立下"天长地久大日本属岛"的标柱。近藤重藏等人在国后、择捉进行开发，按照本土的行政制度也实行乡村制，把择捉岛划分为7乡25村，设立了行政机构，开辟了17处渔场。此外，还在拥有天然良港的色丹岛建设了海上运输船的避难港，实现了北海道本岛与国后岛的通航。

1811年，俄舰迪亚那号舰长瓦西里·米哈依罗维奇·戈洛夫宁少校奉命到千岛测绘，并到国后岛停泊、登陆，从而发生了被日本守军捉住扭送到松前拘禁的事件。戈洛夫宁被日本拘留两年多，1813年被释放。回国后，他于1816年出版《日本幽囚记》，书中叙述了他被押期间的经历和19世纪初的千岛情况。书中写道："以上就是我所知道的向日本所属的千岛群岛出发时的日俄关系。"① 该书第三篇《论日本国和日本人》中又说："日本的国土由大小岛屿组成……还包括日本占领的国后、色丹和择捉这3个千岛群岛中的岛屿。"② 这说明，通过当时俄国的文献，也可证明千岛是日本的领土。

19世纪初，打着"俄美公司"③ 旗号的沙俄"探险队"组成"日本远征队"，在择捉、国后一带进行骚扰。但该公司条例规定，俄美公司事业区域"是北纬40°50′得抚岛南端为止的千岛群岛"。从19世纪初到日本开港前的半个世纪里，由于俄国忙于南下夺取土耳其领土和兼并中亚地区，俄日两国在千岛方面没有发生大的冲突，事实上维持着俄领北千岛和日领南千岛的局面。1855年2月，双方缔结《日本国俄罗斯国通好条约》（即《下田条约》），该条约第二条规定："今后日本国和俄罗斯国的边界应在择捉岛和得抚岛之间，择捉全岛属于日本，得抚全岛及其以北的'库里尔'、（千岛）诸岛属于俄国。"④ 从此划定了两国在千岛的边界，解决了千岛的领土纠纷。

《日俄通好条约》虽然暂时了结了千岛之争，但争论更为激烈的库页岛问题却不得不作为悬案写在该条约上。条约写明："至于桦太（库页）岛，

①《日本幽囚记》，言波文库版，第90页。

②《日本幽囚记》，言波文库版，第9—10页。

③ "俄美公司"是俄国美洲公司的简称，建于1799年，是沙皇政府在千岛和太平洋东北水城一带进行殖民扩张的派出机构。

④ 北海道归还领土北方渔业对策本部编：《北方领土概况》，1973年版，第67页。

日本国和俄罗斯国的边界未定,仍维持原状。"

关于库页岛的归属问题,众所周知,该岛地处黑龙江口,自古就是中国的领土。从唐代到元、明、清各代,库页岛一直在中国管辖之下。[①] 1689 年中俄签订的《尼布楚条约》,确认库页岛为中国领土。日人间宫林藏 1809 年前往库页岛探险之后,曾跟随岛上的费雅克族人渡海到德楞的清朝行政机构去缴纳贡物。他的《东鞑纪行》证明库页岛在 19 世纪初仍是中国的领土。总之,日俄在库页岛问题上的争执,乃是沙俄同日本争夺中国的一块领土。

日俄对中国领土库页岛的侵占始于 17 世纪中叶。18 世纪末,日本在库页岛南端的自主设立交易所。进入 19 世纪后,日本逐渐占有南库页岛,俄国也于 1853 年宣布库页岛为俄国版图。从此,由北往南的俄国和自南向北的日本为争夺库页岛发生了日益尖锐的冲突。1867 年 3 月,日俄双方签订关于库页岛的"暂行规章",规定"两国人均可随意往来全岛"作为权宜之计。日本正处在维新初期,虽然意识到俄国是日本北方的最大威胁,但尚无力与俄国抗争。为确保北海道,日本政府于 1874 年内部确定了放弃库页岛的政策,并于 1875 年派全权大使榎本武扬前往俄国就库页岛争端继续谈判,同时缔结了《千岛库页岛交换条约》。条约规定,俄国将迄今占有的北自占守岛南至得抚岛的共计 18 个岛让给日本,今后整个千岛群岛属于日本。作为交换条件,日本将它迄今占有的南库页岛让给俄国。这样,日俄两国的领土争端总算得以解决,日本的北方领土问题在以后的几十年内似已不再存在。

进入 20 世纪以后,双双挤入世界帝国主义行列的日俄两国,领土野心有增无减,终于导致了 1904—1905 年的日俄战争。战胜国日本根据 1905 年日俄《朴次茅斯条约》,从俄国手中夺得 1875 年日本用以换取千岛群岛的南库页岛,并在北纬 50°处划定两国在库页岛的边界。

1918 年,日本出兵西伯利亚。1920 年 3—5 月,日苏之间发生"尼港事件"[②],日军以该事件为借口,于 1920 年 7 月 3 日占领库页岛北部。1922 年

---

① 据《旧唐书》卷一九九下载,开元十三年(公元 725 年),唐朝在黑龙江流域设立了黑水军和黑水府。据《元史》卷九十一《辽东志》卷九记载,13 世纪 60 年代,元朝在黑龙江口特林设立了东征元帅府。15 世纪初,明朝在原东征元帅府旧地设有奴儿干都指挥使司,直至清朝,一直对库页岛行使管理权。

② 尼港事件:日本出兵西伯利亚期间,在靠近库页岛北部的苏联尼港市发生的苏日军队冲突事件。

10 月，日本军队从西伯利亚撤出，但对库页岛北部一直占领到 1925 年。1925 年 1 月 20 日，《日苏基本条约》在北京签署，该条约就尼港事件和日军撤出库页岛北部等问题达成协议，并恢复双方外交关系。以后的几年里，日苏关系处于相对稳定时期。20 世纪 30 年代以后，日本在对外侵略战争的道路上越走越远，千岛群岛和库页岛南部一直处于日本的统治之下。

1945 年 2 月，美、英、苏三国首脑在雅尔塔举行会议，中心议题是战败国的战后处理等问题。在 2 月 11 日签署的《雅尔塔协定》中商定苏联参加对日作战的条件包括："库页岛南部及邻近一切岛屿须交还苏联"，"千岛群岛须交予苏联"。1945 年 8 月 9 日，苏联正式对日宣战。8 月 11 日，苏联军队攻入库页岛南部。8 月 18 日开始攻占千岛群岛。8 月 21 日，驻千岛日本军队宣布无条件投降。9 月 1—4 日，苏联军队先后占领国后、择捉、色丹三岛及齿舞群岛。在当时情况下，苏联军队在库页岛南部和千岛群岛等地与日军交战并予以占领，同美国占领日本本土一样，对迫使日本投降是有积极意义的。

1946 年 2 月 2 日，苏联把库页岛南部和整个千岛群岛编入自己的版图。而后又决定将库页岛和千岛群岛组成"萨哈林州"，作为苏维埃俄罗斯共和国的一个行政单位加以管辖，直至今日。

日本北方领土的重要地位和现状

千岛群岛位于太平洋和鄂霍次克海之间，它是由 23 个岛屿和许多小岛组成的弧形火山群岛，全长 1180 公里，总面积为 1.03 万平方公里。面积最大的择捉岛和国后岛以及齿舞群岛和色丹岛（即"北方四岛"），总面积 4996 平方公里，相当于日本的千叶、爱知、岐阜和福出 4 个县的面积。国后岛与北海道相距 10 海里，齿舞群岛的水晶岛距北海道的纳沙布海角只有 7 海里。

千岛群岛是日本列岛与亚洲、北美洲两大陆相连接的纽带，北与苏联的堪察加半岛相隔，东北与美国的阿留申群岛相望。它是苏联太平洋舰队东出太平洋的重要通道。一般情况下苏联太平洋舰队有三个通往太平洋的出口：对马海峡、宗谷海峡和津轻海峡。一旦情况紧张，美国和日本可以在对马、津轻海峡放布水雷；宗谷海峡也由日本掌握一半，不能保证通行。这样，横穿千岛水域就成为苏联通往太平洋的唯一自由通路，其战略地位十分重要。苏联为了同美国争夺在太平洋地区的霸权，已经把鄂霍次克海变成由潜水艇发射多弹头长距离导弹的发射海域，千岛群岛是这一发射海域的"防波堤"。

择捉岛上的单冠湾和色丹岛上的斜古丹港以及国后岛上的古釜布港都是天然良港。第二次世界大战期间，偷袭珍珠港的日本联合舰队，就是隐藏在单冠湾并从这里出发的。正是由于千岛群岛的军事价值，苏联才把它视为"海上长城"，抓住不放。

事实上，苏联早已把千岛群岛变成它在远东的重要海空军基地。据日本防卫厅1981年出版的《日本的防卫》中透露，苏联航空部队的1/4实力（飞机2210架）和海军部队的1/3（总吨位158万吨，舰艇800艘）放在远东。太平洋舰队已拥有潜艇130艘（包括核潜艇60艘），综合战斗能力超过美国第七舰队的两倍。苏联在千岛群岛的海空军基地，仅择捉岛上的单冠湾就有上百艘军舰，成为苏联在太平洋的重要军港。千岛群岛同符拉迪沃斯托克（海参崴）等远东军事基地连接起来，形成庞大的远东军事基地网。"日本海"已经变成"苏联海"。据日本防卫厅证实，苏联每年平均有430艘舰只穿过宗谷、津轻和对马海峡进入太平洋（其中宗谷205艘，对马165艘，津轻60艘）。在日本海周围空域活动的苏联军用飞机每年不下300架次。整个日本北方领土，已经成为苏联潜艇和大型巡洋舰由日本海经宗谷、津轻海峡通往太平洋和亚洲的重要战略据点。

据来自美国方面的资料表明，苏联在北方四岛的兵力，是一个拥有6000人的摩托化狙击师，主要装备有T62中型坦克188辆、PT76水陆两用轻型坦克23辆、榴弹炮72门、重迫击炮54门、对空机关炮58门、对坦克导弹58枚、对坦克火箭炮弹660枚、地对地导弹4枚，地对空导弹73枚等。

苏联在日本北方领土的活动是多方面的。据日本有关方面调查，早在1966年，日本自卫队经过42天的观察，就发现苏联的潜水艇、"调查船"和渔船等在日本近海活动达1021次之多。仅1981年一年，苏联飞机侵入日本近海达220架次。苏联还经常在日本近海和西太平洋区域单方面划定"危险区域"，进行火箭发射试验和射击轰炸训练，直接威胁着日本的主权和日本渔民的生命安全。

千岛群岛的海岸线长达2250公里，又是千岛寒流和对马暖流汇合的地方，有着丰富的水产资源。国后和择捉周围是世界著名的三大渔场之一。齿舞群岛是日本著名的海带产地。水产业是千岛经济的支柱，岛上居民世世代代赖以为生。自从被苏联占领以后，祖祖辈辈生活在岛上的日本居民（主要是北海道阿依努人）财产被没收，背井离乡，流落到日本各地。据日本政府调查，仅被苏联当局从择捉、国后、色丹、齿舞四岛上赶走的日本居民就有

3063 户，共 16745 人，其中 78.7% 迁居北海道。为了维持生活，他们不得不冒着生命危险，继续前往北方海域捕鱼。苏联则以"侵犯领海""非法捕捞"等借口，把进入距岛 12 海里以内的日本渔船一律扣留。据日本海上保安厅 1978 年统计，1946—1978 年 8 月，苏联扣留日船 1557 艘，12906 人；归还 959 艘，12869 人；事故（由于逮捕而沉没、死亡）25 艘，37 人；573 艘渔船没有归还。

苏联当局派出渔船队掠夺日本近海的渔业资源。20 世纪 70 年代以后，以万吨级母船为中心，由数十艘大型拖网渔船和运输船组成的苏联渔船队，每到鱼汛季节就到日本近海恣意捕捞，并在母船上就地把捕捞的鱼类制成罐头，随手把加工后的垃圾倒入日本近海的渔场里。这些垃圾污染了海水，影响了鱼类的繁殖，使这里的鱼类显著减少，日本渔民深受其害。

不仅如此，苏联一直在为长期霸占日本北方领土作多方面的准备。据 1981 年 7 月 28 日塔斯社报道，"苏联动植物学家对千岛群岛特殊的生态系统很关心，准备对该地区作系统的科学调查"，而择捉岛首先作为保护区。为全面开发千岛群岛，苏联当局采取了一系列措施。苏联一家杂志记者在《今日的库里尔群岛》的连载文章中写道："库里尔的苏联居民，可以得到比国内欧洲地区同等居民高出一倍的工资，同时可以享受很长时间的休假而工资照发。莫斯科人每年假期为 24 天，库里尔则是 42 天。而且每 3 年可以免费回苏联内地任何地方旅行一次。"又说："苏联人已经在这个地方扎下根。1945—1947 年第一批来这里的人现在已经有了孙子（库里尔的第三代人），这些人谁都不愿意再回到内地去。"据苏联人口调查，千岛居民的 70% 是 30 岁以下的青年人。每年鱼汛期有 2000—3000 苏联人前来千岛捕鱼（都是 30 岁以下的青年人），而且每年总有二三百人不回去，留在千岛。内地苏联人正源源不断地流入这里。仅以色丹岛为例，该岛原有日本居民 1028 人，到 1979 年，苏联在这个岛上的居民就超过 2000 人，为日本原居民的两倍。

日本收复北方领土的斗争

战后 30 多年来，日本政府和人民一直坚持不懈地进行着收复北方领土的斗争。

如上所述，从历史上看，千岛群岛是日本的领土，但目前日本所要收复的北方领土，实际上只是"北方四岛"即择捉岛、国后岛、齿舞岛和色丹岛。日本政府提出并坚持这一主张的主要理由有以下几点：

1. 1951 年签订的《旧金山和平条约》中规定日本已经放弃千岛群岛。[①]条约没有说明包括哪些岛屿，但按照 1855 年的《日俄通好条约》和 1875 年的《千岛库页岛交换条约》的规定，"千岛群岛"应指得抚岛至占守岛之间的 18 个岛（即北千岛），不包括国后岛和择捉岛，因为后者一直是日本的固有领土，并非以武力夺取所得。而且历史上该两岛一直居住的是日本人，从来没有成为过他国领土。

2. 齿舞群岛和色丹岛位于与北海道本岛的根室半岛相连的海架延长线上，是北海道的组成部分，不属于千岛的范围。1956 年签订的《日苏联合声明》规定：苏联"答应日本国的要求并考虑日本国的利益，同意将齿舞群岛和色丹岛交还日本"。

3. 根据《开罗宣言》的"领土不扩大"的原则，日本将以武力夺取的库页岛南部归还苏联是对的，但北方四岛不属此列。苏联根据《雅尔塔协定》占领该四岛违反了《开罗宣言》的"领土不扩大"原则，是大国主义的报复性领土扩张。

4. 美国关于日本北方领土的态度："认为所谓的雅尔塔协定仅仅是当时参加国首脑的共同目标声明，并不是那些国家的最后决定，而且在转移领土方面不具有任何法律效力。""择捉岛和国后岛（以及作为北海道一部分的齿舞群岛和色丹岛）一直是日本本土的一部分，应被承认为在日本的主权之下。"

鉴于以上理由，日本政府多年来一直坚持"一揽子收复北方四岛"的方针。1951 年 9 月 7 日，日本首相吉田茂在旧金山和平会议的演说中指出："早在日本'开国'时，千岛南部的两个岛择捉和国后就属于日本领有，这一点连沙皇俄国都毫无异议。"1955 年 6 月，鸠山一郎内阁试图打开日苏关系，签订和约，实现两国邦交正常化，在伦敦举行第一次日苏谈判。1956 年 7 月，双方在莫斯科谈判。10 月 7 日，日本首相鸠山一郎到莫斯科同赫鲁晓夫谈判。多次谈判，都因为领土问题而未能签订和平条约，最后签署一项《日苏联合声明》，先恢复邦交，和约问题留待日后解决。签署声明时，赫鲁

---

① 《旧金山和平条约》第二章第二条（c）款规定："日本国放弃对于千岛群岛及日本国由于 1905 年 9 月 5 日签订朴次茅斯条约而获得主权的桦太岛（库页岛）一部分及其附近岛屿的一切权利、权利根据和要求。"

晓夫给日本开了一张"一俟和约签订即交还齿舞、色丹两岛"的空头支票，企图用交出两岛的空洞诺言来勾销日本北方领土问题。

20世纪60年代初，日美建立"新安全保障体制"。苏联以此为借口，通知日本政府说："只有外国军队全部从日本撤出并签订日苏和约之后，才能按照日苏联合声明的规定，将齿舞、色丹交还日本。"从而撕毁了1956年联合声明中的诺言，随后苏联一口咬定日苏间的领土问题已经由一系列国际协定"解决完毕"。1967年7月，日本外相三木武夫访苏时，苏联部长会议主席柯西金提出要签订一个"中间式"的条约来解决和约问题。所谓"中间式"，就是避开领土问题签订和约，实质上是不交还北方领土。

进入20世纪70年代以后，苏联一方面重申"领土问题已经解决完毕"的老调，另一方面以继续谈判签订和约为名拉拢日本。但日本政府始终把解决领土问题作为缔结和约的前提条件。1970年10月，日本首相佐藤荣作在国会发表演说，强调希望日苏两国尽快解决领土问题，缔结日苏和平条约。1973年10月，田中角荣首相赴莫斯科同勃列日涅夫谈判，坚持提出"一揽子归还北方四岛"的要求。在田中坚持要求、寸步不让的情况下，勃列日涅夫才不得不承认领土问题是"日苏间最大的没有解决的问题"，表示"同意继续会谈"这个"悬案"。在10月10日签署的《日苏联合声明》中载明应"解决第二次世界大战以来悬而未决的问题"。但是，1975年9月，苏联外长葛罗米柯在《共产党人》杂志上撰文说，日本收复北方领土是"没有根据的要求"。苏联并把国后、色丹两岛列为新开辟的游览路线，制造北方四岛归属已成定局的舆论。

1976年12月和1977年2月，苏联颁布《维护苏联沿海生物资源和渔捞调度临时措施》的法令和宣布在太平洋及北冰洋苏联沿岸200海里海域实施这一"临时措施"的决定。这样，日本的北方领土及其周围水域全部划入它的200海里渔业专管水域之中。双方进行渔业谈判时，苏联以上述"法令"和"决定"为谈判条件，强迫日本政府接受。这实际上是通过"200海里渔业专管水域"的设置掩盖它对日本北方领土及其周围水域的霸占。对此，日本政府向苏联提出抗议，要求把渔业问题和领土问题分开来谈判。为了争取同苏联谈判的对等地位，日本众参两院也通过《12海里领海法》和《200海里渔业水域临时措施法》，后者规定把北方四岛作为日本固有领土来划分周围水域。日本政府制定的这两项法令得到日本朝野的一致支持。日本舆论指出："用法律的形式规定北方四岛的领有权，并向国内外宣布，其意义是巨大的。""这表明日本是举国对待日苏谈判的。"《渔业协定》签订之后，日本政府多次发表声明或谈话，希望解决北方领土问题并缔结日苏和平条约。

从30余年来的日苏谈判来看，日本政府虽然在某些问题上出现摇摆，但要求苏联归还北方领土的方针是一贯的。要求归还北方领土的斗争作为群众运动一直在日本人民中间以各种方式进行着。

日本人民要求归还北方领土运动，最早始于1946年12月1日。当时的北海道根室町长安藤石典上书盟国最高司令官麦克阿瑟，陈述收复北方四岛的意见。第二年，即以原北方岛民和根室人民为主，成立"恳请收复委员会"。以后，要求归还北方领土的社会团体相继在各地成立。20世纪50年代初，日本出现了"归还千岛及齿舞群岛恳请同盟"（1963年改为"促成收复北方领土同盟"，简称"北方同盟"）、"千岛群岛居住者同盟"（简称"千岛联盟"）等组织。60年代以后，又出现"促进归还北方领土协会""日本争取归还北方领土同盟"等组织。据总理府北方对策本部统计，截至1974年年初，全国各地要求归还北方领土的社会团体已有51个。这些团体通过集会、展览、电影、戏剧、报刊、书籍等多种形式积极开展宣传运动，并组织规模不等的群众示威游行和签名运动。

从运动情况看，有以下几个特点。

1. 运动的中心主要集中在北海道一带。其规模气势不如要求归还冲绳、小笠原的斗争那样深入和广泛。

2. 归还北方领土的运动，主要由政府和自由民主党掌握主导权。政府设有特殊法人"北方协会""北方领土问题对策协会"和"北方对策本部"等机构，负责统一处理北方领土问题的有关事务和宣传教育活动等。民间有关归还北方领土的许多社会团体，多由日本内阁和北海道各级地方政府资助和统一领导。

3. 由于日本各政党之间以及它们同日本政府之间在归还问题上存在分歧①，所以这一运动尚难形成全国性大规模群众运动。

北海道人民一直站在要求归还北方领土斗争的最前列。遍及道内各行各

---

① 日本自由民主党主张"一揽子归还北方四岛"，不解决领土问题不能缔结和平条约；社会党主张整个千岛都是日本的固有领土，但又认为一次全部归还有困难，可先争取归还齿舞群岛和色丹岛，其余在缔约后归还，公明党和民社党也提出"一揽子归还北方四岛"，但认为整个千岛也是日本的固有领土，留待以后解决；日本共产党主张，齿舞、色丹不属于千岛群岛，是北海道的一部分，因此不受《雅尔塔协定》和《旧金山和平条约》的约束，应立即归还。择捉、国后应包括在旧金山和约第二项 c 款放弃之列，但该条款应予废除，在此前提下同苏联缔结和约，全面归还整个千岛群岛。

业的 50 多个社会团体每年联合召开"促进收复北方领土道民集结大会"，并在道内各城市举办"北方领土巡回展出"，开展收复北方领土的宣传月活动。自 1966 年以来，每年 8 月为"宣传月"。因为 8 月是苏联对日宣战的月份，是北方领土的"发端月"。在宣传月期间，召开大会、讲演会、座谈会，组织儿童参观等。通过这些活动，回顾北方领土的历史，加深对北方领土问题的理解和认识。北海道青年每年组织一次"促进收复北方领土北海道宣传队"，乘车到日本各地去进行宣传和开展青年团体的交流活动，每次行程三四千公里，周游七八个县市。北海道人民自 1972 年以后，每年还派遣由各社会团体代表组成的"上访团"，向日本众参两院和外务大臣等要人反映北海道人民的意愿和决心。

在全国范围内，收复北方领土的运动也在不断发展。1974 年，在全国发起了"要求归还北方领土 1000 万人签名运动"。到 1981 年春，已有 1700 万人签了名。1979 年 3 月 1 日，《要求归还北方领土全国推进委员会》在东京日比谷公会堂召开全国性集会，2800 人参加，通过了对苏联的抗议和呼吁。为了争取国际舆论的支持，1979 年 10 月，日本组织了一个由 230 人组成的"要求归还北方领土国际呼吁委员会联合国上访团"，于 10 月 8—9 日在联合国总部走访了美、英、中、联邦德国等国的代表，并分别和大使见了面。1981 年 9 月 13 日，全日本劳动同盟在北海道纳沙布海角召开第十二次"要求归还北方领土全国集会"，作出决议要求日本政府迅速进行收复北方四岛的谈判，要求苏联立即撤走在北方四岛的军事基地。

1980 年 10 月 25 日的"第 12 次要求归还北方领土国民大会"和 11 月 2 日的"要求归还北方领土全国集会"提出规定"北方领土日"的提案，并作出决议。在人民力量的推动下，1981 年 1 月 6 日，日本政府决定每年的 2 月 7 日为"北方领土日。"①"北方领土日"的规定，在官民一致唤起国内舆论、使归还北方领土的要求扎根于民方面，是一件具有重要意义的大事，这是以北海道人民为主体的日本人民长期努力的结果。随着"北方领土日"的规定，日本人民收复北方领土的斗争将更加广泛持久地开展下去。

---

① 1855 年 2 月 7 日，签订《日俄通好条约》，条约规定日俄两国在千岛群岛的边界在得抚岛和择捉岛之间。日本政府认为，该条约是"北方四岛是日本固有领土"的有力证据，"通过纪念这个和平地决定国界的条约制定日，来同苏联和平地解决这个问题"。

东南亚国家联盟的建立和发展

黄昆章

东南亚国家联盟成立于 1967 年 8 月，简称"东盟"，由菲律宾、印度尼西亚、马来西亚、新加坡和泰国组成。1984 年 1 月，文莱被接纳为第六个成员国。东盟人口约 3 亿，其成员国地处亚洲和大洋洲的结合点，又扼太平洋和印度洋之间交通要冲，其中马六甲海峡具有重要战略地位。这一地区盛产稻米、天然橡胶、麻、棕榈油等农产品，具有石油、锡、铜等丰富的自然资源。东盟建立以来，各成员国之间积极开展经济、政治合作，促进了本地区的经济发展，在国际上，特别是亚洲政治舞台上发挥了重要作用。

地区性国家联盟的建立

东盟的建立反映了东南亚国家加强地区性合作的愿望，是当时这一地区形势发展的产物。

东盟的前身是 1961 年 7 月 31 日由菲律宾、马来西亚和泰国在曼谷建立的东南亚联盟，其宗旨是促进三国之间的经济和文化合作。当时这一地区最大的国家印尼被排除在外，它对联盟采取不合作态度，1963 年 9 月 16 日，马来西亚联邦（包括马来亚、新加坡、沙巴和沙捞越）成立后，马、菲两国对沙巴的领土问题产生争议，东南亚联盟因此瓦解。

在此以前，1963 年 7 月 31 日，马来亚、印尼和菲律宾三国代表通过马尼拉会议的磋商，成立了马菲印联邦。它在三国的主体民族是马来族的基础上建立，目的是促进三国经济、军事、文化和社会方面的合作。然而，它不被非马来族的新加坡和泰国所欢迎。随着 1963 年 9 月印尼和马来西亚的对抗，存在了两个月的马菲印联邦告夭折。

1965 年 8 月，新加坡退出马来西亚联邦，恢复独立国家的地位。两个月后，印尼发生"九三〇"事件，苏哈托政府上台。翌年 8 月，印尼与马来西亚签订两国关系正常化协定。这些事件导致东南亚一些国家的相互关系日趋缓和，为它们之间的协商合作创造了条件。

这些国家在地理上接近，在历史上有过相同的经历。它们都曾沦为殖民地或半殖民地，第二次世界大战中，先后为日本法西斯所侵占；战后获得独立。它们除新加坡外，经济上以农业为主，依靠出口初级产品以换取工业品，进口先进的技术和设备，处在从农业国向农业—工业国转化过程中。战后世界区域性经济集团的出现，尤其是欧洲经济共同体所取得的成就，使它们认识到加强地区合作的必要性。

20 世纪 60 年代末期，随着亚非人民反帝斗争不断向纵深发展，英国宣布要从苏伊士运河以东地区撤退，而美国在印度支那战争中败局已定，被迫采取"收缩"政策，它在东南亚的力量不断削弱。苏联乘此时机提出"亚洲集体安全体系"计划，把东南亚作为重要环节，在这样的国际形势下，东南亚局势动荡不定。这些国家历史造成的贫弱地位，单靠一国力量难于阻挡外来侵略势力。为了维护国家主体和领土完整，各国意识到必须成立区域性组织，以共同的立场和语言说话，谋求自身的安全和地区的稳定。

由于存在着上述共同点和联合的基础，1967 年 8 月 8 日，印尼、马来西亚、菲律宾、新加坡和泰国 5 国外长在泰国曼谷聚会。他们在协商一致的基础上签署了《曼谷宣言》，也称《东盟宣言》，宣告组成东南亚国家联盟。

《东盟宣言》指出，东盟的宗旨和目标是：（1）以平等和合作的精神，通过共同努力，促进本地区的经济增长、社会进步和文化发展，以便加强东南亚国家繁荣的基础；（2）通过遵守正义以及东南亚地区国家的法律原则，在坚持联合国宪章的原则下，促进东南亚的和平与稳定；（3）为了共同的利益，在经济、社会、文化、教育、技术和科学领域中，促进积极的合作和互相帮助；（4）在发展农业和工业，扩大贸易，提高人民生活水平方面，开展更有效的合作；（5）促进东南亚问题的研究；（6）同国际上和东南亚地区有共同宗旨和目标的组织，维持密切和有效的合作。

东盟建立后，组织机构比较复杂。1976 年第一次首脑会议之前，一年一度的外长会议是最高权力机构。闭会期间由常务委员会行使职权，下设 11 个（包括职业、科技、工商业等）常设委员会以及 11 个（包括东盟各国协调委员会、多边协商委员会等）特设委员会。1975 年 11 月增设经济部长会议，与外长会议平衡，是制定东盟经济合作政策的机构，下设贸易与旅游、工业、食品与农业等各种委员会。同年在雅加达设东盟中央秘书处，负责处理日常事务；秘书长由各成员国轮流担任。东盟第一次首脑会议后，11 个常设委员会改组为 9 个委员会，其中 5 个隶属于经济部长会议，由于外长会议与经济部长会议职能重复。各种组织机构重叠，影响了工作效率。

东盟国家首脑会议不定期召开，至今已开过 3 次。

东盟还设有民间合作机构，最重要的有 1971 年在雅加达成立的东盟工商联合会、东盟银行理事会。工商联合会下设 13 个制造业联合会或俱乐部，如汽车、粮食等。

三次首脑会议

从东盟成立至 1976 年 2 月第一次东盟国家首脑会议，是东盟历史的第一阶段。这一时期，东盟刚成立不久，菲、马的紧张关系尚未结束。1968 年 6—9 月间，菲律宾连续两次提出对沙巴的领土要求。11 月，菲、马双方互撤外交代表。菲律宾南部伊斯兰教徒的骚乱加剧了菲与其伊斯兰教邻国之间的紧张关系。新加坡与马来西亚分离以后，两国间仍疑虑重重。印尼与马来西亚仍要处理两国对抗期间的遗留问题。新加坡处死几名印、马对抗期间进行颠覆活动的印尼军官，使两国关系一度趋于紧张，所有这些，都使各国关系不甚协调。

从组织上来说，这一时期外长会议包揽一切，影响了经济合作的进程。

这时东盟正处于摸索合作经验、健全机构、制造舆论和争取国际支持的阶段，因而在最关键的经济合作方面没有取得显著成效。1975 年东盟国家间贸易总额 66 亿美元，仅约占东盟贸易总额的 15%，这种贸易很大一部分是以新加坡为中心的转口贸易，主要商品是初级产品或半制成品，对东盟区域以外的贸易发展不快。

20 世纪 70 年代初世界性的资本主义经济危机对东盟影响极大。它们更需要调整以前貌合神离的状态，加强经济合作，实现集体自力更生，减少对大国的依赖。

从国际关系来说，1975 年印支战争结束后，美国从越南撤军，东南亚政治军事形势发生急剧变化。在苏联支持下，越南咄咄逼人，对东南亚其他各国形成很大威胁，东盟各国忧心忡忡。加强东盟各国政治合作迫在眉睫，于是 1976 年 2 月在印尼的巴厘召开了第一次东盟国家首脑会议。

在这次会议上，各国首脑表达了他们对发展经济的迫切愿望。马来西亚总理侯赛因·奥恩说："如果我们能在经济合作方面取得成就，我们就能在维持有关国家的稳定以及更大范围内的东南亚地区的稳定方面作出实质性的贡献。"新加坡总理李光耀认为："主要的问题是如何通过经济的发展保证持续的稳定，以解决社会和政治问题。"东盟地区的安全和稳定必须立足于本地区的合作而不是依赖外国带有附加条件的援助，成为各成员国共同的呼声。

会议经过充分讨论和协商，发表《东盟协调一致宣言》《东盟友好合作条约》以及《联合公报》。宣言和条约确定了各成员国之间关系的原则和区域合作的范围，批准了经济合作计划，它们被认为是东盟的历史性文件。《东盟协调一致宣言》强调加强合作；稳定地区局势；各成员国和东盟集体要采取积极步骤，尽快建立和平、自由和中立区，表示愿同"本地区所有国家（包括柬埔寨、老挝和越南）发展和平互利关系"；必须"加强经济和社会发展方面的合作，特别是加强促进社会繁荣正义以及改善人民的生活水平"。《东盟友好合作条约》强调"不使用武力或不以武力相威胁"，主张以友好磋商作为解决争端的手段；"促进缔约国人民的永恒和平和持久的友好合作，这将有助于加强它们的力量、团结和更加密切的关系"。

经过一年多的努力，东盟各国的合作取得了一定成果，有必要进一步总结经验。同时，越南加强了侵略柬埔寨的准备，使东盟各国面临严重威胁，局势的发展要求再一次召开东盟首脑会议。

1977 年 8 月，在吉隆坡召开第二次东盟国家首脑会议。会议肯定了第一次会议的精神，认为成员国的经济和社会进步是确保地区政治稳定的基本因素，并就工业工程合作项目、优惠贸易等问题达成协议。进一步调整了成员国之间的关系。在对外关系方面，5 国同意采取步骤加强同日本、澳大利亚、新西兰和欧洲共同体的经济联系。会后，5 国首脑同前来吉隆坡的日本、澳大利亚、新西兰 3 国政府首脑分别举行会议，还举行了 8 国领导人非正式联席会议，就日本向东盟提供资金，澳大利亚、新西兰减少关税壁垒问题达成协议。这是东盟成立后各成员国第一次采取共同立场，共同参加与外国进行的谈判。

第二次首脑会议之后的 10 年间，东盟各国内部、东南亚地区以及国际形势又有很大发展和变化，需要东盟各成员国取得一致认识并采取必要的共同步骤。经过反复磋商，1987 年 12 月 14—15 日，在马尼拉召开了第三次东盟国家首脑会议，签署了《马尼拉宣言》，重申东盟无论在任何情况下都应寻求本地区的团结和合作，重申早日把东南亚建成和平、自由、中立区的一贯立场，并强调大力加强东盟内部的经济合作。宣言表示，为了本地区和平与稳定的利益，各成员国将为寻求柬埔寨问题的政治解决而努力。会议认为发达国家的贸易保护主义和东盟之间经济合作发展不快，威胁着本地区的经济发展。为此，通过了旨在加强成员国内部经济合作的 4 个文件：《关于改进和扩大东盟优惠贸易安排的议定书》《关于在东盟国家之间取消非关税壁垒的备忘录》《促进和保护投资协定》和《关于东盟工业联营企业基本协定的修正案》。东盟官员认为，第三次首脑会议是继 1976 年东盟合作协定之后的又一个里程碑。它显示各成员国决心加强团结合作，保持东盟的活力，在重大问题上采取共同立场和集体行动的原则和一贯立场，这将有助于东南亚地区的和平和稳定。

加强经济和政治合作

1973 年，联合国有关部门曾在调查基础上写出一份题为《东盟的经济合作》的报告，并为东盟第一次首脑会议所接受，成为以后制定东盟经济发展战略的蓝本。经济部长会议以此为基础做了许多具体工作，推动了地区经济合作的进展，主要有以下几个方面。

1. 工业合作。1976 年 3 月，东盟经济部长会议决定 5 国联合投资，通过协作方式，在各成员国建立东盟工厂，产品在各成员国销售，给予特惠贸易待遇。第一阶段建的工厂有：在印尼和马来西亚各建一个尿素厂，在泰国建纯碱厂，在菲律宾建过磷酸钙化肥厂，以及在新加坡建柴油机厂。这些工厂的资金 70% 来自日本的 10 亿美元贷款，其余 30% 由各成员国承担。由于事前调研不够，各国为本身利益考虑，只有印尼、马来西亚尿素厂已建成投产，菲律宾改为建铜加工厂，新加坡改为建肝炎疫苗厂，泰国的碱厂停建。

第二阶段准备建重型轮胎厂、金属品加工厂，后因市场问题改为本国企业。

2. 工业互补计划。由各成员国分工生产单项工业机器零部件，产品在区域内按特惠贸易待遇销售。各国分工生产的汽车零部件享受进口税降低一半的优待。此外，又规定有关国家生产柴油机零部件和家具，合资开办药厂等。

3. 贸易合作。1977 年 2 月，5 国达成《东盟特惠贸易安排基本协定》，决定在互惠互利原则下，互相削减贸易关税，废除关税外的贸易限制，提供低息贸易贷款，各国优先购买成员国产品等措施。同年 6 月提出第一批 71 种商品实行特惠，以后逐年增加，到 1982 年 1 月已达 8529 种，其关税降低 10%—25%。

尽管有贸易互惠协定，但因多数东盟国家产品相同、竞争激烈，因而区域内贸易额长期以来徘徊在 17% 左右。1984 年为 144 亿美元，是 1976 年的 4 倍。

石油和粮食的合作供应计划具有特别重要的意义。东盟诸国中，印尼、马来西亚和文莱是产油国，菲律宾的石油只能满足国内消费的 17% 左右。新加坡则靠进口外国原油进行提炼。在粮食方面，泰国输出大米，菲律宾有少量粮食出口，而当时的印尼以及新加坡、马来西亚 3 国要进口粮食。东盟决定在这两项商品中互调余缺，首先满足成员国需要，特惠关税由双边商定。石油应急分配方案规定，泰国、菲律宾、新加坡在石油库存低于正常储备水平 30% 的状况下，印尼、马来西亚要优先供应它们的需要，而当国际市场石油过剩时，这 3 国必须优先购买该两国石油。

这项计划发挥了积极作用。按照计划，印尼、马来西亚每天供应泰国 2 万—3 万桶原油。1979 年年初，泰国因伊朗局势变化，面临石油短缺，即从印尼、马来西亚进口石油。反之，泰国每年供应印尼、马来西亚和新加坡 80 万—100 万吨大米，占泰国每年出口量的 30% 左右。

根据粮食安全储备协定，东盟各国认捐不等吨数的粮食，在成员国发生紧急情况时，可动用储备粮。

4. 金融财政的合作。第二次首脑会议决定，由各成员国提供 2000 万美元贷款，筹集 1 亿美元"通融资金"，如有急需，成员国可借款 4000 万美元，以解决各成员国暂时的国际清偿问题。以后将基金数增至 2 亿美元。1981 年 5 月在新加坡成立的东盟金融公司是东盟的合营企业，资本额为 4670 万美元。公司的任务是为开发本地区提供贷款，现已成为亚洲美元市场的金融机构。

5. 东盟成立了海底电缆管理委员会，合作敷设沟通各成员国之间的 5 条海底电缆工程。此外，东盟还共同使用通信卫星，在旅游、计划生育、高等教育、科技及毒品控制等方面开展全面合作。

东盟各国积极开展政治上的协商与合作。1971 年 11 月东盟外长会议通过《东南亚中立宣言》，确认东盟"决心进行必要的努力，来获取对东南亚作为一个不受外部强国的任何形式和方式干涉的和平、自由和中立区的承认和尊重"。宣言受到世界各国政府的重视和欢迎。1972 年东盟外长会议提出反对马六甲海峡国际化的主张，以维护海峡沿岸东盟国家的利益。次年 4 月的外长会议一致表示拒绝苏联提出的"亚洲集体安全体系"。东盟还坚持要求苏联从阿富汗全部撤军，谴责南非的种族主义政策，要求超级大国停止扩军备战的竞赛。这些团结一致的对外行动，显示了东盟政治合作的力量。

东盟各国在政治上的合作还表现在努力协调内部争端上。在第二次首脑会议上，菲律宾郑重宣布，为对东盟的团结和实力作出永久性的贡献，它将不再对马来西亚的沙巴州提出领土要求。泰国、马来西亚两国边界问题通过协商基本得到解决。

1978 年 12 月越南在苏联支持下侵略柬埔寨，随后悍然占领金边并扶植傀儡政权，同时陈兵柬泰边境。越南的霸权主义行为严重威胁着东盟各国，首当其冲的是泰国。从 1979 年以后的历届联合国大会以及东盟外长会议上，东盟都强烈谴责越南的侵略行径。在 1981 年 6 月东盟外长会议上，各成员国形成一个解决柬埔寨问题的政治纲领，其主要内容是：越南必须全部从柬埔寨撤退，不承认韩桑林伪政权，支持民主柬埔寨联合政府；对越南施加经济和财政压力，不对越南实行政府间贸易；支持抗越武装斗争；联合一切反对越南侵略的国家和国际团体，为实现联大关于解决柬埔寨问题的决议而共同奋斗。在东盟国家推动下，1981 年 7 月 13—17 日在纽约召开了柬埔寨问题的国际会议，近 2/3 的联合国会员国出席会议，通过了《柬埔寨问题宣言》，要求外国军队尽快撤出柬埔寨，保证尊重柬埔寨的独立、主权和领土完整、不结盟和中立地位。东盟各国在此后的历次外长会议上，随着形势的发展，为解决柬埔寨问题不断补充新的内容。1985 年 7 月的会议，要求越南与民柬联合政府举行间接谈判；外国军队撤出柬埔寨；建立联合国监察和监督委员会，实行联合国监督下的选举和行使民族自决权。1986 年 6 月的外长会议表示支持民柬联合政府在当年 3 月提出的关于政治解决柬埔寨问题的 8 点建议[①]。认为它"是全面的、灵活的和合情合理的"，呼吁越南接受。

---

① 这 8 点建议的主要内容包括：越南同民柬三方联合政府谈判，讨论越南分两个阶段从柬撤军问题；有关越南撤军的协议达成后将实现停火，越南必须按协议要求撤军；越南撤军和停火由联合国观察小组监督；越南撤军后，柬埔寨四方举行谈判，成立联合政府；在联合国监督下实行自由选举；重新确定柬埔寨是一个独立、统一、自由民主、和平、中立、不结盟及没有外国军队的国家；欢迎所有国家帮助柬埔寨的建议；柬埔寨同越南签订和平和互不侵犯条约，和睦相处，共求生存。

1987 年 6 月的外长会议指出，越南侵略柬埔寨是东南亚和平与稳定的巨大威胁，危及国际和平与安全。东盟为支持柬埔寨人民的正义斗争，维护本地区的和平与安全，作出了重要贡献，成为维护和平的一支重要力量。

东盟与各大国及其他地区性组织的关系

东盟建立后，积极协调它与其他国家，尤其是各大国及其他地区性组织的关系，以有利于自己的经济发展和安全稳定。东盟一些成员国曾一度担心中国支持当地共产党及利用华人在东南亚"扩张势力"。但是，它们在实践中日益感到新中国是反对霸权主义、维护亚洲和世界和平的一支重要力量。我国的广阔市场对发展东盟经济将起着很大作用，因而东盟各国注意维持和发展同我国的友好关系。我国对东盟的看法也有一个转变过程，起初，我国曾一度视东盟为军事同盟，采取不合作态度。其后我国对东盟在维护独立主权、反对外国干涉和控制，以及发展经济合作等方面的努力给予了很高评价，积极发展双方友好关系。

马来西亚、菲律宾、泰国分别于 1974 年和 1975 年与我国建立正式外交关系。我国与东盟各国领导人、代表团互访频繁，促进了双方的了解。我国支持东盟《东南亚中立宣言》，支持东盟解决柬埔寨问题的态度和立场。我国对东南亚各国共产党只维持道义上的关系，还慎重对待这些国家的华人问题。这些都日益为东盟所理解。

在经济上，我国同东盟国家一直有贸易往来。1982 年双方贸易总额为 26 亿美元。东盟在我国外贸中所占比重，1982 年为 1.9%，1983 年上升为 4.1%。东盟与我国互相投资。据统计，1985 年东盟五国（不包括文莱）向我国投资 98 个项目，总额达 1.326 亿美元，我国还同东盟一些国家互设金融机构。

日本对东盟向来十分关注。日本希望美国保留在菲律宾的军事基地以加强其战略环境，它担心苏联加强同东盟的关系将对包括日本在内的西方集团不利。日本支持东盟对柬埔寨问题的立场，希望维持东盟的稳定。从经济方面看，东盟是日本原料和能源主要供应地，又是日本的投资市场和商品销售市场。马六甲海峡是日本进出口货物的重要通道，因而东盟对日本的发展来说关系重大。同样，东盟需要日本的经济援助，日本是它们最大的进口对象国，因而双方关系一直很密切。日本给东盟提供大量开发援助（包括赔偿、赠款、建设贷款及商品贷款等），约占日本官方对外发展援助额的一半。1985 年对东盟投资额达 9.36 亿美元，居日本对外投资额的第四位。日本是东盟最重要的贸易伙伴，1978 年日本同东盟的贸易额占东盟贸易总额的 25%，占第一位；1983 年的贸易额达 327.86 亿美元，比 1970 年增加了约 9 倍，此外，日本还同东盟进行技术合作。

同美国的关系。美国在菲律宾有军事基地。东盟重要的战略地位对保持美国在太平洋、印度洋和波斯湾等的海军力量和经济利益有重要意义。美国还要同苏联争夺在东南亚的霸权地位。东盟又是美国的原料供应地、商品和投资市场。因此，美国极为重视发展同东盟的关系。美国支持东盟解决柬埔寨问题的态度以及同苏联的抗衡。东盟是美国的第五大贸易伙伴。它销往美国的商品总值约占其出口总额的 20%，仅次于日本。美国在东盟的投资 1987 年超过 50 亿美元。美国给予东盟的安全援助（包括军事、经济、教育及科技等）1986 年达 2.62 亿美元。

苏联以越南的金兰湾和岘港为军事基地，支持越南侵略柬埔寨，妄图扩大在东南亚的势力范围，引起东盟各国的不满。1978 年 7 月，苏联表示有条件地“承认”东盟，东盟对此保持高度警惕，坚持《东南亚中立宣言》的立场，多次要求苏联力促越南从柬埔寨撤军，但苏联不予理会。1986 年 7 月戈尔巴乔夫在符拉迪沃斯托克讲话中要求东盟同越南及柬伪政权对话，遭到东盟的拒绝。东盟表示，只要苏联不明确表示准备为政治解决柬埔寨问题发挥作用，东盟就不会改善同它的关系。在经济上，苏联只同泰国、印尼等有少量贸易关系。

东盟同西欧经济共同体存在政治经济关系。1978 年 11 月，双方外长举行会议讨论合作问题。西欧经济共同体承认东盟是“一个能有助于保持东南亚和平与稳定的因素”，支持东盟“为达到自给自足、实现进步和寻求稳定所作的努力”。1978 年，共同体占东盟贸易额的 14%，仅次于日本和美国。1976 年年底，东盟的外贸总额中，欧洲经济共同体也占 14%，也仅次于日、美两国。

东盟成立 20 年来，经济上取得了举世瞩目的成就。1971—1980 年国民生产总值年平均增长率为 7.5%。1981—1985 年因受世界经济不景气的影响，下降为 4.4%。1985 年后有所回升。1982 年人均收入如下：新加坡 5924 美元；马来西亚 1974 美元；菲律宾 772 美元；泰国 759 美元；印尼 570 美元。新加坡已列入新兴工业国家，其余四国正发展为亚洲第二代工业化国家。东盟被认为是当前全世界经济最富有活力的地区之一，又是发展中国家的 20 多个国际合作组织中最有成效的一个，受到世界人民的高度评价。

东盟制定了基本符合各国国情及切实可行的经济发展战略；在处理内外关系方面坚持实行协商、对话的东盟方式和原则；在对外关系方面不依附大国，独立自主，反对霸权主义，维护本地区和平与稳定的方针，受到世界大多数国家的肯定与赞赏。

印度尼西亚"九三〇事件"始末

梁英明

"九三〇事件"是印度尼西亚现代史上重大的历史事件之一。1965 年 9 月 30 日深夜，在印度尼西亚首都雅加达，一个自称"九三〇运动"的组织逮捕并处决了 6 名陆军高级将领，宣布成立以总统府警卫营营长翁东中校为首的革命委员会，接管国家政权。10 月 1 日凌晨，苏哈托指挥的陆军战略后备队采取反击行动，镇压了"九三〇运动"。此后，逐步建立起以苏哈托为首的军人政权。参与"九三〇事件"的陆军官兵以及印度尼西亚共产党人和进步人士遭到大规模逮捕和屠杀。这一事件反映了当时印度尼西亚社会阶级矛盾的激化，是印度尼西亚共和国成立以来各派政治势力的又一次大较量。

各派政治力量矛盾的激化

1945 年八月革命后，印度尼西亚人民挣脱了荷兰帝国主义的殖民枷锁，赢得了民族独立。以苏加诺为代表的民族资产阶级知识分子成为印尼民族独立斗争的领导者。然而，印尼民族资产阶级在经济上仍然是很弱的。在 1957 年接管外国企业之前，民族私人资本只占国内资本的 10%，外国资本占 76%。因此，印尼民族资产阶级在政治上是软弱和动摇的。一方面，它主张民族独立，发展民族资本主义，反对大地主和买办资产阶级依附帝国主义的政策；另一方面，它又害怕无产阶级力量的壮大，反对发动工农群众同帝国主义和国内反动派作斗争。

早在共和国成立初期，大地主和买办资产阶级极力图夺取革命成果。它们在政治上的代表马斯友美党在帝国主义指使下，于 1949 年 8 月宣布成立所谓伊斯兰教军和伊斯兰教国。它的领导人卡托苏维约自封为"伊斯兰教国元首"，在西爪哇等地进行武装叛乱，声称要向一切异教徒发动"圣战"。

1956—1957 年，苏门答腊反动军人集团相继建立雄牛委员会、象委员会和神鹰委员会等武装叛乱组织。接着，苏拉威西反动军人集团接管地方政权，发表所谓"全面斗争约章"，宣布脱离中央政府。这一叛乱组织称为"全面斗争约章集团"。1958 年 2 月 10 日，苏门答腊叛乱集团向中央政府提出"最后通牒"，要求在 5 天内从政府中清除共产党人。他们的要求遭到拒绝后，便在 2 月 15 日宣布成立所谓"印度尼西亚共和国革命政府"，以马斯友美党人沙弗鲁丁为"总理"。这些叛乱被陆续肃清后，苏加诺总统于 1960 年 8 月宣布同叛乱活动有密切关系的马斯友美党和社会党为非法政党，同时封闭了它们的机关报《永恒报》和《指南针报》。

印度尼西亚共产党对民族资产阶级向帝国主义妥协退让的政策日益不满。1948 年 9 月，在帝国主义阴谋扼杀印尼共产党和进步势力的情况下，共产党人在茉莉芬被迫拿起武器自卫。由于力量对比悬殊以及印尼共产党在战略和策略上的错误，许多共产党人惨遭杀害。[①] 20 世纪 50 年代以后，印尼共产党利用当时的有利形势和合法地位，积极开展工农运动，积蓄了力量。它在 1955 年 9 月举行的第一次大选中成为国内第四大党。在两年后的地方议会选举中，它获得了最多的票数，成为第一大党。共产党人担任了爪哇的泗水、三宝垄和梭罗市市长。

印尼民族资产阶级在"茉莉芬事件"中对共产党的镇压行动，以及在平定地方武装叛乱中取缔马斯友美党和社会党的决策，都反映了它的两面性。苏加诺总统企图在共产党人和右派势力之间实现平衡，使自己处于制约各派政治力量的地位。这种平衡是极不稳固的。在这一系列对内和对外的错综复杂的斗争中，一个新的强有力的政治集团迅速崛起，这就是陆军集团。

印度尼西亚陆军的前身是共和国成立初期的治安部队，它基本上由两部分人组成。一部分是抗日和独立战争时期的游击队，他们大都是进步青年学生，没有受过多少正规军事训练，后来大部分编入蒂博尼哥罗师；另一部分是战前荷印殖民军队和日本占领时期的"乡土防卫队"和"兵补"[②] 的下级官兵，他们是印度尼西亚陆军军官的主要来源，主力部队是西利旺仪师。[③]

---

　①　参阅本书现代部分第三分册《印度尼西亚八月革命》。

　②　太平洋战争后期，日本侵略者由于战线过长、兵源不足，不得不在 1943 年征召印度尼西亚青年建立"乡土防卫队"和"兵补"两支部队。前者由印度尼西亚人任指挥官，负责驻守本地；后者则由日本军官指挥，随日军调动。

　③　西利旺仪师，过去有译为西利万吉师。按印尼文"Siliwangi"应译为西利旺仪。

"茉莉芬事件"后，蒂博尼哥罗师中的共产党人大批被杀害，这个师的力量遭到削弱。另外，以西利旺仪师为主力的陆军部队在反荷斗争、镇压地方叛乱和收复西伊里安战争中不断扩大实力，成为国内一支举足轻重的政治力量。1957—1958 年印尼政府接管荷兰的大种植园、大银行和大企业时，陆军起了很大作用。这些企业收归国有后，由陆军委派高级军官负责经营管理，其中约有 450 名军官分别担任国营企业和种植园的经理、副经理等职。印尼最大的国营企业即国民石油公司于 1957 年成立后，公司经理一直由陆军高级军官担任。1964—1965 年印尼政府接管了英国和美国的企业，也由陆军高级军官控制。许多军官从事私人商业活动，利用政治上和军事上的种种特权，损公肥私，贪污受贿，成为一批暴发户和新贵族。这些企业已成为官僚资本。苏加诺总统作为武装部队最高统帅，实际上徒有虚名。

苏加诺总统为缓和各派政治力量之间的矛盾，巩固自己的统治地位，于 1957 年 2 月提出改组政府的"苏加诺方案"。其主要内容是由代表民族主义、宗教和共产主义三种思潮的人物组成互助合作内阁和民族委员会，这就是所谓纳萨贡政府①。苏加诺认为，西方民主不符合印尼国情，应实行"有领导的民主"，即加强总统的权力。这个方案反映了印尼民族资产阶级在政治上的需要，即一方面企图通过总统的无限权力来打击帝国主义和右派势力，反对它们夺取国家的最高领导权；另一方面也以这一权力控制印尼共产党力量的发展。苏加诺拟议的互助合作内阁由于马斯友美党的反对，没有组成。在这同时，哈达副总统因主张反共而与苏加诺发生分歧，并且于 1956 年年底辞去副总统职务。

1957 年 4 月，印尼组成以民族党为核心的朱安达内阁，马斯友美党和社会党被排斥在外。这两个右翼政党同陆军中的反共将领结成同盟，成为军队掌管的官僚资本主义企业的合伙者。1959 年，苏加诺下令恢复 1945 年宪法，根据该宪法改组政府，成立工作内阁，由他兼任总理。内阁成员由总统委任，作为总统的助手，不代表政党。同时，还成立两个新机构，即最高咨询委员会和临时人民协商会议。1959 年 8 月 17 日，苏加诺总统在国庆演说中发表《印度尼西亚共和国宣言》（又称《政治宣言》），提出建立"全民的政权"，实现"印度尼西亚式的社会主义"。1960 年 11 月，临时人民协商会议

---

① 纳萨贡（Nasakom）是印度尼西亚文的民族主义者（Nasienalis）、宗教界（Agama）和共产党人（Komunis）的缩写词。

作出决议，宣布政治宣言为"国家方针大纲"，成立以苏加诺为主席的"民族阵线"。1963 年 3 月，苏加诺总统发表《经济宣言》，要求肃清帝国主义和封建主义残余，发展国营经济，自力更生，建设公正繁荣的社会。

印度尼西亚共产党利用这一有利形势，在工人阶级中发展组织，积蓄力量，准备新的斗争。到 1965 年，印尼共产党拥有 350 多万党员，它领导的各种群众团体拥有 2700 多万名成员。1965 年 1 月，印尼共产党提出建立第五种军事力量，即在陆、海、空和警察部队之外，建立一支民兵武装。共产党人在空军官兵中较有影响，加上空军领导人对陆军势力的迅速扩张深为不满，印尼共产党的这一要求获得空军部分领导人的支持。陆军当局担心建立民兵将使印尼共产党掌握合法的武装力量，所以激烈反对。在两大政治势力互相对抗的情况下，苏加诺采取折中妥协的办法。他一方面要派高级军官在各级政府中担任要职（如在工作内阁中有 1/3 阁员是高级军官，1960 年有 5 名省长是现役军人），另一方面又任命印尼共产党领导人艾地为临时人民协商会议副主席，鲁克曼为国会副议长，约多为内阁国务部长①，允许共产党发展组织。苏加诺把原陆军参谋长纳苏蒂安提升为国防部长，任命陆军实力派人物雅尼为陆军司令，企图以此牵制纳苏蒂安。1963 年 5 月 1 日，印尼收复西伊里安，苏加诺宣布废除 1957 年开展解放西伊里安运动后实施的"紧急状态法令"，取消了陆军根据该法令拥有的"维护安全"的无限权力。苏加诺企图利用他的地位和威望，把权力进一步集中在自己手里。

印尼共产党处在和平发展的环境中，壮大了队伍，也滋长了对苏加诺的幻想，提出"百分之百地实现苏加诺方案"等口号；企图依靠苏加诺的支持，通过改变国内阶级力量的对比，和平掌握政权。1965 年 5 月 23—26 日，印尼共产党举行庆祝成立 45 周年群众大会和游行等盛大活动。苏加诺总统应邀在大会上发表讲话，赞扬印尼共产党"始终是一个进步的革命的党"。艾地则在印尼共产党举行的招待会上表示"决心遵照加诺兄的讲话去发展印尼共产党"。

在各派政治力量反复较量的同时，国内的经济状况日益恶化。1963 年，苏加诺反对成立马来西亚，它采取"对抗政策"。1965 年 1 月，马来西亚当选为联合国安理会成员，苏加诺宣布印尼退出联合国。这使印尼在国际上陷于孤立。印尼因西方国家中止对它的经济援助，财政赤字增大。工业开工不

---

①　艾地是印尼共产党主席，鲁克曼是印尼共产党第一副主席，约多是第二副主席。

足，农业连年歉收，物价急剧上涨。到 1965 年，通货膨胀率达 500%，其中大米价格上涨 9 倍，国家财政赤字相当于收入的 3 倍。人民的不满情绪日趋增长。

作为"纳萨贡"象征的苏加诺长期患肾脏病。1965 年 8 月 3 日，他在公众场合突然晕倒。尽管到 8 月 17 日，苏加诺仍像往年一样发表激昂慷慨的国庆演说，但是总统的病情使各个政治集团都在考虑他一旦逝世后的形势，以及必须采取的对策。印尼共产党坚持立即建立第五军事力量的主张，并加紧在空军的哈利姆基地训练工人武装，到 9 月底已有 2000 人受过训练。陆军和海军当局则坚决反对建立第五军事力量。雅尼和纳苏蒂安声称，如果武装平民，那么所有的人都应该武装，而不只是武装工人农民；武装民兵必须受陆军管辖。双方剑拔弩张，大有一触即发之势。苏加诺总统这时已无法控制局势的发展。

"九三〇事件"的爆发和经过

陆军政治地位的上升，使它内部产生了新的矛盾。陆军高级将领在雅加达过着灯红酒绿的豪华生活，广大下级官兵却因薪饷不足和物价飞涨，甚至养不起妻子儿女。特别是来自小市镇和农村的士兵，对高级将领的奢侈生活极为不满，认为这些将领"玷污了军队的声誉""忘掉了他们的部下"。总统府警卫营营长翁东中校就是这些不满现状的中下级军官之一。翁东曾被派往西伊里安作战，那里的环境艰苦，士兵的伤亡率很高。停火以后，幸存的部队在西伊里安留驻 6 个月以上。根据当时报纸的报道，这些部队甚至没有固定的薪饷和后勤供应，而且处境很不安全。这说明为什么参加西伊里安战役的某些高级军官后来也加入了翁东集团。

翁东等人在军队内部建立了秘密组织，准备采取突然袭击的手段，清除军队中依仗权势、贪污腐化的高级军官。这一主张得到印尼共产党的支持。它于 1964 年 11 月成立以夏姆和波诺①两人为首的秘密的特别局，具体负责同翁东等人的联系。1965 年 9 月初，总统府获知陆军高级将领成立一个称为"将领委员会"的秘密组织，准备在 10 月 5 日举行庆祝活动时发动政变，推

①　夏姆和波诺都是化名。夏姆原名卡马鲁萨曼·本·艾哈迈德·穆拜达，波诺原名马尔苏迪佐约。

翻"纳萨贡"政府。苏加诺责问纳苏蒂安和雅尼等陆军领导人。纳苏蒂安和雅尼否认此事。翁东等人决定对陆军领导采取先发制人的行动。9 月 29 日，他们制订了具体的行动计划。次日上午，又在哈利姆基地集会，作了战斗部署，决定 10 月 1 日凌晨 4 时由阿里夫中尉率领一个分队的士兵逮捕纳苏蒂安等 7 名高级将领。

9 月 30 日晚 10 时，阿里夫中尉的分队做好一切准备，10 月 1 日凌晨 3 时按计划包围 7 名将领的住宅，开始进行逮捕。在士兵冲入纳苏蒂安住宅院内时，纳苏蒂安闻声从边门逃出，越过围墙跳入相邻的伊拉克驻印尼大使馆院内，后来被他的部下救出。他的女儿被枪击身亡。陆军总部将领班查伊丹和哈尔约诺两人因拒捕当场被击毙。雅尼、苏普拉普多、巴尔曼和苏托约（后 3 人均为陆军总部将领）等人被捕后，在雅加达郊区称作鳄鱼洞的地方被处决。参加这一行动的其他分队分别占领雅加达的广播电台、中央邮电局和独立广场等地。

10 月 1 日早晨，雅加达市民打开收音机的时候，意外地没有听到新闻广播。到 7 时 15 分，电台广播一项公告说，由于"在首都雅加达的军队内部的军事行动，并在武装力量其他部队的帮助下"，一个称为"九三〇运动"的组织已逮捕一批属于"自称将领委员会"的高级军官，夺取首都的重要设施，并将总统和其他重要领导人置于其保护下。公告指出，采取这些行动是为了阻止将领委员会策划在 10 月 5 日发动并得到美国中央情报局支持的政变。公告还说，继雅加达的行动之后，将在全国出现"反对将领委员会的代理人和同情者的行动"，并预示将成立印度尼西亚革命委员会以确保政府的政策。当天下午 2 时 5 分，雅加达电台广播了印度尼西亚革命委员会组成人员名单。委员会由 45 人组成，翁东中校任主席，苏巴尔佐陆军准将、赫鲁·阿特莫佐空军上校、苏纳尔迪海军中校和警察助理高级专员安瓦斯任副主席，委员中有 23 名军队和警察部队的军官，其中包括空军司令奥马尔·达尼中将和海军司令马尔塔迪纳塔中将、雅加达军分区司令乌马尔·哈迪库苏马少将，以及内阁副总理苏班德里约和莱梅纳。委员中有 5 名共产党员，没有印尼共产党的主要领导人。革命委员会将取代内阁执政。同时，组成以翁东为首的中央指挥部。

但是，形势在瞬息之间发生了根本性的变化。清晨，没有被"九三〇运动"列入逮捕名单的陆军战略后备部队司令苏哈托将军得知发生的政变后，立即驱车到独立广场东街的司令部去。由于纳苏蒂安在越墙时脚部受伤而住院治疗，苏哈托决定在当天立即采取行动。他命令所属部队包围独立广场，迫使驻守在那里的两营政变部队投降。下午，在万隆的西利旺仪师的机械化部队奉命调到雅加达。6时30分，苏哈托的部队收复广播电台和中央邮电局。这时，政变集团只剩下哈利姆空军基地这个阵地。政变的中央指挥部就设在这里。

苏加诺总统在10月1日早晨获悉政变已经发生。他准备像往常一样乘车前往总统府。但是，他在途中考虑到总统府和他的住宅都不安全，便同意警卫人员的劝告，改往哈利姆空军基地。在基地的奥马尔·达尼中将和苏巴尔佐准将立即向他报告了已经发生的事情。当时，印尼共产党主席艾地也在哈利姆基地。关于苏加诺总统和印尼共产党在"九三〇事件"发生前同这一事件的关系，缺乏可靠的材料，至今还不清楚。可以肯定的是，苏加诺在"九三〇事件"发生后，对政变集团抱同情态度，他始终没有公开谴责"九三〇事件"。但是，他根据自己多年的政治斗争经验，也没有公开表示支持这一行动。

纳苏蒂安的逃脱和苏哈托迅速控制雅加达局势，对苏加诺的决策产生了重大影响。他宁愿静观事态的发展，准备在情况有利时由他来收拾局面，重建他的领导权威。10月1日下午，当政变已显然失败、局势逐渐明朗化的时候，奥马尔·达尼和艾地决定飞往中爪哇建立第二条战线，并希望苏加诺同行，苏加诺拒绝了这一建议。他匆忙任命普拉诺托为代理陆军司令，同时委任陆军战略后备部队司令苏哈托负责恢复治安与秩序。在达尼和艾地离开后，苏加诺总统也在当晚10时离开哈利姆基地回到茂物行宫。就在这天夜里，苏哈托下令陆军伞兵突击团和装甲部队进攻哈利姆基地，在不可能继续抵抗的情况下，翁东、夏姆、苏巴尔佐等政变领导人在深夜离开了基地。10月2日清晨6时左右，苏哈托的部队攻占了哈利姆基地，"九三〇事件"至此宣告结束。

对这场突如其来的政变，人民群众毫无思想准备，全国除中爪哇以外，几乎没有引起什么反应。10月1日，日惹和梭罗驻军中的部分官兵占领这两个城市的广播电台，在当晚广播了拥护翁东集团的声明。三宝垄驻军中的部分官兵夺取中爪哇师团的指挥权，建立中爪哇革命委员会，一度控制了三宝垄。但到第二天，当得知翁东等人在雅加达发动的政变已经失败，他们的队伍很快就瓦解了。10月2日，日惹和梭罗出现了支持翁东政变的游行队伍和标语，没有发生新的战斗。同一天，印尼共产党机关报《人民日报》刊载了

"九三〇运动"的新闻公报，发表社论谴责将领委员会，表示同情和支持翁东发动的政变。

10月2日起，陆军展开了一系列反击行动。苏哈托控制了陆军的指挥权，他根本不理睬苏加诺总统新任命的代理陆军司令普拉诺托。一些政党和团体在陆军的支持下成立了"粉碎反革命'九三〇运动'统筹团体"，要求取缔"九三〇运动"和印尼共产党。10月5日，陆军为被政变集团在鳄鱼洞杀死的将领举行隆重的葬礼，苏加诺总统没有出席。这件事加深了陆军将领对苏加诺总统的不满。同一天，印度尼西亚共产党发表一项声明，认为"九三〇事件"是"军队内部的事务，印度尼西亚共产党并未卷入"，一些共产党人是在未征得本人同意的情况下被列入革命委员会成员名单的。10月6日，印尼共产党领导人鲁克曼和约多，照常出席苏加诺总统在"九三〇事件"发生后在茂物第一次召开的内阁会议。苏加诺在谈到"九三〇事件"时，谴责政变分子杀死陆军将领，同时主张和解。他说："革命委员会将由他们自行解散。"然而，苏加诺的平衡政策已经失灵。陆军断然拒绝了苏加诺的和解建议。

10月8日，在陆军当局鼓动与支持下，雅加达的青年学生组织焚毁了印尼共产党总部。10月14日，苏加诺总统任命苏哈托为陆军司令。10月17日，陆军派遣攻打哈利姆基地的伞兵突击团去中爪哇镇压政变的残余力量。政变主要领导人翁东、苏巴尔佐、夏姆等人在逃亡中先后被捕获，并被判处死刑。1965年11月22日，艾地在中爪哇三宝垄附近的小镇中被捕，并被就地枪杀。鲁克曼和约多也遭到杀害。奥马尔·达尼受到苏加诺的短暂保护，他被撤销空军司令的职务，改任航空部长，在国外住了半年。但是，他在1966年4月回国后，立即被陆军当局逮捕，并被判处死刑（未执行）。这一期间，陆军在全国各地大批逮捕和屠杀参与"九三〇事件"的嫌疑分子和共产党人。苏加诺总统仍继续宣传他的"纳萨贡原则"。他在1966年2月21日改组内阁，企图挽回局势，形势却一天天变得对他不利。

1966年3月11日，在苏加诺总统召开内阁会议时，陆军包围了国家宫，对苏加诺施加压力。苏加诺不得不停止会议，他在第一副总理苏班德里约和第三副总理萨勒陪同下，乘直升机前往茂物行宫。下午，苏哈托派遣的代表团来到茂物，提出要在全国创造一个平静和稳定的气氛，就必须将总统的部分权力交给苏哈托。经过5个多小时的谈判，苏加诺总统终于屈服，签署了移交行政权力给苏哈托将军的命令（通称"3月11日命令"）。第二天，苏哈托以总统名义颁布他的第一项法令：在全国取缔印尼共产党及其属下的群众团体。3月15日，苏加诺返回雅加达，他拒绝苏哈托提出改组内阁的要求。3月18日，苏哈托下令逮捕包括苏班德里约和萨勒在内的15名内阁成员，同时任命了一批临时统筹部长和部长。

6月20日，临时人民协商会议第四次会议开幕，批准了"3月11日命令"，要求苏加诺任命苏哈托组成新内阁。会议撤销了1963年临时人民协商会议关于任命苏加诺为终身总统的决定。1966年下半年，雅加达等地学生和青年不断举行示威游行，要求苏加诺交出政权，同时攻击中国政府，掀起反华排华浪潮。1967年2月20日，苏加诺宣布，为了迅速结束政治冲突，愿意将权力交给苏哈托。3月12日，临时人民协商会议撤销了对苏加诺总统的任命，在普选前禁止他进行政治活动，同时选举苏哈托为代总统，1967年10月，苏哈托政府宣布中断同我国的外交关系。1968年3月21日，临时人民协商会议决定正式任命苏哈托为总统。1970年6月，苏加诺在雅加达的住宅中病逝。"九三〇事件"后的一系列权力斗争终于告一段落。

这一事件在印度尼西亚政治生活中引起的巨大震荡，至今尚未完全平息。根据苏加诺在事后任命的一个委员会的调查报告，在陆军当局对印尼共产党的血腥镇压下，有8.7万人遭到屠杀。这显然是缩小了数字。根据美国驻印尼大使馆的估计，被杀人数为25万。而一般的估计是大约50万人遭屠杀，约30万人被投入监狱，包括苏班德里约等在内的政治犯至今未获释放。约有10万名同"九三〇事件"有牵连的政治犯仍在监禁中。

对"九三〇事件"的评论

"九三〇事件"发生以来，关于这一事件的真相及其性质，一直是研究印度尼西亚现代史的学者们所关心和争议的问题。1970年以前，印度尼西亚军事法庭曾陆续审讯了翁东中校、苏巴尔佐准将、奥马尔·达尼中将，第一副总理苏班德里约以及印尼共产党政治局委员约诺、苏迪斯曼和特别局负责人夏姆等人，并公布了部分证词。这些审讯企图证明"九三〇事件"是印尼共产党策划用武力推翻国家政权的阴谋，因此印尼共产党犯了叛国罪。苏加诺总统则由于鼓励印度尼西亚共产党人的活动，在他们犯了叛国罪之后仍力图掩护他们而丧失了领导国家的权力。由于被指控的主要当事人艾地、鲁克曼、约多等人已事先被处死，许多事实无从对证，而受审讯者的供词和证词也没有完全公布，以致人们对这一事件的全过程至今仍然不够了解。特别是一些关键问题，审讯并未提供足够的证据。此外，这些审讯是在政治形势动乱、司法制度不健全的情况下进行的，许多被告和证人在预审中受到威胁，甚至遭到严刑拷打，他们在这种情况下提供的材料不足以作为判断事实的依据。而已公布的审讯记录本身也有不少破绽和自相矛盾之处。因此，许多学者对印尼陆军当局公布的结论抱怀疑或否定的态度。

美国研究印尼现代史的著名学者贝尼迪克·安德逊和卢特·麦克维在《印度尼西亚1965年10月1日政变初析》一书中认为，印尼共产党在和平环境中获得迅速发展，没有必要进行武装政变的冒险行动。苏加诺总统以他的地位和威望，更不会轻易将赌注完全押在印尼共产党身上。如果说，印尼共产党是"九三〇事件"的主要策划者，那么在事件发生时，党的主要领导人除艾地以外都不在雅加达；在事件发生后，印尼共产党各级组织的反应也只是被动地仓促抵抗，这些都是不合情理的。至于夏姆在供词中声称"九三〇运动"的宣言是根据艾地的指示写成的说法，无论从这一文件的政治内容、使用的术语或文字风格来看，一般学者都认为不可信。

尽管历史学家们对"九三〇事件"的详情还可能提出各种疑问和进行激烈争论，但是一致认为，印尼共产党是这场斗争的主要受害者。"九三〇事件"前，印尼共产党在和平环境中的迅速发展和在选举中取得的胜利，使它产生了利用纳萨贡原则来和平接管政权的不切实际的幻想。这个时期，印度尼西亚共产党只注意表面上轰轰烈烈的群众活动，却忽视在群众中进行扎扎实实的组织工作，特别是党在农村的工作依然十分薄弱。"九三〇事件"发生前夕，在苏加诺总统健康恶化和获悉陆军将领委员会的意图后，印尼共产党的主要领导人轻率地支持了翁东等人的军事冒险行动，这是一个沉痛的历史教训。1966年9月，印度尼西亚共产党中央政治局发表了一项声明，对党在"九三〇事件"前后的错误作了初步总结。声明指出："九三〇运动"发生和失败之后，印尼共产党和印尼人民革命运动遭到了一场灾难，损失惨重。这就揭开了相当长时期以来掩盖着印尼共产党的严重弱点的帷幕。印尼共产党的领导搞了冒险主义，没有重视组织规定，轻率地把自己牵连到没有人民群众的高度觉悟和坚定信心作基础的'九三〇运动'里去。因而使党在人民群众中陷于孤立。'九三〇运动'失败以后，党的领导反过来又执行了右倾机会主义路线，把党和革命运动的命运寄托在苏加诺总统的决策上。这是印尼共产党在思想、政治和组织方面的严重弱点和错误的顶点。①

澳大利亚研究印度尼西亚问题学者雷克斯·莫蒂默在《苏加诺时期印度尼西亚的共产主义》一书中，对"九三〇事件"发生的历史背景和事件的性质曾作过比较全面的分析。他认为，"九三〇事件"是陆军内部下层官兵对高级将领不满所引起的一次冒险行动，而不是印尼共产党蓄意策划以夺取政权为目标的武装政变。印尼共产党出于对陆军高级将领同样的不满，对"九三〇运动"显然抱有同情，因而卷入了这场斗争。由于错误估计形势，印尼共产党在准备不足的情况下，遭到了陆军的残酷镇压，受到了惨重的损失。政变失败后，印尼共产党机关报《人民日报》于 10 月 2 日还发表社论和文章，表示支持翁东集团的行动，很可能是在失去同中央联系的情况下，由下级干部匆忙作出的反应。否则，那只能是印尼共产党的愚蠢行动。但是不管怎样，"九三〇事件"在客观上产生的深远影响说明它不是孤立的偶然事件，它反映了印度尼西亚社会各阶级间的深刻矛盾和激烈斗争。莫蒂默上述观点在西方学者中具有一定代表性。

也有些人认为，"九三〇事件"完全是陆军内部的派系斗争。它是陆军某些集团策划利用印度尼西亚共产党来消灭陆军内部的异己力量，又以所谓叛乱罪来镇压印尼共产党的一箭双雕的计谋。

主要参考书目

（1）《印度尼西亚共产党中央政治局五篇重要文件》，人民出版社 1976 年版。

（2）《印度尼西亚共产党地下刊物文章选编》。

（3）美国中央情报局：《印尼九·三〇事件》，四川人民出版社 1982 年版。

（4）O. G. 罗德：《微笑的将军——印度尼西亚总统苏哈托》，商务印书馆 1979 年版。

（5）莱格：《苏加诺——政治传记》，上海人民出版社 1977 年版。

（6）Benedict Anderson & Ruth Mcvey, *A Preliminary Analysis of the Oct.* 1,

---

① 《建设马克思列宁主义的印度尼西亚共产党，领导印度尼西亚人民民主革命》（印尼共产党中央政治局的自我批评，1966 年 9 月），见《印度尼西亚共产党中央政治局五篇重要文件》，人民出版社 1976 年版，第 35 页。

1965 *Coup in Indonesia*，Cornell University Press，1971（本尼迪克特·安德逊与鲁恩·麦克维合著:《印度尼西亚 1965 年 10 月 1 日政变初步分析》，康奈尔大学出版社 1971 年版）。

（7）Rex Mortimer, *Indonesian Communism urder Sukarno*, *Ideolagy and Politics* 1959—1965，Cornell University Press，1974（雷克斯·莫蒂默:《苏加诺时期的印度尼西亚的共产主义，意识形态与政治·1959—1965》，康奈尔大学出版社 1974 年版）。

（8）M. C. Ricklefs, *A History of Modern Indonesia C.* 1300 *to the Present*，MacMillan，1981（M. C. 里瓦莱夫斯:《印度尼西亚近代史，约 1300 年至今》，麦克米伦出版社 1981 年版）。

（9）Harold Crouch, *The Army and Politics in Indonesia*，Cornell University Press，1978（哈罗德·克劳驰:《印度尼西亚的军队与政治》，康奈尔大学出版社 1978 年版）。

1971 年印巴战争和孟加拉国的建立

孟　明

印度和巴基斯坦两国在 1947 年独立后的 25 年中进行了三次战争，其中，1971 年爆发的第三次战争是 70 年代国际上最引人瞩目的事件之一。这次战争导致了巴基斯坦的分裂和孟加拉国的建立。

战争的历史根源

印度和巴基斯坦独立之前，同属印度版图，长期受英国的殖民主义统治。第二次世界大战期间，印度民族独立运动高涨，英国感到难以按过去那样继续统治印度，企图采取"分而治之"的办法。1947 年 6 月，英国利用印度国内的宗教矛盾，提出当时驻印总督蒙巴顿制定的方案，即"蒙巴顿方案"，把印度分为印度联邦和巴基斯坦两个自治领。

蒙巴顿方案的核心是按宗教而不是按语言、文化或民族的区别来划分自治领，进一步加深了印度教徒和穆斯林之间的宗教矛盾。根据蒙巴顿方案，旁遮普省和孟加拉省一分为二，东旁遮普和西孟加拉划归印度，西旁遮普和东孟加拉划归巴基斯坦。消息一经传开，印度教徒就在东旁遮普驱赶和杀害穆斯林，穆斯林则在西旁遮普杀害印度教徒。这一冲突迅速蔓延，席卷了许多省份。这场大规模教派间的相互屠杀造成了无数人的伤亡，导致了大批散居的穆斯林和印度教徒分别向巴基斯坦和印度境内大迁移。

蒙巴顿方案规定各土邦可以自行决定加入任何一个自治领，这使查谟和克什米尔（简称克什米尔）的归属问题成为悬案，造成印巴两国独立后立即围绕克什米尔问题兵戎相见。巴基斯坦认为，克什米尔地区穆斯林占总人口的 77%，按蒙巴顿方案以宗教划分自治领的原则，理应属巴；印度认为克什米尔的土邦王和议会赞同加入印度，所以该地区应属印。1947 年 10 月两国在克什米尔地区开始冲突。1948 年 8 月，联合国印巴委员会通过停火、非军事化和公民投票三阶段解决克什米尔纠纷的决议，为印、巴两国接受。1949年 1 月，双方停火，结束了长达 15 个月的第一次战争。印度政府后来违背自己的诺言，阻挠在克什米尔举行公民投票。1965 年 9 月，双方在克什米尔再次发生冲突。这次冲突后来升级，引起了两国间的全面战争。这两场战争加深了两国间的互不相让，使两国关系留下难以弥合的创伤。

按照蒙巴顿分治方案，巴基斯坦由东、西两部分组成，分别称为东巴和西巴。东、西巴被印度隔开，相距约 2000 公里。东巴人绝大部分属孟加拉族，操孟加拉语；西巴人分属信德、旁遮普、俾路支和巴丹等几个民族。两地居民的语言、文化和民族都不尽相同。东、西巴合为一体的基础仅仅是伊斯兰教。这种地理上的相互隔绝，民族、文化和语言上的巨大差别，极易为内部分裂和外来干涉势力所利用。

印度的国土面积和人口在南亚均居首位，独立后一直以大国自居，企图跻身于世界大国行列。印度第一任总理尼赫鲁说过：印度以它现在所处的地位，是不能在世界上扮演二等角色的，要么做一个有声有色的大国，要么就销声匿迹。在这种思想指导下，印度独立后对巴基斯坦敢于与其抗衡非常恼火。打击和削弱巴基斯坦，使之不能与印度抗争，便成了印度寻求的目标。

东巴危机和印巴战争的爆发

在近代历史上，东巴的穆斯林长期遭受印度地主的残酷剥削和压迫，经济、文化落后，缺少行政管理和科学、技术人才，在军队里更没有多少影响。巴基斯坦独立后，国家的政治、经济和军事大权集中到经济、文化比较发达的西巴资产阶级手中，据统计，1971 年东巴人口有 7000 余万，西巴人口约 4500 万，但在政府的文官中，东巴孟加拉人只占 36%，在中央政府一级的秘书中仅占 16%。东巴省政府的历届首席秘书都不是孟加拉人，而一直由西巴人担任。中央政府的一些重要部门，如国防、内政和财政部的秘书也不起用孟加拉人。孟加拉军官占陆军军官总数不到 5%，海空军军官总数不足 30%。几乎都是西巴人的 22 个大家族控制着巴基斯坦的经济命脉，它们掌握着全国 66% 的工业资产、77% 的保险基金和 80% 的银行财产。20 世纪 60 年代初，在阿尤布·汗当政的头几年里，巴基斯坦的经济得到较大发展，国家财富增多。由于中央政府无意消除东、西巴的差距，财富分配不均的状况更加严重。西巴的人均收入从 1956—1960 年比东巴高出 32%，到 60 年代后期高出 61%。用于西巴的进口占 70%（同期西巴出口占全国的 41%）。国家将 77% 的发展基金和 75% 的大型工业企业放在西巴。

孟加拉人对所受到的不公正待遇强烈不满。早在 1952 年 2 月，在巴基斯坦政府宣布西巴的乌尔都语为官方用语后，孟加拉人发起了声势浩大的抗议运动，迫使政府宣布孟加拉语和乌尔都语同为国语。在 1954 年东巴省议会选举中，一些政党又提出东、西巴平等，东巴自治等要求。1966 年，以穆吉布·拉赫曼为首的东巴人民联盟代表孟加拉资产阶级利益提出 6 点纲领，要求平等分享国家权力和财富，公开主张巴基斯坦成为一个松散的联邦制国家，东、西两部分高度自治。6 点纲领的主要内容是：（1）政府实行联邦制和议会制；（2）联邦政府只负责国防，外交；（3）发行两种不同的，可在东西巴自由兑换的货币；（4）东、西巴财政自理；（5）外贸独立；（6）允许东、西巴政府拥有准军事部队。巴基斯坦政府指责 6 点纲领是一个分裂国家的纲领，因而严词拒绝。1968 年年初，巴政府宣布破获一起有印度背景，在印度特里普拉邦首府阿加塔拉策划的分裂国家的阴谋案件，即"阿加塔拉"阴谋案。穆吉布·拉赫曼等 34 人被指控犯有分裂国家罪而被捕。此后，巴基斯坦政府与人民联盟等反对党的矛盾开始激化。人民联盟利用东巴人民的不满情绪发起大规模群众运动，反对阿尤布政府的统治，要求释放拉赫曼等人，东巴政局出现动荡。与此同时，西巴人民也开展了反对阿尤布政权运动。1969 年年初，巴政局失控，阿尤布被迫下台，陆军总司令叶海亚·汗接管政权，在全国实行军事管制。叶海亚·汗宣布，一俟国内形势稳定，将尽快举行大选。

1970 年年底，巴基斯坦举行大选。人民联盟以 6 点纲领作为竞选纲领，在东巴大获全胜，赢得分配给东巴的 169 个议席中的 167 席，占整个国会 300 席的 55.7%，一跃成为巴基斯坦的第一大党。在省议会的选举中，又赢得 279 个议席中的 268 个。议会选举结束后，人民联盟坚持以 6 点纲领制定宪法，与布托领导的、势力主要在西巴的人民党发生尖锐矛盾。人民党强调建立一个有效的中央，国防、外交、财政等要害部门必须由中央政府管理。叶海亚政府倾向于人民党的主张。

由于双方僵持不下，人民联盟从 1971 年 3 月起在东巴连续发动总罢工，向叶海亚政权施加更大压力。东巴的正常生活逐步陷于瘫痪，政府机构不能履行职能。在一些地区，实际上是人民联盟在发号政令。3 月 15 日，叶海亚抵东巴首都达卡，与穆吉布·拉赫曼会谈。3 月 21 日，包括布托在内的其他西巴领导人也抵达卡参加谈判。经过 5 轮会谈，未达成协议。3 月 25 日，叶海亚宣布与人民联盟的谈判失败，并于当天返回西巴。午夜，叶海亚发表广播讲话，宣布再次对全国实行军管，取缔人民联盟。

3 月 26 日凌晨，驻东巴的巴军出动，对人民联盟实施镇压。巴军首先解除由孟加拉人组成的军队和警察的武装，攻占由人民联盟势力控制的城镇，搜捕人民联盟领导人和骨干分子。3 月 27 日，穆吉布·拉赫曼被捕。在行动中，巴军伤害了许多普通群众。这样，不仅大批被解除武装的孟籍官兵、警察和准军事部队成员逃亡，而且造成大批难民流入印度。印度采取开放边界、收容难民的政策，数月之内逃亡印度的东巴难民达几百万之众。

在大批东巴难民流入印度之后，印度政府极力把巴基斯坦的内政问题转化为国际争端。1971 年 3 月 26 日，就在巴军开始镇压人民联盟的当天，印度外交部部长斯瓦兰·辛格在人民院发表声明，称"印度政府对于在如此接近我国边界的地方正在发生的事态不能不感到严重不安"。4 月 11 日，印度总理英·甘地夫人明确表示，"由于有这么多的疏散者来到了印度，孟加拉事件就不再是巴基斯坦一国的内政了"。后来她进一步说，"不能认为难民问题仅仅是巴基斯坦的内部问题。这是印度的问题，而且在更大程度上是一个世界范围的问题"。从 6 月起，印度政府不断派出内阁部长、特使到欧美和一些亚洲国家首都以及联合国游说。印度国防部副部长维拉迪亚·舒克拉在访问瑞典时公开宣称："没有理由把难民问题看作仅仅是人道主义问题，这首先是个军事和政治问题，是一个很快可以威胁世界和平的国际问题"，如果联合国和叶海亚总统的立场不改变，"印度则不能袖手旁观"。除官方代表团外，印度还派出许多民间代表团出国活动，还邀请外国记者、议员和国际救济组织到难民营参观，指使驻外使节广泛开展各种外交活动，要求支持印度的立场。

10 月 20 日，印度外交部发言人在记者招待会上说，"印度再也不能容忍950 万难民继续留在印度了"。

在广泛动员国际舆论向巴基斯坦施加压力的同时，印度政府积极进行战争准备。从 1971 年 4 月起，印军就利用雨季到来前例行战备物资补充的机会，积极向国外购买军火和零配件，加速国内军工生产；部队以各种名义和方式隐蔽地进行针对巴军的训练；陆军参谋部的人员开始拟订入侵东巴的计划。与此同时，印度政府积极寻求国际支持，尤其是苏联的支持。从 1971

年6—10月，印、苏两国领导人和政府官员频繁互访，就印巴局势进行磋商。印度外长斯瓦兰·辛格和总理英·甘地分别于6月和9月访苏，苏联外长葛罗米柯、副外长查拉普金、最高苏维埃主席团主席波德戈尔内和副外长费留宾先后访印。其中，葛罗米柯访印期间，两国于8月9日签订了"和平、友好合作"条约。条约第九条规定："缔约双方保证不向参加与另一方发生的武装冲突的任何第三方提供任何援助。在任何一方遭到进攻或受到进攻的威胁时，缔约双方应立即共同协商，以便消除这种威胁并采取适当的有效措施来保证两国的和平与安全。"该条约使印度实际上与苏联形成了某种结盟关系。随后，苏联又向印度提供了价值5亿美元的先进武器装备。

英·甘地总理从1971年10月下旬起对法国、西德、英国、比利时、奥地利和美国进行为时3周的访问，再次试探主要西方国家对印度以武力解决东巴难民问题的反应。通过这次访问，她确信这些国家不会对印度出兵东巴作出强烈反应。11月12日，她回国后不久对议员们说："应该认为，同巴基斯坦发生战争是迫在眉睫和不可避免的，孟加拉国问题将在两个月内，或许更近一些时候得到解决。"

1971年11月21日，印度对东巴不宣而战，印巴间第三次战争开始。

战争经过

早在1971年6—7月，印度陆军司令部就拟订了作战计划，其要点是：通过武装入侵消灭在东巴的巴军，支持建立孟加拉国政府；为防止国际干涉，战争必须速战速决，最长不得超过三周；利用东巴地理上三面被印度包围的态势，从东、北、西三面分数路实施向中心突击，直取东巴首府达卡；占领或封锁东巴主要港口吉大港和库尔纳港，切断巴军海上退路；使用空军炸毁东巴境内的桥梁、机场和内河码头，割断巴军相互联系和支援。该计划还认为，只有迅速占领达卡，才能迅速结束战斗，因此，攻取达卡是印军的首要目标。7月，印度东部军区司令阿罗拉中将根据作战需要，组建第十一军军部，成立空军和海军东部前进指挥部并受陆军东部军区指挥，将四军军部的主体部分移驻阿加塔拉，重新调配部队的隶属关系及部署。10月中下旬，英·甘地总理连续召开内阁政治委员会及三军首脑会议，研究局势和对付巴基斯坦需采取的步骤。同时，印军提高战备等级，取消军人休假，并命令已休假的人员迅速归队，动员后备役军事力量的工作也同步进行。

面对日益严重的东巴局势和印军入侵的危险，巴政府先后向东巴增调两个步兵师和部分准军事部队，使东巴驻军增加至 3 个师。1971 年 10 月前后，东巴驻军司令尼亚兹中将在已有兵力的基础上，对部队进行扩编和调整，以正规军为骨干扩建两个临时师部和 3 个临时旅。

战争开始阶段，战斗主要在东巴边境地区进行。11 月 21 日，印度出动正规部队向东巴的杰索尔、朗格普尔、迪纳吉普尔、锡勒特和库米拉等边境区县发起进攻，其中在东巴西南杰索尔县的战斗比较激烈，双方进行了坦克和炮战，空军亦参战。印军还使用远程大炮轰击了杰索尔机场。

11 月 23 日，巴基斯坦总统叶海亚宣布，由于受到外来侵略的威胁，巴全国处于紧急状态。24 日，印度总理英·甘地命令印军"为了自卫"，可以越过边界。此后，东巴边境地区的战斗日趋激烈，印军全面越界攻击巴军，并在西南和东北方向突破巴军防御阵地，直取东巴西南重镇杰索尔，占领了东北的沙姆苏纳加尔地区。

为了减轻东巴面临的军事压力，吸引国际社会对印巴局势的关注，以联合国的干预来迫使印度停止对东巴的入侵，巴基斯坦总统叶海亚仓促决定在西巴出击。12 月 3 日下午 5 时左右，巴空军对印度的阿姆利则、帕坦科特、斯利那加、佐德普尔、安巴拉等城市的机场进行突然袭击。当日，印度总理英·甘地宣布印度全国处于紧急状态，国家进入战时体制。印、巴间再次爆发全面战争。

印军的战略目的是以武力肢解巴基斯坦，支持建立孟加拉国。全面战争爆发后，印军集中优势兵力，放手向东巴发动大规模进攻，在西巴方向主要采取防御态势。根据东巴驻军的布防情况，印军集中 6 个建制师又 3 个独立旅的兵力，从西南、西北、北部和东部同时向东巴侵犯。在战争中，印军充分利用海空优势，迅速掌握东巴战场的制空权，严密封锁东巴港口，使巴军处于海空隔绝状态。

在数万名孟加拉游击队的配合下，印军大胆采用迂回穿插的战法，绕过巴军设防坚固的据点和阵地，加快进攻速度，使巴军完全处于被分割状态。从东部进攻的印军为克服梅格纳河和恒河两大天然屏障，使用直升机机降战术，越河建立桥头阵地，或在巴军后方降落，使巴军依靠天然屏障防守的战术失灵。因此，从 12 月 4 日起，印军只用不到 13 天的时间，便兵临达卡城下。12 月 16 日，东部巴军宣布无条件投降。

在西线，战争进行得也很激烈。印度空军一直集中于袭击巴基斯坦的后勤，轰炸巴军的装甲部队和摧毁部队的集结地；巴基斯坦空军也不断轰炸印度的机场、仓库、道路和前沿阵地。西线地面战斗主要沿两国边界线进行。12月7日，巴军以两个步兵师、3个装甲团的兵力攻占克什米尔的冒布地区，占领该地区的曼迪亚拉镇。印军向巴境内的锡亚尔科特地区发起进攻，双方进行激战，印军攻占楔入印度的萨克加尔突出部约400平方公里的巴基斯坦领土。在南部边境，印军攻占巴信德省的约1000平方英里的土地。巴军向印度的拉贾斯坦沙漠地区发动4次进攻，但未能突破印军阵地。由于印巴双方在西线均无明确的战略目标，所以，经过几个回合较量后，双方便形成对峙局面。

东巴军队在12月16日宣布投降的当日，印度总理英·甘地宣布西线印军将于12月17日夜晚停火。17日，巴基斯坦总统叶海亚·汗接受印度的停火建议，第三次印巴战争遂告结束。据印度方面宣布，停火时，印度占领巴基斯坦5600平方英里的领土，其中大部分是荒漠地区，巴基斯坦仅占印度120平方英里土地。在这场为时约25天的战争中，在东巴共有9.3万巴基斯坦官兵、文职人员被俘，其中正规军56998人，准军事部队18228人；印度在东巴死亡1021人、失踪89人、受伤2915人，在西线印军伤亡6600人，被俘529人。

孟加拉国的建立

1971年4月17日，孟加拉人民共和国临时政府宣布成立，推举穆吉布·拉赫曼为总统、塔杰丁·艾哈迈德为总理、孔达卡尔·莫什塔克为外长。由于拉赫曼当时被关押在西巴，人民联盟副主席纳茨鲁尔·伊斯拉姆任代总统。至1971年12月印度军队攻占达卡前，孟加拉国临时政府主要在印度西孟加拉邦活动。印军占领东巴后，孟加拉国临时政府于1971年12月22日迁入达卡。

1971年12月20日，巴基斯坦总统叶海亚·汗辞职，人民党主席布托就任总统和军事管制首席执行官。1972年1月7日，布托宣布无条件释放穆吉布·拉赫曼。8日，拉赫曼离开巴基斯坦飞往伦敦，10日自伦敦经印度返回达卡，受到盛大欢迎。1月11日，拉赫曼以总统的身份颁布了1972年临时体制法令，宣布孟加拉国实行代议制民主政体，拉赫曼自任总理，重新组织内阁。

在对外方面，拉赫曼政府执行倾向印度和苏联的政策。1972 年 3 月，即孟加拉国独立后不到 4 个月，同印度签订为期 25 年的《友好合作和平条约》。该条约在第九条规定："缔约双方保证不向参加与另一方发生的武装冲突的任何第三方提供任何援助。在任何一方遭到进攻或受到进攻的威胁时，缔约双方应立即共同协商，以便消除这种威胁并采取适当的有效措施来保证两国的和平与安全。"条约还规定，双方"就涉及两国利益的重大国际问题彼此保持定期接触"。两国还签订了《边界协定》《经济合作协定》《贸易协定》《铁路协定》《原子能协定》《水路过境协定》等一系列双边协定。拉赫曼执政时，印度对孟加拉国的经济援助总额达 3 亿多美元。

拉赫曼政府与苏联也建立了密切的关系。1972 年 3 月，拉赫曼出访的第一个国家就是苏联，在与苏联总理柯西金签署的联合宣言中，双方表示"就涉及两国利益的所有重要问题定期进行各级政治协商"。两国之间也签署了一系列双边协定。1973 年 4 月，苏联援助孟加拉国一中队米格—21 战斗机，两国建立了军事关系。1974 年 3 月，应苏联的邀请，拉赫曼专程到苏联治病。在拉赫曼执政期间，苏联共向孟加拉国提供 2 亿多美元的各种援助，并曾派出大批专家到孟执行任务。

孟加拉国得到国际社会的承认是缓慢的。1972 年 8 月，孟加拉国申请加入联合国，未能获得批准。同年 11 月 29 日，联合国大会通过两项互相依存的决议，把执行 1971 年安理会 307 号决议，即遣返巴基斯坦战俘同接纳孟加拉国入会一并考虑。1973 年 8 月，印度和巴基斯坦达成遣返 9 万名巴战俘和平民的协议，但孟加拉国仍坚持审讯 195 名战俘。直到 1974 年 4 月上旬，印、巴、孟三方才达成释放巴 195 名战俘协议。4 月底，巴基斯坦战俘全部遣返完毕。至此，联合国的有关决议已得到完全执行。1974 年 9 月，在孟加拉国再次提出加入联合国的申请时，被一致同意接纳加入联合国。

在对内方面，穆吉布·拉赫曼政府宣布实行"民主、政教分离、社会主义和民族主义"政策。1972 年 3 月，拉赫曼政府宣布把银行、保险和原属西巴人的企业，以及固定资产超过 150 万塔卡的黄麻、纺织、制糖等工业国有化。不久，又把最后一项规定扩大到其他工业部门，在很短时间里，使得全部工业固定资产 80% 左右收归国有，宣布农民拥有的土地量不得超过 100 比卡（200 亩），拥有 25 比卡以下的农户免征农业税。

显然，拉赫曼政府对独立后的困难估计不足，对人民联盟由反对党变为执政党后产生的变化和可能出现的问题没有预见。独立后，孟加拉国很快就陷入困境而不能自拔。

首先面临的是严重的经济困难。经过 9 个月的动乱和战争的破坏，孟加拉国的经济受到严重摧残。工业国有化以后，普遍出现经营管理不善、官僚主义严重等弊端，加上资金和原材料缺乏、电力不足，工业生产经过几年的努力仍未能恢复到战前水平，大多数企业负债累累。

农业生产下降。1972—1973 年度农业产值比 1969—1970 年度下降了14.5%。大米和黄麻是孟加拉国最主要的农作物和经济作物，前者产量到1974—1975 年度仍较战前的 1969—1970 年度低 4.2%，后者产量则逐年下降，至 1974—1975 年度，从 1969—1970 年度的 717 万包降至 396 万包。大米和黄麻的歉收，减少了政府的外汇收入，给国计民生带来严重影响。

财政拮据，通货膨胀，物价上涨。独立后孟加拉国外贸年年逆差，外汇储备濒于枯竭。为解决财政困难，政府大量发行货币，通货膨胀率每年高达50%，物价成倍上涨。

其次是社会动乱，人民生命财产没有保障。在战争期间，孟加拉国成立了名目繁多的游击队，独立后，它们各自为政。为统一武装力量，拉赫曼政府解散了杂牌武装组织，组建了一支名为保安军的第二武装部队。保安军经常无故逮捕、审讯公民。此外，由于大量武器流散在社会上，全国各地都出现了武装抢劫集团。随着经济的恶化，杀人、抢劫等案件频繁发生。

独立初期，世界上许多国家出于人道主义考虑，向孟加拉国提供了大量物资援助，其数额高达 20 亿美元，其中绝大部分是赠送的。这些援助未能有效地用于安置难民和恢复经济生产，相当一部分进入某些政府官员和私人的腰包。虽然拉赫曼政府曾多次开展反贪污、取缔走私等运动，并撤销了一些犯有贪污罪行的官员和国会议员的职务，但均无济于事。

1974 年 7 月 9 日，孟加拉国遭受特大水灾，加剧了经济困难和社会动荡。由于政府救济不力，重灾区朗格普尔县的一些地区十室九空，在首都达卡，流落街头的灾民每天有 70—100 人死亡。这场水灾造成的饥荒夺去了数以十万计人的生命，也使孟加拉国人民丧失了对拉赫曼政府最后一点希望，开展了大规模反拉赫曼政府统治的斗争。

拉赫曼政府以镇压回答人民的不满。1974 年 11 月，孟政府宣布实行紧急状态，1975 年 1 月又宣布紧急权力法，全面禁止集会和游行，任意逮捕和拘留持不同政见者。1 月 25 日，拉赫曼改代议制政体为总统制，并自任总统，独揽一切权力；他还宣布成立农工人民联盟，禁止任何其他政党合法存在，实行一党专政。

拉赫曼政府的上述行为，不仅激起了人民更大的不满，也激化了统治集团内部的矛盾。1975 年 8 月 15 日，孟加拉国陆军的一批青年军官发动政变，杀死拉赫曼，成立了新政府，艾哈迈德就任新总统。10 月 3 日，巴基斯坦和孟加拉国建立外交关系，孟加拉国的历史揭开了新的一页。

主要参考书目

（1）Pakistan – 1986.（《巴基斯坦手册》）

（2）*The Military and Politics in Pakistan* 1947—1986，by Hasan Askari Rizvi.（《巴基斯坦军事和政治》）

（3）*The Liberation of Bangladesh*，Vol. 1 by Maj. Gen. Sukhwant Singh.（《孟加拉国的解放》）

（4）*The Emergence of Bangladesh*，by wayne Wilcox.（《孟加拉国的出现》）

（5）*Bangladesh A Legacy of Blood*，by Anthony Mascarenhas.（《孟加拉国，血的遗产》）

（6）Spotlight：Freedom Fighters of Bangladesh，by capt. SK GARG（Retd.）.（《孟加拉国的自由战士》）

（7）《印度国防部年度报告》，1972 年 4 月 22 日。

（8）《孟加拉国：为生存而斗争》，美国《新闻周刊》1972 年 3 月 27 日。

（9）《孟加拉独立 3 个月的苦恼》，日本《读卖新闻》1972 年 3 月 25 日。

（10）《濒临灾难边缘的孟加拉国》，英国《泰晤士报》1972 年 3 月 27 日。

（11）《孟加拉国：一个饱受灾难折磨的国家》，《远东经济评论》1974 年 8 月 30 日。

1960 年土耳其政变

曹宏举

1960 年 5 月 27 日，土耳其发生了自共和国建立以来的第一次军事政变，这是土耳其民族资产阶级争取民主权利、青年军官要求社会改革所引起的一次统治权力的更替。政变以专制的民主党政府的垮台、第二共和国取代第一共和国而宣告结束。政变后，新成立的军政府实行若干社会改革，促进了土耳其资本主义的发展。

民主党的专制统治

"5·27" 政变的直接导因源自民主党政府的专制统治。

第二次世界大战结束后，土耳其国内民主运动高涨。1950 年 5 月 14 日，成立于 1946 年的民主党在全国大选中赢得 408 个国会议席，击败执政达 27 年的共和人民党（仅得 69 席）上台执政。该党创始人之一拜亚尔任土耳其第三任总统，另一创始人曼德列斯出任政府总理。

20 世纪 40 年代末，在第二次世界大战期间通过扩大经营经济作物致富的大地主与战争期间经济实力得到明显壮大的民族资产阶级，对束缚发展的国家主义政策①日益不满。民主运动的兴起，为他们角逐政坛提供了契机。民主党上台即这一历史趋势的反映。

民主党执政前曾表示，要以自由主义取代共和人民党推行的国家主义，给予知识分子和工人群众更多的民主权利；它还许诺在上台后优先发展农

---

① 国家主义政策即由政府出资兴办工业企业的政策。凯末尔政府鉴于本国私人资本薄弱，国民经济又亟待发展的事实，于 20 世纪 30 年代初实施。该政策的发展重点是国营企业，私人工商业和农业则被忽视。

业。因此，它在民族资产阶级、知识分子、工人和农民中以及部分青年军官中赢得支持。

然而，土耳其各阶层对民主党上台所抱的期望，不久即告破灭。民主党执政后未能使土耳其沿着资产阶级自由民主的道路发展下去，而是同先前的共和人民党一样，继续维持一党独裁，放弃了起初鼓吹的自由主义。

民主党在 20 世纪 50 年代初最主要的政治活动就是打击在野党以及反对派。共和人民党沦为在野党后，不断对执政党各项政策提出异议，加以辩驳。这本是多党政治的基本功能之一，曼德列斯却视为共和人民党预谋推翻政府。1952 年，民主党政府封闭了共和人民党用以宣传和发动群众的主要基层组织"人民之家"。1953 年 9 月，它通过法律，把属于共和人民党所有的动产与不动产充公；共和人民党的喉舌《民族报》被勒令停刊；该党下属的 200 多个支部被解散。民主党对其他在野党的打击更甚。1954 年，民族党先以所谓企图颠覆共和国的罪名被中止活动，后又被取缔。

民主党政府采取了排挤和打击知识分子的政策。1953 年 7 月，民主党控制的议会通过修订的《大学法》，削弱了大学对预算的支配权，旨在加强对知识分子的控制。1954 年 7 月，曼德列斯命令大学教职员的活动局限于"科研和学术领域"，不得"积极从事政党活动"。同年，民主党政府颁布新修订的《新闻出版法》规定，凡撰写"有损国家政治与财政信誉"文章的记者，处以罚款和判处 1—3 年的监禁。

民主党还背离了它对工人阶级的许诺。它上台仅半年，实行了对"共产主义者"的空前大逮捕，接着又宣布禁止工人从事任何政治活动。

20 世纪 50 年代初，由于民主党的专制统治，反对党元气大伤，教育界、新闻界一时沉默，工人运动受到镇压，政局处于表面的稳定。民主党便利用这一时机实现其经济计划。

民主党上台伊始，曼德列斯表示要"在每一条街道上创造出百万富翁"，拜亚尔声称要在 30 年内把土耳其建成小美国。

民主党统治前期（1950—1954 年），政府首先注重发展私人工商业。通过创立土耳其工业发展银行，降低所得税、资产税，鼓励投资，使私人经济空前高涨。私人投资总额由 1950 年的 6.21 亿里拉上升为 1954 年的 17.08 亿里拉，分别占当年社会总投资的 57% 和 61.2%。在农业方面，民主党政府通过增加信贷和投资，保持较高的收购价格，增加农机进口，继续豁免大部分农业税，刺激了生产的发展。当时马歇尔计划已经生效，在 50 年代上半期，土耳其每年接受的美援在 1 亿美元以上，其中 2/3 为赠款。充盈的外资加上 50 年代初罕见的好气候，1953 年谷物产量比 1950 年增加 85%，土耳其破天荒地成为世界第四小麦出口国。

民主党统治的前 4 年，国民生产总值平均年增长率为 13%。经济上的成就，增加了它的政治资本，使它在 1954 年大选中再次获胜，得到 56.6% 的选票和 541 个议席中的 505 个，选票和议席都超过了 1950 年。

然而，民主党政府的经济政策有很大的盲目性。

其一，政府实行大规模投资，主要表现在：（1）通过银行为社会提供高额信贷，总额从 1950 年的 12.75 亿里拉增加到 1959 年的 94.07 亿里拉；（2）为建设公路网，扩建港口和码头，兴建大型水利工程提供巨额公共投资。50 年代用于此途的资金达 315.55 亿里拉，而同期政府预算收入的总额（累计）不过 250 亿里拉。国库资金和外汇储备耗费过度，不得不求助于外资。

其二，实行超负荷的进口政策。曼德列斯政府为资助工业、农业以及大兴土木，大量进口国外先进设备和原材料。1954 年后农业歉收，减少了农产品出口，外贸逆差迅速扩大。1952—1955 年，外贸赤字一直高达 4 亿—5 亿里拉。

其三，大借外债。为支持庞大的投资计划以维持经济繁荣，为补偿外贸逆差，民主党政府向西方频繁借贷。到 1958 年，它已无力偿还到期的 10 亿多美元的债款，宣告财政破产，不得不接受美国和国际货币基金组织的"拯救行动"。

到 50 年代中期，民主党政府在经济政策上的失误造成了严重后果。民主党减免了地主的所得税并给他们提供大量低息贷款，而这些贷款往往被地主用来购买高档消费品。从 1954 年起，政府为消除贸易逆差削减了消费品的进口。游资充斥社会和消费品短缺，引起恶性通货膨胀，1953 年生活指数为 100，50 年代中期后高达 231。物价飞涨、黑市猖獗，使城乡中小资产阶级和工农群众的生活不断恶化，城市中的小业主和小商人、农村的小地主、自耕农等纷纷破产，民主党政府在重视发展私营企业的同时，顾此失彼，忽视国营企业的投资与管理，致使一部分工厂停工，工人失业。民主党政府虽然实行了土地改革，但无实效，所分土地均为国有地，不仅荒僻，而且瘠薄，大地主的肥田沃土鲜有触动。50 年代得到土地的农户仅占缺地农户的 12%。它所采取的鼓励农业机械化的政策则又加重了农民的负担。据不完全统计，在民主党统治时期，有 150 万农民被迫流入城市谋生。

　　1954 年后，在民主党背弃自由主义诺言和经济日趋恶化的形势下，不满民主党寡头统治的民族资产阶级、小资产阶级以及广大工农群众，像战后初期一样重新聚合成一股民主力量，开始了与民主党的政治斗争。共和人民党从争夺政权的目的出发也加入了这一行列。由于历史、影响、组织等原因，共和人民党与知识分子一起，成为民主力量的主要代表。

　　民主党政府为分化瓦解民主力量，采取"一打一拉"的策略。在 1954 年大选中再次获胜后，民主党政府修改了选举法，为给在野党的竞选活动设置障碍，规定不许利用电台作竞选宣传；不许各政党联合推举候选人。作为对投反对党赞成票的惩罚，民主党政府竟任意修改行政区划：马拉提亚省被一分为二；克谢希尔省被降为一个县。在 1954 年年底，3 名记者以所谓攻击政府罪被捕。在 1955 年年初，有 5 家报纸以违反新闻检查法为由被勒令停刊。政府还制定了集会和游行法，规定除选举前 45 天和选举期外，一律不准举行集会，警察有权镇压"违法的政治集会"。1956 年，民主党政府在"新闻出版法"中增加了有关"冒犯国家罪"的内容：严禁发表"破坏公众对政府的信任以及诋毁政府名誉"的言论和文章，如有，作者将被捕。在 1955 年和 1956 年，共和人民党总书记卡西姆·古莱克以攻击政府和煽动罪两次身陷图圄。1957 年，民主党政府又颁布法律，禁止新闻界报道议会中带有"攻击性的话题"，即使在议会里公开讨论过，亦在禁止之列。4 月，工人阶级的斗争组织"工会联盟"被取缔。8 月，共和人民党召集其他反对党领导人，协商联合竞选的可能性。民主党闻讯后提前一年举行大选，并禁止各党和无党派人士在选举中联合行动。

　　在打击民主力量的同时，民主党竭力拉拢宗教保守势力和大地主阶级。土耳其是穆斯林占绝大多数的国度，伊斯兰教势力对政治生活具有相当的影响。1950 年大选中，民主党在宗教方面的许诺为它取胜起了不小的作用。它上台后，在小学校恢复了宗教课程；安卡拉电台安排了古兰经选读专门节目。1955 年后，民主党政府增加修建清真寺的拨款，到 50 年代末，新建大小清真寺上千座，几乎与同期教育部出资修建的学校数字相等。政府用公费培训神职人员，对农村中的阿訇给予补贴。民主党政府为拉拢大地主阶级，牢牢掌握对重要农产品的定价权。定价权是民主党赢得地主选票的重要手段。每当选举来临，就大幅度提高农产品收购价，由此造成的经济损失，则由国库弥补。

在民主力量的打击下，民主党内部矛盾开始加深，一部分党员公开批评本党政策。1955 年 10 月，包括内务部长卡拉奥斯曼奥卢在内的 9 名党员为此被开除党籍。1957 年大选前夕，民主党四元老之一、外长科普鲁鲁不满曼德列斯的个人专断，愤然退党。同年 12 月，又有一些人脱离民主党，与先前的退党者发起成立自由党，加入反对党行列。

1957 年大选结果，反对党获得选票总数超过民主党，其中共和人民党得到全部选票的 40.6％，仅比民主党少 6.6％。

1957 年大选后，两党之间的矛盾更趋激化。共和人民党指责民主党操纵了选举，民主党鼓吹要将"不合法的反对党"从议会中驱逐出去。1959 年终于酿成暴力冲突。这年 4 月，伊诺努访问土耳其西南部，在乌沙克附近被民主党拥护者用石头砸中头部。3 天后，伊诺努在返回途中又遭袭击。民主党禁止报刊发表这一事件的报道，一些报纸为此开天窗以示抗议。

1960 年 2 月，共和人民党议员在议会中连续提出动议，要求调查民主党内阁部长的贪污受贿行为。议会内展开了持续几天的激烈争论，互揭疮疤。民主党依靠其在议会中的优势，否定了上述动议，双方议员便大打出手，混战一团。

随着两党政治冲突的升级，曼德列斯决定动用军队以维护本党在政争中的优势地位，从而在 1960 年 4 月发生了"开塞利事件"。当时，伊诺努和几名同事前往中部城市开塞利，途中遭到受政府指令的一排士兵的阻拦。与此同时，开塞利市长出示了民主党政府让伊诺努迅速返回的命令，遭到伊诺努拒绝。伊诺努等经与军方谈判，坚持抵达开塞利。第二天，他们在返回途中，又遭到军车堵截，当伊诺努下车朝他们走去时，军车自动后撤。这证明军队对政府的指令采取敷衍的态度。

开塞利事件使凯末尔关于军队脱离政治的信条遭到违背。对民主党人来说，是搬起石头砸了自己的脚。民主党领袖是一些文职人员，没有军历，要保证所有军人忠于民主党政府是不容易的；何况军队中早已存在反民主党的秘密组织。因此，军队的介入，将对民主党的统治构成严重威胁。

军人秘密组织的产生与发展

在土耳其，军队历来是一支举足轻重的政治力量。军队中的一批青年军官大多出自城乡小资产阶级家庭，如手工业者、城市小业主、自耕农等。他们亲历城市下层人民的艰辛，目睹农村生活的辛酸，具有爱国图强的志向。他们固然恪守凯末尔判定的军政分离原则，但他们又决心遵照凯末尔的教导，在紧要关头担负起保卫共和国宪法的责任。

在战后初期的民主运动中，一批青年军官曾认为当时伊诺努领导的共和人民党政府未能坚持凯末尔主义的革命原则，从而支持民主党所宣传的自由主义思想，认为这是对凯末尔主义革命性的坚持和发扬。1946 年民主党大选失利后，为拥护民主党上台，青年军官曾在军中建立起秘密组织，抨击伊诺努政府。在 1950 年大选前夕，伊斯坦布尔军队中的秘密组织企图发动一场政变，让民主党上台。

1954 年民主党上台执政后，青年军官寄希望于民主党能实施其掌权前所主张的自由主义施政方针。然而，民主党政府自食其言的所作所为，使青年军官们感到失望。不止于此，1950 年 6 月，上台不及一月的民主党政府对军队实行清洗，撤换了总参谋长、三军司令以及对新政府怀有疑虑的将军。不久，它又对军队进行"改革"，将军队由隶属于总参谋部改为隶属国防部，军队从此受文官领导。这一切，促使青年军官中萌发了对民主党政府的不满情绪。

到 50 年代中期，民主党政府因陷于外债危机，更加依赖美国和西方。1954 年 6 月，曼德列斯与美国签订《军事设施协定》，不仅给予美国军人治外法权，而且规定土耳其国内"发生不测事件"时，美军可以干涉。此后，美军利用其在土耳其获得的特殊地位，大肆进行文物倒卖、外汇投机以至侮辱妇女。民主党屈辱的对外政策，激起了青年军官的强烈不满。同时国内经济恶化造成的通货膨胀也严重影响了青年军官的日常生活，最终导致他们倒戈。

从 1954 年起，青年军官中又开始出现秘密组织的活动。这年 11 月，卡比巴伊上尉和塞伊汉上尉等 5 名军官，在图兹拉防空学校建立起一个秘密组织。次年，伊斯坦布尔参谋学院的十几名青年军官组建"阿塔图克主义者协会"（以下称"协会"），推举居文图克中校为主席，塞伊汉（从图兹拉转学而来）为秘书长。这个组织人数最多、影响较大。在安卡拉军事院校也出现了若干秘密组织，其中某些组织于 1957 年与协会联合。

青年军官秘密组织在其初创和发展阶段，都曾提出过各自的政治主张。如卡比巴伊和塞伊汉小组规定其宗旨为"恢复军队原来的威望和解决与国家发展有关问题"。协会在 1957 年表示："如需要，也准备流血。"在 1957 年大选前夕，几个主要秘密组织都主张通过政变手段推翻民主党政府。为增强号召力，减少失败风险，一些秘密组织力争高级将领作为名义领导人。居文图克为此先后派人探询图拉尔将军、克泽劳卢将军和国防部长埃尔京等，甚至还征询了共和国元老伊诺努的意愿，结果均遭拒绝。伊诺努的态度尤为坚决，几乎要把征询者赶出家门。

这些秘密组织由于相互没有联系，没有形成统一的领导，也没有一致的政变行动纲领。为保密和安全起见，秘密组织之间过多联合并不受到鼓励。如居文图克就拒绝安卡拉科恰什小组加入协会的申请。他们孤军单干，极易遭受突然打击。1957 年 9 月，陆军少校库什楚将协会的行踪向政府告密，居文图克等 8 名军官被捕。负责审讯的将军们有意偏袒居文图克，并将告密者以扰乱军心罪下狱。然而，居文图克等人不得不隐退，协会活动陷于瘫痪，秘密组织活动的重心从此由伊斯坦布尔转向安卡拉。

在此同时，科恰什小组正在私下物色将军，力争取得他们的支持。1958 年，陆军司令塔詹将军成为科恰什争取的对象，塔詹也已答应担当这一角色。但就在此时，他猝死于心脏病。这年年底，塔詹的继任者杰马尔·古尔塞勒将军成为科恰什小组的支持者。

古尔塞勒在 1895 年生于埃尔祖鲁姆一个军人家庭，高中毕业后进入军事学院。第一次世界大战中曾在达达尼尔和巴勒斯坦作战。独立战争中，他曾因作战勇敢获勋章数枚。1946 年升准将。1954—1956 年任驻伊兹密尔第二军区司令官。1958 年以上将军衔任地面部队司令官。

早年民族斗争的经历和所受教育，使古尔塞勒成为一个虔诚的凯末尔主义者，他不满民主党的专制统治，也不愿违背凯末尔的共和原则而实行军事独裁。他主张把军事干预作为对民主党政府的一种压力，迫使它改变政策。即使万不得已而发动政变，也要尽快将政权交还文官人士。因此，他同意了科恰什小组的要求，同时规定：不经他许可，不准青年军官擅自发动政变。

在古尔塞勒的支持下，秘密组织的成员被安排到军事要害部门，其中盖克萨尔担任总统警卫团团长，卡拉曼担任陆军人事局局长，卡兰和厄兹卡亚则在首都近郊指挥一支装甲部队。卡拉曼上任后即挑选前协会成员在总参谋部担当要职。留在伊斯坦布尔的前协会成员重新组织起来，它的主要成员之一，陆军上尉埃尔坎勒控制了一支重要的装甲部队。

到 1959 年年底，青年军官们加紧了政变准备。12 月，科恰什和塞伊汉分别前往伦敦和华盛顿，任土耳其驻两国使馆武官，旨在谋求对政变的国际支持，提前安排一旦政变失败的避难事宜。他们原来作为秘密组织与古尔塞勒之间联系人的任务，改由图尔凯什和卡拉曼担当。

随着政变条件不断成熟，秘密组织成员在政变后军政府应执行什么样的政策问题上产生了分歧，展开激烈的争论，形成了温和派与激进派。前者以古尔塞勒为代表，认为在夺取政权后应铲除失职腐化的政府官僚，尽快举行大选，把政权交给文官政府；后者以图尔凯什为首，主张由军人直接掌权，在社会、经济、文化、教育等领域实行改革，然后再还政于民。温和派主要反映了高级军官的意向，激进派则代表了青年军官的观点。两派坚持己见，互不相让，导致分别召开会议，制定各自的政变方针。1960 年 1 月，在图尔凯什住所召集以激进派成员为主的秘密会议，会议制定了政变的非成文纲领，决定分三个步骤实现政变纲领：第一步，推翻民主党政府，确立军人统治。第二步，在军人领导下实行激进的社会改革。第三步，逐渐推行自由选举，将政权交给选举中获胜政党。同年 5 月中旬，以温和派成员为主在总参谋部秘密聚会，会议同意政变后于短期内推行一定的社会改革，以保证阿塔图克原则的实施和达到社会和谐，但会议强调政变后应尽快还政于民。鉴于两派都主张推翻民主党统治这一共同目标，有关的分歧被搁置一边。

5·27 政变和第二共和国的建立

在 1960 年发生开塞利事件后，民主党政府认为，军队在这一事件中的敷衍行为是共和人民党挑唆所致，企图取缔共和人民党。1960 年 4 月 18 日，民主党的两位代表在议会提出一项建议，要求就共和人民党和一部分报刊的"违法破坏活动"成立一个专门"调查委员会"。这一动议遭到共和人民党的强烈反对，民主党即对伊诺努进行人身攻击。两党代表在议会中从唇枪舌剑发展到拳战，个别人甚至拔出手枪进行恫吓。伊诺努率本党代表退出议会。接着，清一色的民主党人议会通过了建立上述委员会的决定。27 日，民主党人控制的议会授予该委员会广泛的权力，它有权审查所有报纸杂志，查封报纸及逮捕记者，有权禁止各种集会和游行，有权执行"任何认为是必要的措施及决定"，为此"可以利用政府财产"，委员会的调查将秘密进行，任何不服从其决定的个人将受到监禁和刑罚，并被剥夺上诉权。伊诺努表示强烈抗议，结果被中止出席例会达 12 次。

民主党对国家法律的亵渎，激起了广大知识分子的义愤。4 月 28 日，即调查委员会被授予权力的第二天，伊斯坦布尔大学学生走出校门，举行反政府示威。次日，安卡拉大学学生闻风响应，学生们冲破军警的阻拦，走上街头。这两次游行遭到政府镇压，学生死伤多人，学校被关闭。此后，曼德列斯宣布在首都和伊斯坦布尔实行军事管制。

学生的反政府示威，对军人秘密组织、发动政变展现有利的政治形势。但古尔塞勒仍希望民主党政府能悔过自新。他于5月初，写信给政府，谴责政府对学生动用武力并将军队用于政治目的，要求拜亚尔辞职，还提出一系列他认为应采取的挽救措施。民主党领导人将古尔塞勒的忠告视为对政府的肆意攻击。古尔塞勒于是愤然辞职返乡。

古尔塞勒的辞职，一度使青年军官陷入群龙无首的局面。他们继续为实施政变作准备，加紧寻找足以有权威取代古尔塞勒的人选。不久，总后勤部长官马丹奥卢少将答应领导秘密组织。杰马尔·马丹奥卢，1907年生于西南部乌沙克城，青年时毕业于库莱利军事学院。朝鲜战争时，他是参战的土耳其旅司令官之一。他信奉军政分离原则，主张以其他方式能达到政治目的时尽量不使用政变手段。他反对军人执政，甚至超过古尔塞勒。青年军官们选择他领导政变无疑是不当的。

从5月初到5月中旬，学生们继续举行反政府游行，军队内部反政府情绪日益增强。5月14日，"调查委员会"逮捕3名散发伊诺努讲话传单的青年军官，对他们严刑逼供。形势的发展迫使秘密组织把发动政变提上日程。

5月18日，秘密组织召开紧急会议，决定在21—26日间发动政变。5月21日，被捕军官遭受虐待的消息传到安卡拉军事学院，约1000名学员高唱军歌，列队前往总统府示威。秘密组织担心此举会引起政府警觉，临时将政变日程推迟。

5月23日，秘密组织再次聚会，决定于26日采取行动。马丹奥卢在会上提出先向总统请愿，要求政府辞职，"如果总统答应，政变就没必要了"。他的意见虽无人支持亦被采纳。不巧，曼德列斯于26日去外地演讲，政变的日期被推迟到第二天。

5月27日晨4时许，拜亚尔总统、曼德列斯总理和其他内阁成员等民主党显贵还在熟睡时，他们被枪声和一片喧杂声惊醒，在枪口下束手就擒。以安卡拉军事学院学员、总统警卫团和一支装甲部队为主力的政变军队，仅用4个小时就夺取了首都各重要战略据点、政府机关和广播电台。政变在几乎未遇到有组织的抵抗的情况下顺利完成。

只是由于发动时间上的误差，伊斯坦布尔方面的军事行动提早了一个小时。该市军事管制司令厄兹迪莱克深知抵抗无望，在军事行动结束前转向政变者。

27 日上午 10 时，政变领导人之一图尔凯什发表广播讲话，向全国通告政变事实。当天下午，安卡拉、伊斯坦布尔以及其他主要城市经历了自独立战争以来前所未有的欢庆场面。在安卡拉，欣喜若狂的群众将陆海官兵抬在肩上游行；在伊斯坦布尔，居民们走上街头载歌载舞，同时高呼："自由！自由！"政变也赢得了国际舆论的称赞。《费加罗报》《赫尔辛基日报》《纽约先锋论坛报》《基督教科学箴言报》等，都以赞赏的论调对这一震惊世界的事件作了报道。民主党统治垮台，宣告了土耳其第一共和国的终结。

政变胜利的当天，军官们将秘密组织即时定名为"全国团结委员会"，是日上午，古尔塞勒被青年军官接到安卡拉，就任团结委员会主席。30 日，各地秘密组织的主要成员汇集首都，经过一番争执，确定由来自全国的 38 名代表组成团结委员会。然而，在团结委员会成员中，加入了一些原先对反政府活动并不积极而地位较高的军官；相反，秘密组织的一些创始人、青年军官居文图克、科恰什、塞伊汉等，却被排除在外。就团结委员会成分而言加强了高级军官的力量，削弱了青年军官的实力。

全国团结委员会前后执政共 17 个月，可分为两个阶段：自政变日至同年 11 月 13 日为第一阶段，此后到次年 10 月 15 日为第二阶段。

在第一阶段中，作为政变组织者和实际领导者的青年军官，左右了团结委员会的决策。政变第二天，团结委员会任命了第一届内阁，由 18 位专家学者组成。政变当天，团结委员会还把伊斯坦布尔大学法学教授奥纳尔等人接到安卡拉，令他负责起草《临时宪法》。6 月 12 日，团结委员会公布《临时宪法》，其中规定：团结委员会将代表土耳其国家行使国家主权，直到召开新的国民议会和新宪法生效；团结委员会将通过由国家元首任命而由它批准的内阁来直接行使立法权和行政权；委员会对部长具有罢免权；委员会成员不论军衔高低一律平等；国家法律须由内阁或委员会成员提出，并由委员会全体成员批准，委员会 4/5 票可使否决无效；委员会的成员资格只有在该人违背了自己的誓言和被指控犯有叛国罪时，才可视为无效。这些规定，首先确立了委员会至高无上的地位，其次保证了人数居多（26 人）的青年军官在委员会中的实际领导权。此外，青年军官还占据了几个重要职位。图尔凯什成为古尔塞勒的秘书长，被看作古尔塞勒幕后操纵者。

　　青年军官在当政期间，主要进行了两方面活动。其一，是革除民主党政权并限制政党活动。

　　政变只是推翻了民主党政府，而其庞大的组织机构有待改造。团结委员会于政变后陆续逮捕民主党人592名。不久，委员会下令取缔民主党，取消其在各地尤其是在农村的基层支部。9月29日，民主党所属财产被全部充公，民主党作为一个政治实体不复存在。从10月14日起，由官方和军方共同组成的最高法庭，开始在亚瑟岛审讯被捕的民主党人。

　　对其他政党，尤其是共和人民党的活动，团结委员会也予以暂时禁止，待新宪法通过后再开党禁。伊诺努虽然对政变持赞同态度，但一再申明自己的党与政变无关。古尔塞勒也多次宣称政变是军队的"自发自愿"，没有政党在幕后指使。

　　伊诺努不赞成军人长期执政，尤其反感团结委员会的激进派。他提出还政于民的最低期限不超过1961年10月。作为当时第一大党的领袖和享有威望的领导人，他的主张得到了民主力量的支持。

　　其二，是进行社会改革。

　　改革第一项是大力整顿崩溃的国民经济，消除通货膨胀。团结委员会采取了如下措施：（1）重新审查民主党统治时期的279个投资项目，决定其中169个或停工或下马。9月1日，委员会又决定中止向未完工一半的建设项目提供贷款。（2）减少银行信贷，将借贷利率提高12％。（3）减少进口，削减贸易赤字。禁止奢侈品进口；工业品进口须经严格审查。（4）稳定物价，宣布1960年不准提高小麦收购价，对一些食品和工业品减价10％—15％。

　　团结委员会还致力于发展国民经济。他们吸取曼德列斯时期的教训，主张对经济计划实行宏观控制。1960年9月30日，委员会为此建立了"国家计划组织"。由一批有能力、有朝气的年轻经济学家、政治学家和社会学家组成。为动员社会各阶层支持经济恢复与发展，团结委员会于1960年夏天发起"捐献戒指运动"，吸收社会游资，增加国库储备。

　　第二项改革是力图解决拖延已久的社会问题，主要是解决土地改革、税制改革以及实施财产登记制。在土地方面，团结委员会决定驱逐东部大地主到西部定居，将其土地收归国有，留待分配。青年军官先后将55名拥有一个甚至几个村庄的豪门地主迁往西部。长期以来，土耳其中小资产阶级担负着国家税收的66％，而其收入远逊于大资产阶级和地主阶级。1960年11月

4 日，团结委员会宣布税制改革，包括征收农业所得税；以 1942 年税率为标准，将土地税和建筑税增加 4—14 倍。据估计，政府由此所得收入，从原来的每年 8000 万里拉上升到 4 亿里拉。为防止政府官员贪污腐化，团结委员会创设了财产登记制度，最初的对象是委员会和内阁成员，他们的私有财产，自任职到去职，都应详细记录。

第三项改革是力图解决土耳其军队中和文化教育领域存在的紧迫问题。

在民主党统治时期，军人地位下降，待遇偏低，军队编制臃肿，高级军官有 9000 多人，而低级军官仅 4000 多人，不成比例。团结委员会大幅度提高了军人薪水，使其待遇超过同级文官 60% 以上；它还大规模裁减军官，强迫 4000 余名将校军官（包括 235 名将军）提前退休。

土耳其在教育中存在的问题，一是先前的文官政府对农村教育的漠视，二是知识分子注重参与政治，而忽视了本职工作。从 1960 年下半年起，团结委员会实施了 "预备役军官执教计划"，取消原来高中毕业后充当两年预备役军官的义务，改派他们去农村担任小学教师。先后将数千名青年派往农村，加强了农村师资队伍。为解决知识分子忽视本职工作的问题，1960 年 10 月，团结委员会解雇了 147 名大学教职人员。不久，又制定一项新的大学法，规定教职人员在工作时间不得擅自离校。此外，团结委员会还热衷于建立一个全国性的 "文化及思想统一指挥机构"，指导全国的文化生活。

第四项改革是调整国家的对外政策。1960 年 9 月，团结委员会向土驻联合国代表团发出指示，规定今后外交政策的重点是：支持民族解放运动；在联合国投票时奉行更加独立的政策；发展和巩固同第三世界的联系。当时外长塞里姆·萨尔派尔也表示了类似观点。他指出，土耳其继续忠于西方，但要求在同盟关系中处于平等地位；在国际公认的原则下发展同苏联的关系。

团结委员会实行的经济改革效果显著，到 1960 年 8 月，经济形势已基本稳定，政府预算已有 8.24 亿里拉的节余，土地改革和税制改革有明显进展。对外政策的调整加强了反帝色彩，顺应了时代潮流，具有进步意义。

然而，上述改革在内容和方式方法上，带有军事强制特征。强迫 4000 多名将校军官退役，引起高级军官的不满。强行解雇 147 名大学教职人员，使知识分子反感。文化方面的改革，被知识分子视为军方企图管制土耳其人民思想。改革触动了大地主阶级的利益，他们对军政权恨之入骨。资产阶级虽然赞同某些改革，但不能忍受军政府的专断和高压政策。在这样的形势下，土耳其国内出现了一股反对青年军官控制团结委员会的思潮，委员会内部潜在的激进派和温和派之间的矛盾，在夺取政权后更加明朗。到 1960 年 10 月初，团结委员会出现了危机。

政变以来，团结委员会中的温和派一直保持着相当的实力。古尔塞勒不仅任国家元首，而且兼任政府总理，马丹奥卢和盖克萨尔在首都还握有两支重兵。此时激进派的力量却在下降，来自知识分子的批评越来越尖锐；9 月底，图尔凯什的总理秘书长职位被撤销。趁激进派受削弱之机，温和派积极准备夺权。

11 月初，图尔凯什主张再发动一次政变，由青年军官直接掌权。他的主张在激进派内部遇到埃尔坎勒的反对。埃尔坎勒认为他们已失去军事优势，没有成功希望。11 月 11 日，埃尔坎勒辞职前往伊斯坦布尔，他的行动引起一直密切注意激进派活动的马丹奥卢的怀疑，他决定抢先下手发动政变。13 日晨，以图尔凯什为首的 14 名激进派成员在家中分别接到古尔塞勒的信件，通知他们已被开除出委员会。几天后，他们被送往国外，去担任挂名外交武官。

把青年军官驱逐出团结委员会后，高级军官组建起新的团结委员会，继续行使国家最高权力。第二届团结委员会顺应民族资产阶级和地主阶级的要求，改激进的社会改革为适当的社会关系调整，并为还政于民铺平了道路。

新团结委员会首先废止了一些触动地主阶级根本利益的激进改革，如在新委员会期间，大地主的西迁计划事实上被叫停，很多地主根本就没有离开自己的庄园。原来没收的 55 名大地主土地，新委员会也没采取得力措施加以分配。另外，新委员会缓和了一些引起地主阶级极为不满的改革，如税制改革在民族资产阶级的强烈要求下，到 1961 年年初最后确定下来，但税率标准由全国统一规定改为由地区单独规定。政府按政区将全国分成 3 个部分以及许多小区，在 245 个区，土地税增加 5 倍，81 个区增加 7 倍，其他增加 9 倍。其他激进改革也有所收敛。如关于建立全国性文化机构的计划，新委员会还予以成立定名为"土耳其文化协会"，但规定其纯粹为文化交流和促进机构，不含政治意图。

新委员会推行了上届委员会所从事的而尚未完成的若干改革。为继续稳定和发展经济，1961 年 1 月发行政府债券，规定每月收入在 500 里拉以上的公民，都须将其收入的 3% 用来购买债券。新委员会颁布经修订的所得税法，将财产登记制度扩大到所有纳税人。新委员会继续进行亚瑟岛审判，于同年 9 月宣布结果：15 人被判死刑，31 人被判无期徒刑，402 人被处以 2—20 年有期徒刑，133 人无罪释放。新委员会最后批准了拜亚尔、曼德列斯、前外长佐尔鲁和前财政部长波拉特坎的绞刑。后来又免除了拜亚尔的死刑，改为终身囚禁（后假释）。

新委员会调整阶级利益的最后步骤是举行大选，将政权交还给文职政府。第二次政变后一个月，新委员会通过法律，成立了制宪议会，由它起草并批准新宪法和新选举法。议会由两部分组成，团结委员会构成上院，下院人选则由普选和任命两种方式产生。下院代表来源广泛，包括共和人民党、共和农民民族党以及大学院系、新闻界、司法界、教师、商业联合会和工会等团体。1961 年 6 月，制宪议会正式召开。到 1961 年 5 月 27 日，即政变一周年纪念日时，宪法和选举法草案已经就绪。在制宪议会召开的同时，新委员会开放党禁，恢复了多党政治。两个新政党即正义党和新土耳其党获得了不少原民主党支持者的拥护，与共和人民党、共和农民民族党展开新的政治角逐。7 月初，制宪议会将新宪法提交全民表决。新宪法有以下几个特点：（1）将原来大国民议会一院制改为参众两院制；（2）承认公民个人民主权利与新闻、出版和言论自由；（3）一切政党平等；（4）在一定范围内承认工人罢工权；（5）建力权力制衡机构，如设置监察总统及阁员权力的宪法法院等；（6）将"国家计划组织"纳入其中。7 月 9 日，全国就是否赞成新宪法举行公民投票，结果以 62% 的多数予以通过。

10 月 15 日，根据新宪法举行全国大选，共和人民党获得多数票。根据宪法，国家最高权力机构为大国民议会，由参众两院组成。新团结委员会 22 名成员除一人外全部被授予终身参议员职（马丹奥卢拒绝）。10 月 26 日，大国民议会选举古尔塞勒为总统、伊诺努为内阁总理。至此，土耳其第二共和国宣告成立。

"5·27"政变，暂时缓和了土耳其社会的阶级矛盾，调整了生产关系，在土耳其最终确立了资产阶级议会民主制，使土耳其在此后十多年间，有了一个促进社会经济发展的国内和平环境，到 20 世纪 70 年代中期成为发展中国家里位居前列的国家。

1967 年中东"六五"战争

王鸿余

1967 年 6 月 5 日，以色列突然袭击埃及、约旦、叙利亚并大举进攻，它所发动的这次战争被称为"六五战争"，又称"第三次中东战争"。以色列在这次战争中取得胜利，阿拉伯国家遭受重大损失。这一结局进一步激化了以色列和阿拉伯国家的矛盾。

20 世纪 60 年代前期的中东形势

英国和法国老殖民主义者在 50 年代中期撤离中东后，苏联和美国在中东地区展开了日益激烈的争夺。

随着英法两国在中东殖民统治的基本结束，美国首先向这一地区进行扩张。1957 年年初，美国总统艾森豪威尔提出填补中东"真空"的艾森豪威尔主义。他要求美国国会授权总统在中东国家实行"军事援助和合作计划"，给予中东国家经济"援助"，必要时使用美国武装力量"保护"中东国家的"独立"。其目的在于对中东进行经济和军事渗透，遏制这一地区的民族独立运动，确立美国在中东的霸权。

60 年代，苏联趁美国陷入越南战争，加紧对中东国家首先是对埃及的渗透。1960 年 1 月，苏联得知美国表示支持世界银行为阿斯旺高坝工程提供资金后，即同埃及就高坝第二期工程问题达成协议，给埃及贷款 8000 万英镑。1964 年 5 月，苏联领导人赫鲁晓夫访问埃及，答应为埃及实行第二个五年计划提供 1 亿英镑贷款。到 1964 年，苏联向埃及提供"经援""军援"已达 5 亿英镑。在勃列日涅夫时期，苏联增加了对埃及的军事援助，包括提供新式飞机、坦克和萨姆导弹。1966 年埃苏签订军事协定，苏军获得在埃及使用 3 个海港和 3 个机场的权利。

60 年代中期,苏联在叙利亚取得扩建铁路和开采石油的权利。至 1966 年年底,苏联给叙利亚经济援助达 2.5 亿美元,并向它提供武器,派遣军事顾问。苏联还给予伊拉克以经济和军事援助。在这同时,苏联多次邀请巴勒斯坦解放组织领导人访苏,表示愿向巴解组织提供武器等援助。

苏联在中东的渗透,加深了它同美国的矛盾。当时的美国总统约翰逊在回忆录中写道:"苏联在这个战略地区扩充势力,威胁着我们在欧洲的地位。"约翰逊政府曾对阿拉伯国家特别是埃及施加压力,结果适得其反。由于美国的援助附加许多政治条件,1964 年 11 月埃及总统纳赛尔表示:"我不准备为了 3000 万、4000 万或者 5000 万英镑而出卖埃及的独立。"同年 12 月,埃及击落一架入侵的美国飞机。1967 年 2 月,美国停止向埃及供应小麦。美埃关系紧张。

美国为了改变与苏联争夺中东的不利地位,着手制定主要包括支持以色列打击埃及的新战略,排挤苏联在中东的渗透。1967 年 3—5 月,美国不仅给以色列 400 辆新型坦克和 250 架新式飞机,还抽调 1000 余名"志愿人员"充实以色列空军力量。美国的行动,助长了以色列对阿拉伯国家发动侵略战争的嚣张气焰。

60 年代前期,阿拉伯各国间的矛盾尖锐,埃及和其他阿拉伯国家的矛盾尤为突出。阿拉伯世界内部的不和,给以色列发动侵略战争以可乘之机。

1961 年 9 月,叙利亚退出由它与埃及联合组成的阿拉伯联合共和国。约旦在 24 小时内立即承认叙利亚。埃及同叙、约两国的关系处于紧张状态。埃及还因沙特阿拉伯承认叙利亚,引起两国关系的不和。埃及和伊拉克关系由于 1959 年 3 月的摩苏尔事件①早已恶化。1962 年 9 月,也门军官发动推翻巴德尔王朝的政变,成立共和国,得到埃及的承认。然而,王室势力在沙特阿拉伯和约旦的支持下,在也门北部聚集力量,力图恢复它们的统治。埃及为此派遣 6 万兵员,帮助也门共和国镇压王室的反抗。埃及出兵也门使阿拉伯世界的矛盾更趋激化,也有损于埃及的实力。正如后来埃及萨达特总统所说,"(也门)战争消耗了我们很大一部分的外汇储备,拖住了我们两个精锐师的兵力使之无法投入 1967 年的战争"。

与此同时,巴勒斯坦人反对以色列侵略扩张、争取民族权利的斗争,从

---

① 1959 年 3 月,伊拉克阿卜杜勒·华海勃·夏华夫上校在阿拉伯联合共和国萨拉杰上校支持下,在摩苏尔发动叛乱,后遭镇压。

1965 年起进入了一个有组织、有领导的阶段。1963 年，阿拉伯联盟理事会决定建立巴勒斯坦人的组织。1964 年 5 月，召开了由巴勒斯坦各解放组织代表参加的第一届巴勒斯坦全国委员会会议，决定成立巴勒斯坦解放组织（同年 6 月正式成立），并通过了巴勒斯坦民族宪章。1965 年 1 月 1 日。巴勒斯坦最早成立的民族解放组织"法塔赫"① 在加利利地区开始了反对以色列侵略者的武装斗争。此后，巴勒斯坦游击队在阿拉伯国家的支援下，经常从约旦边境和加沙等地主动出击，仅 1965 年就达 31 起。以色列决定发动战争，用武力消灭巴解组织及其所属的游击队，打击阿拉伯国家。

特别是以色列于 1957 年从西奈半岛撤军后，不甘心它在第二次中东战争中的失败，加紧扩军备战。它力求发动一场新战争，打败阿拉伯国家中力量最强的埃及，至少应使埃及蒙受屈辱。

自 1963 年起，以色列统治集团内出现了深刻的政治危机。1959 年再次出任总理并兼任国防部长的本·古里安于 1963 年 7 月 16 日辞去职务。1965 年，本·古里安和前参谋长摩西·达扬等退出执政的工党，另建新党——拉菲党（以色列工人党），同担任总理的艾希科尔和工党领袖梅厄夫人互助攻讦。本·古里安等人指责政府对阿拉伯国家的"威胁"没有作出强有力的反应，"危及了以色列的安全"。他主张"扩大以色列军队的威慑能力"，对阿拉伯国家"采取更为大刀阔斧的行动"；他还批评政府在经济问题上无能为力。

当时，以色列经济状况日益恶化，德国给以色列第二次世界大战的战争及人身损害赔款已告结束、犹太国民基金会收到的捐款越来越少，加上外贸逆差等困难，使以色列经济萎缩，企业倒闭，失业人数迅速增加。1967 年年初以色列失业人口达 10 万人，占劳动力总数的 16%—20%。犹太移民入境人数下降到 1948 年以来的最低点，而迁移出境的犹太人特别是知识分子却大量增加。以色列统治集团为摆脱困境，转移国内视线，加紧对阿拉伯国家的军事挑衅，并且扬言："以色列军队将在自己选择的时间和地点，以自己选择的方式发动进攻。"

战争的序幕

以色列为发动侵略战争寻找借口，蓄意在边界制造事端。1966 年 11 月

---

① "法塔赫"是阿拉伯文"巴勒斯坦民族解放运动"的简称。该组织成立于 1959 年，1965 年 1 月 1 日开始武装斗争。它的武装组织为"暴风"突击队。

12 日，以色列因一辆军事指挥车在约以边境巡逻时触雷，13 日黎明便以 3000 人的军队进攻约旦境内 3 公里处的萨木村。当赶来迎击的约军车队开进萨木村时，遭到以军伏击。这是苏伊士运河战争以来以军进行的规模最大的一次军事挑衅，后因联合国停火组织观察员进行干涉，以军被迫撤离。

在阿拉伯国家中，以色列把埃及作为军事进攻的主要对象。1966 年埃叙防御协定规定，对两国中任何一国的侵略都被认为是对另一国的侵略。以色列认为对叙利亚施加压力，就可以挑动埃及卷入战争。从 1967 年起，它在叙利亚边境加紧军事挑衅。4 月 7 日，以军一辆装甲拖拉机在正规军掩护下，强行耕种非军事区内属于阿拉伯人的土地，叙军鸣枪警告。以军借口叙军开火，用火炮和坦克袭击叙利亚戈兰高地，并出动幻影式飞机入侵叙利亚领空。以色列在空战中击落叙利亚 6 架米格战斗机，侵入大马士革上空。叙以空战是以色列预谋发动大规模侵略战争的信号。在 4 月 11 日以后，叙以两国陆军多次交战，5 月 12 日，以军参谋长拉宾扬言："我们要对叙利亚发动闪电进攻，占领大马士革，推翻阿萨德政权后再班师回国。"

以色列为挑起战争，利用发假电报设下圈套。1967 年 5 月 10 日前后，苏联截获一份紧急"绝密情报"，宣称以色列在叙利亚边境集结 11—13 个旅的兵力，计划在 5 月 17 日向叙利亚发动进攻。5 月 12 日，苏联驻埃使馆向埃及政府通报这份"情报"。第二天，苏联最高苏维埃主席团主席波德戈尔内又将这份"情报"通知当时正在苏联访问的埃及副总理萨达特，建议埃及增兵西奈半岛，表示苏联将给予支持。同日，苏联还将此"情报"通知叙利亚等阿拉伯国家。

纳赛尔接到苏联的"情报"后，为了警告以色列不要冒险，于 5 月 14 日决定往西奈增派部队。15 日，埃及宣布全国进入紧急状态。同日，叙利亚政府发表声明，揭露以色列武装进攻叙利亚的企图。

5 月 16 日，埃及外交部通知各国驻开罗大使，如果以色列进攻叙利亚，埃及将进攻以色列。但是，以色列在 17 日并没有向叙利亚发动进攻。16 日，埃及武装部队总参谋长穆罕默德·法齐中将奉总司令阿密尔之命，写信给联合国紧急部队司令里克耶将军，要求他的部队从加沙到埃拉特的埃以边界一线撤走。为了避免事态进一步扩大，法齐在信中特意说明，联合国部队可以继续留驻加沙地带和战略要地沙姆沙伊赫。当联合国秘书长吴丹拒绝部分撤军时，纳赛尔在 5 月 17 日提出联合国紧急部队全部撤离埃及的要求。两天后，联合国部队全部撤离埃及。

5月19日，以色列下达局部动员令，增兵埃以边境前线，至21日已达5个师。为了防止以军抢占西奈南端的沙姆沙伊赫，埃军于21日进驻该地。次日，埃及宣布封锁亚喀巴湾，禁止以色列船舶和为以色列运送战略物资的外国船舶通过。24日，埃及政府宣布所有通往亚喀巴湾的入口都已布下水雷，并用海岸炮兵部队、武装舰艇和空中巡逻加强对海湾的封锁。5月23日，以色列总理艾希科尔表示，埃及封锁亚喀巴湾构成"对以色列的侵略行动"，扬言要对封锁进行"坚决斗争"。

美国总统约翰逊在5月15—22日一周之内就中东局势发表了3次声明，攻击埃及所采取的行动。5月23日，美国驻埃及大使诺尔迪通知埃及外长马哈茂德·里亚德，美国反对撤出联合国紧急部队；埃及部队不得占领沙姆沙伊赫，除非埃及宣布承认海峡自由通航原则；埃及军队不得进入加沙地带，仍由联合国紧急部队负责管理。美国还威胁说，如果埃及不接受吴丹的建议，它将不惜使用武力。

埃及封锁亚喀巴湾后，苏联政府于5月23日发表声明，谴责以色列是中东的一个不稳定因素，强调维护和平的重要性。苏联担心埃及的行动会使事态进一步扩大，导致自己同美国的直接冲突。24日，苏联部长会议主席柯西金对来访的埃及国防部长巴德朗说："现在最重要的是使事情平息下来，不要给以色列或帝国主义势力以挑起武装冲突的任何借口。"同时，苏联又与美国进行"紧急而又秘密的接触"。26日，柯西金向约翰逊建议"两国采取行动缓和中东局势"。27日凌晨，苏联驻埃及大使匆忙求见纳赛尔，要求埃及"不要首先开火"。

随着战争危险的增加和阿拉伯国家面临共同的敌人，埃及和约旦两国的紧张关系得以缓和。5月30日，约旦国王侯赛因访问埃及，与纳赛尔会谈。两国签订了防御协定，规定一旦战争爆发，约旦军队将归阿拉伯联合司令部副司令阿卜杜勒·穆奈姆·里亚德将军指挥。

在整个5月期间，以色列抓紧发动战争的最后准备。6月1日，以色列改组内阁，任命力主侵略阿拉伯国家的摩西·达扬任国防部长。2日，达扬提出侵占西奈的作战计划。3日，达扬发表讲话，扬言要"打败阿拉伯人"。4日，以色列召开内阁紧急会议，以驻美大使从美国带回约翰逊的密信参加会议。会后，达扬和参谋长拉宾着手完成进攻计划的最后细节。

在发动战争前夕，以色列在埃及边境集结部队6.5万人，坦克650辆；在叙利亚边境集结部队2.5万人，坦克100辆；在约旦边境集结部队5万人，坦克 350 辆；还有增援各条战线的预备队。

战争的进程

1967 年 6 月 5 日晨，以色列空军对埃及、叙利亚和约旦发起突然袭击。埃及时间 8 时 14 分，第一批以色列飞机袭击开罗、苏伊士运河区和红海沿岸的机场。以机轮番轰炸了 11 个埃及机场，在 1 个多小时内炸毁机场 6 个，摧毁飞机 197 架，炸坏雷达站 16 个。

第二批以机 164 架于埃及时间上午 10 时 43 分出击，轰炸埃及的 14 个空军基地，击毁埃机 107 架。埃及总共拥有军用飞机 430 架，仅 5 日上午就损失 320 架。

5 日午前，叙利亚空军轰炸以色列海法炼油厂周围地区、麦吉多空军基地和太巴列湖附近的以军阵地。以机随即轰炸大马士革附近的机场，炸毁埃机 53 架。中午，约旦空军轰炸以色列纳塔尼亚空军基地，炸毁以机 1 架。以色列则出动飞机轰炸安曼、马弗拉克机场及阿杰隆雷达站，炸毁约机 28 架。同日，伊拉克空军袭击了以色列拉马戴维亚空军基地。以机于 6 日轰炸伊拉克哈巴尼亚空军基地，炸毁伊机 6 架。同日，以机还击落黎巴嫩飞机 1 架。

以色列地面部队于 6 月 5 日埃及时间 8 时 15 分开始进攻埃及的西奈半岛。埃军在西奈半岛的总兵力为 5 个步兵师和两个装甲师，约 12 万人，分别据守在巴勒斯坦的加沙地带和西奈半岛的阿里什、阿布奥格拉、沙姆沙伊赫等战略要地。以军分 3 路入侵，每路一个师的兵力，每师约 1.5 万人。

北路以军由塔勒少将率领，于 6 月 5 日攻克汗尤尼斯和腊法，6 日又攻占加沙城和阿里什。以军在上述战斗中受到埃军顽强抵抗，遭受重大损失。北路以军在夺取阿里什后，分兵两路，一路往西进击马扎拉和苏伊士运河东岸，另一路往南与约菲部队会合，从背部进攻库塞马。

中路以军纵队由约菲少将率领于 5 日越过边境后，经过数十小时的强行军抵达米特拉山麓，于 7 日晚向山口发动猛攻。埃以双方有 1000 辆坦克投入战斗，经过一昼夜激战，以军攻克山口，并迅速在山口西部封堵埃军通向运河的退路。埃军在比尔古夫贾法至米特拉山口一线多次发动进攻，企图打开退路，都未成功。约菲部队占领米特拉和吉迪两个山口后，往西向运河进攻。

南路以军纵队由沙隆少将率领，于5日上午在奥贾和尼扎纳附近越过埃以边境，向乌姆卡特夫进军。6日，沙隆部队进攻阿布奥格拉，经过20个小时战斗后，占领阿布奥格拉，打开西进运河的大门。然后，沙隆的一部分部队折向东南往库塞马方向前进；其中的装甲旅向利卜尼山南部的纳赫勒前进，并于8日下午占领该地。

6月7日晨，已有少量以军抵达运河东岸。同日，以军占领埃军弃守的沙姆沙伊赫。8日，另一支以军攻克孔蒂拉至纳赫勒一线。当天，3路以军均已抵达运河东岸。西奈全部陷落，纳赛尔在当晚接受停火。

"六五"战争爆发后，埃及于6日宣布关闭苏伊士运河，并与美国断交。叙利亚、伊拉克和苏丹仿效埃及与美、英断交。接着，阿尔及利亚、也门和毛里塔尼亚也相继与美国断交。

6月5日上午11时20分，约以部队在耶路撒冷东、西区分界线上开始交战。下午，以色列装甲部队在空军掩护下，进攻耶路撒冷东区和北部的杰宁，6日，杰宁失陷。7日，以军占领面积4800多平方公里的约旦河西岸地区；同时突破耶路撒冷东区的斯蒂芬斯门，在空军支援下，经过激战夺取东区。当晚8时，约以双方指挥官接受联合国建议，实行停火。

6月8日，大批以军从约旦开往叙利亚。9日，以军在通往叙利亚的库奈特腊—大马士革公路以北，分兵3路进攻戈兰高地。以军突破从赫尔蒙山至太巴列湖北部边缘一带的叙军防线，接着向纵深推进，先后攻占马萨达、布特米亚和库奈特拉等地，进而占领整个戈兰高地。10日晚，叙以双方接受联合国安理会的停火建议。11日，双方代表在库奈特拉签署停火协议。

"六五"战争给埃及、约旦和叙利亚造成巨大损失。埃及在西奈战役中有80%的武器装备遭到破坏，阵亡官兵约1.15万人，被俘官兵约5500人，负伤和被打散的官兵3万多人。约军阵亡和失踪约6100人，伤700多人，被俘400余人。叙军阵亡约2500人，伤约5000人，被俘约600人。以军在战争中死759人，伤2300余人，损失飞机40架、坦克80辆。

以色列在战争中占领了包括约旦河西岸、耶路撒冷东区、加沙的巴勒斯坦全境、埃及西奈半岛和叙利亚的戈兰高地，总共攫取了面积达6.5万多平方公里的阿拉伯土地。此外，战争给阿拉伯人民生命财产造成巨大的损失，近100万包括巴勒斯坦人在内的阿拉伯人沦为难民。

以色列发动进攻前，埃以实力大致相同，而埃、约、叙三国实力的总和则优于以色列。由于埃及轻敌麻痹，埃、约、叙三国在军事上未能协调一致，使它们遭受战争的失利。就客观原因而论，美国对以色列的支持，是造成埃约叙 3 国在战争中失败的主要因素。

不战不和的僵局

从"六五"战争爆发以来，阿拉伯各国人民的反美情绪不断高涨，苏联趁阿拉伯国家处境艰难以及美国在这一地区影响力的下降，与美国展开了中东地区的争夺。

"六五"战争爆发 5 小时后，苏联部长会议主席柯西金首次使用连接莫斯科—华盛顿之间的"热线"，同美国进行联系。他向美国总统约翰逊表示，将促成中东停火，不希望在中东发生同美国的冲突。约翰逊得知苏联不会干涉美国对以色列的支持，回电表示："愿意施加一切影响结束这场冲突。"他还提出阿以双方"无条件停火"的"建议"。6 日，柯西金表示，苏联完全同意美国建议。于是，美苏两国代表立即向联合国提出一项阿以双方"立即实现停火"的决议草案，并在当晚的安理会会议上获得通过。7 日，苏联再次要求召开安理会，提出让阿拉伯国家停止抵抗的"限期停火"决议草案，得到美国的支持而被通过。以色列于 8 日晨表示接受停火，条件是阿拉伯国家也必须接受停火。

然而，以色列以假停火之名行战斗之实，于 6 月 9 日向叙利亚发动大规模进攻。苏联担心叙利亚战败，从而损害它在中东的利益。10 日，柯西金通过"热线"电告约翰逊，中东局势正处于"十分危急时刻"，如果以色列不立即停止军事行动，苏联将采取"必要的包括军事上的措施"。同日，苏联宣布与以色列断交。针对柯西金的表态，约翰逊立即指示美国国防部长麦克纳马拉令第六舰队改变航向，加速开往叙利亚，将超常巡逻时离各国海岸 100 海里的限制缩小到 50 海里。约翰逊采取这一行动被认为是美国决定在中东与苏联进行对抗的信号。

在这种情况下，6 月 16 日，柯西金率领一个庞大的代表团，参加讨论中东局势的联合国大会紧急会议，前往美国。23 日上午，柯西金和约翰逊在葛拉斯堡罗会晤，就"政治解决"中东问题举行两次秘密谈判。7 月 10 日，在美苏两国参与下，安理会通过关于派遣联合国观察员进驻苏伊士运河区等地监督停火的决议。此后，美苏两国几经磋商。安理会通过英国的提案，即联合国关于中东问题的"242 号决议"。这个决议包含了维护阿拉伯国家利益的积极方面，它规定：以色列武装部队从这次冲突中占领的土地上撤退；结束一切挑战言论或交战状态，尊重和承认该地区每个国家主权、领土完整和政治独立，以及在安全和公认的边界范围内和平生活的权利，免遭武力威胁和武力行动；公正解决难民问题等。但是，这个决议没有谴责以色列的侵略行为，没有要求以色列从它所占领的阿拉伯领土上立即无条件撤退全部侵略军，反而要求保证以色列在苏伊士运河和蒂朗海峡的"自由通航"。决议否认巴勒斯坦人民收复失地、重返家园的民族权利，把巴勒斯坦问题归结为"难民问题"。它遭到一些阿拉伯国家和巴解组织的反对。242号决议通过后，联合国秘书长吴丹指派瑞典驻苏大使贡纳尔·雅林为特使，"与有关国家建立和保持接触，以便促使意见一致和帮助根据决议条款解决问题"。雅林从12月13日至28日对黎巴嫩、以色列、约旦和埃及进行穿梭访问。叙利亚谴责联合国242号决议，拒绝接待雅林。埃及为雅林执行使命提供一切方便，但拒绝向以色列让步。以色列拒绝履行242号决议认为它只是提供进行磋商的一些条件，阻挠雅林的使命。此后，由于以色列在美国的袒护和支持下拒不撤出被占领的阿拉伯领土，雅林的使命终告失败。

阿拉伯国家在"六五"战争中的失利，使它们认识到加强军事力量和团结对敌的重要性。1967年8月29日至9月1日，阿拉伯国家首脑响应约旦国王侯赛因的呼吁，在苏丹首都喀土穆举行会议，讨论共同反对以色列侵略的政策。与会各国本着团结对敌的精神，达成协议：不承认以色列、不与以色列磋商、不停战，"不了结巴勒斯坦问题"。会议还决定，在阿拉伯国家恢复石油出口后，沙特阿拉伯、科威特和利比亚将赠款补偿埃及和约旦因战争受到的经济损失。喀土穆会议加强了阿拉伯国家之间的团结。

"六五"战争结束后，以色列在美国支持下，继续侵犯阿拉伯国家。从1967年10月至1970年夏天，在苏伊士运河两岸、约旦河两岸和叙利亚的戈兰高地，不断挑起武装冲突。1968年11月和1969年4月，它两次派遣直升机袭击尼罗河上的桥梁与上埃及的发电厂。1969年夏，以色列空军多次袭击埃及炮兵阵地。9月，以色列从美国得到了鬼怪式轰炸机后，袭击埃及导弹基地和其他军事目标。它的炮兵不断袭击苏伊士运河西岸的埃及居民区。1970年1月，以军攻占红海边沙德万岛上的埃及雷达站。1969—1970年，有时一天约用1000吨炸弹轰炸埃及，耗资约100万英镑。以色列想以武力压服埃及等阿拉伯国家，永久霸占被占领土。埃及面对以色列不断的武装挑衅，采取打消耗战，试图打破以色列在"六五"战争中侵占大量阿拉伯领土的既成事实。

"六五"战争后，巴勒斯坦游击队加强了反对以色列侵略的战争。1968年3月，阿拉法特领导下的"暴风突击队"在约旦的卡马拉战役中，击溃1.5万名以军的进攻。同年6月，阿拉法特担任法塔赫中央委员会主席。次年2月，他被推选为巴勒斯坦解放组织执行委员会主席，后又兼任巴勒斯坦革命武装力量总指挥。1969年至1971年5月，巴勒斯坦各游击队出击近万次，活动范围直至以色列首都特拉维夫，成为对抗以色列侵略的一支重要力量。

埃及为了重建军队，在消耗战中打击以色列侵略者，要求苏联提供武器装备。1967年6月下旬，波德戈尔内访问埃及，纳赛尔要求苏联赠送武器，派遣顾问和技术人员。苏联既为帮助埃及摆脱战败的困境，也为了控制埃及，使自己在中东站稳脚跟，表示同意埃及的要求。为此，波德戈尔内提出应由苏联海军陆战队驻守亚历山大港，在这里设指挥部，并悬挂苏联国旗。纳赛尔因此停止同苏联的会谈，指出："这意味着我们要给你们一个基地。"1970年1月22日，纳赛尔秘密访苏，要求苏联提供萨姆地对空导弹和派遣发射员等。苏联担心向埃及提供尖端武器将引起与美国直接冲突的危险，起初执意不允。纳赛尔当场表示："你们不准备像美国援助以色列那样援助我们。这意味着我只有一条路可走：回到埃及去把真相告诉埃及人民。我将告诉他们说，现在是我下台让位给一位亲美的总统的时候了。如果我不能拯救他们，别人就得去拯救他们。这就是我要讲的最后的话。"经过多次争论，苏联同意纳赛尔的要求。1970年3月，苏联给埃及提供萨姆导弹，派出导弹技术人员，控制了埃及的防空网。到1970年年底，苏联在埃及的军事人员达到1.6万—1.9万人。

在美国看来，苏联对埃及的援助与渗透，会对西方构成严重威胁。1970年4月，美国总统尼克松委派负责中东事务的助理国务卿约瑟夫·西斯科访问中东，同阿以双方讨论恢复停火的解决办法。接着，美国国务卿威廉·罗杰斯于6月25日宣布"政治解决"中东问题的新方案，即所谓"罗杰斯计划"。他主张埃及和以色列恢复至少为期3个月的停火；停火期间，双方各派代表团同雅林会谈，讨论执行联合国242号决议的方法。

在这同时，纳赛尔为从苏联获得进攻性武器，于1970年6月下旬抱病访问苏联。苏联拒绝提供这方面的武器，还拒绝支援埃军越过苏伊士运河进行反攻。苏联的这种态度，迫使纳赛尔当着勃列日涅夫的面下决心接受罗杰斯计划。当勃列日涅夫问纳赛尔"怎么接受一项美国的解决办法"时，纳赛尔回答说："我只能这样做，因为你们不动，我不能使我的国家利益受到损失。"7月23日，纳赛尔正式宣布接受罗杰斯计划。

1970年8月7日，埃及、以色列双方宣布停火90天，以利联合国特使进行调停。11月停火到期，调停又毫无结果。美苏两国在联合国建议延长停火3个月，到1971年2月调停仍无结果。埃及为了打破"政治解决"的僵局，宣布再延长30天停火期，提出要以色列部分撤军，重新开放苏伊士运河的建议。但是，由于两个超级大国都需要在中东保持一个既紧张而又不发生直接军事对抗的局面，致使埃及的建议终未达成协议。中东仍然处于不战不和的僵局。这种局面实质上是鼓励以色列向阿拉伯各国继续进行侵略，从而导致1973年第四次中东战争的爆发。

主要参考书目

（1）Mahmoud Riad, *The Struggle for Peace in the Middle East*, Quartet Books, London, 1981.

（2）U Thant, *View from the UN – The memoirs of U Thant*, Doubleday & Company, Inc., New York, 1978.

（3）Hal Kosut, *Israel & the Arabs：The June 1967 War*, Facts on File, Inc, New York, 1968.

（4）Claaim Herzog, *The Arab – Israel Wars：War and Peace in the Middle East*, Arms and Armous Press, London, 1982.

（5）Gregory Treverton：*Crisis Management & the Super – powers in the Middle East*, The International Institute for Strategic Studies, London, 1981.

（6）Amos Perlmutter：*Polities and the Military in Israel 1967 – 1977*, Frank Cass, London, 1978.

（7）Howard M. Sachaf, *A History of Israel：From the Rise of Zionism to Our Time*, Abfred A. Knof, New York, 1976.

（8）侯赛因·伊本·塔拉勒：《我的职务是国王》，外语教学与研究出版社1980年版。

（9）理查德·艾伦：《阿拉伯——以色列冲突的背景和前途》，商务印书馆1981年版。

（10）亨利·卡坦：《巴勒斯坦，阿拉伯人和以色列》，人民出版社1975

年版。

（11）乔恩·金奇、戴维·金奇等：《中东战争》，上海译文出版社 1979年版。

（12）穆罕默德·海卡尔：《开罗文件》，上海人民出版社 1974 年版。

（13）安东尼·纳丁：《纳赛尔》，上海人民出版社 1976 年版。

（14）林登·贝·约翰逊：《约翰逊回忆录》，上海人民出版社 1978 年版。

（15）穆罕默德·海卡尔：《通向斋月战争之路》，上海人民出版社 1976年版。

（16）安瓦尔·萨达特：《萨达特回忆录》，人民出版社 1978 年版。

（17）彼得·斯诺：《侯赛因》，上海人民出版社 1975 年版。

（18）摩西·达扬：《达扬自传》，上海译文出版社 1981 年版。

1973 年中东十月战争

田中青

1973 年 10 月 6 日，爆发了第四次中东战争。埃及和叙利亚在其他阿拉伯国家和巴勒斯坦人民的支援下，突破苏美两国的控制，取得了反击以色列侵略的重大胜利。阿拉伯产油国在战争过程中发动的石油斗争震撼了整个西方世界。十月战争打破了以色列"不可战胜"的神话，迫使美国对其中东政策作出一定的调整，为后来中东和谈局面的形成创造了条件。

战争爆发前夕的阿拉伯国家

1967 年"六五"战争后，阿拉伯国家和以色列之间长期处于"不战不和"的状态。美苏两个超级大国对阿拉伯国家收复失地、恢复巴勒斯坦人民的民族权利、实现中东问题的公正解决的正当要求不予支持。"不战不和"给阿拉伯国家特别是埃及带来了严重后果。

"六五"战争后的半年中，由于以色列的骚扰和轰炸，40 多万埃及人被迫从苏伊士运河沿岸韵塞得港、伊斯梅利亚和苏伊士城撤离，涌入开罗等地，过着无依无靠的悲惨生活。从 1969 年起，以色列飞机频繁地轰炸埃及腹地，给平民的生命财产造成巨大损失。埃及人民对以色列的野蛮行径极其痛恨。埃及在"六五"战争失败后，军队的形象受到损害，广大官兵心中愤愤不平；而以色列在侵略战争中得手后放肆地贬低和污蔑阿拉伯民族，粗暴地对待战俘，更使他们感到难以忍受。他们迫切要求进行自卫反击战争，保卫祖国，收复失地。

"不战不和"给埃及经济带来了严重困难。"六五"战争后的几年中，埃及的军费开支一般都超过年度财政预算的 1/3，用于国内建设的投资被迫一再削减。紧张的军事对抗使生产无法正常进行，西奈半岛的石油和矿产资源被以色列侵吞，苏伊士运河长期关闭，旅游业处于萎缩状态。这些因素给埃及造成了难以计量的经济损失。到 20 世纪 70 年代初，埃及的经济和社会问题达到相当严重的地步。

1970 年 10 月，安瓦尔·萨达特在纳赛尔逝世后继任埃及总统。埃及人民强烈要求新政府制止物价上涨、提高工资和改善生活条件，并呼吁尽快对以色列开战。萨达特总统深感埃及军民已无法继续忍受"不战不和"的局面，1970 年年底，他宣布 1971 年将是或战或和的"决定性一年"。

60 年代末期，苏联以帮助埃及重建军队为名，把大批军事人员安插在埃军总参谋部的营、连单位；在亚历山大、塞得港等地建立了变相的军事基地，力图加强对埃及的控制。萨达特执政后，对苏联的所作所为虽然心存芥蒂，但在武器供应方面仍不得不有求于苏联。

1971 年 5 月中旬，埃及粉碎了阿里·萨布里集团阴谋推翻萨达特的政变。很多迹象表明，这次政变有着苏联的背景。尽管如此，萨达特出于维持埃苏关系现状，以便从苏联获得先进武器的考虑，同意苏联的要求，于 5 月下旬与来访的苏联最高苏维埃主席波德戈尔内签订了为期 20 年的埃苏《友好合作条约》。但是，苏联为了阻止埃及对以色列采取重大的军事行动，不愿意向其提供先进武器。1971 年 3 月，在埃及的一再要求下，苏联曾被迫表示向埃及提供一批米格—23 飞机，但坚持埃及必须获得苏联同意后才能使用。由于苏联的阻挠和刁难，萨达特"决定性一年"的诺言最终无法兑现。1972 年 2 月和 4 月，萨达特又两次访苏。苏联继续拒绝提供先进的进攻性武器，却十分热衷于由苏美两国"合作"解决中东问题。在勃列日涅夫和尼克松于 1972 年 6 月在莫斯科举行的最高级会谈中，苏联避而不谈支持阿拉伯反对以色列侵略，却与美国共同鼓吹在中东实行"军事缓和"，实质上要使"不战不和"局面长期保持下去。至此，萨达特清楚地认识到，要依靠苏联来进行反侵略战争已无可能。为了摆脱苏联的羁绊，埃及于 1972 年 7 月 8 日宣布结束 9.1 万名苏联军事顾问和专家在埃及的使命，从 7 月 17 日起的 10 天内离开埃及，他们的一切设施和军事装备移交埃及使用。

埃及在积极准备反侵略战争的同时，也曾对和平解决阿以冲突作过一些试探。1971 年 2 月，萨达特在埃及议会提出"和平倡议"，主张以色列从西奈半岛作部分后撤，然后埃及重开苏伊士运河。埃及还对埃美关系作了一定的松动，希望美国在促成中东问题的和平解决方面发挥作用。美国国务卿罗杰斯和埃及总统安全事务顾问哈菲兹·伊斯梅尔都曾到对方首都进行访问。

但是，萨达特的"和平倡议"并未受到美国和以色列的认真对待。基辛格在同伊斯梅尔的会谈中表示，埃及作为战败国"不能要求战胜者所要求的东西"，他甚至敦促埃及"必须作出某些让步，以便美国能够帮助你们"。以色列不但拒绝在西奈半岛后撤，而且扬言要继续蚕食埃及领土。达扬公开提出"在腊法建立亚米特新港"的计划，企图永远割断埃及同加沙地带的联系。美以的上述态度更加坚定了萨达特对以色列开战的决心。在对埃以军事实力对比和国际上各种因素详细考虑后，萨达特决定发动一次"目标有限和持续时间有限的战争"，以恢复埃及民族和军队的尊严，迫使以色列坐到谈判桌旁来。

阿拉伯国家从"六五"战争以后的痛苦经验中感到，为了打破中东"不战不和"的局面，只有依靠自己的力量，加强阿拉伯兄弟国家之间的团结。1973 年，它们在政治、军事、经济等方面进一步加强了合作。这年 1月，阿拉伯国家的军事首脑在开罗的阿拉伯联盟大厦会晤，商讨未来战争的共同战略。1 月 31 日，埃及和叙利亚组成武装部队联合委员会。两国的军事代表就作战地区、目标、任务以及同时发起攻击的日期和时间频繁进行商讨。6 月，萨达特访问大马士革，同叙利亚总统阿萨德讨论了以"有限战争"为目标的作战计划。9 月初，两国完成了军事协作计划的制订工作，就向西奈半岛和戈兰高地的以色列军队同时发动进攻达成协议，决定选择 10月 6 日在西线和北线同时发起进攻。这一天是犹太教赎罪日，以色列全国忙于举行宗教仪式，疏于戒备。而 1973 年的 10 月又恰巧是伊斯兰教的斋月，以色列料不到阿拉伯国家会在斋月发动进攻。

1973 年 9 月 10—12 日，埃及总统萨达特、叙利亚总统阿萨德和约旦国王侯赛因在开罗会晤。三方商定一旦阿以战争爆发，约旦将阻止以军通过其领土从背后袭击叙利亚。这次会晤后，埃及、叙利亚与约旦先后恢复外交关系。埃及与沙特阿拉伯、阿尔及利亚等产油国也通过领导人互访进一步加强了彼此之间的政治和经济关系。

埃及和叙利亚都抓紧武装部队的建设和训练。它们在部队中开展爱国主义教育，使部队的精神面貌焕然一新。埃及针对以色列军队主要依恃飞机和坦克的特点，特别注重防空部队的建设，尽可能多给步兵部队配备反坦克导弹。埃军多次组织大型的诸军兵种联合演习。埃叙两国认真总结了以往阿以战争的经验教训，对敌我双方的长处和缺点进行实事求是的分析，运用各种手段对以军的防御体系进行反复侦察，深入调查和研究战争过程中可能遇到的困难及其解决办法，在此基础上制定了切实可行的战略战术。埃及在苏伊士运河前线的战区内储备各种军需品和渡河器材，在部队集结区域构筑工事，并扩建了运河西岸的公路网。为了达到出奇制胜的效果，两国共采取了约 200 项欺敌措施。开战前的几个月，埃叙领导人和高级官员频繁出访，出席国际会议，一再表示愿意通过政治途径解决中东问题，以掩盖战争准备。10 月初，埃及以"解放 23 号"演习为掩护，完成了进攻前的战役部署和部队集结工作。开战那天上午，还让士兵下运河游泳和在岸上晾晒衣服。

以色列统治集团一贯狂妄自大，不相信阿拉伯国家有能力发动大规模的进攻，对于埃及和叙利亚的备战活动毫无警觉。10 月 4 日，它在获悉埃叙军队大规模调动的情况后，仍认为是例行的军事演习。直到 10 月 6 日早晨，以色列才确信战争将于当天爆发，在上午 10 时左右匆忙发布紧急动员令。

十月战争的经过

1973 年 10 月 6 日下午 2 时，埃及出动 200 多架飞机，集中 2000 多门火炮向以军在西奈的防御阵地——巴列夫防线发起攻击。巴列夫防线全长 170 公里，其主阵地以运河为屏障，依托沙堤构成，共筑有 19 座要塞和 30 个据点。各据点之间的坦克和火炮掩体的火力互相交叉，控制着苏伊士运河和重要通道。这条被以色列吹嘘为"坚不可摧"的防线，在埃军炮火轰击下，顿时变成一片大海。埃军先头部队 8000 人在防空导弹和飞机掩护下，分乘 1000 余艘橡皮艇和两栖车辆从运河北部的坎塔腊、中部的伊斯梅利亚、南部的大苦湖等地强行渡河。以军面对突如其来的攻势，弃阵溃逃。埃军先头部队登上运河东岸沙滩后，用爆破筒在敌军阵地的铁丝网和地雷区中开辟通道，架设软梯，登上河堤，分割包围以军主要据点，接连粉碎了以军前沿坦克的反攻，并掩护工兵部队在沙堤上打开缺口和在运河上架桥。埃及工兵部队不到 10 个小时就打开了 60 个可容坦克通过的缺口，架设了 10 座浮桥和 50 个门桥渡场，保证了坦克、装甲车、·火炮和地对空导弹等重型军事装备不断通过运河。在战争开始后的 24 小时内，8 万多名埃及士兵分成 12 批突破巴列夫防线，向西奈纵深推进达 3.4 公里。

埃军初战告捷，8 日收复运河东岸的重镇坎塔拉和夏特。9 日击退以军装甲部队三次大规模反扑，全歼以色列第 190 旅，活捉旅长亚古里上校。此后，埃军攻占富阿德港以南地区、伊斯梅利亚以东地区和陶菲克港一带。13

日，盘踞在运河东岸最后一个据点的以军缴械投降。埃军在运河东岸的兵力增至 5 个师，约 10 万人，坦克 600 多辆，控制了东岸 10—15 公里的地区。埃军的数十支伞兵部队和特种部队乘直升机在苏伊士湾东岸的一些地区降落，破坏敌人的交通联系和后勤供应。

在埃军发起进攻的同时，叙利亚以 3 个师的兵力，约 500 辆坦克，在空军掩护下向戈兰高地的以色列部队发起进攻。以军凭借工事和有利地形阻止叙军推进，调遣预备队增援前沿据点。叙军集中优势兵力于 10 月 8 日突破以军防线，夺取赫尔蒙山顶峰，包围戈兰高地重镇库奈特腊。9 日，北路叙军攻占马萨达，中路推进到叙以边境的贝纳特雅古布桥和阿里克桥以东数公里处，并对以军前线指挥部驻地纳法赫发起攻击。南路叙军推进到菲格，越过 1967 年"六五"战争停火线 35 公里。

战争开始后，巴勒斯坦突击队约 2.6 万人在戈兰高地、加沙地带和以色列北部地区展开游击战，有力地配合了埃叙军队的战斗。

以色列从最初的打击中逐渐恢复过来，力图先稳住叙以战场，以改变两线作战的被动局面，解除对其本土的威胁。从 9 日起，以军集中 15 个旅的兵力，近 1000 辆坦克，连续向叙军反击。以色列空军向叙军坦克部队和防空导弹阵地展开攻击，空袭大马士革和其他后方城市。叙利亚为保卫首都，从前线撤回部分防空导弹。11 日，以军突破叙军阵地向大马士革进犯，12 日，越过 1967 年停火线约 30 公里，占领纳赛吉，逼近卡塔纳和萨萨。13 日，伊拉克、摩洛哥、约旦和沙特阿拉伯等国的装甲部队和炮兵部队先后到达，与叙军一起制止了以军推进。

以色列在战争初期遭到猛烈打击，损失惨重。仅头三天就有 49 架飞机和 500 辆坦克被击毁。战争开始一星期后，武器弹药和后勤物质严重匮缺，以色列便不断呼吁美国给予紧急援助。尼克松政府为帮助以色列挽回败局，在抵消苏联给阿拉伯国家军援的借口下，10 月 13 日在国家安全委员会会议上作出立即向以色列空运军火的决定。美国从当天下午起，抽调大批 C5A 型军用运输机和属于库存装备的鬼怪式飞机，把包括 F-4 战斗机、"空中之鹰"飞机、各种自动导向炸弹在内的大批军事装备运往以色列，有些飞机还是从现役空军中调拨或从工厂的生产线上直接装运的。

以军依靠美国的军火补给，在叙以战线稳住阵脚，即向埃以战线转移兵力。从 10 月 14 日起，集结约 10 万军队、1000 辆坦克，组成北、中、南 3 个战群，连续 3 天对埃军阵地实施反突击。14 日，埃以两军在运河东岸进行了规模空前的坦克战。双方共投入 1600 多辆坦克。15 日，以色列依靠美国间谍卫星和高空侦察所得情报，发现埃及第 2 集团军和第 3 集团军防线的接合部间隙大、防御薄弱，便决定从该地段偷渡到运河西岸。当晚，以色列西奈前线指挥官沙龙率领一支由数百人组成的突击队，驾驶"六五"战争中缴获的 13 辆苏制 F－54 型和 T－55 型坦克，乔装成埃及士兵，从大苦湖以北的德维斯瓦附近渡河。16 日凌晨到达运河西岸，在伊斯梅利亚和大苦湖之间架设三座浮桥，保障了两个装甲旅渡河。突入西岸的以色列部队摧毁埃军不少防空导弹基地和炮兵阵地，为以色列空军的活动创造了条件。此后，以军除 2 个师在东岸作战外，另 2 个师陆续渡河，向南推进，占领法伊德以及附近的埃及空军基地，控制了吉素法丘陵地带。埃及对以军偷渡运河的重大军事行动开始时并未警惕，认为只是小股部队的骚扰，到 18 时发现大批以色列军渡河后，才打算封锁以军突破口，但在运河西岸的兵力不足，虽从东岸调回第四装甲师，终未能扭转战局。23 日，沿苏伊士运河向南迂回前进的以军抵达苏伊士湾，占领阿达比亚港，对埃及第三集团军和苏伊士城构成合围之势。

围绕军事斗争展开的外交和石油斗争

十月战争打响不久，苏美两国就策划停火，10 月 6 日晚，苏联驻埃及大使维诺格拉多夫要求紧急会见萨达特。他谎称叙利亚已正式向苏联表示希望停火，企图以此劝诱埃及停火，遭到萨达特严词拒绝。美国在同一天傍晚要求召开联合国安理会紧急会议，企图让英国出面提出"立即就地停火"的决议草案，遭到阿拉伯国家的抵制。此后几天，埃叙军队在战场上占据优势，美国生怕以色列战败，曾两次通过外交途径要求埃及停火，均遭萨达特拒绝。苏联暂时打消停火的念头，改而采取支援阿拉伯国家的姿态，从 10 月 10 日起，向埃及和叙利亚实施紧急空运计划。

战争进入第二个星期后，以色列进行大规模反扑，苏联既怕埃及和叙利亚战败会招致阿拉伯世界对它的不满；又怕战争升级导致苏美直接对抗，又开始呼吁双方停火。10 月 16 日，苏联部长会议主席柯西金秘密到达开罗，与萨达特就停火问题举行了 5 次会谈。10 月 19 日，勃列日涅夫给尼克松发去急电，要求他派基辛格立即前往莫斯科举行"适当的谈判"。在此后的谈判中，基辛格提出包括阿以双方就地停火、全面履行安理会 242 号决议和有关方面立即进行谈判的美国方案。苏联除要求对某些措辞作些改动外，全盘接受美国的停火方案。10 月 21 日晚到 22 日凌晨，安理会应苏美两国紧急要求召开会议，通过关于阿以立即就地停火的决议，即第 338 号决议。10 月 22 日晚，埃及宣布接受第 338 号决议。叙利亚在同苏联接触后，于 24 日宣布接受第 338 号决议。以色列表面上被迫接受停火决议，却利用埃军在接到停火命令后不再战斗的时机，于当晚占领苏伊士—开罗公路的一些路口，并在第二天切断埃及第三集团军两个师约 2 万人与外界的联系，控制了向他们运送补给的路线。

由于以色列违反停火决议，安理会应埃及要求于 23 日再次开会。会议通过第 339 号决议，重申第 338 号决议的有效性，要求联合国秘书长立即派遣观察员去中东监督停火。但是，以色列无视安理会决议，25 日出动大批坦克多次猛攻苏伊士城。埃及军民在极端困难的条件下坚持战斗，保卫了苏伊士城。

埃及迫于以色列破坏停火，第三集团军随时可能遭到以军进攻，在 24 日的安理会上，要求苏美两国"各自立即从驻在中东附近的部队中抽派队伍去监督停火的实施"。苏联认为这是它重返埃及的良机，表示支持，美国认为，这一步骤会使苏联在中东地区的作用"合法化"，断然加以拒绝。24 日晚，勃列日涅夫向尼克松发出一封措辞强硬的信件，声言美国如拒绝联合出兵，苏联将考虑"单方面采取适当步骤"。苏联的 7 个空降师处于戒备状态，随时准备开赴埃及。苏联驻地中海的军舰激增至 85 艘。美国对此作出强烈反应，国家安全委员会于 24 日深夜召开特别会议讨论对策。11 时 41 分，参谋长联席会议主席穆勒命令美国所有军事部门进入三级戒备。25 日凌晨，美国在全球的武装部队 220 余万人，包括核打击力量，战略空军司令部，全部处于三级戒备状态。

而对美国所采取的强硬态度，苏联很快降低了调门。勃列日涅夫于 10 月 25 日给尼克松的信中已不再提单方面出兵，仅表示拟派遣一些非军事人员去中东观察停火执行情况。同日，埃及鉴于美国反对派遣苏美联合部队，它要求安理会提供一支国际部队。27 日，联合国秘书长根据安理会通过的有关决议，首先抽调驻塞浦路斯的部分联合国维持和平部队去中东，由芬兰的恩肖·西拉斯沃少将担任临时司令。11 月 2 日，由印度尼西亚、巴拿马、尼泊尔、秘鲁、奥地利、芬兰、爱尔兰和瑞典派出部队正式组成联合国紧急部队，加拿大和波兰参加后勤工作。

10 月 25 日以后，被围的埃及第三集团军 2 万多人弹尽粮绝，情况危急。美国为了拉拢埃及，对以色列施加压力，要其在允许埃及向第三集团军供应非军事性物质方面作出让步。基辛格于 11 月 6—8 日访问开罗，向萨达特提出 6 点停火协议。萨达特接受了这一协议。以色列经美国劝说，于 11 月 9 日宣布原则上接受 6 点协议。11 月 11 日，埃及武装部队助理参谋长贾马斯和以色列作战部长里亚夫在开罗—苏伊士公路 101 公里处签署 6 点停火协议：双方同意认真遵守联合国安理会要求的停火；从 11 月 15 日起分批交换战俘；以色列在开罗—苏伊士公路上的检查站由联合国军接管，以色列允许向埃及第三集团军和苏伊士城运送非军事物资。

十月战争的过程中，阿拉伯产油国采取减产、禁运和提价等措施，以石油斗争配合军事斗争，沉重打击以色列及其支持者。10 月 16 日，海湾 6 国的石油部长会议决定把原油标价提高 70%。北非阿拉伯产油国同时宣布把原油标价提高 100% 以上。10 月 17 日，阿拉伯石油输出国组织作出决议，规定 10 个成员国以各自 9 月份的油产量为基础，每月递减 5%，直到以色列从"六五"战争中占领的土地撤走为止。同一天，沙特阿拉伯照会美国政府，要其停止对以色列的援助，否则将对美国实施石油禁运。美国国会以同意给予以色列 22 亿美元军援的法案作为回答。这个行动激起阿拉伯产油国的极大愤慨，它们从 18 日起纷纷宣布对美国实施石油禁运。由于荷兰和葡萄牙执行偏袒以色列的政策，产油国宣布也对它们实施石油禁运。

阿拉伯国家发动的石油斗争猛烈地冲击了西方经济，美国石油进口量每天减少 200 万桶，促使 20 世纪 70 年代以来日趋严重的能源危机进一步激化。一些大石油公司趁机抬价以牟取暴利，加剧了石油短缺的恐慌。尼克松政府被迫采取一系列应急措施，如减少班机航次、限制车速、假日关闭全国加油站等，引起了美国人民的不满。西欧各国和日本由于对中东石油的依赖比美国更为严重，阿拉伯产油国采取减产、提价等措施后，它们纷纷制定严格的节油办法，有的还宣布进入紧急状态。人们上街抢购石油，工业股票价格猛跌，经济生活处于混乱不安的状态。

美国为了摆脱石油斗争带来的困境，先是企图诱使沙特阿拉伯撤销禁运，遭到拒绝后，又接连进行威胁和恫吓，暗示将使用武力占领阿拉伯油田。产油国就此发出严正警告，如果美国胆敢使用武力破坏石油斗争，它们将不惜炸毁油田。

阿拉伯国家在石油斗争过程中曾多次表示，它们的目的是要唤起全世界对中东问题的关注，促使中东问题早日获得公正的解决，而不是要给其他国家制造经济困难。对于同情和支持阿拉伯事业的国家，将优先保证它们的石油需要。阿拉伯石油输出国组织还成立了专门委员会来确定友好国家、中立国家和敌对国家的名单。绝大多数西欧国家和日本为确保石油供应，对中东问题采取新的立场。法国、西德、英国、西班牙和意大利等中止了同以色列的军火贸易，拒绝美国利用它们的设施向以色列运送补给品，禁止替以色列装运军火的美机在其领土上加油或检修。11 月 6 日，欧洲共同体 9 国外长发表联合声明，正式要求以色列归还"六五"战争中占领的阿拉伯领土和恢复巴勒斯坦人的合法权利，并敦促阿以双方的军队撤退到 10 月 22 日停火线。11 月 22 日，日本政府也就中东形势发表声明，敦促以色列遵守联合国宪章的原则，放弃"六五"战争中侵占的阿拉伯领土。西欧国家和日本还对美国施加压力，迫其采取较为明智的中东政策。针对这一情况，阿拉伯石油输出国组织于 11 月 18 日和 12 月底先后把除荷兰、葡萄牙以外的西欧国家和日本列为友好国家，对它们的石油供应量恢复到 1973 年 9 月时的水平。

阿拉伯产油国既坚决又灵活的斗争策略使美国处于极为孤立的境地，促使它对中东政策实行某些调整。1974 年年初，由于美国在阿以脱离接触谈判中开始起"调解人"的作用，一些阿拉伯国家在内部提出解除对美国石油禁运的建议。1974 年 3 月 17—18 日召开的阿拉伯石油输出国会议，通过埃及关于解除对美国石油禁运的提议。

战争的结局

埃及军民在十月战争中洗刷了"六五"战争中的耻辱，从而为战后与以色列进行谈判创造了条件。埃及在战争中也付出了重大的代价，8000 多名军人阵亡，10 万多人受伤或被俘，遭受了重大的经济损失。萨达特总统感到，埃及人民迫切需要休养生息，恢复和发展经济，需要寻求新的途径来解决埃以争端。

以色列在十月战争中也遭到沉重的打击。2400 多名军人被打死，800 多辆坦克、115 架飞机被击毁。军事动员使以色列减少近一半的劳动力，物质消耗和财产损失达 70 亿美元。以色列人民饱尝战争之苦，要求和平的呼声越来越高。在国际上，以色列进一步被孤立，十月战争期间有 20 多个国家与它断绝外交关系。以色列统治集团在国内外舆论的压力下，不得不考虑进行和平谈判。

美国从十月战争和石油斗争中看到了阿拉伯民族的强大力量。战后，美国在继续支持以色列的同时，也注意对一些阿拉伯国家进行拉拢。它在促成埃以签订 6 点停火协议后，便不得不扮演阿以之间"调解人"的角色。

1973 年 12 月 21—22 日，在日内瓦召开了埃及、约旦、以色列、美国和苏联参加的中东和平会议。美国和苏联担任会议的两主席，联合国秘书长瓦尔德海姆出席了会议。会议的主要结果是决定成立军事工作小组，负责具体处理阿以军队脱离接触问题。根据这一决定的精神，埃及和以色列从 1973 年 12 月 26 日到 1974 年 1 月 9 日就双方军队脱离接触问题举行了 6 轮谈判，由于在具体问题上存在着明显的分歧，谈判在 1974 年 1 月 9 日后中断。

1974 年 1 月 11—17 日，基辛格在阿斯旺和耶路撒冷之间往返穿梭，与埃以领导人分别会谈。经基辛格的斡旋，埃及与以色列于 1974 年 1 月 18 日签署了第一个有关军队脱离接触的协议，主要内容是：以色列放弃在苏伊士运河西岸的桥头堡；埃军控制运河东岸 5—7.5 公里宽的地带；双方军队由一个驻有联合国部队的缓冲区隔开，缓冲区宽为 3.5—5 公里。脱离接触工作于 1 月 25 日开始，按预定计划在 3 月 4 日完成。

从 1974 年 4 月 28 日起，基辛格开始在叙以之间进行调停。经过 32 天来回穿梭，5 月 29 日签订了叙以军队脱离接触的协议。协议对以色列撤出十月战争以及"六五"战争中占领的叙利亚领土、遣返战俘、交还士兵尸体等事项作出了规定。

埃及在同以色列签订第一个军队脱离接触协议后，经过一年多的谈判斗争，通过美国的多次斡旋，于 1975 年 9 月 1 日与以色列签订了第二个军队脱离接触协议，主要内容包括：以色列进一步后撤至吉迪山口和米特拉山口以东，把阿布鲁迪斯油田交还埃及；埃及允许以色列非军用船只通过苏伊士运河；双方保证不相互进行战争威胁、使用武力或实行军事封锁。协议还同意由美国派出人员参与管理设在上述两个山口及其附近的监听站。

十月战争结束后，美国与埃及等阿拉伯国家的关系逐步改善。1974 年 2 月 28 日，埃美恢复了中断 7 年之久的外交关系。6 月，尼克松在访问开罗期间与萨达特签署了《埃美关系和合作协定》，在访问大马士革时，美叙宣布恢复外交关系。

十月中东战争在阿拉伯国家反侵略史上写下了光辉的一页，在军事上，它粉碎了"以色列军队不可战胜"的神话。阿拉伯国家同仇敌忾，配合军事斗争运用石油武器，在反对以色列及其支持者的斗争中发挥了重要作用，给予帝国主义和霸权主义以沉重打击。阿拉伯国家在十月战争中的胜利，鼓舞了第三世界国家捍卫国家主权和保卫民族权益的斗争，为第三世界国家反帝反殖反霸斗争开创了一个新的局面。

主要参考书目

（1）Peter Darigan, *The Middle East and North Africa*：*The Challenge to Western Security*, Hoover Institution Press, 1980.

（2）Fred J. Khouri, *The Arab Israeli Dilemma*, Syracuse University Press, 1976.

（3）Robert O. Freedman, *World Politics and the Arab Israel Conflict*, Pergamon Press, 1979.

（4）George Lenczowski, *The Middle East in World Affairs*, Cornll University Press, 1980.

（5）Chaim Herzog, *The War of Atonement October*, 1973, Little, Brown and company, 1975.

（6）Lester A. Sobel, *Israel & the Arabs*：*The October* 1973, *War Facts*, On File Inc 1974.

（7）*The Arab – Israeli Conflict*, Vol. 3：*Documents to the Arab – Israel Conflict*, Edited by John Norton Moore, Princeton University 1975.

（8）*The Middle East and North Africa* 1982 – 1983, Europe Publications Limited, London, 1982.

（9）Howard M. Sachar, *A History of Israel*, New York, 1976.

（10）《中东问题文件汇编》，世界知识出版社 1858 年版。

（11）《战后世界历史长编》（1945—1948），上海人民出版社 1975—1978 年版。

（12）西·内·费希尔：《中东史》（下册），商务印书馆 1980 年版。

（13）安瓦尔·萨达特：《萨达特回忆录》，人民出版社 1978 年版。

（14）安瓦尔·萨达特：《我的一生——对个性的探讨》，商务印书馆 1978 年版。

（15）穆罕默德·海米尔：《开罗文件》，上海人民出版社 1974 年版。

（16）理查德·尼克松：《尼克松回忆录》，商务印书馆 1979 年版。

（17）亨利·基辛格：《白宫岁月》，世界知识出版社 1980 年版。

（18）亨利·基辛格：《基辛格回忆录第二卷·动乱年代》（节译本），世界知识出版社 1982 年版。

（19）理查德·艾伦：《阿拉伯—以色列冲突的背景和前途》，商务印书馆 1981 年版。

（20）伦敦《星期日泰晤士报》调研组著：《中东战争》（下册），上海译文出版社 1980 年版。

阿尔及利亚民族解放战争和
争取独立的胜利

潘蓓英

20世纪50年代中后期，阿尔及利亚爆发了一场由民族主义政党领导、广大人民群众参加的反法武装斗争。经过7年多的艰苦历程，阿尔及利亚人民推翻了法国的殖民统治，终于在1962年建立了独立的阿尔及利亚民主人民共和国。

民族解放战争爆发前的阿尔及利亚

1830年法国开始入侵阿尔及利亚，经过长期的殖民战争，于1905年将阿尔及利亚全境变为法国的殖民地，建立了由法国政府委派的总督掌握大权的殖民统治，宣布阿尔及利亚是法国领土的一部分。

为了保证殖民统治有稳固的基础，法国政府采取鼓励向阿尔及利亚移民的政策，把阿尔及利亚各部落的土地没收之后转交给移民。法国移民在阿尔及利亚侵占大量的土地。欧洲农场主（主要是法国人）平均占有的土地是阿尔及利亚土地所有者的9倍多，而且都是北部最肥沃的土地。数百万阿尔及利亚农民或是失去土地或是被迫在山区和贫瘠的不毛之地生活，在"分成制"① 的剥削下，他们生活极端贫困。

在法国统治阿尔及利亚的132年中，法国控制了阿尔及利亚的工矿、交通运输、外贸和金融等主要经济部门，阿尔及利亚为法国提供的利润在所有法属非洲殖民地中居于首位。长期的殖民掠夺，使阿尔及利亚经济落后，人民生活困苦，失业人数经常高达200万以上。法国殖民当局推行种族歧视和

① 分成制农民要把4/5的收获物交给地主。

同化政策，除教授古兰经的学校外，教学必须使用法语，阿拉伯文刊物的出版也受到种种限制。阿尔及利亚各个阶级、阶层的人无不身受殖民制度的压迫和剥削，其中尤以农民受害最深，因此反抗殖民统治的要求和斗争精神也最强烈。

法国入侵以后，阿尔及利亚人民就不断开展反法斗争。1832 年，民族英雄阿卜杜勒·卡德尔领导的大规模反法斗争坚持了 15 年之久。阿尔及利亚人民前赴后继，英勇斗争。法国侵略者占领的地区在长时期内只限于沿海的狭窄地带，直到 20 世纪初才侵占了阿尔及利亚全境。

在俄国十月革命胜利和欧亚革命运动高涨的影响下，阿尔及利亚民族解放运动开始兴起，民族主义政党先后出现。1926 年，侨居在法国的阿尔及利亚人就组织了"北极之星"的民族主义组织，1937 年被迫解散。1935 年，成立了另一个民族主义政党"伊斯兰教贤哲会"。1937 年侨居法国的阿尔及利亚人又组织了"阿尔及利亚少民党"。1943 年 2 月，民族主义者代表费尔赫特·阿巴斯向法国殖民当局提出《阿尔及利亚民主宣言》，并成立"宣言之友社"。第二次世界大战中，戴高乐领导的法兰西全国解放委员会以阿尔及利亚为根据地，组织了一支由阿尔及利亚人组成的 30 万人的军队，在突尼斯、意大利、法国等地作战。当时戴高乐曾表示赞同《大西洋宪章》对殖民地所作的诺言，给殖民地以自由，但战后却没有兑现。1945 年 5 月初，阿尔及利亚人民举行群众示威游行，庆祝五一国际劳动节和第二次世界大战胜利结束。在塞蒂夫和格勒马两地的游行队伍中，出现了要求结束殖民统治、改善国内经济状况和实现独立的标语。法国殖民警察开枪镇压酿成流血事件。这一事件激怒了阿尔及利亚人民，群众奋起抗议，在君士坦丁和卡比利亚出现了武装斗争。起义者坚持战斗了两三个星期，终因力量相差悬殊而失败。在法国殖民当局的镇压下，阿尔及利亚被杀害的群众达 4.5 万人。事实教育了阿尔及利亚人民，提高了他们对法国殖民主义的认识。1946 年，在"宣言之友社"的基础上，成立了"拥护阿尔及利亚宣言民主联盟"，要求建立一个在法兰西联邦内有平等地位的阿尔及利亚共和国。另一个由"阿尔及利亚人民党"改组而成的"争取民主自由胜利党"也相继成立，要求建立一个阿尔及利亚"民族社会共和国"。

在血腥镇压阿尔及利亚人民之后，法国采用欺骗手法，宣布在当地进行"改革"，以笼络某些上层人物，巩固自己的殖民统治。1947 年 9 月，法国政府公布"阿尔及利亚法规"，规定成立阿尔及利亚议会作为总督的咨询机构，承认阿尔及利亚人是法国公民，阿拉伯语和法语同是官方语言。这样的"改革"根本不可能改变法国殖民制度的实质，统治阿尔及利亚的大权仍然掌握在法国总督手里。1951 年 6 月举行议会选举，在法国殖民当局操纵下，民族主义者没有一人当选。事实进一步教育了越来越多的阿尔及利亚人，使他们明白了法国殖民者绝不会自动退出阿尔及利亚，只有拿起武器进行斗争才能赢得民族的独立。3 年之后，阿尔及利亚反抗法国殖民统治的人民战争终于爆发。

民族解放战争的爆发

1954 年 11 月 1 日凌晨，阿尔及利亚全国 30 多个地方爆发了反对法国殖民统治的武装起义，起义的中心是东部的奥雷斯山区和北部的卡比利亚山区。

发动和领导这次起义的是"团结与行动革命委员会"。这个组织是 1954 年 8 月因"争取民主自由胜利党"分裂而由一部分激进的青年党员组成的。他们坚决反对帝国主义，主张通过武装斗争争取民族独立，其成员主要是知识分子和法国军队中的穆斯林下级军官。它的中央委员会由本·贝拉、布迪亚夫、贝勒卡塞姆等 9 人组成。起义爆发后，为了团结和吸收各种爱国力量共同战斗，1954 年 11 月，"团结与行动革命委员会"改组为"阿尔及利亚民族解放阵线"。1955 年，"争取民主自由胜利党"的中央委员会派"拥护阿尔及利亚宣言民主联盟"及"伊斯兰教贤哲会"也加入了民族解放阵线，并且建立了"民族解放军"和 6 个战区。民族解放阵线的领导机关分为"国外代表团"和"国内代表团"两部分。国外代表团设在开罗，由本·贝拉、穆罕默德·赫德尔、布迪亚夫等人组成，任务是掌握起义的政治方向，并负责军火等物资的供应和从国外争取外交、财政和军事等方面的援助。国内代表团负责组织和指挥国内的军事行动，由各战区和各级军事组织的负责人组成。起义爆发之初，"民族解放军"只有两三千人，武器装备十分简陋，活动的中心地区是在沿地中海的大卡比利山区和靠近突尼斯边境的奥雷斯山区。他们开展机动灵活的游击战，从敌人手中夺取武器武装自己，从战争中学习战争，队伍日益扩大，作战能力不断提高。

1954 年年末，法国政府派出大批军队进入阿尔及利亚，对起义者进行残酷镇压。法军采用"全面围剿、全面扫荡"的方针，在民族解放军活动地区设立据点，派出巡逻队并进行大规模的封锁搜索，妄图一举消灭起义力量。法国政府甚至从印度支那战场调动军队增援。到 1955 年 5 月，在阿尔及利亚的法国殖民军增加到 10 万人。与此同时，法国殖民当局宣称要在阿尔及利亚实行土地改革，设医院、办学校，但无论是军事镇压还是政治欺骗都不能阻止起义的胜利发展。随着武装斗争规模的日益扩大，法国政府越来越感到兵力不足，不得不先后从法国本土、西德和法属西非等地抽调军队增援。到 1955 年 8 月，在阿尔及利亚的法军已达 25 万人。面对法国政府的镇压，阿尔及利亚人民的斗争情绪更加高涨，民族解放军日益壮大，到 1956 年，民族解放军已发展到 10 万人。最初，民族解放军作战的地区主要是以奥雷斯山区为主的第一战区和与它相邻的北君士坦丁区（第二战区）以及卡比利区（第三战区）。1955 年 9 月摩洛哥苏丹穆罕默德五世从国外回到首都拉巴特后，设在阿尔及利亚西部的第五战区即将司令部迁到阿摩边境的乌季达。虽然法国政府立即在两国边境构筑工事，阻止摩洛哥对阿尔及利亚起义军进行支援，但这里很快就成了民族解放军的重要根据地。随着第一、第二和第三 3 个战区的扩大，到 1957 年年初，民族解放军在阿尔及利亚北部的作战地区已连成一片。发生战斗的地点逐渐从乡村和山区向大、中城市的郊区推进，民族解放阵线的力量逐步向全国扩展。

民族解放阵线在城市也同法国殖民主义者展开了激烈斗争。法国政府在 1954 年 11 月派出大军武装镇压起义力量后，取缔了许多阿尔及利亚的民族主义政党和组织，大肆搜捕和屠杀爱国人士。在半年时间里，被捕的阿尔及利亚人士即达 1.5 万—2 万人。1955 年 3 月 31 日，法国国民议会宣布阿尔及利亚处于"紧急状态"。根据法国总督的决定，"紧急状态"先在奥雷斯山区的巴特纳、特贝萨和北部的提济乌祖等地实行，8 月底扩大到阿尔及利亚全境。在"紧急状态下"，居民的迁徙自由受到限制，集会和示威被禁止，广播、报纸、电影和戏剧的内容都要接受殖民当局的检查。

面对敌人的残酷镇压和白色恐怖，民族解放阵线在城市里展开了秘密的地下斗争。在阿尔及尔和其他城市里，民族解放阵线的秘密组织向一些亲法的穆斯林和担任官职的人士发出警告，要他们停止同法国当局合作。对于不听警告的人，便由秘密组织人员处决。为了粉碎法国政府拉拢阿尔及利亚上层穆斯林的阴谋，民族解放阵线的地下组织也对阿尔及利亚议会中的穆斯林议员提出了警告。地下秘密组织还在城市里多次袭击欧洲移民，迫使法国政府不得不从本来已经捉襟见肘的前线军队中抽出兵力加强对城市的警戒，使战场上的法国机动兵力进一步减少，从而减轻了各战区的压力。

国外代表团通过各种渠道，采用多种方式为阿尔及利亚的民族解放事业争取到多方面的外部援助。1955 年 9 月以后，主要通过埃及政府的支援，大量武器弹药运进阿尔及利亚。在阿尔及利亚和摩洛哥边境作战的第 5 战区的民族解放军部队，在 1955 年下半年得到机枪、自动武器和无线电通信器材等装备，成为民族解放军中最有战斗力的部队。1955 年 9 月间，根据 12 个阿拉伯国家和亚洲国家的倡议，关于阿尔及利亚的局势问题列入第十届联合国大会的议程，挫败了法国政府一再坚持的阿尔及利亚是法国领土的一部分、阿尔及利亚问题是法国的内政问题，妄图阻止各国政府和人民声援阿尔及利亚人民斗争的阴谋。1955 年 4 月，民族解放阵线派出两名代表参加了亚非会议。他们同各与会国代表广泛接触，争取到许多国家对阿尔及利亚民族解放事业的同情和支持。

随着民族解放军力量的增强，双方力量对比发生了变化。1956 年年初，法军放弃"全面围剿"的方针而实行"重点扫荡"。法国军队改用大量兵力守卫大中城镇、居民中心和交通线，只用少量兵力进行机动作战，但这种新的战略也无济于事。阿尔及利亚的民族解放斗争牵制了法国大量兵力。1956 年法国用于阿尔及利亚殖民战争的费用高达 4000 多亿法郎。为了集中兵力镇压阿尔及利亚人民的斗争，面对北非日益高涨的民族解放浪潮，1956 年 3 月，法国被迫同意摩洛哥和突尼斯两国独立。

从苏马姆会议到临时政府成立

1956 年 1 月法国举行大选，社会党人摩勒组成新政府。同年 4 月、6 月和 9 月，民族解放阵线的代表先后在开罗、罗马和贝尔格莱德同法国政府代表举行了 4 次谈判。摩勒政府拒绝承认阿尔及利亚人民的主权，提出先要"无条件停火"，然后再同由"自由选举"产生的"有资格的代表谈判"。与此同时，法国政府向阿尔及利亚增派殖民军，企图在武力威胁下迫使阿尔及利亚人民屈服。谈判最终破裂。

革命形势的发展需要把各地的武装部队统一起来，加强领导。1956 年 8 月 20 日，阿尔及利亚民族解放阵线在卡比利亚山区的苏马姆秘密召开了民族解放阵线第一次全国代表大会，来自国内各战区的 200 多名代表参加了会议。这次会议在阿尔及利亚民族解放阵线历史上意义重大，它确定了实行集体领导，国内事务优于国外事务、政治优于军事等原则，在民族解放阵线和民族解放军的组织建设方面作出重要决定，并通过民族解放阵线的纲领。

苏马姆会议通过的政治纲领要求"恢复一个以伊斯兰教原理为基础的、有主权的、民主的阿尔及利亚国家"；对内实行土地改革，没收属于资本家的农业企业，发展工业，扫除文盲，恢复民族文化，确立民主集中制等政策；对外"遵循万隆原则，谴责北大西洋公约"等。

会议决定成立由 17 名委员和 17 名候补委员组成的阿尔及利亚革命全国委员会，作为最高领导机构。会议还成立了由贝勒卡塞姆、本·赫达、阿巴尼等 5 人组成的"协调和执行委员会"作为中央执行机关，负责民族解放阵线的日常工作、各战区之间的联络和保证计划的执行，领导民族解放军并决定干部的升迁和调动。

在民族解放军和各战区的组织建设方面，苏马姆会议制定了民族解放军实现标准化的细则，决定在阿尔及利亚获得解放之前不设将军衔，授予各战区司令上校军衔，每一位上校有 3 名助手分别负责政治事务、军事行动和情报联络工作，另有一个由选举产生的咨询机关协助其处理民政、财政、经济和宗教问题并向他提供建议。各战区内设立税务机关、宣传部门和法庭。战区下建立大区（mintaka）和军区（nahia），基层是分区。民族解放军以营为基层单位，下辖 3 个连，编制为军官 20 名和战士 350 名。营长兼任大区指挥官。在苏马姆会议之后，战区内的许多军官都兼任了行政职务。在战区内和军队内，各级机构在作出决定时要有政务官员参加。

本·贝拉在苏马姆会议召开前率领国外代表团的代表在意大利等待了 3 星期，还是未能进入阿尔及利亚参加会议。10 月间，他同民族解放阵线的其他几位领导人在从摩洛哥到突尼斯途中，飞机进入阿尔及利亚后被法国当局逮捕。本·贝拉因此未能参与此次对阿尔及利亚民族解放阵线和民族解放战争的领导。

1957 年是阿尔及利亚民族解放战争的形势发生重大变化的一年。8 月，民族解放阵线在开罗举行了第二次代表大会。大会决定把民族解放阵线的领导机关"阿尔及利亚革命全国委员会"的成员由 34 人增加到 54 人，"执行和协调委员会"的成员增加到 14 人。大会总结了前一阶段民族解放战争的经验，部署了新的战略行动，并且决定争取更多的外援支持民族解放战争。9 月间，法国在阿尔及利亚—突尼斯边境构筑的"莫里斯防线"竣工。法国政府指望利用这条防线来切断解放军同外界的联系，阻止他们从突尼斯得到武器和其他援助，使民族解放武装力量陷入孤立无援的境地。但这一切都是徒劳的。1956 年 3 月突尼斯和摩洛哥独立之后，两国政府一直对阿尔及利亚民族解放军提供重要援助，并充当了阿尔及利亚同法国关系的调停人。1957年 4 月，民族解放阵线的国外代表团从开罗迁到突尼斯。

1956 年年初，在撒哈拉发现丰富的石油资源和天然气，法国视其为"法兰西帝国复兴的基石"。为了阻止法国殖民者掠夺石油资源，民族解放军专门成立了"撒哈拉阵线"，并在 1957 年 10 月开始对撒哈拉地区的输油管道和设施进行袭击，迫使法国政府调集 10 万大军守护石油运输线，打乱了法军的战略部署。在民族解放军机动灵活的打击下，法军疲于奔命，十分被动，到 1958 年时，法军人数已高达 60 万。民族解放军不但没有被消灭，反而越战越强。

阿尔及利亚民族解放战争的胜利发展使法国统治集团内部原有的分歧和矛盾更趋尖锐。在阿尔及利亚拥有重要的政治、经济和军事力量的法国庄园主殖民集团一贯主张吞并阿尔及利亚，并用武力镇压民族解放斗争。金融垄断集团和老牌工业集团主张在军事镇压的同时，从政治上诱使阿尔及利亚人民放下武器，早日结束这场殖民战争，以求得法国能继续控制阿尔及利亚的资源和经济命脉。1958 年 5 月 13 日，极端殖民主义分子在阿尔及利亚发动暴乱，企图建立法西斯政权，以达到吞并阿尔及利亚的目的。在这种情况下，戴高乐上台执政，于 9 月 28 日通过公民投票表决，制定新宪法，成立法兰西第五共和国。

1958 年 9 月 19 日，民族解放阵线宣布阿尔及利亚共和国临时政府在开罗成立，由费尔赫特·阿巴斯担任总理。临时政府的成立标志着阿尔及利亚民族解放战争取得了重大胜利，极大地鼓舞了阿尔及利亚人民。

埃维昂协议和民族解放战争的胜利

第五共和国成立后，戴高乐任命夏尔为法军总司令，并把殖民军增加到80 万人，对阿尔及利亚民族解放军实行"重点围剿，分段绥靖"的政策。法军对阿尔及利亚加强了全面封锁，并于 1959 年 5 月在阿尔及利亚—突尼斯边界上的莫里斯防线附近修建夏尔防线作为补充。戴高乐曾说："你们一定要在战场上取得胜利，到时候我再出面帮助收拾残局。"对此民族解放军采取游击小组主动出击的战术，集中兵力机动灵活地袭击法军，从 1959 年 6

月起连续歼灭了大量法军。

经过四年多的艰苦斗争，到 1959 年，阿尔及利亚革命政权已经控制了全国领土的 2/3，民族解放军发展成为由 15 万人组成的装备良好的正规军。法国殖民军虽然仍控制着一些大城市、矿山、铁路和公路，但经常遭到袭击甚至是较大规模的进攻。从 1959 年 1 月起，民族解放军多次突破"莫里斯防线"，法军的封锁政策同绥靖政策一样陷于破产。

在军事上遭到严重挫折的情况下，戴高乐在 1959 年 9 月 16 日发表广播演说，承认阿尔及利亚人民享有"自决权"，并且提出：在实际恢复和平以后最迟不过 4 年之内，由阿尔及利亚人民举行公民投票，从"分离""全面合并"和"内政自治"三者之间进行选择。戴高乐的讲话是要阿尔及利亚人民在法国控制下，成立一个不包括民族解放阵线在内的阿尔及利亚。但法国国家首脑终于第一次承认阿尔及利亚不是法国的一部分，阿尔及利亚人有自决权表明法国对阿尔及利亚的态度和政策有了重要改变。

戴高乐提出这一主张后，阿尔及利亚临时政府在突尼斯举行会议。9 月 28 日，临时政府发表声明，表示决心为争取阿尔及利亚的独立而斗争，愿意以法军全部撤出阿尔及利亚为先决条件同法国就停火和实现自决进行谈判。11 月 20 日，临时政府任命在 1956 年被法国当局监禁的本·贝拉等 5 人为谈判代表，遭到戴高乐拒绝。从 12 月 16 日起，民族解放阵线革命全国委员会在的黎波里举行会议，1960 年 1 月 19 日发表声明，重申为争取阿尔及利亚独立而战斗的决心，同时表示将尽力争取和平解决的实现。

与此同时，阿尔及利亚民族解放军运用游击战的战略战术，在战场上频频出击。法军疲于应付，不得不把兵力集中防守主要城镇、交通线，并封锁阿尔及利亚的东西边境。到 1960 年，法国政府只得以"固守重点，全面封锁"的战略代替"重点围剿"和"重点扫荡"。由于城市里群众斗争的发展，法国殖民当局被迫从战场上抽调兵力以控制局势。在进退维谷、泥足日深的情况下，1960 年 6 月 14 日戴高乐再次提议同民族解放阵线领导人谈判，以"寻求结束战斗的体面方法"。6 月 25—29 日，阿尔及利亚临时政府的代表同法国政府的代表在巴黎附近的默伦举行预备会谈。由于法国政府只准备讨论停火和"保障"起义者安全等问题而不是讨论阿尔及利亚的政治前途问题，会谈未有结果。

默伦会谈破裂后，法国加强了在阿尔及利亚的军事行动，企图凭借法军数量上的优势改变战场上的被动局面。法国政府把它的大部分兵力投入阿尔及利亚战场，军费消耗每天高达 30 多亿法郎，但是法军在战场上始终没有处于优势地位。1960 年上半年，法国国内不断出现要求和平解决阿尔及利亚问题的运动。迫于形势，11 月 4 日戴高乐发表电视讲话，表示将就是否同意阿尔及利亚人民实行自决，并在自决之前组织公共权力机关的问题举行公民投票。此时戴高乐第一次提到"阿尔及利亚共和国"，说"阿尔及利亚共和国总有一天会存在的"。

1961 年元旦，阿巴斯总理在突尼斯发表广播演说，号召阿尔及利亚人民抵制投票。在 6—8 日公民投票举行后，阿尔及利亚临时政府外交部宣布不承认公民投票的结果。由于法军已没有取胜的可能，3 月 15 日法国政府声明愿意同阿尔及利亚的"正式代表团"进行谈判。戴高乐不再坚持把停火作为政治解决的先决条件。

5 月 20 日，阿尔及利亚和法国的代表团在埃维昂开始谈判。谈判中，法国否认阿尔及利亚对撒哈拉的主权，要求把资源丰富、面积相当于阿尔及利亚 4/5 的撒哈拉地区分割出来，由法国继续统治，并由在阿尔及利亚的欧洲人组织"可以管理和代表自己利益的集团"；要求保留法国的军事基地；还要求马上宣布"停火"。阿尔及利亚代表团拒绝了这些无理要求，表示在它的独立、领土完整和主权原则得到尊重的基础上可以讨论同法国合作和开发撒哈拉的问题，并承诺在独立后保障当地法国人的正当权益。

阿尔及利亚民族解放阵线在谈判的同时并没有停止战场上的较量，先后在奥雷斯、卡比利、北君士坦丁、提特里、瓦尔斯尼斯等地区发动强大的攻势，使法军遭到重大损失。法国政府两次中止谈判，但它除了结束军事行动外无路可走，不得不于 1961 年 12 月和 1962 年年初同阿尔及利亚临时政府代表团秘密会谈，并在 3 月 7 日恢复埃维昂正式谈判。在双方妥协的基础上，3 月 18 日阿尔及利亚和法国政府签署《埃维昂协议》。第 2 天，双方军事行动结束。

《埃维昂协议》是阿尔及利亚民族解放阵线在粉碎了法国的军事镇压之后，通过艰苦的谈判取得的成果。在协议中法国承认"阿尔及利亚人民有权通过直接和普遍的投票，决定他们同法兰西共和国关系的政治前途"。双方一致认为，解决阿尔及利亚问题的办法是"在同法国合作下实现阿尔及利亚独立"。"阿尔及利亚国家对内对外将行使其充分和完全的主权。"协议规定，"在实现自决后，法军将立即从阿尔及利亚边境撤退"。阿尔及利亚军民经过多年流血奋斗，终于获得了独立和主权。在某些问题上，阿尔及利亚临时政府照顾了法国的利益和需要，协议规定同意法国租借米尔斯、克比尔基地15年，期满后还可以续借；允许"法国使用它所需要的某些军用机场、场地、地段和设施"；保证法国开采撒哈拉石油的权利和采矿的优先权等。这些让步是在保证阿尔及利亚独立和主权的前提下作出的、不损害阿尔及利亚人民根本利益的妥协，《埃维昂协议》的签署标志着阿尔及利亚人民反对殖民主义斗争取得了光辉的胜利。

停火实现之后，阿尔及利亚面临走什么道路的问题。5月27日，阿尔及利亚革命全国委员会在的黎波里开会，讨论并通过了由本·贝拉等人提出的纲领。纲领规定阿尔及利亚革命的任务是继续进行战斗，通过国家和社会革命扩大和巩固武装斗争的成果，实行土地改革和国有化，建立民族经济。实行反对帝国主义、殖民主义，支持阿拉伯世界和非洲统一运动，支持民族解放运动和争取和平的对外政策。7月1日，阿尔及利亚举行全国公民自决投票，赞成独立的占99%。7月3日，正式宣告阿尔及利亚独立，9月25日，召开国民议会，阿巴斯当选为国民议会议长，本·贝拉当选为总理，布迈丁为副总统兼国防部长。政府规定，7月5日为独立日，11月1日为国庆日，同时宣布国名为阿尔及利亚人民共和国。

阿尔及利亚民族解放战争是一场在民族主义政党领导下，以农民为主力，全国各阶级各阶层群众广泛参加的波澜壮阔的民族战争，在战后非洲民族独立运动史上占有重要地位。

领导这场解放运动的阿尔及利亚民族解放阵线，以推翻法国殖民统治、争取祖国独立为斗争目标，制定了明确的政治纲领和坚持武装斗争的基本原则。经过长期、艰苦曲折的解放战争，在城乡斗争相互配合、武装斗争和群众运动相结合的基础上，民族解放阵线终于领导人民实现了民族解放的目标。

阿尔及利亚争取民族独立的斗争是代表全民族的根本利益和愿望的正义事业，因此，这场斗争动员和吸引了广大群众参加，并且也把各民族主义政党紧密地联合在一起。作为斗争主力的民族解放军是一支主要由农民组成，同各阶层人民密切联系的队伍。阿尔及利亚的每个家庭几乎都有人参加作战，群众不但供应粮食和给养，从物质上支援部队，还为部队做向导、放哨、侦察，配合部队进行战斗。部队来自人民，同人民群众血肉相连，保证了民族解放武装力量的不断壮大，也生动地体现了这场斗争的全民性质。

阿尔及利亚民族解放斗争不但得到了阿拉伯国家和中国等许多国家政府

和人民的支援，也极大鼓舞和支援了非洲和其他地区人民争取独立的民族斗争，具有重大的国际意义。阿尔及利亚人民在 7 年多的武装斗争中牵制了法国的大量兵力，消耗了法国的大量财力，削弱了法国控制其他殖民地的力量，迫使法国不得不在 20 世纪 60 年代初同意它在非洲的大部分殖民地独立。阿尔及利亚人民共和国的成立壮大了非洲独立国家的队伍，为发展非洲民族经济、保卫世界和平做出了贡献。

加纳独立运动

林修坡

加纳的北部地区在公元 4 世纪是古加纳王国的一部分。13 世纪，古加纳王国的居民因受新兴的马里王国的入侵逐渐南迁到加纳境内。从 1471 年起，葡、荷、英、法等国殖民者先后侵入加纳沿海，掠夺黄金、象牙、贩卖奴隶，由此该地区被称为"黄金海岸"。1897 年英国占领全境。第二次世界大战后，加纳反殖斗争蓬勃兴起。1957 年 3 月黄金海岸宣布独立，改名加纳。1960 年 7 月成立加纳共和国。

加纳独立运动兴起的历史背景

英国殖民者于 1553 年侵入加纳后，与法国、荷兰等国进行了反复的、激烈的争夺。1844 年占领加纳沿海地区。1874 年宣布在加纳沿海地区建立"黄金海岸殖民地"，并以此为基地向北侵入加纳内地。1896 年宣布加纳的阿散蒂地区为英国的保护国。1897 年又占领加纳的北部地区。至此，加纳全境沦为英国的殖民地。

英国占领加纳全境后，为了掠夺农业与矿产资源，加紧在加纳开采黄金、锰、钻石、铁钒土等矿产，扩大可可的种植面积，使加纳的几种矿产品及可可的产量迅速增长。黄金输出量在 1901—1911 年由 6 万盎司增加到 28 万盎司。锰的产量由 1923 年 139595 吨增加到 1937 年的 527036 吨。钻石的输出量 1920 年只有 102 克拉，1933 年达到 75 万克拉。可可是 1879 年引入加纳种植的。1901 年输出可可豆 536 吨，1921 年输出 13.3 万吨，1949 年输出达 26.3 万吨。

随着可可种植业及矿业的发展，加纳的商品经济越来越发展，民族资本主义生产关系逐步在农业、商业、运输业及矿业（主要是钻石）等部门开始产生，民族资产阶级在 20 世纪初开始出现。农业资产阶级主要是由少数种植可可的农民特别是酋长分化发展而成，他们雇佣几个至十几个的长工。在钻石开采方面也有一部分由加纳人开办的矿场，他们大都采用土法挖掘及筛选。由于气候的原因，欧洲人很少迁居到加纳。英国殖民当局及垄断企业不得不依靠或允许更多的非洲人从事可可、矿产及其他商品的收购、运输及零售等业务，从而在商业、运输业等部门也逐渐产生民族资产阶级。

英国殖民主义统治对加纳民族资本主义的发展制造着种种障碍。1860年，海岸角人汤姆斯·胡格斯从国外购买了一套开采黄金的设备。当他在 1861 年打出一个富矿时，殖民当局"保护"下的酋长即命令他停止经营，他的采金进口设备也被毁坏。1882 年以格兰特为首的 12 个芳蒂族人开办了一家采金公司。不久，这家公司即被迫把资产转售给一个欧洲商人。外国资本主义对加纳民族资本主义的排挤和压制激起了加纳民族主义力量的反抗。在反抗外国资本主义压迫、维护民族资本主义生存和发展权利的斗争中，加纳民族知识分子起了重要的作用。加纳民族知识分子队伍是在殖民主义对加纳统治掠夺的过程中逐渐产生和成长的，他们从教会及殖民当局举办的学校毕业后，大多数在当地行政机关、工矿企业、邮政、海关、银行、医院、报社、教堂等机构中担任职员、医生、教员、牧师及律师等。他们遭受殖民者的歧视和压制，社会地位和民族资产阶级相似。他们中的大部分人具有资产阶级民族主义和民主主义思想及现代政治、经济、法律与科学技术知识，因而在建立民族主义组织、开展民族主义运动中往往起着积极的甚至先锋的作用。

早在 1871 年，加纳沿海地区芳蒂联邦的知识分子即和各部落酋长制定了芳蒂联邦宪法（也称曼克西姆宪法）。该宪法提出要建立具有立法权力的"代表大会"及"开设学校""提倡农业和工业经营"等一系列措施。尽管这次活动被殖民当局镇压，但新兴的民族力量继续奋斗。1897 年，一些知识分子和酋长又建立了"保障土著居民权利协会"，对殖民当局掠夺非洲人土地的"公有土地法案"及其他损害非洲人利益的政策进行了斗争。1920 年，加纳律师凯斯利·海福德和英属西非其他国家的民族主义者联合建立了"英属西非国民大会"。1930 年，加纳另一个律师丹凯领导成立了"黄金海岸青年会议"。这两个会议都要求英国殖民当局修改宪法以扩大非洲人的权利，反映了新兴的加纳民族资产阶级及其知识分子的政治要求。

加纳民族资本在第二次世界大战中一度得到迅速发展。当时英国因受战争条件的制约，缩减了对加纳的资本输出与商品倾销，放松了对加纳民族资本的限制，甚至鼓励非洲人开办与战争有关的企业以满足军需，给加纳民族资产阶级的发展提供了有利的条件。

随着民族资本主义的发展，加纳工人阶级队伍在第二次世界大战期间不断壮大。加纳工人阶级是伴随英国资本在加纳的矿业、交通运输业、原料加工业及基础工程的兴建和发展而逐渐形成的。1931年有13万多人，1947年增加到27万多人（其中在可可种植园的有21万人，在采矿业的有3万多人）。在大战期间，加纳工人争得了组织工会的合法权利。1944年成立第一个全国性的组织——"黄金海岸工会大会"。加纳工人阶级由于产业工人占少数，季节性的流动劳工较多，没有建立本阶级的政党，所以未能担负起民族主义运动的领导责任。但由于它所处的社会地位，使它蕴藏着很大的革命潜力，成为反对英国殖民统治的重要动力。

正是加纳工人阶级、民族资产阶级和小资产阶级力量的不断发展为加纳独立运动的兴起创造了条件，这是加纳民族资本主义和外国垄断资本主义之间矛盾发展的必然产物。

英国在第二次世界大战中虽然是战胜国之一，但在战争中遭到很大损失。战后初期，亚非拉地区民族解放运动蓬勃兴起给庞大的不列颠殖民帝国以沉重打击，使其力量进一步削弱。战后称霸世界的美国又极力向亚非拉渗透，帝国主义国家争夺势力范围的斗争激化。上述国际环境为加纳独立运动的兴起及胜利发展提供了有利的外部条件。

战后初期，加纳人民民族觉悟提高，广大群众积极投入反殖斗争，则是加纳独立运动蓬勃兴起的最重要的内部动力。在第二次世界大战中，加纳人民不仅在后方为同盟国军队提供了可可与棕榈油等食品及橡胶、镁、铁钒土等战略原料，而且派出7万名健儿参加了英国军队。他们转战非洲的东北部，甚至远征缅甸，为反法西斯战争的胜利做出了贡献。经过战争的洗礼，加纳人民加深了对帝国主义本质的认识，提高了争取民族解放的信心。战争结束后，他们对英国继续保持对加纳的殖民统治和掠夺越来越感到愤慨。恩克鲁玛在谈到加纳退伍军人时说："在他们有机会拿自己的命运同其他国家的命运加以比较之后，他们就对自己的处境感到不满。任何路线，只要能改善他们的处境，他们就准备采取。人们对英国直到当时为止所采取的殖民政策普遍感到不满，对于英国极力鼓励部落封建主义的间接统治政策尤其感到不满。"

对英国殖民当局日益不满的除退伍军人外，还有加纳的农民、工人、城市小资产阶级、民族资产阶级以及部分酋长，农民占加纳全国人口的70%左右，其中一部分是种植可可的小农户。英国垄断公司通过不等价交换剥削加纳广大农民，殖民当局设立"可可管制局"及"农产品销售局"，为垄断公司服务。许多农民由于入不敷出、债台高筑，以致田庄被没收，怨声载道。特别是当可可树患肿牙病时，当局以该病带有传染性为由，强令农民砍掉大片病树，使他们生计无着，叫苦连天。加纳的广大工人由于工资很低，物价飞涨，生活也非常困难。城市小资产阶级和民族资产阶级政治上受歧视，经济上受排挤，对殖民不满情绪日趋强烈。在他们的带动下，社会各阶层纷纷提出了改变殖民制度和政策的要求。战后加纳独立运动正是在这个基础上兴起了。

黄金海岸统一大会党的建立

加纳人民争取自治和独立的运动虽然在第二次世界大战以前已萌发，但那时规模很小，主要是少数知识分子和酋长参加了斗争。第二次世界大战后，黄金海岸统一大会党的成立标示着加纳独立运动开始兴起。1947年8月4日黄金海岸统一大会党在加纳的索耳特庞德正式成立①。它是在"黄金海岸青年会议"基础上经过几个月的筹备而成立的第一个加纳民族主义政党。该党的宗旨是："保证用一切合法的手段，使控制和指导政府的权力在尽可能的最短的时期内转到人民及其酋长的手中。"该党的主席是木材工业家和木材、可可出品商乔治·阿尔弗雷特·格兰特，副主席是约瑟夫·丹凯博士和布利。领导成员中许多是以律师为业的知识分子。应丹凯博士的邀请，恩克鲁玛自英国回到黄金海岸，参加黄金海岸统一大会党的领导工作。1948年1月正式就任统一大会党总书记。恩克鲁玛（1909—1972年）生于加纳西南部思济马地区的恩克罗富尔村，特威族人，信天主教，其父是一个金匠，早年在教会学校和阿奇莫塔学院念书，毕业后先后在加纳的天主教初级学校和神学院任教。1935—1945年旅居美国，先后在林肯大学及宾夕法尼亚大学攻读经济学、社会学及教育学等。毕业后在林肯大学等几所美国黑人大学任

---

① 这是根据《加纳：19世纪及20世纪的发展及变革》一书提供的材料。《恩克鲁玛自传》记载该党成立于1947年12月29日。

教。在侨居美国期间，他组织了美国和加拿大非洲学生联合会，任该会主席。他同美国进步黑人领袖保罗·罗伯逊、杜波依斯等人有联系，并广泛地阅读了康德、黑格尔、马克思、恩格斯及列宁等人的著作。从 1945 年起，他旅居英国，进入伦敦经济学院深造。旅英期间，他担任西非学生联合会副主席、第五届泛非大会工作委员会秘书长、西非国民大会秘书长和黄金海岸工会主席。

恩克鲁玛担任总书记不久即召开该党工作委员会会议，原则上通过了他所拟定的组织纲领，确定第一个时期的任务是：吸收个人党员及团体党员，在全国各村镇建立支部，开办党的周末学校等；第二个时期的任务是利用政治危机，着重在全国举行示威游行；第三个时期将召开制宪大会，草拟实行自治或民族独立的宪法，并继续组织示威游行，抵制和罢工运动。为了发展党的组织，实现党在第一个时期的任务，恩克鲁玛到加纳全国各地组织群众大会，发表演说几百次。在短短的 6 个月内，仅在沿海地区即建立起了 500 个支部，向党员颁发了党证，收取党费，并采取各种方法为党组织筹措基金。

当统一大会党在全国各地建立组织之际，加纳广大群众掀起了反对殖民主义的斗争浪潮。1948 年 1 月 26 日，加族一个酋长尼·克瓦贝纳·博恩①发动了抵制欧洲进口货的运动。当时，外商操纵加纳物价，使商品价格高昂。抵制欧货运动的目的是为了迫使外国人在加纳开设的商店降低商品的价格。全国各地的许多酋长支持和响应这次运动。加纳各阶层人民把这次运动看作反对通货膨胀的措施，积极参加了运动。尼·博恩酋长组织群众集会，并在会上发表演说。恩克鲁玛称集会"至少是一种表达人民主要政治愿望的尝试"。运动和平地进行，没有发生任何暴动或混乱。由于它带有全国规模，给殖民主义以一定的打击，终于迫使外国商人让步。抵制运动于同年 2 月 28 日停止。

在抵制欧货运动宣布停止的当天，阿克拉的退伍军人在退伍军人联盟领导下举行了示威游行，要求殖民当局解决他们的失业问题及退伍补助金问题。当示威队伍走到通往总督官邸的路口时，警察命令他们停止前进，用催泪弹袭击游行队伍，接着向手无寸铁的示威群众开枪射击，当场打死打伤群众多人。在遭到残暴镇压的情况下，示威群众转向市区进发。他们占领中心

---

① 一译尼·克瓦比纳·邦尼。

监狱，释放政治犯，还烧毁了几家欧洲人的商店。当阿克拉市民闻悉殖民当局镇压示威群众的消息后，义愤填膺，袭击了外国人的商店，整个阿克拉城市陷于骚乱状态，许多建筑物包括联合非洲公司和联合贸易公司的大商店都被纵火焚烧。在这次事件中死亡 29 人，受伤 237 人。继阿克拉之后，库马西、科弗里杜亚等其他城镇人民也发生反殖运动。这次群众自发的斗争浪潮持续了一个月。

人民大会党领导的"积极行动"

统一大会党成立后不久，以恩克鲁玛为首的激进派和以丹凯为代表的温和派产生了意见分歧。英国殖民当局在阿克拉事件后逮捕了丹凯和恩克鲁玛等 6 名统一大会党的领导人。丹凯等人认为"这次被捕和苦难"是恩克鲁玛的"过错"造成的，他们怀疑恩克鲁玛是共产党人。恩克鲁玛等 6 人获释后，统一大会党便分裂成两派。丹凯等人对恩克鲁玛创办加纳学院和《阿克拉晚报》等活动表示不满。恩克鲁玛建立"青年组织委员会"，吸收思想激进的青年参加，主张"立即实行自治"，更引起丹凯一派人的反对。1948 年 9 月 3 日，恩克鲁玛被解除了总书记的职务。1949 年 6 月，以他为首的一派退出统一大会党，成立人民大会党。恩克鲁玛担任党的主席兼总书记。该党提出 6 点纲领：以一切合乎宪法的手段为黄金海岸各地酋长与人民"立即实现完全的自治"而进行无情的斗争；废除一切形式的压迫和建立一个民主政府；使加纳各部分保持完全的统一；争取改善就业条件；使人民有权作为自由的人民生活和管理他们自己；协助并促进一个统一和自治的西非的实现。

人民大会党主张用"积极行动"来实现自己的纲领，用恩克鲁玛的话来说，积极行动"就是采取我们能够用来打击在我国的帝国主义力量的一切合乎法律和宪法的手段。我们的武器就是：合法的政治鼓动、新闻报纸和教育运动，而作为最后手段的是，依据绝对非暴力的原则在宪法范围之内运用罢工、抵制和不合作，就像甘地曾在印度所运用那样"。

英国殖民当局曾于 1946 年 3 月颁布以当时总督阿兰·伯恩斯命名的伯恩斯宪法，允许非洲人参加黄金海岸的行政会议，并让非洲人在立法会议中占多数，英总督保留最后决定权。该宪法遭到黄金海岸统一大会党及广大加纳人民的反对。为了缓和矛盾，英国殖民当局被迫实行宪法改革，于 1949 年 10 月公布《库赛宪法草案》，规定非洲人在黄金海岸的立法会议和行政会议中占多数，国防、外交、财政和司法大权仍由英国人控制，英国总督握有最后否决权。

同年11月20日，恩克鲁玛主持召开加纳人民代表大会，有50多个组织的代表出席大会。会议决议指出，《库赛宪法草案》是"全国所不能接受的"，要求"立即给予黄金海岸人民以自治"。12月15日，人民大会党致函英国总督指出，如果英国政府继续蔑视人民的合法愿望，那么它将发动积极行动运动。殖民当局不听劝告，逮捕了该党党报的几名编辑，并判恩克鲁玛4个月徒刑或300镑罚款。于是恩克鲁玛召开群众大会，宣布采取积极行动，举行总罢工。

1950年1月8日午夜，加纳爆发大规模积极反殖运动。工人罢工、学生罢课，政府职员停止工作，商店关门，火车停开。总罢工和抵制英国货的运动由首都席卷全国，使国家经济生活陷于瘫痪。加纳各地人民还举行群众大会和示威游行，反对英国的殖民统治。面对蓬勃发展的群众抗议运动，殖民当局出动警察堵截游行队伍，殴打示威群众，并逮捕人民大会党的领导人和参加积极行动运动的积极分子，恩克鲁玛再次被逮捕入狱。

人民大会党由于领导积极行动遭到殖民当局的镇压，它在群众中的威信却因此提高了。短短的几个月里，该党党员增加了几千人。统一大会党因站在殖民当局一边反对积极行动，在群众中的威信进一步下降。原来支持它的群众，特别是青年党员，纷纷转到人民大会党一边。

1950年12月，英国殖民当局宣布，以《库赛宪法草案》为基础的新宪法将于1951年1月开始生效，决定在1951年2月按新宪法举行立法议会选举。恩克鲁玛和人民大会党其他领导人认为，应该利用大选的机会，通过竞选获得立法议会的多数席位并担任政府职务。这样可防止"帮凶和反动派"利用这个阵地。恩克鲁玛在狱中保持同狱外党组织的联系，要他们在选举中用尽一切力量来竞争每一个席位。人民大会党积极开展群众工作，赢得了加纳人民的广泛支持。结果在大选中，人民大会党获得58585张选票，占投票人数90%以上，在立法议会由直接选举产生的38个席位中得到34个席位。恩克鲁玛在狱中被选为议员，英国殖民当局不得不释放恩克鲁玛，任命他为政府事务领导人。加纳成立了责任政府，实行内部自治，实际权力仍掌握在英国总督手中。

人民大会党参加立法议会是为了从议会内外进行斗争，"争取现在实行自治"。恩克鲁玛认为，第二阶段是"策略行动"的阶段，"策略行动就是斗智的行动"。他主张继续争取加纳人民的支持，进一步推动英国殖民当局对宪法进行修改。1952 年 3 月 5 日，英国政府同意修改黄金海岸宪法，取消政府事务领导人，设置总理。总理由立法议会根据总督的推荐选举产生，其职位仅次于总督而高于内阁部长。行政会议改为总理领导下的内阁。3 月 21 日，恩克鲁玛被任命为总理，组成新的内阁。

恩克鲁玛于 1953 年 4—6 月会见了全国许多团体和组织，考察了对宪法改革的意见。同年 7 月 10 日，他在立法议会提出要求加纳独立的提案，获得议会一致通过。在加纳人民坚决要求独立的情况下，英国殖民当局于 1954 年 5 月再次修改宪法。新宪法规定：立法议会的 104 个议员全部通过直接选举产生，内阁成员由议会从议员中任命，内阁集体向国民议会负责。这就意味着立法议会全部由非洲人议员组成和建立非洲人政府。1954 年 6 月，加纳遵照新宪法的规定举行了大选，人民大会党在选举中又一次获胜，得到 55.4% 的选票，在 104 个议席中获得 72 个席位。恩克鲁玛组成了全部由人民大会党党员担任内阁部长的自治政府。国防、外交这两种权力，仍由总督直接掌握而不受内阁的控制。

加纳的独立和共和国的建立

自治政府的建立为加纳走向独立准备了有利的条件，但独立的道路仍然不平坦。帝国主义仍然试图挫败人民大会党谋取独立的努力。

1954 年下半年，加纳各地出现了许多反对派组织，阿散蒂有"民族解放运动党"，北部领土有"北方人民党"，多哥托管区有"多哥大会党"。这些组织大多由原统一大会党的右翼势力和当地的酋长及买办等组成。他们制造谣言，挑拨加纳各民族的关系，妄图阻挠加纳的统一与独立。1955 年年初，反对派组织联合提出一个宪法修正案，反对人民大会党所坚持的中央集权制，要求实行联邦制和设立国会第二院，他们还威胁要用武力达到上述目的。民族解放运动党在阿散蒂甚至掀起了地方叛乱。

反对派的活动得到英国的支持。英国有些报刊站在反对派的立场上报道阿散蒂的动乱，指责恩克鲁玛和人民大会党。英国殖民大臣通知恩克鲁玛说，只有在黄金海岸绝大多数人民都表示他们需要在最近的将来取得独立，并且一致同意这个国家的一个切实可行的宪法的情况下，英国政府才愿意立即给黄金海岸独立。1956 年 2 月 16 日，恩克鲁玛召开了有加纳 8 个团体的代表参加的阿奇莫塔会议。4月，恩克鲁玛依据该会的一致意见，提出了要求独立的议案，由议会一致通过。但英国当局以反对派没有参加阿奇莫塔会议为由，否定该议案获得绝大多数人的同意；宣布加纳应举行大选，如果在新选出的议会中以合理的多数通过独立议案，英国政府准备接受这个议案，并确定加纳的独立日期。

英国政府企图以大选来刁难争取独立的加纳人。人民大会党在恩克鲁玛的领导下勇敢地接受了这个"最后考验"，于1956年6月宣布解散1954年选出的黄金海岸立法议会，7月举行大选。选举结果，人民大会党在立法议会104个议席中取得72席，比反对党多40席。恩克鲁玛再次组阁。同年8月，加纳立法议会通过了授权恩克鲁玛政府向英国提出一项在英联邦内独立的决议。9月15日，英国政府宣布："要求留在英联邦之内的独立的动议，已经由新选出的议会以应当确认为合理的多数通过"，同意加纳于1957年3月6日独立。独立的宪法规定，英国女王为国家元首，由总督代表；如果总督不同意由总理掌管国防、外交，则仍由总督掌握。

加纳的独立是通过"积极行动"与"策略行动"促使英国逐步实行宪法改革而实现的。在独立后的三年里，加纳为清除殖民主义残余采取了众多措施。

在经济方面，加纳停止英国货币的流通；设立本国银行；发行本国货币；接管可可及钻石的贸易企业；对英国在加纳经营的5家金矿公司实行国有化等。在军队及政府机关推行人员非洲化政策。在文化教育方面，创办许多学校，实行免费教育，建立加纳科学院。

独立初期，加纳在清除殖民主义残余中最重要的措施是修改独立时的宪法。1960年4月，加纳举行全国公民投票，通过了恩克鲁玛提出的加纳共和国宪法，选举恩克鲁玛为第一任总统。同年7月1日，加纳共和国正式成立。此后，英国女王已不再是加纳的国家元首。

加纳的独立不仅为加纳社会经济的发展提供了基本的政治前提，更重要的是它给予斗争中的非洲人民以巨大鼓舞。加纳是第二次世界大战后撒哈拉以南非洲第一个获得独立的国家。加纳的独立，有力地推动了这一地区民族独立运动的迅速发展。加纳独立后，以恩克鲁玛为首的加纳政府大力支持非洲的民族解放运动。恩克鲁玛认为"加纳的独立如果不同非洲的全部解放相联系，那是没有意义的"。1958年4月和12月，由恩克鲁玛发起先后在加纳首都阿克拉召开了第一届非洲独立国家会议和第一届全非人民大会。两次会议都表示要尽一切可能"援助殖民地人民争取自决及独立的斗争"。加纳在恩克鲁玛领导下成立了"非洲事务中心",接待来自非洲各地的争取民族独立的自由战士,为他们提供武器和训练营地,成为非洲反殖斗争的后方基地,为非洲的民族独立与解放做出了贡献。

尼日利亚的独立

张晓华

1960 年 10 月 1 日，尼日利亚联邦宣告独立。尼日利亚人民经过长期艰苦斗争，终于在群众运动的基础上，通过宪制改革的方式赢得了独立。

殖民统治时期的尼日利亚

英国对尼日利亚的全面统治始于 20 世纪初叶。殖民主义入侵以前，尼日利亚各个地区的社会、经济发展是不平衡的。在这片广袤的土地上，还没有形成统一的民族国家。西方移植资本主义经济在尼日利亚发展起来以后，部族的、封建的、资本主义的生产关系在这个地区交错并存。为了适应英国垄断资本发展的需要，1914 年 1 月 1 日，英国将其在尼日尔河流域建立的几个殖民地和保护国合并为尼日利亚殖民地和保护国。

在英国对尼日利亚实施全面统治的过程中，尼日利亚的社会、经济、政治发生了巨大变化。

首先，移植资本主义经济的发展，使尼日利亚自给自足的自然经济瓦解，依附于宗主国的殖民地经济发展，尼日利亚的经济完全纳入世界资本主义的经济体系。

19 世纪以前，尼日利亚境内的农民一直以种植粮食作物为主。为了使尼日利亚成为英国永久的廉价原材料供应地，英国采取对来自殖民地的原料给予进口优惠待遇的方法，人为地刺激殖民地当局和外国商业公司采取各种手段在殖民地攫取廉价原材料，扩大经济作物的种植面积。据统计，19 世纪末被引进种植的可可，1900—1904 年平均每年出口量只有 305 吨；1935—1939 年增加到 9.6 万吨；1960 年已高达 15.4 万吨，逐步成为尼日利亚经济主要支柱的油棕种植业，仅棕榈仁一项就占世界棕榈仁出口总量的 45%。到 20

世纪 50 年代中期，西部地区许多省份的经济作物种植面积已占全部播种面积的 50%。经济作物种植面积的不断扩大，使尼日利亚成为向英国提供棕榈仁、棕榈油、可可、花生、棉花等经济作物的基地。到 1939 年，经济作物产品的出口值已超过尼日利亚出口总值的一半，1958 年增加到 69.7%。

与此同时，英国垄断资本把尼日利亚作为重要的投资场所，通过资本输出将资本主义的生产方式移植到尼日利亚，引起尼日利亚的矿山采掘业、交通运输业、商业和对外贸易发生连锁反应。随着世界市场对锡矿石需求量的猛增，尼日利亚锡矿石的年产量 1929 年已达 15335 吨，出口量占 80%。产量居世界第一位的铌铁矿，1938 年产量 532 吨，10 年后翻一番，到 1955 年产量已高达 3146 吨，出口 3047 吨。随着煤的年产量的增加和铁路铺设进度的加快，贯穿尼日利亚南北的几条大干线将境内的主要经济作物产区、矿山和沿海港口连接在一起，大大缩短了货物运转的周期。1924—1928 年，货运量由 56 万吨增加到 100 万吨。经济上的各种变化集中反映在对外贸易上，尼日利亚的进出口总值基本呈上升趋势（经济危机和大萧条时期除外）。1939—1953 年，出口总值由 890 万英镑骤增到 12530 万英镑。到 1960 年，出口总值达 16561 万英镑，进口总值达 21589 万英镑。殖民政府的关税收入从 1922 年的 400 万英镑提高到 1960 年的 6300 万英镑。

这种依附于宗主国的殖民地经济，并不是按照尼日利亚社会生产力自身的发展规律产生和发展的，而是英国垄断资本靠超经济强制的手段，迫使尼日利亚经济置于其控制之下造成的，这种经济上的变化随之引起社会政治和阶级结构的变化。

为了保证和加强对尼日利亚的全面统治，1914 年，由 36 名议员组成的尼日利亚议会宣告成立。36 名议员中，30 名为英国人，6 名为总督指定的非洲人。1922 年，殖民当局公布《克利福特宪法》，设立由 46 名议员（非洲籍议员 10 人，英国籍议员 36 人）组成的立法会议。其中 27 名议员为官方议员；19 名非官方议员中，15 名要由总督指定，4 名由选举产生，分别代表拉各斯市（3 名）和卡拉巴市（1 名）。宪法规定年收入为 100 英镑以上的成年男子才有选举资格，绝大多数尼日利亚人被排斥在外。立法会议实际上是总督的一个咨议机构，只能起装点门面的作用。推行"间接统治"制度，则是殖民当局实施全面统治的一个重要步骤。

间接统治制度是保存并利用当地历史上形成的封建统治方式和封建统治者的权力进行管理的一种统治方法。殖民当局向当地的封建统治者颁发委任状，提供薪俸，依靠这些人对各地进行管理。在尼日利亚南部地区，由于封建的因素尚不发达，采取委任酋长的办法，把当地居民中有影响的非洲人或者是愿意与殖民当局合作的人推出来充当统治者。被委任的酋长往往是部落上层人物，他们充当殖民当局的地方行政代理人，必须承认英国的宗主权，遵守英国的法律，听命于总督和监督他们行动的白人驻节长官。

殖民当局还建立了一套相应的管理制度，如 1916 年决定实行的直接征税制。直接征税制是一种现金税收制度，殖民当局企图通过征收和控制直接税的方法对尼日利亚进行统一管理。凡居住在尼日利亚境内的居民都要定期纳税，包括所得税、职业税、出售产品的商品税、特殊财产的占有税等。到 1930 年，直接征税制已在尼日利亚普遍实施，当年仅这一项税收就达殖民当局总收入的 14%。

直接征税制的实施加速了农民的分化。为了缴纳现金税款，一部分农民被迫改种经济作物；一部分人离家出走到矿山、城市寻找工作；那些因开采矿山而被迫同土地分离的农民，只得靠出卖劳动力为生。据统计，1938 年，雇佣工人中已有 15 万名固定工人，季节性流动工人为固定工人的 4—5 倍；1958 年在册的职工人数已达 478344 人。

随着商品经济的发展，到 1948 年已有 43% 的成年男子与现金交易发生联系。第二次世界大战前，以贸易中间人身份活动的商人和部落酋长有 10 万人左右。这些人中从事批发业务和汽车运输的商业经纪人，积聚货币，具有少量的商业资本，开始向资产阶级转化。第二次世界大战期间及战后初期，一部分尼日利亚商人向加工业和建筑业投资，创办众多的小型纺织厂、制鞋厂、轮胎制造厂等，为民族工业的发展争得一席之地。从 1957 年至 1958 年个人所得税的统计数字分析，年收入在 1000—3000 英镑的有 8800 多人，3000 英镑以上的有 3000 多人，而前者主要是尼日利亚人。为了摆脱外国财政资本的控制，发展民族资本，他们在 1929 年进行过创办银行的尝试。1933 年建立的尼日利亚银行，到 1953 年已集中了尼日利亚各银行存款总额的 9% 左右。

在这个时期，出现了一批受西方思想影响、掌握一定文化知识和现代生产技术的知识分子。20 世纪 20 年代初，尼日利亚人中具有初等以上文化水平和正在接受初等文化教育的人数只占人口的 0.5%，到 1951—1953 年，能够读写的人达到人口的 11.4%。这些人大部分在新闻、教育和政府部门中任职，少数人成为律师、医务工作者或者商人、企业家；还有一部分技术工人。20 年代初期，担任教师和政府雇员的有 2.1 万人。这支逐渐形成的知识分子队伍，成为一支不可忽视的社会力量。

现代民族主义运动的兴起

尼日利亚现代民族主义运动兴起于 20 世纪二三十年代，这是在殖民主义的政治压迫和经济剥削下，尼日利亚人民大众和殖民统治当局矛盾日趋激化的必然产物，是民族民主思想广为传播、尼日利亚人民民族意识觉醒的结果。

直接征税制和委任酋长制的推行引起人民的强烈不满。埃格巴王国、伊博兰、瓦里省和拉各斯市先后爆发了起义和抗议活动。1929 年年底席卷奥韦里省和卡拉巴尔省的"阿巴暴动"，矛头直指殖民当局，要求废除直接征税制，谴责委任酋长和殖民官员的不法行为。殖民当局对反抗群众的武装镇压和血腥屠杀，加深了双方的对立情绪，随之爆发的资本主义经济危机进一步使矛盾深化。

尼日利亚的经济被纳入世界资本主义经济体系之后，这个世界的每一个重大变化，都要对其产生必然的影响。在经济危机浪潮的冲击下，尼日利亚对外贸易额锐减，出口产品价格大幅度下跌。1928 年出口 4.9 万吨可可，出口值为 242 万英镑。1934 年出口量增加 60%，出口值却减少 46%。1928 年棕榈油、棕榈仁的价格分别为每吨 35 英镑和 21 英镑，1934 年下跌到 14 英镑和 7 英镑。经济作物价格的下跌，首先危及种植这些作物的农民。种植单一经济作物使他们在垄断价格面前束手无策，无法改变困境。出口产品价格下跌，进口产品价格却不断上涨。人人必需的食盐，1928 年进口价为每英镑 19 先令 7 便士，1934 年上涨到 1 英镑 13 先令 5 便士。在工业生产部门表现为工厂倒闭，产量下降，大批工人失业。煤矿公司和锡矿公司分别减少了 1/4 和 1/2 的雇工。人民生活毫无保障，政府税收有增无减。1931 年拉各斯城 14265 个纳税人中有 6214 人被控欠税。宗主国的经济危机被转嫁到尼日利亚人民头上。

一部分商人、手工业者、律师、职员从经济危机带来的严重后果中，开始意识到殖民地依附性经济和他们的切身利益是有矛盾的。为了各自的生存和发展，他们相继组织了一些地方性的、同行业的团体，如农民协会、渔民协会、矿业工会、汽车运输工会、拍卖商协会等，讨论他们共同关心的问题。这些建立在各自的社会、经济、文化利益基础上的组织，加强了同行业之间的联系，有利于联合行动的发动。

民族民主思想广泛传播是现代民族主义运动兴起的一个重要因素。20世纪二三十年代，正是泛非主义思想在非洲、美洲广泛传播的时期。1920年春，英属西非国民大会成立，会议讨论了西非实现民族自治的问题，要求给予西非各殖民地人民选举的权利。会后，尼日利亚的知识分子在英属西非国民大会尼日利亚分会的组织下，开始了一场争取民主权利的宣传运动。他们要求建立新的立法议会，给非洲人以选举权，由非洲人选举产生议会议员。

1922年，尼日利亚第一个政党——民族民主党宣布成立。这是一个以中产阶级为领导的资产阶级性质的政党，由被誉为尼日利亚民族主义之父的赫伯特·麦考莱创立。该党明确提出建立"一个民有、民治、民享的政府"的政治纲领；要求保证私人企业控制的尼日利亚资源的发展，实现自由经商、平等对待尼日利亚的商业者；并把参加拉各斯立法会议的选举、竞选议员作为实现其政治纲领的具体步骤和措施。民族民主党的政治纲领反映了尼日利亚新兴资产阶级的政治要求和经济利益，得到资产阶级、小商人和知识分子的支持，但它的活动和影响仅限于拉各斯一地。

随后，尼日利亚青年联盟、尼日利亚青年运动同盟、拉各斯青年运动、尼日利亚建设社等政党相继成立。其中影响较大的是1934年3月29日在尼日利亚青年联盟基础上建立的拉各斯青年运动，后改名尼日利亚青年运动。该党提出废除间接统治，实现地方自治，争取实现统一的政治目标。它第一次把尼日利亚作为一个整体，决心"把聚居于尼日利亚的各族人民组成统一的尼日利亚国家"。这个纲领得到广大青年的拥护。1938年公布的《青年宪章》，具体提出尼日利亚在英帝国范围内享有充分的自治和内部行政上的独立等要求。1938年年底，该党成员超过1万人，它的活动和主要力量集中在南部地区，在全国各省都建立了支部。

民族主义政党的建立是尼日利亚现代民族主义运动兴起的一个重要标志。一批受过西方教育，具有资产阶级民族民主思想的知识分子掌握了运动的领导权，成为运动的核心。民族主义政党在宣传民族民主思想、争取民主权利的斗争中，把竞选立法会议议员作为实现其政治纲领的一个具体步骤和措施，以此来发动和组织群众。民族民主党在拉各斯立法会议的3次竞选中连续获胜。非洲人选举产生的代表第一次参加了立法会议，增强了尼日利亚人为争取合法权利而斗争的信心。尼日利亚青年运动进一步把竞选议员同实现地方自治的目标联系起来，促使人民大众确立民族自治，建立统一的民族国家的信念。上述两个政党引导群众以合法斗争方式争取民主权利。由于运动尚处于兴起阶段，两个政党的成员和活动范围都有很大的局限性，还不可能形成群众性的社会改革运动。

尼日利亚和喀麦隆国民大会的成立

1943 年，英国政府邀请西非 8 个新闻记者访问英国。代表团成员、《西非向导报》创始人阿齐克韦以代表团名义撰写了一份《新闻记者备忘录》，引起了尼日利亚社会各界的普遍关注。

《备忘录》指出：大西洋宪章所宣布的各项原则，应当适用于西非各国人民，同时也应作为英国在这些国家推行政策的基础。西非各国人民正在参加反对法西斯主义的共同斗争，因此他们有权独立决定自己的命运和获得自治。它要求立即彻底废除对英属西非各国的殖民统治制度，由各殖民地实行地方自治，并且提出了具体步骤：先成立为期 10 年的代议制政府，然后成立为期 5 年的责任政府；在这一过渡期满后，各殖民地应获得独立，取得自治领地位，可以要求它们继续留在英联邦内，或者作为联盟国。《备忘录》提出的基本原则表达了西非各族人民要求独立和自治的愿望，得到尼日利亚和西非各族人民的广泛支持。其原则很快被西非民族主义政党在各自的政治纲领中采用。《备忘录》对促进尼日利亚人民的觉醒起了巨大推动作用。

阿齐克韦在《尼日利亚的政治蓝图》一书中对这一基本原则作了更充分的表述。他重申通过渐进的改革实现尼日利亚的自治和独立，认为尼日利亚独立过程中的一个主要障碍是缺乏管理国家的人才。因此他提出：尼日利亚走向完全自治和独立的过程需要 15 年时间，在前 10 年预备阶段，由英国人管理，主要行政职务分别由英国人和尼日利亚人担任。国家应做好获得完全独立的准备。随后 5 年过渡时期，尼日利亚人要学会管理国家，完成整个行政管理系统的尼日利亚化，使内政外交逐步过渡到完全独立。阿齐克韦强调，英国应当自愿同意实行这些渐进的改革，给予尼日利亚独立。为了实现上述改革，要签订一项协定，规定英国殖民部和地方管理机关的职权，以便逐步地把全部政权移交给尼日利亚人。考虑到国内民族成分的复杂性，阿齐克韦建议成立一个由若干享有自治权的行政单位组成的尼日利亚联邦。他拟定了一部尼日利亚宪法草案，指出：唯有建立一个掌握主要生产资料和分配手段，或对它们实行监督的民主制的尼日利亚国家，才能有效地保证社会平等和普遍福利。宪法草案规定：全部立法权应当属于在普选基础上由无记名投票产生的议会，行政权分别由总督及其任命的部长会议执行。

阿齐克韦提出的采取非暴力方式争取自治，进而实现独立的主张得到民族资产阶级、小资产阶级、知识分子和工农大众的拥护。在第二次世界大战期间，尼日利亚出现众多的政党、社会团体和组织，这些分散的政治集团在各自的活动中逐渐产生协同作战的愿望，需要联合。阿齐克韦的政治主张因得到各个政党的赞同，一个全国性的政党"尼日利亚和喀麦隆国民大会"就在此基础上诞生了。

1944 年 8 月，由尼日利亚学生联合会发起，在拉各斯召开有尼日利亚青年运动、建设社、工会、农会等组织的代表参加的会议。与会代表热烈拥护各政治团体联合的主张。26 日，会议通过组织新政党的决议。"尼日利亚和喀麦隆国民大会"宣告正式成立。原民族民主党领导人麦考莱被选为党的主席，阿齐克韦当选为总书记，成为该党的思想家和实际组织者。

《尼日利亚和喀麦隆国民大会党纲》明确规定，它的目标是"坚持和维持尼日利亚的统一和主权""提高人民的生活水平""保证人民的言论、出版、集会、工作、经商的自由""同非洲所有的民族主义运动合作，为彻底根除各种形式的殖民主义、帝国主义、种族主义和种族歧视的法律而斗争，为非洲的统一而斗争"。该党要求：颁布民主宪法，实现自治，争取实现在英联邦范围内的国家独立。该党创建时期只吸收各政治组织、群众团体集体加入。有尼日利亚工会大会、民族民主党、复员军人联合会、进步文学协会、西非农民委员会等 100 多个政党和团体加入该党。

尼日利亚和喀麦隆国民大会的成立，表明尼日利亚现代民族主义运动已从初期萌芽阶段步入成熟时期。阿齐克韦提出的通过民族改良主义的和平方式争取自治，实现独立的思想逐渐成为运动的指导思想。尼日利亚的民族主义运动正在开创一条适合尼日利亚国情和发展的通往自由之路。

反对理查兹宪法运动

"尼日利亚和喀麦隆国民大会"成立后，立即领导了反对《理查兹宪法》的运动。

在尼日利亚人民争取民主权利的斗争日益高涨的形势下，殖民当局被迫在 1942 年对《克利福特宪法》进行修改，于 1944 年 12 月由尼日利亚总督理查兹提出一部新宪法，定于 1947 年开始生效。这是英国殖民当局为了对付民族民主运动，以所谓"宪法改革"来维持其统治的一种手法。《理查兹宪法》标榜其目标是促进尼日利亚的统一，在统一的愿望之下充分照顾构成尼日利亚的各个方面，使非洲人更多地参与讨论他们自己的事务。

《理查兹宪法》规定成立中央立法会议，把尼日利亚分为北区、西区和东区 3 个行政单位，各区设置立法机构——区议会。区议会的议员由官方代表、土著当局挑选的非官方代表和总督指定的代表组成。区议会没有立法权，除选举出席中央立法会议的非官方代表外，只有讨论本区法案的权利。这样所谓的地方立法机关成为虚设的机构，殖民当局可以采取分区而治的方法，对 3 个行政区加强控制。中央立法会议仍是一个咨询性质的机构。立法委员中除 16 位官方代表外，28 名非官方代表中 4 名由选举产生，24 名为总督指派或间接选举产生。总督对中央立法会议通过的法律享有否决权，对任何行政机关的行动享有否决权。全国的政治经济管理权属于总督领导下的行政委员会。

《理查兹宪法》提出后遭到尼日利亚人民的强烈反对。他们指出，宪法不应仅仅使尼日利亚人更多地参与有关他们自己事务的讨论，而要使他们能更多地参与同他们有关的事务的管理。阿齐克韦明确指出："我们要求承担我们国家政府职责的权利。"1945 年 3 月 27 日，"尼日利亚和喀麦隆国民大会"提交一份转交英国殖民大臣的备忘录，指出宪法的制定没有征询尼日利亚人民的意见，没有考虑尼日利亚人民的利益；要求废除由总督指定议员的制度，实行由选举产生议员的人民代议制。英国殖民大臣无视尼日利亚人民的要求，坚持按期实施新宪法。英国下院在 1945 年 11 月 19 日仅用了 30 分钟时间就匆忙通过该宪法，把一部由一人包办的宪法强加在 2300 万尼日利亚人民头上。"尼日利亚和喀麦隆国民大会"决定立即行动，组织群众集会和示威游行，利用演讲和报纸揭穿《理查兹宪法》的实质。他们要求废除这一宪法，实行公民直接选举，扩大非洲人的名额。

为了去伦敦向英国政府当面提出抗议，"尼日利亚和喀麦隆国民大会"决定进行全国旅行，争取人民的支持，征集在抗议宪法的请愿书上签名，同时为赴伦敦的代表团募捐。1946 年 4 月 22 日，82 岁的麦考莱和阿齐克韦等人开始了对全国各地历时 8 个月的旅行。麦考莱在途中病逝，阿齐克韦接替他的职务。阿齐克韦等人访问了全国各地区的主要城市，使"立即实行自治"的口号为广大群众所接受，153 个城镇的居民委托他们前往伦敦代表尼日利亚人民说话、办事。众多的群众向代表团提交了请愿书。此行代表团共募集到 1.3 万英镑捐款。当他们回到拉各斯时，受到 3 万群众热烈欢迎。

1947 年 6 月，以阿齐克韦为首的尼日利亚和喀麦隆国民大会代表团赴伦敦向英国政府表示反对《理查兹宪法》。8 月 13 日，他们同殖民大臣进行了4 小时会谈，毫无结果。英国首相拒绝接见代表团。英国政府蛮横无理的态度激怒了尼日利亚人民，拉各斯举行了历史上第一次有 3 万人参加的游行大示威，示威者高呼"不自由毋宁死！""废除理查兹宪法！""我们要自治！"等口号。代表团回到拉各斯时，10 万人举行欢迎活动，实际上是一次更大规模的抗议示威。面对人民的激烈反抗，接替理查兹任总督的麦克费逊不得不在 1948 年 8 月的立法会议宣布，考虑修改现行宪法的问题是适当的。

在此基础上把宪制改革运动向前推进了一大步的，则是 1949 年恩努古煤矿工人的罢工运动和全国各地的反抗运动。

1949 年 11 月 7 日，恩努古附近的煤矿工人举行罢工和怠工，要求提高工资和补发 1946 年、1947 年的工资。行政当局拒绝工人的要求，解雇了250 名矿工。随后行政当局采取同盟歇业的方式对工人施加压力，他们不许接班的矿工下井，用停止往矿井供水、通风的办法，逼迫留在工作面的矿工上井，决定封闭矿井。11 月 18 日，100 多名全副武装的警察向煤矿工人开枪射击，21 名矿工被打死，51 名受伤。恩努古血案是一次蓄意谋杀矿工的挑衅行为，并且经过殖民当局的周密策划。血案发生前两天，矿场的英籍职员都停止办公，他们的家属被从矿区疏散到城里，医院腾出许多床位。集结在矿区的全体警察一改往常不带武器的规定，都配备了步枪。矿工惨遭杀害的消息迅速传遍全国，罢工、罢市、示威、集会，反对殖民当局屠杀工人的怒潮席卷了整个东尼日利亚。在 11 月 27 日举行的各界代表参加的拉各斯群众大会上，许多发言者提出要以暴力反对暴力。斗争由抗议对矿工的野蛮迫害扩展到反对英国的殖民制度，大大推动了全国上下要求废除理查兹宪法、实现自治的运动。阿巴市人民在给英国当局的备忘录中说："这个外国政府的上台，不是靠人民的拥护，而是凭借英国枪炮的力量强加给人民的。"恩努古、哈尔科特港等地群众提出了实现独立的要求。

面对声势浩大的群众反抗运动，殖民当局被迫同意成立恩努古事件调查委员会，并决定提前修改《理查兹宪法》。1950 年 1 月 9 日全国修改宪法会议开幕。

"一个国家、一个宪法、一个命运"

全国修改宪法会议是尼日利亚历史上第一次有非洲人代表参加的宪法修改会议，53 名代表中，非官方立法会议议员 28 名，区议会推选的代表 25 名。尽管最后的决议还是取决于英国驻尼日利亚总督和殖民大臣，但这件事本身就充分说明殖民当局的统治地位面临着严重的挑战，在民族主义运动高潮面前，殖民主义者不得不作出重大让步，改变策略。尼日利亚和喀麦隆国民大会的代表坚决要求取消间接选举制度，实行普选。殖民当局只是在中央机构的代表名额上进行了调整。根据新通过的《麦克费逊宪法》，设立中央立法机关——众议院，其成员包括 6 名官方议员（英国人），136 名选举产生的议员和至少 6 名由总督指定的所谓特别议员。非洲代表名额大大增加，获得众议院的多数席位。在行政机构——部长会议中，非洲人占据 18 个职位中的 12 个。

新宪法不顾"尼日利亚和喀麦隆国民大会"代表的坚决反对，还是把尼日利亚分成北区、东区和西区 3 个行政区，各区分别建立立法、行政委员会和政府。3 个行政区的划分使各个地区的权力进一步扩大，客观上助长了一些地方封建主和部落酋长的分立主义情绪，加速了西区和北区新政党的建立。

1950 年 3 月 26 日，以阿沃卢瓦为首的约鲁巴人建立了西区的政党——"行动派"。阿沃卢瓦是个地方主义的拥护者，他曾说："尼日利亚不是一个国家，它仅仅是一个地理概念，根本就没有什么尼日利亚人。""行动派"也要求"立即结束英国在我政治生活的各个阶段的统治"，但阿沃卢瓦认为尼日利亚还不具备自治的条件，英国人过早离开会引起内战。该党宣称它将首先为西尼日利亚的自治而斗争。1951 年北区宣布成立"北方人民大会党"，参加 1951 年的竞选。该党提出"尽一切努力使尼日利亚自治早日到来"，不同意规定独立的确切日期。该党纲领中规定保留封建统治者的政权和特权。西区和北区政党的建立，削弱了"尼日利亚和喀麦隆国民大会"的影响。该党的成员以东区的伊博人为主，某些党的领导人中存在一定的部落主义倾向，1950 年以后，一些约鲁巴人和北方的富拉尼人退出了该党。

殖民当局企图利用各个部落、部族之间的矛盾，挑起尼日利亚各地区各政党之间的纠纷，尼日利亚民族主义运动面临着严重考验。

1951 年年底，阿齐克韦发表致"行动派"领袖的公开信，信中说："我们两党之间虽然存在着重大差别，但是，在尼日利亚还是一个殖民地国家的时候，我们有着共同目标，这个目标是在我们用自己的特殊方法解决我们的问题以前所必须达到的。"随后，"尼日利亚和喀麦隆国民大会"提出了"一个国家、一个宪法、一个命运"的口号，呼吁建立争取民族独立的统一战线。"一个国家、一个宪法、一个命运"的口号得到全国广大人民群众和"行动派"普通成员的支持。在此形势下，行动派的领导放弃了原来的地方分立主义立场，赞成争取全尼日利亚自治的共同要求。从此，"尼日利亚和喀麦隆国民大会"与"行动派"，这两个在东区和西区各占优势的大党，在争取民族独立的问题上协同一致、并肩作战。

1953 年 3 月 31 日，"行动派"议员向众议院提交一议案，要求议院同意以争取在 1956 年实现自治为尼日利亚的主要政治目标。北方人民大会党领袖贝洛反对通过这个议案，建议将 1956 年改为"尽早"。为了使北区人民接受争取在 1956 年实现自治的意见，"尼日利亚和喀麦隆国民大会"与"行动派"的领袖们派出代表团，到北尼日利亚各城市宣传自己的观点。北尼日利亚的另一个政党——"北方进步分子联盟"，支持立即实行独立的主张，在北部地区开展积极的活动。北方人民大会党工作委员会的一些委员也写信给该党领袖贝洛，呼吁加强全国的统一。

在全国主要党派的团结日益加强的形势下，英国政府被迫再度召开宪法会议，邀请各区代表到伦敦商讨如何修改宪法的问题。由于召开会议的目的不明确，与会代表由殖民当局挑选，阿齐克韦和阿沃卢瓦拒绝出席会议。在两位领导人的坚持下，经过一系列的会议和谈判，尼日利亚总督终于在 6 月 19 日与三大政党的领袖就会议宗旨和与会人选问题达成协议。

1953 年 7 月 30 日制宪会议在伦敦开幕。经过 20 次全体会议，决定将众议院选举产生的议员名额扩大到 184 人，官方议员名额减少为 3 人；区议会不设官方议员，区议员不再兼任众议员。会议通过的宣言中指出：英国政府将于 1956 年给予要求自治的地区以地方自治的权利。1954 年 1 月 19 日，宪法会议在拉各斯复会。会议宣布尼日利亚为联邦国家，由 3 个区和拉各斯直辖市组成。但殖民当局利用 3 个政党在独立问题上的不同意见，拒绝确定给予尼日利亚独立的日期。1954 年 10 月 1 日，新宪法——《李特尔顿宪法》生效，年底举行了第一届联邦众议院选举。"尼日利亚和喀麦隆国民大会"与"北方人民大会党"联合组成第一届联邦政府。各区总理分别由阿齐克韦、贝洛和阿沃卢瓦担任。

1957 年 3 月 26 日，联邦众议院授权出席行将召开的宪法会议代表们，要求在 1959 年给予尼日利亚自治。4 月 16—17 日，尼日利亚 3 个区的总理举行会议，达成了必须争取尼日利亚在 1959 年获得独立的协议。

由于尼日利亚各主要政党的领导人在独立问题上采取了一致的坚定立场，在 1957 年和 1958 年召开的制宪会议上，英国被迫同意尼日利亚于 1960 年 10 月 1 日独立。

1959 年 12 月 12 日，尼日利亚举行联邦众议院选举，"北方人民大会党"与"尼日利亚和喀麦隆国民大会"组成联合政府，阿齐克韦当选参议院议长，巴勒瓦任联邦总理。1960 年 10 月 1 日，尼日利亚联邦独立。1963 年 10 月 1 日，宣布成立尼日利亚联邦共和国。

尼日利亚现代民族主义运动大体可以分为两个阶段：第一个阶段是以麦考莱的民族民主党为代表的时期，运动以宣传民族民主思想，争取民主权利为主；第二个阶段是以"尼日利亚和喀麦隆国民大会"为代表的时期，运动以通过改良主义的和平方式实现自治为指导思想，在群众运动的基础上形成群众性的社会改革运动。正是第二次世界大战后形成的新的国际形势，为尼日利亚民族主义运动提供了条件，使它走上了以争取民族自治为目标，以实现宪制改革为手段，在群众斗争的基础上和平地取得独立这样一条民族改良主义的道路，以实现资产阶级民族民主革命的任务。

1960 年刚果事件

汤平山

1960 年 7 月 8 日，比利时武装部队入侵刚果共和国（今扎伊尔），并唆使加丹加省独立，使刚刚诞生的刚果共和国局势动荡，面临分裂的危险。刚果共和国总理卢蒙巴为捍卫国家主权和统一进行了英勇斗争，不幸惨遭杀害。在外国势力的干预下，刚果局势进一步恶化。

独立前夕的刚果

刚果位于非洲中部，面积 234.58 万平方公里。人口 2000 多万，80% 以上是班图语系的刚果人、卢巴人、库巴人、蒙戈人等，其余为苏丹语系的阿赞德人等。盛产金刚石和铜等多种金属矿，水力资源丰富，刚果河（扎伊尔河）及其支流形成稠密河网，森林面积约占国土面积的 1/2，生有黑檀、乌木、红木等热带珍贵林木。19 世纪 70 年代，比利时国王利奥波德二世以考察的名义派出大批人员入侵刚果，掠夺和占领了该地区的大片土地。1884—1885 年欧洲列强召开的柏林会议，把刚果划给利奥波德二世所有，成为比利时国王的私人领地，成立以利奥波德二世为君主的"刚果独立国"。1908 年，比利时政府宣布直接行使对刚果的统治，称比属刚果。

在殖民统治时期，比利时对刚果实行专制统治。比利时国王兼任刚果国王，他委派的总督代表国王行使对刚果的最高统治。全国设立省、专区和县等行政单位，均由总督任命比利时官员进行直接统治；只有基层单位才允许当地的酋长参加管理，广大人民被剥夺了一切政治权利。对那些敢于进行反抗的人民，比利时殖民当局进行了残酷的镇压。在 20 世纪 20 年代，它曾经镇压了基邦古运动，30—40 年代又镇压了众多的群众反抗活动。

刚果是一个资源丰富的国家，向有"世界原料仓库"之称。这些丰富的资源，吸引着比利时等外国垄断资本的流入。第一次世界大战前夕，刚果的外国垄断资本已有 77 亿比利时法郎，到 1953 年上升到 937 亿比利时法郎。主要属于比利时的五大外国垄断公司，即比利时总公司、布鲁芬纳公司、艾姆平银行、康米尼埃公司和龙尼莱佛公司，基本控制了刚果的经济，每年从刚果获取巨额的利润。据 1953 年统计，当年比利时各公司从国内和国外投资取得的利润为 264 亿比利时法郎，其中 81 亿即利润总额的 30% 是从刚果得来的。

第二次世界大战爆发后，美国资本大量流入刚果。据 1960 年的统计，美国在刚果的投资达 6 亿美元，仅次于比利时而居第二位。美国对刚果的战略资源尤有兴趣。美国在第二次世界大战中使用的第一颗原子弹，就是用刚果的铀制成的。刚果的其他战略资源，诸如锂、钴、钽、锡、锰、金刚石等，大部分输往美国。

第二次世界大战结束后，非洲民族解放运动风起云涌，刚果人民提出了实现国家独立的要求。慑于非洲民族解放运动的高涨，比利时政府被迫改变其殖民统治政策。1955 年比利时国王博杜安访问刚果时，提出建立比利时—刚果共和体的主张。一些比利时文人也向政府建议，让刚果在 30 年内逐步实现独立。已经觉醒了的刚果人民，拒绝比利时国王提出的建立共同体的主张，也拒绝在 30 年内逐步实现独立的建议，他们要求的是立即实现国家的独立。

在争取民族解放的斗争中，刚果各民族主义政党相继成立。刚果是个多部族的国家，不少部族各自成立了自己的党。卡萨武布领导的"阿巴科党"，主要代表利奥波德维尔省的刚果族。冲伯领导的"科纳卡特党"，主要代表加丹加省的隆达族。"卡隆吉—刚果民族运动党"，主要代表开赛省的卢巴族。唯有卢蒙巴领导的"刚果民族运动党"，是代表刚果全民族的。上述这些党，各自提出了不同的政治主张。"阿巴科党"认为，利奥波德维尔省是最先开发的地区，因此主张先独立，"科纳卡特党"认为，加丹加省资源最丰富，经济最发达，应当成立独立的共和国。"卡隆吉—刚果民族运动党"也以开赛省矿业发达为由，主张建立独立的开赛共和国。这几个政党主张在这些省取得独立的基础上，建立联邦共和国。卢蒙巴领导的刚果民族运动党，反对上述主张，认为这样会导致刚果的四分五裂。他主张建立代表刚果各族人民的统一的刚果共和国。由于政见不一，这些党经常发生矛盾和斗争。

1959 年 1 月 4 日，数千名刚果人民为庆祝第一届全非人民大会的胜利召开，在首都利奥波德维尔（后改名金沙萨）举行集会，情绪激昂，高呼"我们现在就要独立"的口号。殖民当局出动大批军警进行镇压，造成流血惨案，殖民当局的镇压，促使刚果人民和国际舆论更加强烈地谴责比利时的殖民统治政策。比利时国王于 1959 年 1 月 13 日被迫发表声明，答应使刚果成为"能够行使主权和决定自己独立的民主国家"，并答应在 1959 年年底举行地方选举。但是，刚果究竟何时独立，没有明确的规定。于是，刚果各党又连续举行集会，要求比利时政府明确规定刚果独立的日期。在刚果人民的压力下，比利时政府不得不同意于 1960 年 1 月 20 日在布鲁塞尔召开由比利时政府和刚果各党代表组成的圆桌会议，讨论有关刚果独立的具体问题。

圆桌会议如期举行。讨论刚果独立的日期时，比利时政府试图采取拖延的办法，遭到刚果各党代表的反对。双方最后决定刚果于 1960 年 6 月 30 日宣布独立；释放 1959 年 11 月 1 日被逮捕的刚果民族运动党主席卢蒙巴；并决定于 5 月举行全国大选。在讨论到刚果实行什么样的政治体制时，刚果各党代表发生了尖锐的分歧。有些代表主张采取联邦制，有些代表主张采取中央集权制，会议决定这个问题留待刚果独立后由制宪会议讨论决定。这个圆桌会议于 2 月 20 日结束。1960 年 4 月 26 日—5 月 16 日，双方代表专门就刚果的经济问题举行圆桌会议。比利时代表试图签署一些文件，来保证刚果独立后比利时的经济利益受到保护。由于出席会议的刚果代表不肯承担责任，他们主张只有刚果政府建立后，才能就经济问题达成协议。这一会议未达成协议即告结束。

1960 年 5 月，刚果举行大选，由于各部族都想确保本部族候选人的胜利，不少地区发生了部族之间的冲突。在斯坦利维尔，还发生了当地人同白人的冲突。比利时政府以刚果出现动乱为由决定增派部队至刚果。5 月 18 日，卢蒙巴在记者招待会上抗议比利时政府增兵，要求比利时撤军。

大选结果，卢蒙巴领导的"刚果民族运动党"以微弱多数赢得胜利。6 月 2 日，卢蒙巴举行记者招待会，宣布刚果独立（大选）之后将采取的主要政策：比利时军队和比利时公使立即从刚果撤走，直接选举国家领导人；同其他进步党派建立联盟，保护在刚果的欧洲人的生命安全和财产安全。

当时总管刚果事务的大臣肯肖夫于 6 月 13 日请卢蒙巴组织政府。卢蒙巴宣称要组织一个民族团结政府，"阿巴科党"等表示反对。卢蒙巴未能按时组阁。6 月 17 日，肯肖夫收回交给卢蒙巴的使命，转请卡萨武布组阁。卢蒙巴为此抗议说，如果必要，他将组成自己的政府，并提交到参众两院批准，而无须经过肯肖夫。卡萨武布组阁也遇到困难，只得由众议院进行表决，表决结果卢蒙巴派取胜。6 月 23 日，卢蒙巴组织的政府得到参众两院批准。翌日，经过参众两院选举，卡萨武布当选为国家总统。卢蒙巴任政府总理并兼任国防部长。1960 年 6 月 30 日，刚果向全世界宣布独立。在独立庆典上，比利时国王博杜安说："在你们还没有把握做得更好的时候，不要更换比利时留下的各种机构。"卢蒙巴针锋相对驳斥道：我们不会忘记 80 年来在比利时殖民统治下遭受的苦难，刚果至今伤痕未愈，痛苦未消。他特别强调："刚果的独立充满了泪与火的斗争。"

综上所述，由于存在各种矛盾和斗争，刚果在独立前夕就充满了各种不稳定的因素。这些不稳定的因素，在刚果宣布独立后随着外来势力的干涉，终于演变成一场大动乱。

动乱的局势

刚果虽然宣布独立，在经济和军事上仍受比利时的控制。比利时在刚果还拥有两个军事基地——卡米那和基多那军事基地。负责维持刚果治安的"治安部队"仍由比利时军官指挥。独立后治安部队的士兵要求改善待遇，撤换白人军官，却遭到白人司令官杨森斯的嘲弄。杨森斯对着刚果士兵在黑板上写道：独立前＝独立后。这一举动激起了刚果士兵的愤慨。

1960 年 7 月 6 日，利奥波德维尔和蒂斯维尔兵营的士兵举行暴动。他们占领营房，组织游行，要求从军队中驱逐全部比利时殖民军官，高呼打倒杨森斯的口号。应广大士兵的要求，卢蒙巴立即宣布撤销杨森斯司令官的职务，并答应提拔刚果人担任军官。士兵的斗争迅速发展到刚果各地，形成全国性的抗议比利时的斗争，比利时侨民因感到恐慌纷纷撤离。比利时政府认为重返刚果的时机已到，借口保护侨民安全，于 7 月 8 日下令进行武装干涉。它不但动用了刚果基地的军队，还从本国派来一个突击营和 26 个独立连，空降到刚果各地的比利时军队对刚果军民进行了残酷的镇压。比利时殖民主义者同英国勾结，支持"科纳卡特党"主席冲伯发动叛乱，于 7 月 11 日宣布加丹加（即沙巴省）独立。同日，美国国务院发言人宣称，美国要以任何适当的手段保护本国侨民的生命；部分驻联邦德国的美军已做好战斗准备，必要时开往刚果。刚果的局势开始动乱起来。

为抗议比利时军队入侵及其分裂活动，卢蒙巴政府宣布同比利时政府断交，并呼吁联合国提供紧急军事援助。7 月 14 日，联合国安理会通过决议，要求比利时撤兵，决定派遣联合国部队到刚果进行干涉。7 月 15 日，联合国部队开进刚果，以"维持秩序"的名义，先后占领各重要城市和港口。7 月 19 日，苏联政府就一支美国的人数较小的部队抵达刚果首都，向美国提出照会声称：如果美国部队不撤出刚果，苏联政府将不得不由此而为自己的行动作出相应的结论。与此同时，苏联积极为联合国部队空运到刚果提供运输工具。联合国部队进入刚果后，不但不积极促使比利时军队立即撤离，反而对抵抗比利时侵略军的刚果军民进行缴械。联合国部队这种无理行动，引起卢蒙巴的愤慨。卢蒙巴发表声明说，如果联合国军不能迅速迫使比利时军队撤出刚果，他就要请求苏联出兵援助。当时苏联政府也发表了"不能听任侵略者继续侵略，将采取措施击退侵略者"的声明。美国政府对此感到震惊，它警告说"绝不允许未经联合国同意的军队进入刚果"。

　　比利时不顾国际舆论的反对，继续扩大在刚果的侵略活动和分裂活动。9 月 9 日，卡隆吉在开赛省宣布成立"开赛矿业共和国"。8 月 10 日，"阿巴科党"在利奥波德维尔举行集会，反对卢蒙巴政府。他们发表声明，要求联合国"把刚果从共产主义威胁中挽救出来"，并"就刚果内部结构举行公民投票"。8 月 12 日，美国驻联合国代表洛奇声称"必须把共产主义排斥在刚果之外"。同日，联合国驻刚果代表本奇发表谈话说："卢蒙巴打算加强刚果中央政府对整个刚果包括加丹加省在内的权力的目的，将得不到联合国的支持。"联合国代表的这番谈话，进一步激起了刚果政府的不满。卢蒙巴指责联合国部队庇护加丹加冲伯集团。8 月 16 日，刚果士兵搜查了在刚果的联合国军总部，逮捕和审讯一些联合国官员。卢蒙巴宣布在刚果实行 6 个月的军事管制。

　　8 月 21 日，冲伯集团、阿巴科代表和卡隆吉派等在伊丽沙伯维尔（后改名卢本巴希）召开会议，讨论成立刚果联邦和推翻卢蒙巴的中央政府。会后，他们发表声明说，"国家的联邦制将在政治上和经济上保证自由"，并说"通过卢蒙巴，存在着共产主义渗入的明显危险"，又说"推翻卢蒙巴政府、把卢蒙巴这个叛徒赶走后，就可以恢复和平、繁荣和信任"。

　　针对这些反对派的反政府活动，8 月 9 日，卢蒙巴在记者招待会上发表声明："刚果永远不做联合国的殖民地，永远不接受联合国的托管。"他坚持"立即撤走联合国部队中所有白人军队"，并采取了相应的措施。8 月 16 日，他派兵进攻"开赛矿业共和国"，并迅速攻占其"首都"巴克旺加。接着，他又派兵进攻加丹加省的冲伯集团。8月27日，刚果政府军袭击斯坦利维尔（后改名基沙加尼）的联合国部队办事处，打伤两名加拿大人，一名美国飞行员被打。美国和加拿大政府为此事向卢蒙巴政府提出了抗议。

在刚果政府内部，卢蒙巴总理和卡萨武布总统发生分裂。9月5日，卡萨武布宣布解散卢蒙巴政府，任命参议院议长约瑟夫·伊里奥为总理。同日，卢蒙巴就卡萨武布解散政府发表广播演说，指出这是帝国主义策划阴谋的继续，宣布不承认卡萨武布为国家元首，其解散政府的声明无效。支持卢蒙巴和支持卡萨武布的军队，在利奥波德维尔发生冲突。9月6日，联合国部队借口"有责任维持秩序"，封闭利奥波德维尔电台，占领机场，禁止以卢蒙巴为首的合法政府使用。同日，冲伯发表"告人民书"，表示欢迎卡萨武布的行动，认为"完全符合宪法"。9月7日，卢蒙巴抗议联合国军封闭电台和占领机场的行动，要求联合国部队立即撤出刚果。他指责说：有一个帝国主义阴谋推翻他，制造无政府状态，使国家四分五裂，从而把刚果交给联合国托管。9月9日，卢蒙巴在众议院和参议院多数议员的支持下，宣布由他担任国家元首兼武装部队总司令。卡萨武布也散发声明说，卢蒙巴不再是总理。当时联合国秘书长哈马舍尔德在联合国安理会上发表谈话说，"卢蒙巴政府是非法和不存在的，卡萨武布有权解散内阁"。9月12日，卡萨武布下令逮捕卢蒙巴，并要求联合国改组刚果军队。

就在卢蒙巴和卡萨武布双方斗争日益尖锐的情况下，9月14日，陆军参谋长蒙博托上校发动军事政变，宣布暂时接管政权。他在电台宣布，卡萨武布、卢蒙巴政府及议会两院即日停止行使职权，直到1960年12月31日为止。接着，蒙博托下令苏联和捷克斯洛伐克使馆撤出刚果。9月19日，蒙博托宣布建立由大学毕业生组成的"专家委员会"，负责领导国家。

9月25日，卢蒙巴举行记者招待会宣布"专家委员会"是非法的。10月2日，卢蒙巴在出席几内亚军队司令兰萨纳举行的纪念几内亚国庆活动时发表谈话指出：美国和它获取刚果铀的愿望，是企图赶走他的尝试的幕后因素。从10月10日起，刚果国民军和联合国部队宣布对卢蒙巴实行"保护"，不许他离开总理官邸。

卢蒙巴惨遭杀害

卢蒙巴被"保护"后，他的拥护者基赞加副总理等人继续声称忠于卢蒙巴。他们以东方省的斯坦利维尔为基地继续进行斗争，准备把卢蒙巴接到斯坦利维尔。1960 年 11 月 27 日雨夜，卢蒙巴乘守卫士兵不备，秘密离开官邸。他同家属和几个战友会合后，驱车驶向斯坦利维尔。由于路途遥远，他们日夜兼程。11 月 29 日，他们抵达布隆鼓镇购买食品时，被当地群众认出，向他表示热情的欢迎。卢蒙巴向群众发表简短讲话，这个讲话迅速传遍四方。12 月 1 日，卢蒙巴一行抵达姆韦卡镇，再次受到群众的欢迎。同行人建议卢蒙巴不要再发表谈话，以免延误行程。可是他认为群众的盛情难却，不得不再次发言，就在此时，前来追捕卢蒙巴的士兵赶到。卢蒙巴等人匆忙逃离。傍晚 7 时抵达桑库鲁河的渡口罗迪村。渡船正在对岸，卢蒙巴等三人只好先乘牛皮小舟过去，准备到对岸后再把渡船驶回接送家属等人。当卢蒙巴等人抵达彼岸时，追捕士兵赶到，他们呼喊卢蒙巴立即回渡。考虑到家属及其他战友的安全，卢蒙巴毅然返回。他刚一上岸，立即被捕。

卢蒙巴先被送到弗朗基港，交给负责逮捕卢蒙巴的官员彭戈，用飞机把他押送到利奥波德维尔。卢蒙巴两手被反绑在背后，一路遭到毒打。在恩吉利机场，人们看到他穿着一件肮脏的衬衣，头发散乱，脸上有血迹，眼镜也没有了，随后被人用枪托粗暴地押上卡车。到利奥波德维尔后，卢蒙巴先被关在宾扎军营，后又送进太斯维尔的哈迪军营。同他关押在一起的，还有支持他的原参议院议长奥基托以及青年和体育部长莫波洛。

卢蒙巴关在哈迪军营期间继续受到种种虐待，吃不到足够的食品，得不到医药治疗。为此，卢蒙巴曾绝食，并写信给联合国以示抗议。

1960 年 12 月 12 日，基赞加发表声明，宣布由他代行总理职务，将卢蒙巴合法政府迁到斯坦利维尔。刚果形成了斯坦利维尔政府和利奥波德维尔政府对峙的局面。斯坦利维尔政府得到社会主义国家和卡萨布兰卡集团（加纳、马里、几内亚等）国家的承认。这个政府不仅控制了斯坦利维尔所在地东方省，其势力逐步扩大到附近的基伍省和加丹加省北部。

慑于卢蒙巴派势力的存在和发展，利奥波德维尔当局加紧策划谋害卢蒙巴。他们准备把卢蒙巴送到加丹加省，交给憎恨卢蒙巴最深的冲伯集团去处理。卢蒙巴在离开太斯维尔哈迪军营时，写了一封遗书给妻子。他在信中控诉了比利时及其西方盟国破坏刚果解放事业的罪行，并毅然说："我宁愿昂首死去，也不愿含辱生存而背弃神圣的原则。"

1961 年 1 月 17 日，卢蒙巴、奥基托和莫波洛三人被秘密地用飞机运到伊丽沙伯维尔。他们三人被绑在一块，每人的双眼被蒙住，一路上遭到拳打脚踢，个个被打得鼻青脸肿。抵达伊丽沙伯维尔机场后，他们迅即被一辆吉普车送到无人知晓的地方。

时隔几周之后，2月10日，加丹加分裂政府的内政部长穆农果突然举行记者招待会宣布："卢蒙巴、奥基托和莫波洛于9日晚从秘密监禁地逃跑。"2月13日，他又宣布："卢蒙巴、奥基托和莫波洛已于昨日清晨在伊丽沙伯维尔北约210英里的一个小村庄被当地村民杀死。"关于卢蒙巴究竟怎么被害死的，当时众说纷纭。有的说他抵达伊丽沙伯维尔当天晚上即被穆农果当着比利时顾问的面枪杀，有的说他被扔进硫酸桶里活活烧死，有的说他被活埋在一个无人知晓的地方。

1961年2月联合国组成由缅甸、墨西哥、埃塞俄比亚和多哥等国代表组成的卢蒙巴遇害调查委员会。该委员会进行了长达10个月的调查。由于刚果有关当局的阻挠，未能进入刚果境内进行现场调查。1961年11月14日，调查委员会公布调查结果，其结论说："有力的证据表明，与加丹加省政府所说的卢蒙巴先生、奥基托先生和莫波洛先生于1961年2月12日被部族村民杀害相反，他们是于1961年1月17日在他们抵达离伊丽沙伯维尔不远的一个别墅之后，并且很可能是当着加丹加省高级官员，即冲伯、穆农果和基布韦的面被杀害的。"

卢蒙巴遇害的消息传出后，激起非洲及世界许多国家人民的愤慨。他们纷纷举行集会和游行，强烈抗议帝国主义及其代理人野蛮杀害卢蒙巴的暴行，并表示坚决支持刚果人民的正义斗争。

在开罗示威群众放火烧毁比利时驻埃及使馆，袭击美国书店，打碎联合国新闻中心。在阿克拉等非洲城市，示威群众袭击比利时和美国使馆以及联合国的办事处。加纳总统恩克鲁玛针对卢蒙巴被害发表谈话说："一个国家的合法统治者在他所信任的一个世界组织公开勾结下被杀死，这在历史上是第一次。"马里总统凯塔指出，"比利时和他们的同谋者是杀害这些爱国者的真正杀手"。3月25—30日，在开罗召开的第三届全非人民大会，强烈谴责帝国主义及其帮凶的暴行，并宣布卢蒙巴为非洲英雄。

在亚洲、欧洲和拉丁美洲，许多国家举行群众集会、发表政府声明，谴责新老殖民主义的罪行；在西欧和美国，也有大批群众举行游行示威，表示抗议。

在刚果国内，斯坦利维尔的刚果合法政府为卢蒙巴的被害举行追悼会。由"刚果民族运动党""非洲团结党""巴卢巴卡特党"组成的刚果民族阵线，就卢蒙巴遇害致电联合国安理会及其成员，表示强烈抗议，要求惩办这一罪行的凶手。

卢蒙巴的遇害，给刚果的民族独立运动造成巨大损失，使刚果进一步陷入动乱。

刚果事件的后果及原因

卢蒙巴逝世后，基赞加为首的刚果合法政府以东方省为基地继续进行斗争。后经联合国的调解，并在苏联的支持下，1961 年 7 月基赞加同意出席利奥波德维尔政府举行的刚果议会会议。8 月 2 日，刚果议会决定成立由卡萨武布集团的阿杜拉任总理的新政府。基赞加同意参加阿杜拉政府，担任副总理职务，并解散斯坦利维尔的合法政府。时隔不久，联合国部队和阿杜拉的军队就向拥护基赞加的部队进攻，解除了他们的武装。阿杜拉随即宣布解除基赞加的职务，并将其逮捕。这样，在美国的操纵下，刚果合法政府完全被搞垮了。

1961 年 8 月—1964 年 6 月，刚果基本上为阿杜拉政府所控制。美国为了排挤英、法、比等国的势力，取代比利时在刚果的地位，在颠覆了基赞加的合法政府后，积极支持阿杜拉政府，向盘踞在加丹加和开赛得到比利时支持的冲伯集团和卡隆吉集团发动进攻。从 1961 年 9 月到 1963 年年初，刚果国民军和联合国军多次向冲伯和卡隆吉的军队发动进攻，并最后占领了加丹加和开赛两省，冲伯和卡隆吉被迫逃往国外。

为了反对投靠美国的阿杜拉政府，1963 年 10 月，"刚果民族运动党""非洲团结党""非洲民族联盟"等组成"全国解放委员会"，领导刚果人民进行爱国武装斗争。1964 年 1 月在缪勒尔的领导下，西部班顿杜省克韦卢地区，首先爆发了爱国武装斗争。东部基伍省地区以卡比拉为首，东北部斯坦利维尔地区以苏米亚洛为首，也展开了大规模的爱国武装斗争，几个月内武装斗争的烈火蔓延到全国 2/5 的地区。

面对这一形势，美国被迫改变手法。1964 年 6 月，美国同意联合国部队撤离刚果，同时又勾结比利时，起用冲伯，成立冲伯政府代替阿杜拉政府。美国还空运比利时伞兵强行占领斯坦利维尔，镇压刚果人民的爱国武装斗争。

在敌人的进攻下，由于爱国武装力量内部发生分裂，加之执行错误的军事路线，各条战线的武装斗争从 1965 年下半年起先后失败。

美、比相互勾结镇压了爱国武装力量后，又在刚果展开新的角逐。1965 年 10 月 13 日，卡萨武布在美国支持下，利用总统职权强行解散冲伯内阁，任命金巴组阁。同年 11 月 24 日，刚果国民军总司令蒙博托发动军事政变，自任总统，宣布成立刚果第二共和国。几经挫折之后，刚果才逐步由动乱、分裂开始走向稳定和统一。

刚果事件是由一系列复杂的矛盾和斗争造成的。这些矛盾和斗争，有些是历史上遗留的，有些是殖民主义者人为制造的，有些则是刚果独立后，随着外部势力的入侵而产生的，这些内外矛盾及其相互之间的激烈斗争，终于导致了一场大动乱。

不可否认，比利时的武装入侵是造成动乱的直接原因。比利时殖民主义不但搞垮了卢蒙巴的合法政府，分裂了刚果共和国，而且为外部势力入侵刚果创造了条件。刚果国内代表不同部族利益的党派之争，是造成动乱的内部因素。这些代表不同部族利益的政党发生冲突时，有些政党的领导人便希望依靠外来势力增强自己，以战胜对方。在内外势力相互利用、相互勾结的情况下，问题变得更加错综复杂。外国势力的干涉和争夺是造成动乱的主要根源，联合国部队进入刚果后，不仅没有解决刚果的危机，反而使矛盾进一步激化。美国则乘联合国部队干预的机会，开进刚果，控制了刚果的局势。为了排挤英、法、比在刚果的势力，美同比利时既争夺又勾结，导致了刚果局势的进一步恶化。刚果事件再一次表明，殖民主义是不会轻易退出历史舞台的；在当前的形势下，大国的相互争夺是造成第三世界国家以致世界动乱的主要根源。

主要参考书目

（1）罗贝尔·科纳万：《刚果（金）历史》（上、下册），商务印书馆 1974 年版。

（2）Alan P. Merriam, *Congo*, *Background of Conflict*, Nozthwestezn Univezsity Pzess 1961.

（3）Thomas kanva England, *Conflict in the Congo* 1972.

（4）Catherin Hoskns, *The Congo Since Independent*, London 1965.

（5）谷蔚成编著：《帝国主义对刚果的掠夺》，上海人民出版社 1961 年版。

（6）《刚果的外国垄断资本》，《世界知识》1961 年第 7 期。

（7）《卢蒙巴之死》，《世界知识》1961 年第 4—5 期。

（8）《刚果的形势说明了什么》，《红旗》杂志 1962 年第 5 期。

（9）《非洲民族主义政党概况》。

（10）《非洲史（下）（1918—1967）》刚果（金）部分，苏联科学院非洲研究所 1974 年版。

（11）《非洲四个新独立国家简况》，《国际问题研究》1960 年第 7 期。

葡属非洲殖民地的独立

林修坡

安哥拉、莫桑比克、几内亚（比绍）、佛得角及圣多美和普林西比 5 个非洲国家原来都是葡萄牙的殖民地。这些国家的人民曾经同葡萄牙殖民主义的侵略和统治进行了长期的斗争。第二次世界大战后，当民族解放运动在北非、西非、东非及中部非洲蓬勃兴起的时候，葡属主要殖民地人民也于 20 世纪 50 年代中期掀起了民族独立运动，60 年代初期开始了民族解放战争。葡萄牙和罗得西亚及南非的种族主义政权紧密勾结，负隅顽抗，极力镇压安哥拉与莫桑比克等地的民族解放运动。但葡属 5 个殖民地人民坚持反殖斗争，得到非洲国家及广大第三世界国家的支持和援助，在 70 年代中期终于获得了独立。

葡萄牙对非洲的侵略与残暴统治

葡萄牙是最早侵入非洲的殖民主义国家。它在 1415 年占领摩洛哥北部的休达后[①]，派遣船队沿着非洲西海岸南下，逐步占领非洲沿海的一些地区。地处海上交通要冲的马德拉群岛于 15 世纪 30 年代沦为葡萄牙的殖民地。1462 年葡萄牙人闯进佛得角岛，把该岛变为向南美洲贩卖奴隶的转运站。1495 年佛得角正式沦为葡萄牙的殖民地。1522 年葡萄牙占领圣多美和普林西比岛，16 世纪末占据几内亚（比绍）沿海部分地区。

葡萄牙在非洲争夺最激烈的是安哥拉和莫桑比克这两块面积较大的殖民地。1482 年，葡萄牙开始侵入安哥拉西北部沿海地区。1510 年，占领莫桑比克沿海地区。1700 年，宣布莫桑比克为它的"保护地"。19 世纪中叶，加

---

① 休达今名塞卜泰，1580 年起即被西班牙占领至今。

紧向安哥拉内地扩张。在 19 世纪 80 年代召开的殖民主义列强瓜分非洲的柏林会议上，安哥拉与莫桑比克均被划为葡萄牙的殖民地。

经过 5 个世纪的侵略与争夺，到 20 世纪初，葡萄牙在非洲占领的殖民地主要有：安哥拉、莫桑比克、几内亚（比绍）、佛得角群岛、圣多美和普林西比岛及马德拉群岛等，面积达 207 万多平方公里，超过西班牙、法国、德国和英国面积的总和，比葡萄牙本土大 22 倍；人口达 1400 多万（1972 年的人口数），为宗主国人口的 1.5 倍。

葡萄牙侵入非洲后，对当地人民进行残酷的掠夺。19 世纪中叶以前，葡萄牙在非洲主要掠夺黄金、象牙和奴隶。据不完全统计，从 15 世纪末至 16 世纪末的 100 年中，葡萄牙从非洲掠走的黄金达 27.6 万公斤。从 1580 年至 1836 年，葡萄牙从非洲运出的黑奴达 400 多万人，其中从安哥拉捕获的奴隶即达 300 多万人。废除海外奴隶制后，葡萄牙在非洲殖民地的大部分地区主要采取强占土地、推行强迫劳动制度与单一经济作物制度、进行不等价交换，征收苛捐杂税等方法，对非洲人民进行掠夺与剥削。1958 年在安哥拉，欧洲承租人占据了 140 多万公顷的土地；而人口比他们多 40 倍的安哥拉人，却只有 180 万公顷的贫瘠土地。莫桑比克的情况和安哥拉类似。圣多美岛上的耕地几乎都被白人占据。

为了满足种植园、矿山及交通运输部门对劳动力的需求，葡萄牙在安哥拉、莫桑比克等地推行强迫劳动制度。其形式之一是以"社会义务劳动"的名义征召当地人修筑公路、铁路、港口、码头等公共工程，不付工资报酬。另一形式是殖民当局与白人种植园主或矿山主签订合同后，以"招募"名义把当地青壮年招来当劳工，规定服役的期限及工资报酬，然后分配给雇主使用。当地人如果拒绝"招募"或犯其他"过失"就要遭逮捕、判刑并被迫从事"惩罚性的劳动"，其待遇和境况就更悲惨。有一部分安哥拉及莫桑比克人还被殖民当局输送到国外去劳动，换取外汇和黄金。20 世纪 60 年代，莫桑比克平均每年有 25 万名非洲劳工被派到南非和罗得西亚去劳动。70 年代初，莫桑比克南部有 2/3 的青壮年被送到南非和罗得西亚当"合同工"。

在推行强迫劳动制度的同时，葡萄牙极力促使安哥拉、莫桑比克的农民种植咖啡、甘蔗、西沙尔麻、花生等经济作物，把殖民地经济纳入西方资本主义经济的轨道，以便从中榨取高额利润。20 世纪 50 年代中期，葡萄牙仅从贱买贵卖原料的贸易中，每年就攫取了 1500 万—2000 万美元的利润。葡萄牙当局还向它的殖民地征收名目繁多的捐税，如"土著税""茅屋税"，甚至购买收音机、缝纫机、搬家、过节、留胡子等也都要缴税，缴不起税就要被迫从事"惩罚性劳动"。

葡萄牙对非洲殖民地的残酷掠夺和剥削是靠严密的官僚军事机器来推行和维护的。殖民当局除了设置总督、区督、行政官员、哨所所长等官吏外，还按照行业系统组织法西斯式的团体，建立星罗棋布的警察网和秘密的情报网，并派遣军队驻扎在各个较大的村社里，对殖民地进行控制和封锁，剥夺殖民地人民的政治权利和受教育的机会，实行"同化政策"，摧残殖民地人民的民族文化，妄图阻止殖民地人民民族觉悟的提高和民族解放运动的发展，以达到永久占领殖民地的目的。

葡萄牙对非洲的殖民主义侵略和统治不断遭到非洲人民的反抗。安哥拉、莫桑比克和几内亚（比绍）都曾爆发过规模较大的反殖斗争。

安哥拉人民在 1580 年左右开展的反侵略战争中曾歼灭了 500 名葡萄牙侵略军；从 17 世纪 20 年代开始，又在女英雄安娜·津加·姆班迪的领导下，坚持抗战 30 多年，一再挫败葡萄牙的进攻。安哥拉南部宽哈马人在 19 世纪末至 1915 年坚持抵抗侵略者。北部许多地区的人民于 20 世纪初也掀起声势浩大的起义。1924—1925 年，昂博因港及安布里什地区的工人先后举行起义。1928 年从内地爆发的驱逐殖民官员的暴动迅速扩展到各海港。1930 年，一场由罗安达码头工人带头的反殖运动席卷安哥拉西部。

莫桑比克人民早在 1505 年葡萄牙开始入侵时即在索法拉战役中给侵略者以沉重打击；1571 年又一次击溃侵略军，歼敌 800 多人。19 世纪末，莫桑比克各王国及各部族坚决抵抗葡萄牙的全面进攻。香加内族酋长冈冈雅纳率领部族成员与侵略军血战于库莱拉附近。几内亚（比绍）人民也于 1908 年、1920 年、1932 年及 1939 年先后掀起多次规模较大的反殖暴动。

葡属非洲殖民地人民在第二次世界大战以前的反殖斗争由于没有先进阶级和政党的领导，在力量对比悬殊的情况下先后被镇压了下去，但它为战后民族解放运动播下了火种。

战后葡属非洲殖民地民族独立运动的兴起

第二次世界大战后，从 20 世纪 50 年代中期开始至 60 年代初，葡属非洲各殖民地纷纷建立民族主义政党，提出了反对殖民统治、争取民族独立的斗争纲领，并为实现这个纲领而在广大群众中进行了宣传和组织工作。这标志着葡属非洲殖民地的民族独立运动已经兴起。

安哥拉在 20 世纪 50 年代中期出现了两个重要的民族主义组织："安哥拉人民联盟"（以下简称"安人盟"）与"安哥拉人民解放运动"（以下简称"安人运"）。这两个组织与 60 年代中期出现的"争取安哥拉彻底独立全国联盟"（以下简称"安盟"）一起成为领导安哥拉实现独立的 3 个主要政党。

"安人盟"成立于 1954 年，原名北安哥拉人民联盟，1958 年改名。它在 1960 年公布的纲领中强烈谴责葡萄牙对安哥拉的殖民压迫与种族歧视。1962 年该盟与安哥拉民主党联合组成"安哥拉民族解放阵线"（以下简称"安解阵"），主张争取民族独立，反对葡萄牙殖民统治。"安解阵"主席霍尔敦·罗伯托，1923 年生于安哥拉北部圣萨尔瓦多城，曾留学美国。1954 年开始政治活动，参与创建"安人盟"，1960 年当选为总书记，1961 年任主席。他所领导的"安人盟""安解阵"主要在安哥拉西北部地区进行反殖斗争。

"安人运"成立于 1956 年，由"安哥拉非洲人斗争党"与共产主义小组联合组成。它于 1960 年制定的纲领要求实现安哥拉独立、建立共和政体、一切公民完全平等、发展民族文化等。主要领导人阿戈什蒂钮·内图，1922 年生于罗安达，1947 年到葡萄牙大学学习期间开始从事反殖活动，1959 年回国后，参加"安人运"的领导工作。1962 年当选为领导委员会主席。"安人运"成立初期通过创办学校、散发传单等活动进行反殖的宣传鼓动，并提倡各民族主义组织联合。

"安盟"成立于 1966 年。该党主席萨文比，1934 年生于蒙汉戈，1958 年曾到里斯本大学学医，1961 年加入"安人盟"，任总书记。1964 年因与罗伯托发生政见分歧，退出"安人盟"，另组"安盟"，主张为民族解放而进行持久的人民战争。"安盟"主要在东南部地区开展反殖武装斗争。

几内亚（比绍）最主要的民族主义政党是"几内亚和佛得角非洲独立党"（以下简称"几独立党"），成立于 1956 年。创始人阿米卡尔·卡布拉尔，1924 年生于几内亚（比绍）的巴法塔市，后毕业于里斯本农学院。1950 年返回比绍，任农技师。1954 年参与建立"反殖运动"。1956 年创建"几独立党"，担任总书记直至 1973 年去世。"几独立党"的纲领是："争取真正的完全的和无条件的民族独立，打倒葡萄牙及一切殖民主义。"为实现党的纲领，该党在人民中特别是农民群众中做了大量的反殖宣传和组织工作。

　　莫桑比克最主要的民族主义政党"莫桑比克解放阵线"（以下简称"莫解阵"）成立于1962年，是由"民族民主联盟""非洲民族联盟"及争取"莫桑比克独立非洲民族联盟"三个组织联合组成。早期领导人为蒙德拉纳。1969年蒙德拉纳被刺后，萨莫拉·马谢尔成为该党领袖。萨莫拉，1933年生于莫桑比克南部加扎省。1963年参加"莫解阵"，被派往阿尔及利亚接受军事训练。1964年率领游击队进入莫桑比克北部，打响了反殖武装斗争第一枪。从此他先后担任"莫解阵"军事书记、武装部队总司令、中央执行委员会委员等职。1970年当选为"莫解阵"主席。"莫解阵"的宗旨是彻底消灭葡萄牙在莫桑比克的殖民统治及一切殖民主义和帝国主义的残余势力，争取早日实现莫桑比克的完全独立，建设一个发达的、现代化的、繁荣富强的莫桑比克。

　　圣多美和普林西比岛于1960年出现了"解放委员会"，1970年改为"解放运动"。该组织提出要反抗葡萄牙的殖民统治，争取独立。领导人是曼努埃尔·平托·达科斯塔。

　　上述葡属非洲各殖民地民族主义政党的建立及其登上反殖斗争的舞台，为葡属非洲开展有组织有纲领的民族解放战争准备了重要条件。

安哥拉人民反殖武装斗争的爆发

　　20世纪50年代末60年代初是非洲民族解放运动蓬勃发展的时期。在这一形势推动下，安哥拉、几内亚（比绍）和莫桑比克先后爆发反对葡萄牙殖民统治的大规模武装斗争。安哥拉是战后葡属非洲第一个开展反殖武装斗争的国家，对于其他葡属非洲殖民地及南部非洲的民族解放运动有重要的影响。

　　1961年2月4日，武装的安哥拉人民为了营救被殖民当局监禁的安哥拉民族主义者，在首府罗安达袭击了葡萄牙殖民者的监狱和警察总部。同年3月中旬，安哥拉人民在北部的刚果省举行了大规模的武装起义。起义人民袭击殖民当局的军事据点和殖民者的种植园。从此，安哥拉的民族解放运动进入武装斗争的新阶段。

　　这两次起义是由"安人运"和"安人盟"分别领导的。起义者所用的武器除了一小部分从敌人手里夺取的现代化武器外，其余绝大部分都是木棍、砍刀以及自制的土枪、土炮等。安哥拉人民怀着对殖民主义者的深仇大恨，以简陋的武器英勇地同敌人搏斗。至同年 6 月，斗争烈火席卷安哥拉西北部各州。起义者曾一度控制了从罗安达到马兰热铁路线以北的广大地区。

起义爆发后，殖民当局立即派遣大量军队、警察，出动坦克、装甲车和越野汽车，对安哥拉人民实行残酷镇压。仅在一天内，殖民者在罗安达即屠杀了 3000 名非洲人。从 1961 年 3 月中旬至 5 月中旬，殖民军炸毁 25 个村庄，屠杀 3 万非洲人。葡萄牙总理萨拉查自己兼任国防部长，发誓要把安哥拉民族解放战争镇压下去。他大量增加军事拨款，仅 4 月初的一次拨款即达2100 万英镑；并向安哥拉增派武装力量，加紧围剿反殖的人民武装。

在加强镇压的同时，殖民当局玩弄"改革"的花招，对安哥拉人民实行欺骗。1961 年 8 月 29 日，葡萄牙宣布对殖民地实行"根本改革"，接着公布了几项法令，其中最突出的是撤销"土著法"，形式上承认殖民地人民为葡萄牙公民，增加非洲人在葡萄牙国民议会中的议席，在殖民地发展教育、建筑城市住宅、增建医院、修筑公路等，妄图以这些"改革"来缓和矛盾。

殖民当局的军事镇压与政治欺骗都未能扑灭安哥拉人民反殖武装斗争烈火。1962 年 4 月，"安解阵"宣布成立"安哥拉流亡革命政府"，把武装力量改组为"民族解放军"。这支力量除继续坚持在安哥拉西北部山林地区活动外，还从 1966 年开始在马兰热的卡松加地区及靠近扎伊尔沙巴地区的东部边境地区进行反殖斗争。20 世纪 60 年代至 70 年代初，"安解阵"的游击队活动已扩展到宰雷、威热、北宽扎、罗安达、卡奔达①、马兰热、隆达及莫西哥等省。

"安人运"也在困难条件下坚持反殖斗争。1963 年年初派人到卡奔达开辟新战线，还在该地设立培训游击队干部的中心。1964 年派遣干部到东部丛林地区开辟新游击区。1966 年 5 月，"安人运"领导的爱国武装力量在卢祖镇附近袭击葡萄牙侵略军，开始了东部战线的武装斗争。1968 年后，东部地区的武装斗争扩展到隆达及比耶两省。70 年代初，"安人运"武装力量已发展成为 5 个军区，其先后次序是：丹博斯、卡奔达、莫西哥及宽多库邦戈、隆达及马兰热、比耶。

"安盟"也于 1966 年 3 月在安哥拉东部地区建立游击基地，创建了"安哥拉解放军"。这支反殖武装开始时在莫西哥省活动，后逐步发展到隆达、

---

　　① 又译卡宾达，位于刚果和扎伊尔之间，西濒大西洋，1885 年沦为葡萄牙"保护国"。第二次世界大战后，葡萄牙宣布卡宾达是葡属安哥拉的第 15 个省。

马兰热、比耶、宽多库邦戈等省的部分地区。1969 年 5 月又扩展到维拉省的部分地区。

安哥拉各民族主义组织在其控制较巩固的地区成立了地方政权组织及民兵、青年、妇女等群众组织，领导人民进行生产和反殖斗争。广大人民群众给游击队送粮食、运输弹药、送情报、护理伤病员、送子弟参加游击队等，积极支持反殖游击战争。

安哥拉爱国武装力量在根据地及游击区的广大群众的支持和掩护下，利用境内山岭绵亘、森林密布的有利环境同敌人展开游击战。他们采取设路障、埋地雷、炸桥梁、切断输电线和电话线、引诱敌人进入伏击圈等办法抗击殖民军警的扫荡，歼灭敌人的有生力量，也经常乘敌人不备，突击敌人的军事据点及巡逻队，烧毁殖民者种植园，使敌人疲于奔命。

为了消灭安哥拉反殖武装斗争，葡萄牙采用美国在越南使用过的"焦土战""细菌战"及建"战略村"等手段。1967 年年末，殖民当局强迫原分散居住的安哥拉农民密集地居住在指定的地点。有的居民点周围设置了铁丝网等障碍物。殖民者原以为这样可防止游击队渗透，便于割断当地居民与游击队的联系，得以孤立，削弱并消灭爱国武装力量。但集中营式的生活使安哥拉广大人民对殖民当局更加不满，使他们更加同情和支持游击队的反殖斗争。各民族主义组织得到广大群众的支持，力量都逐步得到发展。以"安盟"为例，1966 年刚开始游击活动时，只有 11 个游击队员，1 挺机枪和 2 支步枪。到 1970 年，武装力量发展到 3000 多人，能够进行营一级的较大规模的战斗。据不完全统计，到 1974 年，安哥拉反殖武装力量已发展到 1.5 万人，解放了 2/3 的国土和 100 多万人口。

几内亚(比绍)人民争取独立的武装斗争

在安哥拉爆发武装斗争后，几内亚（比绍）人民加紧准备武装斗争。1961 年 7 月"几内亚解放运动"领导下的一支游击队袭击了靠近塞内加尔边境的葡萄牙苏扎纳哨所及瓦雷拉避暑旅社。1963 年 1 月 23 日，由"几独立党"领导的一支游击队在热巴河南岸的蒂特市向殖民军发起了进攻，开始了武装斗争。起义人民以弓箭、匕首、砍刀以及从敌人手中夺来的手枪和手榴弹等武器同比自己强大好多倍的敌人拼杀。至同年 3 月，爱国武装力量控制了南部地区，战斗向几内亚（比绍）全境发展。

葡萄牙殖民当局使用各种方法极力镇压几内亚（比绍）的起义人民。1964 年年初，它调集 3000 名"精锐部队"在飞机掩护下从海上向南方科莫岛的游击队反扑，妄图重新占领这个岛屿作为进攻南部解放区的跳板。在力量对比悬殊的情况下，科莫岛爱国军民同仇敌忾、浴血奋战，接连几次击退敌人的登陆部队。经过 75 天的战斗，击毙击伤殖民军官兵 650 名，还击毙司令官 1 名，击沉击伤汽艇 13 艘，击落击毁飞机 5 架，于同年 4 月粉碎了殖民军的进攻，取得科莫岛保卫战的胜利。这是几内亚（比绍）爱国军民在反殖起义以来所进行的一次历时最长的战役。在这次战役鼓舞下，北部爱国军民相继击退敌人多次进犯，保卫了解放区。同年底，爱国武装力量又在莫雷斯地区打退 1000 名殖民军的入侵，毙伤 750 多名。1968 年 5 月—1969 年 2 月，当两个营的敌军进犯南部边境地区，妄图切断解放区运输线时，爱国武装力量坚持抗战达 9 个月之久，终于用迂回战术打败敌军，保住了这条重要的运输线。1971 年 12 月下旬，爱国武装力量再度粉碎敌人对莫雷斯解放区的进犯，打死敌人 100 多名，打伤数千名，迫使敌指挥官自杀。

几内亚（比绍）反殖武装力量之所以能够不断战胜敌人，稳步地发展自己力量，最重要原因是"几独立党"比较重视发动群众，重视解放区的建设。1964 年 10 月，"几独立党"在加布地区举行政治和军事负责人会议，通过了加强政治组织、发展生产和加强武装斗争等项决议。在已解放的地区普遍建立由人民选举产生的村政权及乡政权，有的解放区还设立军政训练中心、医院及学校等。1967 年"几独立党"从解放区选送 470 名青年到欧洲一些国家学习，培养医生、护士、机械师及电工等技术人才。

"几独立党"很重视武装力量的建设。它在军事组织方面采取三级制。有正规部队，称"人民革命武装部队"。有紧急民兵部队，主要用于小型作战和防卫工作。另有农民兵，负责协助正规部队及民兵部队作战。到 20 世纪 70 年代初，"几独立党"领导的武装力量共约 1 万人，其中正规部队约 5000 人。

解放区的建设促进游击战的发展，游击战的不断胜利保证了解放区的巩固与扩大。至 1971 年，南部地区已成为较巩固的解放区，东南部解放区也连成一片。东北部爱国武装力量当时正在压缩敌人的据点。南部的游击战已威胁到殖民当局的首脑机关所在地——比绍。爱国武装力量掌握了战场的主动权。在民族解放战争不断取得胜利及解放区逐步巩固、扩展的基础上，1973 年 9 月 23—24 日，几内亚（比绍）第一届全国人民议会在东部的马迪纳—博埃解放区举行。会议正式宣布成立几内亚（比绍）共和国，通过宪法，选出国务委员会。至 1974 年 3 月，几内亚（比绍）共和国得到 70 多个国家的承认，被接纳为非洲统一组织的成员国。联合国通过决议承认它是独立主权国家。几内亚（比绍）人民在几独立党及新成立的革命政权领导下，继续为解放全部领土而斗争。

莫桑比克人民争取独立的武装斗争

继安哥拉和几内亚（比绍）之后，莫桑比克人民于 1964 年掀起反殖武装斗争。这一年的 9 月 25 日，"莫解阵"发表《武装大起义宣言》，号召人民全面举行反殖起义，为实现莫桑比克的彻底独立而斗争。莫桑比克爱国武装力量随即在德尔加多角州的沙伊镇点燃了武装斗争的烈火。在起义后的第一年里，反殖武装斗争扩展到全国一半领土。游击队以机动灵活的战略战术袭击殖民军据点、监狱及政府机构，狙击敌军卡车，偷袭火车及巡逻艇，给殖民当局以沉重打击。

葡萄牙千方百计要扑灭起义的烈火，结果同样未能阻止反殖力量的发展。"莫解阵"武装力量从 1964 年的 250 人增加到 1967 年 2 月的 7000 名士兵和 3000 名军官，他们除了在德尔加多角州和尼亚萨州建立较牢靠的基地外，还在莫桑比克州及赞比西州开展游击活动。1968 年在太特州开辟了新战场。同年 7 月，"莫解阵"举行第二次代表大会，再次强调武装斗争是解放莫桑比克的唯一道路。

为了坚持长期武装斗争和争取独立斗争的最后胜利，"莫解阵"很重视在它所控制的广大农村和森林地带进行解放区和游击基地的建设工作。在解放区建立州、县、乡各级政权，发展教育和卫生等事业。1966 年，仅在德尔加多角州就设有初级学校 100 所，可供 1 万名儿童入学。各级政权重视发动和组织农民，武装保卫解放区，发展生产，支援前线。

解放区的发展引起殖民当局的惊慌与仇视。1970 年 5 月，葡萄牙纠集 3.5 万人的兵力，动用 1.5 万吨军事物资，还出动海军、空军和特种部队向德尔加多角州、尼亚萨州和太特州的解放区发动大规模进攻。莫桑比克爱国军民对殖民军的进攻早有警惕和准备。经过 3 个多月的浴血奋战，歼敌 400 多人，炸毁敌军车几十辆，击落敌机 4 架，不仅粉碎了敌人的进攻，巩固了解放区，迫使敌人在德尔加多角州放弃了 7 个据点，而且还利用敌人后方空虚的机会向南推进，进一步扩大了解放区。至 1970 年 7 月，爱国武装力量已发展成为近万人的有组织的、训练有素的、具有丰富作战经验的队伍。

1970 年下半年后，爱国武装力量乘胜继续袭击葡萄牙殖民军。从 1970 年 11 月—1971 年 11 月的一年里，爱国武装力量进行了数百次的游击活动，打死打伤敌人 2000 多人，摧毁敌军兵营及据点 40 多个。1972 年 7 月 25 日，爱国武装力量又在马尼卡—索法拉州开辟新战线，对殖民军的一些战略据点发动进攻。同年 11 月对太特州的太特镇和兴戈齐机场发动猛攻，击毁 17 架飞机及附近的 30 个兵营。从 1972 年 9 月至 1973 年 9 月，爱国武装力量共歼敌 2300 多名，袭击了 120 多个敌人哨所及基地，击落击毁飞机 49 架，击沉舰只 11 艘，击毁军车 280 多辆。至 1973 年年底，"莫解阵"已控制拥有 100 多万人口的占全国 1/4 以上的土地。

葡萄牙殖民帝国的瓦解与葡属非洲殖民地的独立

葡属非洲各殖民地人民的反殖斗争，特别是 20 世纪 60 年代以后所进行的武装斗争，给葡萄牙的法西斯政权以沉重的打击，葡萄牙为了镇压日益强大的起义人民，不得不把越来越多的军队和物资投入非洲，应付殖民战争的需要。1972 年，葡萄牙 20 万兵力中约 16 万人陷入非洲。军队需要兵员的增加，国内兵源的不足，迫使葡萄牙当局降低征兵的条件，延长士兵服役的期限，甚至强迫不适于服役的人入伍。葡萄牙的军费开支不断膨胀，1963 年葡萄牙本土及殖民地的军费支出为 1.93 亿美元，1967 年的军事预算仅海外领地的防务一项即达 2.17 亿美元。据里斯本官方数据，到 1974 年 5 月前，葡军共伤亡 3.4 万余人，另有 8.4 万人"生病"。葡萄牙所进行的不义的殖民战争不仅激起殖民地人民武装斗争的烈火越烧越旺，而且在葡萄牙本土引起各阶层人民的日益不满与反对。60 年代末 70 年代初，葡萄牙国内的工人、青年、学生广泛开展罢工、罢课，游行示威，反对继续镇压非洲民族解放运动，要求民主自由。被征召派往非洲的葡萄牙士兵及下级军官越来越多地采取起义、集体逃跑或拒绝上船等方式反对当局在非洲进行的殖民战争。

在国内外矛盾越来越尖锐的情况下，1974 年 4 月 25 日，葡萄牙军队中一批中下级军官组成"尉官运动"（后改称为"武装部队运动"），发动政变，推翻了以卡埃塔诺为首的葡萄牙法西斯政权。新政权表示"将采取政治解决办法而不是军事办法解决海外战争问题"。同年 5 月起，几内亚（比绍）

共和国代表和葡萄牙代表先后在伦敦、阿尔及尔等地进行谈判。双方于同年8月26日达成协议，宣布葡萄牙在法律上承认几内亚（比绍）共和国，葡萄牙的武装力量将在同年10月31日前全部撤出几内亚（比绍）共和国的领土。

1974年6月及9月，葡萄牙新政府同"莫解阵"先后进行了两次谈判。"莫解阵"代表在谈判中揭露葡萄牙提出的"葡非联邦"的殖民主义本质，坚持要实现完全独立的立场。在"莫解阵"坚持斗争下，双方达成《卢萨卡协议》。协议规定：葡萄牙承认莫桑比克人民的独立权。1975年6月25日，莫桑比克正式宣告独立。

圣多美和普林西比解放运动也同葡萄牙新政权进行谈判，于1974年11月在阿尔及尔达成协议。1975年7月12日，圣多美和普林西比宣告独立。

1974年12月9日，几内亚和佛得角非洲独立党同葡萄牙政府签订了关于佛得角岛独立的协议。根据协议，佛得角群岛于1975年7月5日正式宣布独立。

1975年1月15日起，安哥拉三个民族主义组织在葡萄牙的阿沃尔市同葡萄牙政府举行一系列谈判后签署了关于安哥拉独立的协议。协议承认安哥拉人民的独立权利并承认三个解放组织是安哥拉人民的合法代表。安哥拉于1975年11月11日独立。至此，除了亚速尔群岛及马德拉群岛外，其余葡属殖民地都取得了独立。

武装斗争是民族独立运动最激烈的形式，安哥拉、莫桑比克、几内亚（比绍）三国正是依靠武装斗争赢得了民族独立。在战后非洲民族独立运动中，依靠武装斗争方式取得独立的国家为数不多，葡属非洲殖民地国家的独立因而更引人注目。

众所周知，葡萄牙对葡属殖民地民族独立运动的镇压不亚于罗得西亚白人政权。秘密警察像盖世太保那样监视殖民地人民的行动，民族主义政党被取缔，民族主义者被大肆逮捕，群众的反抗活动惨遭镇压。葡萄牙总理萨拉查扬言"葡萄牙永远也不会同意讨论海外领地的自决问题"。在这种形势下，葡属殖民地的民族主义政党只得处于地下活动，各组织的领导机构长期设在国外。正如莫桑比克解放阵线领导人蒙德拉纳所说："到1961年时，两个结论是明显的了。第一，葡萄牙不会承认自决和独立的原则，也不会允许它统治下的民主权利有任何扩大……第二，温和的政治行动，如罢工、示威、请愿等，只会导致参加者自己的毁灭。因此，我们面前只剩下这两种选择：要么无尽期地长此生活在高压的帝国统治下，要么找到某种用武力来反抗葡萄牙的办法……"正是由于安哥拉、莫桑比克和几内亚（比绍）人民坚持了长期的武装斗争，在军事、经济和政治上对殖民主义形成了越来越大的压力，才迫使葡萄牙政府走到了谈判桌前，取得了最后的政治解决。

安哥拉、莫桑比克和几内亚（比绍）的民族独立运动虽然发展过程各异，但它们都是在各自的民族主义政党和组织的领导下进行的，尽管在某些组织之间存在着很大的分歧，但它们的斗争目标却是一致的：坚决反对葡萄牙的殖民统治，通过武装斗争的方式实现民族独立。它们的武装斗争都是以游击战的方式进行的，由袭击敌人哨所、设置障碍、伏击巡逻队逐步发展到攻击敌人军事基地和设防城镇。它们在开展游击战的同时，都很重视根据地的建立，不断扩大解放区和游击区，发挥自己的优势，争取人民的支持。它们的斗争都得到了已独立的非洲国家的大力支持和国际援助：源源不断的武器装备和后勤物资通过邻国送往战区；各民族主义政党和组织的领导机关——总部都设在了相邻的国家，既保证了运动的领导机构免遭葡萄牙法西斯的破坏，又可以在此直接指导国内的武装斗争，同时也为争取外援提供了便利条件。

安哥拉、莫桑比克和几内亚（比绍）的独立使世界上最古老的殖民帝国彻底崩溃，它沉重地打击了罗得西亚和南非的白人种族主义政权，为南部非洲民族独立运动的进一步发展创造了条件。

南非黑人争取民主和平等权利的斗争

陆庭恩

南非白人统治集团对非洲黑人实施的种族歧视和压迫制度由来已久。第二次世界大战结束后的 30 年，是南非种族主义恶性发展的时期。南非黑人在政治、经济、文化教育、社会生活等方面遭受的歧视和迫害日甚一日。非洲黑人反对种族奴役、争取平等权利的斗争持续不断，形式多种多样，规模越来越大。

种族隔离制度的实施

早在第二次世界大战爆发以前，南非联邦统治当局通过一系列立法、在社会的各个领域确立了对黑人群众的奴役制度。这集中表现在剥夺黑人的土地，建立土著保留地；掠夺黑人的廉价劳动力，实施职业保留制度①；驱逐白人居住区中的黑人居民，设置专为他们定居的特定住区（即后来的黑人城镇）；镇压黑人的反抗，实行通行证制度。

第二次世界大战期间，南非因工矿业，尤其是制造业的迅速发展，对劳动力的需求量增加。为补充白人工人的不足，南非统治当局不得不放宽实施职业保留制度，允许黑人从事熟练工种的劳动。1946 年，黑人劳工在制造业劳工总数中占 51%，在工交矿业熟练劳工中约占 70%。南非城市中黑人居民比 10 年前增加 57% 左右。如居住在矿业中心兰德地区的黑人人数，在第二次世界大战结束时比战前增加 59%；1950 年又比战争结束时增加 11%。

当年兰德地区的黑人及有色人总数达 100 万。在城市中，黑人和白人杂居现象极为普遍。

---

① 规定将工资较高的熟练劳动工种留给白人工人，黑人只准从事低工资的笨重体力劳动。

第二次世界大战期间，统治当局为缓和黑人的反抗，不再猖狂掠夺黑人的土地，放宽实施通行证制度。

第二次世界大战结束后，白人统治当局竭力恢复种族主义"秩序"，收回了对非洲人实行的"让步"。黑人纷纷从熟练劳动工种中裁减下来，大量黑人失业者流浪街头。1945 年，南非议会颁发《市区土著定居法》，重申限制黑人进入城市。它规定"只有在白人需要其劳动时方能进入市区，一当劳动结束后，立即迁移出去"，并授权政府在最短时期内把城市"闲散"黑人驱赶到特定住区。为证明黑人居住在白人住区的合法性，严格执行黑人随身携带通行证的制度。

为反对统治当局恢复种族主义"秩序"，黑人工人率先投入斗争。1946 年 8 月，德兰士瓦金矿工人举行大罢工，有 7 万名工人参加。罢工迅速延及开普敦、比勒陀利亚、德班等十几个大城市。著名的民族主义组织"南非非洲人国民大会"领导了这些斗争。

黑人在斗争中注意加强同当地印度人及其他有色人的联合行动。纳塔尔地区非洲人国民大会组织和"南非印度人大会"[①] 达成了"在共同利益基础上"一致行动的协议，这为后来黑人和印度人建立反种族主义联盟奠定了基础。

南非统一党史末资政府撕下了战时鼓吹的"自由主义"伪装，镇压了上述罢工运动。与此同时，以马兰为首的南非国民党反对势力力主迅速恢复种族主义"秩序"，提出了蛊惑人心的"种族隔离制度"。

种族隔离制被说成是解决南非种族问题的"科学方法"。南非当局把它解释为根据种族、肤色的特征区分居民，并按照他们的自然特性、习惯和能力各自发展。这是一种无法实现的骗人把戏。就连马兰本人也承认，在南非的情况下，"彻底的地区隔离是无法实现的，因为我国的整个经济是建筑在土著劳动力之上的"。实际上，种族隔离制是进一步加强种族歧视的措施。

1948 年大选中，南非国民党提出"要么走同黑人平等意味着白人自杀的道路，要么走种族隔离制的道路"。马兰在竞选时，竟用"黑色危险"来恐吓国内的白人选民。国民党最终赢得了选举，掌握了政权。

国民党政府制定多如牛毛的法律，将种族隔离制度系统化和完整化，对

---

① 1920 年成立。参加者主要是在南非的商人和知识分子，他们主张争取印度人民主权利，反对种族歧视。

黑人的歧视和压迫达到前所未有的地步。

1950 年实施的《分居法》和两年后通过的对该法修正案规定，政府有权宣布国内任何一个地区为某一种族的居住区，其他种族的人必须迁离该地区，政府概不负责安置迁移者。新颁布的《人口登记法》要求凡年满 16 岁的居民都要领取表明所属种族及其外貌特征的身份证。1952 年实施《统一的土著身份证法》，规定黑人必须携带具有照片、指纹、外貌说明，甚至纳税情况的证书，违者苛以重刑。这样做，是为了控制"非法迁移者"，"保证"分居法的实施。

新颁布的法律将黑人从过去尚能从事的一些工种中排除出去。《土著建筑工人法》以"需要相当技术"为由，不准任何城区建筑工程雇用黑人劳动力。此外，政府规定国家机关不准雇用黑人负责公共卫生工作。禁止黑人在南非正规军的战斗部队服役。

1949 年实施的《失业保险法》，规定非白人失业者不再享受失业保险。《改变土著法律地位法》把非洲人拒绝执行雇主的命令列作犯罪行为，监工有权给予任何处罚。政府可以将没有任何工作的非白人宣布为"游民"，强制送往垦殖区或边远地区。

在社会生活方面，黑人遭受的歧视和压迫更甚。国民党执政后，立即颁布以"种族纯洁"为主要内容的《禁止杂婚法》，禁止白人与任何非白人通婚。政府对 1927 年开始实施的《取缔淫乱法》进行了修订，给予警察局的密探以监视住户的权利，凡违者判处 5 年以上的监禁。1949 年通过的《铁路和港口使用法》修正案，强化了在火车和轮船上的种族隔离。在南非，白人同黑人共用一台电话机被认为是一种"耻辱"。之后，发展到旅馆、体育场，甚至墓地都实施种族隔离。

为了镇压非洲人民的反抗，白人议会在 1950 年通过《镇压共产主义条例》，1952 年又实施《体罚法》修正案。前者使政府有权宣布任何人为"共产党人"，任何组织为"共产党组织"，而加以逮捕、驱逐和取缔。后者规定，对触犯法律的非洲人实行鞭笞刑，警察有权进行任何处置。

南非非洲人《自由宪章》

马兰政府实施的诸多种族主义法律，遭到黑人群众的强烈反对。1950 年 5 月 1 日，兰德矿区广大非洲工人拒绝上工，要求废除不公正的法律。警察进行武装袭击，打死许多工人。声援兰德矿区工人斗争的罢工浪潮席卷了南非大部分地区。南非非洲人国民大会确定该年 6 月 26 日为全国对死难者的哀悼日。从此，南非每年都要纪念 6 月 26 日这个抗议不公正法律的日子。

1951 年 7 月，非洲人国民大会和南非印度人大会成立联合组织委员会，共同争取废除种族主义法律。该委员会两次上书马兰总理，要求最迟于 1952 年 2 月 29 日前废除近几年颁行的种族歧视法律，如若不准，他们将于同年 4 月 6 日在全国发动反对不公正法律的运动。

由于马兰政府拒绝联合组织委员会的要求，4 月 6 日，全国各大城市爆发抗议运动。有的举行了祈祷"解放"的宗教仪式；有的举行集会宣布抵制政府组织的活动；也有的征集志愿参加者，集体不遵守通行证法和其他种族歧视法律。志愿者公开破坏政府的禁令，他们闯入标明"专供白人使用"的公共场所和建筑，不带通行证任意上街，等等。不少人自动走进监狱以示抗议，致使大城市的监狱都人满为患。

在斗争中，非洲人国民大会和南非印度人大会成为运动的领导核心。它们在群众中的威信越来越高，这两个组织的成员增加了好几倍。与此同时，反种族主义的南非有色人组织①和南非民主人士大会②的成员也积极投入这场运动。

白人统治当局为迫害运动的参加者，制定了《公共治安法》，规定可以任意宣布全国或某个地区处于戒严状态，收审任何"反政府分子"。接着通过的《刑法修正案》规定，凡"抗议某一项法令"的行为，被处以 300 英镑以下的罚款、3 年以下的监禁和 10 鞭以下的鞭笞；凡"劝说、鼓励或强迫他人"反对任何法令者，处以同罪。在白人政府的镇压下，这一运动持续了半年，被迫宣告结束。

非洲人国民大会在斗争中逐渐认识到明确斗争的目标，是争取国内各种族人民以至国际社会支持的前提。它在印度人大会、民主人士大会的支持下，倡议召开南非各族人民大会。这次会议的目的，正如它向联合国南非种族关系调查委员会递交的一份备忘录中说："本着和解的精神制定出有利于和平解决南非种族问题的方案。""制定《自由宪章》，宪章将提出南非各居

---

① 该组织是南非混血种人的组织，宗旨是反对种族歧视和改善有色人种的经济、政治地位。

② 该团体是反对种族歧视政策的南非白人进步组织，主张非洲人民享有民主权利，由非洲人管理国家。

民集团的要求和愿望。"

在 1955 年 6 月 26 日这个传统的抗议日，来自全国的约 3000 名代表聚集在约翰内斯堡附近的克利普镇召开了大会，通过著名的《自由宪章》。宪章开宗明义："南非属于在南非居住的全体人民，黑人和白人。凡不是依据全体人民意志建立的政府，都不能正当地享有政府职权。""只要全体人民能兄弟般共同生活，享有平等权利和机会，我们的国家才能繁荣和自由。"

宪章明确提出实行"民主变革"的主张，要求在政治、经济和社会生活方面给予各种族人民以充分的平等权利，对凡是"鼓吹和实行种族或肤色歧视和凌辱，应视为给予惩处的罪行"。"全体人民在法律面前一律平等"，每个男子和妇女享有立法机构的选举权和被选举权，法律必须保障人民的言论、结社、集会、出版、宣传、信仰和教育子女的自由。要求将国家的一切财富归还给人民，取消强迫劳动，把土地分给耕种者，"以消灭饥饿和缺乏土地现象"；取消通行证制度、特定住区和隔离区；劳动人民有组织工会、男女同工同酬、领取失业补助金的权利；实行每周 40 小时工作制，保证享受医疗，等等。宪章的结语宣布，南非人民"将肩并肩地毕生为争取这些自由而奋斗"。自由宪章的制定，在南非人民反对种族主义斗争史上具有划时代的意义。三十多年来，已成为他们共同为之斗争的目标。

南非白人当局从一开始就采取镇压手段，企图扼杀南非各族人民大会的召开。他们先以"叛国""煽动骚乱"的罪名对非洲人国民大会领导人卢图利、西苏鲁、坦博、曼德拉等人进行恐吓和威胁。在会议期间，警察和密探手持冲锋枪包围并冲击会场，搜查代表，夺去全部文件，将代表拍照和记录发言。会后，他们对与会代表进行迫害。在当局的策划下，到 1955 年年底，数百名代表被当局宣布为非法者，实际上在自己的住所遭受软禁，其中有非洲人国民大会的各级领导 42 人。1956 年以"叛国案"在全国实行大逮捕，将非洲人国民大会、印度人大会、南非有色人组织和南非民主人士大会的领导人，以及斗争的主要参加者 200 多人投入监狱。后来对其中 156 人进行审判，指控他们犯有进行"共产主义活动""宣传和煽动用革命手段推翻现存制度"的罪行。政府制造即将对全部"罪犯"判处死刑的假象，企图压服正在准备大规模斗争的黑人群众。

当年 12 月 19 日进行审判。审判在约翰内斯堡进行。在法庭上，被告们被关在大铁笼里，并被剥夺申辩的权利。因群众抗议，才把铁笼换成不高的围栏，允许律师出庭辩护。当天，来自全国的成千上万人聚集在该城市街头。他们抬着"我们拥护自己的领袖"的宣传画，高唱反对种族主义暴行的战歌，高举拳头，竖起大拇指，高呼"非洲！非洲！"他们冲击警察局，捣毁路障，与警察展开搏斗。

在示威群众的支持下，被告和辩护人据理力争，驳斥了无理指控，把政府事先谋划的审判变成了对种族隔离制度的控诉。他们的斗争赢得国际舆论的支持。联合国在进步力量的推动下，强烈谴责南非当局的行径，要求立即释放被捕者。

这桩"审判案"延续了三年多时间。最后，政府不得不承认缺乏罪证，释放了大部分被告。

从合法斗争走向暴力斗争

20 世纪 50 年代末至 60 年代中期是南非种族主义发展史上的一个重要时期。

1958 年 8 月，被人们称之为"纳粹信徒"的维沃尔德就任总理。当时，非洲的民族独立运动正席卷撒哈拉以南广大地区，黑人独立国家纷纷出现。南非白人当局顽固推行的种族隔离制度遭到国际社会的谴责，处境十分孤立。以维沃尔德为代表的一小撮白人种族主义者提出对黑人"不惜一切代价实现政治分离"，进一步强化种族隔离。

1959 年维沃尔德政府决意推行《促进班图①自治法案》（又称《班图管理区法草案》或《班图斯坦法案》）。这个法案规定：给予南非境内的黑人以"自治权"，取消南非议会中代表非洲人利益的议员席位；现有的黑人保留地统称"班图斯坦"，不再增划任何地区；班图斯坦的首脑由南非政府指定和支付薪俸的酋长担任；政府有权否定班图斯坦议会的立法。这项法案同过去实施的各项种族隔离法律不同，它不只是剥夺非洲人若干权利当中的某一种权利，而是剥夺了他们的全部权利。

与此同时，维沃尔德政府通过新的《工业调解法》，禁止非洲黑人参加白人工会，要求按种族特征成立工会。种族主义议会还制定了一项声称对不同种族分别进行大学教育的法案。法案规定：肤色不同的大学生应在不同的学校就读，现有的大学都只供白人学习，而对非欧洲人则另设学校。事实

---

① 南非黑人是班图人的分支，故又叫班图人。

上，当局对建立非欧洲人学校未拨出一文钱，使为数极少的非洲人学生被赶出大学。

上述种族隔离法律的实施，促使南非黑人反对种族隔离制度的斗争在20世纪五六十年代之交达到空前规模。斗争遍及各工业中心，也波及农业地区。在德兰士瓦、开普、纳塔尔三省的许多工厂和矿山企业爆发了人数众多的罢工斗争。这些斗争都是在1955年成立的南非工会大会领导下进行的，他们要求实现自由宪章指明的民主化目标。

农民运动达到前所未有的规模。黑人保留地农民的斗争矛头直指反动政府支持下的土著酋长。在齐勒斯特、塞库库纳兰、坦布兰和祖鲁兰等许多保留地的黑人举行反政府示威，拘禁出卖人民利益的酋长。他们建立法庭，处死叛徒；拒缴税收；人们自发聚会烧毁通行证。在其他地区还爆发了"抵制马铃薯"运动，这个运动主要发生在白人经营的农场里。那里依靠非洲犯人劳动，他们拒绝农场主安排种植马铃薯的劳动，纷纷逃往保留地，同当地农民联合在一起开展斗争。

这些斗争受到反动当局的残酷镇压，成千上万黑人被投入监狱。有的直接死于军警的射击下，也有的被捕后死于绞刑架上，一些站在黑人一边的酋长遭到放逐，财产被完全没收。黑人争取民主、平等权利的斗争一再遭到反动当局的暴力镇压，迫使一些民族主义者走上以暴力推翻种族主义统治的道路。1959年3月建立的泛非主义者大会主张开展武装斗争，赢得黑人群众的广泛支持。该组织成员一年后增加到3万人。

1960年是"非洲年"。新兴的非洲国家都宣告反对种族隔离制度，支持南非黑人的正义斗争。南非白人统治集团处于四面楚歌的境地。但是，维沃尔德政府顽固坚持种族隔离制度。

非洲人国民大会、泛非主义者大会等一些组织计划举行一次反击种族主义当局的挑衅和抗议种族隔离制度的群众示威运动。还在着手组织这次全国性斗争之时，由于种族矛盾的激化，一些地区相继爆发了反对通行证制度的斗争。1960年3月21日，在沙佩维尔（约翰内斯堡附近一个非洲人城镇）和兰加（开普敦近郊城镇）举行示威和集会，焚毁通行证。警察向示威者开枪，打死70多人，打伤240多人，逮捕了上万人。其中沙佩维尔伤亡人数最多，被称为"沙佩维尔惨案"。惨案发生后，许多国家纷纷发表声明，严厉谴责南非当局的暴行。联合国安全理事会应亚非29个国家的要求召开会议，通过一项反对南非的种族政策，立即给予黑人民主和平等权利的决议。

　　沙佩维尔惨案激起南非全国规模的抗议示威。在约翰内斯堡、比勒陀利亚、开普敦、伊丽莎白港、德班等城市，先后有 50 万人举行罢工，许多港口、码头和工业区的经济活动处于瘫痪状态。南非当局颁布《紧急状态法》，悍然宣布非洲人国民大会、泛非主义者大会为非法组织，逮捕了这些组织的不少领导人和一般成员。据当局承认，被捕者达 2 万人之多。这两个组织被迫转入地下，许多人逃亡国外。不久，南非印度人大会、南非民主人士大会也被取缔。民族主义力量受到严重损失。

　　1961 年，白人种族主义当局不顾国内外舆论的反对，于 5 月 31 日宣布成立"南非共和国"，脱离英联邦，放弃原先的南非联邦国名。随后，又颁布一系列残酷镇压人民的法令，其中以《特别法》《反破坏法》尤为狠毒，规定警察机关可以任意逮捕人，查禁任何组织和刊物；可以不经审讯直接判刑。南非当局为强化镇压机器，加强了摩托化部队，用直升机、火箭发射器进行装备，增强其机动袭击能力。一些有影响的进步刊物、两万多种书籍被禁止出版。阅读这些书刊者，被处以 2000 兰特（当时折合 1000 英镑）的罚金或 5 年监禁。

　　面对上述情况，南非民族主义力量已不能进行合法形式的斗争，处于地下状态的各民族主义组织积极开展两个方面的工作：一是在国外，如在坦桑尼亚、莱索托等一些非洲国家以及英国，建立它们的活动中心。这些中心向世界舆论报道南非事态的真相，力争联合南非国内外力量进行反对种族隔离制度的斗争。二是把暴力斗争的设想提上行动日程。

　　非洲人民大会在 1961 年 11 月成立"民族之子"武装组织。为加强组织纪律和机动的作战能力，设立全国最高指挥部，由曼德拉任总司令。下设地区指挥部，选择该地区的攻击目标，指挥基层武装战斗小组。战斗小组由 4 人组成。"民族之子"不仅有南非黑人参加，还有其他有色人和白人参加。1961 年 12 月 16 日著名的"丁干日"，"民族之子"战士发动第一次袭击活动，在约翰内斯堡、伊丽莎白港、德班进行了一系列爆炸袭击，炸毁政府办公大楼、发电站、港口设施等，从此揭开了南非黑人暴力反抗的序幕。

　　泛非主义者大会建立了军事组织"行动队"，他们暗杀白人农场主和黑人叛徒，收集情报，爆破工厂、变电站和政府建筑物。行动队在每次袭击后留名"波戈"，意即"非洲至上"。因此，他们的活动亦称"波戈运动"。

　　从 1961 年年末以后的一年半时间里，南非黑人的战斗组织进行了 200 多次武装袭击和爆炸活动，他们的行动唤起了广大黑人群众争取自由和解放的热情，也引起白人当局的恐慌。政府出动"突击队"和警察进行血腥镇压，搜捕"可疑分子"，不少人被判处终身苦役或死刑。在白人政府的高压政策下，许多非洲抵抗战士被迫流亡国外。

1962 年 8 月 5 日，非洲人国民大会领袖曼德拉被人告密，遭到逮捕。他被判处 5 年监禁，后被判终身监禁。1963 年 4 月，泛非主义者大会莱索托总部决定在南非全境组织城乡暴动，推翻白人种族主义政权，结果遭到失败。面对武装斗争的严重挫折，各武装组织将过去的短促袭击战略转变为长期的游击战争战略。他们在边境地区以及在支持南非黑人斗争的邻国境内，建立训练基地，培训军事人员，潜入国内乘机开展斗争。自 20 世纪 60 年代中期起，南非黑人的斗争暂时进入沉寂时期。

20 世纪 70 年代反对种族隔离斗争的高潮

20 世纪 60 年代初，白人当局为了深化种族隔离，加紧实施《促进班图自治法案》，加快所谓成立"地方当局""自治""独立"的 3 个阶段。他们决定以特兰斯凯作为实行"分别发展"政策的样板，推动其他非洲人保留地走向"自治""独立"。1964 年，特兰斯凯的三块互不相连的保留地被结合在一起，建立了"特兰斯凯班图斯坦"，并设立"自治政府"。1966 年沃斯特开始执政时，将"班图自治"明确地称为班图"家园政策"，决心把特兰斯凯的自治推广到所有黑人"家园"。1970 年和 1971 年，分别通过了《班图家园公民资格法》和《班图家园宪法条例》，这两项法律都是为了加速"家园"的"自治""独立"进程而制定的。后者竟规定简化"家园"成立各级自治政府的批准手续，可以不经过议会讨论，由政府直接批准即可。为了诱使黑人支持"家园政策"，在前者的条文里抽象地提到给予"家园"黑人双重公民资格，即具有"家园"和南非的公民资格。

到 20 世纪 70 年代中期，先后有 7 个"家园"（特兰斯凯、西斯凯、文达、加赞库鲁、博普塔茨瓦纳、莱伯瓦、夸夸）成立了"自治政府"。其中特兰斯凯在 1976 年 10 月 26 日宣布"独立"，称为"共和国"。它就成为"黑人家园"分别发展的模式。

白人政府公开声称，"家园"独立后，黑人不再具有双重公民资格。独立"家园"的居民将失去南非的国籍，属于来自"家园"的城镇黑人归属于原来的"家园"，成为南非的外国人。又规定，根据 1936 年的土地法，原先非洲人保留地的土地范围应视为黑人"家园"的固定疆域。政府还将没有或者已经失去劳动力的人赶到"家园",使那里的人口继续膨胀,原已紧张的耕地更加紧张,迫使大批成年黑人男子进入"白人居住区"寻找工作,以保证大量廉价劳动力的来源。南非当局幻想通过这种方法利用非洲人统治非洲人,消除黑人群众对白人政府的威胁。

在短短的几年时间里,本来居住在城镇的200万黑人(主要是妇女、儿童、病残工人)被赶到"家园"。大量人口的涌入,造成"家园"内4/5的人缺粮。许多青壮年劳动力只得到白人区充当流动劳工以养家糊口。统计材料表明,"家园"中有1/3的人在外充当流动劳工,他们寄回养家的工资约占"家园"黑人家庭收入的2/3。

在种族压迫的新形势下,黑人群众的斗争逐渐走向高潮。20世纪70年代中期,南部非洲的形势发生急剧变化。莫桑比克和安哥拉人民经过武装斗争取得独立。纳米比亚的武装斗争在西南非洲人民组织的领导下扩展到全国。这些极大地鼓舞了南非黑人的斗争意志。

城镇黑人走在斗争最前列。黑人工人阶级在白人区工作,见多识广,政治觉悟、组织程度都比其他地区的黑人高得多。他们是最有战斗力的队伍,对于白人种族主义政权造成严重威胁。据不完全统计,仅1971—1973年的3年时间,那里的黑人工人举行罢工、示威游行、抗议集会达150多起。他们要求取得南非公民权,反对迁居"家园",抗缴税收,提高工资等。

自1974年起,南非出现矿业工人罢工高潮,其中以德兰士瓦金矿工人的斗争规模最大。这年10月,该地3个金矿的工人共6700多人举行罢工,要求改善劳动条件,提高工资,给予黑人工人从事技术工种的权利。他们同前来镇压的军警发生冲突。斗争虽然失败,但影响波及全国,各地的黑人矿工纷纷举行支持德兰士瓦矿工的同情罢工。在许多白人工厂干活的黑人工人也掀起了罢工浪潮。斗争先从德班开始,扩大到约翰内斯堡、比勒陀利亚、开普敦等地。在一些城市中,黑人工人同其他有色人种、印度工人联合起来,迫使白人资本家作出让步,答应提高工资和改善劳动条件。有的工厂,被迫将黑人工人的月工资提高1/3,劳动条件有所改善。

在城镇黑人斗争的推动下,"家园"黑人的斗争有所发展。他们要求获得土地、减免税收、增加粮食救济,反对"家园"独立,抗击军警的暴虐。这些斗争虽然是分散的、地区性的,但由于次数频繁、影响面宽,常常使反动当局疲于应付。"家园"群众的斗争促使一些"家园"领导人对白人政府采取不合作态度。像夸祖鲁"家园"①的领导人布特莱齐反对"家园独立"，认为这样的"独立"意味着黑人的"自我毁灭"，黑人的问题只能在南非境内统一解决。

70 年代中期，南非黑人战斗组织长期进行的游击战争在沉寂后活跃起来，他们不断袭击和破坏南非的重要经济、军事目标。据南非政府公布的数字，1974 年游击队发动武装袭击 34 次，1975 年增加到 75 次。这些袭击尽管规模小，分散进行，但在黑人社会中引起很大的反响。

1976 年出现了近 10 年内从未有过的反对种族歧视斗争高潮。城镇的黑人学生率先联合黑人工人，反对公共汽车涨价，要求改善公路、道路照明和饮水供应等公共设施。斗争主要集中在比勒陀利亚和约翰内斯堡附近的一些城镇。由于警察开枪镇压青年学生，导致武力冲突。黑人起义者烧毁警察局、汽车站和邮电所等。沃斯特总理扬言要不惜一切代价"维持秩序"，军警运用飞机和火箭等新式武器进行镇压。但斗争非但没有平息，而且扩大到德班、开普敦等大城市。6 月间，黑人城镇索韦托的斗争最为激烈。

索韦托拉于约翰内斯堡西南 8 英里处，由 25 个黑人居住的小镇组成。其面积只有 35 平方英里，居民竟有 100 多万人，约占南非黑人城镇人口的 1/5。这里到处是用铁皮、木板搭起来的破烂房屋，许多住房没有电灯照明，半数以上住户没有自来水，晴天黄土飞扬，雨天到处泥泞；入夜一片漆黑，盗贼横行。它是南非黑人城镇的一个缩影。白人当局对这样一个黑人高度密集的地区进行严格的统治。

1976 年 5 月，种族主义当局在这里严格实行过去制定的《班图教育法》，高小不再按本部族语言教学，一半课程用英语教学，另一半课程用南非荷兰语教学。黑人学生表示极大的愤慨，举行罢课。群众进行示威游行，同前来镇压的军警发生冲突。他们用铁锹、镐头、铁条、刀斧和木棒武装自己，建筑街垒进行搏斗。6 月 16 日，斗争趋于白热化。政府出动正规军，用机枪扫射群众，当场杀死 170 多人，受伤者 1000 多人，逮捕数千人，这就是全世界为之震惊的"索韦托惨案"。

白人当局的暴行，激起了索韦托人民更大规模的抗议，工人、商人和妇女都加入斗争行列，持续了一年半时间。他们捣毁政府机构、警察局，大规模的斗争有 15 次之多，在南非黑人民族解放斗争史上写下了可歌可泣的一页。

_____

① 该"家园"聚居着班图人的一支祖鲁人。

索韦托的斗争，促进了南非各地学生反对种族隔离制度运动的发展。从约翰内斯堡到所在的德兰士瓦省全境，从纳塔尔省发展到开普敦省，学生们纷纷举行声援罢课，上街游行。他们强烈要求释放被捕者，惩办屠杀学生的凶手，结束种族歧视，给予黑人民主和平等权利。政府派遣防暴警察进行镇压，不仅施放催泪弹，采用高压水龙，而且用排枪杀伤群众。示威者袭击警察局、法院、政府机关、教堂和白人的学校。许多黑人工人、小商人和市民自发地组织起来支持学生斗争。1976 年 7 月 20 日，威特班克城镇有 3000 名黑人奋起斗争，一度使当地白人管理当局处于瘫痪状态。黑人群众建立自治机构实行管理，斗争坚持了一个多月。

南非著名的黑人大学黑尔堡大学也爆发了大规模的学生运动。政府被迫宣布无限期关闭学校，由军事机关进驻。在开普敦周围的黑人城镇尼扬加、古莱图等地连续数月发生"骚乱"。开普敦大学的白人大学生为了对黑人学生表示同情和声援，也离开学校参加了示威游行。

以索韦托学生为代表的反种族主义斗争发扬了非洲人民争取解放的大无畏精神，但他们的行动缺乏组织性，未能自觉地同受压迫最深的黑人工人和农民相结合，在反动政府的高压政策下失败。

南非反动政府对青年学生的残酷镇压引起国际进步舆论的强烈抗议，许多国家的政府发表声明支持南非黑人学生的正义行动，谴责南非当局的暴行。南部非洲前线国家在道义和物质上提供了有力支持。西方国家的劳动人民也积极声援南非黑人的斗争。1976 年夏天，伦敦数次举行群众集会，反对种族隔离制度，他们举着"南非必须结束种族隔离""给予黑人自由和权利"的标语游行示威。澳大利亚的工人举行了大规模的声援活动，其中，悉尼、墨尔本和布里斯班三大港口的码头工人向全国运输工人发出号召，拒绝装运运往南非的货物，并举行多次集会和抗议游行。

进入 20 世纪 80 年代，南非人民受津巴布韦独立鼓舞，明确提出"打倒南非共和国"的口号，宣布要"为另一个民主共和国而战斗"。他们的正义斗争得到国际上许多国家的支持。1981 年第三十六届联合国大会决定 1982 年是动员制裁南非种族主义政权国际年。南非黑人反对种族主义统治、争取民主和平等权利的斗争，在世界各国特别是非洲国家和人民的支持下，必定会赢得最终的胜利。

1959 年古巴革命的胜利

迟 越

1959 年 1 月 1 日，古巴人民通过武装斗争推翻美国支持的巴蒂斯塔独裁统治，建立人民政权。这一革命事件揭开了古巴历史新的一页，打击了美帝国主义侵略势力，推动了加勒比海和整个拉丁美洲地区反美反独裁统治的斗争。

美国控制和巴蒂斯塔独裁统治

古巴是加勒比海一个岛国，原为西班牙殖民地。19 世纪后半叶，古巴经过三十年独立战争，于 1898 年获得形式上的独立。1902 年宣告成立共和国。然而，它在实际上沦为美国控制下的半殖民地。独立以后古巴政治局势的演变、历届政府的建立与倒台，都与美国或明或暗地干涉与插手密切相关。一位美国驻古巴大使曾宣称，古巴总统必须具备彻底了解美国、顺从可能向他提出的建议和劝告等项条件。

1902 年上台的古巴共和国第一任总统艾斯特拉达·帕尔马，曾在美国居住 30 年。他之所以被美国看中，是因为他主张奉行亲美卖国政策。1906 年，他被人民起义所推翻。美国借机出兵占领古巴达 3 年之久。在此期间，美国总统塔夫脱安排的查尔斯·匹马古恩一直是古巴的临时政府首脑。1909 年年初，另一个亲美自由党人何塞·戈麦斯被安排做了总统，美国才从古巴撤军。此后的梅诺卡尔政府、萨亚斯政府都是在美国的操纵之下轮流登台。

1924—1933 年，古巴独裁者马查多，以允许美国进行经济渗透和继续承认《普拉特修正案》中丧权辱国的条款，换取了美国对其独裁统治长达 10 年的支持。马查多政府被工人武装斗争推翻之后，塞斯佩德斯－克萨达、格劳·圣马丁、卡洛斯·梅迪埃塔、何塞·巴内特、米格尔·戈麦斯、费德里科·布鲁、巴蒂斯塔、卡洛斯·索卡拉斯等人相继出任古巴总统，他们都是美国扶植的亲美势力的代表。政府的频繁更替并未能够解决导致古巴深刻社会危机的两大问题：政府的独裁专制和美国的控制。

20 世纪上半叶，美国资本在古巴的渗透使古巴经济产生很大的依附性。早在 1924 年，美国资本已在古巴经济中占据支配地位。据 1927 年统计，美国电力公司控制了古巴公用事业的 90%；美国钢铁公司占据了铁矿蕴藏量 3 亿吨以上的大矿区；古巴银行业务的 75% 控制在美国和英国手中。美国的花旗银行控制了古巴统一铁路公司。

美国对古巴的经济控制，在古巴的糖业生产上表现得尤为明显。古巴是世界著名的甘蔗生产国和蔗糖生产国。古巴 56% 的耕地种植甘蔗，蔗糖生产占国民生产总值的 25%，占国家收入的 30%—40%。蔗糖出口占出口总值的 80% 以上。1952 年蔗糖产量达 700 万吨以上，占世界总产量的 60%。外国资本（主要是美国资本）控制了古巴蔗糖生产的 47%。古巴最大的糖厂和甘蔗种植园都属于美国垄断公司所有。美国的大糖业公司是古巴最大的庄园主，霸占了古巴 16 万多卡瓦利耶利亚土地。① 美国对古巴的经济掠夺，把古巴变成受它控制的单一产品供应国，造成古巴经济畸形发展。

美国资本控制古巴国民经济的主要部门，从而攫取了巨额利润。古巴人口在拉丁美洲国家中占第 7 位，而美国对古巴的投资占第 3 位。1958 年美国在古巴的私人直接投资达 10 亿美元。它不仅控制了古巴的大部分加工工业，还控制了古巴的进出口贸易。古巴向美国的出口额，占古巴出口总额的 2/3；古巴从美国的进口额占古巴进口总额的 3/4。美国资本在古巴的利润率高达 30%—40%。仅在 1952—1957 年的 5 年中，美国垄断公司从古巴攫取了 7.5 亿美元利润。在 1958 以前的 50 年中，估计共被美国资本掠夺了 20 亿美元利润。

美国对古巴的经济控制和掠夺，使古巴不能发展自己的民族工业。除了食品、木材和纺织，古巴人拥有一些小规模的民族工业，其他方面都只能出口原料进口成品。如出口甘蔗进口糖果；出口皮革进口皮鞋；出口生铁进口犁耙，等等。这种畸形经济结构的社会后果十分严重。在 20 世纪 50 年代，古巴已有 50% 以上耕地属于外国庄园主和外国公司所有。农民失去土地，大批破产。85% 的小农经常受到租佃威胁，20 万户无地农民成为流动性季节工

---

① 1 卡瓦利耶利亚为 201.45 市亩。

人。他们在甘蔗收获季节去糖厂、种植场做工，过后即处于失业状态。古巴工业的重要支柱——制糖业，由于单一经济作物的片面发展和对美国的依赖，毫无稳定发展的保障。1929—1933 年大危机期间，古巴制糖业受到严重打击，糖产量从 1929 年约 500 万吨跌至 1933 年的 199 万吨。1931 年古巴失业人数达到 60 万，依赖进口的粮食供应急剧减少，引起饥荒。

20 世纪 30 年代初，罢工运动屡屡发生，有些地方出现武装斗争，在 30 年代后期和第二次世界大战期间，古巴工人运动高涨。1939 年 1 月，古巴工人建立古巴工人联合会，团结糖业工人工会、烟草工人工会、铁路工人工会以及码头工人工会等，提出反对种族歧视、实行土地改革以及保护民族工业等进步要求，为维护劳动者的自身权益进行了一系列斗争。

为了确保对古巴的控制和掠夺，美国依据美古《互惠协定》，长期霸占关塔那摩海军基地。1952 年，它扶植反动军人巴蒂斯塔通过政变上台，开始了继马查多之后又一次时间较长的亲美军事独裁统治。

巴蒂斯塔从 20 世纪 30 年代起活跃在古巴政治舞台上。1933—1940 年，他以参谋长身份在古巴政府中起着重要作用。1940—1944 年出任古巴总统，任内曾允许在野党参加政府，许诺进行种种进步的改革。第二次世界大战期间，巴蒂斯塔采取中立立场，既不支持法西斯，也不追随美国，获得共产党人及其他几个政党和组织的支持。1952 年巴蒂斯塔再次上台，一改以往比较温和的面目，公开投靠美国政府，对人民实行残暴统治。

巴蒂斯塔独裁政府出卖古巴人民利益，它出让和延长各种承租权，为美国垄断资本掠夺资源和经济渗透提供方便，甚至动用武力帮助美国资本家抢夺古巴农民的土地。在它的庇护下，设在古巴的美国糖业公司，每家都可以拥有自己的警察，镇压和迫害敢于抗议的工人群众。它允许美国联邦调查局直接干涉古巴内政，美国军事代表团控制了古巴军队的指挥权。巴蒂斯塔解散议会，废除较为进步的 1940 年宪法；制定了剥夺人民民主权利的《宪法条例》和《反劳工法》，宣布古巴人民社会党非法，禁止罢工和集会；规定报纸、电台、电影和电视都须经过严格审查。古巴国内到处布满特务和警察，对居民任意盘问、搜查和逮捕，对有反抗行为的人常常实行惨无人道的酷刑折磨。1952—1958 年，古巴有 2 万多革命者和爱国志士遭到杀害，数万人被监禁或流放，10 多万人流亡国外。古巴被称为"最甜的国家"，却变成了一个庞大的集中营。

半个多世纪以来美国对古巴进行控制，它们支持的历届反动政府，特别是巴蒂斯塔的独裁统治，促使古巴社会矛盾日益激化。正是在这样的历史前提下，菲德尔·卡斯特罗和由他领导的"七二六运动"组织开始了武装斗争。

攻打蒙卡达兵营

1953 年 7 月 26 日，在灾难深重的古巴土地上响起了反抗的枪声。这一天，在菲德尔·卡斯特罗领导下对奥连特省圣地亚哥的军事据点——蒙卡达兵营的袭击，拉开了古巴革命的序幕。

卡斯特罗于 1926 年 8 月 13 日出生于西班牙移民家庭。他的父亲在美西战争期间随军来到古巴，后来成为拥有近 1 万英亩土地的甘蔗庄园主。菲德尔·卡斯特罗和他的弟弟劳尔·卡斯特罗先后同在拉萨尔学院、多洛雷斯学院和哈瓦那著名的耶稣会学校贝伦学院学习。他的弟弟劳尔评论他说，学生时代的菲德尔"性烈如火……坚强勇敢，雄心勃勃，博览群书，并具有叛逆性格"。1945 年，卡斯特罗进入哈瓦那大学学习法律。他热衷于政治活动，曾任哈瓦那大学学生联合会主席，1947 年一度离校参加多米尼加的反独裁斗争。

1950 年，卡斯特罗于哈瓦那大学毕业，获得法学博士学位。此后，他投身政治活动，常常在《警觉报》上写文章，谴责大庄园主，要求"为工人和农民谋求公平的待遇"。1952 年巴蒂斯塔发动政变上台期间，卡斯特罗散发了一篇措辞激烈的政治宣言，并写信给巴蒂斯塔，警告他要承担自己违宪行为的可怕后果。

1953 年是古巴民族英雄何塞·马蒂诞生 100 周年，以卡斯特罗为首的一批爱国青年在古巴成立了一个命名为"100 周年青年运动"的地下组织，准备推翻巴蒂斯塔亲美独裁统治。参加者有工人、农业雇工、店员、小手工业者和少数学生。他们开始秘密募捐，购买和收藏武器，并在哈瓦那大学和首都的射击俱乐部练习射击，准备以武力推翻巴蒂斯塔的政府。

经过一个多月秘密准备之后，卡斯特罗决定在 7 月 26 日——狂欢节拂晓攻打蒙卡达兵营。蒙卡达兵营是古巴政府军在圣地亚哥的一个重要军事据点，其重要性仅次于设在首都哈瓦那的哥伦比亚兵营。选择蒙卡达作为袭击对象是经过反复考虑的。蒙卡达兵营虽然集中着政府军最强的部队，受过美国式的训练，配有现代化通信设备，但那里的官兵道德败坏，酗酒嗜赌，防卫松懈。蒙卡达所在的奥连特省是最富有革命传统的一个省，历次古巴独立战争都从这里开始。奥连特省群山起伏，海岸陡峭，交通闭塞，经济落后，是古巴最贫穷的一个省。山区居民实际购买力几乎等于零。政府的统治在这里比较薄弱。在这里发动起义容易得到当地农业工人和贫苦农民的支持和配合。卡斯特罗决定攻打蒙卡达的主要目的是夺取此地的一座军械库，获得武器，并希望起义成功后能把斗争扩大到全国范围。

参加这次行动的有 162 人，卡斯特罗的弟弟劳尔·卡斯特罗也在其中。他们先在圣地亚哥郊区建立一个养鸡场，作为指挥袭击的大本营。卡斯特罗安排了 134 人攻打蒙卡达，其余 28 人去攻打奥连特省的另一个兵营巴亚莫。一个同情他们的政府军士兵提供了一张蒙卡达兵营的地形图。

7 月 25 日深夜，起义者伪装成巴蒂斯塔军队中的士兵，乘卡车和汽车从养鸡场向圣地亚哥进发。蒙卡达兵营有 1500 名士兵，与进攻的人数相差悬殊。卡斯特罗把希望寄托在"奇袭混乱和自己队伍中无比旺盛的士气上面"。实际情况并不顺利，卡斯特罗所乘的第一辆汽车通过了蒙卡达兵营的第三号门。第二辆车正要进去，却不巧碰上了巴蒂斯塔军的一个巡逻队，战斗过早地打响了。劳尔·卡斯特罗和阿维尔·圣塔马里亚分别带领一批人占领兵营旁边的法院大厦和平民医院，立即向兵营开火，但带着武器和弹药的后备部队未及时赶到。战斗持续了大约一个小时，终因寡不敌众遭到失败。10 多名起义者战死，80 多人在被俘后遭到杀害。卡斯特罗装作伤员躲进一家医院，也很快被捕。

攻打巴亚莫的战斗只持续了 15 分钟，也以失败告终，有 6 名起义者战死。

10 月 6 日，圣地亚哥市法院对卡斯特罗进行审判。卡斯特罗坚持以律师身份为自己辩护，发表了著名的长篇演说——《历史将宣判我无罪》。法庭判处卡斯特罗 15 年有期徒刑，劳尔·卡斯特罗 13 年徒刑，其他 26 人刑期较短。卡斯特罗和他的战友们一起被关押在松树岛监狱。

1954 年是古巴大选之年。巴蒂斯塔一方面向美国寻求支持，另一方面对人民进行种种欺骗宣传。他保证就职后恢复 1940 年宪法，并开始实施有关地方政府的各项条款。11 月 1 日的大选实际上是在没有竞选对手的情况下进行的，巴蒂斯塔"理所当然"地被选为总统。参加投票的只有选民的半数，有许多选民是被强制进行投票的。在此期间，狱中的卡斯特罗始终同外界保持着联系。群众中要求赦免政治犯的呼声越来越高，拥护卡斯特罗的一些青年学生到处安放炸弹。巴蒂斯塔不得不对国会宣布："我们需要大赦、我们需要和平。"由于得到美国政府的"关怀"，巴蒂斯塔相信自己的政治地位十分牢固，大赦并不对他构成任何威胁。于是，在 1955 年 4 月中旬宣布大赦，包括卡斯特罗在内的全部政治犯于 5 月出狱。

在古巴革命的全过程中，袭击蒙卡达兵营的行动只是一次革命的预演，但是这次失败了的袭击却产生了巨大的影响。当古巴共产党及其他反对党在独裁和暴政面前无所作为的时候，这次行动加强了卡斯特罗等幸存革命者的使命感。卡斯特罗在狱中，总结了斗争的经验和教训，以大量书信和长篇辩护词的形式提出了今后革命的行动纲领，为以后的革命斗争作了思想上的准备。对于"七二六运动"，卡斯特罗认为，"它不是一个政党，而是一个革命运动。它的队伍欢迎一切真心想在古巴重建政治民主和树立社会正义的古巴人参加。它的领导是集体而秘密的，是由一批对过去不承担任何责任的、意志坚强的新人组成的"。这一运动的宗旨是在古巴实现自由、民主和正义，正如《七二六颂歌》所表述的：

"我们朝着一个理想进军，

胜利必然属于我们！

为了和平，为了繁荣，也为了自由，

我们一起斗争。"

从马埃斯特腊山区游击战到进军哈瓦那

1955 年 7 月 19 日，卡斯特罗召集留在国内的支持者们举行了一次会议，这次会议被看作"七二六运动"的正式成立大会。他指出，为了使革命取得成功，要"联合一切有价值的古巴人"，"首先必须把七月二十六日运动的那些人组织起来，结成牢不可破的一束"。因为这样一支干部队伍，是不论"通过和平的还是革命的途径"夺取政权"所必不可少的力量"。他要求这支队伍应该具有统一的"意识形态、纪律和领导"。它的"组织和宣传工具一定要搞得强而有力"。在它的"纲领中必须对国家所面临的社会和经济问题作出全面的、具体的、满意的阐释、这样可以把一个真正新的和进步的任务交给群众"。不久，卡斯特罗便离开哈瓦那，前往墨西哥，打算在那里将"七二六"组织训练成为一个纪律严明、战斗力旺盛的团体，为回国开展武装斗争进行准备。

在墨西哥，卡斯特罗物色到一批爱国青年，其中包括后来成为古巴革命重要领导人的切·格瓦拉。格瓦拉出生在阿根廷的罗萨里奥，在学生时代曾骑自行车和徒步游历阿根廷、秘鲁和智利等地，还到过哥伦比亚和委内瑞拉。拉丁美洲各国动荡的政治形势激发了格瓦拉的政治热情，他一度在危地马拉的丛林里担任志愿医生。美国中央情报局颠覆危地马拉革命政府之后，他依靠阿根廷使馆的帮助逃到墨西哥。在墨西哥，他为卡斯特罗的理想和事业所吸引，作为一个医生兼游击战士加入了卡斯特罗的部队。

1956 年 11 月 25 日夜，卡斯特罗率领 82 人（一说 81 人），其中有 20 人参加过 1953 年攻打蒙卡达兵营和巴亚莫兵营的战斗，乘坐从一对美国夫妇手中买来的"格拉玛号"游艇，携两门反坦克炮和几十支步枪，驶离墨西哥的图斯潘河口。他们分成 3 个小队，分别由劳尔·卡斯特罗、胡安·阿尔梅达和何塞·史密斯 3 人率领。船长是前古巴军舰长奥内略·皮诺；切·格瓦拉负责船上的医疗工作。

"格拉玛号"是一艘豪华的小游艇，长约 60 英尺，宽 25 英尺，乘坐二十几人去旅行是相当舒服的，但参加远征的战士有 80 多人，船上十分拥挤。由于食物匮乏，生活很艰苦。开航第三天，船上便实行伙食配给制。两只橘子算作早饭；午饭是两人分一小听炼乳；一片面包和一片薄薄的火腿算是丰盛的晚餐。随后几天，食物逐日减少，到登陆的前两天，食物全部吃光，淡水也所剩无几了。

12 月 1 日，距离登陆地点只有几十英里了。卡斯特罗把武器、橄榄绿军装、行军背包和冲锋刺刀发给每一个人。他下命令说："如果我们被发现，敌人向我们射击时，立即以密集火力进行反击，同时，'格拉玛号'应向任何一条敌舰直冲过去。"

12 月 2 日清晨 6 时许，"格拉玛号"在距古巴奥连特省科罗拉多斯海岸150 米处的海滩上停泊，卡斯特罗率领第一批战士涉过海滩向陆地冲去。游艇很快就被发现，一艘海军快艇和几架飞机同时向他们进攻。经过一阵战斗，在上午 10 时左右，卡斯特罗命令全体向古巴南方的马埃斯特腊山区进发。除去伤亡和脱离战斗的人，最终集合在安全地带的只剩下 15 人。他们以卡斯特罗为首，在马埃斯特腊山区建立起根据地，开展艰苦的游击战争。

马埃斯特腊山是古巴最大的山脉，它由几条平行的山脉构成，东起关塔那摩湾，西至克鲁斯角，延伸 250 公里，宽 30—40 公里，大部分地段濒临海岸，形成沿海的陡岩峭壁。马埃斯特腊山的平均高度在 1000 米以上。山的南坡没有较大的居民点，山岩险峭，森林密布。山的东部和北部肥沃的山谷里和潮湿的坡地上有一些零散的城镇，如圣地亚哥、埃尔科布雷、帕尔马索里亚诺等，共约有 20 万人居住，这里的居民十分贫困和闭塞，大多是寻找一块无主的荒芜土地以维持生计的农民。卡斯特罗等人利用这里与外界隔绝和地势险峻作掩护，带领一支 20 人左右的游击队，依靠农民的支持，建立游击根据地。卡斯特罗关于革命的思想纲领这时已经逐渐形成，他对一位前去采访的美国记者说："革命就是为古巴生活的全面改造、为财产制度的彻底改变以及为各种制度的变革而进行的斗争……这个革命是民主主义的、民族主义的和社会主义的。"

"七二六运动"在马埃斯特腊山区开展的游击战争是十分艰苦的。他们最初只有 12 个人和 7 支步枪，开展游击活动仅仅限于焚烧当地甘蔗种植园和糖厂，小规模袭击巴蒂斯塔军队的军营。1957 年年初，游击队夜袭普拉塔兵营，歼敌 12 人，首战告捷，它的队伍有了壮大。巴蒂斯塔政府军多次围剿游击队，均未成功。1957 年 5 月初，游击队发动了反围剿的乌维罗战役，取得胜利，缴获大批武器弹药，扩大了游击队的影响和声望。

在马埃斯特腊山区建立游击革命根据地的过程中，游击队经常与当地农民交往，了解他们的疾苦。切·格瓦拉对此写道："在这些活动中，我们开始形成这样一种意识，认识到有断然改革人民生活的必要。土地改革的想法形成了，与人民交往的想法不再是一种理论了，而成了我们生活的一个明确的部分。"他们在巩固了自己的革命根据地以后，明确宣布要推翻巴蒂斯塔独裁统治，建立人民政权，提出释放政治犯、实现出版自由、恢复全体公民的政治权利，进行土地改革等主张，并开始实行土地改革。游击队赢得了更广泛的支持。许多农民、农业工人、建筑工人和学生纷纷加入，到 1957 年年底，游击队已扩大为 2000 人的队伍。

"七二六运动"在马埃斯特腊山建立革命根据地的同时，1957 年 3 月 13 日，以哈瓦那大学学生联合会主席安东尼奥·埃切维里亚为首的一批爱国青年，成立"三一三革命指导委员会"。他们参加过攻打巴蒂斯塔总统府的战斗，积极配合哈瓦那、圣地亚哥等大城市工人、学生、市民举行的罢工、罢课、罢市，开展活动。

1958 年 2 月，"三一三革命指导委员会"组织一支远征军，从哈瓦那抵达努埃维达斯，而后在埃斯坎布拉依山区开展游击战争。

在这同时，古巴国内反对巴蒂斯塔独裁统治的斗争进入高潮。1958 年 3

月17日，古巴42个反巴蒂斯塔统治的群众组织的数千名代表发表联合宣言，要求巴蒂斯塔下台。4月9日，哈瓦那工人举行总罢工和武装起义。同年7月，"七二六运动"组织的代表、"三一三革命指导委员会"的代表和其他反独裁组织的代表，在委内瑞拉首都加拉加斯举行会议，建立革命民主公民阵线，签署了《加拉加斯协定》，制定了"以武装起义来打倒独裁制度的共同战略"，建立了反巴蒂斯塔统治的革命统一战线。

在四面楚歌声中，巴蒂斯塔到了穷途末路。1958年5—8月，在美国的直接指挥和援助下，巴蒂斯塔派出1万多人的部队，配合美制飞机、大炮、坦克向马埃斯特腊山区根据地发动大规模进攻。尽管力量对比悬殊、武器弹药匮乏，游击队争取当地人民的援助，运用灵活机动的战略战术，经过71天艰苦战斗，击退了巴蒂斯塔军队的进攻，歼敌千余人，俘虏敌军600多名，缴获了大量武器装备。游击队的力量进一步发展。到1958年年底，"七二六运动"的武装力量在奥连特省、卡马圭省、拉斯维利亚省广大地区发动反攻，逐步控制了全国局势。

这时，许多军人已不愿为巴蒂斯塔卖命，有4名军官倒戈并向游击队投降。政府军开始失去战斗力。巴蒂斯塔绝望地更换了大批军官，在12月中旬将各军种所有司令召集到哈瓦那。然而，这一切难以挽回危局。政府军的一位将军直率地告诉巴蒂斯塔："士兵厌战，军官也不愿意打仗，再也无法可想了。"

事态的发展迫使美国决定抛弃巴蒂斯塔。12月10日，美国驻古巴大使史密斯向古巴外长表示："我的不愉快的任务就是通知贵国总统，美国将不再支持古巴的现政府，我国政府认为贵总统已在逐渐失去有效的控制了。"一个星期以后的12月17日，史密斯会见巴蒂斯塔，奉命说，美国国务院认为巴蒂斯塔不再能在古巴维持有效统治，要求他下台并离开古巴。巴蒂斯塔幻想作最后的孤注一掷，维持风雨飘摇的独裁统治，同时不得不考虑逃离古巴。他在12月29日安排自己的孩子秘密地从哈瓦那去美国，并把他的私人信件和许多文件烧毁。

1958年12月31日，"七二六运动"所属游击队在格瓦拉指挥下向首都哈瓦那发起进攻，首都的学生和工人以进行总罢课、总罢工相配合。当晚巴蒂斯塔被迫辞职，次日凌晨他连同家人、政府部长等40人乘军用飞机逃往国外。游击队顺利地占领了巴蒂斯塔的总统府。在这同时，古巴另一重要城市圣地亚哥的政府军向到达该城的卡斯特罗投降。1959年1月1日，新年伊始，古巴革命取得了胜利，建立了革命临时政府。这是一个以反巴蒂斯塔革命统一战线基础上建立的临时政府。开始时成员复杂，由刚从美国归来的前司法官努埃尔·乌鲁蒂亚任临时政府总统，卡斯特罗担任武装部队总司令，并从 2 月 16 日起出任政府总理。

革命胜利后的施政

古巴革命胜利后，革命政府改组了政府机构和军事机构，稳定了社会秩序。在此基础上，实行了一系列社会经济改革措施。

1959 年 5 月 17 日和 1963 年 10 月先后颁布两个土地改革法令，明确规定废除大地产制、消灭封建剥削和禁止外国人占有古巴土地。在土改中，美国和本国大庄园主的土地共被征收约 16.2 万卡瓦利耶利亚。革命政府颁布了关于把所有外资企业和国内私人大中小企业及银行收归国有的法律，把美国一些糖厂、石油公司、电力公司、镍矿、银矿等收归国有。

古巴革命的胜利及革命政府实施的改革，引起了美国政府的惊恐。美国政府在古巴革命胜利不久的 1959 年 1 月 7 日发出命令，表示承认古巴临时政府。同年 4 月，卡斯特罗总理应邀访问美国，与当时的美国副总统尼克松进行会谈。卡斯特罗在访美期间坚持不对美国作任何让步的原则立场，引起美国政府的仇视。美国为了反对古巴的社会经济改革，于 1960 年 6 月宣布停止从古巴进口食糖，同年 8 月，美国出面召开美洲国家组织外交部部长会议，通过《圣约瑟宣言》，宣称美洲国家必须防范古巴革命的影响。针对这一宣言，古巴于 9 月 2 日在哈瓦那举行了有 100 万人参加的全国人民大会，通过了著名的《哈瓦那宣言》，谴责美国对古巴和其他拉丁美洲国家的干涉，宣布同中国建立外交关系。美国随即宣布对古巴实行全面禁运。古巴则把美国在古巴的所有企业、公司共 167 家全部收归国有。1961 年 1 月，美国宣布同古巴断绝外交关系。同年 4 月 17 日，发生了美国组织的雇佣军入侵古巴的"吉隆滩事件"。

1961 年 4 月 17 日凌晨，一支由美国飞机和军舰掩护的 1000 多人的雇佣军在古巴拉斯维利亚省南部吉隆滩登陆。他们的首领是巴蒂斯塔时期的政府官员、后流亡美国的曼努埃尔·阿蒂梅和何塞·佩雷斯、圣罗曼。入侵部队大部分由反对卡斯特罗的逃亡者组成，其中很多人在古巴的革命胜利后丧失了房屋、企业和田产。他们使用美国制造的坦克、大炮、火箭炮、机关炮等武器，武装占领了吉隆滩和长滩，继续向北推进。卡斯特罗号召古巴军队和民兵以最彻底最坚决的方法予以反击。经过激烈战斗，4 月 19 日，被包围的雇佣军在吉隆滩全军覆灭。由美国出面策划的这场武装入侵以失败告终。

1960 年 10 月，卡斯特罗在一次电视讲话中指出："革命已完成了第一阶段，现在进入一个新的阶段。"这个新的阶段即古巴的社会主义革命阶段。1961 年 5 月 1 日，卡斯特罗正式宣布古巴是社会主义国家。1961 年 7 月，"七二六运动"组织、人民社会党和"三一三革命指导委员会"三个组织合并成古巴社会主义革命统一党。1965 年改名古巴共产党，菲德尔·卡斯特罗为第一书记，劳尔·卡斯特罗为第二书记。

从 1953 年 7 月 26 日开始，以 1959 年 1 月 1 日推翻巴蒂斯塔独裁统治为标志的古巴革命的胜利，是古巴人民继 21 世纪后半叶进行独立战争以来的最重大的历史事件。它不仅使古巴摆脱了美国在经济和政治上的控制，赢得了真正的独立，而且为古巴沿着自己所认定的社会主义方向开辟了道路。

巴拿马人民收复运河区主权的斗争

苏振兴

巴拿马人民争取收回运河区主权的斗争贯穿着巴拿马共和国迄今 80 余年的历史。这场斗争是一个小国、弱国为维护民族独立和国家主权同当代最强大的帝国主义国家之间的较量。它经历过艰难、曲折的道路，付出了巨大的民族牺牲，并取得重大的胜利，在当代民族解放运动史上具有重要地位。

美国霸占巴拿马运河区

巴拿马地峡以 80 多公里宽的陆地分隔着大西洋和太平洋。16 世纪时人们就提出了从这里开凿两洋运河的设想。西班牙殖民统治时期，巴拿马曾是宗主国在美洲的重要贸易中心和物资转运站，具有特殊的经济地位。1821 年巴拿马摆脱西班牙殖民统治，虽未建立独立国家，但已提出"经济自治"的要求。1831 年并入新格拉纳达共和国（1861 年改称哥伦比亚）后，巴拿马多次出现分离运动，1840—1841 年一度成立"地峡国"。1899—1902 年哥伦比亚的"千日战争"①，导致巴拿马分离运动再度兴起。

1902 年，法国新巴拿马运河公司因修建巴拿马运河的计划失败，将其财产和修运河的租让权卖给美国。1903 年 1 月 22 日，美国和哥伦比亚签署《海—赫兰条约》。条约规定，哥伦比亚给予美国建造和经营巴拿马运河的种种特权。一旦条约生效，美国独家建造和控制巴拿马运河的外交与法律程序即告完成。但这个条约于同年 8 月 18 日被哥伦比亚国会否决。美国便利用巴拿马人想独立建国和要求修筑运河的愿望，支持巴拿马分离运动，旨在撤

---

① "千日战争"是保守党人与自由党人之间的内战，保守党人获胜。当时的巴拿马省是自由党人的堡垒之一。自由党人在内战中失败，加速了分离运动的发展。

开哥伦比亚，与巴拿马单独缔约。美国总统西奥多·罗斯福表示："假如巴拿马是一个独立国家，或者假如它在这个时候成为这样的国家，我是很高兴的。"1903 年 11 月 3 日，在美国的直接干预下，巴拿马宣布脱离哥伦比亚，成立巴拿马共和国。11 月 18 日，美国和巴拿马在华盛顿签订《关于建造一条连接大西洋和太平洋的通航运河的专约》，简称 1903 年美巴条约，并于 1904 年 2 月 26 日正式生效。

1903 年美巴条约规定：美国"保证并将维持巴拿马共和国的独立"；为便于美国建造和经营运河，巴拿马将一条 10 英里宽的地带交给美国永久使用、占领和控制；巴拿马给予美国为航行、供水或其他目的而永久使用其境内河流、水、湖泊及其他水域的权利；巴拿马给予美国以建造和经营一条横贯太平洋与大西洋之间领土的运河或铁路的永久垄断权；美国有在巴拿马城和科隆城及其毗连港口和地区购买或征用土地、建筑物、水域或其他财产，以及维持秩序的权利；巴拿马不得向运河与铁路的附属设施和为运河、铁路服务的人员征税；美国在运河区内行使司法裁判权，美国有权在任何时候为保护运河、铁路等的安全而自行决定使用它的警察、陆军和海军，或建立要塞；美国一次性付给巴拿马 1000 万美元，并在条约生效 9 年后每年付 25 万美元租金，等等。根据这一条约，巴拿马共和国从诞生之时，就沦为美国的保护国。

1903 年美巴条约生效后，美国于 1904 年动工修建巴拿马运河，1914 年建成，1920 年开放。从运河中心线向两侧各延伸 5 英里，面积为 1432 平方公里的地区划为运河区，由美国任命总督进行管辖，挂美国国旗，施行美国法律，设 14 个军事基地和美国"南方司令部"，驻扎上万名美军。外国驻巴拿马的领事如要到运河区行使职能，必须到华盛顿取得许可证书。运河区成为巴拿马国土上的"国中之国"。

美国对巴拿马运河和运河区的控制，给巴拿马人民造成了深重的灾难，为了在巴拿马扶植亲美政权，美国经常恣意干涉巴拿马内部事务，甚至策动政变，推翻合法政府。从 1903 年至 1968 年的 65 年中，巴拿马更换了 38 任总统，政权更迭之频繁在世界各国亦属少见。1918—1925 年，美国对巴拿马进行了 4 次武装干涉：1918 年 6 月，美国以巴拿马中断国民议会选举为由，派军队占领巴拿马城和科隆城；同年 7 月，美军"进驻"巴拿马的奇里金省"监督"选举；1921 年美军以绘制军事地图为名，占领巴拿马的乔雷拉地区；1925 年 10 月，美军镇压巴拿马群众反对房租上涨的斗争，造成数人伤亡。

　　美国从政治和军事上严密控制巴拿马，是要确保巴拿马成为它建立世界霸权的重要战略基地。西奥多·罗斯福早在1898年声称："如果我们要在斗争中为我们自己保持海军和商业上的优势，我们必须在我们的疆界之外建立我们的势力。我们必须建造地峡运河，而且我们必须紧紧抓住有利的据点，这些据点使我们有可能在决定东西两洋命运时有我们的发言权。"美国控制巴拿马运河与运河区之后，独霸了沟通两洋交通的咽喉要道，使加勒比海成了美国的"内湖"，使南美洲处在美国直接军事威胁之下，使美国与亚洲、太平洋地区的海上航线大大缩短。

　　美国对运河与运河区的霸占，等于剥夺了巴拿马赖以生存的主要经济支柱。仅在1914—1953年，美国经营运河所得的总收入即达6.64亿美元，其中付给巴拿马的年租金总共只有1300万美元，不到总收入的2%。在此期间，运河区美国商店的收益达2100万美元，比巴拿马所得运河租金还多800万美元。

　　1970—1976年的7年中，美国收取的船只通行费高达15亿美元，而同期付给巴拿马的租金仅为1350万美元，不到其收入的1%。历来通过巴拿马运河的商船以美国船只最多，运河管理当局一直把运河通行费定得很低，因而美国垄断资本家从中获利最大。美国政府利用运河通航之便所节省的军费开支，到1970年估计已不下100亿美元。运河区职工和美国商店所享受的免税权，以及美国商店在运河区以外进行的大量非法贸易，不仅损害巴拿马的主权，而且严重损害巴拿马的经济。运河管理当局还对巴拿马籍雇员实行歧视政策，不让他们从事技术工种，其工资福利待遇比美籍雇员低得多。

　　美国除对运河区实行全面控制外，巴拿马的电力、香蕉等生产部门以及金融、外贸都被美国资本控制。美国联合果品公司霸占了巴拿马1/10的耕地，被人们称为"绿色的魔鬼"。正像巴拿马人士埃内斯托·德·尼古拉依所说："巴拿马运河使得巴拿马进行粮食生产和从事贸易的希望化为乌有，这条运河和那些美国工业公司一起，成为一个榨取巴拿马黄金的可怕的企业，将巴拿马带到了破产的边缘。"

　　从1903年美国霸占运河区以来，巴拿马运河不但不能为巴拿马造福，反而成为巴拿马国家和人民的灾难。因此，巴拿马人民要求收回运河区的主权，这关系着巴拿马国家的真正独立和民族的生存和发展。

修改与要求废除 1903 年美巴条约

巴拿马人民收复运河区主权的斗争，大体上可以分为两个历史阶段，1903—1964 年为第一阶段，1964—1978 年为第二阶段。

从 20 世纪初至 60 年代，是美帝国主义经济与军事实力急剧膨胀，对外进行侵略、扩张的时期。整个西半球是美国建立世界霸权的立足点，而巴拿马运河对美国推行其全球战略具有突出的作用。

1903 年美巴条约刚刚生效，美国的一些政府官员和学者就纷纷发表言论和文章，把美国说成是运河区的主权所有者，激起巴拿马社会各界人士的愤慨。巴拿马政府遂于 1904 年照会美国政府，表示巴拿马决不放弃运河区的主权，开始了反对美国任意解释 1903 年美巴条约的外交战。由于人民群众坚持斗争，促使巴拿马政府始终没有在这个问题上让步。1923 年 1 月 3 日巴拿马政府致美国的一份照会中仍然指出："运河区并未由巴拿马共和国出售、让与或者转售给合众国完全占有。只是为了运河的建设、维护、管理、卫生设施和防卫的特殊需要，才将运河区让与使用、占据和管制的……运河区并未租让给合众国，因为运河条约所规定的每年支付 25 万美元并不是作为这一地区的使用费。"坚持巴拿马是运河区的主权所有者，是巴拿马要求收回运河区主权的首要前提。在这个问题上顶住美国的压力，就为整个斗争争得了主动。

1920 年美国企图占领巴拿马的塔沃加岛。巴拿马人民当即进行抗议示威，使美国的图谋未能得逞。这次斗争胜利以后，巴拿马国内要求修改 1903 年美巴条约的呼声日益高涨。美国为了缓和巴拿马日趋高涨的反美情绪，也表示愿意就修改条约问题进行谈判。1926 年，巴拿马提出取消由美国"保证"巴拿马独立、禁止美国商店在运河区以外进行贸易等内容的 32 点要求，与美国开始谈判。在谈判中美国采取以退为进的策略，妄图通过某些非实质性的让步，在军事上进一步强化对巴拿马的控制。美方除要求巴拿马把美国人在科隆的居住区新克利斯托瓦尔划入运河区外，还提出巴拿马有义务和美国一起参加运河防务，一旦美国参战，巴拿马也应处于战争状态，巴拿马国内的航空与无线电联络应由美国监督，联合作战行动应由美国负责。巴拿马国民议会拒绝美国这些无理要求，这次谈判毫无结果。

20 世纪 30 年代的资本主义世界经济危机使巴拿马陷入严重困境。巴拿马公众舆论纷纷揭露美国对巴拿马所进行的残酷掠夺，要求修改 1903 年美巴条约的呼声再度高涨，甚至主张和美国断交。当时的美国总统富兰克林·罗斯福正倡导所谓"睦邻政策"，不得不缓和一下美国与巴拿马之间的紧张关系。因此，1933 年和 1934 年，巴美两国总统进行互访，促成了两国政府代表于 1934 年年底在华盛顿就修改运河条约问题恢复谈判。1936 年 3 月 2 日双方签订了一项新的条约，即 1936 年美巴条约①。

　　这项条约对 1903 年条约所作的修改主要有以下几点。（1）取消了"合众国保证并将维持巴拿马共和国的独立"的条款；（2）明确规定运河区只处于美国的司法权之下，而领土权属于巴拿马；（3）取消了美国在巴拿马和科伦两城市及其邻近地区征用土地和"维持秩序"的权利；（4）运河年租金由 25 万美元增加到 43 万美元；（5）允许巴拿马公民在运河区从事贸易活动；（6）美国退出一条走廊地带，使科伦城与巴拿马管辖下的其他领土连接。1936 年条约的签订，是巴拿马人民在收复运河区主权斗争中取得的初步胜利，使巴拿马在名义上不再是美国的保护国，并确认了巴拿马是运河区的主权所有者。不过，这个条约仍然规定，美国在必要时可在巴拿马采取"预防或防卫的措施"。可见，美国千方百计要为对巴拿马进行干涉设置法律依据。

　　进入 20 世纪 40 年代以后，巴拿马与美国之间的斗争主要是围绕着军事基地问题而进行的。第二次世界大战的爆发，巴拿马地峡及其运河所具有的军事与战略意义更显突出。美国以进行反法西斯战争为理由，进一步加强对整个巴拿马的控制。

　　1940 年 11 月 7 日，美国政府借口运河区设施和巴拿马整个国土可能受到敌人攻击，要求巴拿马承担所谓西半球防务义务，在运河区以外向美国提供一批军事基地，租期 999 年，巴拿马政府的答复是，美国设计的这个运河防卫计划"实际上意味着由美国军队对巴拿马实行军事占领，巴拿马政府不能考虑和答应"。美国并未就此罢休，又提出把租期减为 99 年，并一再施加压力。

　　1941 年 2 月 10 日，美国竟向巴拿马的阿努尔福·阿里亚斯政府提出最后通牒。阿里亚斯被迫于同年 8 月 20 日就提供基地问题提出一份协议草案，

----

①　条约全称为《美利坚合众国和巴拿马共和国为进一步加强两国间友好联系和合作并为调整由于建造通过巴拿马地峡的两洋间运河而发生的某些问题的条约》，它于 1939 年 7 月 27 日生效。

其中第四条指出："巴拿马共和国对（美方）所要求的土地、水域及其空间保留自己的主权和全部司法权"，一旦大战结束，美国应"立即撤离"。美国对此仍不满足，竟给阿里亚斯加上"纳粹"的罪名，于 1941 年 10 月 9 日策动政变将其推翻，由原内政部长里卡多·德拉·瓜迪亚出任总统。1942 年 5 月 18 日，美国与瓜迪亚政府签订《关于租借防务地区的协定》，在运河区以外又取得 134 处军事基地。但这个协定还是明确规定："在结束这次战争的最后和约生效一年后，美利坚合众国应从这些地方撤出，对这些地方的使用也应终止。"

第二次世界大战刚一结束，巴拿马人民就掀起了收回基地的斗争，1946 年和 1947 年多次组织大规模的示威游行。巴拿马国民议会也于 1946 年 9 月 2 日作出决议，要求按期收回美国租借的基地。慑于巴拿马人民斗争的压力，美国先后将大部分基地归还，但仍控制一部分不想交出。1947 年 12 月 10 日，美国强迫巴拿马重新签订协定，延长部分基地的租期。巴拿马国民议会在人民群众抗议运动的推动下，否决了这个协定，终于迫使美国将全部基地归还巴拿马。

此次斗争的胜利，挫败了美国对巴拿马实行军事占领的阴谋，振奋了民族精神。

战后，拉丁美洲的民族解放运动高涨，巴拿马人民要求收回运河区主权的斗争有了新的发展。1952 年巴拿马再次提出对 1903 年美巴条约进行修改，并于 1953 年向美国提交包括在运河区悬挂巴拿马国旗等内容的 21 点要求。巴美双方为此进行了长时间的谈判，于 1955 年 1 月 25 日在巴拿马城签署《相互谅解和合作条约》[①]。条约规定，巴拿马有权向运河区的非美国籍雇员征税；运河区美国籍与巴拿马籍雇员同工同酬；废除美国在巴拿马管辖的领土内筑路的权利；废除美国在巴拿马城和科伦城颁布并强制遵守卫生法令的权利；运河年租金由 43 万美元增加到 193 万美元。但是，巴拿马在谈判中提出的一些正当要求：如在运河区悬挂巴拿马国旗、增加西班牙语为官方语言、设立混合法院以及给 1903 年美巴条约规定 99 年的期限等，都被美方拒绝。

1956 年 7 月埃及政府收回苏伊士运河的行动，对巴拿马人民收回运河主权的斗争是一个重大鼓舞。8 月 4 日，巴拿马政府发表声明，指出巴拿马运

---

① 　该条约于 1955 年 8 月 23 日生效。

河与苏伊士运河有相似之处，表明了把巴拿马运河收归国有的愿望。这一正义要求变为人民群众的爱国行动。1958 年 5 月 2 日，数十名巴拿马学生将 50 面国旗插入运河区，以示巴拿马对运河区的主权，结果竟遭到美国警察的粗暴干涉。这一事件引起巴拿马人民的极大愤慨，5 月 5 日，巴拿马群众走上街头，高呼"巴拿马是巴拿马人的"，要求将运河区收归国有。当 1959 年 11 月 3 日巴拿马群众举行向运河区"争取主权的进军"时，美国竟出动军队镇压，打伤 100 多人。11 月 5 日，一批巴拿马学生冲进运河区，竖起一面巨大的巴拿马国旗。巴拿马国民议会也作出在运河区悬挂巴拿马国旗的决议，对群众的爱国行动表示支持。11 月 28 日，人民群众举行更大规模的"主权进军"，要求彻底废除 1903 年条约。

巴拿马人民的强烈反抗，迫使美国政府改变手法。1960 年 4 月 16 日美国总统艾森豪威尔提出改善同巴拿马在运河区关系的 9 点建议，答应给运河区的巴拿马工人提供技术训练并增加 10% 的工资，为巴拿马城修建一条新的供水管道等。同年 9 月 17 日，美国宣布同意在运河区的沙勒三角广场升巴拿马国旗。但是，巴拿马人民既不畏惧美国军队的"大棒"，也不赏识艾森豪威尔的"胡萝卜"。1961 年 11 月 17 日，巴拿马国民议会根据人民群众的要求作出决定，正式提出以肯定巴拿马对运河区的主权、限期收回运河、公平分配运河收入、在运河区升巴拿马国旗等 13 项内容作为谈判基础。这是巴拿马人民为彻底废除 1903 年美巴条约迈出的重要一步。

1959 年古巴革命的胜利对美国是一个沉重的打击。美国不仅于 1961 年 4 月组织了对古巴的武装入侵，妄图推翻古巴政府，而且极力采取强硬政策遏制拉丁美洲民族解放运动高涨的势头。在这种情况下，美国根本不愿意与巴拿马进行新的运河条约的谈判。因此，美巴双方经过一段时间的交涉，于 1963 年 1 月 10 日发表一项联合公报，仅仅表示美国同意在运河区同时悬挂巴拿马和美国国旗。后来的事实表明，美国的这种表示只不过是为拖延谈判所施的伎俩。公报发表不到一年，1963 年 12 月 31 日，美国驻运河区总督公开声称，巴拿马国旗只能在运河区的特殊地点悬挂，运河区美国学校门前应停止挂巴拿马国旗，公然撕毁两国协议。巴拿马人民对美帝国主义恣意践踏他们主权的恶劣行径，到了忍无可忍的地步。

1964 年 1 月 9 日，巴拿马学生由于运河区美国学校单独挂星条旗，出于义愤，进入运河区去升国旗，遭到美国人殴打，国旗被撕碎。消息传开后，3 万名巴拿马群众迅速集结到运河区边界，要求进入运河区升旗。美国军警向他们开枪射击。面对美国的武装挑衅，巴拿马群众奋不顾身地冲进运河区。这时，早有准备的美国军队向巴拿马群众进行了血腥的屠杀，当场打死22人，打伤325人，制造了一场震惊世界的流血惨案。1月10日，巴拿马总统罗贝托·F. 恰里宣布中断与美国的外交关系。巴拿马驻联合国代表在安理会控诉美国军队屠杀巴拿马爱国群众的罪行。与此同时，一场震撼世界的反美风暴立即席卷整个巴拿马。工人罢工、学生罢课、商人罢市，人们涌上街头，举行声势浩大的反美示威，袭击美国的公司、银行和新闻机构，烧毁美国人的住宅和汽车，为死难烈士组织10万人的送葬游行。"要巴拿马，不要美国佬"的呼声响彻巴拿马大地。1月11日，恰里总统提出与美国进行谈判的4项先决条件：美国赔偿损失；在运河区同时悬挂巴拿马和美国国旗；美国拆除运河区和巴拿马城之间的一切路障；美国军队撤离运河区边境。第二天，美国国务卿腊斯克发表谈话，声称美国决不放弃巴拿马运河区及其军事基地。针对美国的这种蛮横态度，巴拿马政府于1月17日宣布完全断绝同美国的关系。

巴拿马人民的斗争得到各国人民和许多国际组织的有力支持。1963年1月13日，毛泽东发表支持巴拿马人民反美爱国正义斗争的谈话，表示"中国人民坚决站在巴拿马人民的一边，完全支持他们反对美国侵略者，要求收回巴拿马运河区主权的正义行动"。

在巴拿马人民空前的反美风暴和世界人民的同声谴责面前，美国为了维护其在巴拿马运河区的利益，不得不通过美洲国家组织等渠道与巴拿马进行接触。1964年4月3日，美巴双方发表一项联合声明，就以下问题达成协议：（1）两国恢复外交关系；（2）双方立即开始谈判，以达成一项"公正与平等"的新的运河条约。从此，巴拿马人民收复运河区主权的斗争就进入了一个新的阶段。

收回运河主权的重大胜利

1964年1月的反美风暴迫使美国同意就新的运河条约进行谈判。这次谈判的目的应是废除1903年条约。巴拿马的愿望能否实现，在很大程度上取决于巴拿马政府敢不敢进行斗争。

巴、美双方于1964年4月就缔结新的运河条约开始谈判。美国在谈判中一方面作出某些让步，另一方面力图向巴拿马索取新的特权。巴拿马当局却表现出很大的软弱性与妥协性，经过三年多的谈判，1967 年 6 月 24 日，双方就《巴拿马运河条约》《防务基地条约》和《海平运河条约》三项条约初步达成协议。

《巴拿马运河条约》规定，废除 1903 年美巴条约及其修正条约；撤销巴拿马运河公司和运河区政府；承认巴拿马对运河区的主权；运河的经营管理由美国操纵的"混合管理委员会"负责；该委员会仍享有警察、司法、邮政等特权。关于取消美国对运河区"永久"控制权问题，条约提出，巴拿马要在未来的新海平面运河通航后一年才能收回运河区的一切权力。

《防务基地条约》重申巴拿马有义务在运河区向美国提供军事基础；运河区原有的美军基地与设施仍然保留。这个条约的有效期比《巴拿马运河条约》还长 5 年，到期后，双方还得就运河未来的防务作出安排。

《海平运河条约》规定，在 20 年内或在美国明确表示不愿在巴拿马建造新的海平运河之前，巴拿马不得与第三国达成建造新运河的协议；美国对未来的海平运河有权经营管理 60 年。

从上述三项条约的主要内容可以看出，美国虽然承认了巴拿马对运河区的主权并提出了最后交还运河区的期限，但运河与运河区的实际控制权仍在美国手里。特别是交还运河区的期限又与建成新的海平运河联系起来，而海平运河能否建造却是个未知数。一旦海平运河真的建成，则现有的船闸运河的经济意义就十分有限了。上述三项条约如果批准生效，就等于说巴拿马又将建造新的海平运河的权利让予美国；意味着美国可以无限期地保持在巴拿马的军事存在。这三项条约的内容一经披露，立即遭到巴拿马社会各界的强烈反对，巴拿马政府终于未敢贸然签署。

1968 年 10 月，巴拿马发生军事政变，国民警卫队司令奥马尔·托里霍斯将军上台执政。托里霍斯政府采取了大力发展民族经济，将部分外资企业收归国有，建立全国民众代表大会以取代原来的国民议会等一系列重要措施。在运河问题上，托里霍斯政府提出收回运河区主权、撤走运河区美国军队、不出让建造海平运河权利等主张，拒绝以 1967 年的三项条约草案作为谈判基础，经过一段外交斡旋之后，巴美双方于 1971 年 6 月在华盛顿重开谈判。当时美国对托里霍斯政府抱有幻想，不愿从 1967 年三项条约草案的立场上后退，因此，谈判一开始就陷入僵局。

托里霍斯一反过去历届巴拿马政府的作法，大力动员群众支持政府的谈判立场。1971 年 10 月 11 日，10 万群众在巴拿马城集会。托里霍斯亲自到会讲话，表示一旦谈判失败，他将和人民群众一起向运河区进军，国民警卫队将用手中的武器捍卫人民的尊严。当时美国在印支战争中败局已定，拉丁美洲的民族解放运动蓬勃发展，理查德·尼克松政府急欲缓和与拉丁美洲国家之间的关系。巴拿马政府利用这一有利时机，围绕运河谈判广泛开展外交活动，争取国际声援。

1973 年 3 月，巴拿马利用其驻联合国代表担任安理会主席的机会，促成安理会关于"维持和加强拉丁美洲地区国际和平和安全措施"的特别会议在巴拿马城召开。巴拿马收回运河区主权的问题成为会议主要议题之一。在会上，秘鲁等国提出敦促美国和巴拿马尽快缔结一项公平合理的运河条约的提案，得到安理会 15 个理事国中 13 国的赞成，使美国陷入被动。拉丁美洲一些国家和地区组织先后发表声明，坚决支持巴拿马要求收回运河区主权的民族愿望。

1973 年 11 月，23 个拉美国家的外长和代表在波哥大会议上通过一项文件，以一个声音宣布："巴拿马运河问题是拉美国家共同关心和优先需要解决的问题。"从那时起，拉美国家在美洲国家组织的会议上，或在致美国总统的信中，都要求废除不平等的美巴条约。

在国际舆论面前，美、巴两国关于运河条约谈判的成败，成了对尼克松政府提出的与西半球国家建立"伙伴关系"的外交政策的考验。1974 年 2 月 7 日，美国国务卿亨利·基辛格出访巴拿马，与巴拿马政府就运河条约谈判的 8 项原则达成协议，谈判终于取得了实质性的突破。此后，谈判进入根据 8 项原则草拟条约文本的阶段。

1977 年 8 月，巴、美双方就《巴拿马运河条约》和《关于巴拿马运河永久中立和运河营运条约》达成协议。同年 9 月 7 日，巴拿马政府首脑托里霍斯和美国总统吉米·卡特在华盛顿签署这两个条约。1978 年 6 月 16 日，双方在巴拿马城举行条约批准书换文仪式，两个条约正式生效。

《巴拿马运河条约》共 14 条，主要内容如下：

一、从条约生效之日起，原来巴、美两国间签订的 1903 年条约及所有与运河问题有关的条约、公约、协定和换文全部废除。

二、撤销原巴拿马运河公司和运河区政府，运河区司法、移民、海关、邮政、警察等均交巴拿马管理；在巴拿马全部国土上升巴拿马国旗，美国国旗只能在指定地点悬挂；巴拿马以国土主人资格授予美国在本条约生效期间以经营管理运河的必要权利和某些地域与水域（相当于原运河区面积的

30%）的使用权；本条约于 1999 年 12 月 31 日期满后，巴拿马将完全控制运河和运河区。

三、本条约生效期间，运河的营运和领导由新成立的"巴拿马运河委员会"负责。该委员会的领导机构由 9 人（5 名美国人、4 名巴拿马人）组成，主任一职 1990 年以前由美国人担任，从 1990 年起由巴拿马人担任。

四、本条约生效期间，运河的保护和防卫由巴、美双方负责，美国"负首要责任"。美国有在巴拿马运河区"驻扎、训练和调动武装部队的权利"。

五、巴拿马从运河取得的经济收益包括以下三项：对通过运河的缴纳通行税的船只每净吨收取 30 美分；每年从运河收入中提取 1000 万美元固定收入；每年从运河收入中提取"最高额为 1000 万美元的年金"。本条约生效起 5 年内，运河委员会雇佣的美籍雇员人数至少要比原运河公司雇佣的减少 20%，而相应增加巴拿马籍雇员。在工资、福利待遇方面不得有国籍、性别和种族歧视。

六、本条约生效期间，巴、美双方将共同研究在巴拿马建造海平运河的可能性，但双方约定，在此期间内不在巴拿马修建新的洋际运河，美国也不得与第三国谈判在西半球修建另一条洋际运河的权利。

《关于巴拿马运河永久中立和运河营运条约》规定，巴拿马宣布运河永远中立，保证运河无论在和平时期还是战争时期的安全，并一律平等地向各国和平通过的船只开放；巴、美两国同意维持本条约规定的中立制度，"即使在缔约双方签署的任何其他条约期满废除之后仍保持此种制度"。

这两个条约的签订，彻底废除了 1903 年的不平等条约，巴拿马收回了运河区大部分主权，确定了完全收回运河与运河区的期限，并且直接参与了运河区的经营管理，经济效益大大增加，保留了建造海平运河的权利，这是巴拿马人民在收复运河区主权斗争中所取得的重大胜利。

巴拿马《层报》指出，1903 年条约的废除，"意味着结束了一场有 4 代巴拿马人参加的非常艰巨的斗争"。巴拿马是一个只有 100 多万人口的小国。巴拿马人民能够和美国进行如此漫长而艰苦的斗争并取得胜利，是当代民族解放运动史上的一个光辉范例。

巴拿马人民收复运河区主权的斗争已经取得了重大的胜利，但斗争并没有结束。新的条约既是斗争的成果，也是妥协的产物。根据新的运河条约规定，美国还可以参与运河经营到 20 世纪末，美国保持了在巴拿马的军事存在，有权在巴拿马调动军队。运河中立条约中关于巴、美两国同意确保运河

永久中立的规定，也曾引起巴拿马人民的强烈不满。为此，巴、美双方于
1977 年 10 月 14 日发表过一项《谅解声明》，将上述规定解释为：美国采取
的任何行动都只是为了保证运河开放，而不应侵犯巴拿马领土完整或政治独
立。此后，美国参议院在 1978 年 3 月 16 日批准运河中立条约时又通过一项
修正案，声明在 2000 年以后，如遇运河关闭或其营运受阻，美国有权单方
面使用军事力量来重开运河。可见，双方今后在条约的实施和解释方面还难
免出现新的分歧。不过可以确信，巴拿马人民必将把收回运河区主权的斗争
百折不挠地推向前进，直至取得最后胜利。

智利阿连德政府的成立及其失败

叶维钧

1970 年 9 月，在智利 6 年一届的总统大选中，人民联盟候选人、社会党领导人萨尔瓦多·阿连德获胜。同年 11 月 3 日，以阿连德为总统的人民联盟政府（通称阿连德政府）宣告成立。在当代拉丁美洲历史上，阿连德政府的成立，是继 1959 年古巴革命胜利后发生的重大历史事件，它在世界各国也引起了强烈的反响。

阿连德政府的产生

阿连德政府的产生，有其一定的历史背景。从历史上看，智利是拉美国家中实行资产阶级议会民主制历史最长的国家。在 1936 年，为了领导本国人民在国内开展反法西斯斗争，智利出现了由共产党[①]、社会党[②]、激进党[③]、民主党和劳工党等左翼党派组成的人民阵线。1938 年，人民阵线总统候选人、激进党人佩德罗·塞尔达在大选中获胜，成立了拉丁美洲第一个反法西斯的人民阵线政府，当时任社会党总书记的阿连德在这届政府中担任卫生部长。

此后，在 1942 年和 1946 年的两次总统大选中，人民阵线都取得了胜利。在激进党人执政初期（1946 年 11 月—1947 年 4 月），有三名共产党人参加政府并任部长职务。1947 年，魏地拉背离人民阵线的方针，把共产党人排挤出政府，并于 1948 年宣布共产党为非法组织，人民阵线也因此瓦解。

---

① 1922 年建立，其前身为社会劳工党。

② 1933 年建立，主要成分是知识分子、职员和一部分工人，主张通过议会斗争取得人民民主权利。萨·阿连德为该党创始人。

③ 成立于 1863 年，主要成分是资产阶级、小资产阶级分子和一部分南方大地主。

直到 1956 年 12 月，共产党、社会党、人民社会党①、民主党、人民民主党②
及劳工党联合起来，成立了人民行动阵线，并由社会党领导人阿连德担任阵
线的主席。在 1958 年和 1964 年的两次总统大选中，阿连德都被人民行动阵
线提名为总统候选人。其中，阿连德在 1958 年所获选票名列 5 名候选人中
的第二位，1964 年阿连德所获选票从 1958 年的 28.5% 上升到 38.6%。由于
国民党支持基督教民主党总统候选人爱德华·弗雷执政，阿连德才落选，以
上事实表明，智利存在着一定程度的议会民主气氛，有着左翼力量可以加以
利用开展政治斗争的有利条件。同时，阿连德在 1964 年选举中所得票数的
增长，反映了左翼力量的社会基础在不断扩大，从而为以后阿连德政府的产
生提供了政治基础。

　　从当时的政治形势来看，进入 20 世纪 60 年代后，拉丁美洲的民族民主
运动在古巴革命胜利的影响下日益高涨。在一些拉美国家，如委内瑞拉、危
地马拉、秘鲁、哥伦比亚、玻利维亚，盛行游击运动；在另一些拉美国家，
如巴西、阿根廷、多米尼加等，虽然不断发生军事政变，但在民族民主运动
冲击下，这些国家的军人政府也采取了一些维护民族权益的措施。与此同
时，一些处于殖民统治状态的加勒比国家，如牙买加、特立尼达和多巴哥、
圭亚那、巴巴多斯等，在 60 年代先后宣告独立。

　　同其他拉美国家一样，智利从 60 年代以来也出现了民族运动高涨的形
势。智利人民反对美国的剥削和对经济上的控制，要求收回本国资源，维护
民族权益，实行土地改革。在这样的形势下，智利任何一个政党欲在竞选中
获得胜利，就必须在它们的竞选纲领中反映人民的上述要求。1964 年基督教
民主党人爱德华·弗雷在大选中取胜的重要原因之一，就是该党在竞选中提
出了一个包括土地改革、对美国铜矿公司实行"智利化"等内容的竞选
纲领。

　　但是，弗雷在执政后虽然颁布过土地改革法，却未认真执行，根本没有
触动大庄园主的利益，大批农民仍然缺少土地。对美国资本所控制的大型铜
矿实行了"智利化"，但付给美国资本家的赎金太高，同时又以免税和给予
低息贷款，使这些公司得到很多好处。智利从铜矿资源中获得的收入，反而
比实行"智利化"以前减少了。弗雷执政期间还接受了大量外援，国家负债

---

① 1957 年 7 月并入社会党。
② 1956 年 11 月并入民主党。

累累，致使通货膨胀、物价上涨。1967 年，弗雷政府为控制通货膨胀，提出一个削减工人工资和暂时禁止罢工的法案，引起了全国范围的抗议罢工。1969 年 3 月，弗雷政府的特别防暴警察在南部的蒙特港向贫民区发动袭击，枪杀居民，引起了人民群众的抗议。弗雷政府从此失去民心。基督教民主党内的左翼人士因不满弗雷政府，宣布退出该党，组织了"人民统一行动"。

正是在这样的形势下，智利民族主义力量中的左翼党派渴望改变现状，寻求结束美国资本的控制、摆脱国家贫困落后的途径。1970 年 1 月，共产党、社会党、激进党、社会民主党、人民统一运动和独立人民行动 6 个党派，为联合参加竞选组成了人民联盟。其中的社会党和共产党是人民联盟的两个主要成员，当时担任社会党主席的阿连德被联盟提名为参加总统竞选的候选人。

1970 年 9 月大选结果，人民联盟候选人阿连德获得选票最多，占总票数的 36.3%；右派组织国民党候选人豪尔赫·亚历山德里获得选票的 35%；中派组织基督教民主党候选人获得选票的 28%。阿连德所得选票未能超过半数。根据智利宪法规定，在这种情况下，总统必须在得票最多的两名候选人即阿连德和亚历山德里之中推选。因此，总统人选在很大程度上取决于议会议席中占第三位的基督教民主党的态度。当时，基督教民主党一方面看到人民中具有强烈的民族民主革命的要求，不想倒向右派；另一方面又不相信阿连德能保留资产阶级民主制度。于是，该党向人民联盟提出一个《宪法保证条例》，作为它支持阿连德当选总统的先决条件。其中的主要内容包括：新选总统的活动必须遵从宪法，实行多党政治；新政府必须尊重军队和警察的原有体制及其等级制度，并不得建立同国家军队和警察相平行的其他武装力量。人民联盟为了争得基督教民主党的支持，作出必要的妥协，宣布接受《宪法保证条例》。10 月 24 日，议会两院举行联席会议，由于得到基督教民主党的支持，阿连德被推选为总统。同年 11 月 3 日，阿连德为首的人民联盟政府宣告成立。

由于阿连德政府得以成立的上述复杂现象，这个政府具有先天不足的弱点，阿连德所组织的是一个以左翼党派为主体的联合政府，政府中的一些重要部门，由人民联盟中两个主要左翼政党社会党和共产党分别掌管。其中，社会党掌管外交部、内政部和住房部；共产党掌管劳工部、财政部和公共工程部。由于基督教民主党坚持不让社会党和共产党掌握国防部，则由激进党掌管国防部以及教育部和矿业部。其他各党派分别掌管农业部、司法部、卫生部、土地垦殖部和经济部。阿连德为首的人民联盟政府虽然握有国家的行政权，但并没有控制军队、警察和法庭。执政的人民联盟因在议会中处于少数派的地位，也就没有控制立法机构。因此，阿连德政府在实际上并没有牢固地掌握着统治权力。

阿连德政府实行的改革

阿连德在就任总统后向人民保证说，"我的政府将不是马克思主义的政府"，而是"一个民族主义的、人民的、民主的和革命的政府，这个政府将走向社会主义"。为了达到上述目标，执政的人民联盟提出了包括以下 5 项基本内容的施政纲领：（1）使智利经济摆脱外国资本的控制而独立自主；（2）加强和扩大人民的民主权利；（3）全面实行土地改革；（4）立即减轻工人阶级的负担；（5）重建智利的经济和政府，以便过渡到社会主义。根据这样的施政纲领，阿连德政府采取了一系列改革措施，重要的有以下几个方面。

在改变生产资料所有制方面，阿连德政府于 1970 年 11 月对外国和本国垄断企业和银行采取征购的办法实行国有化，对外贸易实行国家垄断。这方面的最大成绩，是把国家最重要的资源，也是国家收入的最主要来源——铜矿实行国有化。经过一年多的努力，阿连德政府把美国资本据有的铜矿，以及受美国和其他国家控制的铁矿、硝石矿，全部收归国有。它还通过征收与征用等方式，对一些私人批发公司、70 多个垄断企业，以及 16 家外国和本国的私人银行，收归国有。在此基础上，政府初步确立了国营、公私合营和私营三种所有制的经济体制。这些措施的实施，为智利独立自主发展民族经济创造了有利条件。

在土地改革方面，阿连德政府加快了被上届政府半途停顿下来的步伐。在智利农村中，大庄园制占据统治地位，约有 1.35 万个大庄园主控制着占全国 87% 的耕地，而 11.2 万户左右的农民只拥有 5% 的耕地。阿连德执政后，政府对占地在 80 公顷以上的庄园主的耕地实行征收，并将这部分耕地分给农民，在农民中组织农业生产合作社。从阿连德开始执政到 1971 年 11 月为止的一年中，政府共征收了 1328 个大庄园主的 240 万公顷的耕地，几乎等于上届政府 6 年中征收土地的总和。

在发展生产和改善人民生活方面，阿连德政府采取刺激生产的办法，把工厂中原先实行的 8 小时一班的工作制改为三班制，使 1971 年的工业生产的产量比 1970 年提高了 13%，国民生产总值增长 8%。1971 年的工人失业率从 1970 年的 8.5% 下降到 4.5%，职工工资平均提高了 30%。政府还实行减免税收的福利政策，免费供给多子女家庭的孩子每日半公斤牛奶。它在首都圣地亚哥周围的贫民区兴建大批简易住宅，计划将许多棚户区改建为整齐划一的街区，以改善一般城市居民的居住条件。阿连德本人曾经是一名医生，他十分关心医疗事业的发展。智利非常缺少医生，阿连德执政后，制定了优先发展居民点卫生所的方针，动员医学院校的学生和医务助理人员到群众中开展防病和医疗工作，取得了显著的成绩。

在对外政策方面，阿连德政府坚持反帝、反殖、维护国家主权、捍卫民族独立的立场。他提出在拉丁美洲国家中建立反帝阵线，支持亚非拉各国的民族解放运动。阿连德就任总统不久，就宣布智利退出美帝国主义的侵略工具"联合国韩国统一复兴委员会"。阿连德总统多次参加拉美国家维护 200 海里海洋权的会议，谴责美国在这个问题上的损人利己政策。他强调"多种意识形态并存"，积极发展同社会主义国家的关系。阿连德政府于 1971 年宣布承认中华人民共和国，使智利成为南美第一个与我国建立外交关系的国家。它恢复了于 1964 年中断的智利同古巴的外交关系，它还积极发展同苏联和东欧各社会主义国家的政治、经济关系。

阿连德政府是一个进步的、民主的政府，它所实行的改革和各项施政措施反映了智利人民的愿望。阿连德执政的第一年，它在经济发展上取得了较明显的成绩，深得智利人民的支持和拉丁美洲各国进步舆论的赞赏。然而，阿连德错误地估计了智利的国情，低估了智利发展道路上面临的困难。他在 1971 年 5 月 21 日向议会宣读的咨文中宣布："智利是今天地球上第一个负有使命要树立向社会主义过渡的第二种类型的国家。"这就是说，他想在智利开创一条和平过渡到社会主义的道路。他还表示，1972—1976 年的第一个五年计划的首要目标，将是在智利取消资本主义经济制度，实行社会主义。

实际的事态表明，智利经济、政治形势的发展，并不以阿连德的主观意志为转移。

从经济形势看，由于智利缺乏资金、技术人员和管理人才，阿连德执政第一年出现的经济增长势头很快就停滞了。与此同时，阿连德实行的经济改革措施因触犯到资产阶级的利益而遭到他们的抗拒，许多智利资本家把银行存款转移到国外。到 1971 年年底，被转移的存款总额已达 7000 万美元。中小资本家因对智利政治形势的发展怀有恐惧心理，不愿对企业作新的投资，使许多企业缺少生产基金。本来数量就不多的工程技术员和工程师，因对政府不满纷纷外流。美国及其在拉美国家的盟友对阿连德政府实行经济封锁，施加财政压力，尤其是它们断绝了对智利的信贷，使智利原来就短缺的外汇储备更加不足。智利的绝大部分外汇来源一向依靠出口铜矿石的收入，而1971年世界市场上铜矿石价格下跌，从而使智利的经济遭受了严重打击。

此外，阿连德政府还需承担上届政府遗留的外债30多亿美元，按当时的平均人口计算，智利属于世界上第二大债务国。

智利是一个每年需要从国外进口大量消费品和生产设备的国家，外币储备的极端短缺，使智利货币对外币的兑换率直线下降，造成国内通货膨胀，物价飞涨。尽管阿连德执政初期的通货膨胀率一度出现下降，但到1972年年初就开始回升。这一趋势严重影响智利人民的实际收入。

在农村中，贫苦农民虽然分到了土地，却因缺乏农具、种子和必要的生产资金，使大量耕地荒芜，农业生产不断下降。政府接管的2000个大农场，因经营管理不善和贪污浪费，产量大幅度下降。全国小麦总产量从1971年的136万吨下降到1972年的70万吨以下，国家不得不以6000多万美元进口小麦。智利用于粮食进口的费用，1970年为1.8亿美元，1971年上升为3.13亿美元，1972年增加到4亿美元。

从阿连德执政的第二年起，由于国内经济状况的不断恶化，直接损害了基本群众的利益，引起了他们对政府的不满。

从政治形势看，阿连德政府成立后一直处于夺权与反夺权、颠覆与反颠覆的紧张状态之中。它既要不断与国内的右派反政府势力进行较量，又要经常对付美帝国主义施加的政治干预和经济压力。

国内反政府势力从阿连德执政开始就进行阴谋破坏和颠覆活动。他们组织了名为"祖国与自由"的法西斯团体，其任务是暗杀支持阿连德政府的重要人物，袭击进步人士的住处，制造法西斯恐怖，扰乱社会秩序。还在阿连德上任前夕的1970年10月22日，他们在美国中央情报局的支持和策划下，暗杀了支持人民联盟的陆军总司令施奈德将军。

以国民党为代表的右派势力，阴谋制造事端，破坏阿连德政府在人民中的威信。他们为迫使基督教民主党向右转，1971年6月策划谋杀该党的著名活动家、前副总统佩·苏霍维奇，并嫁祸于政府。其结果是使该党的右翼领导人、前总统弗雷同国民党结成盟友。

右派势力还利用城市中小企业主对阿连德政府经济政策的不满，煽动罢工、罢市和游行示威。1971 年 11 月 30 日，圣地亚哥数千名妇女正是由于他们的煽动，敲着饭锅，举行反政府游行。1972 年，右派势力继续煽动罢工罢市，并大搞黑市贸易，企图使国家的经济生活陷于瘫痪状态，迫使阿连德下台。

面对右派势力的破坏活动，阿连德政府在各企业中成立了有工人参加的行政委员会管理生产，在城市中成立了监督供应和价格委员会。为了稳定政局，阿连德政府于 1972 年 11 月不得不请武装部队的 3 名领导人参加政府，其中陆军总司令普拉茨将军被任命为内政部长。

右派势力把推翻阿连德政府的希望寄托在 1973 年 3 月举行的国民议会选举上。他们利用阿连德迷信议会民主制度，谋求在议会中使自己获得 2/3 的多数席位，进而罢免阿连德的总统职务。然而，选举结果适得其反。人民联盟所得票数反而从阿连德上台时的 36% 增加到 44%，并在参议院中增加了两个席位，在众议院中增加了 6 个席位。这对右派来说，意味着他们想利用议会民主的手段已不可能推翻阿连德政府。于是，他们改变了策略，在煽动罢工的同时，暗地里积极从事军事政变的准备。

1973 年 4 月，在右派势力的煽动下，爆发了智利铜矿工人罢工，时间长达两个半月，使国家损失 6000 万美元。7 月又唆使卡车主①罢工 7 个星期，使全国 70% 的货运停顿，直接影响工业生产，全国几乎陷于瘫痪。在这样的形势下，右派势力图谋发动军事政变。

推翻阿连德政府的军事政变

右派势力加紧了在军队中的活动，他们煽动军人反对政府。1973 年 6 月，"祖国与自由"突击队与陆军第二装甲团相配合，作了一次军事叛乱的尝试。他们向总统府调去坦克，并指望这一行动得到其他武装部队的支持，发展成反政府的闪电式军事政变。然而，这一次反政府叛乱遭到忠于宪法和支持阿连德政府的普拉茨将军领导的部队的镇压。右派势力因此对普拉茨将军极为不满，他们利用在议会中掌握的席位，对阿连德政府施加压力，迫使普拉茨将军辞去内政部长和陆军总司令的职务。同时，还将其他拥护宪法和

---

①　卡车是智利的主要运输工具。卡车主往往既是车主又是司机。

政府的高级军官也从政府和武装部队的领导岗位上排挤出去。从此,右派势力开始在陆军中占据主导地位。海军部队由于右派的煽动早有发动政变的意图。1973 年 7 月间,海军部队中开始了组织叛乱的工作,等待着陆军的配合,并与美国军队在海上进行了联合演习。

1973 年 8 月,智利议会在右派势力的操纵下,借口阿连德总统拒绝宣布经过修改的经济所有制法案,通过指责阿连德政府"违反宪法和法律"的决议,公然宣布阿连德政府为非法,要阿连德总统下台。这实际上是智利右派势力把发动政变提到日程上的一个信号。美国报刊当时就认为:"这一步骤是发动政变的公开号召。"

1973 年 9 月 11 日,智利武装部队三军司令和警察首脑,在美国的支持下发动了政变。政变部队首先占领了海港城市瓦尔帕米索,接着控制了首都圣地亚哥总统府前的广场,宣布成立了一个以陆军总司令皮诺切克将军为首的军政府委员会。军政府委员会通过广播要求阿连德总统立即辞职,并许诺提供飞机,送他与家属及合作者一起离开智利,阿连德总统对此表示坚决拒绝。政变部队开始向总统府发起进攻,除使用坦克外,还出动飞机对总统府进行轰炸和扫射。面对政变部队的进攻,阿连德总统忠于职守、毫不退却,决心誓死保卫智利人民的事业。他辞退了总统府内被认为不能信赖的军队官兵和警察,率领 30 余名总统卫队的战士,坚持抵抗,一直战斗到英勇牺牲。执政不满三年的阿连德政府被右派发动的军事政变推翻。

政变结束后,智利军政府宣布全国处于戒严状态,禁止人民集会,解散议会,宣布有进步倾向的政党为非法,解散了全国工人联合会。大肆逮捕忠于阿连德的政府成员和进步人士,连首都的国家体育场也被用作临时拘留所。军政府还宣布,在阿连德政府实行土改时征收的土地和其他财产,以及在国有化过程中被征收的工厂企业,应归还原主。所有宣传马列主义的书籍被查禁、焚毁。全国顿时处于白色恐怖之中。

阿连德政府的被推翻,在拉丁美洲和世界进步力量中间引起很大的震动。他们纷纷谴责智利右派及其军政府的暴行,对阿连德以身殉职表示哀悼与崇敬。他们对阿连德执政时期维护国家主权和民族利益,反对美国垄断资本的控制,支持亚非拉各国的民族民主运动,一心想改善劳动人民生活的进步措施,给予了肯定的评价。

阿连德政府的被推翻,使智利人民的革命事业遭受挫折,却给智利人民留下了深刻的经验教训。阿连德政府成立不久,出于民族和人民利益的考虑，实行了国有化、土地改革和改善劳动人民生活的改革，愿望是好的，也取得了较为显著的成绩。但是，不顾国情民情，急于求成，甚至采取某些过"左"的措施，直接或间接地损害了中小资产阶级和劳动人民的利益，促使他们由支持转向不满，从而使政府日益陷于孤立。这是阿连德政府失败的重要原因。

阿连德执政时，一些西方报刊把阿连德政府说成是"马克思主义的社会主义政府"，宣扬阿连德政府的产生表明马克思主义关于无产阶级专政的理论已经过时。一些指望革命只能通过和平发展道路的共产党人，也曾把阿连德政府看作通过宪法途径取得政权的"典范"，是和平过渡到社会主义的"样板"。阿连德本人不是共产党人，却也有类似的想法。他不从智利政治力量对比的实际出发，对资产阶级抱有幻想，认为他们会遵守宪法，服从通过议会民主推举的政府。他想在智利开辟一条通过合法途径实现社会主义的新道路。他对未经过革命改造的军队同样抱有幻想，强调智利军队在拉美国家中属于"例外"。他说："我对军队所作所为是完全信任的。""我确认，智利武装部队和警察，保持着忠于自己的职守和不介入政治的传统。"相反，他不同意让人民群众掌握武装，害怕工农群众有了武装，将加剧人民与军队之间的矛盾。为了阻止人民武装起来，阿连德政府曾颁布了《控制武器法》。结果，正是他所信赖的武装部队发动军事政变，成了他的政府的掘墓人。

1973 年 9 月政变后，阿连德夫人在墨西哥接见《至上报》记者时说："从智利军队的阶级成分来看，它从来就是一支为统治阶级服务的军队。"因此，"这次政变证明，通过选票和选举取得政权是不够的。除了在选举中获胜之外，应该把人民武装起来，或者说应该有一支为人民服务的军队"。尽管这样的认识已经为时太晚，却是对阿连德政府失败的教训的正确总结。

战后初期的五国和约

俞新天

第二次世界大战结束后不久，以苏、美、英为首的同盟国为一方，以纳粹德国的前盟国意大利、罗马尼亚、保加利亚、匈牙利、芬兰为另一方于1947年2月10日在巴黎和会上缔约签字，达成五国和约。和约对铲除法西斯势力残余，巩固反法西斯战争的胜利成果，帮助欧洲各国人民在民主的基础上重建生活具有重大意义，和约也保证了战败国的独立地位，承认了保加利亚、罗马尼亚、匈牙利等国在战后建立的民主政权，是当时世界上民主力量的成就。由于条约大部分是在大国谈判中作出的，带有大国强权政治的痕迹。

缔约的背景

1945年5月8日纳粹德国无条件投降，欧洲战场的反法西斯战争胜利结束。随着共同敌人的投降，苏、美、英三大盟国赖以结成反法西斯联盟的基础开始瓦解，苏联与美、英的矛盾日益公开化。但战争遗留下来的大量问题亟待共同解决，其中就有处置战败国及其附庸国的问题。在波茨坦会议上，苏、美、英三国首脑除讨论了德国、波兰等重大问题外，对战败国意大利和德国的附庸国罗马尼亚、保加利亚、匈牙利、芬兰的政策进行了磋商。波茨坦议定书上规定：由英国、美国、苏联、法国和中国组成的外长会议"将受命准备对意大利、罗马尼亚、保加利亚、匈牙利及芬兰之和约，以便提交联合国家，并就欧战结束时未决之领土问题，建议解决方案"。盟国首先与意大利、罗马尼亚、保加利亚、匈牙利及芬兰缔约是有其历史原因的。

五国在德国投降前很久便已退出轴心国而参加盟国一方作战。意大利于1943年退出战争，其余四国亦于1944年相继退出。所有国家旋即对德宣战

（意大利：1943 年 10 月 13 日。罗马尼亚：1944 年 8 月 24 日。保加利亚：1944 年 9 月 18 日。匈牙利：1944 年 12 月 28 日。芬兰：1945 年 3 月 3 日），五国对战争的最后胜利作出了一定贡献。例如，保加利亚有 12 个师参加了解放南斯拉夫、匈牙利和奥地利的战役，罗马尼亚曾派 29 个师在本国、匈牙利和捷克斯洛伐克作战。因此，在战争后期，苏、美、英已商定在同法西斯魁首德日订约前先与五国缔结和约。

第二次世界大战期间盟国与五国签订的停战书，已将和约的许多重大问题预先作了规定。1943 年 9 月 3 日，意大利巴多里奥政府同英美签署停战书（苏联于 11 月 9 日签署意大利投降书的修改议定书后，才列为停战书签字国之一）。这份停战书内容仅限于军事方面，规定盟军对意大利所有领土实行占领，意大利所有机场、陆海军基地、商船，供盟国军队使用。同年 9 月 29 日签订的停战补充条款规定，意大利要配合盟军作战，满足英美军队的作战要求。签字之后，盟军统帅艾森豪威尔宣布"意大利已经成为同盟国家的合作者"。

盟国与罗、保、匈、芬的停战书分别于 1944 年 9 月 12 日、1944 年 10 月 28 日、1945 年 1 月 20 日、1944 年 9 月 19 日签署。这四国停战书不同于意大利停战书，除了规定各国对德宣战外，还宣布解散法西斯和准法西斯政治军事组织，向苏联及被侵占国支付赔偿，设立以苏联为主席的盟军管制委员会，支付苏军占领费用。苏联与四国边界有较大的调整，基本上恢复到 1941 年 6 月前的状况。按照规定，罗马尼亚把比萨拉比亚和北布科维纳割给苏联，从匈牙利收回特兰西瓦尼亚。保加利亚要废除一切兼并希腊和南斯拉夫领土的法律。芬兰必须恢复 1940 年苏芬条约的效力，把东卡累利阿划归苏联，不在亚兰群岛设防，亦不给任何外国军队使用。贝柴摩（贝辰加）地区包括巴伦支海的重要不冻港割给苏联。苏联放弃汉科半岛租借权，但取得在波卡拉—乌德地区建立海军根据地的租借权，控制了出入列宁格勒的航道。可见，苏联与四国停战书除军事安排外，还包括政治、边界、赔偿等条文，并造成既成事实，后来成为和约的基础。

五国已分别建立临时最高权力机构。意大利的巴多里奥政府得到盟国的承认与支持。罗马尼亚人民在苏联支持下进行斗争，迫使国王批准以格罗查为首、以民族民主阵线为基础的新内阁。保加利亚成立了祖国阵线政府。匈牙利成立了由匈共倡议并得到苏军赞助的临时国民大会和临时政府。芬兰向苏联求和后保留了其议会与政府。五国人民希望尽快缔结和约，巩固民主化成果，调整本国的国际地位。

随着共同敌人的覆没，盟国内部的团结合作渐趋瓦解，大国安排战后世界的矛盾日益激化。美国凭借雄厚的经济实力和对原子武器的垄断，欲执世界之牛耳，在制定和约时野心极大。美国认为，"意大利和约涉及地中海力量的均衡，巴尔干和约则提出了控制东欧的问题"。眼看苏联在战争中军力猛增，雄踞东欧和中欧，与美国形成对峙，美国岂能善罢甘休。罗斯福总统的继任者杜鲁门走马上任后宣称："我不怕俄国人，我准备采取坚定的态度。"美国统治集团准备以强硬态度迫使苏联让步。

此时苏联最重视的是在东欧和中欧建立对苏友好的政府，以为自身安全的樊篱，在此前提下与美英合作，获得贷款与物资，医治战争创伤。在苏联看来，它与四国的停战书已对战后问题作了实际解决，和约只需对此加以确认。苏联要求美国承认现状，而美国则企图夺得它在停战时未摘到的果实——东欧。两方的要求与愿望针锋相对。

英国在战争中实力大为削弱，不得不依附美国，但在安排战后世界时打着自己的小算盘。英国认为美国人不会永远待在欧洲，美军撤走之后，欧洲会出现权力真空，特别是在原先被德国把持的东欧、中欧及巴尔干，英国应去填补这一真空。在战时三巨头会议上，丘吉尔曾提出建立"多瑙河联邦"的设想，遭到美苏否决。战后丘吉尔更担心英国在欧洲的利益会因红军的长驱直入而受到影响，比美国更早地吹起冷战的号角。美国认为只有给英国的支持，才能使英国成为保持欧洲平衡的国家。尽量将东西欧的分界线东移，是它们在缔结和约时的主要目的。

为了扩大西方力量，英国拉拢法国，积极主张把三大国扩展为四大国。桀骜不驯的戴高乐却更重视神圣的法兰西的荣誉。由于战争中的挫折，法国尚未具备三大国那样的地位，戴高乐的主要精力仍用在国内，这决定了法国在这出戏剧中只能饰演配角。

历经艰难的谈判过程

起草和签约的工作自 1945 年 9 月伦敦外长会议开始，经苏、美、英莫斯科外长会议、巴黎外长会议、巴黎和平会议、纽约外长会议，至 1947 年 2 月方才完成。其中不乏唇枪舌剑、樽俎折冲的场面，几度山重水复，濒于破裂，最终在大国实力基础上达成协议。

1945 年 9 月 11 日，苏联外交人民委员莫洛托夫、美国国务卿贝尔纳斯、英国外交大臣贝文、法国外交部部长皮杜尔和中国国民政府外交部部长王世杰，于伦敦聚会讨论和约。伦敦会议举世瞩目，不仅因为它是首次外长会议，而且是第二次世界大战胜利以来的首次国际会议。会议气氛紧张，苏联担心中、法附议美英，使自己陷于孤立，第一天莫洛托夫就提出，根据波茨坦议定书，"法国只应参加属于西欧问题的讨论，中国连欧洲问题的讨论都不应当参加"。皮杜尔和王世杰马上离席。贝尔纳斯和贝文当即提出他们对波茨坦决定的理解，中、法无权投票表决，但有权参与讨论。贝尔纳斯表示，如果只有美英苏与会，会议便是多余的，暗示美将退出会议。莫洛托夫只得接受中、法与会，到讨论由英国提出的对意和约草案和苏联提出的对罗、保、匈、芬草案时，争论激烈，焦点在于意大利殖民地的归属、的里雅斯特的处理以及对罗马尼亚的承认等问题。

意属殖民地利比亚、厄立特里亚和意属索马里位于地中海和红海沿岸，正当战略要冲，为大国必争之地。当时这些殖民地在英国占领之下，因此英只提意大利应放弃殖民地，不提其归属，其用心显而易见。为了从英国人手中挖出殖民地，美国抛出由联合国托管 10 年的提案。法国害怕意属殖民地经托管而独立，危及法国在北非的殖民统治，又不愿让英国增强势力，提出仍由意大利托管。9 月 14 日，莫洛托夫提出，苏联地域辽阔，在北方已有出海口，在南方也应有出海口，要求托管的黎波里塔尼亚。由于英法坚决抵制苏联渗入地中海，便转而支持美国提案，再加上中国外长附议，会议决定意大利不再拥有对非洲殖民地的主权，其殖民地将置于某种托管之下。

的里雅斯特位于亚得里亚海北岸，伊斯特里亚半岛西北部。市内居民多为意大利人，域郊为斯洛文尼亚人。它是奥地利和多瑙河盆地通向亚得里亚海的重要港口，地位重要。第二次世界大战期间它被德军占领，战争后期英美企图抢占，为南斯拉夫军队捷足先登，解放了伊斯特里亚半岛，进驻的里雅斯特，并建立斯洛文尼亚政府。英美不断向南斯拉夫施加压力，要它撤军。在伦敦外长会议上，贝尔纳斯主张的里雅斯特主权归意大利，但由使用它的国家"国际共管"。苏联认为整个伊斯特里亚半岛包括的里雅斯特应归南斯拉夫。意见相持不下，最后商定意、南边界"应考虑人种分布为主，的里雅斯特则不同其主权归属而辟为自由港，置于国际共管之下"。会议指定苏、美、英、法四国副外长组成一个专家委员会进行调查，提交下次外长会议讨论。

在罗马尼亚和约讨论前，贝尔纳斯表示，美国不承认非自由选举的罗、保政府，因此不能同此类"非代议制"政府签约。原来，罗马尼亚停战后组成的拉德斯库政府继续奉行反动政策，公开反对土地改革，激起人民不满。1945 年 2 月，罗共组织 50 万人大示威，要求政府下台。拉德斯库竟下令用机枪扫射，造成多人伤亡。罗人民继续在全国各地示威游行。在此期间，驻罗苏军解除了拉德斯库军队的武装，苏联代表维辛斯基三次会见罗国王，限期撤换拉德斯库。罗成立以格罗查为首的民族民主阵线为基础的新内阁。贝尔纳斯抓住此事大做文章，说罗政府是苏联向罗马尼亚国王下了最后通牒产生的，不能代表人民。莫洛托夫要求撤销对苏联的责难，遭到拒绝。英、法、中外长追随美国。9 月 22 日，莫洛托夫开始反击。他重新要求按照波茨坦会议的"确切含义"改组外长会议。他说："中、法两国不仅未参加对这些国家停战协定的起草，未签署这些停战条款，而且从未对这些国家宣战。"莫洛托夫从此抵制有中、法外长与会的讨论。以后 10 天，会议陷于如何解释波茨坦规定的泥潭。10 月 2 日，外长们不欢而散，未发表任何文件。会议唯一达成的协议是关于意大利殖民地问题。

伦敦外长会议搁浅在承认不承认罗马尼亚政府的问题上，明显地表明美国意在东欧。会议失败的主要原因是美国妄图运用实力，将自己的意志强加于人。连美国前副国务卿韦尔斯都承认，贝尔纳斯"采取了一个不妥协的立场"，破坏了会议气氛。当贝尔纳斯回国向参院外交委员会报告时，委员们一致为贝尔纳斯的强硬方针喝彩，问题是"强硬"得够不够，而不是强硬方针本身是否正确。1945 年 10 月 27 日，杜鲁门提出 12 条美国外交政策基本原则，声称美绝不同任何邪恶妥协。苏联不会听不出其弦外之音。然而面对东欧的实际状况，美国当权者明白，推迟缔约，只会削弱美国在此地区的影响。因此贝尔纳斯不久在纽约"时事论坛"上说，美国"同情"苏联把东、中欧纳入友好联盟，美国保证永不参加敌视苏联的阴谋，希望苏联对美在西半球的利益亦克制行事，意即要同苏联在和约问题上讨价还价。11 月下旬，贝尔纳斯建议在莫斯科举行美英苏外长会议，苏本欲排除中、法，立即同意。

12 月 16 日，苏、美、英三国外长会议在莫斯科召开。贝尔纳斯建议由 21 个曾以实际武装力量与欧洲轴心国积极作战的国家共同讨论签订和约。斯大林亲自打电话通知莫洛托夫，接受美国提案。美国也接受了苏联关于起草和约只限于停战书签字国的意见。会议决定分阶段制定和约：（1）由苏、美、英、法四国外长起草对意和约，苏、美、英三国外长起草对罗、匈、保和约，苏、英外长起草对芬和约。（2）和约草案完成后，将不迟于1946年5月1日于巴黎召开和会。会议上5个前敌国代表将被允许讨论和约条款。21国代表将对草案提出修改建议。（3）苏、美、英、法四国外长会议准备最后文本。（4）五国和约最后文本由出席和会的所有国家签字。

美国一直拒绝承认罗、保政府。这时贝尔纳斯又提出先解决罗、保政府组成问题，后缔结和约。为此斯大林于12月19日晚接见了贝尔纳斯。斯大林驳斥了美国对苏联的责难，说明苏联不能强迫罗、保政府。贝尔纳斯说，他相信斯大林可以"劝告"罗、保政府吸收未参加政府的政党的成员。斯大林当时未置可否。一天之后，苏联采纳贝尔纳斯的建议。保加利亚政府吸收了两个其他政党的成员。美英驻苏大使和维辛斯基赶往罗马尼亚，劝告罗政府也吸收其他两个政党的成员。随后美英于1946年2月分别承认罗马尼亚政府。保加利亚由于国内反对派节外生枝而遭到祖国阵线政府的拒绝，英美直到和约签订后才予承认。莫斯科会议按说已经扫清了前进道路上的障碍，双方作了让步，本可在此基础上顺利缔约，然而冷战的加剧使得谈判之路再生荆棘。

在莫斯科会议上，苏联经美国建议，加入联合国原子能管制委员会，这在美国引起了轩然大波。贝尔纳斯回国，舆论界叫嚷莫斯科协议是"姑息"。杜鲁门大怒，认为贝尔纳斯自作主张。1946年1月25日，总统给国务卿一份备忘录，反对"在今后再作妥协"。3月5日，丘吉尔在美国富尔敦发表著名的"铁幕"演说，鼓吹资本主义世界联合起来，反对苏联的"暴政"，演说得到了杜鲁门全力支持。此后贝尔纳斯便宣布"强硬路线"为美对苏关系的基础。

1946年1月18日在伦敦举行苏、美、英、法四国副外长会议。到5月初，经过磋商、斗争和妥协，绝大多数条款已经拟就。为了争取在和会召开前就和约草案达成一致，决定再召开五国停战书签字国的外长会议（中国不是签字国，未与会）。在日益恶化的气氛中，制定和约的斗争进入了新的回合，这就是1946年4—5月、6—7月的苏、美、英、法巴黎外长会议。一开始，法外长皮杜尔提出，美、英、法、苏四国参加所有五国和约起草的讨论，莫洛托夫觉得没有必要触犯法国的自尊心，表示同意。由于罗、保、匈、芬的停战书已基本具备和约的内容，争议集中到意大利问题上。苏联坚持意大利必须以实物赔偿苏1亿美元。美国不同意，因为美国给意大利大笔贷款，不愿让它作为赔偿落入俄国人手中。伦敦会议决定对意大利殖民地实行托管，剩下的问题是由谁托管。英国提出"大索马里国计划"，由英托管。美国坚持由联合国托管。苏联支持法国建议，可授权意大利托管部分原殖民地。讨论十几天毫无结果。为划定南意两国边界，四国专家到的里雅斯特实地调查后，带回各自的报告，划出了四条意南边界线，无法统一。法外长皮杜尔觉得，各国外长好像都上了旋转木马台，于是他也跨上自己的木马。各方争辩得精疲力竭，只得从 5 月 16 日起休会一个月。

　　6 月 15 日外长会议复会，重开外交激战。这时苏联在多德卡尼斯群岛问题上作了让步。该群岛主要居民为希腊人，1912 年被意大利兼并。在英国的和约草案中，它被归还希腊。苏联一直坚持其归属必须与意大利和约通盘解决。6 月 27 日讨论时，苏联表示同意将该群岛给予希腊。贝尔纳斯简直不敢相信自己的耳朵，又追问了一句，莫洛托夫喷着烟，微笑作答："苏联总是愿意作出让步的。"这样僵局开始松动，会议得以进展。会议初步决定，意大利在 7 年之内给苏联 1 亿美元的赔偿，给其他国家的赔偿留待和会确定。7 月 3 日，会议认为短期内无法解决意属殖民地归属的分歧，决定延缓处理，暂由英国管理。关于意南分界线，会议接受法国提出的方案。线以东归南斯拉夫，以西构成的里雅斯特自由区。自由区应是中立和非武装的，由联合国安理会保证其完整独立。安理会在征得意、南同意后任命一位总督，总督任命前由英美军队和南斯拉夫军队分治北部和南部。意南两国强烈抗议这一决定[①]。至此，除意属殖民地归属问题无法解决外，其他问题都已达成协议。

　　1946 年 7 月 29 日，巴黎和会于卢森堡宫举行。与会者除苏、美、英、法、中五大国外，还有曾参加对轴心国作战的澳大利亚、白俄罗斯、比利时、巴西、荷兰、希腊、印度、加拿大、新西兰、挪威、波兰、乌克兰、捷克斯洛伐克、埃塞俄比亚、南斯拉夫、南非联邦 16 个国家。另有以各种方式参加对德作战的奥地利、阿尔巴尼亚、埃及、伊拉克、伊朗、古巴和墨西哥也应邀出席，有权讨论与申诉观点。意大利、罗马尼亚、保加利亚、匈牙利和芬兰的代表被安置在最后排。

　　和会以程序问题的争论开始。其实质不单是程序问题，而且包含政治问

----

　　①　直到 1954 年，英、美、意、南才达成谅解，决定英美军队从北部撤军由意大利管理，但要保证的里雅斯特为自由港。南部仍由南斯拉夫管辖，但两部分的主权迄今悬而未决。

题。巴黎外长会议的协议是，在和会上只有程序问题可由简单多数通过，实质性问题的决议应由 2/3 多数通过。这样，参加会议的苏联、白俄罗斯、乌克兰、波兰、捷克斯洛伐克再加上三国，就能使美国控制不到 2/3 的多数。美国为了操纵会议，不但扬言在程序问题上将不受巴黎外长会议的约束，而且要把所有曾对法西斯国家宣战的国家都包括进来。莫洛托夫和贝尔纳斯唇枪舌剑，和会以两周时间对程序问题进行冗长的，有时甚至是通宵达旦的辩论。最后英国的折中方案被通过，凡经和会以 2/3 多数和简单多数通过的议案，均可作为和会建议提交外长会议审阅。

在讨论实质性问题时，美英唆使其他国家提出各种修正案，人为地设置重重障碍，阻挠缔结公正和约。由于美英的拖延战略，和会长达 79 天，直到 10 月 15 日才闭幕。会议的最大成果是，对罗、保、芬、匈的和约草案除个别条款外，基本都通过了。但是在外长会议上未达成协议的 60 多款，仍未突破，特别是意大利前殖民地、的里雅斯特及多瑙河航行制度等重大问题，只得留交下届纽约外长会议讨论。

1946 年 11 月 4 日—12 月 12 日在纽约召开外长会议，参加者有：莫洛托夫、贝尔纳斯、贝文和法国副外长德姆维尔（外长皮杜尔因国内大选未能出席）。会议的任务是审议巴黎和会对五国和约草案所作的建议，起草和约的正式文本。会议刚刚开幕，争论便相持不下。美国要求，经巴黎和会以 2/3 以上票数通过的建议才能得到肯定，苏联则坚持巴黎和会的一切建议，无论以 2/3 多数通过，还是以简单多数通过，都得逐项表决。双方进行了 10 多天马拉松式辩论。这时莫洛托夫拜访贝尔纳斯，探询解决途径。贝尔纳斯明白，苏联急于缔约，以得到实际好处，因为那样美英军队将撤出意大利，而苏军则因维持其驻奥地利的交通线，不必从罗马尼亚和匈牙利全部退出，苏还可撤销其深感麻烦的罗、匈、保、芬盟国管制委员会。他欲擒故纵，作出无能为力的姿态。莫洛托夫表示不必悲观。第二天，莫洛托夫声称只要"稍加修改"即可同意巴黎和会的建议。结果在文字上略加修改后，巴黎和会以 2/3 多数通过的 53 项建议中，苏联接受了 47 项，以简单多数通过的 41 项建议中，苏接受了 24 项。于是，和约正式文本诞生。

根据纽约外长会议的决定，先由美、英、苏三国外长分别在本国首都签字，然后，各有关国家于 1947 年 2 月 10 日在巴黎分别在五国和约上签字。

各签字国将其和约批准书于 9 月 15 日向指定国家交存，和约开始生效①。

五国和约的内容、意义和影响

五国和约具有下列基本内容。

第一，政治上规定了五国非法西斯化和民主化。

在政治条款中规定五国必须解散和禁止法西斯和准法西斯组织，保证其所有公民不分种族、性别、语言或宗教，均享有人权和自由，包括言论、新闻、出版、宗教信仰、政治信仰及公开集会的自由，政治条款中还包括有惩办战争罪犯的条文。根据这些条文，五国必须采取措施将战争罪犯逮捕并交付法庭审判。这些条款鲜明地反映了这场世界反法西斯战争的解放性质。战争期间，五国政府都曾追随德日法西斯侵略魁首，犯下了侵略罪行。五国人民亦饱受战争之苦，生活在法西斯或非法西斯制度下，被剥夺了基本的民主权利。如今，五国人民从反动势力下挣脱出来，获得决定自己命运的可能性。匈牙利、保加利亚、罗马尼亚人民经过斗争，走上社会主义道路，使战后欧洲形势及世界力量对比发生重大变化。

第二，在边界条款中否定了法西斯对别国领土的侵占，将边界基本恢复到 1941 年的状况。

这特别集中地表现在苏联与四国的边界处理上。希特勒德国曾在侵略中欧和东欧的过程中，任意划分各国版图，造成更加尖锐的民族纠纷，便于渔翁得利。在罗马尼亚和约中规定，苏联得到比萨拉比亚和北布哥维纳，保加利亚仍保留南多布罗加。匈牙利将特兰西瓦尼亚归还罗马尼亚，将外喀尔巴阡乌克兰还给捷克斯洛伐克。苏捷后来划界时，又把外喀尔巴阡乌克兰给了苏联。苏匈、苏捷有了共同边界。匈捷边界作了有利于捷克斯洛伐克的变动。这样便完全否定了希特勒德国对捷克斯洛伐克的瓜分与两次"维也纳仲裁"。对芬兰的和约确认了停战书的边界。由于苏联实力在第二次世界大战中猛增，它成为欧洲的解放者，它的几个小邻国却沦为战败国，这当然成了解决边界问题时的重要因素。苏联同这些邻国都有了共同边界，一方面固然可以加强国家之间的往来，另一方面必然使苏联更便于监督、影响这些弱小邻国。苏联割去比萨拉比亚，也留下了后遗症。意南边界与的里雅斯特问题也由于两个阵营的斗争，深

---

① 　除意大利和约批准书交存法国外，其余四国批准书均交存苏联。

远的民族纷争背景而未得解决，给战后国际形势增加了不安定的因素。

第三，赔偿与经济问题。

和约规定的赔偿数额为：芬兰与罗马尼亚各向苏联赔偿 3 亿美元。匈牙利对苏联赔偿 2 亿美元，赔偿南斯拉夫 7000 万美元，赔偿捷克斯洛伐克 3000 万美元。意大利赔偿苏联 1 亿美元，赔偿南斯拉夫 1.25 亿美元，赔偿希腊 1.05 亿美元，赔偿埃塞俄比亚 2500 万美元，赔偿阿尔巴尼亚 500 万美元。保加利亚赔偿希腊 4500 万美元，赔偿南斯拉夫 2500 万美元。

苏联在战争中遭受空前损失，它要求赔偿的心情比较迫切，相对来说美英的损失小得多。美英为了全面控制战败国，改变这些国家传统的国内经济结构和国际经济联系，最后把这些国家纳入自己的势力范围，亮出"少赔偿或不赔偿"的旗号，指责苏联索取赔偿会使战败国陷于崩溃。事实上美英绝非不要赔偿，它们曾提出没收战败国在英、美、法的财产作为抵偿，这是一笔巨大资财，例如意大利在美国的财产总值估计为 1.3 亿美元。但苏联索取赔偿的方式确实在某种程度上损伤了小国的民族感情。

除芬兰外，战败国的代表们在签署和约的同时，都向四国外长提出了抗议照会。意大利的抗议照会宣布"和约不可能得到执行"，它要求盟国"重新审查它们对意大利问题的态度"。意大利工会联合会号召在 2 月 10 日即和约签字日举行 10 分钟全国性罢工。罗马尼亚抗议和约规定的赔偿是"过多的和不公正的"，但表示仍将履行和约的规定。保加利亚政府抗议要它对希腊实行赔偿，再一次提出对西色雷斯的要求，以便取得通达爱琴海的出口。匈牙利抗议捷克斯洛伐克在斯洛伐克地区驱逐匈牙利少数民族，抱怨盟国没有将特兰西瓦尼亚地区划给匈牙利，并抗议赔偿条款使匈牙利经济受到极大损害。

五国和约自伦敦外长会议正式谈判以后，历经 1 年又 5 个月的斗争，终于签订。应当承认，它巩固了反法西斯战争的胜利成果，结束了战争造成的不正常状态，使得欧洲人民得以在民主和民族独立的基础上重建生活，在战争废墟上恢复家园。和约挫败了美国控制东欧的企图，在苏联的帮助和影响下，东欧一系列国家进而走上社会主义道路，在当时来说，这是以苏联为首的世界民主力量的一大成就。

和约吸取第一次世界大战后凡尔赛不平等条约的经验教训，对于战败国采取宽容的政策，这是历史的进步。但是，由于和约的实质性问题基本上是在大国的会议桌上决定的，它不可避免地是大国实力对比的产物。弱小国家仍然很难把握自己的命运。和约将大国的意志强加于小国，其中也有一些侵犯战败国主权的内容，有些争端成为战后不安的因素。

在制定和约的过程中，美国转向以实力遏制苏联，形成了资本主义势力和社会主义势力的尖锐对抗，冷战逐步升级。所以和约签字的过程实际是美苏对立和斗争的折射。和约把战后初期形成的局面固定下来，造成了新的国际格局，在此基础上形成了战后复杂的国际关系。因此，五国和约的签订既是第二次世界大战的总结之一，又是战后巨大变动的开端之一。

领海权及海洋权问题的历史发展

黄启芳

海洋占地球表面的 71%，总面积达 3.6 亿多平方公里。自古以来，海洋对人类的生存至关重要。海洋不仅有丰富的鱼类资源供人类受用，而且为人类提供了航运之利。领海权与海洋权问题的提出由来已久，特别是在第二次世界大战以后，它已成为广大发展中国家反对海洋大国的霸权主义，捍卫民族经济权益的重大问题。

领海问题的历史回顾

在古代，海洋是和空气、水一样的人类"公有物"，为人类共同使用，因而，并不存在领水或领海的概念。

领水的概念产生于中世纪。随着海上航运业和海洋捕鱼业的发展，不仅促使沿海国税收、检疫等逐步发展，并使海盗活动日益猖獗。为了防止海盗袭击、保障来往商船的安全，保护近海渔业、便利税收和检疫，法学家们逐渐提出了各种各样的主张。12 世纪意大利法学家阿佐提出，皇帝有权对海洋的公有性质加以限制，通过皇帝赐予的特权，可以把海洋的一部分据为己有。其后，意大利另一著名法学家巴塔鲁斯主张沿岸国对 100 海里范围内的沿海岛屿及海域拥有权力。16 世纪下半叶，意大利法学家真提利斯阐述了"沿大陆海岸的一定的海水带是毗连海岸所属国的领土延续"。他第一次把这种海水称作领海。这种主张逐渐为世人接受，产生了领海的概念。人们认为，沿岸海水是沿岸国陆地领土的自然的和必要的延续，领海是国家领土的一部分，处于沿岸国主权之下，其他外国船只可以在领海上"无害通过"，但"外国军舰无阻碍地通过领海的权利没有获得一般的承认"。领海之外则是公海，公海自由原则也同时确立。

在领水或领海概念产生之初，对于领海应有多宽是无章可循的。少数海洋强国力图将世界的大部分攫为己有。例如，英国国王早在 10 世纪就自称"不列颠海洋之王"，威尼斯要求占有亚得里亚海，热那亚要求得到利古里亚海，土耳其要求得到黑海，丹麦、挪威一起要求占有挪威海、冰岛、格陵兰海域等。它们在各自打算拥有主权的那部分海域中，要求控制、限制或禁止外国船舶的航行，或向外国船舶征收通行费，禁止外国船舶捕鱼，禁止外国船舶运载本国货物，等等。

美洲和环绕非洲的航路的发现，给新兴的资产阶级开辟了新的活动场所。国际航海和国际贸易的长足发展，加速了资本主义因素的成熟。新兴的资产阶级要求打破对海洋的封建割据，实行海上自由贸易。1609 年，荷兰国际法学家雨果·格劳秀斯发表其名著《海洋自由论》，提出了海洋自由原则。格劳秀斯主张，海洋浩瀚无边，不能为任何人占有，亦不能为任何人所私有；它应供一切人航行和捕鱼。他主张海洋在本质上是不受任何国家主权所控制的，所有国家都可以自由地加以利用。荷兰是 17 世纪典型的资本主义国家，它要求发展远洋贸易却遇到了西班牙人和葡萄牙人海上垄断权的阻碍。格劳秀斯的主张既代表了荷兰资产阶级的利益，也符合上升时期资产阶级的普遍要求，虽然当时未能为封建势力把持的海洋强国所接受，但到 18 世纪资产阶级上升为统治阶级后，其影响相当深远。公海自由原则逐渐获得普遍承认。与此同时也确立了领海原则。美国学者卡莱尔等认为，1609 年格劳秀斯的著作问世之后，在确立海洋自由原则的同时，也承认了沿海国对毗连其海岸的狭窄水带行使主权的权利。

领海的宽度从历史发展来看，是由宽向窄变化的。起初出现的是以"中线"为界。例如，1493 年教皇亚历山大六世曾作为仲裁法官，把大西洋沿佛得角群岛的子午线分为两半，以东部分归葡萄牙，以西部分归西班牙。后来，又有"目力所及的地平线"的界线，但这是很不确定的界线。17 世纪以后，法学家们对领海宽度提出了自己的主张。荷兰法学家宾刻舒克提出："陆上国家的权力以其大炮射程所及的范围为限。"英国法学家富尔顿也说："通例应是海洋向陆地致敬，而大炮射程决定了在什么距离之内应该发出敬礼。"这就是著名的"大炮射程论"，即以海岸炮台所射出的炮弹所达到的距离来规定领水界线的惯例，又称"大炮射程规则"。在当时，由于海洋大国极力推崇，"大炮射程规则"传播较广，1646 年法荷条约、1659 年法西条约、1663 年法挪条约、1667 年西英条约、1779 年热那亚和威尼斯公布的法律等都确立了这个原则。

由于大炮本身性能随着工业与技术的发展而不断改进，射程距离不断地扩展，领海宽度如何计算显得日益混乱，它逐渐被用海里数计算的办法代替。1782 年意大利人加利安尼第一次提出以海里①数表示领海的界线。他认为 3 海里是当时大炮所不能射越的界线。他的建议后来被许多国家采纳。1793 年 4·月 22 日美国在中立宣言中宣布 3 海里领海范围，这是世界上第一个明确宣布 3 海里宽度领海的国家。随后，1869 年俄国关于海上捕获物规则也规定这个界线（后来它又改变为 12 海里）。1878 年英国关于领水管辖权法令以及 1888 年法国相继确立了 3 海里领海宽度。当时还有不少国家采用其他距离，如挪威、瑞典为 4 海里、西班牙为 6 海里，还有采用 5 海里、9海里、12 海里等。因为领海宽度是主权国家根据自己国家的利益自行决定的事，并不存在一个超国家的强制性的规则。法国国际法学家卢梭曾正确地指出："关于领海的宽度，现今并不存在任何具有普遍效力的国际规定，在这方面各国可以依自由裁量来决定这个宽度。"但是，英美等国从自己战略上和经济利益上的考虑，认为各国领海如加宽将会缩小它们海军活动的范围和在别国近海捕鱼的利益，长期坚持主张 3 海里原则是"国际法的既定原则"，并力图强加于人。英国国际法学家说，"大多数主要沿海国家是极力赞成领水 3 海里界线的"。"这个界线……比任何其他宽度都更符合于海洋自由原则。"美国国际法学家杰塞普说它"已形成国际法的一个规则：这不是根据任何国际条约，而是国际习惯和实践所接受的一个规则"。实际上，1930 年关于领海制度的海牙国际法编纂会议的 48 个参加国中，只有 20 国主张 3 海里，会议由于争论太大而未能达成协议。

广阔的公海和狭窄的领海制度是旧的海洋秩序，它有利于帝国主义国家对其他落后国家的压迫和掠夺，对于帝国主义的发展起了极为重要的作用。

拉丁美洲国家争取 200 海里领海权的斗争

19 世纪末 20 世纪初，科技发展日新月异，人类对自己生活的环境逐步有了更深刻的认识，对于领海宽度的主张也随着科技的发展和时代的变化发生了变化。19 世纪末，西方地理学家经过多方搜集资料，在绘制海图的过程

---

① 1 海里等于 1000 英寻，或 6080 英尺，或 1852 米。

中，逐步证明大陆陆地还有延伸至海底、上面为海水所覆盖的部分存在，这部分的大小、远近各地情况不一样，人们称之为"大陆架"。以后，人们对大陆架提出了某些要求。1910 年葡萄牙提出 100 英寻①"等深线"范围的捕鱼管辖权要求。1916 年沙俄据此提出对北极一些岛屿的要求。1925 年，英国法学家劳特派特发表了大陆架是沿海国领土一部分的理论。1942 年 2 月，英国与委内瑞拉签订协定，划定委内瑞拉和特立尼达之间在帕里亚湾海底区域"领海以外海床和底土"的分界线。但总的来说，直到 1945 年以前，虽然人们已知道大陆架的存在，个别地方也发现了石油，但人们还无力去做那耗资巨大的开发工作，对大陆架的要求只限于扩大航行和利用海洋生物资源方面，还没有普遍而明确地把它作为扩大自己管辖权或主权要求的根据。

1945 年 9 月 28 日，美国总统杜鲁门颁布一项关于大陆架的公告，掀起了战后以来关于领海和大陆架权益的新斗争浪潮。

杜鲁门声称，大陆架可视为海岸国本土之自然延伸，由于现代科学技术的进步，使美国海岸大陆架蕴藏的资源有可能在近期内得到开发，美国对其行使管辖权是合理的、公正的。

同日，杜鲁门还发表了关于在公海某些地区捕鱼的声明："鉴于维护和保存渔业资源之迫切需要，美国政府认为在紧靠美国海岸之公海地区建立保存地带是恰当的……美国政府认为，建立渔业活动将受美国约束与支配之范围明确的保存地带也是恰当的。"并宣布，这些地区的公海性质不变，不受阻碍的航行自由不变。

美国之所以在 1945 年提出这项要求是有其时代背景的。

首先，与近海捕鱼问题有关。20 世纪初，随着造船业的发展，远洋捕鱼业日益发展，在 1936—1938 年期间，日本远洋渔船曾蜂拥到美国近海，在阿拉斯加州布里斯托尔湾的大陆浅海区大肆捕捞鲑鱼，引起美国渔民的不满和抗议，使美国统治阶级开始关注大陆架资源。1937 年和 1938 年，美国国会参众两院都有人提出议案，要求规定外国人不得在"邻接阿拉斯加沿海水域远至大陆架的外部界线从事鲑鱼捕捞"。

其次，与近海石油的发现和开采有关。美国早在 1894 年就有人在加利福尼亚浅海区挖掘石油，1918 年又有人试图在墨西哥湾取得石油开采权，这些努力曾引起当时的美国总统富兰克林·罗斯福的重视。第二次世界大战将

---

① 1 英寻 = 1.8288 米。

近结束时，随着各种资源的日益紧缺，美国统治阶级内部有些人将目光转向大陆架，引起美国统治集团内的一场激烈争论，一部分人认为，既然大陆架蕴藏着丰富的石油资源，是鱼类的繁殖场所，也是潜水艇的天然庇护所，美国应积极谋求对大陆架及其上覆水域的主权。美国内政部土地总局曾提出一种备忘录，要求以 100 英里或 150 英里的界线取代 3 海里领海宽度。另一部分人则反对说，美国的要求会促使其他国家（例如拉美国家）提出同样的要求，这样，将影响美国渔船在拉美其他国家的近海的捕鱼活动。这场争论的结果产生了上述杜鲁门声明。

美国的声明大大扩大了它对海洋资源的主权范围，立即在国际上首先是拉丁美洲引起了强烈反响。拉丁美洲有些国家海岸陡直而下，深入海洋底部，大陆架范围很小或没有什么大陆架，但它们的近海渔业资源却长期受到海洋大国远洋渔船的大肆捕捞，受损严重。例如，美国在拉美各国海岸捕捞最多的是金枪鱼和褐虾，它经常有冷藏量达 100 吨的快艇在拉美活动。据统计，1970 年美国仅金枪鱼罐头的零售额即达 5 亿美元。美国的大肆捕捞早已引起拉美各国的严重不满，但一直苦于找不到有效对策。杜鲁门关于大陆架资源的声明启发了它们，使它们找到了对付海洋大国掠夺行径的办法。于是，它们效法美国，纷纷提出单方面的要求，以维护和捍卫自己的海洋权。

1945 年 10 月 29 日，墨西哥发表关于大陆架的总统声明，说墨西哥对以 200 米等深线为界的邻接其海岸线的大陆架及其一切资源享有权利，并将采取措施对保全这种福利源泉所必要的渔区进行监督、利用和控制。而其上覆水域作为公海的性质和航行自由不变。紧接着，1946 年 10 月 11 日，阿根廷总统宣布法令，阿根廷主张整个大陆架和大陆海受国家的主权支配。智利和秘鲁先后于 1947 年 6 月 23 日和 8 月 1 日发布总统声明和法令，宣布国家主权扩展到邻接国家领土的大陆、海岸岛屿的全部大陆架，不论该架的深度和宽度如何。秘鲁并宣布对从海岸计算 200 海里的区域实行控制权或管辖权。1949 年哥斯达黎加宪法第六条规定，国家对大陆架享有完全的和专属的主权。1950 年 9 月通过的萨尔瓦多宪法第七条（1962 年宪法改为第八条）公开宣布萨尔瓦多领土包括自最低潮线算起距离为 200 海里的邻近海域及其相应的领空、底土和大陆架。

智利、厄瓜多尔和秘鲁（简称 CEP 国家）还于 1952 年 8 月 18 日发表关于领海的"圣地亚哥宣言"，宣布它们的国际海洋政策是："对邻接本国海岸并从该海岸延伸不少于 200 海里的海域，享有专属主权和管辖权。"这种

"专属主权和管辖权包括对海床及其底土"。

这样，就由拉丁美洲国家带头发起了反对海洋大国的海洋霸权，争取200海里海洋权的斗争。尽管拉美国家在提法上不尽相同，有的提主权，有的提控制权或专属主权和管辖权，实质上都是一样的。拉美国家的行动在其他地区也得到响应，鉴于波斯湾浅海地区石油蕴藏量丰富，沙特阿拉伯国王也在1949年5月28日发表声明，宣布管辖和控制波斯湾地区的底土和海床。

而后，1956年由美洲国家法学家理事会草拟了一份"墨西哥原则"的文件，宣布"每个国家根据其地理、地质与生物因素，以及其人民之经济需要和社会与防务，有权在合理范围内确定其领海"。同年召开的美洲国家"保全自然资源专门会议"的决议提出了沿岸国对200米等深线或超过该界线的大陆架海床和底土的开采权有专属权，并受该国的管辖和控制。拉美国家已由单方面提出要求，走向采取协调立场、谋求一致行动的方向。

拉美国家关于扩大海洋权的要求遭到了超级大国的顽固反对，它们不顾拉美国家关于200海里领海主权或管辖权的主张，其远洋渔船照样去这些国家近海捕鱼。CEP国家在多次抗议无效后，忍无可忍，采取坚决措施，从1954年捕获奥纳西斯捕鲸船起，直到20世纪60年代，CEP国家不断扣押来犯船只。美国则以修订"对外援助法"、制定"渔民保护法"等报复措施与之对抗。其结果是，拉美国家中有更多的国家加入主张200海里领海的行列，如阿根廷、厄瓜多尔、巴拿马、乌拉圭和巴西等国。

1953年联合国国际法委员会的一个报告曾说，美英等主张传统的3海里领海的国家，迫于主张扩大领海范围国家日益增大的压力，提出一个3海里领海外，还有一个不超过12海里的"毗连区"以进行海关、财政或卫生管制的方案，说明海洋大国已感到难以固守阵地了。

鉴于世界各国在海洋权问题上的冲突日益加剧，1958年在海牙召开了联合国第一次海洋法国际会议。这次会议的召开，标志着大规模的海洋法编纂工作的开始。由于美国的阻挠，当时我国在联合国的代表权还由台湾的国民党当局占据着，所以我国政府未派代表参加。但在此前后，我国政府发表声明正式宣布我国实行12海里领海。这次会议签订了4个公约：《领海与毗连区公约》《公海公约》《捕鱼与养护公海生物资源公约》《大陆架公约》。会上，美国为了平息其后院怒火，安抚拉美国家，提出6海里领海外加6海里具有专属捕鱼权的渔区草案，未获通过。另外一些国家主张12海里领海，也未能达成协议。这次会议由于参加国有限，拉美国家又分为东海岸与西海岸两派，西海岸国家主张 200 海里的主要目的在保护渔业资源，而东海岸国家主要关注大陆架矿床资源的维护，所以未能采取一致行动，以至于这些公约所确立的原则、规则和制度，主要反映了海洋大国的主张和观点。但在《领海与毗连区公约》中关于"毗连区"概念的提出，对以后"渔业区""承袭海""专属经济区"等概念的相继提出，还是有促进作用的。

继 1958 年会议以后，1960 年又召开了联合国第二次海洋法会议，对领海宽度在 3 海里与 12 海里间争执不下，仍未取得任何进展。

《联合国海洋法公约》和国际海洋法律制度的新发展

1958 年以后，科技发展突飞猛进，国际社会发生巨大变化，反映在海洋制度的斗争上也发生了巨大变化。

首先，科技的迅猛发展不仅使人们对海洋的认识更全面，亦使海洋资源的开发得以实现。近海大陆架地区不仅是国防前哨，可以装置雷达、声位波定位仪等防御设施，也是潜水艇天然的庇护所，因而具有不可估量的政治上和军事上的重要价值，是早为人知的。它的水域和底土所蕴藏的极为丰富的自然资源也逐渐被人们查清了。在非生物资源方面，石油和天然气含量极为丰富，现已查明，世界上最大的碳氢化合物区有欧洲的北海，北美的东海岸、阿拉斯加、加利福尼亚南部，南美的厄瓜多尔、秘鲁、特立尼达和多巴哥等。在亚洲，我国近海大陆架和我国台湾省与日本之间的区域也蕴藏丰富。除此，还有钻石、白金、黄金、锡，以及含有大量稀有元素的钛铁矿、独居石、金红石、铬石等珍贵矿藏。在资本主义世界能源危机日益加剧后，海洋石油开采技术日新月异，过去认为耗资巨大无力实现的梦想，现在变成了易于成功的现实。据联合国 1982 年统计，世界上石油总产量的近 1/5 来自 75 个国家沿海 200 海里以内的大陆架。现在，全世界大陆架所产天然气占 14%，原油产量占 18%，年产值约 40 亿美元。据预计，到 2000 年，近海石油产量将占世界总产量的 40%—50%，在生物资源方面有鱼类、海藻、海绵和其他生物，被人们称为"蓝色宝库"。20 世纪 60 年代以来，世界人口急剧膨胀，陆地食物日益匮乏，人们转向海洋索取食物，海洋食物资源的开发变得日益重要。据统计，世界上海洋食物资源的 90%，年产值约 80 亿美元来自大陆架及邻近海湾。世界渔业总产量的 80% 以上来自近海浅海水域。但是，当今世界上有能力进行大规模海洋渔业生产的，仍然是少数海洋大国，而大多数发展中国家由于经济技术落后尚无力进行海洋开发。因此，美、苏、日等少数海洋大国的远洋船队利用其有利地位在别国近海肆意捕捞，而不顾其渔业资源的枯竭与否。苏联海洋鱼产量占世界各国总产量的12%，近10年来，苏联远洋捕鱼量占其总捕鱼量的70%—80%，足迹几乎遍及全世界。这种情况使沿海国越来越不安地关注近海大陆架的经济资源和法律地位，使得确定领海范围、大陆架的归属以及海洋的利用、开发成为海洋法上迫切需要解决的问题。

其次，第二次世界大战以后，特别是20世纪五六十年代以来，亚洲、非洲和拉丁美洲一批争取民族解放与民族独立的国家诞生了，截至1980年年底，战后新独立的国家有89个，在全世界166个国家中占了绝大多数。它们在国际舞台上逐步形成了一股强大的力量，在海洋反霸斗争中起着极为重要的作用。

最后，"人类共同财产原则"的提出，更加鼓舞了发展中国家争取海洋权的斗志。1967年马耳他常驻联合国代表阿维德·帕多教授向第二十二届联大提出"关于国家管辖权以外海床洋底和平利用及其资源用于人类福利的提案"，宣布各国管辖以外的海床及其底土以及该区域的资源为人类共同继承的财产，应为全人类共享，得到广大发展中国家的热烈反响。

从20世纪60年代下半期起，为了对抗海洋大国顽固的立场，在领海范围和国家对海洋的管辖范围上出现了一股不可阻挡的扩大潮流。1966年11月，厄瓜多尔宣布它的"领海"为200海里；同年12月，阿根廷宣布它的主权及其领土为200海里海域；随后，乌拉圭于1969年、巴西于1970年先后宣布其领海扩大到200海里。到1970年，南美除了哥伦比亚、委内瑞拉和圭亚那外，已有7个国家宣布了200海里领海。

1967年，苏联曾向联大提出召开第三次国际海洋法会议的建议。1968年，美苏共同草拟了一份包括12海里领海的条例草案，于1969年分送世界各国政府。超级大国的活动引起拉美国家的强烈反对。1970年5月8日，智利、秘鲁、萨尔瓦多、厄瓜多尔、尼加拉瓜、阿根廷、巴拿马、巴西和乌拉圭9国签署《蒙得维的亚海洋法宣言》，重申"各签字国基于自己的特殊情况，已经扩大它们对邻接其海岸的海域、海床及其底土的主权或专属管辖权到距离领海基线200海里的地方"。1971年10—11月，77国集团（全部拉美国家均在内）第二次部长会议签署《利马宣言》，支持拉美国家捍卫海洋权的斗争。

非洲国家于 1972 年 6 月举行的关于海洋法的雅温得会议，在总报告的结论中，规定了领海不超过 12 海里的界线。从 1972 年以后，非洲国家虽未宣传扩大领海范围，却以"保护渔业资源"为目的，扩大了自己对领海外海域的管辖范围，称之为"专属渔区"。摩洛哥和加蓬先后宣布将捕鱼区扩大为 70 海里和 150 海里；塞内加尔宣布 12 海里领海以外还有 110 海里的捕鱼限制区；毛里塔尼亚宣布 70 海里领海，100 海里专属渔区。这样，非洲国家就以"专属渔区"的概念呼应了拉美国家的要求。此外，巴基斯坦也将其在阿拉伯海的专属渔区扩大到 50 海里。

1972 年，加勒比海国家海洋问题专门会议上确定了 12 海里领海宽度，同时提出了 200 海里"承袭海"的概念。根据宣言规定，沿海国对"称为承袭海的区域内水域、海床和床土中可更新和不可更新的自然资源，享有主权权利"。沿海国有权对承袭海的科学研究加以管理，采取必要措施以防止海洋污染。在承袭海内，所有沿海国家和无海岸国家的船只和飞机都享有自由航行和飞越的权利，以及铺设电缆和管道的权利。宣言接受了"大陆架公约"关于大陆架的定义，同时明确了承袭海和大陆架的关系："承袭海所覆盖的大陆架部分，应适用关于承袭海的法律制度，承袭海以外的部分，则应适用国际法上关于大陆架的制度。"这是为大陆架狭窄的国家捍卫其海洋权或主权所找到的新的理论根据。

1973 年 5 月，非洲统一组织部长理事会在埃塞俄比亚首都亚的斯亚贝巴召开，通过了《关于海洋法问题宣言》，说，会议注意到"沿岸国家对邻近它们海岸管辖权目前日趋扩大的潮流"，对此趋势予以肯定。宣言还在（C）部分提出了《专属经济区包括专属渔区的概念》，其第六条规定："非洲国家承认每一沿海国有权在其领海以外划定专属经济区，其界线不应超过从确定领海的基线量起 200 海里。""在这种区域内，沿海国对一切生物和矿物资源行使永久主权，并对该地区进行管理。"这样，又由非洲国家提出了一个"专属经济区"的概念。

非洲国家统一组织的主张后来由阿尔及利亚、喀麦隆、肯尼亚、苏丹、坦桑尼亚等 14 国提出的条款草案于 1973 年 7 月 16 日递交联合国海底委员会。

非洲国家所提"专属经济区"概念和拉美国家所提"承袭海"概念有相似之处，但也有所不同。经济区主要是限制在 200 海里以内，不容许超过这个界线；同时，非洲国家主张"经济区内的生物资源应开放给所有非洲内陆国和近内陆国开发"。照顾到非洲内陆国家分享海洋资源的利益。拉美国家基本上没有这个问题。

200海里专属经济区的提出，为发展中国家争取海洋权的斗争注入了新的活力。1973年9月9日，第四次不结盟国家首脑会议通过的《关于海洋法宣言》也支持"从基线起测量不超出200海里的国家管辖区在内的毗邻海海床及其底土的权力"，在这个区域内，沿海国家行使"开发自然资源和维护本国人民其他有关利益"的权力。

1977年8月，位于南太平洋地区的12个国家在巴布亚新几内亚举行"南太平洋论坛"会议，一致通过1978年在各自领土周围建立200海里经济区的决议。1978年3月巴布亚新几内亚带头，斐济、西萨摩亚、汤加和瑙鲁先后宣布了200海里专属渔区。

至此，广大发展中国家为反对海洋大国掠夺它们的沿海资源，捍卫本国民族经济权益，要求扩大海洋权而在领海外划定"承袭海"或"专属经济区"，已成不可阻挡的历史潮流了。

在发达国家中，澳大利亚和挪威率先于1973年7月向联合国海底委员会提交"关于经济区和划界的某些基本原则"，建议沿海国有权确定经济区和承袭海的外部界线到……最大限度200海里。欧洲共同体委员会1976年11月也决定各成员国……把各自在北海和北大西洋海岸线的捕鱼界线从1979年起，扩大到200海里。长期来坚持3海里领海是"传统习惯规则"的英国也和联邦德国同时于1977年1月1日起，将捕鱼区扩大到200海里，挪威在同一天也宣布了200海里经济区；日本政府于1977年5月2日公布"12海里领海法"和"200海里渔业水域临时措施法"。截至1980年年底，世界上已有87个国家宣布了200海里专属经济区或专属渔区，其中有40个国家制定了有关的法律和规章，明确本国在专属经济区内的主权权利和管辖权。

但是，超级大国为了维护有利于推行强权政治和霸权主义的旧海洋秩序，想尽一切办法来阻挠发展中国家实现其海洋权。美国于1973年7月向联合国海底委员会提交的一份草案，将经济区局限于"海床"而不包括其水域，从而把沿岸国对渔业资源和生物资源的管辖与保护权利排除在外，该草案还在实际上否认经济区的最大界线为200海里。

苏联名义上赞成制定新的海洋法，实际上竭力阻挠建立200海里经济区。苏联等国于1974年提出的关于经济区的草案中，说它准备同意经济区，但要与12海里领海、国际海峡的"自由通行"、经济区属公海的一部分等以

"一揽子交易"的方式解决。在1978年出版的、由伊格纳钦科和奥斯塔宾科主编的苏联高等院校《国际法》教科书说："一些拉丁美洲和非洲国家近年来宣布把自己的领水扩大到100—200海里。这类单方面的宣言不符合历史上形成的国际法惯例规范，侵犯到公海的大片领域。"

我国政府在200海里经济区问题上始终完全支持发展中国家的合理要求，反对超级大国的阻挠。根据1973年7月我国政府提交的工作文件和在第三次海洋法会上的发言，我国在专属经济区或专属渔区问题上的立场是：（1）沿海国可以根据本国的地理、地质条件、自然资源状况和民族经济发展的需要，在其领海外合理地划定一个专属经济区，其外部界线最大不得超过从领海基线量起200海里；（2）经济区内的一切自然资源……均属该沿海国所有，沿海国拥有主权权利；（3）其他国家只有在尊重沿海国主权的基础上，经沿海国许可方能在经济区内从事开发活动，并应遵守沿海国的有关法律制度；（4）沿海国应考虑毗邻内陆国和地理条件不利的国家的利益。

根据联合国大会第2749号决议，1973—1982年召开了联合国第三次海洋法会议，参加会议的先后有166个国家和地区，会议历时9年，最后通过了《联合国海洋法公约》。这个公约充分体现了第二次世界大战结束以来海洋法律制度的新发展、新成果。

在第三次海洋法会议上，领海宽度问题的争论虽不甚激烈，却是一个牵动全局的问题。根据各国在会议初期表明的意向，各国对领海的主张主要有以下几种：主张200海里领海的有15国（又称领海派国家）；主张12海里领海的有59国；主张12海里领海加200海里专属经济区的有43国（又称经济区派国家）；此外，还有主张12海里领海以海峡自由通过为条件的，如英、苏、美等国；还有主张6海里、30海里、50海里等少数国家。可以看出，参加国中以主张12海里领海的国家占绝大多数。其中，主张200海里经济区的国家之所以同意12海里领海，是想以此换取超级大国对200海里海洋权的承认；有些坚持200海里领海的国家，其目的在于使沿海国家在200海里范围内拥有主权和管辖权，在这些要求能够得到满足的情况下，并不坚持200海里领海的绝对主权。因此，经过七十七国集团的内部协调，"领海派"和"经济区派"的分歧得到了解决，从而在海洋法会议关于领海宽度问题上达成了一致协议。

第三次联合国海洋法会议通过的《联合国海洋法公约》第二部分确定了领海的宽度为最大不超过12海里，同时也承认每个国家有权自行确定其领海的宽度。它规定："每一国家有权确定其领海的宽度，直至从按照本公约确定的基线量起不超过12海里的界线为止。"

《公约》第五部分规定了200海里专属经济区，这是20世纪40年代以来，发展中国家为争取海洋权而进行坚持不懈的斗争的伟大成果。它第一次从国际法上确定了这一地区的法律地位，承认了沿海国对邻接其陆地从领海基线量起200海里区域内有勘探、开发、养护和管理生物和非生物资源及其他经济性开发和勘探活动的主权权利，以及对人工岛屿、海洋科研、海洋环境保护和保全享有管辖权。其他国家在该区域享有航行、飞越、敷设海底电缆和海底管道的自由，但必须遵守沿海国的有关规章和法律。《公约》第六部分还规定了大陆架的定义、范围和法律地位。

第三次海洋法会议上，发展中国家充分显示出力量，始终起着主导作用，这是这次会议能够成功的主要关键，它体现了世界形势所发生的巨大变化。

主要参考书目

（1）劳特派特修订：《奥本海国际法》上卷，商务印书馆1981年版。

（2）希金斯、哥伦伯斯：《海上国际法》，法律出版社1957年版。

（3）阿库斯特：《现代国际法概论》，中国社会科学出版社1981年版。

（4）周鲠生：《国际法》上册，商务印书馆1981年，载《海洋法资料汇编》，人民出版社1974年版。

（5）伊格纳钦科、奥斯塔宾科主编：《国际法》，法律出版社1982年版。

（6）刘楠来等：《国际海洋法》，海洋出版社1986年版。

（7）《联合国海洋法公约》，海洋出版社1983年版。

赫鲁晓夫时期的苏美关系
——从戴维营会谈到古巴导弹危机

张季良　毕建海

20 世纪 50 年代和 60 年代之交，美苏两国进行了频繁接触和多次较量。从 1959 年的戴维营会谈，到 1962 年的古巴导弹危机，美苏关系逐步进入既争夺又勾结的新阶段。这种变化对世界格局产生了重大影响。

戴维营会谈

在 20 世纪 50 年代中后期，苏联的经济实力和军事实力有了迅速发展，同美国的力量对比发生了重大变化。1960 年，苏联国民收入由 1950 年仅相当于美国的 31% 上升为 58%。1957 年 8 月 26 日和 10 月 5 日，苏联成功地发射了洲际导弹和世界上第一颗人造地球卫星。这个重大的科技突破，引起美国统治集团很大震动，爆发了关于"导弹差距"的争吵。从此，美国倾注全力发展导弹。苏美虽然存在着导弹差距，但苏联的领导地位并不是很突出的，因为美国的战略空军并没有失去威力。

1957 年 3 月，赫鲁晓夫兼任部长会议主席，10 月，又把朱可夫元帅开除出苏共中央，巩固了赫鲁晓夫在苏共中央的地位。此后，赫鲁晓夫便集中精力展开外交攻势。赫鲁晓夫首先在德国和柏林问题上发动了攻势。1958 年 11 月，苏联提出要签订对德和约，要求正式承认两个德国。同时提出"动外科手术""割掉西柏林这个毒瘤"，结束柏林的被占领状态，使西柏林成为一个非军事化的"自由城市"，并规定 6 个月的限期，"如西方国家不同意西柏林自由城市的地位"，期满后，苏联将单方面采取行动。

对此，美国与英、法、西德进行紧急磋商，决定采取强硬态度。艾森豪威尔扬言，如果苏联对西柏林实行封锁，西方将采取报复措施，这就造成了第二次柏林危机。一时剑拔弩张，大有一触即发之势。

在西方的强硬态度面前，赫鲁晓夫软了下来。1959 年 1 月，他派部长会议第一副主席米高扬以"休假"为名前往美国，向美国表示：苏联提出解决柏林问题的期限是不重要的，主要是开始谈判。尽管艾森豪威尔表示，赫鲁晓夫不能像米高扬那样，对美国进行"非正式的访问"，赫鲁晓夫仍然在苏共第二十一次代表大会上强调美苏关系中的"温度已开始上升"，希望通过"国家领导人和社会活动家彼此举行会见"会谈和互相访问"，"改善国家之间的关系"。他埋怨艾森豪威尔剥夺了他访问美国的"权利"。

2 月下旬，英国首相麦克米伦访问莫斯科。赫鲁晓夫向他重申：苏联的 6 个月期限绝不是最后通牒。

到 3 月底，赫鲁晓夫再退一步，接受了西方提出举行外长会议的建议。5 月 11 日，苏、美、英、法四国外长在东、西德代表参加下举行会议，尽管苏联在解决西柏林问题的期限方面一再让步，美仍坚持西方三国在西柏林驻军以及西德和柏林之间的自由通行。

6 月 23 日，赫鲁晓夫在接见美国前驻苏大使哈里曼时，声言他要求取消西方三国在西柏林的占领权，他吹嘘苏联花费 300 亿卢布研制的导弹足以摧毁美国和欧洲的每一个工业中心。但是又说，他宁愿不这样做。紧接着，赫鲁晓夫又派科兹洛夫于 6 月底去美，主持苏联在纽约举办的展览会。

这时，长期掌管美国外交大权的约翰·福斯特·杜勒斯已经病死。英国首相麦克米伦希望举行东西方首脑会谈打破僵局，艾森豪威尔经过反复考虑，权衡利弊，决定邀请赫鲁晓夫访问美国。

8 月 3 日，苏美同时宣布：艾森豪威尔邀请赫鲁晓夫于 9 月间访美，然后赫鲁晓夫邀请艾森豪威尔回访。

艾森豪威尔确定同赫鲁晓夫会谈采取三条方针：第一，在柏林问题及世界其他地区有关美国的"权利问题"上"寸步不让"；第二，必须"在没有苏联威胁或任何最后通牒的压力下，他才愿意参加最高级会议；第三，劝说赫鲁晓夫利用他的地位和权力，采取有利于西方的态度和步骤。艾森豪威尔向国会领袖们表示，他要作出"一番巨大的个人努力，以便在卸任之前，把苏联领导人哪怕软化一点点"。

8 月下旬，艾森豪威尔出访西欧，与阿登纳、麦克米伦和戴高乐进行磋商，确定美苏首脑会谈"最重要的目标是促使赫鲁晓夫同意暂时停止关于西柏林的威胁与反威胁"，争取扩大美苏之间人员来往。艾森豪威尔认为，"仅仅由于俄国政府可以轻易获得我们的生活、文化和工业的情报，而我们却难以获得苏联的情报这一理由，我想美国就应当继续把争取在适当的协定下扩大两国人民之间的接触作为目标"。此外，他还有一个长远考虑，那就是通过人员交流，"努力争取"有朝一日"将会在苏联掌权"的新的一代。

经过双方紧张的准备，1959年9月15日，赫鲁晓夫带着妻子、女儿、女婿飞抵华盛顿，先到外地参观了10天，最后在艾森豪威尔陪同下，飞往戴维营别墅，举行了两天会谈。会谈涉及德国、柏林、裁军、禁止核试验和美苏关系等问题。

根据艾森豪威尔的回忆，会谈中争论最激烈的是召开四大国最高级会议和柏林问题。艾森豪威尔明确地表示，只要存在哪怕与苏联的最后通牒"有一点点相似的东西"，表明苏联"要同东德缔结和约"，并且"要取消盟军在柏林的权力和特权"，他"就永远不会参加最高级会议"。赫鲁晓夫解释说："西柏林作为爱好和平的民主德国机体里一个不受欢迎的刺激物已变得日益不能容忍。这种局面是不正常的，而且是以战时的决定为依据的，这距今已有14年了，应该予以改变。"艾森豪威尔反问："根据战时协议，你们得到了许多由西方盟国在德国攻占的地方，还得到了日本的千岛群岛，你们准备把它们归还吗？"在会谈的最后一天，赫鲁晓夫和艾森豪威尔仅带着一名译员进行秘密会谈。赫鲁晓夫表示将采取步骤，取消关于他限期同东德签署和约的建议，确认把柏林前途问题当作有待谈判的一个议题，而不是一个靠单方面行动来解决的问题。

9月27日，发表了苏美联合公报，公报宣布双方在柏林问题上"达成谅解，恢复谈判，以便达成一个将符合一切有关方面的利益、并有利于维持和平的解决办法"；双方"一致认为，一切没有解决的国际问题，都不应当通过运用武力的办法来解决，而应当通过谈判，和平解决"；公报还预期在短期内双方将"在派出更多的人员互访和扩大思想交流问题上"，"达成相应的协议"。

戴维营会谈是美苏两国互相利用的重要标志。艾森豪威尔顶住苏联的压力，迫使赫鲁晓夫暂时放弃了在西柏林问题上咄咄逼人的立场。而赫鲁晓夫则实现了他访问美国并与世界上头号强国的首脑举行会谈的愿望，使一触即发的柏林局势得到了缓和。会谈结束之后，赫鲁晓夫大肆宣传所谓"戴维营精神"。但艾森豪威尔却说："这是一个我从未用过也从未认为恰当的词儿。"

U—2 事件和四国首脑会议的流产

戴维营会谈后，苏联与西方国家商定：1960 年 5 月在巴黎举行苏、美、英、法四国首脑会议，然后艾森豪威尔访问苏联。但是在四国首脑会议前夕，发生了 U—2 飞机事件，打乱了原定计划。

U—2 飞机是美国主要为收集军事、经济情报专门制造的一种间谍飞机，它能飞到 2 万公尺以上的高空，拍下地面很清晰的图片。这种飞机名义上属于美国国家航空和宇宙航行局，作为"飞行气象实验站"，负责"采集放射性样品"，实际上归中央情报局指挥，而且其活动计划完全由总统批准。

1960 年 5 月 1 日，经艾森豪威尔批准，中央情报局又派了一架 U—2 飞机，从土耳其起飞，计划横越苏联心脏地区，然后飞到挪威。飞机深入苏联领空 1200 公里，在斯维尔德洛夫斯克上空，被苏联导弹击落。美国获悉U—2 飞机出事后，便让国家航空和宇宙航行局发表了一个新闻公告，佯称他们的一架气象飞机"失踪"。

5 月 5 日，赫鲁晓夫在苏联最高苏维埃宣布了苏联击落 U—2 飞机的消息。他谴责这一行动是一种"旨在破坏最高级会议的侵略性挑衅"，但又为艾森豪威尔开脱，说什么他"不怀疑艾森豪威尔总统谋求和平的真诚愿望"。

这时，美国误以为 U—2 飞机被击落后已经机毁人亡，又发表了一个声明，坚持说"U—2 飞机只是一架气象机"，而且编了一套谎言，似乎这架气象飞机发生事故，是由于"发生氧气供应的困难"。

5 月 6 日，苏联宣布 U—2 飞机的驾驶员弗朗西斯·鲍尔斯还活着并供认了他的间谍身份和任务。苏联报纸还刊登了鲍尔斯及其所使用的摄影装置的照片。

面对着真相大白的事实，5 月 11 日艾森豪威尔宣布苏联击落的 U—2 飞机的确是美国的侦察飞机，并说，他从执政开始，就"发出指令，要通过一切可能的渠道收集情报，以免美国遭受突然袭击"。

艾森豪威尔这种强硬态度，使赫鲁晓夫十分尴尬。就在同一天，赫鲁晓夫在答记者问时说："你们知道我对这位总统的态度是友好的。""我没想到在苏联上空进行侦察的主意，竟不是出于一个不负责任的军官的一时的任性。""我听到说这位总统是赞成这些侵略行动的，不禁为之毛骨悚然。"当时，美国记者詹姆斯·赖斯顿写道："由于坚持有权侵犯苏联国境，总统实质上向赫鲁晓夫挑战，使他在一向反对和解的斯大林主义者面前处于尴尬地位。"

尽管如此，赫鲁晓夫仍决定去巴黎出席四国首脑会议。他提前两天到了巴黎，要戴高乐和麦克米伦转告艾森豪威尔：美国政府必须向苏联道歉，惩罚对美国飞机侵犯苏联边界直接负责的人，并保证不再继续类似的行动，否则，他"将不可能参加会谈"。

5月16日正式开会前，赫鲁晓夫首先发言，他重申对美国的几点要求，还宣布撤销对艾森豪威尔的访苏邀请。接着艾森豪威尔为U—2飞机活动进行辩解，他说，他已下令停止侦察飞行，但他拒绝道歉。双方僵持不下，四国首脑会议终于流产。

为了应付国内外的指责和发泄自己的懊恼，5月18日，赫鲁晓夫在巴黎举行的记者招待会上大发雷霆，对艾森豪威尔进行了猛烈的攻击。6月，苏联中断了裁军谈判。7月1日，苏联在巴伦支海上空击落了一架美国侦察飞机。9月，赫鲁晓夫在联合国大会上发表演说，要求改组联合国，把联合国总部从纽约迁到瑞士、奥地利或苏联去。与此同时，苏美双方都追加军费，加紧军备竞赛。

这样，几个月前，赫鲁晓夫大肆宣扬的"戴维营精神"，被互相攻击和新的一轮军备竞赛所代替，美苏争夺再度激化。

维也纳会谈

1961年年初，约翰·肯尼迪继艾森豪威尔任美国总统。肯尼迪提出了所谓"和平战略"，即"一手抓橄榄枝，一手抓箭"。他在竞选中宣称，美国需要一种新的对付苏联的办法。美国可以同苏联在"共同利益"的基础上就某些问题达成协议，但是美国必须以"实力地位"作为谈判的后盾，迫使苏联"愿意承担风险来缓和局势"，使美苏关系"逐步解冻"。

苏联密切注视着肯尼迪的上台。在1960年5月发生了U—2飞机事件和巴黎四国首脑会议流产以后，赫鲁晓夫不再对艾森豪威尔抱有什么指望。他抓住几次机会，表示把希望寄托在肯尼迪身上。肯尼迪就职后，赫鲁晓夫立即致电祝贺，表示希望"通过我们共同的努力，在根本改进我们两国关系并使整个国际形势正常化方面获得成功"。赫鲁晓夫还对肯尼迪故作姿态。1960年7月，一架美国RB—47型飞机在苏联领土（伸入北极圈部分）上空被击落，两名飞行员被俘，艾森豪威尔政府曾几次要求释放飞行员，苏联均不理睬；而肯尼迪一上台，被俘的飞行员就释放了。赫鲁晓夫曾就此对美国驻苏联大使卢埃林·汤普森说，这是要使民主党人而不是共和党人得到好处。这一切表明，赫鲁晓夫对肯尼迪的"和平战略"是充满幻想的。

为了具体实施"和平战略"中的对苏战略，肯尼迪在2月间把美驻苏大使汤普森，以及三位前任艾夫里尔·哈里曼、乔治·凯南、查尔斯·波伦召到白宫，对苏美关系进行了广泛深入的讨论。经研究决定向苏联建议举行一次新的苏美最高级会谈。汤普森带着肯尼迪有关这一建议的信件回到莫斯科，又在3月9日去西伯利亚会见了赫鲁晓夫。赫鲁晓夫接受了这一建议。经外交途径商定，会谈地点在维也纳。

然而，美苏关系并未随即"解冻"。3月，在日内瓦举行的苏、美、英三国关于禁止核试验的谈判（1958年11月开始）中，美国代表提出了美英两国经过修改的联合建议。但苏联代表不但加以拒绝，而且撤回了苏联对以前已取得一致意见各点的赞同，在苏方的新建议中提高了要价，使谈判达成协议的希望渺茫。这使肯尼迪感到只有在美国有力量持强硬态度时，对苏在边缘上进行试探的政策才会有效。肯尼迪政府随之提出了新的军事战略，即"灵活反应战略"，来代替艾森豪威尔政府的"大规模报复战略"。在继续发展核武器的同时，加强常规兵力，以"多样化"的军事力量准备打各种类型的战争。从3月到5月，肯尼迪连续向国会提出特别咨文，要求增加军事预算拨款。苏联也不甘示弱，以加速发展导弹核武器回敬。2月，苏联宣布，苏军改组与装备新型武器的工作已经完成，战略性火箭部队已经建立，它已成为苏军的主力。4月，苏联宣布发射了第一艘载人宇宙飞船"东方号"，以此显示苏联火箭的"强大威力"。

在上述背景下，6月3—4日，美苏首脑在维也纳举行会谈。肯尼迪把这次会谈看成是确定未来美苏关系格局的一个机会。如果赫鲁晓夫有意在柏林问题上采取强硬态度，肯尼迪就希望表明：赫鲁晓夫不可欺人太甚。而赫鲁晓夫对会谈达成实质性协议则不抱期望，只是企图动摇肯尼迪的信念，迫使他作出让步。

会谈议程包括双边关系、裁军、禁止核试验、德国与柏林问题和老挝问题。关于双边关系，肯尼迪坚持要求苏联以现金偿还第二次世界大战期间美国给予苏联的物质援助，但赫鲁晓夫强调苏联在战争期间献出的鲜血比美国物质宝贵得多，因而拒不偿还。关于禁止核试验问题，赫鲁晓夫向肯尼迪提交了苏联政府关于停止原子武器与核试验问题的备忘录。然而，在禁止核试验以及裁军问题上，双方相持不下。焦点集中在两点：第一，赫鲁晓夫提出，禁试问题本身并不重要，必须把禁试同全面和彻底裁军问题联系起来；而肯尼迪则认为，应先从禁试入手，除非能得到裁军问题迅速达成协议的保证，否则美国不能接受苏联的"联系"方案。第二，关于禁试的监督与监督机构。赫鲁晓夫认为监督视察一年三次足矣，再多了就变为间谍活动，监督机构中的任何一方都应拥有否决权；肯尼迪则强调监督视察的重要性，并且不同意赫鲁晓夫的"否决权"主张，指出这将使监督无法进行。

有关禁试与裁军问题的讨论没有结果，随即进行的有关德国与柏林问题的讨论也陷入僵局。赫鲁晓夫向肯尼迪提交了苏联政府关于缔结对德和约并在这个基础上解决西柏林问题的备忘录，表示愿意在对德和约问题上与西方达成协议，但如果美国拒绝，苏联就将与东德签订和约，使西柏林成为一个自由市。无论如何，苏联要在1961年年底以前签订这项和约。如果美国想要在柏林问题上打一仗，苏联对此也没有什么办法。肯尼迪针锋相对，回答说美国是不会接受最后通牒的。美军留驻柏林是根据四国协议所规定的权利，美国不能同意由苏联一国来废除四国协议，苏联那样做将在一夜之间使世界局势发生根本变化。肯尼迪奉劝赫鲁晓夫谨慎行事。关于老挝问题，双方只是认为有必要在老挝实现停火，支持老挝的中立与独立。

会谈后发表的联合声明表明，会谈没有取得实质性结果，但双方表示同意就两国和全世界的一切问题保持接触。赫鲁晓夫认为，这次会谈，各自的立场未作丝毫改变，而两国间的紧张关系却在某种程度上加剧了。肯尼迪的评论则是：关于这次会谈最好的一个形容词就是"阴暗"。

美苏在维也纳会谈中的唇枪舌剑很快变为在柏林问题上的军事对峙，6—8月，发生了柏林危机。

7月25日，肯尼迪在维也纳会谈回国后就"柏林危机"向公众发表电视讲话，说明了美苏关于柏林问题对立的严重性，并要求增加兵力21.7万人，军费34亿美元，以对付苏联的威胁。就在此时，从民主德国逃往西方去的人数急剧增加，这些人大多是由西柏林逃到西方去的，西柏林收容所平均每天收容达1500人。另外，由于柏林是一个分裂而没有边界的城市，许多人利用两种马克的差价进行倒买，也给民主德国的经济带来消极影响。8月12日，根据华沙条约缔约国莫斯科会议的建议，民主德国作出了加强边界管理的决定，并于13日封锁了东、西柏林的边界，15日起在分界线上筑起一道高达 13 英尺的"柏林墙",建立一道防止民主德国人员流入西方和可以控制的安全边界。这一措施引起了西方国家的强烈反应,认为这是"破坏了四国在柏林的地位,是非法的"。肯尼迪总统派副总统约翰逊访问西柏林,并派遣 1500 人的增援部队开往西柏林,8 月 20 日,顺利通过民主德国领土,到达西柏林。

由于苏联没有采取阻拦行动,同时在 6 个月期限满后,苏联没有采取与民主德国单独缔结和约,由柏林墙引起的危机才再次缓和下来。

古巴导弹危机

从四国首脑会议流产后,苏美在外交上的另一次重大较量就是古巴导弹危机。

古巴革命胜利后,美国一直企图推翻古巴政府。肯尼迪上台后,在 1961 年 4 月 17 日,由美国组织 1400 名古巴流亡分子组成的雇佣军入侵古巴,在吉隆滩(猪湾)登陆,这次武装进攻以雇佣军大败而告终。肯尼迪政府在外交上输了一个回合,但不肯善罢甘休。1962 年 7 月,苏联以"保卫古巴"为名,偷偷地把中程导弹运进古巴。赫鲁晓夫企图把中程导弹设在古巴这个"不沉的航空母舰"上,变为洲际导弹的代用品,借以弥补苏联的洲际导弹劣势(美国 294 枚,苏 75 枚),加强苏联与美国争夺的战略地位。其次,苏联同美国在加勒比海的这一争夺,实际上是围绕欧洲这个重点而进行的。赫鲁晓夫企图利用设在古巴的中程导弹在一次新的柏林危机中取胜,逼迫美国在欧洲、柏林等问题上让步。最后,是以"保卫古巴"为名,行控制古巴之实。赫鲁晓夫要以导弹强有力地扩大苏联在拉丁美洲的影响,巩固苏联在拉美的立足点,从"后院"挖美国的墙脚。

对于苏联偷偷把导弹运进古巴,美国有所觉察。8 月 29 日,美国 U—2 飞机发现导弹在古巴的萨姆 II 型地对空导弹基地。9 月 4 日,肯尼迪发表声明,警告苏联不得把导弹等进攻性武器运进古巴。9 月 11 日,苏联政府授权塔斯社声明,公开否认有采取这种行动的任何意向。10 月 16 日,肯尼迪接到美国中央情报局的报告:苏联确实在古巴设有中程导弹发射场和"伊尔 28 型"轰炸机,并提供了显示清晰的数千张照片。白宫官员都大为震动,立即研讨对策,认为苏联在古巴设置导弹是一个严重威胁,只能摊牌而不能屈服。但究竟怎样摊牌呢?经过辩论,初步拟订了三个方案:(1)只对导弹基地进行空袭；（2）除空袭外也派军队进攻，即全面入侵古巴；（3）海上武装封锁。实质性的争论是两派：空袭派和封锁派。肯尼迪权衡了利弊，认为空袭将逼使俄国人没有退路，因而要冒全面核战争的风险，而且空袭并不能保证完全清除导弹；海上封锁既能作出坚决有力的反应，又可留有灵活的回旋余地，它能对苏联保持一种可根据需要而逐步增大的压力，使危机在有利于美国的情况下得以解决。于是，美国最后决定采用海上封锁方案。

10月22日晚7点，肯尼迪发表广播电视演说，指责苏联在古巴"设置一系列进攻性的导弹基地"，"目的只能是配备向西半球进行核打击的能力"。要求苏联停止这种"轻率的和挑衅性的威胁"，在联合国监督下撤出那些设置在古巴的进攻性武器。宣布对古巴采取"隔离措施"，下令封锁古巴，并对运往古巴的"一切进攻性军事装备，在海上实行严格的检查"。他并强调，他已命令五角大楼为进一步的军事行动做好一切必要准备。在演说之前，美国本土和海外的美军已开始处于高度戒备状态。为了封锁古巴，美国出动了180余艘海军舰艇。与此同时，美国的北大西洋公约组织和美洲国家组织的盟国也作了军事戒备。苏联、古巴、华沙条约组织的国家也作了相应的准备。美苏双方剑拔弩张，一场核战争大有一触即发之势。

22日，肯尼迪致函赫鲁晓夫，并附送了他的演说副本。他在信中提醒赫鲁晓夫，要"正确理解美国在任何特定的情况下的意志和决心"，并威胁说核战争将会"带来灾难性的后果"。23日，肯尼迪又签发了"禁止进攻性武器运往古巴"的公告，宣布美军从24日起将拦截可能前往古巴的舰船，并勒令这些舰船必须听候美国人检查。赫鲁晓夫在23日复信肯尼迪，指责肯尼迪以封锁来对他和苏联进行威胁，扬言他已经指令驶往古巴的苏联船只的船长不必服从美国海军的停船命令，对任何苏联船只的干涉行动都将迫使他"采取我们认为对保护我们的权利所必要的和适当的措施"。但实际上，苏联驶往古巴的货船在24日开始全部返航。然而，为数更多的苏联军事工程技术人员正在古巴加速构筑导弹基地和装配"伊尔28型"轰炸机。

25日，美国驻联合国大使史蒂文森在联合国安理会上公开展示了设在古巴的苏联导弹及其发射场照片，并与苏联驻联合国大使佐林进行辩论。同一天，肯尼迪又致函赫鲁晓夫，重申了敦促苏联从古巴撤出进攻性武器的要求。与此同时，肯尼迪下令作好全面入侵古巴的准备，以便增大压力。面对这种情况，赫鲁晓夫软了下来，他在26日复信肯尼迪，他保证不再向古巴运送武器，已经在古巴的那些武器则予以撤出。同时要求美国以解除封锁和同意不入侵古巴作为交换条件。但他在 27 日的另一封信中提高了要价，表示苏联将从古巴撤走导弹，而要求美国也从土耳其撤走导弹。苏联将保证不入侵土耳其或干涉其内政，美国也应对古巴作出同样的保证。肯尼迪政府经过反复讨论，最后决定采纳司法部长罗伯特·肯尼迪的提议，不理会赫鲁晓夫 27 日的信，面对其 26 日的信作出答复，回函接受了赫鲁晓夫在 26 日来信中提出的解决危机的条件。27 日晚上，罗伯特·肯尼迪奉约翰·肯尼迪之命，约见苏联驻美大使多勃雷宁，威胁说如果在 29 日得不到苏联的回答，美国就将对古巴采取军事行动。28 日，美国作好对苏联在古巴的导弹发射场进行空中轰炸的准备。就在这一天，赫鲁晓夫急忙复信肯尼迪，再次作了退让，表示要在联合国的监督与检查下从古巴拆除和撤走导弹。

危机的高潮就这样过去了，但事情并未最后结束。美苏原准备由联合国监察撤走苏联在古巴的导弹，但遭到古巴总理卡斯特罗拒绝，因为卡斯特罗对这种不尊重古巴主权而随意摆布古巴的做法表示强烈不满。苏联部长会议第一副主席米高扬在 11 月 2—26 日访问古巴，对古巴领导人施加压力，迫使卡斯特罗同意联合国观察员实地视察。在此之前，从古巴运走导弹的苏联船只，在公海上接受美国军舰"舰靠船的观察"，美国军用飞机还对陈列于驶离古巴的苏联船只甲板上的导弹进行空中摄影检查。11 月 8—11 日，苏联一共从古巴运走了 42 枚中程导弹。11 月 20 日，肯尼迪宣布赫鲁晓夫还答应在 30 天内从古巴全部撤走"伊尔 28 型"轰炸机，与此同时美国宣布取消对古巴的海军封锁。12 月 6 日，美国国防部宣布苏联轰炸机已撤离古巴。

古巴导弹危机反映了美苏之间对世界霸权的激烈争夺，由于苏联实力不足，赫鲁晓夫不得不在肯尼迪的威胁面前一再退让。但苏联也在一定程度上达到了原先的目的，用撤出导弹换取了美国不入侵古巴的保证，并在禁止核试验问题上同美国达成某种默契。1963 年 5 月，美苏签订在两国首脑之间建立"热线"的协议。7 月，美苏又拉英国一起签订了维持核霸权的"部分禁止核试验条约"。两个超级大国的公开勾结和继续争夺，对整个国际关系格局产生了重大影响，加速了两大阵营的瓦解。中苏关系正式破裂。法国公开反抗美国的霸权地位。第三世界国家组织"七十七国集团"，推进不结盟运动，加强了维护民族利益、联合起来反帝反殖反霸的斗争。世界进一步由两极走向多极化。

主要参考书目

［1］《赫鲁晓夫言论集》第六、十、十一、十三集，世界知识出版社1965—1966 年版。

［2］戴维·霍罗威茨：《美国论战时期的外交政策》，上海人民出版社1974 年版。

［3］《缔造和平——艾森豪威尔回忆录》，生活·读书·新知三联书店1977 年版。

［4］小阿瑟·施莱辛格：《一千元——约翰·菲·肯尼迪在白宫》，生活·读书·新知三联书店 1981 年版。

［5］罗伯特·肯尼迪：《十三天——古巴导弹危机回忆录》，上海人民出版社 1977 年版。

［6］格霄厄姆·T. 艾利森：《决策的实质——解释古巴导弹危机》，利特尔、布朗出版公司 1971 年版（Graham T. Auison, *Essence of Decision*：*Explaining the Cuban Missile Crisis*, Little, Brown and Company Limtted, 1971）。

欧安会——东西方缓和的产物

王振华

第二次世界大战后，欧洲政治的一个根本特征，是东西分治和两个军事政治集团的长期对峙。直到 20 世纪 70 年代初，第二次世界大战虽已结束 20 多年，尚未缔结全面的对德和约，由第二次世界大战和战后发展形成的边界领土和政治现状尚未得到普遍全面的确认。人们曾多次试图解决第二次世界大战的遗留问题，结束这种不正常状态。由于冷战和国家集团利益的冲突，这些尝试都失败了。60 年代末 70 年代初，随着美苏之间和整个东西方关系日趋缓和，冷战作为一个时代在欧洲告一段落，为解决第二次世界大战未了问题开辟了道路。欧洲安全与合作会议的召开，就是这种努力的一部分。

欧安会的由来

举行欧洲安全会议的设想，最早出自苏联 1951 年提出的一项建议。当时在柏林举行的美、英、法、苏四国外长会议上，苏联外长莫洛托夫建议召开欧洲安全会议，以制定一项集体安全协定。之后，东西方的政治家和学者在全欧集体安全构想的基础上提出了一系列的建议和主张。波兰外长腊帕茨基在 1958 年提出建立中欧无核区的主张，1964 年又提议召开包括美国在内的欧洲安全会议。到 1966 年时，召开欧安会的主张已成为苏联和东欧国家大事张扬的一项主要外交倡议。

1966 年 7 月华沙条约组织成员国布加勒斯特会议通过关于加强欧洲和平与安全的宣言，提出承认战后边界、承认两个德国、取消北约和华沙军事集团、从欧洲撤出一切外国军队、建立无核区、召开全欧会议等 7 项主张。1968 年 6 月，北约组织外长会议提出举行中欧裁军谈判的建议，与华约的倡议相对抗。与此同时，由一些北约和华约 9 国的代表组成"九国（后为十国）集团"进行对话。他们在 1965—1968 年举行会晤，讨论了建立集体安全的可能性。1968 年 8 月苏军进入捷克斯洛伐克，暂时中断了东西方之间的磋商。1969 年 3 月华约国家在布达佩斯举行会议，向所有欧洲国家发出呼吁书，主张尽早召开欧洲安全与合作会议，建议举行包括所有欧洲国家代表参加的筹备会议，以便确定召开这样一次会议的程序和会议议程。

　　苏联积极主张和筹划召开欧安会的主要目的，是希望通过欧安会使由第二次世界大战和战后发展形成的于己有利的欧洲领土和政治现状得到普遍的确认。而西方国家长期以来拒不承认民主德国。联邦德国不愿意承认战后的中欧边界现状，希望按照西方所主张的条件谋求德国统一。正是出于这样一些理由，北约国家长期拒绝采纳苏联召开欧安会的建议。但是 20 世纪 60 年代以来，美国及其西欧盟国事实上已逐步走上承认德国分裂现状的道路。特别是随着 60 年代末 70 年代初东西方关系的进一步改善和联邦德国新东方政策的实施，奥得—尼斯河边界已经被西方国家正式承认，联邦德国同民主德国和其他东欧国家的关系已逐步走向正常化。在这种情况下，西方对欧安会的反对也就不再那么坚决了。

　　1969 年 4 月，北约国家外长利用纪念北大西洋公约签订 20 周年的机会，在华盛顿举行会议，表示同意有条件地举行欧安会，西方先后提出的先决条件主要有：（1）美国和加拿大参加拟议中的全欧会议；（2）美、英、法、苏四国就柏林问题签订一个协定；（3）东西方就中欧相互均衡裁军进行谈判；（4）把人权、人员和思想自由交流问题列入会议议程。经过多方讨价还价，苏联和华约国家基本上满足了西方的要求。事实上早在 1969 年 4 月初苏联就已表示，不再反对美国参加全欧会议。1970 年 6 月华约国家会议公报确认美国和加拿大可以参加拟议中的欧安会，并同意把人员和思想交流问题列入会议议程。

　　在西方国家提出的先决条件中，柏林问题是个关键。联邦德国在推行新东方政策过程中，已作出不少让步，它要求对方也给予相应的报偿。西方国家认为，既然苏联的目的是确认欧洲现状，也应当承认西柏林的现状，确保西柏林地位的稳定。如果苏联不同意缔结关于柏林地位的协定，它们也不同意举行苏联一心想要召开的欧洲安全会议。1970 年 3 月四大国开始关于柏林问题的会谈。1971 年 9 月 3 日，美、英、法、苏签订有关柏林的四方协议。协议规定："在西柏林地区和联邦德国之间，所有的人员和非军事物资通过德意志民主共和国时，不得受到阻碍。"协议赋予柏林以四大国长期占领的形式，承认西柏林同联邦德国之间存有特殊关系，西德在对外事务上可以代表西柏林，但"西柏林并不是联邦德国的组成部分"。这样，通向召开欧安会道路上的主要障碍就消除了。

此外，还有一个如何使苏联同意就中欧相互均衡裁军开始进行谈判的问题。1969 年 12 月举行的北约组织外长会议发表声明，把相互均衡裁军列为东西方谈判首先应该予以解决的问题。后来，北约组织表示，就这一问题进行的谈判应该同全欧安全会议分开来单独进行。西欧国家之所以对举行这一谈判特别感兴趣，一个重要因素是它们把它看作阻止美国单方面减少在欧洲的军事力量的手段。它们担心东西方关系的缓和、美国国会的压力以及西欧相对良好的经济状况和美欧矛盾的发展，有可能促使美国决定单方面减少它对欧洲防务所承担的义务。它们希望尽快开始中欧裁军谈判，以减轻美国国会要求单方面从欧洲撤军的压力，并通过双方同时承担裁军义务的办法，把美国和苏联套在一起，设法把美国拴在欧洲。为了迫使苏联对西方的这一倡议作出积极的响应，基辛格 1972 年 9 月访苏期间，把美国同意欧安会开始的日期同苏联承诺同意开始中欧裁军谈判联系起来。在苏联接受美国的要求后，美国于当年 11 月 16 日接受芬兰政府开始欧安会多边谈判的邀请。中欧相互均衡裁军谈判的预备会议于 1973 年 1 月在维也纳召开。

在筹备和举行欧安会的过程中，以芬兰为代表的一些欧洲中立国家发挥了重要作用。它们由于不属于两大军事集团中的任何一方，比较超脱，可以在东西方之间扮演一种调解者和中间人的角色。1969 年 4 月北约国家外长华盛顿会议以后，芬兰认为华盛顿会议公报表明北约国家已原则上同意参加欧洲安全会议，因此于当月 5 日向所有欧洲国家以及美国和加拿大发出外交照会，表示愿意充当预备性会谈和会议的东道主。之后东西方之间围绕会议议程和其他有关问题经过多方磋商和讨价还价，最后达成一致，同意于 1972 年 11 月 22 日在赫尔辛基开始举行欧洲安全与合作会议的多边预备性会谈。在这之前，从 9 月到 11 月在赫尔辛基举行了以大使级茶会为掩护的非正式接触。预备性会谈持续达 6 个月（1972 年 11 月 22 日—1973 年 6 月 8 日），就正式会谈要达成的协议进行讨论，拟定了赫尔辛基磋商最后建议书，决定于 1973 年 7 月在赫尔辛基召开欧洲安全与合作会议的第一阶段会议。

东西方缓和的产物

　　欧安会的召开，是战后欧洲和整个东西方关系发展演变的结果。

　　欧洲安全与合作会议得以召开，首先和美苏关系缓和的大气候分不开。战后欧洲两大集团的对峙，是以美苏两个超级大国的力量抗衡为基础的。战后初期美国占有核优势，1957年苏联把第一颗人造卫星送上了天，美国再也不能确保美国本土不遭受毁灭性的核打击。1958—1962年以柏林和古巴为焦点的一系列危机，曾使世界面临战争的边缘。1962年10月的古巴导弹危机突出地表明，两个军事大国之间的争端和分歧随时都可能把它们卷入一场毁灭性冲突中去。两个超级大国为了避免迎头相撞、两败俱伤，必须设法稳定它们彼此之间的关系，通过直接磋商和双边谈判解决其利益冲突所引起的各种问题。1963年6月白宫与克里姆林宫之间建立了"热线"，两国领导人可以在必要时直接进行磋商。面对毁灭性核战争的威胁和军备竞赛给它们各自带来的沉重负担，美苏开始了一系列新的军备控制谈判。1967年美、英、苏三国签订部分核禁试条约，1968年签署防止核扩散条约。1969年1月尼克松出任美国总统后，美苏关系有了新发展，尼克松一上台就宣布美苏关系将由"对抗的时代"进入"谈判的时代"。当年就开始了美苏战略武器谈判。1972年5月尼克松访问苏联，美苏签订"关于限制反弹道导弹系统条约""关于限制进攻性战略武器的某些措施的临时协定"和"美苏关系的基本原则声明"。美苏领导人的会谈确认美苏战略力量的均势地位，表示要以和平共处和缓和作为两国关系的指导原则，"防止再出现可能使两国关系极端恶化的形势"。1973年6月勃列日涅夫访问美国，两国签订"防止核战争协定"，使美苏关系进一步缓和。

　　促使美苏关系转向缓和的因素是多方面的。就美国方面来说，20世纪60年代，美国深陷越南战争的泥沼而不能自拔。旷日持久的战争不仅使美国耗费巨额金钱、物资，90万美国士兵伤亡，而且严重动摇了美国国内政局的稳定，损害了美国在世界上的形象。与此同时，苏联的军事力量在60年代有了迅速发展，到70年代初美苏的战略武器形成大体相当的均势。在西欧和日本经济力量显著增强的情况下，美国在整个资本主义世界经济中的分量和地位相对下降。面对这样严峻的形势，美国统治集团决定收缩战线，调整它同盟国和对手的关系，设法尽快从越南脱身。美国从战略需要出发，不得不对苏联强烈希望召开欧安会的要求作出积极的响应。1972 年尼克松访苏发表的公报表示，两国一致同意欧安会的召开不应受到不适当的延误。一旦关于柏林的四方协议签订，就应尽快开始关于欧安会的多边磋商。

就苏联方面来说，它也需要缓和同美国和整个西方的紧张关系。其动机主要是：通过同美国建立比较稳定的关系，避免超级大国之间危险的对抗；通过多边协议确认战后形成的于己有利的地缘政治和领土现状；利用缓和的有利形势，发展同西方的经济贸易联系、利用西方政治、经济关系中的矛盾和对缓和问题上的不同态度，加深西方营垒内的分裂，排挤美国在西欧的势力。苏联之所以积极推动欧洲安全与合作会议的召开，除了要固定欧洲现状这个重要目的之外，与美国搞缓和、稳住西欧，以便腾出手来对付恶化了的中苏关系，也是一个重要因素。20 世纪 60 年代中苏关系由紧张、分裂到发生公开的边界武装冲突，对国家关系带来深远的影响。70 年代中美关系由松动、和解到逐步正常化，导致中、美、苏大三角关系出现一个全新的格局。苏联对中美的接近非常不安。为此苏联一方面积极同美国拉关系，试图对中美接近加以牵制；另一方面希望通过召开欧安会缓和欧洲的紧张局势，以便把更多的力量从欧洲转到它的亚洲边界。

在东西方关系，特别是欧洲的缓和进程中，欧洲国家发挥着重要作用。欧洲人由于他们的地理环境、实际力量和切身利害关系，对于缓和紧张局势、建立一种更为稳定正常的东西方关系，比两个超级大国表现得更为关切、积极和主动。东西欧国家之间历史上存在着紧密的经济联系，恢复和发展它们之间的经济贸易联系是它们共同的要求，符合双方的利益，是推动它们相互接近的强劲动力。但是，客观的现实是它们分别属于长期对峙的两个不同军事政治集团，它们的政治、经济和外交活动受到集团对立的制约和限制。缓和欧洲的紧张局势不仅事关欧洲国家的安全存亡，而且也会为改善它们的政治、经济地位，扩大它们对外活动的回旋余地提供条件和机会。

正是基于上述一些原因的考虑，某些西欧国家比美国更早地采取实际步骤走上同苏联改善关系的道路。早在 20 世纪 50 年代英国就第一个着手改善同苏联的关系，充当了缓和东西方紧张关系的探索者。60 年代先是法国，然后是意大利东方政策的变化，成为东西方关系改善的重要开端。特别是法国，戴高乐总统的独立外交、防务政策和东西方"缓和、谅解与合作"的主张以及 1966 年他对苏联的访问，对苏法关系和整个东西方关系的发展具有重大的影响。

　　不过，对欧洲局势和东西方关系具有决定性意义影响的，还是德国问题。第二次世界大战的结果使德国一分为二，并且通过两个德国分别参加北约和华约两个军事政治集团使其分裂固定化。然而不管是西方还是东方都不甘心承认这一现实。西方不承认民主德国政权的合法性，苏联和华约国家对西柏林的地位一再提出异议和反对。双方围绕柏林问题的僵持和对抗，曾使东西方关系不时处于一触即发的危机状态。不过战争并没有爆发，相反它表明双方谁也无力而且也不愿冒战争的风险去用武力改变现状。东西方试图通过谈判消除危机，寻求一种更为稳定的解决办法，说明双方准备承认既成事实。柏林墙的建立和西方的默认，表明双方事实上已走上承认欧洲现状的道路。接着，戴高乐公开宣布支持波兰与民主德国以奥得—尼斯河划界，美国表示不打算用武力改变边界现状。美国和其他西方国家对德国问题态度上的这种变化，促使西德去调整和修改自己在这一问题上的政策。1966年上台的由基督教民主联盟和社会民主党组成的大联合政府，放弃了鼓吹同一切承认民主德国的国家断交的"哈尔斯坦主义"，西德同罗马尼亚和南斯拉夫建立了大使级外交关系。勃兰特在1969年出任联邦德国总理后，大力推行新东方政策。他深知苏联是打开通往东方道路的关键，放弃了捷克事件前试图绕过苏联同东欧国家发展关系、孤立民主德国的做法，决定首先同苏联对话。勃兰特宣布准备在"承认既存现实"的基础上同苏联和波兰实现关系正常化，于1970年先后与苏联和波兰签订条约，承认了欧洲各国边界的不可侵犯性。勃兰特于1970年亲自前往民主德国访问，表明他事实上承认了两个德国的存在。1971年12月，东、西德签订双方关系的基础条约，1973年12月又同捷克斯洛伐克缔结了关于两国关系正常化的条约。

　　西欧国家同苏联和东欧国家双边关系的改进，特别是联邦德国同其东方邻国签订的一系列条约、协定，对改善东西方关系的气氛、推动欧洲缓和进程起了重要作用，为在多边基础上召开全欧会议准备了条件。而美苏关系的改善不仅为欧洲的缓和进程开了绿灯，还促使西欧国家争相扩大它们同苏联的联系渠道。它们担心美苏两国就欧洲安全问题进行越顶谈判，害怕美国为了迎合同苏联搞全球交易的需要，牺牲欧洲的利益。因此西欧国家不仅十分重视发展它们同苏联的双边关系，也非常珍惜欧安会为其提供的同苏联东欧国家进行多边谈判的机会，以便使欧洲缓和的进程沿着更符合欧洲人利益的轨道向前发展。这样，苏联、美国和欧洲国家出自不同的考虑和需要，在召开欧安会这一点上达成了一致，通往欧安会的道路打开了。

会议进程及其评价

欧洲安全与合作会议于 1973 年 7 月 3 日在赫尔辛基开幕。会议的参加者包括几乎全部欧洲国家（阿尔巴尼亚拒绝参加；安道尔因向来由法国负责其外交事务，没有被邀请；摩纳哥没有参加筹备阶段的磋商，参加了正式会议）以及美国与加拿大，共 35 国。它们是：奥地利、比利时、保加利亚、加拿大、塞浦路斯、捷克斯洛伐克、丹麦、芬兰、法国、联邦德国、民主德国、希腊、梵蒂冈、匈牙利、冰岛、爱尔兰、意大利、列支敦士登、卢森堡、马耳他、摩纳哥、荷兰、挪威、波兰、葡萄牙、罗马尼亚、圣马力诺、西班牙、瑞典、瑞士、土耳其、苏联、英国、美国和南斯拉夫。

会议分三个阶段进行。第一阶段，1973 年 7 月 3—7 日在赫尔辛基举行外长会议；8 月 29 日—9 月 2 日在日内瓦举行协调委员会会议。第一阶段会议批准了筹备会议所通过的赫尔辛基最后建议蓝皮书，确定了会议议程。会议的议题大体划分为 3 类：（1）欧洲安全问题；（2）经济、科学、技术和环境方面的合作；（3）人文和其他领域的合作。此外，还有会议文件贯彻及后续会议的问题。会议决定成立 3 个委员会，分别就上述问题进行谈判。在这 3 个委员会之下设立 11 个小组委员会，就议程上各个专题进行讨论。还建立一些专门的工作小组，包括负责有关后续会议的小组，就有关问题进行磋商。

第二个阶段的会议于 1973 年 9 月 18 日到 1975 年 7 月 21 日在日内瓦举行，是进行实质性谈判的阶段。与会国的 375 名专家在各委员会、小组委员会和专门工作小组中就三大议题及其他有关议题进行了艰苦的谈判和讨价还价。总的来说，苏联和大多数东欧国家希望会议开得简短、具有象征性，并尽早召开首脑会议签署确认欧洲现状的多边协定。罗马尼亚和南斯拉夫采取了更为积极的立场，希望欧安会能够扩大其对外活动的回旋余地，成为它们对苏联保持独立的一种手段。西方国家一般说来不愿意匆忙地召开高级会议，希望通过详尽的不紧不忙的谈判，利用苏联急于使会议尽快圆满结束的心情，迫使苏联在西方感兴趣的问题上做出让步。美国和西欧国家在对欧安会的看法和具体策略问题上，也存在分歧和差异。美国把主要精力放在同苏联就全球性问题进行的双边谈判上，所以赋予欧安会以第二等的比较次要的意义。在会议进入实质性谈判阶段后，它采取一种"低姿态"的策略，让欧洲人，特别是共同体9国扮演主要角色。西欧国家较美国更为重视欧安会为它们提供的同苏联进行直接谈判的机会，它们表示除非经过大量谈判使西方争取实现的目标取得某些进展，否则它们不准备去赫尔辛基出席高级会议。但是美国由于国内外的需要（缓和水门事件的冲击、在军控谈判和地区冲突问题上寻求苏联的支持），对早日结束谈判，召开高级会议表现了较大的兴趣，要求西方盟国采取一种更为现实主义的态度。美国的作法引起西欧国家的忧虑和不满，它们担心西方降低在谈判立场上的要求，会使苏联拒绝作出它本来可能作出的让步。后来，美苏双边关系的恶化和美国国内政局的变化，使美国的态度发生了改变。尼克松总统的去职消除了美国希望尽早结束欧安会，以外交成就挽回总统信誉的压力。美国公众对整个缓和构想不断增长的怀疑，导致美国对苏态度趋于强硬。在谈判进程的最后8个月期间，美国同其盟国的立场已经非常接近。

美国国务卿基辛格曾认为，欧安会从根本上说是西方在一场全球性的竞赛中对苏联作出的一种让步。的确，苏联通过欧安会基本上实现了使东、西方确认欧洲现状的目标。但是西方也利用苏联要使欧安会获得成功的急切心情，在谈判中迫使它作出两项重要让步：（1）把以和平手段改变边界的可能性同确认战后边界的不可侵犯性一并列入会议的最后文件；（2）苏联和东欧国家同意在保障人权和各种基本自由方面作出进一步的承诺。

欧安会的第三阶段会议于1975年7月30日—8月1日在赫尔辛基举行。35个与会国的国家和政府首脑或他们的代表在经过第二阶段近两年时间谈判所产生的会议最后文件上签字。赫尔辛基最后文件是一部篇幅浩繁、内容庞杂的文件汇集。它之所以采取最后文件的形式，是要强调表明它只是记录了会议的结果，并不具有强制性的法律约束力。最后文件除前言和结尾部分外，包括5个主要文件。第一个是"关于欧洲安全问题"。它又包含"指导与会国间关系的原则宣言"和"关于建立信任措施和安全与裁军某些方面的文件"。前者列举了10项原则，其中主要有：主权平等，尊重由主权所产生的各项权利；禁止使用武力或以武力相威胁；边界的不可侵犯性；国家领土完整；和平解决争端；不干涉内部事务；尊重人权和各项基本自由，包括思想、道德、宗教和信仰自由。后者制定了邀请有关国家参观军事演习和交换军事活动情报的规定。第二个主要文件涉及经济、科学、技术和环境方面的合作问题、其中包括商务交流、工业合作和举办共同项目、科学技术合作、环境保护合作，发展交通运输、促进旅游业、外籍劳工的经济和社会问题、专业和技术人员的培训等。第三个文件题为"关于地中海的安全和合作问题"，规定增进欧洲国家与未参加欧安会的地中海地区国家之间的磋商，加强合作，减少紧张局势。第四个主要文件涉及人道主义和其他方面的合作问题，包括人员交往、信息、文化和教育交流几个方面。文件对人员交往、旅行、通婚、新闻记者的活动、文化和教育交流等方面的问题作出一些具体要求和规定。第五个文件是有关后续会议问题的。与会国表示决心继续推进欧安会所开创的多边外交进程，宣布将于 1977 年在贝尔格莱德召开第一次续会，检查最后文件条款的执行情况。贝尔格莱德续会（1977—1978 年）成为定期举行欧安会续会的先例。1980—1983 年在马德里举行了第二次续会。第三次续会于 1986 年 11 月在维也纳开始举行。此外，在欧安会多边磋商机制的范围内还举行了一系列专题会议、讨论会和专家会议。

　　欧安会最后文件是与会各方长期谈判、讨价还价的结果。它反映和记载了与会国彼此不同乃至冲突和对立的目标与愿望，以及为达成一致所作的必要的妥协和让步。它的许多提法模棱两可、前后矛盾，各方可以根据自己的需要作出不同的解释。对欧安会和最后文件的评价，东、西方的观点不仅大相径庭，而且强调的重点也不相同。苏联曾大事宣扬"会议记录了从冷战转向国际局势缓和的积极成果"，"开创了两种社会制度国家相互关系的新阶段"。它突出强调"指导与会国间关系的原则宣言"的重要性，把它称为"和平十大金科玉律""和平共处的欧洲宪章"，特别重视"现有边界的不可侵犯性得到与会国的集体确认"。西方则认为欧安会只不过是确认了欧洲的现状。最后文件"通篇不是漂亮的言辞，就是无用的空话"，"不值得劳驾那么多的国家元首"。那些美好的原则"会在很大程度上停留为空洞的设想"。美国对于苏联在欧安会后乘机争夺军事优势和捞取政治、经济好处特别恼火；认为缓和已经死亡，最好把它忘掉。然而随着时间的推移和苏联东欧国家持不同政见运动的发展，赫尔辛基最后文件在西方越来越不再被看成只是对欧洲现状的确认，而更多地被看作向东方国家中"人权运动"提供支持的一件潜在而有用的武器。

　　至于谈到欧安会的意义和作用，如果摆脱东西方之间的意识形态歧见，有两点应该加以强调：（1）欧安会发挥了第二次世界大战后为制定对德和约的代和会的历史作用。正如我们在一开头就已指出的，到 20 世纪 70 年代初，第二次世界大战结束已经 20 多年，但战时的盟国同它们的主要敌人前纳粹德国的历史继承人尚未缔结和约。欧安会把两个德国同时纳入一次全欧范围讨论安全与合作的会议，通过会议使第二次世界大战和战后形成的欧洲边界和政治现状得到了普遍全面的确认，并为缓和欧洲国家关系制定了一系列指导原则，从而正式结束了第二次世界大战所造成的不正常状态。赫尔辛基最后文件实际上起到了对德和约的作用。这无疑有助于稳定欧洲国家之间的关系，促进东西欧国家和人民之间的接近和交往。（2）欧安会为欧洲国家之间交流意见、促进谅解和合作提供了一个多边的比较稳定的机制和渠道。欧安会续会和在欧安会多边磋商范围内举行的一系列专题会议、讨论会与专家会议，已成为一种固定的欧洲机制。这一机制不仅容纳了众多的成员，涉及的问题范围广泛，而且形式灵活，它为东西方之间、中立国和结盟国家之间以及大国与小国之间，提供了一个辩论的讲坛和讨论问题的场所。即便在东西方之间局势紧张的时刻，它也可以作出有益的贡献。随着时间的推移，西方国家越来越重视利用这一机制，当然苏联也会多方利用这一机制为实现自己的目标而努力。

主要参考书目

［1］John J. Maresce, *To Helsinki*：*The Conference On Security and Cooperation in Europe* 1973－1975, Duke Univeisity Press, 1985.

［2］Nils Andren and Karl E. Birubaum（edl.）, *Belgrade and Beyond*：*The CSCE Proeess in Perspecfive*, Sirthott and Noordhott, 1980.

［3］J. Sizoo and Rubolt T. Jurrjens, *CSCE Decision － Making*：*The Madrid Experience*, Martinus Nirhott Publishers, 1984.

［4］Giuseppe Schiavone ed., *East － West Relations*, *Prospects for the 1980s*, The Macmillan Press Ptd. 1982.

［5］陈忠经：《国际战略问题》，时事出版社 1987 年版。

［6］安德烈·方丹：《同床异梦》，新华出版社 1986 年版。

［7］阿·格罗塞：《战后欧美关系》，上海译文出版社 1989 年版。

［8］A. W. 德波特：《欧洲与超级大国》，中国社会科学出版社 1986 年版。

［9］B. H. 舍纳耶夫等：《今日西欧》，中国社会科学出版社 1984 年版。

［10］何春超等：《国际关系史》下册，武汉大学出版社 1983 年版。

　　［11］让－巴蒂斯特·迪罗塞尔：《外交史》下册，上海译文出版社1982 年版。

　　［12］德·W. 厄尔温：《第二次世界大战后的西欧政治》，中国对外翻译出版公司 1985 年版。

欧洲的常规军备谈判

司昆阳

20 世纪 60 年代后期起，随着冷战的结束和国际局势趋于缓和，各种类型的裁军谈判开始出现。裁军谈判既是美苏两个超级大国争霸斗争的一个组成部分，又反映了当今世界多数国家和人民要求和平安全的心声。

裁军谈判有三种类型。一是美苏双边的谈判，主要涉及双方的核武器（包括在欧洲的导弹）。二是欧洲国家之间的谈判，主要涉及欧洲的常规军备。三是联合国举办的多边裁军谈判，议题比较庞杂。欧洲的常规军备谈判有些是集团对集团的双边谈判，有些是包括欧洲所有国家的多边谈判。美国和加拿大这两个美洲国家，是北约成员，又在欧洲驻有常规部队，因而也参加欧洲的谈判。

目前正在进行的欧洲裁军谈判共有三个。

第一个是 1973 年 10 月 30 日起在维也纳进行的中欧裁军谈判。参加国有北约集团的英国、联邦德国、比利时、荷兰、卢森堡、美国和加拿大；以及华约集团的苏联、波兰、捷克斯洛伐克和民主德国，共 11 国。中欧裁军谈判如今已迈入第 15 个年头，可谓世界上最旷日持久的谈判。

第二个是 1984 年 1 月起在斯德哥尔摩举行的欧洲裁军会议。参加国包括除阿尔巴尼亚以外的所有 33 个欧洲国家，以及美国和加拿大，共 35 国。其第一阶段会议已于 1986 年 9 月结束。

第三个谈判由北约组织 16 个成员国和华约组织 7 个成员国参加，预备会议正在举行，正式谈判将于 1988 年年底开始。

这 3 个裁军谈判虽然在范围、任务、参加成员上有所不同，但实际上是互相联系的。所以，从总体上看，欧洲裁军谈判历史大致可分为两个阶段，1973—1986 年为第一阶段，其特点是毫无成效，且又拖而不断。1986 年后为第二阶段，以欧裁会达成斯德哥尔摩协议为转机，出现成功的迹象，但具体成果的实现，仍将是一个漫长的过程。

旷日持久的中欧裁军谈判①

欧洲裁军谈判历史的第一阶段是维也纳中欧裁军谈判。虽然这一谈判至今毫无成果，但我们可以从中了解到欧洲裁军谈判的基本动因，东西方对安全和裁军问题的原则要求，以及各个集团内部的矛盾分歧等，这些都是战后欧洲国际关系史上的重大问题。

裁军谈判的起因：维也纳中欧裁军谈判和欧洲安全与合作会议是 20 世纪 70 年代上半期欧洲缓和进程中的两个重要议题。中欧裁军谈判的积极倡导者是北约集团，而欧安会的"版权"属于苏联。虽然倡导者、参加者的动机、目的各不相同，但这两个谈判的实现反映了东西欧之间要求相互承认、共同生存的政治动向。

众所周知，欧洲在第二次世界大战后被分裂，出现了两大军事集团沿东西欧分界线武装对峙的局面。沉重的军费负担使各国不堪忍受，而中欧，特别是两个德国、两个柏林之间一触即发的严重局势又使各国惶惶不安。无论是西欧，还是东欧国家，虽然需要依赖军事集团提供的安全保护，但都不愿长期生活在这种僵硬对峙、互不来往的冷战气氛中，更不愿被拖入一场无法取胜的战争，因此，欧洲国家希望缓和东西方之间的关系，而这种愿望显然只能在美苏关系调整后实现。

·20 世纪 60 年代中期起，美苏关系出现松动迹象，欧洲形势也随之出现一些变化。在这种背景下，西欧一些国家开始逐步改变自己的对苏政策，如法国的戴高乐总统提出对苏"缓和、谅解、合作"的三原则，联邦德国开始酝酿与东方相互承认、缓和关系的"新东方政策"。与此同时，北约组织也开始调整自己的政治战略。1967 年 12 月，北约部长理事会通过了著名的"哈默尔报告。"② 该报告强调北约今后面临的任务更多的是政治性的，而不是军事性的，提出"缓和加防务"的重要原则。"均衡裁军"的要求正是在

---

① 本文中所使用的"西欧""东欧"，是政治概念，分别指欧洲的资本主义国家和社会主义国家；而"中欧"是地理概念，指欧洲中部地区，包括联邦德国、荷兰、比利时、卢森堡以及民主德国、波兰、捷克斯洛伐克等国，这是目前的通常用法。

② 皮埃尔·哈默尔是当时比利时外交大臣，在他的倡议和领导下，北约成立了一个研究小组，对北约面临的新任务提出建议。"哈默尔报告"即为该小组的研究成果。

这个报告中首次提出。第二年，即 1968 年 6 月，北约部长理事会雷克雅未克会议正式提出与华约举行"共同均衡裁军"谈判的建议。

北约把裁军和军备控制谈判作为缓和进程的主要内容，原因之一是想降低东西方之间的军事对抗水平，以此减少军费开支，并改善自己的防务处境。在西欧看来，国家安全是与东西方的力量均势相联系的，如果出现不平衡，重量大的一方必对重量轻的一方形成威胁。1966 年，法国宣布退出北约一体化军事指挥机构，北约的防务能力因此受到某种程度的削弱。与此同时，其他一些西欧国家想削减地面部队，以节约宝贵的人力、物力资源。但是，从维持均势的角度出发，西方绝不能单方面裁军，除非得到某种补偿，例如美国增加驻欧兵力，或者华约削减兵力，使东西方军事对抗在一个较低的水平上保持平衡。当时，北约选择的是后者。北约 1968 年雷克雅未克公报明确指出，"北约的总体军事能力不应该削减，除非这种削减作为在范围和时间上均衡的共同削减方式的一个部分"，共同削减"将有助于以低的代价维持现存的安全程度，而不应该是那种破坏欧洲稳定局势的危险"。这就是人们后来常说的"低水平均势"的主张，而这个目标只能通过裁军和军控谈判实现。

原因之二是对付美国国会要求单方面从欧洲撤军的压力，稳住美国在欧洲的驻军。战后美国在欧洲（主要是联邦德国）驻有 30 万左右的军队。所谓欧洲均势，说到底是美苏两家在欧美的均势。所以，驻欧美军的政治意义大于军事意义，它不仅是美国承诺保护西欧安全义务的具体体现，而且是连接欧洲常规力量与美本土战略核力量的纽带。越南战争开始后，美军大量调往印支地区，驻欧美军的战斗力受到一定影响。更令西欧担心的是，美国会要求单方面从欧洲撤军的压力日益增加。1971 年 5 月 11 日，参议员曼斯菲尔德突然提出削减 15 万驻欧美军的建议，作为修正案附在另一项即将提交表决的议案后，此即震惊欧美的《曼斯菲尔德修正案》。虽然，该议案最终被否决，但西欧对此种倾向仍忐忑不安。从某种意义上说，共同均衡裁军也是防止这种倾向继续发展的措施之一。据基辛格说，北约秘书长布罗西奥曾坦率地向美总统尼克松承认，提出共同均衡裁军的主张是企图"防止美国单方面削减兵力"。

原因之三是为了在改善东西方关系中争取主动，对抗苏联积极鼓吹的欧安会计划。毫无疑问，苏联也希望缓和欧洲局势，但与西方的目的大相径庭。20 世纪 60 年代起，苏联逐步走上全球扩张的霸权主义道路，为此，它急于稳定欧洲局势，解除后顾之忧，并争取时间积聚军事力量。当时苏联在欧洲的外交目标转为积极倡导召开全欧范围的安全与合作会议，以图利用欧洲人民对缓和的渴望，取得各国对战后欧洲边界现状的承认，从政治上固定雅尔塔会议的成果。西欧一些国家出于自身利益的考虑，也开始对召开欧安会感兴趣，但它们一反对把美国、加拿大排除在外，二不愿在缓和进程中显得被动，三也想通过缓和达到自己的目的，因此提出共同均衡裁军建议与欧安会建议相对抗，并要求两者相联系。苏如不同意前者，后者的美梦就不能实现。

从上述几条原因可以看出，北约急于进行裁军谈判的动机反映了它所面临的一种防务困境。设在英国的国际战略研究所副所长乔纳森·阿尔弗德曾感叹道："就像一个人不能选择自己的祖父一样，一个国家也不能选择自己的地理环境。西欧的不幸就在于它不舒服地靠近一个超级大国，而另一个则远隔重洋。"美国不可能进一步增加在西欧的常规力量，西欧的中小国家更不可能与苏较量，增加防务开支，因此，它们"急切地抓住缓和，视它为走出防务困境的一条出路"。

苏联当时正处在扩张势头上，勃列日涅夫对北约的建议根本不予理睬。1968年8月20日，苏军进入捷克斯洛伐克。西方虽然对华约的突然袭击能力感到吃惊，但这件发生在苏联集团内部的事并没有影响它们对缓和的态度。1970年5月，北约部长罗马会议再次发出共同均衡裁军的呼吁，苏联仍不予理睬。

20世纪70年代起，形势发生了一些新的变化，一方面，中苏边境冲突、中美的接近，迫使苏联急于同西方缓和；另一方面，西方在对苏缓和中坚持联系原则，不仅欧安会与共同均衡裁军相联系，与四国关于西柏林地位的谈判相联系，就是勃兰特已经与苏联、波兰签订的条约，也要与四大国西《柏林协定》一起提交联邦议院讨论批准。这样，苏联被迫改变态度。1971年3月30日，勃列日涅夫在苏共二十四大上建议，首先在"中欧——军事对抗最危险的地区"削减军备。5月14日，勃发表演说，明确表示同意进行北约建议的共同裁减军备谈判。1972年5月，尼克松访苏期间，在达成第一阶段限制战略核武器协议等一系列交易的同时，双方确定了欧安会与共同裁军虽是两个分别举行的谈判，但应平行进行的原则。5月31日，在美苏最高级会谈之后，四大国西《柏林协定》最后议定书即将签字之际，北约部长波恩会议正式同意参加欧安会的准备工作。1972年

9 月，基辛格再次访苏，双方最后敲定欧安会与共同裁军谈判的日程表。欧安会的筹备会议定于 1972 年 11 月 22 日举行，中欧裁军会议的筹备会议定于 1973 年 1 月 31 日举行。

根本对立的立场和方案。中欧裁军谈判从一开始双方的立场就毫无"接近""协调"可言，因而注定要陷入一场无休止的争吵之中。

北约在最初的建议中并没有规定具体的谈判范围。1972 年 10 月 23 日，北约成员国就应有哪些国家参加中欧裁军谈判取得一致意见。北约的原则是，属于中欧"裁减区"内国家的本国军队以及外国驻军都在谈判之列（边界守备部队和其他辅助军事力量以及海军不包括在内）。北约方面的正式谈判代表为联邦德国、荷兰、卢森堡、比利时，以及在联邦德国有驻军的英国、美国和加拿大。北约认为华约方面的正式代表应为波兰、民主德国、捷克斯洛伐克、匈牙利和在上述国家有驻军的苏联。法国在联邦德国也有驻军，但法已退出北约一体化军事机构，当时的总统蓬皮杜坚决反对"美苏共管"，所以法明确表示不参加中欧裁军会议。北约对它无奈，苏联后来只好放弃这一要求。匈牙利在磋商过程中也拒绝参加谈判。

1973 年 1 月 31—6 月 28 日，中欧裁军会议举行筹备会议。争论主要是两点，其一是匈牙利与会问题。考虑到苏联在匈牙利的驻军①，北约国家坚持匈牙利属于中欧范围，应以正式代表资格参加谈判。华约国家反对，理由是匈牙利属南欧范围，除非北约方面让意大利也作为正式代表与会，否则不考虑匈牙利与会问题。北约只能让步。双方达成的协议是，北约 7 国（联邦德国、比、荷、卢、英、美、加）和华约 4 国（民主德国、波、捷、苏）为正式代表，北约的意大利、希腊、土耳其、挪威、丹麦和华约的匈牙利、保加利亚、罗马尼亚作为观察员参加会议。

争论的另一问题是裁军谈判所要达到的目标和应遵循的原则。这个问题贯彻整个裁军谈判始终，其焦点是北约坚持的"均衡"裁减原则和华约坚持的"对等"裁减原则。

早在 1968 年，北约雷克雅未克会议公报中就提出了"均衡"的原则。1970 年北约罗马会议公报进一步提出了北约关于裁军的 4 个基本原则，其中第二条是："削减必须建立在相互的基础上，在范围和时间上是分阶段的和均衡的。"

---

① 4 个师，约 7 万人，2500 辆坦克。

从筹备会议的公报上看，北约方面坚持的"共同均衡裁军"中的"均衡"一词不见了。公报关于谈判主旨的措辞是"共同削减在中欧的武装力量和军备以及有关措施"，其目的是"有助于在欧洲实现更稳定的关系和加强和平与安全"。但是，这并不等于原则之争就不存在了。

北约坚持的"均衡"原则实际上是"非对称原则"，简单地说，就是多的多裁，少的少裁。北约的理由是，华约与北约在中欧的军事对比本来就存在着 3 个根本上的不对称，即常规军备、部署态势和地理位置方面对华约有利、对北约不利的不平衡状态，只有华约方面多裁减，才能达到保持平衡之目的。

据北约的统计，华约无论在武装人员数量上还是武器系统数量上，都大大超过北约，在中欧地区，华约更是集中了优势兵力。1976 年中，北约在中欧的地面部队（包括法国）总兵力为 79.2 万人，其中战斗和直接支援人员 64.54 万人，拥有 6755 辆坦克，空军 19 万人，拥有 1320 架作战飞机。华约在中欧地面部队总兵力 89.9 万人，其中战斗和直接支援部队 72.73 万人，拥有 1.57 万辆坦克，空军 18.7 万人，拥有 3000 架飞机。时至今日，这种常规力量的不平衡依然存在。据 1988 年英国国防部向下院提交的防务预算报告透露，北约（包括法国）和华约在中欧地区的力量对比是：总兵力 1:1.22，主战坦克 1:2.1，反坦克制导武器 1:1.6，火炮 1:3.23，固定翼战术飞机 1:2.04，华约拥有全面优势。

数字并不能完全反映真实情况。西方人对两大集团的力量对比也有不同看法，许多人承认北约在武器性能、质量上拥有优势。关键的问题是双方常规力量的结构和部署态势上存在着不对称，即北约是"防御性态势"，华约是"进攻性态势"，具备发动大规模进攻行动和突然袭击的能力。华约不仅拥有更多的坦克、火炮、战斗机等进攻性武器，而且战斗力相对大于北约①。华约部队的编制结构也不同于北约，华约师的人数较少，但配备的坦克和火炮多于北约，华约师的作战能力和突击能力强于北约。从兵力部署上看，华约是一种突击的态势，而北约不仅是守势，还存在着严重的弱点，如战斗力较强的美军驻在联邦德国南部，远离北德平原主战场。更重要的是，苏军的作战指导思想立足于在常规战争中取胜，强调突然袭击、先发制人、集中兵

---

① 华约总兵力中编入战斗部队的比例大于北约，而北约部队中后勤人员比例大，如苏驻中欧地面部队总人员的 65% 编入战斗部队，而美国驻欧部队只有 43%。

力、速战速决。1968 年苏军开进捷克斯洛伐克以及 1979 年入侵阿富汗，都是在常规战争条件下实施突然袭击的实例。华约的这种大规模突然袭击能力是北约最为担心的①。

从理论上说，兵力上和部署上的不对称是可以改变的，唯一不能改变的是地理上的不对称。地理上的不对称在军事上的意义有两点：首先，苏联的西部边界离中欧东西分界线仅 600—700 公里，而美国则隔着大西洋，距离 5000—6000 公里。这意味着华约在增援速度上占有天然优势。其次，苏联的腹地在北约驻中欧部队的直接行动距离之外，在 1983 年美在中欧部署潘兴 II 型中程导弹之前，北约没有一种武器可以打到苏联境内。与此相反，联邦德国（西欧经济最强大的国家）25% 的工业生产和 30% 的人口距离东西分界线不到 100 公里，极不容易防卫。

总之，由于以上种种不对称，北约认为只有通过"不对称"的削减，才能实现既降低对抗水平，又不危及安全利益的均衡目标。

苏联坚持"对等"削减原则，即双方按同等数量或同一百分比裁减。在正式谈判开幕前夕，勃列日涅夫在莫斯科公开提出削减必须严格地在数量上或百分比上对等，应包括全部地面和空中部队以及所拥有的核武器。苏联的理由是，华约和北约在中欧的军事实力处于均势，双方兵力"大致相等"。② 苏联之所以要把核武器列入谈判范围，是因为当时北约主要依靠战术核武器抵消华约的常规优势。

从以上两种对立的立场出发，华约和北约在正式会谈开始不久各提出一套裁减方案。

1973 年 10 月 30 日，中欧裁军正式会议在维也纳开幕。华约参加国于 11 月 8 日提出华约的第一个裁军方案，即分三阶段裁军；1975 年双方各裁减 2 万人（包括相应的军事装备和设施）；1977 年双方再各裁减 5%；1977 年再各裁减 10%。外国军队必须撤回到本国领土内，并规定区内各国兵力的最高限额。

北约认为，这样裁减的结果，华约的数量优势依然存在，不符合"均

---

① 北约 1967 年正式采用灵活反应战略，该战略要求发展比例得当的常规力量、战术核力量和战略核力量，以威慑敌人，使战争不致发生，或发展成大规模消耗战。但因经济困难和意见分歧，北约的常规力量从来就没达到原设想的程度。

② 苏联指责西方的统计不真实，直至 1976 年 6 月才公布它自己的数字，总兵力 98.7 万，其中陆军 80.5 万。西方认为苏联少报了 15 万—20 万，由此引起一场"数据"之争。

衡"原则。1973 年 11 月 22 日，北约参加国提出自己的裁军方案，即第一阶段，美国和苏联各自裁减其在区内 15% 的地面部队（即美国撤走 2.9 万人，苏联撤走 6.8 万人和 1700 辆坦克），第二阶段北约和华约有关国家再进行裁减，以实现双方各为 70 万地面部队的共同最高限额（不规定各国限额）。据计算，按照北约的方案，华约在第一阶段多削减兵力后，第二阶段还得削减 15.7 万人，而北约第二阶段只需削减 4.8 万人，这样，削减的实际比例为 3∶1。

从双方的初次交锋起，问题的症结即已明晰，因而也就注定是不可调和的。之后，双方就像聋子对话一样，进入建议对建议的争论之中。15 年来，一些小的进展还是有的，如苏联接受北约关于双方在中欧的最高兵力各为 90 万，其中地面部队 70 万的要求；放弃削减应包括核武器的要求（北约单方面主动削减不算①）；以及接受西方关于第一阶段美苏率先削减的要求（但不同意西方要求苏削减的数字②）。总的说来，双方的基本立场无大的改变，因而至今未达成任何协议，更谈不上削减一兵一卒一枪一炮。

维也纳中欧裁军谈判达不成协议的原因有很多。首先，勃列日涅夫时期的苏联根本无意于裁军谈判。从一开始，苏联就是被动地参加谈判的，同时，在谈判会场外，苏联积极从事于扩张实力。1977 年起，苏联开始在欧洲部署 SS—20 中程导弹。1979 年，苏联悍然入侵阿富汗，从而使裁军谈判完全成了一场闹剧。其次，北约的谈判意图是打掉苏联在中欧的常规优势，改变于自己不利的防务处境，这是当时的苏联绝不能同意的。最后，1979 年起美苏关系和欧洲局势出现紧张趋势，双方围绕欧洲中程导弹的争夺日益激烈，军事力量对比的实际向上平衡代替了谈判桌上讨论的向下平衡。所以，维也纳裁军谈判虽然还继续维持，已变得毫无意义。

初见成效的欧洲裁军会议

1984 年 1 月，另一场欧洲裁军谈判开始出台。严格地说，这算不上是什么裁军谈判，因为它不涉及削减兵力的问题，而是讨论在欧洲建立信任和安

---

① 1975 年，北约曾主动提出撤走 1000 枚战术核弹头，36 枚潘兴 I 型导弹和 54 架 F—4 鬼怪式战斗机，以交换苏撤走 6.8 万人和 1700 辆坦克。

② 西方要求苏联第一阶段撤军的数字一直在后退，最初为 6.8 万人，1979 为 3 万人（美为 1.3 万人），1986 年为 1.15 万人（美为 5000 人）。

全措施，以减少突然袭击和爆发战争的危险。会议的正式名称是"欧洲建立信任与安全措施和裁军会议"（以下简称欧裁会）。1986 年 9 月该谈判第一阶段协议的达成，标志着欧洲裁军历史开始进入第二阶段。

建立信任和安全措施的概念，在 1975 年欧安会赫尔辛基最后文件里第一次正式提出。这个概念的提出反映了欧洲两个军事集团武装对峙 40 年的残酷现实。自第二次世界大战中希特勒的坦克军团横扫欧洲大陆后，集中优势兵力、以隐蔽手段发动突然袭击便成了一条制胜的作战原则，而为避免陷入毁灭性打击之中，又产生了一条发动预防性先发制人袭击的原则。这样，就产生了一系列新问题，即可能由于判断错误或其他失误，而导致一场双方起初都无意卷入的大规模战争。因而，西方国家认为，在两个集团武装对峙暂时无法改变的现实情况下，需要先建立一套防止突然袭击和估计错误的信任和安全措施，使军事活动更加公开、更易观察、更易预料，以达到减少战争危险的目的。这种想法不只具有理论上的意义，在实践中也是有用的。1968 年苏联用演习名义突然出兵捷克斯洛伐克，事前西方就毫未察觉。因此，在 1975 年欧安会最后文件里，西方国家坚持要作出有关建立信任的具体规定。当时的规定是，各国在距离同其他与会国共有边界 250 公里的地区以内举行有 2.5 万人以上军队参加的军事演习时，应在 21 天前通知有关国家，并邀请它们派观察员出席。但这个规定里没有核查措施，不具备强制性，因而西方并不满足。

1978 年 5 月 25 日，一直拒绝参加维也纳中欧裁军谈判的法国，在第一届裁军特别联合国大会上阐述了自己的裁军主张，即召开一次分阶段的"欧洲裁军会议"，第一阶段制定信任措施，第二阶段再限制进而削减"具有强大进攻力"的常规武器。法国不想参加集团对集团的谈判，希望在欧安会 35 国范围内讨论上述问题。

西欧国家赞同法国的建议，美国向来不愿意让中立国家在裁军问题上多嘴多舌，反对在 35 国范围内举行谈判。苏联提出把核武器列入日程的要求，这与法国坚持独立核力量的立场相违背。经过一番争论、协调和幕后活动，在西欧中小国家的推动下，1983 年欧安会马德里续会闭幕前终于作出决定，1984 年 1 月 17 日召开欧裁会，分两个阶段举行，第一阶段讨论建立信任与安全措施，然后视其结果，由预定于 1986 年 11 月召开的欧安会维也纳续会决定是否转入第二阶段讨论欧洲裁军问题。

1983 年年底，欧洲局势进一步恶化。随着美国把第一批中程导弹运进欧洲，苏联中断了东西方之间的三个裁军谈判，即美苏间的日内瓦中导谈判和削减战略核武器谈判，以及维也纳中欧裁军谈判，拟议中的欧洲裁军会议成了双方之间唯一尚未关死的大门。西欧国家为了不使局势失去控制，竭力促使会议如期召开，并撮合美苏派外长出席开幕式。美苏在激烈争夺的同时也不愿完全堵塞对话渠道，失去回旋余地，何况面对当时欧洲声势浩大的和平运动，谁都不愿承担破坏缓和的责任。在这种种因素的作用下，欧裁会如期在瑞典首都斯德哥尔摩开幕。

　　欧裁会的开幕式很是热闹，包括美国务卿舒尔茨、苏外长葛罗米柯在内的35国外长出席了会议，但在很长一段时间内，会议进展缓慢，似乎有成为另一个维也纳式谈判的危险。1984年1月24日，土耳其代表北约16国提出关于在常规军备方面建立信任和安全措施的6点建议。主要内容包括：交换军队组织和驻地的情报；交换某些军事活动的年度预报；进行重大军事活动前45天发出通知；邀请观察员观察这类活动；安排监视和核查各国遵守协议的情况；改进各国政府间的联系。这些建议超出了1975年欧安会最后文件有关规定的范围。北约的目的是使华约集团在欧洲地面的部队实力和活动情况变得更加"透明"，秘密减少，安全自然会增加。

　　华约方面认为，北约所谓建立信任和安全的措施，是想让它们轻易暴露军事机密，只会导致间谍活动，而不会增加信任和安全感。1984年5月8日，在通过民主德国非正式提出类似建议的基础之上，苏联方面提出了加强欧洲信任与安全的正式建议。主要内容包括：有核国家承担不首先使用核武器的义务；两大军事集团缔结互不使用武力条约；冻结和削减军费开支；从欧洲撤走化学武器；在巴尔干、北欧以及中欧双方接触区建立无核区；根据赫尔辛基最后文件有关规定的经验，建议制定"就性质来说更为重大，就范围来说更为广泛的补充措施"。

　　这个方案的前几条，苏联和华约集团曾多次提出，北约也多次拒绝。北约现行的战略思想是依靠核武器提供有效的威慑，用以抵消华约的常规优势，所以北约一直拒绝承诺不首先使用核武器的义务，也反对把欧洲变成"无核世界"。至于互不使用武力原则，北约认为它们早就通过联合国宪章等各种文件表示接受，现在就这一原则进行泛泛的讨论并不能代替建立信任与安全的具体措施。北约坚持两点，一是集中讨论常规问题，二是讨论以核查为主的具体措施。北约把包括现场观察在内的核查措施看得很重，在所有的谈判里都坚持这一原则①。它们认为，没有核查，就等于没有协议，"两个潜在对手间达到的军控协议不可能建立在信任之上"，核查所被确定的程度"是决定协议本身实质和重要性的一个关键因素"。

双方的立场既然如此对立，欧裁会陷入僵局之中是毫不奇怪的。欧裁会形式上是多边会谈，所以一些中立国家以及罗马尼亚也提出了自己的方案，企图促使两大集团的立场能有所靠近。联合国秘书长德奎利亚尔还亲赴会场，警告说，如不能达成一致意见，欧洲战争"就像是神经质的食指扣在扳机上"，一触即发。但这些努力都毫无结果。

一直到 1986 年，欧裁会才出现转机，其背景是紧张了 6 年之久的美苏关系开始松动。1985 年 11 月，美国总统里根和苏共总书记戈尔巴乔夫在日内瓦首次会晤。这次会晤虽然没取得具体成果，但它是以后两人 4 次会晤、国际形势出现一系列显著变化的开端。它表明，在对抗了 6 年之后，美苏从各自的处境出发，都迫切需要松动一下双方之间的关系。特别是苏联，对外政策出现了较大幅度的调整。戈尔巴乔夫自上台以来，在集中精力进行国内经济、政治改革的同时，提出了外交政策上的"新思维"，开始重新审查以往的对外指导思想和具体做法。不管西方对戈尔巴乔夫的改革动机作何猜测，都不能否认他的态度已使欧洲裁军谈判出现令人可喜的转机。

1986 年 1 月 15 日，戈尔巴乔夫提出内容广泛的裁军新建议，主要点是到 2000 年逐步消除全部核武器，其中也表示准备同意实行严格的核查制度。

1986 年 4 月 18 日，戈尔巴乔夫又提出就欧洲常规力量和核力量举行范围更广泛的谈判的建议，目标是最终裁军 25%，涉及范围是从大西洋到苏联乌拉尔山脉之间的全部区域。这是苏联方面首次表示扩大参与裁军谈判的苏联领土②。

1986 年 8 月 19 日—9 月 19 日，是斯德哥尔摩会议原定日程的最后一轮会议。在开幕第一天，苏联代表明确表示，"我们能够同意现场核查的做法"，"从逻辑上说，核查范围应当包括军事演习、部队活动和调动这些具体的应加以通报的军事活动"。苏军总参谋长阿赫罗梅耶夫元帅还专程到会表示，接受从空中和地面对苏联进行现场核查。

---

① 1970 年北约罗马会议关于共同均衡裁军的四点基本原则的第四条即核查要求。
② 乌拉尔山脉是苏联领土上欧亚两洲的分界线，乌拉尔山以西的苏联领土是苏军事部署的重点地区。

由此，最后一轮会议才真正出现认真的谈判。1986 年 9 月 22 日（比预定会期延长 3 天），与会 35 国代表终于就建立信任和安全措施达成协议。这是自 1979 年美苏达成第二阶段限制战略核武器协议（但未得到美国会批准）以来首次达成的东西方军备控制协议。

协议的基本内容为：确认和平解决争端、不使用武力原则，规定在从大西洋到乌拉尔山的范围内，必须至少提前 42 天预报 1.3 万人以上的地面军事演习，1.7 万人以上的军事演习须邀请其他与会国派观察员观察；每年 11 月 15 日前提出下一年度的军事活动日程表；4 万人以上的军事演习必须提前一年通报，7.5 万人以上的军事演习必须提前两年通报，否则不得进行。

关于核查的具体规定为，每个与会国如对另一国是否遵守协议产生怀疑，有权提出要求，进入该国领土检查；一国每年要接受检查在 3 次以内，没有义务在同一年度里接受同一国家超过一次以上的检查；一方在接到另一方检查要求后，应在尽可能短的时间内予以答复，最多不得超过 24 小时，应允许检查小组在发出要求后 36 小时内进入其领土；可用于进行军事活动的区域不得被宣布为禁区，某些永久性的或临时性的军事设施除外（但这些区域应非常小）；如需要使用飞机，所使用的飞机将由检查国和被检查国双方协商决定。

斯德哥尔摩协议的达成是苏联方面的重大让步，尽管核查原则是双方对等的，苏联也可以检查西方，但多年来苏联一直反对现场核查。在科技发展的情况下，苏联虽然无法排除西方侦察卫星在其领土上空巡视，但一直反对派人员进行地面核查。现在，虽然某些规定还不够明确（如禁区的划分、交通工具的选定①等），毕竟第一次确立了现场核查的原则，从而确保了协议的有效性。后来，这一原则在美苏中导条约中得到进一步确认。现场核查原则的确立，不仅有助于防止欧洲两大集团之间的战争，也会对华约内部关系产生影响。如果一国不可能在不提前通知或别人毫无察觉的情况下集结大量兵力，那么，像苏军出兵捷克斯洛伐克这样的事情就会变得难以进行。

当然，西方国家也作了相应让步，美国向欧洲调动部队也要预先通报，以及把互不使用武力解决冲突的原则写进协议。

1987 年 1 月 1 日，斯德哥尔摩协议正式生效。到目前为止，执行情况良

---

① 苏联曾要求检查人员必须使用东道国提供的飞机，北约担心苏联在飞机上捣鬼，拒绝同意这一要求。苏联也不同意北约使用中立国飞机的建议。

好。1987 年，北约、华约国家互相交换了军事活动的年度计划，互相邀请观看军事演习，北约国家的 7 个演习和华约国家的 8 个演习得到了观察。单方面要求的核查在 1987 年共进行 5 次，英、美、民主德国各要求了一次，对象分别是苏联在民主德国的演习、苏军在明斯克地区的活动以及联邦德国的演习。苏联要求了两次，对象分别为北约在土耳其的演习和美军在联邦德国的行动。

从上述情况看，虽然斯德哥尔摩协议并不涉及削减兵力的问题，但有助于在欧洲建立信任，减少偶发性战争的危险，因而有利于保持局势的稳定与安全。斯德哥尔摩协议是欧洲裁军历史上第一个有形结果，受到东西方国家舆论的一致好评。它的意义超过了具体的技术规定，它和以后的美苏中导协议、苏军撤出阿富汗等事件联系在一起，标志着东西方关系的重大改善。

酝酿中的全欧常规军备谈判

1983 年在商定欧洲裁军会议日程时，参加欧安会马德里续会的 35 国代表一致同意斯德哥尔摩建立信任和安全措施会议为第一阶段，以后还应有第二阶段。但能否转入第二阶段，当时各国并不清楚，因而没有确定日程。

1986 年以来，局势发生巨大变化，出现了有利于常规军备削减的新迹象。这次一反往常，是出于苏联的主动行动。戈尔巴乔夫的"新思维"不仅推动了斯德哥尔摩协议的达成，而且在维也纳中欧裁军"山重水复疑无路"时，开辟了全欧裁军"柳暗花明又一村"的新前景。

1986 年 6 月 11 日，在戈尔巴乔夫 4 月 18 日裁军建议的基础上，华约组织发表致北约和欧洲各国的呼吁书，建议大规模削减驻欧洲的武装力量。具体裁减分两步，第一步是今后 1—2 年内华约和北约各自削减兵员 10 万—15 万人，第二步是到 20 世纪 90 年代初，双方削减各自在欧洲的 25% 的武装力量，即每方削减 50 万人以上。与过去相比，这个建议有一些引人注目的新内容。首先，扩大了裁军的地理范围，主动把苏联的西部领土包括在内；其次，提出了削减武装部队的具体要求，所建议裁减的数量超过西方在维也纳中欧裁军会议上的要求；在核查问题上也作了一定让步。

北约国家虽然被戈尔巴乔夫接二连三提出的裁军建议搞得迷惑不解，但还是很快就作出了反应。1986 年 5 月 30 日，北约外长在加拿大召开会议，赞成加强从大西洋到乌拉尔的整个欧洲地区的"稳定和安全"，并批准北约研究在常规武器控制方面所应采取的具体措施。其中的一个主要问题是如何把西方组织起来，进入全欧常规军备控制谈判的新阶段。

1986 年 12 月，北约布鲁塞尔会议建议举行新的关于欧洲常规力量的谈判，其目标是消除不平衡、减少发动突然袭击和大规模进攻行动的能力，在从大西洋到乌拉尔的全欧范围内建立一种"稳定的安全的可核查的力量水平"，同时呼吁采取措施，扩大斯德哥尔摩协议的有关规定。当时欧美之间尚未就谈判的组织形式达成一致意见。法国主张在欧安会 35 国的范围内，与苏联和中立国家的要求相同，而美国主张在北约 16 个成员国和华约 7 个成员国的范围内，不同意让中立国家参加。

一直到 1987 年 6 月的北约外长雷克雅未克会议上，法美之间才取得一致意见。在英国、联邦德国的推动下，双方各作让步，达成妥协。1987 年 7 月 10 日，北约向正在进行的欧安会维也纳续会（1986 年 11 月起召开）提出建议，即欧安会采取新的信任和安全措施，作为斯德哥尔摩欧洲裁军会议的后续行动；同时 23 个北约和华约国家就"常规军备稳定"问题举行会议，这 23 个国家必须采取措施，不时地向参加欧安会的其他 12 个中立和不结盟国家通报情报，交流意见。

在此之前，从 1987 年 2 月起，华约和北约的代表就开始在维也纳进行非正式会晤。10 月份起，两个集团的代表开始就全欧裁减常规武器会谈的内容和范围起草文件，并取得重大进展。

在 1988 年 1—3 月召开的欧安会维也纳续会上，双方进一步商定，全欧范围的常规军备削减谈判将于 1988 年年底开始。

从目前情况看，苏联要求裁军的急切心情是比较明显的。1988 年 6 月 8 日，苏联外长谢瓦尔德纳泽在第三届裁军特别联大上又提出一个更加明确的欧洲裁军新建议，即第一步，两个集团根据相互正式交换的常规军备实数，将那些"不平衡"和"不均等"的常规军备进行削减；第二步，双方就削减 50 万左右的兵力进行谈判；第三步，进一步削减双方的军队和常规武器，使它们只具备"防御的能力"。这些现象表明，为了减轻军费负担，集中力量进行国内经济改革，从而在下一个世纪继续维持大国地位，苏迫切需要改善周边的国际环境，需要收缩过分膨胀的军事实力。

与维也纳中欧裁军谈判的起点不同，这一次两个集团都有比较迫切的需要和比较认真的态度。谈判在酝酿阶段就比较顺利，这也是一个良好的开端。但是，像历史上的任何裁军谈判一样，新的全欧常规谈判也不会一帆风顺。目前，在从大西洋到乌拉尔山的范围里，北约 16 个成员国的总兵力为300 万人，坦克 1.7 万辆，火炮 1.06 万门，飞机 4300 架[①]；华约 7 国的总兵力为 400 万人，坦克 5.1 万辆，火炮 3.75 万门，飞机 7700 架[②]。这么庞大的兵力和装备，涉及这么多的国家，可以料想任何削减都不会轻而易举地实现。谈判的关键还有赖于东西方关系的前景。

主要参考书目

[1] J. I. 科菲：《军备控制和欧洲安全　东西方谈判指南》（J. I. Coffey, *Arms Control and European Securlty A ulde to East – West Negotlatlons*, Chatto & Wlndus, London, 1977）.

[2] 乔纳森·阿尔弗德主编：《军备控制和欧洲安全》（Jonathan Alford, *Arms Control and European Securlty*, Gowr, Britain, 1984）.

[3] 沃尔弗冈·柯莱伯等：《谈判时代》（Wolfgang Klalber, Laszlo Hadlk, Joseph Harned, *Era of Negotiations*, D. C. Heath and Company, Lexington, 1973）.

[4]《英国防部 1988 年防务预算报告》（Statemnt on the Defenee Estimates 1988）.

[5] 安德烈·方丹：《同床异梦——纷纭世事二十年（1962—1981）》，新华出版社 1986 年版。

[6] 亨利·基辛格：《基辛格回忆录白宫岁月》，世界知识出版社 1980 年版。

[7] 赫尔穆特·施密特：《均势战略　德国的和平政策和超级大国》，上海人民出版社 1975 年版。

[8] 陈乐民：《战后西欧国际关系》，中国社会科学出版社 1987 年版。

[9] 上海国际问题研究所欧洲研究室：《两大军事集团的对峙——北约和华约》，上海人民出版社 1983 年版。

---

① 北约的总兵力包括 14 个欧洲成员国的兵力和美国、加拿大驻欧洲的兵力，其中法国、西班牙是北约的成员，但没有加入一体化军事体系。

② 华约的总兵力包括除苏联外 6 个成员国的兵力和苏联位于乌拉尔山以西 11 个军区的兵力。

美苏中程导弹谈判及中导条约的签订

夏安平

1987 年 12 月 7 日，苏共中央总书记戈尔巴乔夫访问华盛顿，同美国总统里根举行自 1985 年 3 月上台以来的第三次首脑会晤。12 月 8 日，两国领导人正式签署了美苏消除两国中程和中短程导弹条约。条约规定，在条约生效后 3 年内，美苏双方将全部销毁这两种类别的导弹。1988 年 5 月 27 日和 28 日，美国参议院及苏联最高苏维埃先后批准该条约，6 月 1 日两国首脑在克里姆林宫互换中导条约批准书，并在互换批准书的议定书上签字。中导条约是美苏两国经过多年艰难谈判签署的第一个真正削减核武器的条约。虽然根据条约要销毁的核武器只占两国核武库的很小一部分，但它毕竟是美苏朝核裁军方向迈出的第一步，并对缓和国际紧张局势产生了积极影响。

美苏中程导弹谈判的由来

中程导弹是指射程在 1000—5500 公里的核导弹，美苏两国就此进行的谈判是从 1981 年 11 月 30 日在日内瓦正式开始的。

第二次世界大战以后，美国为了实行针对苏联的战略核威慑政策，曾在欧洲部署过中程导弹。20 世纪 60 年代以后，随着美国战略武器的进一步发展及部署在欧洲的中程导弹过于陈旧且缺乏机动性，美遂将其撤走。70 年代后苏联取得了对美的战略均势，开始把大批陆基中导部署在欧洲本土。1977 年苏研制成功并在欧洲部署第一批 SS—20 导弹，美国及其西欧盟国为苏联此举打破了欧洲地区核力量平衡而颇感不安。1979 年 12 月 12 日，北大西洋公约国家外长及国防部长在布鲁塞尔举行特别联席会议，通过了一个"双重决议"，称：苏联在其欧洲地区部署 SS—20 导弹使其在中程核力量对比上占了上风，为"对付苏联的这一挑战"，决定"充分支持美国"向苏建议尽快开始谈判。同时表示如果双方不能在 1983 年年底以前达成协议，北约就开始在西欧部署美国制造的陆基中程导弹：包括 108 枚潘兴 II 式导弹及 464 枚巡航导弹，以使北约的核力量现代化。对此，苏联提出只有北约放弃上述部署计划和美国国会批准第二阶段限制战略武器条约，苏才同意同美进行中程导弹谈判。1980 年秋，苏放弃了上述先决条约。从 10 月开始，美苏就限制欧洲核武器问题曾在日内瓦举行预备性会谈，未曾取得成果。后在 1981 年 9 月经双方外长协商，终于在一年后即 1983 年 11 月 30 日正式开始谈判。

中程导弹谈判作为东西方裁军谈判的一个部分，真可谓旷日持久。从谈判开始到达成协议，双方你来我往，建议、方案接连不断，讨价还价异常激烈。其中，谈判曾因陷于僵局而于 1983 年 10 月中断。以此为界线可将谈判划分为前后两个时期。

在 1983 年 10 月谈判中断前的头一个时期，双方前后举行了 6 轮会谈，111 次会议。谈判大致经历了 4 个回合，未能达成任何协议，反因谈判陷入僵局而促使各自部署了百枚以上的导弹。

第一个回合是围绕"零点方案"和"冻结现状"方案展开的。里根 1981 年 11 月 18 日提出了"零点方案"，主张苏联全部拆除它部署在欧洲地区的 SS—20 和 SS—4、SS—5 陆基中程导弹，而美国则不在欧洲部署潘兴 II 式导弹和巡航导弹，使双方在欧洲的中程导弹都为零。苏联对此表示反对，并于 1981 年 11 月 30 日提出"冻结方案"，主张把美苏在欧洲的中程核武器冻结在原有水平上。其后，苏联领导人勃列日涅夫提出"分阶段裁减方案"，主张对以北约为一方和以苏联为另一方的中程核武器进行"对等裁减"，在第一阶段（到 1985 年）各裁减 1/3，在第二阶段（到 1990 年）再减 1/3。

第二个回合是从苏联 1982 年年底提出的"新建议"开始的。苏联领导人安德罗波夫于 1982 年 12 月 21 日提出"同等裁减"建议，表示如果美国不在西欧部署新的中程导弹，苏联愿意把它在欧洲地区的中程导弹削减到与英国和法国现有导弹总数 162 枚的同等水平。美国不同意，强调英法的导弹是它们本国的独立核力量，不能纳入美苏谈判范围，认为英法导弹无法同苏的 SS—20 导弹相匹敌。1983 年 1 月 31 日，美国副总统布什于西柏林公布了里根总统"致欧洲人民的公开信"，提出美苏举行首脑会晤，以便签署一项禁止美苏一切陆基中程导弹的协定。

第三个回合是 1983 年 3—5 月美苏双方分别提出"最新建议"。3 月 30 日，里根总统提出美苏在相等基础上就减少陆基中程导弹达成临时协议，主张导弹限额以弹头为计算单位，美国大幅度地减少原计划在西欧部署的新式导弹，苏则在全球范围内把陆基中程导弹的弹头数减少到与美国同等的水平，苏从欧洲削减下来的导弹不得移到亚洲。里根以这个"临时方案"替代原先的"零点方案"，但仍把"零点方案"作为最终目标。4 月 2 日，苏联外长葛罗米柯表示拒绝。5 月 3 日，安德罗波夫再次提出"新建议"，表示愿意与美国准备就既包括运载工具又包括弹头的欧洲核潜力均衡问题达成协议，并称这个协议要把英法的相应武器考虑在内。

第四个回合是从 1983 年 9 月 6 日—11 月 23 日的谈判阶段。在此期间，美苏双方各提了两个方案。8 月 27 日，安德罗波夫提出，如果美国放弃在西欧部署导弹的计划，苏联可以把从欧洲地区裁减下来的那部分 SS—20 导弹销毁而不东移。里根 9 月 26 日则建议，如果苏同意在全球范围内对中程导弹实行限制和削减，美国则不要求它在欧洲部署的中程导弹与苏在全球部署的中程导弹数量相等，只保留美国在其他地方部署的权力，同时可以考虑把中程轰炸机列入谈判之内。10 月 27 日，苏领导人安德罗波夫向《真理报》发表讲话，表示苏愿意把它在欧洲中程导弹数量减少到 140 枚，其导弹数量与英法保持同等水平，而美则不能在西欧部署新导弹。美国拒绝了这个建议。11 月 14 日，出席日内瓦谈判的美方首席代表尼采提出把美苏双方在全球范围内部署的中程导弹的弹头具体限制在 420 个以内，这一方案遭到苏联的拒绝。

由于谈判陷于僵局，美国按照前述"双重决议"开始在西欧部署中程导弹。1983 年 11 月下旬，第一批巡航导弹和潘兴Ⅱ式导弹运抵西欧，分别部署在英、意和联邦德国。苏于 11 月 23 日退出谈判。11 月 24 日，安德罗波夫发表声明，宣布将加速在民主德国和捷克斯洛伐克部署新型战役战术导弹系统的准备工作，包括部署 SS—21、SS—22、SS—23 中短程导弹，作为针对美在西欧部署新式中导而采取的反措施。至此，中程导弹谈判无限期中断。苏还中断了同美进行一年多的限制战略武器谈判。此后，直到 1987 年 12 月，美苏签署中导条约为止，美已在联邦德国完成部署潘兴Ⅱ式导弹 108 枚，在西欧部署巡航导弹 256 枚。苏则部署 SS—4 导弹 112 枚，SS—20 导弹 441 枚（其中欧洲 270 枚、亚洲 171 枚）。

中导谈判恢复与进展

　　1983 年 3 月，美国总统里根提出发展太空武器的"星球大战计划"。此后，苏联的注意力开始转向这一领域。1984 年 6 月，苏联建议美苏双方举行防止太空军事化的谈判。美国表示同意，但先决条件是必须同被苏联中断的中程导弹和战略武器的谈判结合起来进行。经双方外长协商，最后决定 1985 年 3 月 12 日在日内瓦开始就战略武器、中程导弹和太空武器一整套问题进行谈判。这一天恰好是戈尔巴乔夫继契尔年科之后担任苏共中央总书记的第二天。由于戈尔巴乔夫上任后推行一整套"新思维"外交政策，从而为美苏核武器谈判注入了新的活力。美苏中导谈判恢复并进入第二个时期正是在这一背景下开始的。

　　从 1985 年 3 月到 1985 年 10 月，美苏双方经过激烈讨价还价，在裁减中程导弹方面取得了一定进展。双方同意在 3—5 年内逐步裁减直至全部销毁各自部署在欧洲的中程导弹。但在亚洲方面尚存分歧，美国主张苏联应同时销毁它部署在亚洲的 SS—20 中程导弹，而苏则只同意冻结。在此期间，苏联放弃了原先把英法核力量一并计入的要求，并一度同意把中导同战略武器和太空武器分开单独解决的主张。在战略武器方面双方同意各自削减 50%。苏联放弃了把美国部署在欧洲前沿基地可以直接打到苏本土的武器系统列入战略武器谈判范围的要求，但坚持美国必须遵守 1972 年双方签订的限制反弹道导弹防御系统条约，10 年内不得退出，以此限制美国发展太空武器的"星球大战计划"。

　　里根和戈尔巴乔夫 1986 年 10 月 10—12 日在冰岛雷克雅未克举行会晤。双方同意完全销毁各自部署在欧洲的中程导弹，苏联在亚洲地区，美国在本土各保留 100 枚中导弹头。战略武器谈判也取得了显著进展。但是，苏联领导人戈尔巴乔夫坚持对美国发展太空武器进行限制，并重新要求把中导、战略武器和太空武器三者联系起来一揽子解决。冰岛会晤终未能达成任何协议。

　　冰岛会晤后，美苏双方把未能达成协议的责任推给对方，但并未关闭谈判大门。1987 年 1 月 15 日，美苏关于中程导弹、战略武器和太空武器的第七轮谈判如期举行。这一年正是美苏中导谈判取得突破性进展的一年。从年初到 9 月双方达成原则协议，谈判大致经历了以下 4 个阶段。

第一阶段：苏联"脱钩"与西方的"挂钩"。

1987 年 2 月 28 日，戈尔巴乔夫在一项声明中提出新建议，宣布中导问题与"一揽子解决"方案分离，表示苏联愿意以冰岛会晤商定的方案为基础，单独同美缔结一项中导协议，即双方在 5 年内消除所有在欧洲部署的中程导弹，苏联在亚洲地区和美国在本土各保留 100 枚中导弹头。苏联还主张冻结双方在欧洲的中短程导弹，并在达成中导协议后就中短程导弹进行谈判。戈尔巴乔夫的这一出人意料的建议实际上是接受了里根 5 年多以前提出的零点方案。美国很快作出反应，4 天之后就提出了中导条约草案。里根称："达成一项武器裁减协议现在已伸手可及。"

但是，西欧国家却担心在美苏双方消除欧洲中导后苏联在欧洲中短程导弹方面的巨大优势，要求同时裁减中短程导弹。在西欧盟国的牵制下，美国代表提出，在未来的中导协议中应对中短程导弹规定一个最高限额。由于美国在西欧没有部署这类导弹，它提出在苏联保持现有水平的情况下，美国有权在欧洲增加中短程导弹并达到苏联的同等水平。美表示，为保持平衡，美国准备把拆除下来的潘兴Ⅱ式导弹卸下一级火箭改装成射程在 1000 公里以下的潘兴 IB 中短程导弹，并准备把巡航导弹转移到水面或水下舰艇上。苏联当即加以拒绝，并声称：如果美国这样做，苏联就要把 SS—20 改装成洲际导弹，直接威胁美国本土。谈判刚刚出现转机，又陷入僵局。

第二阶段：苏联打出"第二个零点方案"，即"欧洲双零点"方案，西方频繁磋商，协调立场。

戈尔巴乔夫 1987 年 4 月 10 日在捷克斯洛伐克的一次讲话中建议：美苏双方立即就削减和最后消除射程为 500—1000 公里的欧洲中短程导弹进行谈判。他强调，在谈判期间，双方必须承担义务——不增加中短程导弹义务。4 月 14 日，戈尔巴乔夫在会见访苏的美国国务卿舒尔茨时表示：苏联愿意在中程导弹协议中写进承担在较短时间内（例如一年）完全消除它在欧洲的中短程导弹的义务，但要求美国不要在欧洲部署中短程导弹。

苏联的这一欧洲"双零点方案"是苏联为争取达成中导协议所做的新的让步，它再次出乎美国和西欧的意料之外。舒尔茨认为戈尔巴乔夫的建议使中导谈判"取得重大进展"，但表示还要与美的盟国磋商。4 月 16 日，舒尔茨在布鲁塞尔向北约盟国通报情况时提出三种选择：一是拒绝苏的建议；二是坚持有权部署数量与苏方相当的中短程导弹或是部分把该销毁的潘兴Ⅱ导弹改装为中短导；三是接受苏的"欧洲双零点方案"。

西欧各国因顾虑欧洲"双零点方案"的实现有导致欧洲非核化和美欧防务脱钩的危险而颇有保留。联邦德国总理科尔于5月7日和5月15日两次声明表示拒绝,甚至提出中导协议"必须包括射程在零到1000公里之间的全部核武器"(即所谓"第三个零点方案")。法国总理希拉克4月访美时则表示反对完全消除中短导,支持美国增加部署这类导弹。法国防部长吉罗把美苏中导协议称为"新慕尼黑"。英国领导人也强调,中短导协议必须考虑苏的常规力量和化学武器优势。

"零点方案"本来是西方国家提出来的,美国和西欧公众一直对此抱有很大希望,何况苏联在欧洲已部署了387枚中短导,而美国则没有部署,美国是以无换有,又何乐而不为呢?里根总统一再要西欧国家放心,说他不会使西欧非核化,即使没有中导和中短导,美国还有数千件战术核武器留在西欧。他还表示他不会放松谋求欧洲常规力量平衡的努力。因此,在美国同西方盟国的反复磋商下,5月下旬,形势发生了戏剧性变化:西欧各国纷纷转而采取有条件地支持"欧洲双零点方案"。在一次北约外长会议后,里根于6月15日宣布接受苏联的欧洲"双零点方案"。

第三阶段:"欧洲双零点加100"与全球"双零点方案"。

关于美国在本土,苏联在其亚洲地区各自保留的100枚中导弹头部署在什么地方的问题,从4月23日美苏第八轮谈判一开始双方就发生争论。苏联主张双方都部署在打不到对方本土的地方,美国却主张将其在本土保留的100枚中导弹头部署在可以打到苏联西伯利亚地区的阿拉斯加,苏联表示坚决反对。美国提出希望双方都不保留这100枚弹头,这样不但可以解除对亚洲国家的威胁,免除将这些弹头运回欧洲的可能性,且便于核查。5月19日,戈尔巴乔夫在莫斯科的一次讲话中对此作出反应,称:如果美国撤走它在日本、韩国和菲律宾的导弹,并限制美国航空母舰在亚洲地区的活动,苏联就消除它部署在亚洲的SS—20导弹。苏联这一建议提出的第二天就遭到美国拒绝,理由是美国在太平洋地区部署的核武器根本不属于这次中导谈判中所限定的陆基中程导弹系统。在6月11日举行的一次北约外长会议上,与会国一致要求在全球基础上全部消除中导和中短导。与此同时,中国、日本等亚太国家也一直敦促美苏按同等原则处理在亚洲的中导。这样,在欧洲"双零点方案"的问题解决后,亚洲中导问题又突出起来。

7月22日,戈尔巴乔夫再做让步,他在接受印度尼西亚《独立报》采访时声明,如果美国采取同样的作法,苏联准备消除在其领土上的全部中程导弹。他还说，中短程导弹也将消除。换句话说，我们将接受"全球双零点方案"这一概念。在 7 月 24 日举行的日内瓦裁军谈判中，苏联代表奥布霍夫进一步阐明，苏联接受"全球双零点方案"的建议与美国在韩国、菲律宾以及迪戈加西亚岛上的核存在无关，它只要求美国不要再增加在那些地方的核武器。随后，美国通知苏联，美国保证不改装潘兴 II 式导弹，也不把陆基巡航导弹转移到舰艇上。至此，双方似乎很快就要达成协议了，但是在潘兴 IA 导弹问题上的分歧又突出起来。

第四阶段：潘兴 IA 导弹拆除与达成协议。

潘兴 IA 导弹是 20 世纪 70 年代部署在联邦德国的一种老式中短程导弹，射程为 750 公里，共 72 枚，计划在 1989 年退役更新。导弹本身为联邦德国所有，弹头由美国掌握。在美苏双方讨论实现全球双零点方案时，苏联提出，由美国配备和控制的这 72 枚导弹应予销毁。美则认为潘兴 IA 导弹属于第三国武器系统，不应包括在美苏谈判之中。但苏联态度强硬，表示如果不销毁这些核弹头，苏联准备在民主德国和捷克斯洛伐克保留中短程导弹。苏联外长谢瓦尔德纳泽并在日内瓦裁军谈判会议上发表长篇演说，对联邦德国施加压力。为此，美国政府也派出代表同联邦德国政府进行磋商。8 月 26 日，联邦德国总理科尔发表声明表示，如果美苏双方就消除中程导弹达成协议并经立法机构批准生效，联邦德国随着美苏最终消除中程导弹，将对潘兴 IA 导弹不实行现代化并可拆除；美国也同意拆除安装在这些导弹上的美国核弹头。

经过上述 4 个阶段的争执之后，美苏两国终于在 9 月 18 日相互让步的基础上达成了原则协议。余下来尚未解决的细节问题主要是中导和中短导销毁的期限，在一定时间内双方各销毁多少的比例以及核查权限 3 个方面的问题。美苏两国外长随后在两个月内举行了 3 次会谈。1987 年 11 月 24 日，两国就消除中导和中短导问题完全达成协议。

美苏签署消除两国中程和中短程导弹条约

美苏消除两国中程和中短程导弹条约于 1987 年 12 月 8 日由美国总统里根和苏共中央总书记戈尔巴乔夫在华盛顿签署。条约共 17 条，除对有关术语、技术性名词和实体性名词在第二、第三条做出规定和解释外，从第四条至第十七条对双方就消除有关导弹的范围、方法和时间，对消除导弹的各阶段要求，双方互相通报情况，对消除有关导弹的核查与监督、条约的法律效力与修改等做了规定。有关条款涉及的导弹及导弹发射场的具体内容，如位置和数据等详细情况由条约所附的协议备忘录做出规定。这是一个永久性条约。条约及其附件协议备忘录和消除议定书、核查议定书须按宪法程序分别由美国参议院及苏联最高苏维埃批准（1988 年 5 月 27 日和 28 日，美苏双方已先后批准），自双方交换批准书之日起生效（6 月 1 日里根总统与戈尔巴乔夫总书记在莫斯科克里姆林宫交换批准书）。

条约称，其所遵循的目标是加强战略平衡，各条款阐明的措施将有助于减少发生战争的危险性和加强国际和平与安全。

条约规定在 3 年内消除迄 1987 年 11 月 1 日止的美国潘兴 II 式、陆基巡航导弹两种型号中程导弹和潘兴 IA 式中短程导弹；苏联的 SS—20、SS—4、SS—5 中程导弹和 SS—12、SS—23 中短程导弹，包括已部署和未部署的导弹、弹头以及发射装置、辅助设施和辅助设备。在条约生效 18 个月以后，双方都不得有中短程导弹及其发射装置等。29 个月以后各方拥有的已部署中导发射装置不得超过运载 171 枚弹头的能力，中程导弹数量不得超过运载 180 枚弹头的能力，已部署和未部署的中导发射装置总数不得超过运载 200 枚弹头的能力。3 年以后双方不得再有中程导弹及其发射装置等。今后双方不得生产、试验和部署任何中程和中短程导弹。

条约规定已部署和未部署的中导和中短导及其发射装置、辅助设备应转移至协议书指定的销毁地点加以销毁。销毁方法包括炸毁、焚毁、压碎、铲平及无害发射等。在条约生效后头 6 个月内，用发射方法销毁的中程导弹不得超过 100 枚。已经试验尚未部署不属前述类型的苏方 SSC—X—4 导弹，美方的潘兴 IB 导弹亦应在 6 个月内销毁。

条约除规定互相交换数据、通报情况的具体方法外，并规定每一方拥有就地核查的权利。核查的范围包括对方领土及部署国领土。每一方有权在协议备忘录规定的导弹作战基地、导弹辅助设施及销毁地点进行核查（生产导弹的设施除外）。核查的时间将延续 13 年。头 3 年内每一方有权在一年内核查 20 次，在此之后的 5 年内每年可核查 15 次，最后 5 年内每年可核查 10 次。条约还规定可在装配陆基弹道导弹的设施中安装常设固定监督系统，并规定这种常设监督系统可设在苏联的沃特金斯克机器制造厂和乌德穆尔特自治共和国，美国的赫丘利 1 号工厂、马格纳市和犹他州。

根据条约规定，将建立特别监督委员会和减少核危险中心，以便互相沟通情况，解决有关问题。

在美苏签署中导条约后，英、荷、联邦德国、意和比5国同美国签署协议，允许苏联核查人员进入该国的导弹基地进行核查。民主德国与捷克斯洛伐克也同苏联签署了允许美国核查该国导弹基地的相应协议。

美苏签署中导条约的原因及影响

美苏中导条约所以能在经历了6年多的艰苦谈判之后得以签订，有以下几个原因。

第一，国际舆论的强烈要求和压力。

近年来，世界各国人民反对军备竞赛、要求和平和裁军的正义呼声日益高涨。第四十二届联大通过了几十项有关裁军的提案，敦促美苏两国履行它们对裁军所承担的特别责任，率先采取实际行动。占世界人口绝大多数的第三世界国家为此进行了不懈的斗争。它们要求有一个和平的国际环境发展民族经济、建设自己的国家。它们坚决要求裁军，首先是美苏两个超级大国停止军备竞赛，完全禁止核武器，使人类免于核战争的威胁。就是分属于美苏为首的两大军事集团的西欧、东欧成员国，它们固然需要美苏的核保护，但亦不愿意把欧洲变成一次新的世界大战，特别是核战争的战场。因此西欧和东欧国家都要求裁军，要求美苏两个超级大国降低核军备水平，并缓和东西方紧张局势。各国人民为维护和平、实现裁军和缓和而举行的一系列集会游行和抗议示威等活动，对美苏裁军谈判亦形成了一股巨大推动力。

第二，戈尔巴乔夫推行了"新思维"外交政策。

戈尔巴乔夫上台后加快了谈判进程，自1986年以来多次提出裁军新建议。特别是1987年后，态度更为积极、主动，让步较多。其原因在于：长期以来与美军备竞赛和对外扩张，使苏联背上了沉重的包袱，戈尔巴乔夫为改革其处于停滞状态的经济，扭转其科技落后的局面，需要减少军费开支，降低军备竞赛，缓和紧张局势，以便为国内改革腾出资金和争取较为长期的国际和平环境。诚然，从较为近期的原因来看，戈尔巴乔夫上台两年多，国内改革进展并不明显，外交上的调整也尚未取得新的突破。因而他迫切需要同美国达成某种裁军协议，以便在国际上改善形象。在国内进一步加强自身地位。此外，苏联还看到了面临大选的美国也有此需要，遂抓紧时间，急于在1987年达成协议。

第三，美国财政经济困难和里根的政治需要。

对于美国来说，对于中导条约的需要首先是出于财政经济困难的考虑。美虽然仍是一个经济强国，但持续以巨大的财力进行大规模的全面军备竞赛已日益困难。里根就任美国总统 7 年（迄 1987 年）使美联邦财政赤字累计达 11020 亿美元。为弥补赤字而借债导致了美国国债的猛烈增长，达到 2 万亿美元。美外贸赤字在 1981—1986 年的 6 年里亦达到了 5292 亿美元。在这种财政经济情况恶化的条件下，签署中导条约，减少军费开支，适当降低军备竞赛水平，自然符合美国利益和需要。

当然，被人们称为"鹰派"的里根总统，在其离任之前也希望以"和平总统"形象载入史册。由于苏联最后接受了他早先提出的"零点方案"，这为里根标榜自己"以实力求和平"主张取得了胜利成为可能，中导协议的签署不仅可以提高里根的声望，亦可为共和党在 1988 年的大选增加一点资本。

第四，美苏双方储存的核武器达到超饱和状态使消除中导成为可能。

美苏中导条约的签署受到各国政府领导人和国际舆论的普遍欢迎。撒切尔首相称：这个条约的签署是"一次具有历史意义的事件"。北大西洋公约组织发表声明说："这是控制武器进程中的一个真正的里程碑。"民主德国领导人昂纳克说："在核时代，并不是武器越多越安全，消除所有的中程核武器正是这一信念导致的第一个实际成果。"

根据该条约，双方应销毁的中程导弹和中短程导弹只占美苏两国核武库的 4% 左右，军事意义不大。但它是美苏战后第一次销毁两个类别的核武器签署的条约。它突破了过去双方坚持的均衡裁减的原则，开创了谁的数量多谁多裁的先例。特别是这个条约制定了一套核查方法，包括对导弹作战基地、辅助设施及销毁地点的现场观察，突击性的临时检查以及在对方生产或装配导弹的工厂安装常设固定监督系统。这为今后其他核裁军的实施创造了有利条件。中导条约的最后签订对于整个国际形势产生了积极影响，并可能引起一些新的变化。

首先，推动裁军谈判进程进一步向前发展。戈尔巴乔夫在华盛顿对苏美两国人民发表讲话说，在签署中导条约以后，主要的任务是："在保持限制反弹道导弹系统条约的情况下尽快地达成战略武器协定，削减常规武器协定。"他称"这既是可以期望的，也是可以达到的"。美国参议员克兰斯顿说："中导条约是一小步，如果我们能创造出更好的气氛，那就能为今后采取某些非常重大的步骤开辟道路。"美苏双方商定，今后将就削减50%战略武器达成协议，其他如常规武器谈判、化学武器谈判等业已开始，并出现了积极势头。可以认为，双方某些武器的进一步裁减，甚至大幅度裁减是可能的。当然，美苏两家也需要在各自财力、技术力量允许的条件下继续实行各自的武器现代化计划，但是以往大规模的军备竞赛长期内难以复现。

其次，美苏对抗代之以东西方关系缓和。军备竞赛一直是美苏对抗的重要根源之一。随着中导条约的签订以及双方在其他方面的调整，美苏关系及东西方关系已再次出现缓和趋势。目前，苏联同西欧国家的经济关系正在进一步发展，一些美国经济界人士已提出放宽对苏的限制，扩大同苏联贸易和经济合作的要求。东欧国家同西方国家及美国的经济政治关系也得到进一步发展。这样的积极态势似有可能持续下去。

最后，北约防务战略及美欧关系有可能发生新的变化。北大西洋公约组织中的西欧盟国对美苏达成中导协议既欢迎，亦有保留。它们认为这是一次积极成果，但亦有很多担忧。联邦德国《世界报》说：美苏中导条约的签署"在心理上是一个突破，在政治上是一个成就，在军事上只有有限的重要性，而在战略上却是可疑的"。长期以来，苏在欧洲驻有重兵，且华约组织国家的常规力量同北约国家相比，占有明显优势。而北约组织一直靠着美国的核威慑力量对苏联可能发动的常规力量的进攻作出反应。在中导消除后，苏联的常规兵力优势更加突出。西欧国家怀疑，一旦欧洲爆发常规战争，美是否会冒核战争危险来保护西欧？它们担心消除中导会造成美欧关系"脱钩"。因此，西欧国家加快了联合防务的步伐，如法国和联邦德国的军事合作有了进一步加强，英法两国在核防务和武器采购方面也增进了合作。

基辛格曾称：美苏中导条约给西方盟国造成的"危机"可能使其"寻找新的行动方向"，"过去那种靠美国监护的格局将要消失"。这预示着西欧的安全结构正在发生转折性的变化。虽然里根一再表示不会影响美对西欧盟国的防务承诺，在常规武器及化学武器的不平衡状态消除之前，"美国不会再削减其在欧洲的核武器"，但今后美欧之间的猜疑和矛盾必将增多，美国影响盟国的能力也会进一步受到削弱，西欧独立自主的倾向将进一步发展。

泛非主义运动

唐大盾

泛非主义运动，亦称泛非运动，是世界现代史上影响深远的黑人政治运动。它兴起于 20 世纪初，60 年代初达到高潮。泛非主义运动旨在动员非洲和世界各地的黑人团结起来，争取"自由与平等"，进而争取非洲的"独立与统一"，其矛头直指殖民主义和种族主义。它对非洲民族解放运动的兴起和发展起了积极的推动作用，并直接导致"非洲统一组织"的建立。

泛非主义运动的兴起

泛非主义运动最初是由西印度群岛和美国黑人发起的争取种族平等的运动。它是西方殖民主义和种族主义对非洲和世界各地的黑人实行殖民统治、种族歧视和压迫的产物。

西方殖民主义和种族主义对非洲黑人的歧视和压迫始于罪恶昭著的大西洋奴隶贸易。15 世纪中叶，欧洲殖民主义者入侵非洲，继之大量掠夺非洲黑人运往美洲，进行长达三四个世纪的大西洋奴隶贸易。在此期间，共有 1500 万—2000 万非洲黑奴被贩运到美洲各地。这些来自非洲不同地区和部落的黑奴，远离故乡，失去了人身自由，被视作不配和白人"同享日月之光"的"劣种"，受尽歧视、压迫和奴役。自 16 世纪起，西印度群岛等地不断爆发黑奴起义和暴动。共同的遭遇，加之受到资产阶级自由平等思想的影响，在美洲黑人特别是受过教育的黑奴后裔中，逐渐产生了共同的感情、理想和"统一的非洲"的概念，这就是最初的泛非主义思想。18 世纪末，美国的一些城市开始出现黑人组织"非洲协会"和黑人的"非洲教堂"。1884 年 11 月 15 日—1885 年 2 月 26 日，英、法、德、比、葡、意等列强在柏林召开了瓜分非洲的国际会议。随后，它们对非洲进行大规模军事入侵和"有效占领"，使非洲大陆迅速沦为殖民地，从而触发了非洲人民反抗殖民主义瓜分和统治的斗争。这一斗争与西印度群岛和美国等地的黑人反对"复活"奴隶制，反对强化种族歧视和压迫的斗争遥相呼应。这时，一些先进的美洲黑人知识分子表达了美洲与非洲黑人共命运的思想，提出"非洲人的非洲"的口号，要求开展"泛黑人运动"，争取黑人的解放。在这样的政治背景和思想基础上，国际上兴起了泛非主义运动。

1900 年 7 月 23—25 日，第一次泛非会议在英国伦敦召开。会议由西印度群岛特立尼达黑人律师亨利·西尔威斯特—威廉斯（1868—1911 年）发起召开，与会代表共 32 人①，大多来自美国和西印度群岛，另有 4 人分别来自非洲的阿比西尼亚（今埃塞俄比亚）、利比里亚、塞拉利昂和黄金海岸（今加纳）。

在历时 3 天的会议上，代表们交流了美国、西印度群岛和非洲黑人的悲惨遭遇，一致主张黑人不应接受永久性的奴隶状况，应与白人享有平等的权利，抨击了南非布尔人对非洲土著实行的种族隔离政策。会议通过宣言，呼吁世界各国不允许任何违背人类进步的倒退行为，不使种族成为人间的障碍，对剥削非洲的行径不能认可。宣言强调：英国要"尽快将责任政府的权力给予非洲和西印度群岛的黑人殖民地"，同时要求美国政府给予美国黑人以"完全平等"的权利。会议还就非洲问题，特别是南部非洲问题向英国维多利亚女王提交了一份请愿书，要求英国政府关注改善南非和罗得西亚（今津巴布韦）土著人民每况愈下的生活条件。会议决定将 1897 年亨利·西尔威斯特—威廉斯创建的"非洲协会"改名为"泛非协会"，选举美国黑人主教亚历山大·沃尔特斯为协会主席、亨利·西尔威斯特—威廉斯为总书记，协会总部设在伦敦，并且创办"泛非协会"的机关报《泛非》月报，由亨利·西尔威斯特—威廉斯任主笔，以"自由与光明"作为该报的刊头口号。

第一次泛非会议作为"全世界黑人团结战斗的开端"，它第一次高举起"泛非"的大旗，号召全世界一切被压迫、受歧视的黑人集合于其旗帜之下，使非洲人成为一个联合的整体，为争取"自由与光明"而斗争。从此，在世界政治舞台上便出现了引人注目的"泛非主义"和"泛非主义运动"。

---

① 一说为 30 人。

泛非大会运动和返回非洲运动

第一次泛非会议召开后不久，由于缺少活动经费、协会内部分裂以及主要领导人亨利·西尔威斯特—威廉斯的隐退和去世，泛非主义运动一度湮没无闻了十几年。第一次世界大战和十月革命的爆发，使世界形势发生了重大变化，世界各地区、各民族要求民族自决的运动纷纷兴起，泛非主义运动也重整旗鼓，进入了它的发展时期。

在两次大战之间的时期，曾出现两个平行发展的泛非主义运动：美国著名黑人学者 W. E. B. 杜波依斯领导的"泛非大会运动"，马库斯·加维的"返回非洲运动"。这两个运动的出发点和总目标基本上是一致的：反对西方殖民统治和种族歧视，要求种族平等和实现世界黑人大团结，提倡和致力于非洲的"解放"和"复兴"。但是在组织成员、指导思想和斗争策略等方面各有特点。

泛非大会运动从 1919 年到 1927 年先后在巴黎、伦敦和纽约等地召开 4 次泛非大会①，开展了"促进在非洲人领导之下，为了非洲人自己的利益实行民族自决"的泛非主义运动，也是受到欧美白人"自由派"支持的黑人知识分子运动。

泛非大会运动的创始人和主要领导者是杜波伊斯（1868—1963 年），他出身于美国马萨诸塞州巴灵顿市一个富裕的中产阶级混血人家庭，曾在费斯克、柏林和哈佛大学学习，获哲学博士学位，长期在几所美国大学任教授。1909 年，杜波依斯协助美国白人"自由派"创建了"全国有色人种协进会"，任该协会刊物《危机》杂志的主编，领导美国黑人争取人权斗争。第一次世界大战结束后，杜波依斯便为召开泛非大会四处奔走，被尊称为"泛非主义运动之父"。泛非大会运动的其他领导人，也多是黑人上层人士。在道义上大力支持杜波依斯发起这一运动、并被选为第一、第二届泛非大会会议主席的是法国下院议员、塞内加尔人布雷斯·狄安（1872—1934 年）。他是当时法国总理乔治·克雷孟梭的密友，正是利用这种关系，第一次泛非大

---

① 第一次泛非大会于 1919 年 2 月 19—21 日在巴黎举行。第二次泛非大会于 1921 年 8 月 28 日—9 月 5 日在伦敦、布鲁塞尔和巴黎举行。第三次泛非大会于 1923 年 11 月在伦敦（7—8 日）和里斯本（11 月底—12 月初）举行。第四次泛非大会于 1927 年 8 月 21—24 日在纽约举行。

会才得以在巴黎召开。第二次泛非大会决定建立的"国际泛非协会"的主席是法国下院议员、瓜得罗普人格雷延·康丹斯，总书记是马提尼克青年教员伊萨克·丹东。出席历届泛非大会的代表，同样大多是"穿着漂亮的美国军官制服的黑人"，或者是"穿着常规礼服或燕尾服的"有色人种；还有充当殖民政府官员或议员的文质彬彬的非洲黑人以及非洲的部落酋长。黄金海岸的酋长阿莫何三世就出席过第四次泛非大会。

由这样一些人领导和参加的泛非大会运动，自然主要是一种黑人中上层知识分子的运动，这就决定了这个运动不仅规模狭小，而且具有温和的色彩。泛非大会运动的宗旨是与白人"自由派"合作，运用"和平手段"争取黑人的民主权利。它要求"把黑人的土地和土地上的天然资源还给黑人""废除奴隶制度和体罚""禁止强迫劳动"和"普及免费的初等教育"，还提出了"地方自治"的要求。1921 年召开的第二次泛非大会通过《世界宣言》，要求将"民主的准则""扩及全球"，立即在亚洲、非洲、美洲和各岛屿上建立"地方自治"，并扩大其范围，直至"完全自治"。从一般地要求黑人平等权利，发展到提出"地方自治"以至"完全自治"的具体要求，这是这一组织对泛非主义运动的一大贡献。

泛非大会运动的领导人却幻想通过请愿、乞求等和平方式实现上述目标。杜波依斯等人认为，只要黑人和白人共同努力，特别是与欧美同情黑人悲惨遭遇的资产阶级白人"自由派"合作，就可以和平地实现"种族平等"和"地方自治"。因此，他们积极争取白人"自由派"占主导地位的美国"全国有色人种协进会"以及英国工党领袖的财政资助和道义上的支持。他们甚至还寄希望于国际联盟的干预，通过西方殖民政府的恩赐，实现非洲各殖民地人民的"地方自治"权。泛非大会运动不断向它们发出呼吁和请愿。第二次泛非大会后，杜波依斯亲自率领一个小组去日内瓦向国联提交请愿书，国联对泛非大会运动的请愿却置之不理。第三次泛非大会作出的决议声称："在任何时候，只要白人以武力反对黑人，黑人就应有权以武力自卫。"但是，暴力反抗始终未成为泛非大会运动斗争策略的重点。

"返回非洲运动"是起源于西印度群岛而在美国得到蓬勃发展的黑人群众运动。它的创始者和领袖马库斯·加维（1887—1940 年），出生于牙买加金斯敦的一个没落的黑人中产阶级家庭，14 岁时因家境贫困中途辍学，到印刷厂当徒工。1907 年，他领导了金斯敦印刷工人大罢工。1914 年，在牙买加创建世界黑人进步协会。1916 年，加维把协会总部迁到美国纽约的著名黑人贫民区哈莱姆，自任总干事，后出版《黑人世界》报。自此，他提出返回非洲运动。这一运动在美国纽约、芝加哥、底特律、克利夫兰和费城等大工业城市迅速发展，并蔓延到其他国家。

1919 年，世界黑人进步协会分布在美国各地的分会有 30 个。1921 年登记备案的分会猛增到 418 个，还有 422 个分会正在筹建中。同年，加维宣布该协会在世界各地的会员达 400 万人，其中美国会员为 200 万。到 1923 年，该协会自称会员已超过 600 万。这个数字难免有些夸大，史学家普遍认为该协会有 200 万—300 万名会员，其中交纳会费的会员有 1.7 万—1.8 万人。这是杜波依斯的泛非大会运动及其国际泛非协会所不及的①。

返回非洲运动的参加者主要是工人，其次是农民及其他劳动者。返回非洲运动之所以能吸引如此众多的黑人群众参加，主要是由于加维提出的斗争纲领在一定程度上反映了身受双重压迫和剥削的黑人劳苦大众的愿望和要求。

"返回非洲"，建立"统一的黑人国家"，这个乌托邦政治纲领在当时得到黑人较普遍的赞赏。与杜波依斯不同，加维鼓吹种族分离，认为只要黑人留在美国，必将继续屈从于一切形式的种族歧视，失去尊严；主张"黑人必须有自己的国家和民族"。他大声疾呼："黑人的政府在哪里？他们的国王和王国在哪里？他们的总统、国家以及他们的大使、陆海军和掌管国事的人又在哪里？我找不到，于是我宣布：'我要来帮助创造这一切。'"他希望美洲黑人返回非洲，在那里建立一个统一的黑人国家，作为黑人的祖国，并使之有足够的力量保护散居在世界各地的国民。

1920 年 8 月 1—31 日，加维在哈莱姆贫民区的自由礼堂召开世界黑人进步协会第一次代表大会②。25 个国家的 1920 名代表参加会议。大会通过的《世界黑人权利宣言》宣布，"世界黑人有拥有非洲的自由；根据欧洲属于欧洲人和亚洲属于亚洲人的原则，我们也要求非洲应当属于当地和在外的非洲人"，并决心收回被"贪婪成性的"国家掠夺去的非洲土地和其他财富。大会最后宣布成立"非洲共和国"临时政府，任命加维为临时政府总统，制

---

① 据统计，出席杜波依斯召开的泛非大会的代表最多不过 200 余人（第四次泛非大会），而参加其创建的国际泛非协会并交纳会费的会员更是寥寥可数。

② 以后几届代表大会的召开时间和地点是：第二、第三、第四、第五次代表大会分别于 1921 年、1922 年、1923 年、1924 年纽约召开，第六、第七次代表大会分别于 1929 年、1934 年在牙买加的金斯敦召开，第八次代表大会于 1938 年在加拿大的多伦多召开。

定了绿、黑、红三色的国旗和国歌。

代表大会之后，加维和世界黑人进步协会加紧推行返回非洲运动。从1920年到1924年，多次派出代表到非洲与利比里亚政府商谈在利比里亚建立美国黑人移民区，并且派去工程技术人员，运去价值数十万美元的建筑材料和物资，以实施这一计划。

为了把美洲黑人运到非洲去以及改善黑人的经济状况，使黑人"复国"计划建立在可靠的经济基础之上，加维和世界黑人进步协会建立了一整套合作企业，杂货铺、洗衣房、饭店、旅馆、印刷厂等，为黑人提供"牢靠而收入丰厚的"职业。1919年9月成立黑星轮船公司，该公司与上述合作企业一样，完全由黑人投资创办和经营管理。它的创办资金为100万美元，主要靠出卖股票获得，其中有一部分股票还特地拿到非洲出售给当地黑人。该公司购买和租借了5艘轮船，组织了几次开往欧洲和非洲的航行，后因管理不善于1924年宣告破产。

在利比里亚建立移民区的计划，因西方政府迫使利比里亚政府撕毁协议而落空。1925年，美国政府以"莫须有"的罪名审判加维，于1927年将其驱逐出境。1940年，加维在穷困潦倒、默默无闻的伦敦流亡生活中去世。

随着加维离开美国和去世，返回非洲运动消沉了，杜波依斯的泛非大会运动因内部分裂和财政资助发生困难而低落。泛非主义运动受到了暂时挫折。

战后初期泛非主义运动的高涨

第二次世界大战后，在世界民族民主运动，特别是亚洲、非洲、拉丁美洲民族解放运动蓬勃发展的形势下，泛非主义运动再度兴起，进入了它的高涨时期，其重要标志是第五次泛非大会的召开和非洲统一组织的建立。

1945年10月15—21日，在英国曼彻斯特举行第五次泛非大会。这次大会是泛非主义运动发展史上的转折点。泛非主义运动由原来主要是西印度群岛和美国黑人的运动，转变成主要由非洲民族主义者领导的、有各阶层人士广泛参加的争取非洲解放的运动。第五次泛非大会是以非洲人为主体的大会，他们在发起筹备和召开大会的过程中起着重要作用。第二次世界大战期间，非洲的政治、经济、社会和思想各个领域都发生了巨大变化：民族经济得到发展，民族民主思想广为传播，各种形式的工人、农民和学生团体、政党相继涌现。1944 年，12 个非洲学生、工会等团体和1937 年成立的国际非洲人服务局合并成立了泛非联盟。1945 年年初，泛非联盟和为筹建世界工联而到伦敦开会的黄金海岸、利比里亚、埃塞俄比亚、塞拉利昂以及英属圭亚那等殖民地工会代表联合发起召开第五次泛非大会，倡议受到几乎所有殖民地黑人群众组织的响应和支持。

　　为筹备这次大会，成立了"特别国际会议秘书处"，秘书长和司库是英属圭亚那的彼得·米利阿德和 T．R．马科南尼。实际负责大会筹备工作的是组织秘书（又称联合政治秘书）乔治·帕德莫尔（西印度群岛）和克瓦米·恩克鲁玛（西非），宣传秘书彼得·亚伯拉罕斯（南非）和助理秘书乔莫·肯雅塔（东非）。

　　出席第五次泛非大会的有 200 余名代表，主要来自非洲和西印度群岛。除知识分子和为数众多的工会代表外，非洲民族主义政党和农民组织第一次派代表出席了会议。他们来自尼日利亚和喀麦隆国民会议、南非非洲人国民大会和黄金海岸农民协会等组织。这使会议具有广泛的群众性和鲜明的政治色彩。泛非大会运动创始人杜波依斯出席大会，被选为"常任主席"。马库斯·加维创建的世界黑人进步协会的代表也出席了会议，显示出泛非主义运动的空前团结。大会由杜波依斯主持，但实际上起重要作用的是以恩克鲁玛为代表的年轻一代的泛非主义运动领导人，他们负责提出和起草关于非洲地区的报告以及大会的重要宣言、决议。

　　这次大会着重讨论非洲问题，并制定了以"积极的政治行动"争取民族解放的斗争纲领。由恩克鲁玛起草经大会一致通过的《告殖民地人民书》集中体现了这个纲领的主要内容。其中包括：组织群众，建立最广泛的反帝统一战线，开展以"非暴力的积极行动策略为基础"的斗争，争取自治和独立，从而为"走向彻底的社会、经济和政治解放"开辟道路。大会把泛非运动的宗旨与非洲的现实联系起来，一改老一辈泛非主义者以请愿、呼吁的消极方式谋求"同情"的作法，主张采取积极的政治行动。《告殖民地人民书》明确指出："所有殖民地人民都有权掌握他们自己的命运。一切殖民地必须摆脱外来帝国主义的控制，取得政治和经济的自由。殖民地的各族人民必须享有自由选举本国政府的权利，而不受任何外国列强的限制。"为了达到这一目的，大会"号召殖民地的工农大众积极组织起来"，"号召殖民地的知识分子和专业人员迅速觉醒，认识到自己的责任"，采取有效行动的唯一途径，则是"把人民大会组织起来"。最后还提出了响亮的战斗口号：

"全世界的殖民地和附属国人民联合起来！"

泛非运动以第五次泛非大会为开端，进入了争取非洲独立的历史新时期。许多非民族主义政党的领导人在大会纲领的指导下，将泛非思想同本地区的实际政治斗争结合起来，促进了非洲民族独立运动的发展。大会之后，在伦敦设立了泛非大会工作委员会，由杜波依斯任主席，恩克鲁玛任秘书长兼任新成立的"西非国民大会"秘书长，积极协调和推动非洲各殖民地人民的解放斗争。

1947 年，恩克鲁玛回到非洲，创建"人民大会党"，领导加纳人民首先在黑非洲取得民族独立，为泛非主义运动的中心移到非洲本土提供了一个前哨基地。

1958 年 4 月，由恩克鲁玛倡议，在加纳首都阿克拉举行了第一次非洲独立国家会议。当时业已取得独立的利比亚、苏丹、摩洛哥、突尼斯、埃及、埃塞俄比亚、加纳和几内亚 8 国参加会议，表示决心建立与会国家之间的"更密切的友谊、兄弟关系、合作和团结"，支持仍处于殖民统治下的非洲人民争取自由的斗争。同年 12 月，在阿克拉举行第一次全非人民大会，来自 62 个非洲民族主义组织的 300 多名代表出席会议。这是非洲人民有史以来第一次团结战斗的盛会。会议决定要"为最后打击殖民主义和帝国主义而积极努力"，号召非洲各独立国家在地理条件接近、经济相互依赖、语言和文化相似的基础上，联合为若干区域性联邦或集团，为建立非洲国家联盟（或联邦）创造条件。第一次全非人民大会标志着泛非主义运动的中心从欧美正式转移到了非洲本土，并发展成为争取非洲独立与统一的运动。

在阿克拉会议精神的鼓舞下，在迅速走向高潮的非洲民族解放运动强大浪潮的推动下，随着非洲独立国家的日益增多，非洲统一运动加快了步伐。1963 年 5 月 22—26 日，在埃塞俄比亚皇帝海尔·塞拉西倡议下，31 个非洲国家领导人云集亚的斯亚贝巴，举行盛况空前的非洲独立国家首脑会议，制定并签署了《非洲统一组织宪章》，宣告"非洲统一组织"成立，实现了"非洲统一"的崇高目标。

泛非主义运动的历史作用

"非洲统一组织"建立以后，泛非主义运动基本纳入了"非洲统一组织"的轨道。从泛非主义运动本身来看，其性质仍属于民族民主革命的范畴，运动的主张、观点没有跳出资产阶级政治、哲学的内容，有很大的历史局限性。随着争取非洲独立与统一的伟大历史任务的基本实现，它已无法解决非洲国家独立后所面临的严重社会问题和经济发展问题，势必失去前进的强大动力，由盛而衰，渐渐冷落下去。

为了向泛非主义灌注新的"内容"和"活力"，使泛非主义运动获得"再生"，1974 年 6 月 19—27 日，32 个非洲和加勒比地区国家，9 个非洲解放运动组织和英、美黑人的代表共 500 多人，在坦桑尼亚首都达累斯萨拉姆举行了第六次泛非大会。会议强调反对"以肤色作为斗争的基础"，要求黑人和世界人民大团结，加强反帝斗争。还提出："革命的泛非主义属于阶级斗争的范围"，要以消灭资本主义、"建立社会主义社会"为奋斗目标。然而，这只是口头上的一种声明。第六次泛非大会并没取得多大成果，泛非主义运动也没因此而获得"再生"。

泛非主义运动虽然消沉下去了，但留下了不可磨灭的历史功绩。这主要表现在以下两个方面。

1. 唤起非洲人民的觉醒。20 世纪初，非洲正处于残暴的殖民统治之下，日渐兴起的泛非主义运动向西方殖民主义和白人种族主义呐喊战斗，犹如一声惊雷，唤起"黑暗大陆"人民的觉醒，对早期的非洲民族解放运动起了启蒙作用。杜波依斯的泛非大会运动大声疾呼"不能容忍"西方殖民主义者实行的"奴隶制"，要求黑人同白人享有平等的权利，甚至提出种族"绝对平等"的口号，宣传"种族的绝对平等——人身平等、政治平等和社会平等，是世界和人类进步的基石"，有力地批判了白人种族主义者炮制的把种族分成"优等种族"和"劣等种族"是自然合理的、"由神规定"的谬论。这对打碎殖民主义强加于非洲人民的精神枷锁，促使"沉睡的灵魂"觉醒起了积极作用。它还首先赋予泛非主义以非洲殖民地"自治"和"民族自决"的政治内容，培养造就了众多的非洲民族解放运动的领导人，因而得到非洲人的支持。加维的返回非洲运动在"振兴黑色人种"、激发黑人的民族自豪感和斗争意志方面作出了特殊贡献。从 1920 年至 1924 年世界黑人进步协会每年都在纽约的哈莱姆黑人贫民区召开大会，举行声势浩大的群众游行，一路高呼"觉醒，埃塞俄比亚！觉醒，非洲！"唤起非洲人和美洲黑人为"非洲人的非洲"而共同战斗。加维创办的《黑人世界》报，是当时发行量最大的黑人报纸之一，用英文、法文和西班牙文出版，销售欧美各地，以至非洲，影响很大。加维的名字"响遍非洲"，他的哲学和思想给予恩克鲁玛等非洲民族主义者以深刻的影响。

2. 推动非洲民族独立运动胜利发展。1945 年 10 月召开的第五次泛非大会吹响了争取民族独立的号角，促进了非洲人民的政治觉醒，并且及时制定了富有战斗精神的政治纲领和斗争策略，为非洲民族独立运动指明了斗争目标和前进方向。在泛非主义运动中培养成长起来的非洲民族主义者纷纷站到民族独立运动前列，发挥了先锋作用和领导作用。1957 年，恩克鲁玛领导加纳人民首先在黑非洲取得民族独立，给迅速发展的黑非洲民族独立运动以极大的鼓舞。1958 年、1960 年和 1961 年召开的 3 次全非人民大会，使非洲民族独立运动具有全民性和全非规模，并积极推动了非洲团结反帝战线——"非洲统一组织"的建立，从而加速了非洲民族独立运动的进程。今天，非洲独立国家已从第二次世界大战结束时的 3 个发展到 50 个，除纳米比亚和南非一隅外，整个非洲大陆已基本上完成了民族独立斗争的伟大历史任务。对此，泛非主义运动无疑作出了重要的历史贡献。

非洲统一组织的建立及主要活动

唐大盾

非洲统一组织，简称"非统组织"，是一个全非性的非洲国家组织，也是世界上最大的洲一级区域组织，现有 50 个成员国①，在非洲和国际事务中具有重大的影响。

非洲统一的理想与现实的要求

非洲统一组织在非洲大陆出现，不是偶然的，它是泛非主义理想和非洲人民现实斗争的需要相结合的产物。

非洲是世界第二大洲，具有灿烂的古老文明。到了近代，非洲不断遭受西方殖民者的入侵和奴役。从 16 世纪开始的大西洋奴隶贸易，使非洲人口大量流失、经济破坏、社会发展停滞。19 世纪下半叶至 20 世纪初，欧洲列强对非洲进行瓜分和占领，使它沦为西方殖民主义统治下的"黑暗大陆"。为了反对殖民侵略和奴役，争取黑人的解放和非洲的复兴，在先进的黑人知识分子中逐渐产生了"非洲团结"和"建立一个统一的非洲国家"的泛非主义思想。

早在 19 世纪中叶，杰出的西非民族主义先驱者爱德华·威尔莫特·布莱登就提出了建立一个"统一的西非国家"的思想。他认为，为了使黑色人种受到尊重并维护自己的尊严，为了使非洲得以复兴和发展，"唯一的途径"是在非洲建立一个进步的黑人新"帝国"，其文明基本上是非洲本土的，也

---

① 非统组织成员国原包括南非共和国以外的 50 个非洲独立国家。1984 年 11 月，"阿拉伯撒哈拉民主共和国"（简称"西撒国"）首次作为成员国出席非统组织首脑会议，为此，摩洛哥宣布退出非统组织，扎伊尔决定中止参加非统会议。1986 年 8 月，扎伊尔重返非统组织，仍不承认西撒国为主权国家。

要吸收西方文化的有用成分。他甚至设想通过扩大利比里亚的领土，使之与塞拉利昂合并等途径，最终建立一个庞大的英语西非国家。到了 20 世纪 20 年代，著名美洲黑人领袖、返回非洲运动领导人马库斯·加维提出"非洲人的非洲"的思想，要求建立一个"非洲合众国"。他极力动员美洲黑人回到非洲去建立一个"统一的黑人国家"。

他们所倡导的非洲统一的思想在殖民主义统治非洲的情况下，不可能成为现实，却由后来的非洲民族主义者而继承，成为建立非洲统一组织的思想基础和动力。

第二次世界大战后，非洲民族解放运动蓬勃发展，泛非主义思想在非洲大陆广泛传播，成为非洲人民民族意识的一种新的组成部分。随着众多非洲国家的相继独立，非洲人民开始在政治上掌握自己的命运，这就使实现非洲人民长期为之奋斗的非洲统一的理想有了可能。

独立后非洲国家面临的首要任务是维护民族独立、发展民族经济；同时还要支持未独立地区人民的斗争，实现非洲大陆的完全解放和复兴。要完成上述艰巨的任务，需要非洲各国加强团结和合作，组成"共同阵线"，为实现"非洲统一"，建立一个全非性的组织，正如喀麦隆总统阿希乔所说，非洲统一是非洲国家和人民"最崇高和最深切的愿望"。象牙海岸（今科特迪瓦）总统博瓦尼认为："只有这种统一才有可能使非洲作为独立的大陆继续存在。"在 1963 年非统组织成立前夕，加纳总统恩克鲁玛发表了《非洲必须统一》的专著，全面阐述非洲统一的必要性和迫切性。他指出："目前，我们正在促进非洲统一。"为了不受正以伪装形式返回非洲的殖民主义的实际威胁，我们需要"联合起来"。我们需要用联合的力量，"同分裂我们大陆并仍然控制着我们数百万兄弟的顽固势力作斗争"；我们需要用联合的力量来"确保非洲的完全解放"；我们需要用联合的力量来"加速建立一种"能使我们人民的生活水平赶上最先进国家的"社会经济制度"。实现非洲统一，不仅是非洲人民的理想，也是非洲国家独立后现实斗争的迫切需要。

非洲统一组织的建立

从 1958 年第一次非洲独立国家会议在阿克拉召开，到 1963 年非统组织在亚的斯亚贝巴成立，是一段艰难曲折的历程。

非洲统一运动最先是由恩克鲁玛发起和倡导的。它在战后蓬勃高涨的非洲独立运动的推动下迅速发展起来，成为争取非洲大陆完全解放和统一的泛非主义运动的重要组成部分。

在1957年加纳获得独立后，恩克鲁玛在积极推动非洲独立进程的同时，努力争取实现非洲统一。1958年4月，由于恩克鲁玛的倡议，在阿克拉召开了第一次非洲独立国家会议。参加会议的有当时业已取得民族独立的埃及、利比里亚和加纳等8个国家。与会国家一致表示、决心建立相互之间"更加密切的友谊、兄弟关系、合作和团结"，支持非洲各国取得民族独立，支持阿尔及利亚人民的反法武装斗争，但没有进一步讨论实现非洲统一问题。

同年12月，经恩克鲁玛倡议在阿克拉召开了第一届全非人民大会。第一届会议通过了关于建立一个永久性的全非组织的决议，决心促进非洲人民之间的相互了解和团结，增进非洲人民的整体意识，以便建立一个非洲合众国。随后召开的第二、第三届全非人民大会①也都通过了关于促进非洲统一的决议。

为了推动非洲统一，1958年11月，加纳和几内亚决定组成加纳—几内亚联盟。1959年5月1日，两国发表《加纳—几内亚联盟宣言》，一致同意实施加几联盟，并把它看作非洲独立国家联盟的开端。

同年7月，利比里亚总统杜伯曼邀请恩克鲁玛和杜尔到该国桑尼奎利村会晤。7月19日，三国元首发表关于建立"非洲独立国家共同体"的《桑尼奎利宣言》。宣言强调，共同体的每个成员国和联邦应保持各自的国体和宪法；共同体旨在实现非洲独立国家之间的团结，而不是损害这些国家目前或今后的国际政策、国际关系与义务。三国元首提议召开所有非洲独立国家和已确定独立日期而尚未独立国家的特别会议，讨论和制定一个最终实现非洲独立国家团结的宪章。

1960年6月，在亚的斯亚贝巴召开了第二次非洲独立国家会议。参加会议的除出席上届会议的8国外，还有喀麦隆、尼日利亚、索马里和阿尔及利亚临时政府。与会国在讨论实现非洲统一问题时，发生明显的意见分歧。加纳代表极力主张非洲独立国家组成一个"真正的政治联盟"——非洲国家联盟，认为只有这样，才能使非洲独立国家的经济、社会和文化合作计划得以实施，并取得最佳效益。除几内亚外，几乎所有与会国家的代表都持反对态度，其中以尼日利亚代表的态度最为强烈。他认为泛非主义是解决非洲问题

---

① 第二、第三届全非人民大会分别于1960年1月在突尼斯、1961年3月在开罗召开。

的"唯一办法",要促进泛非主义,但又不能感情用事,急躁冒进,而要采取渐进主义的方法逐渐实现非洲统一。他明确表示,目前建立一个非洲国家联盟的想法是"不成熟的",尼日利亚不愿放弃主权而与任何其他非洲国家结成联盟。

上述意见分歧表现在实现非洲统一的形式和方法上,其核心是要使非洲统一有利于而不是有损于非洲国家经过艰苦奋斗才赢得的独立和主权。恩克鲁玛提倡的非洲"政治统一",要求非洲各国放弃部分主权,以建立拥有很大权力的非洲国家联盟或非洲合众国,自然要遭到多数非洲国家的反对。

会后不久,非洲独立国家之间在如何实现非洲统一,以及如何对待"刚果危机"和阿尔及利亚反法武装斗争的问题上持不同的态度,从而在它们中间形成了互相对峙的政治集团。1960 年 12 月,马里加入加几联盟,形成了加纳—几内亚—马里联盟。一个月以后,加纳、几内亚、马里、埃及、利比亚和摩洛哥 6 个国家的元首,以及阿尔及利亚临时政府首脑在卡萨布兰卡举行会议,除利比亚以外的其余国家在会上通过了《卡萨布兰卡非洲宪章》,组成"卡萨布兰卡集团"。与此同时,12 个新独立的非洲法语国家,它们是:喀麦隆、中非共和国、乍得、刚果、达荷美(今贝宁)、加蓬、象牙海岸(今科特迪瓦)、马达加斯加、毛里塔尼亚、尼日尔、塞内加尔、上沃尔特(今布基纳法索),于 1960 年 12 月在布拉柴维尔聚会,发表了《布拉柴维尔宣言》,决定加强"以睦邻、文化和共同利益为基础的"合作关系,组成"布拉柴维尔集团"(正式名称是"非洲国家与马达加斯加联盟")。1961 年 5 月,布拉柴维尔集团国家同卡萨布兰卡集团以外的其他 8 个非洲独立国家,它们是:埃塞俄比亚、索马里、利比里亚、尼日利亚、塞拉利昂、多哥、突尼斯、利比亚,在蒙罗维亚举行会议,形成"蒙罗维亚集团"。卡萨布兰卡集团支持阿尔及利亚反法武装斗争和刚果的卢蒙巴政府。蒙罗维亚集团主张通过和平谈判实现阿尔及利亚的独立,并支持卢蒙巴的反对派。两大集团虽有分歧,但在各自的宪章和决议中都明确表达了实现非洲统一的愿望。《卡萨布兰卡非洲宪章》写道:决心"促进全非洲获得自由和统一","呼吁所有非洲独立国家为巩固非洲的自由和实现非洲的统一与安全而采取共同行动"。蒙罗维亚会议的决议也指出,要增进非洲国家之间的相互了解和合作,以便实现非洲统一。不仅如此,双方还各自提出了实现非洲统一的具体原则、方案和建议,并通过各种渠道进行接触和接近,以便交换意见,弥合分歧。

随着"刚果危机"的平息和1962年7月阿尔及利亚获得独立，非洲国家消除了在这些问题上的分歧，为协商解决非洲统一问题铺平了道路。1963年5月22—26日，经过埃塞俄比亚皇帝海尔·塞拉西的积极斡旋和倡议，非洲各国领导人齐集亚的斯亚贝巴，举行了盛况空前的非洲独立国家首脑会议。除因发生军事政变的多哥外，31个非洲独立国家的元首、政府首脑或代表出席了会议，未独立国家的民族解放运动的领导人也作为观察员列席了会议。会议经过协商讨论，求同存异，于5月25日通过并签署了《非洲统一组织宪章》，宣告非洲统一组织正式成立，初步实现了泛非主义的伟大理想。这一天被定为"非洲团结日"载入非洲的史册。

根据《非洲统一组织宪章》规定，非统组织的宗旨是：促进非洲国家的统一与团结；协调并加强非洲国家在政治、外交、经济、文化、军事等方面的合作；保卫非洲国家的主权、领土完整与独立；从非洲根除一切形式的殖民主义；促进国际合作。

为了实现上述宗旨，非统组织宪章还规定各成员国必须遵循的原则，即各成员国的主权一律平等；不干涉别国内政；相互尊重主权、领土完整和独立生存的权利；和平解决争端；谴责任何形式的政治暗杀及对邻国或其他国家进行的颠覆活动；彻底献身于完全解放仍未独立的非洲领土；奉行不结盟政策。

非统组织的宗旨和原则反映了非洲国家和人民对自由、平等、正义、和平与团结的渴望和追求，也反映了非统组织肩负的重任。但是，非统组织远非像恩克鲁玛等人所设想类似美国的"非洲合众国"，而是与美洲国家组织相似的非洲国家组织，是一种松散的地区性国家联盟。它在实际上只是一个讨论和解决非洲各国所关心的重要问题的国际性协商机构，经过协商一致采取联合行动，然而，它的决议和决定对成员国并无多大的约束力。

非统组织的性质决定了它的组织机构的设置及其职能。非统组织总部设在亚的斯亚贝巴。其较为完备的组织机构包括：（1）国家和政府首脑会议，简称非洲国家首脑会议，是非统组织的最高机构，每年举行一次会议，必要时可举行特别首脑会议，讨论非洲共同关心的问题，以协调该组织总的政策等，一切决议均需2/3多数通过。从1964年至1987年已举行了23届首脑会议（1982年首脑会议未开成），执行主席每任任期一届。（2）部长理事会，由成员国的外交部部长或政府任命的其他部长组成，向首脑会议负责，并负责筹备首脑会议和受托执行首脑会议的决定，每年至少举行两次会议。（3）秘书处，是常设的中央机构，负责执行非统宪章以及成员国之间签订的其他条约和协定赋予的任务。（4）解放委员会（又称非洲解放运动协调委员会）1963 年成立，负责计划和协调非洲独立国家援助本洲未独立国家和地区的民族解放运动，管理援助特别基金。（5）调解、和解和仲裁委员会 1964 年成立，它的职责是用和平方式解决各成员国之间的争端。（6）专门委员会，现有 3 个，经济和社会委员会，教育、文化、科学和卫生委员会，防务委员会。非统组织正是通过这些机构以及其他手段努力贯彻执行非统宪章规定的宗旨和原则，在非洲和国际事务中发挥重要作用。

克服困难　团结战斗

从 1963 年 5 月非统组织成立以来，它为非洲的团结和发展，作出了重要贡献。

1. 积极支持非洲民族独立运动，基本实现了非洲大陆的完全解放

非统组织成立时，非洲有将近一半的国家和地区仍处于殖民主义统治之下。非统组织从成立之日起，就"特别注意整个非洲的解放问题"。非殖民化和反对种族隔离、种族歧视问题几乎是历届非统首脑会议的主要议题，并通过了一系列有关声明和决议。1969 年第六届首脑会议通过关于种族隔离和非殖民化决议指出，应当增加对得到非统组织承认的解放运动的援助。1974 年第十一届首脑会议通过一项重要声明，重申非洲全力支持葡属殖民地人民的解放运动，直到取得完全独立。1975 年第十二届首脑会议通过重申支持南部非洲民族解放运动，并加强武装斗争的决议。

为了支持未独立国家和地区的民族解放斗争，从 1970 年第七届非统首脑会议起，吸收非洲民族解放运动领导人同非洲国家元首一起讨论非洲有关问题，特别是非洲解放问题，改变了以前历届会议民族解放运动领导人只能列席会议的情况，到 1972 年第九届非统首脑会议，他们已可以参加表决同他们直接有关问题的决议。

在援助未独立国家和地区争取民族解放的斗争中，非统组织于 1963 年决定成立的解放委员会起了重要作用。1964 年第一届首脑会议任命了该委员会的成员国（开始为 9 国，后不断有所增加，1977 年增加到 21 国），并将其总部设在达累斯萨拉姆，由坦桑尼亚总统尼雷尔任委员会主席，负责计划和协调非洲独立国家援助未独立国家和地区的解放运动，加强同它们的联系，

调解它们之间的矛盾，促进其联合行动。1972 年第九届非统首脑会议还决定把解放委员会管理的特别援助基金增加 50%，强调要大力加强对葡属殖民地安哥拉、莫桑比克和几内亚（比绍）武装斗争的援助。1973 年 1 月，在阿克拉举行的第二十一次解放委员会会议通过了《关于争取非洲解放新战略的阿克拉宣言》，要求非洲各国向解放运动提供更多的物质、财政援助，向解放运动的干部提供训练设施，并决心使非统组织的第二个 10 周年成为武装斗争取得决定性胜利的 10 年。

此外，非统组织还积极开展外交活动，呼吁国际社会给予非洲民族解放运动以更大的道义、政治和物质支持，同时对葡萄牙殖民当局和罗得西亚、南非白人种族主义政权施加政治压力和实行经济制裁，从而有力地配合和推动了非洲民族解放运动的胜利发展。到 1975 年葡属殖民地纷纷获得独立时止，非洲独立国家已从非统组织成立时的 32 国增加到 47 国，基本上实现了非洲大陆的"完全解放"。

在 1980 年津巴布韦独立后，争取纳米比亚独立和反对南非白人种族主义统治已成为非洲民族解放斗争中的突出问题。自 1984 年以来，非统首脑会议先后通过了《关于支持南部非洲解放力量的声明》（1984 年 11 月）和《关于南部非洲国家严重局势的宣言》（1986 年 8 月）等决议，呼吁国际社会和非统成员国采取有效手段制裁南非，加强对纳米比亚和南非人民武装斗争的支持，并于 1986 年 8 月成立南部非洲国家元首常设特别委员会，作为反对种族隔离斗争的参谋部，以加强对南非人民斗争的支持。

2. 调解非洲各国的边界争端，维护非洲团结

非洲国家获得独立后，非洲内部的矛盾，特别是非洲国家之间的边界争端日益突出。据统计，半数以上的非洲国家之间存在着领土争端，其中一些有争议领土的面积达几万以至几十万平方公里；一些属于同一个部族的居民被迫分居在多个不同的国家里。这些殖民主义瓜分非洲时人为划定边界而造成的严重恶果，成为影响非洲团结和安定的重要因素。

考虑到非洲国家现存边界的既成事实，牵涉面广，且关系重大，轻易更改会影响非洲的稳定和团结。在非统组织成立时，大多数非洲国家主张维持边界现状。非统宪章第三条第三款明确规定尊重各成员国的主权与领土完整的原则。1964 年 7 月第一届非统首脑会议专门讨论边界问题，通过了《关于非洲边界不得改变的决议》，进一步明确规定非洲边界不得改变的原则，这一原则得到几乎所有非统成员国的确认和"保证尊重"，对限制和平息日益

发展的领土争端和边界纠纷起了积极作用。就在非统组织通过上述决议后，加纳和上沃尔特（今布基纳法索）两国总统同意立即明确划定两国存有争议的边界，从而平息了两国自 1963 年起发生的边界争端。

除此以外，非统组织还通过其组织机构和临时成立的调解有关国家边界争端的专门委员会，或采取由非统成员国直接出面斡旋等方式，积极调解非洲国家之间的边界争端，取得了一定的成效。例如，摩洛哥和阿尔及利亚独立后，因边界争端多次发生交火事件，并酿成 1963 年 10 月的"沙漠之战"。同年 11 月，非统组织部长理事会举行特别会议，成立专门仲裁委员会调解阿摩冲突。经过多年工作，1967 年 1 月，阿摩两国元首签署一项团结、合作条约，1972 年 6 月最终签署了结束两国边界争端的协定。非统组织还调解了尼日尔与达荷美（今贝宁）的边界争端，平息了索马里与肯尼亚的领土纠纷，并积极倡导索马里和埃塞俄比亚停止边界冲突，走上双边谈判的道路。与此同时，非统组织还通过调解"巧妙地"解决了非洲国家之间的一些其他纠纷和争端，增进了非洲团结，并使 1973 年非统成立 10 周年时举行的第十届首脑会议成为"和解、合作和团结"的盛会。

从 20 世纪 70 年代后期起，美苏两个超级大国加紧了它们在非洲的争夺，插手干涉非洲内部事务，致使非洲国家之间和国内各派政治势力之间矛盾的一度加剧。这势必要影响到非统组织的活动，进而造成非统组织内部风云变幻，危机迭起。从 1976 年到 1982 年非统组织经历了 3 次大的内部危机。

第一次危机是在安哥拉问题上的尖锐对立。安哥拉人民在反对葡萄牙殖民统治的斗争中形成了 3 个民族主义组织，即安哥拉人民解放运动（简称人运）、争取安哥拉彻底独立全国联盟（简称安盟）和安哥拉民族解放阵线（简称解阵）。1975 年 11 月安哥拉宣布独立前夕，三派曾达成协议组成联合政府，并得到非统组织的支持。时隔不久，安哥拉在外国干涉下爆发内战。人运在苏联、古巴的军事援助下，打败安盟和解阵，独自掌权，宣布成立安哥拉人民共和国。

1976 年 1 月，非统组织为研究安哥拉问题举行了成立以来第一次特别首脑会议。会议开幕后不到一小时就出现重大的分歧，并形成尖锐对立的两派意见。以莫桑比克、尼日利亚为代表的 22 个非洲国家要求非统组织正式承认人运政府，并谴责南非干涉安哥拉。以塞内加尔、喀麦隆为代表的另外 22 个非洲国家主张谴责一切外国干涉，促进安哥拉三阵和解，组成联合政府。这两派意见在会上展开了激烈的辩论，由于相持不下，导致会议于 1 月 13

日在僵局中结束。这是非统组织历史上出现的第一次危机。会后不久，人运政府在国内的地位进一步巩固，得到更多非洲国家的承认。1976 年 2 月，安哥拉被接纳为非统组织成员国，这场风波才告平息。

第二次危机是在反对外来干涉问题上出现的意见分歧。1975 年，安哥拉内战后，外来势力对非洲事务的干涉进一步加剧。苏联插手埃塞俄比亚和索马里的军事冲突①，并策动雇佣军两次入侵扎伊尔②，引起许多非洲国家的严重关注和不安。反对外来干涉问题一时成了非统组织的重要议题。1977 年第十四届非统首脑会议，1978 年第十五届非统首脑会议，都围绕反对外来干涉问题展开了激烈的辩论。争论的焦点是，外来干涉的主要危险来自苏联、古巴，还是美国和北大西洋公约组织。一些被称为"进步国家"的非洲国家，指责西方国家特别是法国推行企图重新控制非洲的新殖民主义，为苏、古干涉非洲事务辩护，称其援助了非洲民族解放运动。一些所谓的"温和国家"对此加以反驳，指出不能只讲西方大国对非洲的干涉是坏的，而"东方式的社会主义国家"的干涉是好的，同时大量揭露苏古两国干涉非洲的行径。会议自始至终在激烈争论中进行。最后双方达成妥协，通过"反对一切外来干涉"的决议，并倡导在非统组织范围内建立一支泛非部队，以防御外来干涉和侵略。

第三次危机是在西撒和乍得问题上的严重分裂。西撒哈拉原是西班牙殖民地，1976 年 2 月西班牙撤走以后，分属摩洛哥和毛里塔尼亚，后统归摩洛哥。

1973 年 5 月成立的西撒"人阵"③ 要求独立，并在西班牙撤离后的次日宣布成立阿拉伯撒哈拉民主共和国（简称西撒国），截至 1980 年先后得到阿尔及利亚等 26 个非洲国家的支持和承认。1982 年 2 月，在亚的斯亚贝巴举行的第三十八届非统部长理事会上，非统秘书长科乔（多哥人）突然宣布接纳西撒国为非统组织第五十一个成员国，让其代表参加会议。这一决定立即在与会国家中掀起轩然大波，以摩洛哥为首的 19 个非洲国家④代表团相继退

---

①　系指 1977 年 7 月—1978 年 3 月埃塞俄比亚和索马里之间发生的"欧加登战争"。

②　系指 1977 年 3 月和 1978 年 5 月苏联指使逃亡到安哥拉的前冲伯集团的加丹加宪兵两次入侵扎伊尔的沙巴省。在这两次"沙巴战争"中，扎伊尔军民在法国和摩洛哥的军事支援下打败了入侵者。

③　西撒"人阵"全称是"萨基亚阿姆拉和里奥德奥罗人民解放阵线"（简称波利萨里奥阵线或西撒"人阵"）。

④　这 19 国是：摩洛哥、喀麦隆、中非、几内亚、象牙海岸、塞内加尔、苏丹、扎伊尔、吉布提、尼日尔、赤道几内亚、毛里求斯、索马里、冈比亚、科摩罗、突尼斯、加蓬、上沃尔特、利比里亚。

出会议，以示抗议，并导致原定同年 8 月在的黎波里举行的第十九届非统首脑会议因参加国达不到法定的 2/3 多数（34 国）而流产。

后经多方调解，达成协议，科乔引咎离职，西撒国暂不参加非统会议，同年 11 月在的黎波里举行应届首脑会议。然而，会议一开始，又在乍得问题上出现新的风波。乍得问题由来已久，利比亚领导人卡扎菲拒绝让已控制乍得全国的哈布雷政府代表参加会议，并在会上公开指责其他一些非洲国家是"阿拉伯的敌人"和"屈从于法国新殖民主义主子"，激起塞内加尔、象牙海岸（今科特迪瓦）等 14 个非洲国家的强烈不满而纷纷退出会场，致使这届非统首脑会议再次因不到法定 2/3 多数而流产，非统组织又一次面临危机。

非统组织虽然面临分裂的危险，但是，非洲团结和统一是不可逆转的时代潮流。争论双方都采取了"适可而止的稳重态度"。1982 年非统首脑会议流产后，经过一些非洲国家的积极斡旋和调解，最后还是达成妥协，西撒国暂不出席非统组织会议，这一届非统首脑会议改在非统总部所在地亚的斯亚贝巴举行。乍得的代表权问题也因哈布雷政府得到绝大多数非洲国家的承认而得以解决，从而促成了一再受挫的第十九届首脑会议于 1983 年 6 月在亚的斯亚贝巴召开。除利比亚外，所有非统组织成员国都出席了会议。会议取得一定的积极成果，非统组织也由此渡过难关。自 1983 年以来，非统组织成功地召开了多次首脑会议。特别是 1986 年举行的第二十二届首脑会议，"谅解与合作"的气氛尤为浓厚。外电评论说，20 世纪 60 年代非统"团结战斗"的精神再次出现了。

3. 在非洲多数国家获得政治独立后，发展非洲各国的经济，一直是非统组织所关注的任务

非统组织成立后，特别自 20 世纪 70 年代以来，努力促进非洲国家之间的经济合作和发展，通过了一系列有关决议，其中有：《关于合作、发展和经济独立的非洲宣言》（1973 年 5 月），主张集体自力更生的《蒙罗维亚宣言》（1979 年 7 月）等。1980 年 4 月，非统组织在拉各斯举行第一次专门讨论非洲经济发展问题的非洲首脑特别会议，确定到 2000 年正式建立"非洲经济共同体"的目标及其行动计划。

1983 年非统组织渡过危机开展正常工作后，面对非洲经济更加恶化、日益严重的粮食危机和债务危机。据统计，1984 年有 36 个非洲国家严重缺粮；到 1986 年年底，非洲外债总额达 2000 亿美元，占当年非洲各国国内生产总

值（除南非外）的 44%，负债率达 400%，清偿率为 50%。在历届首脑会议上都着重讨论解决非洲经济问题。1987 年 12 月举行特别首脑会议，专门讨论非洲外债问题。这些会议先后通过《关于非洲危急经济形势的宣言》（1984 年 11 月）、《关于非洲经济复苏与发展的行动计划决议》（1986 年 7 月）和《非洲对其外债危机的共同立场》（1987 年 12 月）等决议，号召非洲国家加强合作，发展集体自力更生精神，优先发展农业特别是粮食生产，同时呼吁国际社会增加对非洲的经济援助和通过召开国际会议研究解决非洲的债务危机，以推动非洲经济的复苏和发展。

南南合作与南北对话

甄炳禧

"南"是指发展中国家，"北"是指西方发达国家，因为南半球大多数是发展中国家，西方发达国家大都在北半球，人们称发展中国家为"南方"，发达国家为"北方"。"南南合作"是指发展中国家之间的经济合作，而"南北对话"就是发展中国家和西方发达国家之间的谈判。两者的着眼点都是要改变现存的不合理、不平等的国际经济关系，建立国际经济新秩序。

联合斗争初具规模

战后，第三世界国家虽然相继取得政治独立，但在经济上仍没有完全独立，处于依赖西方资本主义国家的地位。发达国家基本上垄断和操纵着国际经济市场，它们同发展中国家之间继续保持着控制与被控制、剥削与被剥削的不平等关系。

发展中国家的国民经济，严重依靠对外贸易来运转。这些国家的对外贸易，不论是出口还是进口，至今都有 2/3 左右是同发达国家进行的，而对发达国家的出口中，4/5 左右是初级产品，在发达国家的进口中，又有 4/5 左右为工业制成品。同时，由于发展中国家的农业没有摆脱为发达国家生产经济作物的轨道等原因，它们大量进口粮食，这些粮食的 2/3 是来自发达国家的。因此，发展中国家的对外贸易，主要就是用自己的矿产品和经济作物，向发达国家换取制成品和粮食。在世界市场上，国际垄断组织占据支配地位，对商品价格有相当大的决定权。它们以高价向发展中国家出售工业制成品和粮食，同时又压价购买经济作物和矿产品，通过不等价交换剥削发展中国家。据联合国贸易和发展会议秘书处估计，1972 年同 50 年代中期相比，发展中国家的贸易比价平均下降 10%，如果把石油除外，平均下降 18%，由此蒙受的损失比同一时期接受的外国提供的援助还多 100 亿美元。

贸易条件的不断恶化，使许多发展中国家不能为自己的经济发展积累必要的资金，它们往往需要外来资金补充。但是，外来的私人直接投资、商业银行贷款乃至官方援助，主要都操纵在发达国家手里。在国际金融这个至关重要的领域，发达国家的垄断地位表现得尤为突出，特别是美国实际上拥有某种程度的货币发行权。发展中国家即使在世界银行和国际货币基金组织这样的官方多边金融机构，也没有多少发言权。发达国家力图通过对发展中国家所需外来资金的供应，影响发展中国家经济发展的方向和进程，争取巨额的利润和利息。

发达国家的私人直接投资大部分用于采掘工业和经济作物的生产，以保证发达国家所需原料的供应，同时，也开办了一定数量的制造业，但其中有些是为了把劳力和原材料消耗量大、环境污染严重的工厂转移到发展中国家，有些实际上是跨国公司分设在第三世界各地的装配车间或中间产品生产车间。国际垄断组织在发展中国家的直接投资，往往比它们在国内办企业获得 1 倍以上的利润率。

发达国家还大量地输出借贷资本。在这些贷款中，条件相对优惠的官方发展贷款所占比重却在减少，偿还期短、利息率高的商业性贷款的比重却在增加，这就大大加重了发展中国家的债务负担。根据世界银行的报告，发展中国家所欠债务，1970 年为 700 亿美元，1980 年为 6500 亿美元，1988 年为 12000 亿美元，其中 60% 左右是商业性贷款。发展中国家每年还本付息费用从 20 世纪 70 年代初约 100 亿美元增加到近年的 1000 亿美元以上。越来越多的发展中国家还不起外债，1982 年以来发生第三世界债务危机，许多债务国为了应付清偿危机，不得不接受债权者的要求，调整乃至改变自己的某些财政经济政策，这是发达国家依靠它们在国际金融领域中的垄断地位来控制发展中国家的又一例证。

发展中国家要搞工业化还需要外来的技术，技术也主要由发达国家垄断着，大部分的专利权和最新技术都是跨国公司的财产。世界的技术转让，80% 是由美、欧、日等发达国家供应的。这些发达国家在向发展中国家转让技术时，往往施加歧视性的限制，借此推行不平等的国际分工。许多产油的发展中国家尽管收回了资源开采权，并拥有雄厚的资金，但由于发达国家利用技术垄断等条件进行阻挠，使这些国家未能建成完整的石油工业体系，仍主要继续向发达国家出售石油。有些技术是发达国家同意转让给发展中国家的，可是价格又不公平合理，因此，发展中国家往往要付出高昂的代价来购买技术。1968 年，墨西哥支付的专利使用及其他有关费用，相当于它当年出口收入的 16%。

有了资金和必要技术之后，发展中国家办起了一些加工制造业，其部分或大部分产品要销往西方世界。但在这一方面却又遇到了来自发达国家的形形色色的保护主义的障碍。据估计，目前发达国家的非关税壁垒超过 900 种，主要是针对发展中国家的劳动密集型产品，如纺织品、服装、鞋类和一些组装的机电产品。此外，由跨国公司组成的国际卡特尔还加紧推行"限制性商业惯例"，阻碍发展中国家的制成品进入世界市场。

总之，战后以来，以发达国家居于垄断地位为特征的南北经济关系的老格局，并没有被打破。它对于发展中国家争取经济独立、加快经济发展的努力，起着越来越大的阻碍和破坏作用。这是发展中国家要求建立国际经济新秩序的根本原因。

面对着严酷的现实，发展中国家逐渐认识到，旧的国际经济秩序不破除，它们就不能在经济上独立，而在政治上的独立也难以巩固。事实上，发展中国家在 20 世纪 60 年代就为此而开始了联合斗争。这主要表现在组织了一些原料生产国和输出国组织以及诞生了"七十七国集团"等。

1960 年 9 月 10—14 日，伊朗、伊拉克、科威特、沙特阿拉伯和委内瑞拉在伊拉克首都巴格达举行石油生产国会议，决定成立石油输出国组织（简称欧佩克），以协调成员国的石油政策，采取集体的态度和行动，同外国垄断资本进行谈判和斗争，以维护民族经济利益。随后加入的有阿尔及利亚、厄瓜多尔、加蓬、印度尼西亚、利比亚、尼日利亚、卡塔尔和阿拉伯联合酋长国，共有 13 个成员国。

1962 年 2 月，世界可可生产国巴西、喀麦隆、加纳、科特迪瓦和尼日利亚在科特迪瓦首都阿比让签订一项可可协定。同年 5 月 10 日，上述 5 国根据这项协定在瑞士的蒙特勒决定成立可可生产者联盟。以后多哥和加蓬也参加联盟，共 7 国。

1967 年 6 月，世界主要铜出口国智利、秘鲁、赞比亚和扎伊尔在赞比亚首都卢萨卡举行铜矿出口国会议，订立协定，决定建立铜出口国政府联合委员会。1968 年 5 月，协定在巴黎签字，委员会正式成立。后来印度尼西亚、南斯拉夫和巴布亚新几内亚等也参加进来，总部设在巴黎。委员会的目的是协调增加铜出口的收入措施，协调会员国有关铜的生产和市场问题的决定和政策，增加铜生产国的经济和社会发展资金。

此外，20 世纪 60 年代成立的原料输出国组织还有非洲国家咖啡组织（1960 年 12 月成立）、拉美国家石油互助协会（1962 年 5 月成立）、阿拉伯石油输出国组织（1968 年 1 月成立，成立国有 10 个：科威特、利比亚、沙特阿拉伯、阿尔及利亚、巴林、埃及、伊拉克、卡塔尔、叙利亚和阿拉伯联合酋长国）、亚洲椰子共同体（1969 年成立）。这些第三世界原料输出国组织的主要目标是，夺回自然资源主权，独立自由地掌握本国资源，发展民族经济，许多原料输出国组织的成员国采取废除租让和"永久开采权"、参与外国公司的股权以至收归国有等措施，收回和控制自己的自然资源，逐步把原料的生产、加工、销售等环节掌握在自己手中。另一个重要目标是夺回制定原料出口价格的自主权，争取原料产品的平等贸易。为了争取原料的有利价格，维护经济权益，有的组织增加对跨国公司的出口附加税；有的组织建立了缓冲存货；有的实行出口限额，有的采取削减生产和出口定额等办法，同西方垄断集团进行斗争。

当时最引人注目的第三世界联合组织是七十七国集团。在 1963 年第十八届联合国大会讨论召开贸易和发展会议（简称联合国贸易会议）问题时，75 个发展中国家一起提出了一个联合宣言，由此形成七十五国集团。其次，1964 年在日内瓦召开的第一届联合国贸易会议上，七十五国集团增加为 77 个国家和地区，发表了《七十七国联合宣言》。在宣言中，发展中国家公正地把"它们自己的团结一致"作为这次会议的突出特征，并表示"坚信在未来的年代里，绝对有必要保持和进一步加强这种团结一致"。从此，它们就被称为"七十七国集团"。随着第三世界的发展壮大和在经济领域中斗争的深入开展，七十七国集团日益扩大，成员国不断增加，到 20 世纪 80 年代初已有 120 多个成员国，但七十七国集团这个名称一直沿用下来。七十七国集团成了第三世界表达和联合它们集体经济利益的主要组织，并且成为同发达国家谈判的代表。自 1964 年起，该集团在所有的重要国际经济活动中代表了第三世界。这些活动有：联合国贸易会议、联合国工业发展组织大会、关于发展问题的联合国大会特别会议、关于国际经济合作的会议，以及国际货币基金组织和世界银行进行的各种讨论会议。七十七国集团成立后，发展中国家在国际原料贸易领域中反控制、反剥削、维护本国经济权益的斗争逐步展开。

建立国际经济新秩序的努力

但是，所有发展中国家都能够联合起来，并且能够提出建立国际经济新秩序的共同纲领和具体内容，却是 20 世纪 70 年代的事，而且是以 1973 年 10 月中东石油危机为转折点的。在 1973 年十月战争中，阿拉伯产油国拿起石油武器，采取了减产、禁运等措施，不仅狠狠地打击了犹太复国主义及其支持者，还成功地把外资石油公司国有化或增加本国控股权，并夺回石油价格的决定权和把油价提高了 3 倍多。在石油斗争胜利的鼓舞下，第三世界国家进一步联合起来，为国际经济秩序的破旧立新进行了不懈的努力。

努力的主要方面是，把建立国际经济新秩序提到重要的议程上来，并为此展开了联合斗争。在发展中国家倡议和催促下召开了一系列以讨论变革国际经济秩序为主题的国际会议，进行了南北对话。

1974 年 4 月 10—29 日，在美国纽约召开了专门讨论原料和发展问题的联合国第六届特别会议，参加会议的有 6 位国家和政府首脑，2 位副总理，49 位外长和其他各部部长。当时的中国副总理邓小平出席会议。会上通过《关于建立国际经济新秩序的宣言》和《行动纲领》，要求对现存的国际经济秩序进行结构性改革，主要包括以下内容。

（1）改变世界经济中的生产、消费和贸易格局，改变发展中国家同发达国家在不平等基础上形成的旧的国际分工，建立公正合理的国际分工。

（2）保证发展中国家对其自然资源拥有"充分的永久主权"，能对其资源的开发实行有效的控制，能根据主权原则限制和监督跨国公司的活动。

（3）改变发展中国家在国际经济事务中的无权地位，为此就必须改革现有的一些国际经济机构的体制和规章，使发展中国家能充分有效地参与国际经济事务的决策过程。

六届特别联大对发展中国家在国际经济领域的斗争来说是重要的里程碑，建立国际经济新秩序的斗争从此进入有纲领、有计划的新阶段。六届特别联大以后，发展中国家通过各种渠道，同发达国家进行"南北对话"。

第一次南北对话是 1975 年 12 月召开的巴黎国际经济合作会议。这次会议的召开并不很顺利。1974 年 10 月 24 日，法国总统德斯坦建议召开一次"研究同国际关系的很多方面联系在一起的能源问题"的国际会议。经过一系列磋商，筹备会议于 1975 年 4 月在巴黎举行，会上，在确定国际会议的议程上，发展中国家同美国之间存在分歧。发展中国家代表主张在未来的正式会议上，除了讨论能源问题以外，还必须讨论原料和发展问题，但美国代表却坚持只讨论能源问题，因此筹备会议没有达成协议而结束。会后，经过多方协商，法国政府在 9 月建议再次召开筹备会议，并于 10 月 13—16 日在巴黎举行。筹备会议决定 12 月 16 日开始在巴黎举行部长级正式会议，定名为"国际经济合作会议"，并决定正式会议讨论能源、原料、发展和金融问题。

1975 年 12 月 16—19 日，国际经济合作会议在巴黎举行了部长级会议。与会的有以下 27 个成员的代表：阿尔及利亚、阿根廷、巴西、喀麦隆、埃及、印度、印度尼西亚、伊朗、伊拉克、牙买加、墨西哥、尼日利亚、巴基斯坦、秘鲁、沙特阿拉伯、委内瑞拉、南斯拉夫、扎伊尔、赞比亚、澳大利亚、加拿大、欧洲共同体、日本、西班牙、瑞典、瑞士和美国。

会议上，许多发展中国家的代表都强调要建立新的、合理的国际经济秩序。南斯拉夫联邦执委会副主席兼外长米洛什·米尼奇说："事实表明，现存的世界经济秩序越来越频繁地和越来越强烈地产生着动荡、比例失调、停滞以至下降，这有利于发达国家，而不利于在平等基础上各国间的合作。"一些发达国家代表在会上表达了它们同发展中国家发展"对话"的愿望。欧洲共同体代表、意大利外长鲁莫尔说："共同体准备参加对话所包括的各方面的问题的讨论，并在平等的基础上讨论各种问题。"

会议成立了 4 个委员会（能源、原料、发展和金融问题），但在关于会议建立的能源、原料、发展和金融 4 个委员会工作的指导方针问题上，与会者产生了分歧。经过激烈争论后，19 日凌晨达成协议：会议决定这次会议的两位主席（委内瑞拉和加拿大）同每个委员会的两主席（由发展中国家和工业化国家各推选一名主席）于 1976 年 1 月 26 日再开一次会，具体确定各委员会的工作纲要。这 4 个委员会（每个委员会中有 10 个发展中国家和 5 个发达国家）于 1976 年 2 月 11 日开始工作。然而，由于美国为首的西方发达国家采取拖延政策，谈判未取得大进展。

为了推动南北谈判的进展，发展中国家提出，在联合国范围内发动一轮新的全球性国际谈判，把原料、贸易、发展、能源和货币金融 5 大领域的问题联系起来讨论。三十四届联大就此通过了决议。但由于某些主要发达国家的阻挠，1980 年的十一届特别联大和三十五届联大都未能就全球谈判的议程和程序达成协议。鉴于全球谈判有"胎死腹中"的危险，墨西哥和奥地利倡议召开由 22 国首脑参加的关于合作与发展的国际会议（即"坎昆会议"），以促进全球谈判。

1981 年 10 月 22 日，来自 14 个发展中国家和 8 个发达国家的国家元首、政府首脑或其代表，在墨西哥的坎昆城举行"南北对话"首脑会议。出席会议的国家有：阿尔及利亚、孟加拉国、巴西、中国、圭亚那、印度、科特迪瓦、墨西哥、尼日利亚、菲律宾、沙特阿拉伯、坦桑尼亚、委内瑞拉、南斯拉夫、奥地利、加拿大、法国、联邦德国、日本、瑞典、英国和美国。

与会各方以"建设性和积极的精神"就南北关系有关问题广泛交换了意见，并一致同意举行讨论南北关系的全球性谈判。会议东道主波蒂略总统在闭幕词中强调，改善南北关系是与会者需要共同努力来实现的共同目标。中国总理赵紫阳在发言中指出，当今世界有两大问题，一个是维护和平，一个是促进发展，改善南北关系不仅是个经济问题，而且是关系到维护和平与稳定的重大政治问题。对于这一点，不少国家领导人有着共同的认识。

在坎昆会议中，对某些发展中国家在粮食、能源、贸易、金融等领域中面临的一些亟待解决的问题，与会各方也以认真和积极的态度进行了讨论。两天的讨论中也出现了一些分歧意见，美国在全球谈判的筹备程序上的意见与其他国家不同而未能就此问题达成一致。关于解决发展中国家面临的迫切问题，美国则片面强调自由经济、市场力量、私人投资，坚持不能对现有国际经济机构进行改革。美国的这种主张，理所当然受到了一些发展中国家的批评。

经过多次努力，南北对话取得了一定的成果。1976 年 5 月第四届贸易和发展会议通过了旨在稳定发展中国家初级产品价格，增加出口收入的《商品综合方案》的决定。1980 年 6 月就建立《商品共同基金协定》达成了协议。根据《商品综合方案》的要求而签订的国际天然胶协定也于 1980 年 10 月生效。此外还达成了一些对发展中国家开展对外贸易有一定积极意义的协议。如保护发展中国家海运利益的《班轮公会守则》和《海上货物运输公约》以及《控制限制性商业惯例的原则和规则》等。关税及贸易总协定也被迫同意对发展中国家实施普遍优惠制的原则。

在货币金融领域里，发展中国家在争取更多发展资金和提高参与决策权方面取得了一些进展。1976 年国际货币基金组织牙买加会议达成的协议，提高了发展中国家在该基金组织中的份额和投票权。此外还先后设立了石油贷款、信托基金贷款等新项目，并放宽了普通贷款条件和出口收入被动补偿贷款的额度。在农业领域，建立了 10 亿美元的国际农业发展基金，以资助发展中国家发展农业生产。在科技方面，1979 年就建立一项 2.5 亿美元的发展中国家科学与技术基金达成了协议。特别值得提出的是，在某些国际经济组织中，打破了现有国际金融机构按出资多少确定表决权的老框框，开始出现发展中国家同发达国家某种平等地位的情况。例如商品共同基金理事会的表决权是按发展中国家和发达国家各占 50%的原则分配的。国际农业发展基金的管理机构中，发达国家、欧佩克和接受基金贷款的发展中国家，各有 1/3 的表决权。

在第三世界债务问题方面，一些发达国家债权国同意减免部分发展中国家，特别是最不发达国家的官方发展援助债务。在 1985 年世界银行年会上，美国提出"贝克计划"，第一次承认通过经济增长而不是紧缩来促使偿债。在 1983 年发达国家七国首脑会议上，一致同意部分减免最穷国的官方债务。在近几年的联大、贸发会议等国际会议上，发展中国家和发达国家就今后如何处理发展中国家债务问题拟定了有关若干办法和寻找新途径，如通过债务转换投资股权等方法以减少私人商业银行债务。

此外，为帮助最不发达国家的经济发展，1981 年 9 月联合国最不发达国家问题会议在巴黎召开。会议通过了《20 世纪 80 年代支援最不发达国家新的实质性行动纲领》。在提供官方发展援助方面，欧洲共同体 10 国同意在今后数年内将其国民生产总值的 0.15%援助最不发达国家，日本等国表示要把它们对最不发达国家的援助翻一番。1986 年 5 月在非洲经济形势特别联大上，南北双方对非洲严峻的经济形势表示了极大的关注，并在帮助非洲国家战胜自然灾害，促进经济发展，特别是农业发展，以及为撒哈拉以南国家提供发展援助、减免债务等方面取得一定的成果。

但是，这些成果同发展中国家建立国际经济新秩序的要求相比还相差甚远，南北对话成果有限，国际经济关系的旧格局没有根本的改观。而且，南北在 5 大领域的谈判中还有较大的分歧。

能源问题上：七十七国集团要求提高和保护发展中国家能源出口的单位价值购买力，而发达国家则要欧佩克国家保证能源的供应和稳定石油价格，并要求它们与发达国家一起承担援助发展中国家的义务。

原料问题上：发展中国家一方面继续要求稳定出口收入，尽快实现共同基金协定，从速缔结单项商品协定；另一方面则要求更多参与原料加工、运销，设法增加原料出口收入。发达国家仍然坚持采用原料出口收入稳定安排和出口收入下降弥补性信贷；对共同基金虽已捐款，但不抱希望；对由西方政府出面干预，让跨国公司向发展中国家出让初级产品加工、运销业务，则坚决拒绝。

贸易问题上：发展中国家要求清除针对它们的保护主义，特别是"自愿限制出口"等措施，以便让它们的制成品能更加自由地进入西方市场；它们还要求扩大和延长"普遍优惠制"。发达国家虽同意限制保护主义，但认为这涉及工业调整，不可能很快解决；对"普惠制"，仅同意延长而坚持只能是临时性的、单方面的安排。

发展问题上：发展中国家希望规定经济增长、工农业生产以及发达国家资金转移的指标；制定具有约束力的跨国公司和技术转让两套行为准则；并且要求发达国家具体提出工业调整和向发展中国家转移某些工业部门的计划。发达国家则认为在发展问题上必须区分需要和可能；不愿意就经济增长和官方援助指标承担义务；要求发展中国家在实行外资国有化时进行赔偿，在谋求技术时尊重知识产权原则；并且明确表示西方政府无法直接干预工业结构改革，这只能依靠市场力量和经济演进的作用。

货币和金融问题上：发展中国家要求保持稳定而灵活的汇价制度；根据需要，通过集体行动，创造国际支付手段；把特别提款权作为主要国际储备资产，并使之与发展援助建立联系；为了缓和债务问题，发展中国家要求全面减轻债务负担。发达国家则反对在现存的国际金融机构以外任何场合就国际货币金融改革问题作出决定；反对把发展援助与特别提款权联系起来；要求发展中国家为要求参与决策者分担更多义务，认缴更多资金；不同意全面考虑减免债务，只同意逐个解决清偿困难。

发达国家力图维护旧的国际经济秩序，一般都反对国际经济体系的结构性改革，在南北谈判中拒绝作出重大的、实质性的让步。当然，发达国家也有差别。北欧、加拿大、澳大利亚、新西兰，由于本国的经济地位，或受社会民主党的影响，态度比较开明；西欧大陆和日本严重依赖发展中国家，亟须与第三世界扩大经济联系，立场也较松动。勃兰特委员会（即西德前总理维利·勃兰特主持的、包括瑞典前总理奥洛夫·白尔梅、英国前首相爱德华·希思等著名人士共18人组成的"国际发展问题独立委员会"）对南北谈判持积极态度。该委员会1980年发表的研究报告《北方与南方：争取生存的纲领》，承认发展中国家要求建立国际经济新秩序的合理性，主张南北进行对话，对旧的不合理、不公正的国际经济体制逐渐作些改革，谋求南北双方共同繁荣。1983 年 2 月，勃兰特委员会又发表了一份题为"共同的危机：南北合作争取世界经济回升"的备忘录。这份备忘录，正确指出改善南北经济关系对扭转当前世界危机所具有的重要性和紧迫性，再次呼吁恢复南北对话。备忘录根据当时的实际情况，就如何侧重解决发展中国家面临的紧迫问题，提出了一些新的设想和建议。它建议，设法重新恢复对现行银行金融制度的信心，避免世界贸易中心保护主义，重新谋求经济增长，帮助发展中国家在粮食和能源两个方面获得更大程度的自给，以及改进南北对话的办法和加快其进程。

在南北对话中，态度最强硬的是美国。由于它在旧秩序中处于首要地位，对发展中国家能源、原料的依赖又较其他发达国家为少，因而成为"旧的国际经济秩序最坚决的保卫者"。特别是里根上台后，竭力宣扬现存的国际经济体制是"可以自豪"的，没有改革的必要，宣称第三世界改革旧经济秩序的合理要求是"不现实的"，他还大肆推崇"市场力量"和"私有化"，要发展中国家"清理内务"，改善国内环境。在全球谈判问题上，美国一直坚持发达国家所控制的世界银行、国际货币基金组织等专门机构在谈判中应拥有最后决定权。美国为首的发达国家坚持顽固立场，给南北关系改善带来很多困难，全球谈判迄今无法进行，使南北对话陷于长时期的僵局。

南南合作的发展

南北谈判的艰难进程使发展中国家逐渐认识到，谈判一般只是承认已经改变了的现实，却很少能改变现实。南方最终能从北方取得多少让步，在很大程度上取决于南方的"讨价还价力量"。南南合作的加强，恰恰可以发挥发展中国家的优势，提高发展中国家的经济实力，这不仅有助于增强发展中国家在南北对话中的谈判地位，而且本身就在促使现存的国际经济关系发生重大变化。

"南南合作"这个概念使用要比"国际经济联合"使用晚些，前者在1970 年的联合国文件中开始出现。1970—1976 年，南南合作的雏形初步形成，有了行动纲领，明确了发展方向，开始实行贸易、工业、金融和货币合作及区域内广泛经济联合（或称区域一体化）。1976 年以后，发展中国家还在科技、教育、培训和其他领域进行技术合作和信息合作。同时，举行了一系列部门会议，其中大部分讨论有关区域贸易、国家间贸易和金融合作等问题，以促进区域、半区域和跨区域的经济联系。

南南合作这一概念形成虽晚，但其实际内容可追溯到 20 世纪 50 年代末和 60 年代初，或者说在资本主义经济体系内部，自从有了发达国家和发展中国家两大对立部分后，南南合作就已产生。早期的南南合作主要限于流通领域，从设立某项初级产品、原料输出国组织（如本文第一部分所述的欧佩克、可可生产联盟等），直到建立自由贸易区和共同市场。拉美是发展中国家经济合作开始最早、形成组织最多、参加国最广泛的地区。早在 1959 年，联合国拉美经济委员会从倡导地区工业化出发，就正式提出了"拉美需要一个共同市场的主张"。最早出现的经济合作组织是拉美自由贸易协会。1960年 2 月，阿根廷、巴西和玻利维亚、哥伦比亚、智利、厄瓜多尔、巴拉圭、秘鲁、乌拉圭、委内瑞拉和墨西哥 11 个国家根据《蒙得维的亚条约》建立了这一经济合作组织，总部设在蒙得维的亚。这实际上为以后的南南合作揭开了序幕。后来出现的联合组织主要有：1962 年 8 月，危地马拉、萨尔瓦多、尼加拉瓜、哥斯达黎加和洪都拉斯 5 国建立中美洲共同市场；1965 年 1月，埃及、伊拉克、叙利亚和约旦等国成立阿拉伯共同市场；1966 年 1 月，喀麦隆、中非、乍得、刚果和加蓬组成中非海关和经济同盟；1968 年 5 月，巴巴多斯、牙买加等 11 个加勒比国家组成加勒比自由贸易协会，1973 年改为加勒比共同体。20 世纪 70 年代以后，类似组织不断产生和发展，南南合作的范围在深度和广度上都有较大的发展。突出的表现是，几乎世界各地区的发展中国家都组成了区域性的联合实体，联合也以流通领域过渡到生产领域及与再生产过程有关的各个领域。在亚洲，东盟自 1967 年成立以来，联合的紧密程度在提高、范围在扩大，就连民族矛盾、国家矛盾很深的南亚各国（印度、巴基斯坦、孟加拉国等），也于 1983 年 8 月宣布正式成立南亚区域合作组织，这可谓世界各地区最后一个成立的区域联合体。据联合国发表的数字，目前发展中国家正在 44 个地区经济贸易集团、30 个原料生产输出国组织、2 个货币同盟、8 个清算协定和 5 个信贷协定的范围内，进行合作或联合。

在诸多的合作组织中，较为典型的有：东南亚国家联盟（简称东盟）、拉美安第斯条约组织、西非经济共同体。

东盟由马来西亚、菲律宾、新加坡、泰国和印度尼西亚 5 国组成，1984年文莱独立后加入，成为它的第 6 个成员国。

1967 年 8 月，5 国外长在曼谷举行会议，一致同意 5 国组成东盟。会议闭幕时，发表了《东盟成立宣言》（即《曼谷宣言》）正式宣告了这一国家集团的诞生。宣言规定东盟的主要宗旨和目标是：本着平等合作的精神，通过共同努力，加速地区的经济增长、社会进步和文化发展，奠定一个繁荣、和平的东南亚国家共同体的基础，并促进地区的和平与稳定，增进地区的积极合作和相互援助。东盟的建立，反映了东南亚国家通过加强区域合作来加速发展民族经济，谋求实现地区和平与稳定的共同愿望。

东盟经济合作的发展大体可分为两个阶段。1967年8月东盟成立至1976年2月东盟第一次首脑会议召开是第一阶段。在这一阶段，东盟提出了许多社会、经济等领域的合作项目，但付诸实现的并不多。阻碍东盟初期合作的活动开展的主要原因是，东盟国家的双边关系中存在着冲突和分歧。东盟经济合作的第二阶段是从1976年2月第一次巴厘首脑会议开始的。会议通过了《东盟协调一致宣言》，为东盟制定了在经济合作方面的一些原则。1977年2月，东盟5国达成了实施特惠贸易安排的基本协议，规定采取签订长期合同、提供低息贷款、扩大关税特惠措施，增强彼此在商品，尤其是食品和工业品方面的互通有无。同年6月，东盟就71种商品实行特惠，互减关税10%—30%等达成了协议。1978年6月，又将这类产品增加到755种。同年12月，经济部长会议又同意增加500种特惠商品。在双边贸易中，各成员国相互提供最基本的商品。从1977年起，东盟5国已对大米实行了优先提供和购买的措施。对于石油，产油的印尼和马来西亚保证优先供应菲律宾、新加坡和泰国。

为了更加充分地利用各成员国的资源，逐步建立民族工业体系，5国决定实行大型工业企业合作。1976年，东盟决定5国联合投资，兴办5个项目，即在印尼和马来西亚各兴建一座尿素厂，在菲律宾兴建一座磷肥厂，在泰国兴建一座纯碱厂，在新加坡兴建一座柴油机厂。这些工厂的产品可在优惠贸易制度下进入各成员国的市场。1980年10月，东盟又开列了第二批政府合作兴建的大型项目：在印尼的耐用外胎厂、马来西亚的金属加工机床厂、菲律宾的造纸厂、新加坡的电子显像管、泰国的鱼品罐头厂和钾肥厂。此外，东盟成员国之间还实行工业互补和协调的计划，并加强了其他方面的合作。

东盟5国在国际经济活动中，采取了协调一致的立场。《东盟协调一致宣言》指出，东盟必须"对国际商品制度和其他世界经济问题采取共同态度"。这是东盟经济合作的一个重要内容。东盟国家除新加坡外，都是主要的原料生产和出口国。为了稳定原料产品价格，东盟国家联合一致，对国际市场的垄断努力进行了坚持不懈的斗争。据统计，东盟国家参加了十多个国际性原料生产国和输出国的专业组织。从 20 世纪 70 年代起，东盟与欧洲共同体、日本和美国等发达国家，就一些双边经济问题进行了"对话"。一是争取这些国家增加对东盟的投资和开发援助，二是争取东盟产品较顺利进入这些国家市场，反对贸易保护主义。东盟国家以集体形象出现，用一个声音说话，以协调一致的立场，增强了东盟在国际谈判中的地位。

东盟 5 国的经济合作取得了显著的成果，促进了各国的经济增长，据国际货币基金组织统计，1973—1983 年，印尼的实际国民生产总值年均增长率为 6.4%，马来西亚为 6.8%，新加坡为 7.6%，菲律宾为 5.2%，泰国为 7.1%。东盟国家整体的增长率居世界各地区的前列。

在拉美，安第斯条约组织的经济合作比较全面。1966 年 8 月，哥伦比亚、智利、厄瓜多尔、秘鲁和委内瑞拉的总统和总统代表在哥伦比亚首都波哥大签署《波哥大宣言》，建议缔结地区性经济合作条约。1969 年 5 月 26 日，智利、秘鲁、厄瓜多尔、玻利维亚、哥伦比亚 5 国，在哥伦比亚卡塔赫纳会议上签订《卡塔赫纳条约》（即《小地区一体化条约》）后，正式成立卡塔赫纳条约组织。因为安第斯山脉通过这些国家，因此该条约又称《安第斯条约》，该组织又称安第斯条约组织。1973 年 2 月，委内瑞拉正式加入该组织；1976 年 10 月 20 日，智利退出，但仍在教科文等一体化方面与该组织保持联系。总部设在秘鲁首都利马。该组织的宗旨是：加速经济发展，为一体化进程提供方便和为共同市场建立有利条件，从而提高本地区的生活水平。条约要求采取措施，合理利用缔约国丰富的自然资源；到 1980 年取消成员国之间的全部关税，进行自由贸易；实行共同对外关税，在预备阶段实行共同最低对外关税；制定对待外资的共同条约；组成安第斯共同市场；对外增强"对付工业化大国和在讨论贸易与发展问题的会议上进行交涉的能力"。1970 年 12 月，该组织成员国在利马开会，通过《对待外国资本的共同条例》和其他 20 项决议。1972 年 10 月和 11 月间，它先后和墨西哥、阿根廷成立安第斯—墨西哥混合委员会和安第斯条约组织和阿根廷委员会。1978 年 7 月，成员国宣布成立安第斯储备基金会。1979 年 5 月，安第斯条约组织首脑会议发表联合公报，指出政治和经济一体化仍为成员国的中心目标。该组织的一体化措施尽管遇到阻碍，但都按期完成。

20 多年的实践证明，经济一体化对成员国的共同发展有利。它有利于内部贸易的发展，安第斯共同市场内部由于关税率减免已达75%，相互间的贸易额从1969年的7800万美元增加到1980年的14亿美元，共增长十几倍，有利于本地区的工业生产。安第斯条约组织通过共同的工业计划来带动成员国的工业生产。1972年获得通过的金属和机械工业计划，共包括268个生产项目，分别由128家条约成员国的公司来经营。石油和化工计划（1975年通过）包括162个生产项目，目前已签订49个项目的协定，分别由5个成员国来经营。汽车工业计划（1977年通过）的目标是使5国的制造和装配的汽车种类由120种减至38种，同时增加主要零部件的生产和减少成员国之间在汽车零件贸易方面的税金。随着经济一体化的推进，安第斯条约组织成员国的制造业产值已从1970年的100亿美元增到1977年的370亿美元；同期，工业企业数目从21803个增至29365个，还有利于各国在开发资源和提供资金等方面取长补短、互相调剂。安第斯共同市场的信贷机构——安第斯开发公司——在筹措资金、发放贷款方面发挥积极作用，对经济比较落后的玻利维亚和厄瓜多尔给了一定的照顾。

西非经济共同体是西非法语国家的经济合作组织。有6个成员国：科特迪瓦、马里、毛里塔尼亚、尼日尔、塞内加尔和上沃尔特。贝宁和多哥是观察员。总部设在上沃尔特首都瓦加杜古。前身是"西非国家关税同盟"。同盟的成员国为扩大合作的范围，它们的国家元首于1970年5月在马里首都巴马科签订建立这个同盟的西非经济共同体的协议议定书。1972年6月3日，他们在巴马科再次举行会议，签订建立共同体的条约。1973年4月16—17日，他们又在科特迪瓦首都阿比让聚会，签订条约的10项附加议定书，并决定共同体于1974年1月1日正式成立。1975年4月7—8日，第一次西非经济共同体国家首脑会议在尼日尔首都尼亚美举行，以后每年定期召开一次成员国首脑会议，研究该地区的合作有关方面。西非经济共同体的宗旨是促进成员国在关税、贸易、工农业、交通运输、外贸、旅游、能源和研究等方面的协调和合作。

非洲经济共同体成立迄今，在加强成员国之间的团结和合作方面起到了良好作用，现被称为"非洲地区经济合作组织的榜样"。

1. 发展地区贸易。为鼓励发展共同体内部的贸易，协定规定，非工业制造品、原油和传统手工业品，在成员国之间的进出口一律免税。工业品的出口，根据1976年1月1日开始实行的"地区合作税"可享受特惠待遇。1982年享受"地区合作税"低税率的企业共有200家，产品500多种。由于上述规定，尽管共同体成员国之间的贸易额在各国对外贸易中所占比重仍不很大，但它们之间的贸易发展还是比较快的，仅"地区合作税"范围内的工业品贸易额从 1976 年的 45 亿非洲法郎增到 1980 年的 172 亿非洲法郎，增加了 3 倍多。

2. 促进地区经济合作。1977 年共同体给马里、上沃尔特和毛里塔尼亚提供贷款，对这些国家的经济发展起到了积极作用。第四次首脑会议（1978年 10 月）确定的、第五次首脑会议（1979 年 10 月）作了调整的共同体二项发展计划，正在逐步落实，计划从 1980 年起，5 年内实现。这些计划包括：将在 6 个成员国的农村打 2634 口水井；设立 4 所院校，即高等管理学院（设在塞内加尔）、高等纺织学校（马里）、渔业科学和技术学院（毛里塔尼亚）、矿业和地质学院（尼日尔）；建立一个地区太阳能研究中心（马里）和一家鱼产品和渔业装备贸易公司（毛里塔尼亚）。所需资金初步确定约 600 亿非洲法郎。1980 年以来，在欧洲共同体的要求下，法国、联邦德国、瑞典等国和世界银行、欧洲经济共同体、伊斯兰发展银行、非洲开发银行、欧佩克、联合国开发计划署等国际金融组织都答应给予财政援助。第一批水井工程已完成，准备举办太阳能培训班。1982 年 12 月第八次首脑会议，研究了加强交通运输方面的合作，准备成立一家船运公司和一家列车车厢制造厂，建立海洋和陆地运输网。

南南合作的新趋向

近年来，南南经济合作有向大区经济一体化发展的趋势。

拉美自由贸易协会改组成为拉美一体化协会就是一例。1960 年 2 月阿根廷、巴西等 6 个拉美国家签署《蒙得维的亚条约》，成立拉美自由贸易协会，其成员后来增加到 11 国。20 世纪 70 年代，协会各成员国曾就如何共同努力对付跨国公司和世界经济危机的影响，继续推动本地区经济一体化，进行了反复的酝酿，最后决定对拉美自由贸易协会进行改组。1980 年 6 月，拉美自由贸易协会在墨西哥的阿卡普尔科召开了第十九次特别会议，成立国一致同意建立拉美一体化协会，以取代拉美自由贸易协会。

该协会建立的宗旨是：缔约国通过本条约继续其旨在"促进本地区经济与社会和谐和均衡发展的一体化进程"，"该进程将以逐步建立一个拉丁美洲共同市场为长远目标"。协会于 1981 年 3 月 18 日正式成立，11 个成员国

（阿根廷、玻利维亚、巴西、智利、哥伦比亚、厄瓜多尔、墨西哥、巴拉圭、秘鲁、乌拉圭和委内瑞拉）政府均已履行了对 1980 年《蒙得维的亚条约》的批准手续，并递交了条约批准书。

1981—1982 年，协会成员国之间除了签订一些局部性贸易、本地区生产合作协定之外，协会还与整个拉美其他组织签署了一些合作协定。例如，和安第斯条约组织签订的关于双方共同审定和执行以促进经济相互补充、扩大双边贸易为宗旨的计划与研究报告的协定；和拉美经济体系签订的关于在双方总的目标与行动范围内相互合作、交换情报等协定。

类似的情况也出现在非洲大陆。非洲统一组织（现有 50 个成员国）从 1980 年起就筹划加强非洲各地区的经济合作，为建立非洲经济共同体和共同市场作准备，并逐渐实现非洲大陆经济一体化，即在 2000 年建立非洲经济共同体。

发展中国家跨地区组织还跨越一个洲的范围，在共同利益的基础上联合起来，同西方发达国家进行经济贸易上的联系。其中非洲、加勒比和太平洋地区国家集团就是较成功的一个。1975 年 6 月 5—6 日在圭亚那首都乔治敦举行的非洲、加勒比和太平洋地区发展中国家部长级会议上决定建立这一经济集团。自 1973 年以来，这个地区的发展中国家为了改善它们和欧洲共同体的关系，开始联合起来，经常协商，统一步调，取得团结一致。经过 18 个月的谈判，它们同欧洲共同体在 1975 年 2 月签订《洛美协定》，对双方之间的不平等的贸易和经济关系，作出有利于发展中国家的改变。乔治敦会议决定建立这个经济集团，以便对发展中国家争取实现国际经济新秩序作出更有效的贡献。会议通过的《乔治敦协议》规定了该集团的目标，其中包括：保证实现《洛美协定》的目标；在非洲、加勒比、太平洋地区发展中国家之间以及全体发展中国家之间，促进更大范围的和更密切的贸易、经济和文化关系，并为此而加强交换贸易、技术、工业和人力资源方面的情报；在非洲、加勒比和太平洋地区发展中国家以及全体发展中国家之间，促进地区内和各地区之间的有效合作；促进新的世界经济秩序的建立。这个集团的成员国最初有 46 个，到现在已扩大到 65 个。第一个《洛美协定》于 1980 年 3 月 1 日到期，根据协定规定，新协定的谈判应在到期前 18 个月开始。从 1978 年 7 月到 1979 年 6 月，举行了缔结第二个《洛美协定》的谈判。1979 年 10 月 31 日，非洲、加勒比、太平洋地区 57 国和欧洲共同体 9 国在洛美正式签署了新的《洛美协定》，第二个《洛美协定》从 1980 年 4 月起生效，为期5年。1985年又签署了第三个《洛美协定》，目前，该集团的发展中国家正在实施新的《洛美协定》。由于非洲、加勒比、太平洋国家的力争，新的协定比原有协定又有所改进。

非、加、太国家间的合作目前尚处于准备阶段。1977年，非、加、太国家集团成员国曾就成立国间的合作问题，在斐济首都苏瓦举行会议，发表了《苏瓦宣言》，确定了指导原则，提出了需要进行合作的领域。这些领域是：运输及通信、贸易，建立非、加、太国家企业和生产合作、发展资金；技术等领域以及科学文化教育领域的合作。为实施这个宣言，该集团曾召开过不少会议，但由于人力、能力有限，至今成员国间的合作还没有产生具体成果。

诚然，南南合作的发展仍存在不少障碍。首先，发展中国家间的经济发展水平参差不齐，其发展目标和轻重缓急也很不一致，加之近年来石油供过于求，能源作为推动南北对话的杠杆作用下降。这个因素既为发展中国家之间进行合作提供了可能性和必要性，又使它们之间的利害关系有时难以协调一致。其次，发达国家为了维护和扩大其在第三世界的利益，通过跨国公司或其子公司、利用南南合作之机从中渔利。跨国公司趁发展中国家间实行贸易优惠之便，千方百计地打入发展中国家市场，大量倾销产品，牟取高额利润，扰乱南南经济合作的步骤，削弱南南贸易的成果。最后，发展中国家为数众多，其社会制度、意识形态、宗教信仰差异很大，具体的国内外政策也各不一样，从而导致对许多重大国际问题立场上的分歧和对立；加之历史上遗留下来的边界争执、宗教矛盾、种族纠纷，甚至引起相互间的武装冲突和战争，这些都严重地阻碍着南南经济合作的发展。特别是近几年来，由于区域性差别扩大，面临的实际问题不同（拉美国家急于缓解严重的债务问题，非洲国家要求多得到一些发达国家的官方发展援助、缓解严重的贫困问题，而亚洲国家关注比较多的是贸易保护主义问题），在国际经济会议上发展中国家内部经济各自利益和问题，事实上已形成不同的利益集团。这不仅不利于南南合作，还削弱南方国家在南北对话中的集体谈判实力。

在当前南北对话陷于僵局、发展中国家经济困难增多、南北经济差距拉大的情况下，发展中国家更需要加强南南合作，建立国际经济新秩序。发展中国家的根本利益是一致的，通过求同存异、团结合作、相互帮助，它们将能以南南合作来促进南北对话的进展，以达到逐渐改革现存不合理的国际经济关系。

英阿马岛战争

吕　方

1982 年 4 月 2 日至 6 月 14 日，英国与阿根廷因马尔维纳斯群岛的主权问题，爆发了一场大规模的海空战争。这是第二次世界大战后英国侵略埃及战争以来在海外实施的规模最大的一次军事行动，也是战后在大西洋上的一次最大规模的海空作战。双方在交战中投入了大量的兵力，使用了先进的武器装备，尤其是精确制导武器，因此被称为"世界上第一场涉及空间时代的导弹及其复杂的电子系统的大海战"。短短 74 天的战争不仅英阿双方损失惨重，而且对国际政治、经济局势产生了直接的影响，其军事上的意义更不容低估。

由来已久的主权争议

马尔维纳斯群岛位于南大西洋南纬 51°—53°，西经 57°—62°。西距阿根廷海岸 500 公里，包括索莱达岛（东福克兰岛——英称，下同）和大马尔维纳岛（西福克兰岛）以及其他数百个小岛，总面积 11961 平方公里。居民不足 2000 人，98% 为英国人后裔，讲英语。首府斯坦利港（阿军占领后改名为阿根廷港）。

对于马尔维纳斯群岛以及它的附属岛屿，位于其东南 1000 多公里远的南乔治亚岛和南桑德韦奇群岛的归属，英国和阿根廷已争执了 150 年。马岛被发现迄今已有 400 多年。英国人说，最早发现群岛的是英国人约翰·戴维斯船长。1592 年，他的船"希望号"因受暴风雨的袭击而偏离航道，偶然进入群岛，找到了避风港。两年后，另一个英国人理查·豪金斯爵士又到达群岛，因此，这片群岛曾被称为"豪金斯的处女地"。但是，许多国家的历史学家认为，首先发现群岛的是麦哲伦的探险队。据考证，葡萄牙著名航海家麦哲伦于 1520 年路过南美时，探险队中的一个葡萄牙人戈梅斯第一个发现这些群岛。还有文献记载，群岛最早的发现者是荷兰人塞巴尔德·德韦尔特。他于 1600 年发现群岛西北端的岛屿，并命名为"塞巴尔德群岛"。还有人考证说首先发现群岛的是北欧海盗或漂泊不定的斐济人。

英国有文字记载的资料说，1690 年，一个名叫约翰·斯特朗的英国人在大海上被飓风刮到岛上。他发现了东西两个大岛之间的海峡，便以当时英国皇家海军司库福克兰（Falkland）子爵的名字命名了这个海峡。后来，英国便称这些群岛为福克兰群岛。

1764 年法国的航海家路易·安东尼奥·德布甘维尔带领一帮船员在东岛登陆，第一次在岛上建立居民点。法国人将这些群岛称为马洛于内群岛（Isles Malouines），这个名称来源于他们在国内起航港口圣马洛（st. Malo）。以后西班牙语名称马尔维纳斯群岛（Islas Malvinas）即源出于此。

1765 年，以约翰·拜伦为首的一批英国人在西岛上岸，建立了名为埃格蒙港的据点。当时，双方并不知道邻岛有异国人落户。两年后，东、西两岛的"主人"偶然相逢，各以领主的身份喝令对方，但都各不相让。从此，这片大洋中的山峦便无宁日了，当时的海上列强为了夺取它曾几动干戈。1767 年，海上称霸的西班牙人声称，按照 1493 年教皇子午线划定的分界线以及西班牙同法国 1761 年签订的协定，这些岛屿坐落在他们的势力范围内，理应归西班牙所有。几经讨价还价，法国人以 2.4 万英镑的价钱把东岛卖给了西班牙人。法国人在东岛定居时取名的路易港易名为索莱达港，这便是东岛称为索莱达岛的渊源。

1770 年，西班牙用武力把英国人赶出西岛，此事在英国引起轩然大波，几乎导致英国与西班牙开战。经与西班牙谈判，6 个月后平安地收回了西岛。不久，大英帝国面临北美大片殖民地独立运动的挑战。1776 年美利坚合众国宣告独立。英国不得不收缩战线，西岛驻军于 1774 年撤走。据说，英军指挥官在撤离之际，还没忘记在一块铅版上刻上如下字样：昭告世界，福克兰群岛全部是最神圣的君主、大不列颠国王乔治三世的领地。

随后，马岛由西班牙的一个总督统治了几十年。1806 年，西班牙被拿破仑打败，英国趁机在世界各地打击西班牙的势力。当英国殖民军占领布宜诺斯艾利斯后，西班牙在马岛的总督望风而逃。从此马岛十几年未有统治者。1810 年，阿根廷脱离西班牙。1816 年 7 月 9 日，阿根廷正式独立，宣布它继承西班牙对阿根廷沿海岛屿的主权，其中包括马尔维纳斯群岛，将马岛定为阿根廷的第二十四个省，此事在当时并未引起外界注意。大约从 1820 年起，阿根廷人陆续移居马岛。当年 11 月，戴维·朱厄特海军上校在索莱达港登陆，把阿根廷国旗插上要塞顶端。1823 年，阿根廷当局委派巴勃特·阿雷瓜蒂为总督。1829 年，阿根廷在岛上成立马尔维纳斯群岛及其附属岛屿的文人—军人联合司令部，任命贝尔纳特为司令。

1831 年，一支 3 艘帆船组成的美国船队来到马岛附近海域捕猎海豹。他们不承认贝尔纳特对群岛的统治权和阿根廷的法令，贝尔纳特把这些人抓了起来，押送到布宜诺斯艾利斯治罪。美国派出护卫舰"莱克辛顿号"开赴马岛武力报复。美国军队攻占贝尔纳特的司令部，肆虐之后扬长而去。英国人的行动也为英国重占马岛创造了时机。1832 年 12 月—1933 年 1 月，英国先后占领了大马尔维纳斯群岛索莱达岛，岛上的阿根廷居民几乎被全部撵走。阿根廷政府向英国提出了抗议。英国人继续在南大西洋扩大势力范围，全部占领了马岛和南佐治亚群岛，并控制了南桑德韦奇群岛。英国占领后第一位到达那里访问的名人是英国大科学家达尔文，他于 1831—1836 年乘贝格尔号船作环球旅行曾到过马岛，因此东岛中部有个港口以达尔文命名。

阿根廷始终拒绝承认英国对马岛的主权，曾一再向英国提出抗议。从此，马岛的归属问题成了英阿两国的争端。英阿马岛主权归属的争议和谈判，随着世界局势的发展而发展，逐步引起了国际社会的密切关注。英国不肯放弃马岛主权的主要因素在于其重要的战略地位。马岛扼南大西洋和南太平洋的通道。第二次世界大战中，英国就曾利用马岛作为重要战略依托，不断袭击出没于这一海区的德国潜艇、水面舰艇和商船。马岛又是通往南极的理想的中转站，在考察和开发南极的活动中，它的前沿基地的作用将会越来越显示出来。直到 20 世纪 70 年代以前，英国尚未把谈判的大门关死。1958 年，马岛的主权问题被提到联合国大会的辩论日程上。1963 年，联合国大会决定把马岛列入应予非殖民化的领土清单上。1965 年，联合国大会又以压倒多数承认马岛主权存在争议，要求英阿两国政府寻求和平解决争端的途径。1966 年、1967 年、1969 年和 1971 年先后 4 届联合国大会均敦促两国继续谈判。两国曾断断续续举行过一些谈判。1971 年，英阿还签署协定，同意逐步把岛上的居民加入阿根廷。协定同时解决了岛民的身份证问题，使他们得以在阿根廷各地自由通行，可迁居阿内地，也可到阿大城市就读中学和大学（马岛仅有初等教育）。1972 年，阿根廷在离斯坦利港 5 公里处修建了机场，班机定期往来。英阿两国国旗同时飘扬在机场上空。

　　1973 年，英阿围绕马岛主权的谈判急转直下，英国以马岛无阿根廷居民为由拒绝阿对群岛的主权要求。1975 年，阿根廷对英国向马岛派遣贸易代表团提出抗议。1976 年，阿根廷召回驻伦敦的大使。两国的立场为何转趋强硬呢？其主要原因是马岛周围发现了石油资源，而 20 世纪 70 年代正是能源风潮席卷世界之时。从 70 年代起，阿根廷便与美英等国合作对大陆架进行反复勘查，寻求石油天然气等资源。初步的调查结果证明，南部火地岛—圣克鲁斯—马尔维纳斯群岛三角区海域，储有丰富的石油、天然气和其他矿藏。马岛位于一个巨大的沉积盆地突出部分的中央，除天然气、锰结核等矿藏和其他水产资源外，其石油储量特别引人注目。一说相当于北海油田储量的二三倍乃至十倍；一说仅马岛与圣克鲁斯之间的海底就可能有 60 亿桶石油储量；有人断言马岛可能变成一个"新的科威特"。

　　新的发现使马岛顿时身价倍增，英国早就有意勘探马岛的石油和天然气，只是由于主权争议问题，尚未动工。英国政府已向国际石油组织发出照会，反对它们同阿根廷合作勘探马岛的油气资源。虽然如此，英阿两国尚未走到动武的地步。1978 年 12 月两国再度恢复谈判，第二年 11 月又恢复了正式关系。1980 年，两国在美国纽约谈判时，英外交官曾提出设想：马岛主权移交阿根廷，阿必须把马岛长期租借给英国。这一设想不仅遭到阿方的拒绝，而且在当年 12 月英议会辩论时也遭到否决。于是，英政府提出，马岛的最后归属问题应由马岛居民表决。1981 年，马岛议会通过决议，要求英阿"冻结"谈判，但是阿方要求加速关于马岛归属的谈判。英阿两国最后一轮谈判于 1982 年 2 月 26—27 日在纽约举行，仍毫无进展。

　　当年 3 月 18 日，一批阿根廷工人到南乔治亚岛拆除一个旧的鲸鱼加工厂的机器，遭到英军的无理刁难。出于义愤，阿根廷工人在岛上升起本国国旗，英国为此向阿根廷提出抗议。接着发生了岛民袭击阿根廷航空公司和英国派军舰驶向南佐治亚岛事件。早在最后一轮谈判之前，阿根廷新闻界便预言，一旦谈判破裂，阿根廷将转而以武力手段解决马岛争端。接二连三的摩擦成了导火索，一场大规模的军事冲突已不可避免。

非同一般的海军大战

　　1982 年 4 月 2 日凌晨，阿根廷军队在马岛登陆，一举占领首府斯坦利港。3 日，阿军登上南乔治亚岛。至此，阿军胜利完成代号为"主权作战"的行动。阿根廷军政府任命了马岛总督，将首府斯坦利港更名为阿根廷港。消息传开，阿根廷举国上下一片欢腾。

其实阿军占领马岛算不上是真正的战斗，因为马岛上英国守军仅 80 余人。英军明知寡不敌众，在阿军机枪和阻击炮的警告射击下，稍作抵抗便缴械投降。在南乔治亚岛，英守军仅 22 人，遭遇阿军后亦是稍作抵抗即投降。随后英政府的代表——马岛总督雷克斯·亨特及 100 余名英军即搭乘阿军为他们准备的军用飞机回国，由于阿总统加尔铁里在进攻发起前下达命令：尽量避免造成英军伤亡。因此，两地的交火，英军无一人伤亡。倒是阿军有 1 架直升机被击落、1 艘小型护卫艇被击伤，4 人（包括指挥马岛行动的一名上校）阵亡。

真正的战争是英国从本土出兵而开始的。这场战争大体可分为以下 3 个阶段。

第一阶段：调兵遣将。阿军占领马岛使英国为之一震。伦敦唐宁街 10 号首相官邸陷入极度紧张状态之中。外交大臣卡林顿、掌玺大臣兼外交国务大臣阿特金斯以及外交和联邦事务部政务次官卢斯引咎辞职。前国防大臣皮姆接任外交大臣。国防大臣诺特也提出辞呈，为首相撒切尔夫人挽留。就在 4 月 2 日当天，撒切尔夫人主持召开 3 次内阁紧急会议，会后宣布断绝与阿根廷的外交关系，限令所有阿外交官于 4 日内离开英国，并对阿根廷实行经济制裁和禁运一切军火。同时决定，派出强大的海上力量开赴南大西洋，必要时不惜动用武力，必欲使马岛"摆脱占领"。

此时的英国防部和三军联合参谋部更是紧张。英国军方对阿军突袭马岛事前毫无准备，指挥部里连马岛的一张大比例尺地图都找不到，临时派员到各大书店搜寻。英军统帅部很快拟订了派遣特混舰队的计划，任命海军少将约翰·伍德沃德为司令。这支特混舰队由 40 余艘作战舰艇组成，占英海军总兵力的 2/3，其中包括航母 2 艘、核动力潜艇 4 艘（一说 2 艘）、驱逐舰 8 艘、护卫舰 18 艘、两栖攻击舰 2 艘、登陆舰 5 艘和登陆作战部队 1 万余人（一说 9000 人）。为保证这支作战舰队，除动用 17 艘海军的辅助舰船外，还征用或租用商船 50 余艘，总吨位达 67 万吨。英国摆出了咄咄逼人的决战架势。

阿根廷在欢庆收回马岛主权胜利的同时，预料到英国将使用武力再夺马岛。总统加尔铁里在马岛登陆成功之后，立即下令成立南大西洋特别战区司令部，负责保卫阿海岸 200 海里水域以及马岛、南乔治亚岛及南桑韦奇岛 3 个群岛。阿军紧急向岛上运送武器装备。几天时间，阿军即增调了 1 万部队，重点部署大马尔维纳斯和索莱达岛，首府阿根廷港派有 4500 名精锐部队筑壕固守，并配备了重型火炮和防空兵器。在马岛周围海区，阿军部署的海空力量有："5 月 25 日号"航空母舰、"贝尔格拉诺将军号"巡洋舰、驱逐舰 6 艘（其中导弹驱逐舰 2 艘）、潜艇 4 艘、各型作战飞机 400 多架和 C—130 大型运输机 7 架。

从两军摆开的阵势看，双方军事上各有短长：英海军实力较强，但远离本土 1.3 万公里作战，没有岸基航空兵支援，舰载机力量薄弱。阿军力量较弱，但以逸待劳，离本土最近处仅 500 多公里，有岸上基地作依托；空军飞机受作战半径限制，但数量上占优势。

第二阶段：外围消耗战。英国 4 月 3 日宣布派遣特混舰队，4 月 5 日，作为舰队主力的航空母舰编队即驶离本土朴次茅斯港，在中大西洋与另一艘航空母舰"赫尔姆斯号"及从直布罗陀海军基地驶出的其他舰艇会合，开始了南大西洋的远征。这支舰队从北纬 50° 的英国本土到南纬 50° 的马岛海区（17 日抵达中大西洋的阿森松群岛曾靠岸休整两天），经 19 天航行于 24 日抵达马岛海区。此前，英政府曾宣布从 12 日开始马岛周围 200 海里内为作战区域，任何进入这个海区的阿根廷舰船将遭到英军袭击。实际上，英对马岛周围的封锁是 24 日特混舰队抵达后开始的。

25 日，英军选择阿军力量薄弱的南乔治亚岛，开始了外围消耗战。南乔治亚岛的战斗历时仅 2 个小时，156 名阿军全部当了俘虏。

29 日，阿根廷宣布将对马岛周围 200 海里内的英舰船采取行动。30 日，英舰队到达马岛附近海域，对其周围 200 海里实行空中、海上全面封锁，力图切断阿本土与马岛的联系。5 月 1 日，英军开始炮击和轰炸马岛阿军。2 日，英核动力潜艇击沉阿巡洋舰"贝尔格拉诺将军号"。4 日，阿军用飞鱼导弹击沉英导弹驱逐舰"谢菲尔德号"，并有 4 艘舰船和部分飞机冲破封锁，强行向岛上运送了物资。7 日，英军宣布将海上封锁区扩大到阿根廷海岸 12 海里处。12 日，阿根廷天鹰式攻击机以 4 架一组，连续向英军的"华美号"和"大刀号"护卫舰发起 3 次俯冲攻击。英舰一艘受创，阿军损失攻击机 3 架。14 日，英特种部队乘直升机利用夜暗偷袭布尔岛机场，击毁阿机 11 架。

近 30 天的外围消耗战，双方损失均相当惊人。据统计，英舰队从本土开到南大西洋花费了 3.65 亿美元，每天的维持费用达 180 万美元。租用的商船费用每月达 9000 万美元。武器装备的损耗，仅"谢菲尔德号"导弹驱逐舰就值 2.7 亿美元。截至 6 月 19 日，英方损失的飞机、直升机，使用的导弹、鱼雷以及其他武器合计价值 3950 万美元。自 4 月 2 日起，阿根廷方面的作战损耗达 8 亿美元。英军的海空封锁，使阿军守岛部队的补给、食品日趋减少。美、法、联邦德国等停止向阿提供武器装备和零配件，使阿军的先进武器装备无法补充。法国制造的飞鱼导弹经过几次战斗，仅剩 7 枚。作战飞机的出动率大大下降。

第三阶段：登陆与反登陆决战。5 月 21 日凌晨，英军 1000 余人在索莱达岛北部阿军防御薄弱的圣卡洛斯港突然登陆。这是英军精心选择的登陆点。这个港入口处水深 36 米，可供大型舰只停靠，岸上地域开阔，便于部队展开。但海湾狭长，舰队活动余地小，无法建立大纵深的对空防御警戒，不利于登陆部队向斯坦利港运动。阿军认为英军不会在此处登陆，仅部署了 100 人左右的警戒部队，而将重兵部署在海面较为开阔、道路条件较好的斯坦利港、达尔文港和古斯格林。

英军在实施登陆作战之时，同时对斯坦利港、古斯格林、豪沃拉港、路易港、狐狸湾进行炮击和轰炸。突击队在达尔文港、路易港和狐狸湾登陆，发起牵制性攻击，使阿军无法判明英军真实意图和主突方向。英登陆部队基本未遇到阿军的抵抗，便攻占了 25 平方公里的登陆场。俟当日上午 9 时阿侦察机查明情况，英军已在岸上站稳了脚跟。阿军仍然进行了猛烈的抗登陆作战，重点在于切断英特遣舰队与登陆部队的补给和联系，从 10 时起，阿军 1 日之内出动飞机 70 余架次，轮番攻击英舰，击沉护卫舰 1 艘，重创 4 艘。23—25 日，阿军连续 3 天出动飞机 120 架次，击沉英舰 3 艘，重创 4 艘。阿军的英勇作战，迟滞了英军登陆后向前推进的速度。

26 日，英军登岛兵力增至 5000 人。23 日，英军攻占达尔文港和古斯格林机场，俘获阿军 1400 人。31 日，英后续部队 3000 人在斯坦利港北侧登陆。6 月 1 日，英军攻占肯特山，完成了对斯坦利港的包围。6 月 13 日 23 时，英地面部队在海空军支援下分 3 路向斯坦利港发起总攻，很快推进到离市区仅 4 公里的地方。守岛阿军英勇抵抗，因力量悬殊而战败。

在阿军的要求下，14 日下午，阿根廷驻岛军事长官梅嫩德斯将军和英军地面部队司令穆尔将军在前线地区举行谈判，达成非正式停火协议。当地时间 21 时协议正式生效。这场战争才宣告结束。

马岛战争的几点思考

在战争中，英国出动了其海军兵力的 2/3，征用租用商船 50 余艘，出动固定翼飞机 130 架，其中作战飞机 60 余架、直升机 140 架，总兵力 2.7 万多人。阿根廷方面投入飞机约 350 架，其中作战飞机约 200 架，舰船 30 多艘，地面部队 1.35 万人。交战中英军损失战斗机 9 架，直升机 25 架，驱逐舰、护卫舰各 2 艘，登陆舰和大型集装箱船各 1 艘，另有驱逐舰 2 艘、护卫舰 6 艘和登陆舰 2 艘被击伤。伤亡近千人，耗资 12 亿—17 亿美元。阿根廷损失各型飞机 109 架，各型舰船 5 艘，另有 5 艘舰船被击伤，伤亡人员 2000，被俘万余人，耗资约 10 亿美元。事实说明，现代战争对双方的消耗都是巨大的，胜利和失败都是局部的和相对的。英军凭借先进的武器装备可以重新拿下马岛，而阿军以 1 枚仅 20 万美元的飞鱼导弹击沉英军 1 艘 2 亿多美元的导弹驱逐舰更使世界瞠目。超级大国常常以其拥有的可以几次乃至几十次毁灭世界的武器库威吓对方和弱小国家，马岛战争的结局使人们认识到"第一次打击"的威力总是有限的，它不可取得根本的胜利。与此同时，人们也从马岛战争的过程中看到，现代战争的消耗是骇人听闻的，一个民族、一个国家对战争的承受力与现代兵器的发展正好成反比，发展中国家是如此，发达国家也是如此，超级大国也摆脱不了这一必然的规律。

马岛的丢失，对阿根廷人民无疑是一大灾难，对国内的政局产生了重大的影响。总统加尔铁里饮恨辞职，一些参战的将领被解职。军队内部、政界各派之间出现了新的矛盾和斗争。但是，人们并没有因为未能守住马岛而放弃马岛的主权，正如加尔铁里辞职前所说的那样，"阿根廷港的战斗已经结束"，但是，阿根廷并未停止"于 1833 年开始，今年 4 月 2 日继续进行的这一民族事业"。尽管战火刚刚熄灭，英国立即断然拒绝与阿根廷重开马岛争端的谈判，阿根廷人民却明确宣布将继续为收复马岛主权而坚决斗争。战争不仅未给存在了 150 年的英阿马岛主权争议带来任何希望之光，反而加剧了民族仇恨，激化了双边关系，这再一次说明战争并不是解决国际纠纷的最后手段。

英阿马岛战争从一开始就引起全世界的普遍关注。由于北约国家大多支持英国，拉美国家大多站在阿根廷一边，美苏两个超级大国为了各自的战略利益或明或暗地从中插手，英阿冲突的影响远远超出了两国范围，对美国、苏联、拉美和南北之间的国际关系都打下了深深的印记。

美国既是北约成员国，又是泛美组织的成员国，与英阿双方均有盟约关系。最初，美国还试图掩盖它偏袒英国的面目，以调解人身份出现。美国国务卿黑格在阿根廷占领马岛之后，曾几次纵越大西洋，大有息事宁人之势。但是，当他提出的"7点建议"被阿根廷拒绝之后，便露出了"庐山真面目"。美国宣布对阿根廷实行一系列制裁，停止向阿出口军事物资，扣发对阿的军事销售执照，同时宣布支持英国。在英军出兵期间，美国同意让英军使用它在阿森松岛上的空军基地和各种设施，向英国提供新型的响尾蛇空对空导弹和激光目标指示器及其他武器装备物资等，并把卫星侦察情报通报给英国。美国的行动使它助强凌弱的面目暴露无遗。

另一个超级大国苏联也不甘心于置身马岛冲突的旋涡之外。马岛战争前后，苏联先后发射了35颗侦察卫星，在战争的紧要关头，苏联接二连三地把卫星推向空间轨道。如6月1日发射1颗电子侦察卫星，2日发射一颗海洋监视卫星，3日又发射1颗照相侦察卫星，密切监视英阿双方交战的情况。据说，苏联一再加强它的卫星侦察力量，除了趁机捞取北约的军事情报外，还想在美国和拉美国家之间打进楔子，扩大其在西半球的影响，进而在拉美取得新的立足点。

在马岛冲突事件中，西方发达国家支持英国，制裁阿根廷；而发展中国家则支持阿根廷。西方发达国家所以支持英国，除英国是其重要盟国外，还因为它们本身历史上就曾是殖民帝国，有的甚至至今在海外保持着殖民利益。拉美国家把阿根廷的斗争看作反对殖民主义残余势力的斗争。它们认为，阿根廷不仅是在为维护其一国的利益而斗争，也是在为维护拉美的尊严和安全。所以在马岛危机中，美洲国家组织曾两次以17票对零票、4票弃权的压倒优势通过声援阿根廷的决议。拉美经济体系还决定成立支援阿根廷行动委员会。玻利维亚等5国组成的安第斯集团并决定向阿根廷开放市场。可以说，马岛冲突使南北裂痕加深，拉美团结趋势加强。

马岛之战是英国在一个没有准备的地区、与未予考虑到的对象打的一场没有准备的战争，既有成功又有失败，正反两方面的经验都值得重视。英军对阿攻占马岛事前估计不足，但在阿占领马岛后的次日即宣布派出特遣舰队，5日舰队主力就已从朴次茅斯起航；就近泊港的舰只大都能紧急出动；在中大西洋和直布罗陀海峡进行训练、演习活动的舰艇，接到命令后没有返回本土便直接开赴战区，并在航渡中编队，缩短了准备时间；反应如此迅速，反映了英海军平时战备状态良好，舰艇的完好率高，随时可投入作战使用。

英军平时训练严格，技术水平一般比较熟练，但参战部队仍充分利用临战前的有限时间，在训练器材不足的条件下，因陋就简，进行了紧张的技术训练。航渡中，登陆部队进行了瞄准、实弹射击等训练。为克服长时间航渡对体力的消耗，英军在航渡中特别注意了体力训练。4月9日，地面部队2000多人登上"堪培拉"号运兵船，24小时后便全面开始体力锻炼。士兵在舰船上每天负重跑步、做体操，甚至通过赤道附近高温地区时也未停止。船上场地狭小，就让士兵驮人上下阶梯或奔跑。加之英海军陆战队每年都参加在挪威进行的严寒条件下的作战训练，因而在气候寒冷的马岛海区作战适应能力和生存能力较强，而在自己家门口作战的阿驻岛部队对寒冷气候的适应能力反不如英军。

英国与其他北约国家一样，平时制订有民用商船战时应急征召计划，并落实到具体商船，因此动员速度很快。在10—15天内，英即有四十来艘民用船只投入马岛冲突。英国不仅把依靠商船担任战时海上支援勤务作为一项重要战备政策，而且通过演习等作法不断提高商船执行军事任务的能力。这些措施都是值得借鉴的。

英海军基本是根据在北约担负对苏反潜作战的任务而建设的，其海上作战的对空预警和防空依赖岸基航空兵和美国航母编队提供，因而缺乏在北约之外独立进行作战任务的准备和能力。在马岛作战中缺乏预警飞机和足够的空中战斗机，未能组成严密的对空警戒和火力配系，从而被阿军重创。这个教训提醒我们，一个国家的军队必须根据战略方针和可能的多种作战任务进行建设和训练，以具备全方位的作战能力。

纵观马岛战争全局，它在军事上给人们的启示特别引人注目。许多国家的军事专家认为，马岛之战对今后各国的作战指导思想、军队建设和武器装备的发展等都将产生深远的影响。北约军事专家说，从马岛冲突中学到的东西超过10年军事演习。

第一，马岛战争涉及了现代战争的各个领域，如战场侦察和情报搜集、战役战术伪装、舰队远洋奔袭、海上攻防战、潜艇攻击与反潜战、空中格斗、空对舰与舰对空作战、登陆与抗登陆作战、阵地攻防战、直升机机降作战、现代条件下的夜战、电子干扰与抗干扰作战及各种后勤保障等。因此，它是一场总体战争、立体战争，战争的胜利取决于综合作战能力的发挥和提高，任何一方面的不足都可能招致作战的失利以至整个战争的失败。

第二，马岛之战对大批的现代武器进行了实战检验，如"飞鱼"式导弹、"虎鱼"式雷达制导导弹、"海林枪"和"海猫"式舰对空导弹、"海狼"式反导导弹、"海鹞"式战斗机等。这些武器从发现目标到完成攻击都是由精确的电子系统控制，取得的战果震动了各国军界。因此普遍认为，精确制导武器在现代战争中起着重大作用，今后战争的概念和样式都在随着精确制导武器的发展而发展。传统海战中两军对垒式的舰炮对舰炮、飞机对舰凌空轰炸的作战样式已不复存在。马岛之战在促进各国大力发展精确制导武器的同时，也将促进电子干扰与抗干扰的电子战技术的发展。

第三，在马岛作战中，阿军比较注意以己之长、击敌之短，针对英舰队航空兵数量少、战斗防空力量薄弱的缺陷，发挥自己在飞机数量上的优势，多批次、大批量地轮番攻击英舰队，取得显赫战果。这说明，在精确制导武器的时代，具有主动勇敢精神、充分掌握现代化科学技术的人仍然是战争的决定因素。

第四，阿军由于受到西方国家的制裁，在马岛作战的关键阶段，严重缺乏武器和装备，后劲不足，这不能不是阿军失利的一个原因。因此，它提醒人们，一个国家建设一支现代化的国防力量，一定要立足于发展本国的军事工业为主，而不能完全依赖从别国进口武器，否则难免受制于人，陷入被动。

凯恩斯经济理论的形成及影响

闻 华

英国经济学家凯恩斯在20世纪30年代创立了影响最大的资产阶级经济理论体系。该理论是1929—1933年资本主义世界性经济危机后，为适应垄断资产阶级的需要而提出的。其主要内容是国家全面干预经济生活，依靠政府调节经济，实行国家垄断资本主义，第二次世界大战结束前后成为许多资产阶级政府制定经济政策的理论基础。此后，凯恩斯的追随者为适应资本主义经济所出现的变化，对凯恩斯经济理论进行了重新解释和补充，被称作"新凯恩斯主义"或"后凯恩斯主义"。因对经济增长理论和分配的宏观经济理论的具体观点不同，新凯恩斯主义分成新古典综合派和新剑桥学派两大学派。他们在凯恩斯经济理论的基础上，提出解救20世纪60年代末期以来资本主义日趋复杂的经济危机的理论，在西方现代经济学说中占有重要地位。

凯恩斯经济理论形成的历史背景

约翰·梅纳德·凯恩斯1883年出生于英国的一个书香门第之家，曾在著名经济学家马歇尔的指导下学习经济学，以后长期在剑桥大学任教，并主编过皇家经济学会的《经济学杂志》。他在20世纪20年代主要从事货币理论和政策的研究，主张实行管理通货以稳定物价和生产发展水平。他在1913年发表《印度的通货和财政》，一举成名，以后又陆续有《货币改革论》《货币政策论》《货币论》问世。

第一次世界大战结束后，资本主义世界经济危机频繁发生，大量工人失业，生产设备严重开工不足。英国政府为弥补严重的财政赤字增发纸币，使英镑购买力仅及战前1/3，1919年3月英国政府被迫宣布放弃金本位，在

1920—1921 年、1929—1933 年资本主义世界的两次经济危机中，英国经济发展受到严重打击。在 1920—1921 年，英国工业生产从最高点到最低点下降了 46%，工人失业率达 14.8%；在 1929—1933 年，工业生产指数下降了 23.8%，工人失业率为 22.2%；1932 年约有 300 万工人失业。其他资本主义国家的情况并不比英国好。在 1929—1933 年经济危机中，整个资本主义世界工业生产下降了 44%，国际贸易额减少了约 2/3，失业人数达 4000 万—5000 万人之多，在这期间，美国加工工业产值下降了 47.1%，失业率达 32%，约有 1700 万人。1930 年年底，纽约美国银行关闭，1932 年一年，美国有 1400 家银行倒闭。

空前严重的经济危机迫切需要从经济学理论上为摆脱危机指明出路。凯恩斯在其 20 世纪 20 年代从事的关于货币理论和货币政策的研究已涉及这方面的问题，并不完全是因袭马歇尔传统的经济学理论。他通过对英国经济问题的研究，已产生了必须放弃传统的自由放任政策的思想萌芽，主张由政府调节经济。1926 年，凯恩斯发表《自由放任的终结》一文，他在文中强调，必须把经济调节的某些职能由自由放任转交给国家。通过国家干预经济生活的政策，可使资本主义制度比其他制度"能够更加有效地实现经济目的，从而使资本主义制度巩固，可以长期存在下去"。1929 年，英国自由党领袖劳合·乔治提出以兴办公共工程解决失业问题的方案，凯恩斯对此表示坚决支持，因为他看到劳合·乔治主张的实质是加强国家对社会经济生活的干预。同年，他与汉德森合写了《劳合·乔治能做到吗》的小册子，认为兴办公共工程可以缓和失业，同时会产生一系列连锁反应。

1931 年 6—7 月，凯恩斯来到美国，在芝加哥大学召开的哈里斯基金圆桌会议上，同美国经济学家就运用财政措施调节经济应付经济危机的问题进行了讨论，他当时同那些强调在美国通过财政政策调节经济的美国经济学家的观点并不一致。凯恩斯认为，运用如降低利息率等方法的货币政策来平衡储蓄和投资，是可靠的政策措施。但是，凯恩斯的观点在不断变化。1931 年，英国经济学家卡恩在《经济学杂志》6 月号上发表了《国内投资与失业的关系》。这篇文章是他在凯恩斯和汉德森合写的《劳合·乔治能做到吗》这本小册子的启发下写成的。卡恩在文章中提出"乘数概念"，以阐述失业与投资之间关系的理论。该理论认为，增加投资对于减少失业有重要意义，一定数量的投资可引起数倍于其本身的国民收入的增加。1933 年，凯恩斯在《走向繁荣之路》一书中吸收了卡恩的乘数概念，以前他认为对稳定经济起主要作用的是货币政策而不是财政政策。而在这本书中，凯恩斯转而强调财政政策的作用。这部书的出版被认为是凯恩斯从货币经济学家走向建立凯恩斯经济理论关键的转折。此后，凯恩斯在不同场合多次宣扬其理论，他甚至还赞扬希特勒实行的重新扩军计划，认为这个计划可同时生产出更多的大炮和黄油，使德国避免工人失业、经济萧条。1936 年，《就业、利息和货币通论》一书出版，这部著作动摇了西方传统庸俗经济学的理论基础。它作为凯恩斯经济思想理论化、系统化的专著，问世后立即风行整个资本主义世界。一些西方经济学家将此书同亚当·斯密的《国富论》、马克思的《资本论》相提并论，还有人认为凯恩斯如哥白尼在天文学上、达尔文在生物学和爱因斯坦在物理学上划时代的贡献一样，是一场"革命"。直至第二次世界大战结束后，这部著作所提出的失业和经济危机的原因是有效需求不足和主张国家全面干预经济生活等，仍成为西方各国制定内外政策的理论依据。《通论》一书所阐述的理论体系被称为凯恩斯主义，标志着凯恩斯经济理论的成熟和形成。

凯恩斯经济理论的形成除以上述及的同资本主义世界经济发展的现实有直接关系外，还同作为资产阶级意识形态的资本主义经济学理论的发展有直接关系，凯恩斯经济理论是现代资产阶级政治经济学最重要的流派之一。它是资产阶级政治经济学反对马克思主义政治经济学的产物。

马克思主义政治经济学诞生后，受到资产阶级各种经济学流派的攻击，如奥地利学派、德国历史学派、英国剑桥学派等。20 世纪初发生的资本主义世界性的经济危机，进一步暴露了资本主义制度无法克服的深刻矛盾和为其服务的经济学理论的苍白无力。同时，也从另一方面证实了马克思主义经济学理论的生命力。凯恩斯曾攻击马克思的《资本论》是"一册陈腐的经济学教本"，宣称他对马克思的学说是永远不会同意的、永远不能接受的。他不加掩盖地说，"在阶级斗争中会发现，我是站在有教养的资产阶级一边的"。资产阶级和垄断资本集团也正是从维护其自身的利益大肆宣传凯恩斯经济学理论的，他们提出：我们可以驳斥凯恩斯提出的个别命题，但是如果我们推翻他的整个体系，那我们将会错过挽救资本主义的最后机会。美国经济学家乔利奇在批评某些人低估凯恩斯经济理论的作用时曾指出：凯恩斯是反马克思主义的资本主义辩护士，在资本主义处于危急状态的大萧条年代，凯恩斯在资本主义框框内，而不是在资本主义范围外改造了政治经济学。他把青年和惊慌不安的人吸引到自己这方面，阻止有知识的一代去当共产主义者。

列宁谈到凯恩斯时曾明确指出，他是"研究经济学并且从纯粹资产阶级观点看问题的十足资产者"。① 马克思和凯恩斯的经济学理论虽然在理论和实践上对人类社会生活都产生了重要影响，但却有本质的区别，而绝不像某些西方学者们认为的那样，有什么共同之处或从内容到结构有"相似之处"。还有些西方经济学家更荒谬，认为凯恩斯比马克思更前进了一步。因为马克思只是看到了资本主义的弊病，但找不到医治这些弊病的药方，而凯恩斯却找到了。对此，一些西方学者也提出异议。美国经济学家克莱因在《凯恩斯革命》一书中曾指出："马克思和凯恩斯提出不同的任务，从不同的观点来看待资本主义。总之，我们可以说，马克思和凯恩斯都分析了资本主义制度为什么不起作用和不能适当地起作用的原因。凯恩斯要维护和保持它，而马克思要批判和破坏它。"凯恩斯经济理论的出现不是偶然的，它作为国家垄断资本主义的理论基础，千方百计诋毁马克思主义经济理论。1935 年 1 月 1日，凯恩斯在写给英国戏剧家、费边社活动家萧伯纳的信中说，他自己正在写一本使世界经济科学发生革命的书。其"革命"的因素之一，就是要"打破马克思主义的李嘉图基础"。综上所述可以清楚地看出，凯恩斯经济理论是对抗马克思主义政治经济学，企图挽救资本主义必然灭亡历史命运的理论。

凯恩斯经济理论的主要内容

凯恩斯经济理论内容主要包括对传统庸俗经济学的修正、有效需求原理、国家全面干预经济生活等。凯恩斯在 1930 年曾声称：目前我们却陷入了无边无际的泥淖中，在一个微妙、复杂的机器控制下，被搅得一塌糊涂，这个机器的运转规律，我们却并不了解。凯恩斯的意思是说资本主义经济危机不是因资本主义制度本身造成的，而是因不了解资本主义的结果，他们提出的理论就是为了使资本主义这架"微妙、复杂的机器"更好地运转。

资产阶级庸俗经济学的传统理论认为，资本主义经济可通过市场供求自动达到充分就业。即在自由竞争的条件下，各种产品的价格、生产要素的价格可在市场供求关系的作用下自由上升或下降，通过价格体系的自动调节作

---

① 《列宁全集》第 31 卷，人民出版社 1958 年版，第 411 页。

用，使任何可以利用的生产资源（包括生产资料和劳动力）都用于生产。这一理论以英国经济学家、剑桥学派创始人马歇尔为代表，他从价格均衡理论出发，在《经济学原理》《产业与贸易》《货币、信用与商业》等著作中详细阐释了这一理论，然而，20世纪30年代初期爆发的资本主义经济危机彻底地宣告了这一理论破产，凯恩斯在事实面前摒弃了这一理论。但否认资本主义经济危机和失业产生是不可避免的，认为通过国家干预、刺激消费和投资使有效需求不断扩大，就可解决经济危机和失业现象。

资产阶级庸俗经济学的传统理论还认为，储蓄必然全部转化为投资，储蓄与投资随着利率的高低或增或减，通过利率的调节作用必然会使储蓄与投资趋于相等。凯恩斯否定了这一理论。他认为利率决定于货币的供求，而不是决定于储蓄与投资，因为他认为是通过总收入变化使储蓄与投资相等。凯恩斯接受了庸俗经济学中为资本主义剥削辩护的工资是由劳动的边际生产力决定的理论。认为"自愿失业"是实际工资的要求"超过"劳动边际生产力的结果，降低实际工资是减少失业的前提。但他不同意通过降低实际工资以增加资本家利润的办法来减少"自愿失业"。在他看来，应用通货膨胀抬高消费品的价格，使劳动者的实际工资降低，从而增加就业。凯恩斯的这些主张与自由竞争、自动调节的所谓自动均衡传统经济理论相反，他反对自由放任政策，要求政府干预国家的经济生活。

为了实现"充分就业"，凯恩斯提出"有效需求理论"，人们一致认为这是凯恩斯就业理论的基础。在他看来，所谓"有效需求"是指社会经济体系的总需求，即总的购买力。当提高有效需求时，则可避免失业。具体地说，可认为有效需求是商品总供给价格和总需求价格成为均衡状态时的总需求。当总需求价格小于总供给价格时，商品将卖不出去，资本家不能实现预期的营利目的，在这种情况下，资本家将缩小生产规模，解雇工人。反之，当总需求价格大于总供给价格时，社会对商品的需求将超过商品的供给能力，在这种情况下，资本家将扩大生产，增加雇佣工人。资本家为了获得一个保险的盈利环境，总会使供给的产量相对稳定，不有大的波动，从这种意义上说，就业问题实际上是由总需求决定的。凯恩斯进而得出结论，失业和资本主义经济危机的根源是有效需求不足。凯恩斯的这一理论虽承认资本主义社会存在着失业和经济危机，但却从维护垄断资产阶级的利益出发，掩盖了资本主义社会失业的真正原因，否认了资本主义制度无法克服的生产和消费之间的矛盾以及生产的无政府状态。

凯恩斯的"有效需求理论"对资本主义的生产和需求不进行具体的阶级分析。在他看来，"有效需求"是由消费倾向、灵活偏好和心理上对资本的未来收益的预期这3个基本心理因素决定的。这3个基本心理因素也被称作3个基本"心理规律"。有效需求所以不足就是这3个基本心理规律作用的结果。凯恩斯认为收入的多少决定人们的消费，所谓"消费倾向"即指这两者之间的比例关系。收入的增加可使消费增加，但消费的增加不会同收入的增加相等，人们总要留下一部分储蓄起来。这样就导致消费倾向，即消费部分在收入中的比例下降，而使对消费品的需求不足，产品就会卖不出去，然后便是生产紧缩和失业。凯恩斯认为，"灵活偏好"是说人们偏好把一部分货币放在手头，以进行投机活动或支付日常预料之中及预料之外的开支。这种偏好决定了只有在付利息的情况下才能贷款，当出现资本的边际效率低于利率时，资本家便会不再投资，出现"投资需求"的不足，从而产生失业和经济危机。由于上述3个基本心理规律的作用，往往会使得需求低于供给，出现一部分不自愿的失业现象。凯恩斯认为，资本主义经济不可能通过自我调节解决上述问题而必须依靠"国家调节"来解决失业和经济危机。

无论是对19世纪传统庸俗经济学的补充、修正，还是系统化的"有效需求理论"，其中心内容都是强调国家调节和干预经济生活，凯恩斯认为这是解决资本主义国家失业和经济危机的根本出路。他在《就业、利息和货币通论》中提出："国家必须用改变租税体系，限定利息率，以及其他方法，指导消费倾向……把投资这件事情由社会总揽。"所谓总揽并不是实行企业国有化，而是实行"国家之权威与私人之策动力量互相合作"，国家并不损害或剥削垄断资本所获取的高额利润，相反，在"合作"之中可帮助资本家得到更多的好处，其实质是实行国家垄断资本主义。

凯恩斯认为国家对资本主义经济的调节和干预主要在以下三个方面：（1）利用税收制度控制国民收入的再分配，如实行累进所得税缩小收入分配的过分悬殊，这样可以刺激消费；（2）通过国家中央银行扩大货币发行量，压低利息率，从而把货币引向私人投资；（3）增加国家财政支出，在扩大投资和消费以弥补私人投资和消费不足的同时，刺激私人投资和消费的扩大。这3点是凯恩斯金融政策和财政政策的核心。为了实现上述目的，凯恩斯又具体提出赤字财政政策、通货膨胀政策和对外经济扩张政策。在这些政策中，同传统的庸俗经济学主张国家预算平衡完全相反的赤字财政政策是最基本的政策。他认为为了防止经济萧条进一步恶化，很快地走出低谷，出现经济复苏和繁荣，必须用赤字预算的方法而不是平衡预算的方法。这样，在扩大财政支出的同时，财政收入也相应增加，从而有可能实现预算平衡。美国经济学家汉森根据凯恩斯的理论提出"补偿性财政政策"，这就是在经济萧条时采取扩大社会总需求的财政政策，如降低税率减少税收，扩大政府财政开支，同时增加货币供给量，降低利率以刺激投资；当经济繁荣时，则实施紧缩政府财政开支以压缩总需求，提高税率的政策，同时减少货币供给量，提高利率以抑制投资，实行紧缩性的财政政策和货币政策。汉森认为，这种补偿性财政政策的运用可保证资本主义社会有稳定的就业水平，不出现周期性的经济波动。

实行赤字财政政策不可避免地会出现通货膨胀。凯恩斯认为，通货膨胀对缓解经济危机有特殊的作用。当货币发行增加时，既可扩大社会有效需求，又可压低利率。利率降低后可同时刺激投资和消费，这便会使就业增加、经济回升。凯恩斯还认为通货膨胀是对付工人的有效手段。因为公开地降低货币工资会立即遭到工人的强烈反抗，而实行通货膨胀政策时可以不仅不降低工资，反而适当增加些工资，使工人产生一种工资增加了的幻觉，但在实际上工人们所消费的商品的价格却提高了，工人的收入并没有增加，得到高额利润的仍是资本家，通货膨胀的最终结果是把经济危机转嫁给工人，使工人受到更严重的剥削。

新凯恩斯主义

凯恩斯的经济理论问世后，使其名噪一时，成为英国资产阶级政府的显要人物。人们认为他是一名官方经济学家，在近代经济政策历史记载中扮演了一个独一无二的角色。他自 1940 年起担任财政大臣顾问，1941 年起兼任英格兰银行董事，1942 年被授予勋爵爵位。第二次世界大战结束后任国际货币基金组织和国际建设开发银行的董事。凯恩斯的理论经其追随者的阐释，逐步形成凯恩斯主义宏观经济学，成为战后主要资本主义国家经济发展的理论基础，英国学者贝弗里奇、哈罗德、罗宾逊，美国学者汉森、萨谬尔逊、克莱因等是这一学说的主要代表人物。凯恩斯主义宏观经济学虽然不能解决资本主义社会的基本矛盾，但对于缓解失业和严重的经济危机却起了一定的作用，特别是在消灭失业方面取得了某种程度的成功，因此有些人认为凯恩斯拯救了资本主义，将资本主义发展引上坦途，并把战后 25 年国家垄断资本主义迅速发展的那一段时间称为"凯恩斯时代"。

但是，由于资本主义所固有的基本矛盾日益加深，凯恩斯主义宏观经济学在 20 世纪 60 年代末开始破产。70 年代初，资本主义经济出现了生产停滞和通货膨胀并发的局面，这使凯恩斯的追随者也感到对凯恩斯的理论应进一步修改和补充。在修改和补充失灵了的凯恩斯经济理论的过程中，新凯恩斯主义（亦称后凯恩斯主义或现代凯恩斯主义）得到发展。

新凯恩斯主义是在凯恩斯经济理论的基础上成长起来的，现在主要有两个大的流派。其一是新古典综合派，亦称后凯恩斯主流经济学，即美国凯恩斯主义。主要代表人物有美国的萨缪尔逊、J. 托宾、R. 索洛，W. 海勒等人，其活动中心在美国的麻省理工学院。其二是新剑桥学派，亦称新凯恩斯派、后凯恩斯经济学或新李嘉图学派，即英国凯恩斯左派，主要代表人物有 J. 罗宾逊、N. 卡尔多、P. 斯拉法、L. 帕西内蒂等，其活动中心在英国的剑桥大学。

"新古典综合"一词是萨缪尔逊在其代表作《经济学——初步分析》一书中首先使用的。所谓新古典综合学派是指新古典学派的微观经济理论和凯恩斯的宏观经济理论的综合。该学派首先承认新古典学派的观点，即承认资本主义有自我调节的功能，可以实现充分就业。该学派同时又接受了凯恩斯关于由国家干预社会经济活动的主张，即通过经济微调方法使呆滞的经济活跃，或使过热的经济冷却下来。该学派认为西方经济是介于社会主义和资本主义之间的混合经济，这种经济体制中兼有政府管理、干预经济和市场组织生产和消费两种成分，新古典综合派以凯恩斯在《就业、利息和货币通论》一书中提出的有效需求原理为基础，提出经济增长理论。该理论认为，在经济增长的过程中，通过调整资本与产量的比例，可使资本主义经济的紊乱得到克服，从而经济发展、就业充分，这种观点是凯恩斯经济学和传统庸俗经济学的结合。从这种认识出发，新古典综合派认为只要经济增长，充分就业和自由竞争就可同时存在，资本主义经济发展中的失业问题和经济危机问题也都可解决，此外，工人增加工资问题、自然资源的供给问题、经济发展中的技术进步问题等也会解决。

新古典综合派认为，失业和通货膨胀不可能同时存在。当储蓄大于投资时会出现失业现象；投资大于储蓄时会出现通货膨胀，然而，20 世纪 70 年代主要资本主义国家普遍同时出现了通货膨胀和失业，这使新古典综合派的理论受到极大震动。为了对付这种并发症，该学派又提出推行宏观财政金融政策的同时，采取收入政策和人力政策，即实行工资、物价管制政策，以法律或税收手段限制垄断组织和工会对物价、工资的操纵，同时加强对劳务市场的调节，尽快消除通货膨胀和失业同时并存的状况。解决失业的主要措施是发展能多吸收劳动力的服务行业，政府直接雇用私人企业不能容纳的熟练工人和非熟练工人，加强对失业人员的就业训练，为其就业创造条件等，新古典综合派虽提出了一些具体措施，但无法从理论上对于失业和通货膨胀并发作出解释。因此，这一学派在战后西方经济学界所占有的主导地位开始动摇了。

新剑桥学派不是像新古典综合派那样，把凯恩斯的理论同马歇尔等人的新古典学派理论去综合，而是在坚持凯恩斯基本理论的前提下，对凯恩斯的理论重新解释和修改、补充。这一学派的思想来源是美国的制度学派、欧洲大陆的马克思主义者及原来追随凯恩斯的一些经济学家。新剑桥学派对新古典综合派持批评态度，认为新古典综合派的主要错误是重新回到传统庸俗经济学的充分就业均衡论的老路上，这是凯恩斯坚决反对的。考察现代资本主义经济不能将实物与货币分开，而新古典综合派都以微观和宏观分析的名义重新采纳将实物与货币相割裂的研究方法，因此产生了一系列与凯恩斯相悖的理论错误，如凯恩斯认为投资决定储蓄，而他们都认为储蓄决定投资；凯恩斯认为物价决定于货币工资率水平，他们认为物价决定于货币的流通量。

新剑桥学派强调把宏观经济分析和微观经济分析统一起来，但这种统一同新古典综合派所标榜的将新古典学派的微观经济理论和凯恩斯的宏观经济理论的综合截然不同。他们反对新古典综合派微观的生产要素供给分析和市场均衡分析。他们认为这实质上是一种拼凑，在回到充分就业均衡论的同时，破坏了凯恩斯经济理论的完整统一。新剑桥学派认为，资本主义经济是一个不断运动发展的体系，产量和就业水平在短期内会经常发生波动，只有在一个较长的时间内才能看清这一经济发展的趋势及运动规律。因此，分析资本主义经济更应着眼于宏观。宏观研究同微观研究的结合，是要使凯恩斯的宏观经济学理论具有"微观经济学基础"，分析诸如价值理论和分配理论这些具体的理论问题。

新剑桥学派试图对西方经济生活中出现的滞胀现象作出解释。该学派代表人物之一卡尔多指出：通货膨胀和经济衰退的并发症是一个新现象，解释这种现象是对经济学家提出智力的挑战。卡尔多将商品市场划分为初级产品市场和制造品市场两种市场，或将其划分为三类部门：（1）为工业活动提供必要的食物、燃料和基本原料的初级部门；（2）将原料加工为成品供投资或消费用的第二级部门；（3）为其他部门提供各种服务以及提供欣赏的服务（如音乐、舞蹈、戏剧演出）的第三级部门。他认为造成通货膨胀的根源是初级部门和第二级部门。"持续和稳定的经济发展要求这两个部门的产量的增加应符合必要的相互关系——这就是说，可出售的农矿产品产量的增加，应该和需求的增加相一致，这种需求的增加又是反映第二级（以及第三级）部门的增长的。"但是，"从技术观点看，不能保证由节约土地的革新所推动的初级生产的增长率，正好符合第二级和第三级部门的生产和收入的增加所要求的增长率"。这就是说，初级部门生产的增长和第二级部门生产活动的增长之间出现了比例失调的现象，这样便产生了资本主义经济发展中的滞胀现象。

新剑桥学派反对新古典综合派的调节总需求和实行工资—物价管制的办法，也反对其他关于听任市场机制充分发挥作用的观点，而强调政府在分配领域内进行必要的干预。他们主张从宏观的角度来认识国民收入，将其分解成工资和利润两大类。工资指工人的收入，利润指资本家的收入。在一定的货币工资率、一定的投资生产率和一定的储蓄倾向的条件下，工资上升不可能超过利润上升，经济增长率越大，工人工资在国民收入中所占的份额越小，而资本家的利润所占的比重就越大，因而出现分配失调的现象。新剑桥学派主张通过国家干预垄断组织的高额利润，实行"收入均等化政策"，以提高工人及其他中小企业主的收入，而实现社会分配的公正。这些主张为新剑桥学派赢得了"凯恩斯左派"的美名，但其并不能彻底改变资本主义生产关系，用政府干预分配不可能解决资本主义制度所固有的矛盾。

凯恩斯经济理论提出至今已有半个多世纪了，这些理论对于暂时克服资本主义制度所蕴含的失业和经济危机，在主要资本主义国家取得了一定的成功，同时为政府干预社会经济活动提供了理论依据。他站在改良主义的立场上，认识不到资本主义社会的基本矛盾及其运动规律，只有马克思主义经济学才是批判资产阶级经济学的主要力量。但是，凯恩斯通过对资本主义制度的考察，毕竟认识到了资本主义的弊病，承认资本主义社会存在有大量的失业和危机，同时也认识到了资产阶级传统庸俗经济学的谬误，并在此基础上大大前进了一步。

系统论、信息论、控制论的产生和发展

舒　嘉

系统论、信息论、控制论作为新兴的科学，是 20 世纪最重要的理论成果之一。它们的产生为现代科学技术的发展提供了新概念、新思路、新方法，沟通了自然科学与社会科学的联系，极大地改变了世界的科学图景和当代科学家的思维方式。系统论、信息论、控制论虽是从自然科学中总结出来的科学方法，但它们具有一般的科学方法论意义，故被称为横向型科学或横断性科学，是人们认识世界改造世界的强有力思想武器。

系统论

系统论是研究自然、社会和人类思维及其他各种系统和系统联系、系统发展规律的科学。系统论认为，任何自然现象和社会现象，从星系到原子、从整个社会到家庭，都是一个系统整体。所谓系统，就是指由相互作用和相互依赖的若干要素结合成的具有特定功能的整体。整个物质世界是由自然系统、人工系统、复合系统、概念系统组成的纵横交错的立体网络系统。系统是物质存在的基本形式之一。系统论就是以系统为研究对象，从整体出发研究系统和要素之间的关系以及系统和外部环境的关系，深入地从整体上揭示事物的本质。

系统论的产生同其他每个学科的产生一样，有一个漫长的发展过程。系统论的产生经历了古代系统观、近代系统思想、现代系统理论 3 个有密切联系的发展阶段。

系统观点在古代即已存在。在我国，《易经》中的八卦说认为世界起源于天地雷火风泽水山，《洪范》中把金木水火土看成构成物质世界最基本的元素。北宋哲学家、理学创始人之一周敦颐提出《太极图》，反映了中国古代的宇宙观，他从客观唯心主义的立场描述了世界构成和发展的系统模型。阴阳五行理论具体指出，阴阳二气构成了世界万物。任何事物的发展变化都是阴阳两气调和消长的结果；金木水火土五元素构成世界，它们相克相生，循环往复，如木生火、火生土、土生金、金生水、水生木，水克火、火克金、金克木、木克土、土克水等。我国古代还将系统论应用到社会生产实践中去。如战国时李冰父子主持修建的都江堰水利工程和举世闻名的万里长城至今看来也是杰出的系统工程。在西方，古希腊的原子论中即已体现出朴素的系统思想。著名哲学家德谟克利特的名作被命名为《世界大系统》，一般认为，这是人类对"世界是一个大系统"的最早的表述。

文艺复兴运动后，近代科学以物理学为代表得到迅速发展。19世纪能量守恒定律、细胞学说、进化论3项科学上的重大发现以及门捷列夫元素周期律的发现，进一步揭示了物质世界的统一性及其内在联系，为现代系统论的诞生奠定了理论基础。19世纪中叶，马克思主义诞生，进一步促进了系统思想的发展。时代的局限使马克思主义经典作家没有留下系统论的专著，但在马克思主义完整的思想体系中，却蕴含有用系统思想分析人类社会和自然界的丰富思想，使古已有之的系统观得到进一步的升华。马克思主义哲学中关于"事物和过程所形成的统一整体""过程的集合体""各种物体相互联系的总体"等论述便是系统范畴最初的萌芽式表述。

现代系统论产生于生物学研究。20世纪二三十年代，一些生物学家和哲学家在研究生命的本质时，认为必须把生命看成一个有机整体去研究，才能得出科学的结论。1925年，英国学者怀德海发表了《科学与近代世界》一文，他批评了机械论的分析方法，主张将科学理论建立在完整机体这一概念的基础上。同年，美国学者劳特卡发表了《物理生物学原理》。两年后，德国学者克勒发表了《论调节问题》。他们从不同角度表述了同怀德海相似的观点，主张用机体论代替机械论。

美籍奥地利生物学家冯·贝塔朗菲对于一般系统论的建立作出了独特的贡献。他是理论生物学"机体论"的代表人物之一，认为有机体是具有能动的系统属性和系统规律的整体。他在1928年发表《关于形态形成的批判理论》，在这本书中，他提出有机体作为整体是统一的、连续的和高度自动化的系统。以后，他又发表了《理论生物学》（1932年）和《现代发展理论》（1934年），提出用数学和模型进行生物学研究和机体系统论概念。他认为生物体是一个开放的系统，生物学的主要任务之一便是研究这种系统相互联系的规律性。1937 年，贝塔朗菲在芝加哥大学哲学讨论会上第一次提出了一般系统论概念。1945 年，他在《德国哲学周刊》第 18 期又发表《论一般系统论》，但都没有引起学术界的重视。

第二次世界大战结束后，贝塔朗菲前往加拿大任渥太华大学、艾伯塔大学教授，同时在美国进行专题讲座，广泛介绍他多年从事的系统论研究。他明确指出："存在着适用于综合系统或子系统的模式、原则和规律，而不论其具体种类、组成部分的性质和它们之间的关系或'力'的情况如何。我们提出了一门称为一般系统论的新学科。一般系统论乃是逻辑和数学的领域，它的任务是确立适用于'系统'的一般原则。"与此同时，控制论、信息论、图论、博弈论、网络论、策论、现代组织论等新的理论学科也迅速得到发展。这些新学科中都渗透着一般系统论的基本思想，使贝塔朗菲深受鼓舞。1954 年，他在美国同经济学家保尔丁、生理学家杰拉德、生物数学家拉波波特等共同组织了一般系统研究会，进行一般系统论的研究和宣传工作。自 1956 年起，他与拉波波特合编《一般系统年鉴》。

贝塔朗菲认为系统论的基本原则是系统原则，即有机整体性原则；动态原则，即一切生命现象都处于积极的活动之中，生命是自组织开放系统；等级原则，即认为事物存在着不同的组织等级和层次，任何有机体都是按照严格的等级和层次组织起来。这些基本原则至今仍是系统论的理论核心。

1968 年，贝塔朗菲在加拿大出版了《一般系统论的基础、发展和应用》一书。该书全面论述了他毕生所从事的系统论研究的重要结论。他认为，系统论已"远远超出了技术课题和技术上的需要。这种重新定向成了科学领域总的必然趋势，贯穿于所有学科，最后到哲学。它在不同领域内激荡着，达到了不同程度的成功和精确性，并宣告一种有强大推动力的新世界观的来临"。1972 年，即他临终的一年又发表论文《一般系统论的历史和现状》。贝塔朗菲在文中重新给一般系统论下了定义。他认为系统是处在一定相互联系中与环境发生关系的各组成部分的整体；一般系统论则可作为一个新的科学规范，广泛应用于各个学科的研究中去；一般说来包括以下三个方面的内容：其一是系统科学理论；其二是系统技术，包括系统工程，系统分析方法在科学系统和社会系统中的运用；其三是系统哲学，即系统论的哲学基础和哲学意义，包括系统的本体论、认识论、价值论和人与世界的关系等。

一般系统论的建立给科学方法论带来了革命性的变化。它不仅为科学知识数学化提供了中间过渡形式，加快了各学科数学化的进程，同时为人们提供了与传统的分析程序不同的新方法，即从整体出发，从综合到分析，再到综合，把综合和分析更紧密地统一起来。一般系统论还将结构方法同历史方法、矛盾分析方法同系统分析方法辩证地统一起来，为人们深入地分析事物的发展变化开辟了新的途径。一般系统论在给科学方法论带来革命性变化的同时，使人们的思维方式也发生了深刻的变化，它使人们对事物的研究从以实体为中心过渡到以系统为中心、从单值过渡到多值、从线性过渡到非线性、从主要研究横向的关系过渡到研究纵向的关系。

贝塔朗菲致力于将生物系统中相互作用的规律概括为一般系统的规律，试图建立适用于所有系统的普遍原则。自 20 世纪 60 年代以来，他的这种努力受到高度重视，其深度和广度都得到空前的发展。例如比利时物理学家普利高津在 60 年代末建立了耗散结构理论。该理论认为，宏观世界中除了处于平衡态条件下的稳定有序结构（平衡结构）外，还存在处于远离平衡态条件下的稳定有序结构，即耗散结构。耗散结构同平衡结构相比，共同之处为它们都是有序稳定结构；不同的是，平衡结构无须外界提供物质和能量即可存在，如晶体、液体等，而耗散结构则是通过不断与外界发生物质和能量的交换以维持其稳定的有序状态。普利高津认为世界上所有事物都是与外界环境不断交换物质和能量的开放系统。"耗散结构"理论解决了开放系统如何从无序走向有序的问题，深化了一般系统论的某些原则，并在物理学、化学、医学、农学、地质学和工程技术中得到广泛应用。联邦德国哲学家哈肯在 1976 年创立协同学。他在耗散结构理论的基础上，进一步解决了复杂系统如何从无序走到有序状态以及目的性问题。苏联哲学家乌也莫夫近年提出参量型系统理论，他认为贝塔朗菲的一般系统论在实际中已经落后现代科学的发展，为此他利用大量系统的资料，通过电子计算机找出系统的参量，确定系统变化的规律，从而使一般系统论更加科学。

20 世纪 60 年代以来，系统理论在现实生活中的实际运用取得了丰硕成果。如美国制订的阿波罗飞船登月计划，共需研制 700 多万个零件，有 2 万多家厂商，120 余所大学和试验室，约 42 万人参加，共耗资 300 亿美元。这一庞大工程在整个计划的组织管理、技术实施的每个阶段，从研制、试制、生产、发射、运行到回收都离不开系统论的理论和方法。再如，北欧跨国的复杂的电网系统的设计也离不开系统理论。近年来，许多国家的学者以系统论为武器，对人类所面临的共同问题，如环境规划、能源问题、人类工程学和人口统计等问题展开了广泛的研究，系统论在人类利用自然、改造自然的过程中发挥着越来越大的作用。

信息论

信息论是运用数学方法研究信息的计量、传递、变换和储存的科学。到目前为止，各国学者公开发表有关信息概念的不同解释有 40 多种。一般认为，信息是人类社会，生物和机器等不同领域普遍联系的一种重要的中介。信息同样是物质的普遍属性之一，它存在于人类生活的所有方面。客观世界的系统内部及系统与系统之间，是以信息的形式联系着的。

信息是表示物质及其运动客观存在的一种消息，是表示事物特征的一种普遍形式。因此，人类从远古时起就已开始了解和利用信息。当时人们除使用语言外，还广泛用火光和漂流瓶传递信息。文字的出现和造纸、印刷术的发明，使其成为记录、贮存和传递信息的有效手段，揭开了人类历史发展崭新的一页。

19 世纪电的广泛使用加速了科学技术的发展，信息传递进入了新的历史时期。1837 年，美国人莫尔斯发明了高效率电码编法，并在此后制成了实用电报机。1844 年莫尔斯在华盛顿和巴尔的摩之间架了第一条有线电报的线路。此后，人类在通信技术上发生了一系列飞跃：1875 年，贝尔发明电话机。1877 年，爱迪生发明留声机。1898 年，波乌尔森发明磁带录音机。

20 世纪 20 年代开始了信息论的早期研究工作。1922 年，卡松提出了边带理论问题，阐明了信号在编码过程中频谱展宽的法则。1924 年，奈奎斯特和开夫曼尔得出同卡松相同的结论，指出为了以一定的速度传送电报信号，电磁波应有一定的频带宽度。1928 年，哈特利在《信息传输》一文中首先使用了信息量这一概念，并指出传递一定量的信息需要频带宽度与时间的乘积达到一定的值。这一切为信息论的建立创造了有利的条件。

美国数学家申农是信息论的创始人。他在 20 世纪 30 年代即开始研究布尔代数在逻辑开关理论中的应用，并以此题目完成硕士论文。他从 40 年代初开始研究信息论。1948 年，他在《贝尔系统技术杂志》上发表论文《通信的数学理论》，从理论上阐释了通信系统模型的基本理论问题，奠定了信息论的基础。申农论文的发表标志着信息论的诞生，他不仅第一次提出了通信系统的模型，同时提出了度量信息量的数学公式，初步解决了如何从信息接收端提取由信息源发来的消息的技术性问题，同时还阐述了如何充分利用信道的容量，能以最大的速率传递最大的信息量的问题。

继申农之后，美国数学家维纳从控制论角度提出了更为广义的信息概念。他说：信息这个名称的内容，就是我们对外界进行调节并使我们的调节为外界所了解时而与外界交换来的东西。20 世纪 50 年代以后，信息论在心理学、神经生理学、解剖学、数学、电子学、物理学、神经精神学、电子计算机和经济学、人类学、哲学、语言学、政治理论和现代统计学等学科得到广泛应用。这表明，信息论由只研究通信领域里信息规律的狭义信息论已过渡到研究所有与信息有关的领域的广义信息论。

信息论研究的主要内容是信息的特征和功能、信息的变换和传递、信息度量的方法、获取信息的主要技术手段等。

信息的基本特征是处在不断变化运动之中，这是因客观事物不断发展变化所决定的。按照新陈代谢的规律，陈旧的、过时的信息不断为新的信息所代替。信息存在于尚未确定的事物之中。已经确定，并不存在发生变化可能性的事物是人们已经知道的事物，不会给人们再提供任何信息，只有尚未确定的事物之中才存有信息。信息的特征实际上就是信息运动的特征。信息不像物质、能量那样遵守"守恒定律"，信息可以发送、接收、贮存、转换、传输、应用等。信息的变换和传递离不开把信息变换成适于传输的形式，即编码过程，以及把信息变换成便于接收的形式，即译码过程。任何信息的传递和变换的过程，都是编码和译码的过程。此外，在通信设备中还存在着大量的调制和解调工作。调制是利用技术手段将声音、图像等信息进行转换，以便进行传输，解调则是将调制信号恢复成原状。

信息的流动过程，即信息系统由信源（信息来源）、信道（信息所途经的道路）、信宿（信息传递的终点）组成。信息经过编码由信源发出，沿信道传递，到达信宿，经过译码被信息接收者接收。这是信息变换和传递的基本程序，也是信息运动的基本规律。信息是运动着的事物的不确定性的东西，即人在获得信息之前，对信源存在着某些不确定性，只有在获得信息后，才可能部分或全部地消除某种不确定性。因此，度量信息量的大小用消除"不确定性"的多少来表示。美国数学家申农提出度量信息量的数学公式：

$$H = -K \sum_{i=1}^{n} P(i) \log P(i)$$

其中，$P(i)$ 为各事件出现的概率；K 为常数。这样，信息量的大小便有了定量的测度。信息论研究强调信息方法，即运用信息观点作为认识问题、分析问题、解决问题的基础。信息是任何一个系统的组织性、复杂性的量度，在人工技术、生物、社会等领域中都存在着一些共同的信息运动规律，表现出性质上根本不同的多种系统的状态及它们之间的同一性，从而揭示了各科学领域之间崭新的联系，促进了科学知识的整体化。

20 世纪 60 年代以来，信息论得到迅速发展。美国学者艾什比在《系统与信息》（1964 年）一文中，从系统分析的角度认识信息的本质，得出信息论本质上是组合论的一个分支的结论。除狭义信息论广义信息论外，60 年代还出现了一般信息论。一般信息论除同狭义信息论一样去研究通信问题，同时还研究噪声理论、信号滤波与预测、调制与信息处理问题。一般信息论的出现反映了 60 年代有关信息研究的特点。即有噪声信道编码、离散信源编码等信息信源编码问题取得了重大成果，对于信息论的进一步发展创造了有利条件。

在 20 世纪 70 年代，可清楚地看到信息论向信息科学发展的趋向。首先，在信息传输方面取得了新的进展，产生了一些在新情况下的信源和信道编码定理。1964 年，美国哲学家和逻辑学家卡尔纳晋提出语义信息后，有关语义问题和有效性问题引起研究者的重视。申农的信息论不考虑信息的内容及信宿的有效性和价值。为了解决这一问题，高艾斯在 1971 年提出"有效信息"概念，后经夏尔马修正推广又提出"广义有效信息"概念，这些对解决信息的语言含义问题，提高信息对接收者的有效性和价值有重要意义。其次，信息论的研究已远远突破了申农提出这一理论时的范围。信息理论在生物学、化学、物理学、管理学、心理学等学科的广泛应用，使信息论的功能得到更充分的发挥。近一二十年，信息科学以信息论为基础已有长足发展。与此同时，信息技术也相应发展起来，人类开始进入信息化时代，这必将引起社会的深刻变革。

控制论

控制论是自动控制、电子技术、通信理论、神经生理学、数理逻辑、统计力学等学科迅速发展、相互渗透的产物。它是研究社会、生物机体和机器的共同控制规律的科学。它将经济系统、生物系统、工程系统等各种控制系统的具体特点抽掉，去研究抽象的控制系统的一般规律。

　　所谓控制，是指一个系统以其内部或外部条件的变化为依据，而去进行调整，以克服不确定性，使系统稳定地保持或达到某种预定状态的过程。美国数学家维纳是控制论的创始人。控制论诞生后经历了经典控制论、近代控制论和大系统理论 3 个发展阶段。

　　维纳曾经指出："我接触控制论的思想要追溯到 1919 年。"当时他在研究勒贝格积分时和以后研究布朗运动及统计力学问题时，已初步为控制论奠定了理论基础。从 20 世纪 20 年代末到 30 年代末十余年间，维纳在麻省理工学院任教，接触到大量的工程问题，对机器运算产生了浓厚的兴趣。他在 1940 年向主管全美科研成果的布希教授提出研制数学电子计算机的 5 点建议，但没能实施。后来电子计算机问世后，证明当时维纳的建议是正确的。第二次世界大战爆发后，维纳参加了防空系统的预测理论和火炮自动控制的研究工作，对控制论的创立具有重要的意义。在这过程中，维纳系统地研究了重要的反馈原理。反馈指一个系统输送出信息，作用于被控对象后产生结果，再把结果输送回来，并对信息的再输出发生影响的过程。维纳说，"反馈是控制系统的一种方法"，即"根据过去的操作情况去调整未来的行为"。1943 年，维纳与电气工程师毕格罗、生理学家罗森勃吕特共同发表了《行为，目的和目的论》，文章首次将动物的目的性行为赋予机器，标志着控制论萌芽的产生。

　　维纳在长期的科学研究中逐渐认识到，各门学科的相互渗透是科学发展的不可阻挡的趋势。他还认识到，各门学科的边缘地区是待开垦的"科学的处女地"，正是在这块处女地上，科学研究往往会取得丰硕的成果。他说："这些科学的边缘区域，给有修养的研究者提供了最丰富的机会。"为了促进科学发展的整体化趋势，维纳同罗森勃吕特等每月举行一次聚餐会，讨论和交流学术思想及研究成果。1943—1944 年，维纳在美国普林斯顿召开了有工程师、数学家、生理学家参加的学术研讨会，他们从各自的学科出发探讨能为各学科普遍接受的理论和方法。1946 年，维纳在麦克卡洛与梅氏基金会的支持下，在纽约召开了包括有社会学家、经济学家、心理学家在内的研究"反馈"概念的会议。会议决定每 6 个月举行一次这样的会议，加紧对控制论基本理论的研究。

　　当时科学技术发展的新成就为控制论的诞生提供了必要的理论根据和物质保证。1943 年，神经生理学家匹茨和数理逻辑学家麦克卡洛发表《神经作用中的内在概念的逻辑演算》。两位学者还运用控制论的基本原理为盲人设计了以耳代目的阅读装置。1944 年，数学家冯·诺伊曼和经济学家摩根希发表《博弈论和经济行为》，为控制论提供了理论根据。1946 年夏到 1947 年秋，维纳与罗森勃吕特在墨西哥国立心脏研究所进行了关于反馈主题的神经方面的试验工作。成功的实验结果使控制论的基本原理能得到更加科学的阐释。

然而，对维纳来说更加重要的是 1946 年电子计算机的问世。美国莫尔电子工程学校和宾夕法尼亚大学试制成功第一架电子计算机 ENIAC，被认为是控制理论成功的具体实践。电子计算机对信息处理的过程，是一个典型的控制过程。它的存储系统记载了外界输入的初始状态和历史状况，计算机的硬件与存储器所记载的程序信息规定了输入/输出状态之间的相互关系。人们通过计算机语言可将人类的智慧物化在机器中，同时，又可使机器语言转换成人类的自然语言。电子计算机是一个典型的控制机器，它加速了控制论作为一个独立的学科的诞生。1947 年，维纳出席了在法国南锡举行的调和分析的数学会议，他在会上接受了赫曼公司的要求，于 1948 年出版专著《控制论》，标志着这个学科正式诞生。

维纳在这部著作中将控制论定义为研究"关于动物和机器中控制和通信的科学"。他通过对动物和机器的某些机制的比较，重点研究了生物和机器系统在结构功能上共有的特征和某些本质上的统一，从而把机器系统的信息、反馈等概念引入生物系统，同时又把生物系统的自组织、自适应等概念引入机器系统。这样，便提供了适用于作为联结各学科纽带的共同的语言、概念、模型和方法。控制论从其诞生起，即表明其跨越生物、机器等不同领域的横断学科和特点。

20 世纪 40 年代末到 50 年代中期，是经典控制理论发展成熟的时期。这一时期因其主要研究单变量输入/输出的自动控制理论，仅解决单机自动化或局部自动化技术，所以经典控制论也称自动调节理论。这一理论在系统描述中所采用的是一个高阶微分方程，使用的方法是频率法，解决的问题有限。50 年代后半期，新兴工业和空间技术得到空前的发展，提出许多复杂的控制问题迫切需要从理论上和实践上加以解决。例如，弹道导弹的控制系统如何保证导弹能自动发射、自动追踪、自动瞄准，准确地命中目标；宇宙飞船的控制系统如何能保证它按照既定的轨迹运行，在指定的星球上停靠，在指定的时间和地点返回地球等。这样，就要求控制论从解决单输入—单输出的问题过渡到解决多输入—多输出问题，并解决更加复杂的系统的分析和设计问题。此时电子计算机的迅速发展和广泛推广，已为解决这些问题创造了优越的条件。这样，经典控制论便开始向现代控制论转变。

20世纪60—70年代是现代控制论兴盛发展阶段。同经典控制论相比，它在理论和方法上都有很大的突破，这些突破多是同空间科学的控制问题有关。60年代初，美国学者别尔曼首次提出了系统的能控性和能观测性两个新概念。对一个系统的工作状态能进行控制和观测的问题的解决，进一步揭示了系统内在的联系和性质。苏联学者庞特里亚金关于极大值原理的提出，为解决多变量输入输出的最优控制提供了可靠的数学工具。

现代控制论的兴盛还表现在它在综合不同领域的成就促进自身发展的同时，又将其理论和方法迅速推广到更广阔的领域中去。60年代之后，工程控制论、生物控制论、人工智能、经济控制论、社会控制论相继问世。1975年在罗马尼亚召开了第三届国际控制论和系统论会议，会议的主题是经济控制论。1978年在瑞典召开了第四届国际控制论和系统论会议，会议的主题是社会控制论。控制论的发展及其为人类社会带来的重大影响，已远远超出维纳在创立这一理论时的预料。他当时认为，企图使控制论会发生社会效用是"虚伪的希望"，把控制论等自然科学中的方法推广到社会科学研究中并能取得同样的成就，那是"过分的乐观"。

20世纪70年代之后，控制论的发展进入了大系统理论时期。它是在现代控制论、系统工程和运筹学等学科的理论和方法互相渗透、融合的基础上形成并发展起来的。所谓大系统，是指规模庞大、结构复杂的各种工程或非工程系统，它还具有目标多样、功能综合；大系统的内外因素多，不确定的因素多，随机性强；动态性突出，涉及领域广泛等特点。在工程技术领域、社会经济领域、生物生态领域中，大系统涉及电力网络、交通运输、生产管理、能源管理、环境保护、通信工程、城市建筑、军事组织和大型武器系统、社会行政和国家管理体系、生物控制与调节系统、人类脑组织等方面。由此不难看出，控制论在促进科学的整体化、系统化、综合化方向发展具有重要的意义。大系统理论目前尚处于正在形成阶段，但其对控制论理论与方法的挑战，则预示着控制论发展中一个新的历史阶段的到来。

控制论自产生后经历了经典控制论和现代控制论两个发展阶段，目前正向大系统理论发展，使控制论的基本观点在科学和社会生活实践中不断发生着重大的变革。它向人们表明，机器体系、生物的和社会的不同系统的相互间的协调，完全由系统所共有的接受、存储和加工的信息所决定，在这些似乎截然不同的领域中，存在着物质形式和运动规律的多样性的统一。控制论打破了技术系统、生物机体和人类社会的界限，认为任何控制系统都处于相互联系之中，而且控制过程是统一的。它们都具有同构性质，即都是由操纵机构、受控对象、直感通道和反馈通道这 4 个基本要素构成的有组织的系统，同时，它们又具有类似的调节机制，而使自己是有目的地按确定性方向运动的功能系统。控制论在促进科学整体化发展、加强自然科学和社会科学联系的同时，使人们的思维方式也发生了深刻的变化，人们对物质世界的认识产生了新的飞跃，进一步丰富了当代科学知识的内容。

系统论、信息论、控制论在第二次世界大战后得到迅速发展不是偶然的。一方面，同现代社会中各种科研、工程、管理系统越来越复杂、信息量越来越大、自动控制问题越来越庞杂有关；另一方面，也是战后自然科学、社会科学、技术科学相互渗透，广泛采用电子计算机技术的结果。系统论、信息论、控制论虽是各有其相对独立性，但它们因都是从工程技术实践中产生又都可在人工技术领域、有机生命领域和社会领域中广泛应用，所以三者互相联系、互相包容、不可分割。在当代新技术革命的推动下，系统论、信息论、控制论必将以更大的活力应用于科学和社会生活的各个领域，为推动人类社会的进步做出更大贡献。

萨特及其存在主义

陆　京

　　让－保罗·萨特（Jeau－Paul Sartre，1905—1980 年）是当代法国著名的哲学家、文学家、戏剧家，也是国际知名的社会活动家。他不仅是法国存在主义的象征，而且是战后西方影响最大的文学流派——存在主义文学的代表人物。萨特一生勤于笔耕，在半个多世纪中，他写下了 50 多部各类作品和数以百计的文章；他还积极地投身于国际国内的社会政治活动，毫不回避当代世界的各种矛盾和问题，对于各种重大的事件、危机，直率地、无保留地阐明自己的立场、观点和态度。因而，萨特的著述宛若当代资本主义社会的一面镜子，向人们展示了第二次世界大战前后人类半个多世纪的历史进程中所出现的各种矛盾、问题，对于我们正确地认识现实世界、把握时代脉搏、明确历史使命裨益颇多。正因如此，萨特在其自身已成为历史的今天，依然具有深刻的现实影响。

存在主义产生的社会历史根源

　　存在主义是第一次世界大战后首先在德国出现的一个资产阶级哲学流派。第一次世界大战后，德国作为战败国必须支付大量战争赔款，武装力量和军事工业受到极大的限制和约束，一些垄断组织被解散，这使德国在对外扩张中受到严重挫折。国内包括柏林在内的一部分城市发生了武装暴动，一度对德国资产阶级统治造成了很大威胁。在内外交困的严峻处境下，德国资产阶级产生了忧虑、烦恼、恐惧和悲观失望等阴暗情绪，但又不甘于失败，时刻向往着重整旗鼓、复仇雪耻，于是便滋长了通过自我奋斗、盲目冒险、置之死地以求后生来摆脱困境的情绪。正值此时，被后人公认为存在主义鼻祖的德国哲学家海德格尔（1889—1976 年）和雅斯贝尔斯（1883—1969 年）

对当时德国资产阶级的精神危机从理论上加以总结，提出了以"存在本体论"为主旨的存在主义哲学，在一定程度上体现并满足了当时德国资产阶级的精神需要，也颇能迎合那些已成为大资产阶级精神俘虏的中小资产阶级及其知识分子的心理。当德国大资产阶级随纳粹党上台而重新得势，并不再热衷于颇具阴沉颓废色彩的存在主义时，存在主义却在那些受法西斯势力践踏、陷入了更为深重灾难的人们当中，特别是在知识分子和青年学生中，受到了更广泛、更热诚的欢迎，以至它主要表现为中小资产阶级和知识分子的一种思想运动。

第二次世界大战前，法国也正处在危机四伏的境况之中。法国在第一次世界大战中虽属战胜国，但并未因此改善其境遇。1929—1933 年的世界性经济危机同样给了法国沉重的打击。20 世纪 30 年代开始在德国发迹的法西斯势力造成了对法国的威胁。在第二次世界大战中，法国长期（1940—1945年）处于法西斯占领者的铁蹄之下，广大中小资产阶级、知识分子和青年学生亦因此成为法西斯蹂躏的主要对象。被近代法兰西民族引以为荣的自由、平等和博爱成了法西斯百般嘲弄的目标。法国资产阶级的传统道德及价值观念已无法适应日新月异的新形势。人的自由与尊严被剥夺了，人的前途充满了暗礁和危险。当时法国中小资产阶级的精神世界笼罩着消沉颓废、悲观失望的气氛，在知识分子中形成了一种因苦闷、孤独、无助、前途渺茫而放浪形骸、玩世不恭的风尚。尽管他们对现实极度不满甚至厌恶，但他们的悲观颓丧情绪、消沉的意志、极端个人主义和自由主义的世界观又使他们找不到或不接受正确的斗争方式和道路。他们沉醉于个人的自由选择、自我奋斗，往往又失之于盲目冒险。第二次世界大战以后，法国的社会生产和经济得到了恢复和发展，但物质生活的日趋丰裕又伴生出人们精神生活的空虚和匮乏。加之大战在人们思想上留下的后遗症尚未消弭，法国对外殖民战争引起人们的不安，核恐怖政策造成的新威胁，使得人的异化现象有增无减。正是在这样的社会历史背景下，萨特接触、接受了存在主义哲学思想，并形成了自己的以"现象学本体论"为主要内容的存在主义哲学体系，而且在广大中小资产阶级知识分子中找到了比较广阔的市场。

萨特存在主义的主要内容

萨特 1905 年 6 月出生于法国巴黎一个海军军官家庭。在学生时代，他就勤于思索，虽然思想尚未定型，但已经能够看出其气质、世界观的倾向性。1925 年考入高等师范学校，学习了格斯诺的心理学，在表示难以理解马克思的著作，不喜欢弗洛伊德主义的同时，却对柏格森和笛卡儿等反理性主义先驱甚感兴趣，研读了尼采、叔本华、斯宾诺莎、卢梭等人的著作。在文学上，他偏爱陀思妥耶夫斯基和司汤达，特别是欣赏司汤达作品中哲理性与浪漫主义的混合。这两位作家的思想和风格对萨特作品的内容和形式都有一定的影响。与此同时，萨特逐步酝酿着自己的哲学见解。1925 年在给友人的两封长信中，他阐发了他关于"偶然性"和"存在中的虚空"的观念。1926 年又为其毕业论文选题为《在心理活动中的想象力：作用和本性》。学生时代可以说是萨特的存在主义"奏鸣曲"的"引子"。

1931 年 6 月，萨特通过友人在《比菲》杂志上发表了《真理的传说》之第一章，标志着萨特在文学与哲学结合的形式上初见成效。1933 年，萨特作为官费生到柏林法兰西学院进修哲学。他说："1933 年我第一次读到胡塞尔、海德格尔、雅斯贝尔斯的著作……就在这时，我接受了他们的影响。"

从文艺复兴时代以来形成并发展起来的西方资产阶级哲学，以人取代了经院哲学中的神来作为哲学关注的中心，鼓吹人有权获得现实生活的自由和幸福，发展自己的个性，满足自己的物质和精神需要，扩展自己的事业，因而提倡发扬人的理性，增进人对自然的认识，促进物质生产之发展和人对自然的支配。然而，随着资本主义社会各种矛盾和危机愈发明显地暴露，资本主义社会中人的异化现象日益加剧，使西方资产阶级哲学的发展出现了重大的转折，涌现出以叔本华、克尔凯郭尔、尼采为代表的反理性主义者。他们从资产阶级的极端个人主义和绝对自由主义出发，对资本主义社会中的危机和矛盾、对资本主义社会中人在物质和精神上受到的种种压抑作了许多描绘和揭露，对人的自由之丧失、人的个性之被扼杀、人的道德之堕落表示了极大的愤慨和忧虑。然而，他们将这一切视为理性和科学发展的结果，是人们将这一切视为理性和科学发展的结果，是人将外部世界当作认识和研究的对象造成的，是将认识论问题当作哲学的主要问题所造成的。认为由于使主体和对象分裂而忘却了主体，使主体之个性无从发挥，从而丧失了自由，受制于所认识的外部世界，受制于理论体系，道德规范、他人与社会、人失去了个性和自由。他们要求研究人的内心世界和内心结构，即人的主观性本身。叔本华作为现代西方反理性主义思潮的开创者，主张用所谓生命意志代替理性来作为人的真正本质。这种生命意志是一种完全敌视理性及外部世界的神秘的生命力，在现实生活中必然受到压抑，产生痛苦和不幸。为求解脱，必须否定现实生活。在此，存在主义主要理论之雏形已经隐然可见。

尼采作为现代反理性思潮中最为突出的人物之一，与叔本华一脉相承。不过，他用权力意志取代了叔本华的生命意志。所谓权力意志就是个体对它以外的东西加以"侵占""征服""吞噬"，使之服从其统治的意志。以此作为人的本质，即认为个人意志丝毫不受社会的约束，主张绝对的自由放任。这为现代存在主义者倡导绝对的自由主义、利己主义，要求毫无限制地发挥人的"个性"，否定一切既有理论思想和道德规范等提供了思想材料。

对包括萨特在内的存在主义者的理论形成影响最大的老一代反理性主义者莫过于丹麦神秘主义者克尔凯郭尔。他认为哲学应从孤独的"人"本身出发，人只有处于此种非理性的心理体验中，才能领悟到痛苦、热情、需要、情欲、双关、暖昧、悖谬、动摇等的存在。而这些正是人的最基本的实在，只可意会，不能言传，是一种纯粹的主观性，不受任何约束。人对自己的选择是偶然的、没有理由的、不能预言的。

胡塞尔认为哲学应研究唯一并直接地给予的纯粹意识现象，即某种绝对的本质。为发现这种绝对本质，胡塞尔提出了有名的现象学还原法，即先将外部世界的存在与从历史上接受的各种关于世界的理论存在而不论，然后撇开一切感觉经验和理性思维之干扰，回到对纯粹意识现象的直接描述，继而对进行描述的主体加以还原，使经验的自我还原为先验的自我。同时，他又提出由先验的自我通过其意向性建立起对象的意向性原理。胡塞尔的理论为萨特建立自己的理论提供了重要的启示。

在柏林期间，萨特学习并研究了现象学和德国存在主义，并于1934年完成了《厌恶》，开始撰写《自我的超越》。在随后赴欧洲各地旅行过程中，创作了《夜半的太阳》《无家》《苍蝇》《一个工厂主的童年》《伤寒》等小说。在写作过程中，他对人的存在、自我意识、偶然与自由等问题进行了痛苦的思索。30年代在德国学习，是萨特现象学——存在主义观点初步形成的契机。除了出版哲学论著《想象力》《自我的超越》《关于感情的理论纲要》外，长篇哲理小说《厌恶》的面世不仅标志着萨特存在主义的初步形成，而且是西方现代文学史上引人注目的事件。

1939年1月萨特发表了《胡塞尔现象学的基本观念：意向性》，言简意赅地显示了研究现象学的成果。同年4月发表了描写人生总是处于偶然性支配下的短篇小说《墙》。

第二次世界大战爆发后，萨特应征入伍。1940 年 6 月被俘，1941 年 5月作为非战斗人员获释。1943 年 4 月出版了剧本《苍蝇》，借用希腊神话故事，影射纳粹统治和法国当局的合作，鼓励人们为争取自由而进行反抗，被称为"反抗暴政和信仰自由的剧本"。这是萨特利用文学形式抵抗德国法西斯统治的一种尝试。同年 10 月，萨特发表了他探索 10 年、写作两年的最重要的哲学巨著《存在与虚无》，标志着萨特存在主义的成熟。在这部著作中，他集中而又系统地阐述了他对胡塞尔、海德格尔哲学的改造，围绕着对现象学本体论的论述，对萨特存在主义哲学的主要内容进行了较系统的阐发。他认为在世界上，人的命运是荒诞无稽的，意志的自由决定着人的行动。书中还揭露了降敌分子以占领者的胜利是历史的必然为理由，替自己的行为辩护的嘴脸，明确指出"自在不能支配人"，只有那些背叛信仰去乞求和平的人，才会觉得事态进程注定不可避免。因而又被称为"反附敌的哲学宣言"。同时，这部著作也是萨特文学创作的基本指导思想之载体。

在《存在与虚无》的导言中，萨特表示该书的写作目的在于用现象学来正确解释"自在的存在"与"自为的存在"的关系，即解释外部世界存在与自我意识存在的关系，亦即解释存在与思维的关系。萨特企图超越唯物主义和唯心主义之上，避开存在与意识何为第一性问题，用现象学一元论来加以解释，势必会滑向主观唯心主义。首先，萨特将"存在"与"虚无"的理论出发点放在"显现"上。认为这种"显现"既不是"内"，也不是"外"，它就是本质，不是与"存在"相对立，而是"存在"的尺度，是"存在"的本质直观，从而以人的主观意识代替了外部世界本身的存在。其次，萨特认为"存在的现象"与"现象的存在"有根本性的差异，现象的存在不能还原到存在的现象，只有"存在的现象"才是"本体论的"，人的认识并不能得出一般"存在"的结论。"现象"是在"显现"时才"存在"，它是存在和认识的根据。萨特在此完全否认了物质世界的存在，而把物质世界之存在归结为凭自我体验而揭示的"存在的现象"。对这种"存在的现象"的如实描写，就是萨特的本体论。最后，萨特把"净化"意识中的事物，作为哲学的首要步骤，从而规定了意识的本质和特征。意识的对象是阴暗的，意识本身是空无内容的。如果把事物纳入意识，这种意识就不是意识了。萨特从现象学的"显现"出发，运用"现象还原法"割断意识与物质的联系，将意识推到极端，变成空泛无物、不可认知的抽象概念。这种"存在的显现"，即抽象的意识是一切存在的源泉，而存在则都是显现决定的，这就是萨特"现象—元论"的主观唯心主义的基本观点。

自由是萨特哲学中的最重要的一部分，也是影响最大、传播最广的一部分。在萨特哲学中，自由是一种基本的本体属性，它与人的存在是同一层次的概念。萨特所说的自由，即个人意识、个人意志的自由。自由并不意味着"达到一个人的愿望"，而在于选择的绝对性，即选择是自由的、没有限制的。因而，成功与否对自由并不重要。这是萨特自由观的基本意义。萨特自由观的本质特点是，不讲客观世界、客观规律对认识之主体（人）的制约，不承认人的认识与被认识对象存在着反映—被反映的关系，不承认客观对主观有什么必然联系，因而不承认人有必然性的认识，仅从人的主观性来解释人的自由问题，即将自由视为个人意识——"自为存在"。

《存在与虚无》出版后，萨特进行了大量的创作活动，写了电影剧本《木已成舟》《世界末日》，小说《理性的年代》《墙》以及独幕剧《禁闭》。1945 年 10 月 28 日萨特在"现代俱乐部"发表了《存在主义是一种人道主义》的著名演讲，使萨特存在主义得到广泛传播，赢得了更多的信徒。从此，萨特的思想在欧美思想界的殿堂里占有了一席之地。

萨特存在主义的发展

战后，法国哲学论坛兴起的人本主义思潮中出现的存在学派的新黑格尔主义、人格主义、基督教进化论等构成了萨特思想发展与变化的温床。在战后最初的年代里，萨特的哲学思想以其独有的特点获得了很大的发展，在哲学和政治观上左右反复，时而以《唯物主义与革命》攻击法共和马列主义，时而以《共产党人与和平》支持法共和苏共的政治立场。萨特的这种表现，既迎合了战后西方尤其是法国知识分子困惑、迷惘的心情，又反映了他们不满足于现状、勇于探求的精神和"法兰西性格"，适应了资本主义经济复苏、振兴的精神需求。在政治上，萨特坚持资产阶级人道主义立场，谴责和反对侵略战争、殖民政策和种族歧视，积极参加世界和平运动，与持不同见解的各国马克思主义研究者接触，在与共产党的关系中表现出多种复杂的政治倾向。战后 10 年，萨特在创作上是多产的，以文学、戏剧作品为主。如小说《延期》《不安的睡眠》，剧本《可敬的妓女》《死无葬身之地》《肮脏的手》《魔鬼与上帝》《基恩》《涅克拉索夫》等，阐述和发展了他在《存在与虚无》中的基本观点。

　　1957 年萨特发表了《存在主义与马克思主义》。此后，对待马克思主义的态度成为其思想上突出的特点。萨特在上述文章中，一面声称马克思主义是不可超越的，一面指责马克思主义不重视或忽略对人的研究，企图将马克思主义纳入存在主义的理论中去。1960 年长篇巨著《辩证理性批判》发表，是萨特思想转变的重要标志，但并不意味着他放弃存在主义，而只表明他采取了理性主义的表面形式而已。这样，萨特亦跻身于所谓"西方马克思主义"名流之列。也正是从此开始，萨特的理论锋芒不仅指向马克思主义的认识论，而且更为集中地指向马克思主义辩证法。

　　萨特同马克思主义的关系，大体上经历了以下 4 个发展阶段。

　　第一阶段，始于 20 世纪 30 年代初期萨特在勒阿弗尔中学当哲学教员时。此时正值萨特的存在主义哲学世界观逐步形成时期。萨特虽然接触过马克思的著作，但只是浅尝辄止，理解不深，将马克思主义的辩证唯物主义与机械唯物主义等量齐观，认定它是与牛顿物理学、达尔文进化论、活力论生物学有连带关系的固定哲学。在《境况种种 II》一文中，萨特诘问道：既然"这种物理论、这种进化论、这种生理学到现今都已被扬弃了，为什么马克思主义还能像一个教条那样故步自封地丝毫不变地生存下去呢?"

　　第二阶段，萨特于 20 世纪 40 年代中期参加地下抵抗运动和 40 年代末及 50 年代初参加反对帝国主义和殖民主义的斗争后，对马克思主义取探讨、亲近的态度。如在他主编的《现代》杂志 7 月号上，他发表了探讨马克思主义的长篇论文《唯物主义与革命》，系统阐述存在主义和唯物主义的区别和对立。萨特承认共产主义的政治是进步的，但又指责唯物主义是一种把人归结为客体的决定论，剥夺了人的主观性，落入到社会的决定概念中，主张共产主义者采纳作为真正的哲学的存在主义。1956 年 2 月萨特又撰文说："马克思主义不仅是一门哲学，这是我们思想所处的气候，我们的思想从中取得营养的地方，这是黑格尔叫作客观精神的那个东西的真实运动。"1951 年萨特发表《共产党人与和平》一文，支持法共，把苏联与和平事业等同起来，成为"共产党的同路人"。他自己解释说："同路人就是站在党外来思索何为真理，希望对党有所裨益的人。"1954 年访苏，并被选为法苏友协副主席。1955 年访华，发表了《我对新中国的观感》和《我们所见到的中国》。

　　第三阶段是 1956 年匈牙利事件发生后，萨特发表谈话说："红军是向全体人民开枪。"因此断绝了与法共的交往，辞去了法苏友协副主席的职务。同时，萨特依然致力于将存在主义与马克思主义相结合，以前者补充后者。

这种态度首先表现在他 1957 年发表的《马克思主义与存在主义》一文中，1960 年收入《辩证理性批判》。萨特自称当时自己"从存在主义走到了马克思主义"，觉得"必须用马克思主义的观点思考一切"，认为存在主义是在马克思主义旁边发展起来的，是"马克思主义自己产生了却同时弃绝了它"的"马克思主义中的一块'飞地'"，宣称"把马克思主义看作我们时代的不可超越的哲学"，但由于马克思主义"停滞"了，有一块"人学的空场"，所以存在主义应与之"结合"，以"补充"和"革新"马克思主义，"等马克思主义的研究把人的因素当作人类知识的基础之日，存在主义就没有存在的理由了"。

第四阶段是在参加了 1968 年"五月风暴"之后，萨特明确认识到自己在政治上是信仰无政府主义的极左派，在理论上则是存在主义者，要求超越马克思主义而探索一种以平等、自由、博爱为内容的"有人性的社会主义"，公开宣称自己"虽曾深受马克思主义影响，但我再也不是一个马克思主义者"了。

在这 4 个阶段中，特别是 1957 年以来，萨特对马克思主义的态度由抨击到靠拢到结合到力图超越，反复曲折，同时又在根本上始终如一地坚持存在主义的哲学世界观。当萨特回顾自己与法国共产党从合作到分离的时期中，自身思想上、政治上的转折时，曾说，"虽然有四年时间与共产党人很接近，但是我的想法与他们不一样"，虽然在"客观上这可以代表一个重要的转折点，但是主观上不算什么，因为我差不多已经形成我自己的想法，在与共产党人做邻居的时候，我没有放弃这些想法；我在《辩证理性批判》中重新找到并且发展了这些想法"，"写《辩证理性批判》对我来说是在共产党思想施加的作用之外为我自己的思想结账的一种方式"。1974 年萨特出版《造反有理》一书，谈及当今需要的是一种既吸收马克思主义，又超越马克思主义的思想，这才是到达真正社会主义的条件。这是萨特要"补充"马克思主义的具体表现，所谓"肯定"马克思主义，是为其"超越"服务的。1975 年在《七十自述》中进一步明确他要超越马克思主义，"我以为自己与今天其他许多从事思考的人一起为这个超越指出了道路"。

萨特的存在主义自由观是以意志的绝对自由和个人主义为特征的，因而他追求自由的目的是随个人的冲动和愿望为转移的，表现在行动上则带有极大的盲目性和无政府主义色彩。1964 年萨特以"一向拒绝来自官方的荣誉"为由，拒受诺贝尔文学奖；1968 年 5 月公开声明支持规模巨大的"五月风暴"，谴责法共不但不革命，"甚至连改良也谈不上"，宣布支持共产党以外的革命运动；1970—1972 年又积极支持国内的激进派，亲自担任《人民事业报》社长及其他刊物的领导，以保护这些激进刊物免遭查封。萨特还在街头贴出署名大字报《我们控诉共和国的总统》。

1980 年 3 月，萨特对贝尼·列维作了关于哲学问题的最后一次谈话，回顾了自己的创作生活、政治道路，阐述了对希望、道德、人道主义、博爱、暴力等问题的看法。3 月 20 日因肺气肿入院医治，4 月 15 日辞世，终年 75 岁。

萨特作为法国乃至西方存在主义的一代宗师和存在主义文学大家，给后世留下了宝贵而丰富的思想、文学遗产。萨特以自己的论辩促使人们注意到马克思主义中那些被忽视或未得到应有重视的方面，加之萨特从存在主义立场出发对马克思主义提出的挑战，对于各自对东西方意识形态有着重大影响的两大哲学流派的发展，无疑有着巨大的促进作用。萨特所发展和代表的存在主义哲学在其身后仍将具有毋庸置疑的社会影响和现实意义。

从现代主义到后现代主义

邵大箴

美国艺术史论家路易·史密斯在他的《一九四五年以来的视觉艺术》一书中，把西方美术近 30 年来的发展趋向概括为，"从极端的自我性转向相对的客观性；作品从几乎是徒手制作转变成大量生产；从对于工业科技的敌视转变为对它产生兴趣并探讨它的各种可能性"，并声称，现代艺术已进入后现代主义的阶段。

后现代主义美术的这三个特点是与第二次世界大战以前（即 20 世纪初到 40 年代初）的现代主义（或称前卫派）的美术相比较而言的。现代派的开始阶段，从后印象派、象征派、野兽派开端，到表现主义、立体主义、未来主义、超现实主义、抽象主义……是以强调艺术家的主观表现、强调自我为特征的。它们否定传统，但还没有彻底和传统的艺术观念决裂，还保留了传统审美观念和表现技法的若干特点。从 19 世纪中期即已开始流行的"为艺术而艺术"的唯美主义学说，对早期现代派影响很大，这种学说企图使艺术与社会、与人生完全断绝关系。马蒂斯的一段话是这种逃避现实的艺术观念的集中表现（当然他的艺术实践也极鲜明地体现了这种观念）。他说："我梦寐以求的，乃是一种具有均衡性、纯粹性以及清澈性的艺术，这种艺术免掉一切带有麻烦和令人沮丧的题材。它对于每一个劳心的工作者，无论是商人或作家，都能产生镇定的作用，既像是一眼心灵的镇静剂，又像是一把能恢复身体疲劳的安乐椅。"表现主义热衷于表现人的本性、本能，追求艺术表现的原始性，实际上是以人的本性、自然性来反抗和逃避机械文明和充满着矛盾和斗争的现实。立体主义和未来主义的探索，有受现代科技成果启示的一面，但就其总的特征来说，仍然属于逃避现实的极端主观的形式主义。

介绍最近三十多年来西方出现的美术新思潮，就得先从西方现代派的艺术中心的转移说起。

　　在第二次世界大战以前，巴黎是西方美术界公认的现代主义（前卫派）的中心。但是在第二次世界大战之后，情况突然发生了变化。西方前卫派的中心逐渐转移到纽约。产生这种情况的原因主要有二：一是包括法国在内的欧洲，在第二次世界大战以后，经济实力受到严重的削弱，在没有经济力量支持的情况下，前卫派艺术很难有发展的天地，而美国，有充足的经济力量支持前卫派的各种试验。二是在战争期间受到德国法西斯迫害的许多欧洲前卫派艺术家，作为移民到美国来逃难，对于在前卫艺术方面比较后进的美国有很大的刺激和推动。这样，美国的前卫艺术迅速地走到了欧洲的前面。当然，法国人并不愿意承认这一点，他们利用各种机会回击美国人在艺术上的自高自大和傲慢无礼。他们对于美国人轻视当代欧洲艺术非常反感，也非常困惑不解。当代美国的前卫派艺术家们埋怨欧洲现代艺术太复杂、不单纯，吹嘘当代美国的艺术具有北美民族特有的质朴和粗犷。

抽象表现主义及其后的抽象派美术

　　美国在战后崛起的第一个流派是抽象表现主义。为抽象表现主义奠定基石的是杰克逊·波洛克（Jackson Pollok）。

　　波洛克说："我喜欢将没有绷在木框上的画布放在墙上或铺在硬的地板上。我需要这种表面所产生的抗力。当画布铺放在地上时，我感到很自由，我可以更加接近于画布，我能够在画布的四周走动，从四面八方作画，甚至可以站到画的里面去。这有些近似美国西部印第安人的沙画。我抛弃了画家通常用的工具，如画架、调色板、画笔等，而采用棍子、泥刀、画刀等，并且将沙、玻璃碎片和其他东西掺杂在颜料里，使其成为稠厚的流体，将它滴在画布之上。当我在作画时，我并未意识到我正在画些什么，只有在经过一个'认知'的阶段以后，我才看到了我自己到底画了些什么，我并不害怕改变或者破坏意象等事情的发生，因为绘画本身有它自己的生命，我只是尝试着使它显现出来。"

　　抽象表现主义实际上是把超现实主义的潜意识创作的理论加以进一步的发挥，赋予它新的因素——行动，所以抽象表现主义又被称作"行动绘画"（Action Painting）。美国现代派的理论家哈罗德·罗森堡（Harold Rosenberg，1906—1978年）解释说，行动绘画已经不是为了"美""趣味"等艺术目的；行动绘画的作品已经不是某种物体的画像，而是物体的本身；它们不是自然的再现，而本身就是自然。他们认为，画家的创作过程才是真正的现实。罗森堡把波洛克的这种艺术行动称作"一种从政治的、美学的、道德的价值中解放出来的行动"。另一位美国评论家弗兰克·奥哈拉（Frank O'Hara）说，像波洛克这类艺术家是在"受自我怀疑的折磨及焦虑的鞭打"。似乎可以这样说，抽象表现主义是西方前卫派艺术主观化的最高表现，同时也是艺术从主观、从自我走向客体性的开端。

抽象表现主义之后出现的色面绘画（Colour field painting）、硬边抽象（Hard – Edge abstraction）和后色彩性的抽象（Post – paintely abstraction），都属于抽象画的范畴，虽然它们之间存在着细微的差别。它们的共同特征在于：都强调色彩作为独立的艺术语言的美学价值。它们很有点像哲学中的逻辑的实证论者（Logical positivist），他们在哲学中把注意力集中于探索纯粹语言方面的课题。它们抛弃绘画中的其他一切追求，沉湎于纯粹的抽象色彩和纯粹的色彩画面。

这种思潮既是抽象表现主义的发展，又是对抽象表现主义的悖逆。美术理论家格林堡在描述后色彩抽象的代表人物莫里斯·路易斯（Morris Louis）的作画过程时写道："路易斯将他的颜料倒在还没有决定大小，也还没有涂上第一层漆的棉质帆布之上……他总是设法使画布上各处的颜料都稀薄得使眼睛可以看出颜料下面那一层画布的纺织的纹路和肌理……颜料已经完全被帆布吸收了，而不是仅仅盖在它的上面，因此，布的本身便是画，便是色彩，像染织的布一样，而不是在布的上面有画，有色彩。"

波普艺术

在抽象表现主义和后色彩性抽象之后出现的典型的具象派别是波普艺术（Pop Art），波普派出现在 20 世纪 50 年代。

波普派的最初表现是集合艺术（The Art of Assemblage）。集合艺术反对抽象艺术的极端主观性和以我为中心的观念，反对艺术与客观环境之间关系的割断，主张艺术应返回到生活中去，返回到可视、可以触知的一切事物上去，而在现代日常可感知的物体便是消费文明的废物。集合艺术派把象征消费文明和机器文明的废物、影像加以堆砌和集合，作为艺术品来创造、来表示现代城市文明的种种性格、特征和内涵。这样，集合艺术派便一反早期现代派的艺术家与社会、与现代文明的隔绝、离开的倾向，而转向与社会、与现代文明的"结合"，从早期现代派的沉湎于主观创造和自我，转向客体性。同时，它也开辟了用机械方式大量地复制艺术品的途径。

集合艺术开始于 1961 年纽约现代美术馆的集合艺术展览和 1962 年由威廉·C. 塞茨（William C. Seitz）在詹尼斯画廊举办的"新写实画展"（New Realists）。塞茨对集合艺术的定义是：第一，它们是以实物的凑合而成，不是由描绘、塑造或雕刻而成；第二，它们是由以前认定的不能作为艺术材料的、不经过艺术家作造型处理的工厂材料、实物片断等构成。塞茨在"集合艺术展"的目录导言里阐述了这种艺术的美学思想："当前的集合思潮……标明了从一种主观的、流动的抽象艺术转变为一种与环境重新调整关系的综合艺术的改变。这种物体并置的手法，在即将变得散漫无力的抽象艺术的简单的国际语汇失却魅力的情况下，用来反映对社会价值的感受，是一个很适当的方式。"

由于集合艺术和达达派的美学见解有着这样一些关系，人们把它称作"新达达"是完全合乎逻辑的。达达派的活动家拉乌尔·豪斯曼（Raoul Hausmann）在解释它们之间的差异时说："达达好像是从天空降下来的雨滴，然而新达达艺术家所努力学习的却是那些降雨滴的行为，而不是模仿雨滴。"达达派中的著名人物马塞尔·杜桑在 1962 年给朋友汉斯·里希德尔的信里说："新达达，也就是某些人所说的新写实主义、波普艺术、集合艺术等，是从达达的余烬里复燃而成的。我使用现成品，是想侮辱传统的美学，不料新达达却干脆接纳现成品，并发现其中的美。我把瓶架和小便池丢在人们的面前，作为向传统艺术的挑战，谁料到现在他们却赞叹它的美了。"

达达派采用现成品，新达达采用当代现成品。什么是当代的现成品？波普派认为，当代的现成品是和"大众文化"密切相关的。在西方人的心目中，大众文化是工业革命以及之后一系列科技革命的产物，它们是机械的、大量生产的、广为流行的，是低成本的、是借助于大众传播工具（电视、报纸、印刷物）的力量普及的。在电视、报纸、印刷物传播时，为了吸引人，必须新奇、活泼，而且在西方必须还要有性感（即有色情味），以刺激大众的注意力，引起他们的消费感。这种大众文化在美术中的反映便是"流行艺术"，即"波普艺术"。

公认的第一件波普艺术品是美国画家理查德·哈弥顿（Richard Hamilton）创造的《是什么使今日的家庭变得如此不一样，如此地有吸引力？》这幅画不大，画面上的天花板用月球表面的照片粘贴而成；阶梯上有一女工用吸尘器扫地；沙发上坐着一个裸体女人；墙壁上挂着一幅古典肖像和现代的广告画；房间里有电视机、录音机等美国工业产品；室内中间站着一个身体强壮、四肢发达的男人，他右手拿着一个巨大的棒棒糖，上面贴着"Pop"的字样（有人据此认为 Pop Art 一词即从这里产生）。

在美国萌发的波普派在美国广为流行，因为它注重的消费文化在美国胜于英国。美国出现了许多著名的波普艺术家。安迪·沃渥（Andy Warhol）把杂志上的广告、海报放在或直接印刷在画布上。罗伊·利希滕斯坦（Roy Lichtenstein）把漫画等现成的影像放大，用类似印刷效果的网点或条纹表现出来。克拉斯·奥登伯格（Claes Oldenburg）把实物（如热狗、巧克力）用布或石膏翻成艺术形象。汤姆·韦塞尔曼则把广告上常见的裸体画像绘制在画布上，并配上浴室和家具等。波普派一般不直接取材于日常生活，它是通过现代传播工具的影像、形象来"复制"日常生活现象。

这种表现机械文明的欲望在法国新写实主义（Nouveau realisme，严格地说，应译作"新具象艺术"）中表现得也很强烈。它侧重于表现被消费了的机械文明的一面，而不是现代科技文明的成果。这派的口号和美国的波普相似，力主艺术必须回到实在（Reality）的世界。新写实主义的发起人是美术评论家雷斯塔尼（Pierre Restany）和艺术家克莱因（Yves Klein）。1960 年他们在米兰发表宣言，并于同年 11—12 月在巴黎雷斯塔尼画廊举办第一次美展，1961 年 5 月，又在同一画廊举办第二次美展。值得注意的是，他们自己把第二次美展称作"达达之上四十度"，表明新写实主义与达达的关系。雷斯塔尼说："新写实主义不用任何争论的意图记录社会学的实在性；不用表现主义或社会写实主义似的腔调叙述，而是毫无个性地把主题呈现出来。"

正因为他们的目标与美国的波普派相似，所以美国的新达达派、集合艺术和波普派的艺术家们都参加了法国的新写实主义展览。同样，法国新写实主义派的成员也参加了纽约詹尼斯画廊举办的"新写实画家展"。雷斯塔尼说过一段为西方当代画家们所赞赏的话："在欧洲和美国，我们正发现到自然的新意义。当代的自然是指机械化、工业化和被广告充斥了的自然。日常生活的现实，就是今天的工厂和城市。在标准化（规格化）与效率化这两个现代标志下出生的人们，向外探讨题材才是这种世界的准绳。法国的新写实主义比起美国的波普来，与达达主义和超现实主义的传统保持着更密切的联系。他们通过一定的媒介和行为，一方面对当代不断发生的现实提出批评和反省，另一方面也有自我反省的成分在内。

在波普派的基础上，视觉派（Op Art，有译作光效应艺术的）、活动艺术（Kinetic Art）则更侧重于歌颂当代的科技成果，力图使新的科技成就和艺术表现结合起来。视觉派是使观众的眼睛和脑海中产生错视或幻觉的艺术。它的制作需要数学、物理学、心理学的知识作为基础。因为视觉派的一部分作品是用机器产生活动效果的，因而视觉艺术和活动艺术又是相互重叠的。自然，把活动派完全说成是歌颂机械时代、赞赏机器美，也不够恰当。在这一派中，有些艺术家设计的机器含有嘲讽现实和揶揄机械文明的意味。当然，大多数活动派艺术家从赞美的角度利用科技成果进行创造。希腊出生的塔克斯（Takis）利用电磁原理显示"能"的作用。匈牙利出生的法籍雕刻家肖弗尔（Hicolas Schtiffer）则充分利用科学原理造成的光和声相结合的效果。阿根廷的朱理奥·勒·珀克（Jnlio Le Parc）的设计属于机械作用的实验，同时用于工厂机器的生产及游艺场的玩具。活动派的艺术家也面临困难，因为要创造出真正具有科学价值的复杂作品，对于他们来说是力不从心的，活动派艺术家的科学知识毕竟很有限。

在西方最近的利用科技成果的艺术流派是电脑艺术（Computer Art）。电脑艺术的理论是为"被动的艺术家"开辟艺术创造的途径。他们的理论是：有艺术想象和创造力的艺术家是"主动的艺术家"，一个人要成为"主动的艺术家"需要经过长期的专业训练。但是，经过长期专业训练的人创造出来的作品可能是缺乏想象力、创造性和乏味的。在这方面，有艺术鉴赏力、想象力而无技术基础的人（即"被动的艺术家"），则可能在现代科技的帮助下大有可为，他们可以利用计算机的数据排列，把头脑中设想的画面表现出来，电脑艺术的试验表明，西方美术家试图把最新的科技发明与艺术创造结合起来。

波普艺术一方面沿着和科技结合的方向发展，另一方面又向实际生活环境渗透。向实际的生活环境渗透的结果，便产生出"综合绘画"（Combine Painting）。最早制作"综合绘画"的是美国新达达派的代表人物罗伯特·劳申伯格（Robert Rauschenberg）和贾斯伯·琼斯（Jasper Johns）。劳申伯格（1925 年生）是波普派早期的重要画家，1964 年在威尼斯双年展上为美国在国际上争得第一次美术大奖，从而确定了他在当代美国艺坛的位置。开始，他的画还留着抽象表现主义的尾巴，画一系列完全白色的绘画，画中除了可见观众的影子外，什么也没有，以后又画了一系列完全黑色的画。他作的波普画开始于 20 世纪 50 年代中期，"综合绘画"也在这阶段出现。所谓综合绘画，就是将绘画的表面和其他生活中常见的许多物体结合在一起，这些物品被粘贴在画面之上。不久，他的"画"进一步发展为完全立体的、三度空间的物体，例如一只山羊标本，在它的腹中装满了杂物；一只正在发出音响的无线电收音机或一只时钟，也被放在作品中，还有铁丝网、霓虹灯、木棍等。他也广泛运用照相技术，把影像用丝网印在画布上。画中采用的照片一般被他用刀刮过，形象模糊。到了 70 年代，他又把纸箱拼凑在一起，作为他的创作。

环境艺术、偶发艺术、地景艺术

"综合艺术"必然导致"环境艺术"的出现。非焦注的环境艺术的最初探索见于美国雕塑家乔治·西格尔（George Segal，1924 年生）的作品。西格尔的创作特点是直接从真人身上翻成石膏模型，然后把白色的石膏雕像配置在真实的环境之中。人是石膏的，环境（包括浴盆、墙壁等）都是真实的。劳申堡评论西格尔的雕刻时指出，它们是静态的，但能表现出某种社会行动，例如以美国侵越战争为题材的《枪决》。这类作品对观众所造成的心理效果不是由单一的媒介所能达到的，只有配合真实的环境，才能对人的各种感觉发生综合作用。

在这方面做试验的还有法国艺术家伊夫·克莱因。克莱因的基本观念之一是："创造"应该与艺术完全无关，行动本身应该比行动的结果更为重要。他重视"创造者"的整体经验，包括思想、行为和知觉，而不是创造有形的艺术品。他偏爱蓝色，申请了"克莱因国际蓝"注册商标。1958 年，他在巴黎伊里斯·克莱尔画廊举办了题为"空无"（Le Vide）的展览，展览会上空无一物，无家具，也无展品。窗子被涂上蓝色，室内刷了白漆。展览会场有一名警卫把门。在参观的人群中，有著名的法国存在主义作家、记者加缪（Albert Camus）。加缪在观众留言簿上写道："因为空无，所以充满了力量。"克莱因还故弄玄虚，出售所谓"非物质的绘画感应地带"。人们用钱币向他买画，他给买者以收据，当他收到钱币时立刻把钱币扔进塞纳河，而买者旋即把字据烧掉。他的一些"作品"的创作法完全与传统的画法不同。例如，他用火焰喷射器在画布上喷颜色，把蓝色的漆涂在画布上，不待干燥时把画布放在雨天奔驰的汽车上，让它承受雨滴。最轰动一时的是 1960 年他举行的"绘画仪式"。在 3 个女裸体模特儿身上涂上蓝色，让她们在铺在地面的画布上跃动、翻滚、蠕动，使蓝色在画布上留下痕迹。在作这样的"表演"时，观众被邀来参观，有 20 人组成的乐队伴奏克莱因自己谱写的《单色交响乐》（一个单音持续 10 分钟，接着 10 分钟的沉默）。克莱因的绘画仪式的过程被拍成纪录片。克莱因之所以得到像加缪这些文化界知名人士的赞赏，清楚地表明人们对艺术的哲学思考远远超过艺术本身。克莱因的活动强调创作的独特性，从资产阶级人道主义出发强调人的生存和创造的价值，是和存在主义的思想吻合的。正是基于这一点，克莱因于 1962 年从尼斯一幢两层楼房上往下跳，"试验人体在空中的张力"，也得到西方艺坛的热烈赞扬，说这是独一无二的、具有自我牺牲精神的、勇敢的探索行动。

在使艺术品具有"综合感受"方面，有一种被称作"最少派艺术"（Minimal Art，又译作"最低限艺术"）派别的，也值得注意。

"最少派艺术"又称作"基本构成"（Primary structure）或"ABC 艺术"，出现在 20 世纪 60 年代中期，盛行于 70 年代，主要在美国流行。它基本上是一种简单、明确的几何形体的雕刻。

"最少派艺术"有以下几个特点：（1）它的作品像工厂生产出来的产品一样，标准化、规格化，毫无个性，艺术家只作设计，至于制作任务则由工厂完成；（2）它反对传统雕刻把大理石或青铜雕像置放在台座上，使艺术作品（包括台座在内）孤立于周围环境的做法，主张抛弃台座，使艺术品在无台座的情况下置于一定的空间；（3）排斥艺术的一切再现的特征，而以单一的几何形态或几个单一形体的连续来创造作品。这里要指出与"最少派艺术"有关的一个美学观念，这个观念重视事物的"共相"，轻视事物的"殊相"，也就是重"共性"，轻视"个性"。"共相"（Generality）与"殊相"（Specifieity）是事物对立而统一的一对范畴。在"最少派"艺术家们看来，传统的、以前的艺术一般都是把事物的"殊相"（即独特性）放在表现的首位。艺术家面对对象时，依照自己的主观看法选取对象最有特征的要素，赋予个人的主观感觉，把它表现出来。这种艺术表现，按照"最少派"的意见，因为加进了创作者的主观因素，因而距离对象的"真实"便很远。"最少派艺术"则认为，每个事物有它固有的真实与美，创作者面对它们时，倘若把个人的主观判断减到最低限度，事物本身才会表达出自己的声音。怎样才能使事物的"共相"突出地显示出来呢？他们认为必须舍去物象外形的偶然性，把对象减约为最低限度的、基本的几何形体。唯有如此，才能给予每个观众以相同的感觉。

艺术品不仅要作用于视觉，而且应该作用于听觉、触觉，甚至于嗅觉的美学主张，导致"环境艺术"（Environment Art）的出现。

环境艺术在 20 世纪 60 年代流行于美国，它是一种制造空间、支配空间，把整个环境作为作品的艺术，它消灭了观众与作者之间的距离，还消灭了平面与立体的差异、可观与触摸的界限、视觉与听觉的界限。环境艺术往往包括整个室内环境和建筑物。这一派的主要艺术家之一阿伦·卡普罗说："环境艺术必须让人能走进去，这一点就与传统雕塑不同；另一方面，环境艺术的空间并不具有居住的实用功能，因而又与建筑有差别。"一件雕刻品要让观众能走进去，那就不但要有实在的空间，而且也要有虚拟的空间，让人们在虚拟的空间里接受艺术的刺激。法国女艺术家尼基达·圣—法勒于 1966 年在瑞典斯德哥尔摩现代美术馆制作了一件大雕塑，标题是《她，一所大教堂》（Hon - en Katedral），规模是 30 英尺 ×80 英尺 ×30 英尺，外观是一个巨大的女性裸体像，表面涂上各种色彩，在雕像的两腿间有个"入口处"，观众可以走进雕像。雕像的内部又分成若干小房间，有楼梯可供上下爬动。人们从狭小的空间忽然走进大的空间，感到豁然开朗。这种环境雕刻的人体内部的各种器官，都用机器形状来表示（有古代神话中性爱的象征意义），并且还有各种机械（包括电视）来刺激视、听、触觉，出入口有红绿灯指挥。

"偶发艺术"（Happenine Art）和"环境艺术"是一对孪生兄弟。偶发艺术盛行于 20 世纪 50 年代末 60 年代初。从表面上看，偶发艺术是类似戏剧的一种表演艺术，但它又与戏剧不同。不同之处在于无前后衔接的观念，没有传统的脚本，表现手段主要是表演者的姿势、动态。偶发艺术不在戏院演出，而在画廊、屋顶的阁楼、旅馆的院子、篮球场、汽车站、游泳池等地进行。参加"演出"的人有美术家，也有观众，最著名的偶发艺术的例子，是阿伦·卡普罗在 1959 年于纽约的鲁本画廊举行的称之为"分成六部分的十八个偶发"的表演，参加表演的有卡普罗等男女 6 人，乔治·西格尔和萨姆·法兰西斯等 8 个画家协助布置会场。他们用塑料布及木条把画廊分割成 3 个房间和一条走廊，每个小房间里放着数目不等的椅子，并用不同颜色的光线照明。在塑料布的壁面上，拼贴着文字、绘画和其他印刷品，走廊上也有各种各样的东西，在进门的地方为观众准备了印着"参加者的任务"、节目单以及座位号码的三联单。在观众入席后，"偶发"的情节立即发生，伴随着悦耳的电子音乐，三三两两的男女演出者走进走出，沉默地做着各种手势和动作，室内还放幻灯片……当音乐逐渐停止时，经过 5 分钟的沉默，演出者消失。卡普罗事先是编好剧本并确定了每个演出者的行动的，也经过排练。他要把行为、影像、声响、光亮、文字、色彩、形体、实物等效果组合成一体。西方评论家认为偶发艺术是一种"行为的拼贴"（Action Collage），"是一种超越具体时间和地点所感受和所演出的许多事件的集合"。

偶发艺术和环境艺术的重要特征是对客观事物采取冷漠的态度，它们几乎不抒发作者的个性，更多的是为制造客观世界的"整体情景"。

从"环境艺术"派生出来的"地景艺术"（Land Art），又称"大地艺术"（Earth Art）或"大地作品"（Earth Works）。它同样是为了造成整体情景的效果，只是它用艺术和大自然相结合的方法来取得这种效果。艺术和环境有多种结合方法，地景艺术认为，这种结合并不意味着把自然改观或彻底改造，而只是加以适当的处理、加工和润饰，使人们对自然环境刮目相看，从中得到与平素不同的感受。地景艺术开始于 1968 年的"大地作品展"（在纽约的杜旺画廊举行），1969 年康乃尔大学的美术馆又主办了大规模的大地艺术展，到 20 世纪 70 年代许多画家和雕刻家到户外大自然中创造地景艺术。海泽（Heizer）在内华达的沙洲上挖出 20 万吨的沙土，留下两个如同废墟的大凹坑，把它称作"双负空间"（Double Negative）。法国出生的克里斯多在科罗拉多州的一个河谷之间搭起 1250 英尺长的橙色帘幕。史密森在犹他州的大盐湖上筑起直径为 160 英尺，长 1500 英尺的螺旋状防波堤。

地景艺术同样提出要打破艺术与生活的界限这个口号，它认为要破除两者之间的界限首先要用最普通的、最取之不尽的材料。按照亚里士多德的观念，宇宙间的四大元素水、火、空气和土到处皆是，我们应以大地作为背景用这些材料从事创造。他们认为，这种艺术不同于放在美术馆供少数人享用的美术品，能够让大多数人观览、欣赏，在这种艺术中已没有空间与形态、材料与表现、自然与人工的对立，它们都协调一致，这种艺术存在于短暂的时间内，能为人们提供一种娱乐和幻觉。地景艺术和环境艺术一样，是不表现作者感情的，这种否定感情的特征在照相写实主义中也充分地表现出来。

照相写实主义

照相写实主义（Photographic Realism）又称作超级写实主义（Hyper Realism），发源于美国。它是从波普艺术派中生出来的。虽然这两派都广泛运用摄影技术，但是它们之间有差异。照相写实主义的评论家理查德·马丁（Richard Martin）在 1974 年的超级写实主义美术展览会的目录上写道："虽然波普艺术和超级写实主义都借用照片等现成的视觉形象，然而两者之间的区别在于：波普艺术仍用主观的方法解释它，与此相比较，超级写实主义是把人置于照相机的视线之下，只是很客观地把物之影像呈现出来。"照相写实主义认为，文艺复兴以来的写实主义是一种人文的写实主义或主观的写实主义，艺术家富于感情地感受现实，然后再把这种已经移入了感情的对象表现出来。照相写实主义依据英国哲学家布洛（Edward Bullough，1880—1934年）的观念，用"距离论"来解释美感经验和审美态度。他们认为，倘若一个物体注入太多的解释和感情，便会远离它的真实性。相反，如果不带主观感情，跟它保持一段距离，它的真实性才能显露出来，同时人们也较能把握住真实性。"距离论"说，这是"离得最远又是最接近的道理"。而要做到真正不带感情的"距离"，唯有借助于照相机，因为它能客观、仔细、精微并能正确地再现客观物体。照相写实主义的画家们还说，表现了主观感情的人文主义，因为艺术家个性鲜明，把事物的特殊性表现得很充分，致使多数人难以理解，传达的范围也不普遍；而照相写实主义因为以大家普遍的、共同的视觉（照相机）呈现客观事物，所以能为广大群众接受。

后现代主义的基本特征和产生的社会原因

上面我们简略地回顾了近二三十年来西方现代派美术思潮演变的梗概。大量事实表明，现代派发展到今天进入后现代派的阶段，这个阶段的基本特征是：要打破艺术与生活之间的界限，把艺术与非艺术、反艺术的观念颠倒过来，原来认为是艺术的东西受到怀疑和否定，原来认为不是艺术或反艺术的，今天被认为是最有时代特征的艺术；与此同时，在表现上由抽象转向具象，从主观转向客观，从回避机械文明到利用机械文明的成果，从手工生产到大量的、机械化的生产。

在现代派美术中产生这些变化有复杂的社会原因，其中包括现代哲学的影响。特别是现象学，萨特、加缪的存在主义，桑塔耶拿等人的弗洛伊德主义，法兰克福学派中马尔库兹、阿道尔诺的理论，结构主义者马克留恩的关于科学技术决定一切的论述等，对后现代派的美术流派和思潮有重要的影响，当代西方重要的哲学流派在艺术中互相渗透，形成当代西方复杂的、自相矛盾的美学理论。这些理论包括：标榜自然科学为典范，把它看作向哲学和各门人文科学提供外在的科学形式；向文艺提供新的美感的源泉；强调现象和本质的直观；宣扬美学判断是个人审美力的表达方式；鼓吹美从全面的、总体的"社会革命"中产生，美的创造来源于"摧毁"资本主义的文明；否定一切意识形态和一切美学理论；等等。

近二三十年来的西方美术流派，从表面上看，是对第二次世界大战以前的思潮和流派的否定。但细加考察，它们的理论和实践在根本上是和前期的思潮和流派相通的。后现代派提出来的课题实质上在早期现代派的达达主义、超现实主义中已经提了出来。所以有些理论家指出：后现代主义的种种思潮和运动，都是把第二次世界大战以前人们已经熟知的观念重新加以选择和估价，使其一部分在新的历史条件下重新发展；不同的是从无所顾忌的表达个性变成冷酷的无个性，而且把原型大大地改变和夸张了，以至抛弃了原先的内容。因此可以说后现代主义是现代主义的更极端、更片面的发展。

近二三十年来西方现代美术思潮提出的许多新课题，当然是值得我们重视的，他们的某些观念也值得我们作进一步的研究和思考。例如，如何界定艺术？艺术的范畴在新的科技革命的冲击下是否有了新的变化？日常生活如何和艺术相结合（艺术如何渗透到生活的各个领域）？等等。但是作为整体观念，即作为一种艺术体系，后现代主义从根本上否定了艺术是生活的反映，反转过来又影响生活的原理，否定了艺术的社会功能。他们的理论家哈罗德·罗森堡就认为，艺术品的社会功能等于零，他讥笑托尔斯泰想用现实主义的艺术来改造社会的做法，如同战争中拿扫把来对付装甲兵团，毫无作用。他宣称艺术是无用的东西，画布上的操作除了绘画技术的效用外，没有其他目的。艺术家之所以要关心社会，在他看来，只是为了感受社会的脉搏，从狭小的"审美的"圈子里跳出来。至于艺术与生活的关系，他们或者把社会的阶级矛盾和斗争排斥在外，或者用过激的理论去解释，用虚无主义的态度去对待。西方最新的美术思潮是和当代西方的社会思潮相一致的。它给人以强烈的刺激，使人产生兴奋、好奇、惊讶、赞叹、迷惑不解、神秘……的感情，它有时也充满了对社会的不满、揶揄、讽刺，但它不能给人们以信心和前途。

艺术中的抽象和具象仅仅是表现上的问题，而艺术的根本问题在于描绘现实中的人，描绘人的复杂而丰富的心理、思想、感情和愿望。从现代派开始，艺术逐渐趋向抽象化，回避或否定人的形象的塑造；后现代派转向具象以后，同样不描绘人的形象。撇开了活生生的、有血有肉的人的形象，艺术表现必然要趋向单调、贫乏。现代艺术的作品只能靠怪异、新奇吸引人，没有也不可能创造出有真正巨大社会影响和深刻艺术感染力的作品来。

艺术的发展一定要受到科学、技术的影响，艺术也一定要进入科技的领域，科学技术也定能给新的美感提供材料和素材。但是艺术是观念形态的一种，它不应该成为科学、技术的俘虏，它应该创造形象。把最先进的科学、技术作为动力的当代美术思潮和流派，仅仅在制作技术和在运用材料上有新颖之处，在人物形象创造上则是一片空白。艺术受科学、技术的束缚，必然局限了艺术表现的范围。

从现代派演变和发展过来的后现代派思潮和流派，仅仅是当代西方美术的一个部分，而远远不是全部。传统的现实主义美术，含有批判意味的社会现实主义（Social Realism），活跃在广大群众中的民间艺术，在当代西方都有强大的生命力。它们常常给现代派、后现代派以强大的刺激。许多西方美术理论家们普遍认为，现代艺术是多元的，像战前那样由这个或那个流派独占画坛的时代已经一去不复返了。有现代意识的传统艺术和探索性的各种新思潮将同时并存，经受社会的淘汰和选择，并在时代前进的基础上产生各式各样的新的艺术形态。

附录 世界现代史大事索引①

---

① 世界现代史大事前面的阿拉伯数字系事件发生的时间，后面的汉码表示《外国历史大事集》现代部分的分册数，阿拉伯数字为页数。"一，1"即第一分册第1页。

中国社会科学出版社"社科学术文库"
已出版书目

22. 何振一：《理论财政学》，2015 年 6 月出版。

23. 冯昭奎编著：《日本经济》，2015 年 9 月出版。

24. 王松霈主编：《走向 21 世纪的生态经济管理》，2015 年 10 月出版。

25. 孙伯君：《金代女真语》，2016 年 1 月出版。

26. 刘晓萌：《清代北京旗人社会》，2016 年 1 月出版。

27. 陈之骅、吴恩远、马龙闪主编：《苏联兴亡史纲》，2016 年 10 月出版。

28. 朱庭光主编、张椿年副主编：《外国历史大事集》，2017 年 3 月出版。